한자 학습 문헌자료 연구

지은이 **홍윤표**(洪允杓)

서울에서 태어나 서울대학교 국어국문학과를 졸업하고 동 대학교 대학원에서 석·박사 과정을 수료하였으며, 연세대학교 교수로 정년퇴임하였다. 국어학회 회장, 한국어전산학회 회장, 국어사학회 회장, 한국어학회 회장, 한국사전학회 회장, 국제고려학회 서울지회장, 국어심의회 정보화 분과위원장, 국어심의회 언어정책 분과위원장, 국어심의회 전체 부위원장, 겨레말큰사전 남측편찬위원장, 국립한글박물관 개관위원장 등을 지냈다. 동숭학술연구상, 세종학술상, 일석국어학상, 외솔상, 수당상, 용재상 등을 수상하였으며, 대한민국 옥조근정훈장, 보관문화훈장을 받았다.
『국어사문헌자료연구 1』, 『근대국어연구 1』, 『살아 있는 우리말의 역사』, 『국어정보학』, 『한글 이야기 1·2』, 『17세기 국어사전』(공편), 『조선 후기 한자 어휘 검색사전』(공편), 『한글』 등의 저서를 비롯하여 15세기 국어의 격연구 등 160여 편의 논문이 있다.

한자 학습 문헌자료 연구

초판 1쇄 발행 2022년 4월 15일

지은이 | 홍윤표
펴낸곳 | (주)태학사
등록 | 제406-2020-000008호
주소 | 경기도 파주시 광인사길 217
전화 | 031-955-7580
전송 | 031-955-0910
전자우편 | thspub@daum.net
홈페이지 | www.thaehaksa.com

편집 | 조윤형 여미숙
디자인 | 한지아
마케팅 | 김일신
경영지원 | 정충만
인쇄·제책 | 영신사

값 50,000원
ISBN 979-11-6810-052-7 93010

책임편집 | 조윤형
표지디자인 | 한지아
본문디자인 | 최형필

한자 학습
문헌자료 연구

홍윤표 지음

태학사

머리말

우리나라의 문자 생활에서 그 사용의 역사가 가장 긴 문자는 한자입니다. 한글보다도 더 오랜 동안 사용되어 왔습니다. 그래서 한자는 오늘날까지도 우리 문자 생활에서 중요한 역할을 하고 있습니다.

우리 선조들은 한자를 배우기 위해 많은 노력을 경주하여 왔습니다. 새로운 문화와 지식을 탐구하려는 욕구로 한자, 한문으로 된 문헌을 읽기 위해 한자를 습득하려 하였습니다. 그래서 천자문을 비롯하여 유합, 신증유합, 훈몽자회, 아학편 등의 다양한 한자 학습서를 편찬하고 간행해 왔습니다.

역사적으로 보아 한자 학습서는 다른 한글 문헌에 비해 그 간행이 빈번했습니다. 한 가지 책이 오랜 기간 동안 계속 많이 간행된 문헌은 한자 학습서일 것입니다. 불경언해본이나 사서삼경의 언해본들이나 삼강행실도 등도 이렇게 많이 중간된 적이 없습니다. 한자 학습서는 일종의 학습 교과서였기 때문일 것입니다. 천자문만 해도 매우 다양한 종류의 문헌이 간행되어 16세기부터 20세기까지 나온 것만도 수십 종이 넘을 것입니다.

이렇게 다양하게 많이 간행된 한자 학습서에 대한 연구는 매우 활발하게 진행되어 왔습니다. 그러나 천자문과 유합, 신증유합, 훈몽자회, 아학편을 비롯한 몇몇 문헌을 대상으로 한 것이 대부분이었습니다.

필자는 오래전부터 한자의 새김과 음에 대해 관심을 가지고 수많은 한자 석음 자료를 수집하여 왔습니다. 한자의 새김과 음을 역으로 이용하면 국어 어휘의 변화를 알 수 있을 것으로 생각했습니다. '天 하늘 텬'은 '天'에 대한 의미와 음의 정보를 제공해 주지만, 역으로 이용하면 '하늘'에 대한 정보도 제공해 주어서 '하늘'의 의미가 '天'이라는 정보도 제공해 주고 있기 때문입니다. 특히 국어 어휘 중에서 그 의미를 알 수 없는 어휘들은 한자와 새김이 1:1로 대응되어 있는 한자 석음 자료를 통해 파악할 수 있다는 기대감이 컸습니다.

이러한 이유로 필자는 한자의 석음을 적어 놓은 많은 문헌들을 조사하였습니다. 지금까지 학계에 알려진 문헌 이외에도 각 도서관과 개인이 소장하고 있는 많은 문헌자료들이 있음을 알게 되었습니다. 또한 지금까지 볼 수 없었던 한자 학습 문헌자료들도 발견하고 일부는 필자가 소장하기도 했습니다. 이러한 한자 학습자료들을 종합 · 정리하여 소개하는 일도 매우 중요한 의의가 있다고 생각했습니다.

한자 학습 문헌자료들을 수집 · 정리하기 시작한 것은 국어 어휘에 대한 관심 때문이었지만, 그 이전에 1차적인 작업으로 이들 문헌을 정리하여 소개하는 일이 필요하다고 생각한 것입니다.

그리고 이들 자료들을 정리하면서 다른 생각도 하게 되었습니다. 이렇게 다양하고 많은 종류의 한자 학습 문헌자료들을 간행하고 필사한 역사를 밝혀서 우리 선조들이 이 한자 학습자료를 편찬 · 필사 · 간행하게 된 배경과 그 목적을 밝히는 일도 중요하다고 생각했습니다. 이 문헌들이 편찬, 간행된 일반적인 배경이 있기 때문에, 우리 선조들이 한자 학습서를 간행하여 온 흐름을 알 수 있을 것으로 생각했습니다. 그리고 실제로 그 흐름을 어느 정도 파악할 수 있었습니다.

이러한 목적을 가지고 한자 자석이 달려 있는 자료를 수집하기 시작했습니다. 1970년대 후반부터 시작했으니까, 어언 40여 년이라는 세월이 흘렀습니다. 원본을 수집하는 것은 물론이고 각 도서관마다 돌아다니면서 복사를 해

오기도 했습니다. 그리고 디지털 시대가 되면서 그러한 자료들을 소장하고 공개해 놓은 곳을 찾아 검색하여 이미지 자료로도 수집해 놓았습니다. 그렇게 모두 모아 놓은 자료는 약 500책이 넘어서 복사해 놓은 자료만도 제 서가의 한 구석을 꽉 채웠고, 원본들도 한 서가를 가득 채우게 되었습니다. 물론 이들 자료들은 발견되는 대로, 구입하는 대로, 그리고 시간이 나는 대로 컴퓨터로 입력하고 프로그램을 이용하여 한자 중심의 용례와 새김 중심의 용례들을 만들어 놓았고, 또한 흔글 문서작성기로 입력할 수 없는 새로운 한자 약 500여 자 이상을 폰트하여 놓기도 하였습니다. 그래서 지금까지 283개 문헌의 입력이 끝났습니다.

자료 입력이 다 될 때에야 모든 조사, 연구를 끝내려고 하였으나, 새로운 문헌자료들이 나타나지 않을 때까지 계속 조사만 하고 있으면 아무런 결과물도 낼 수 없다는 불안감을 느끼면서, 그리고 필자 자신의 능력의 한계를 실감하면서 이 정도에서 마감하고 정리하여야 하겠다는 생각을 하게 되었습니다. 필자의 나이 탓도 있겠으나 코로나 19로 인해 더 조사해야 할 곳을 찾아다니지 못하는 한계에 부딪혀서 이제는 여기에서 중단할 수밖에 없다는 핑계도 생겼고, 또 한자 학습 문헌자료에 관심을 가지고 계신 분들의 더 넓고 깊이 있는 연구를 기대해도 좋겠다는 생각에 이들 자료들을 정리할 용기를 내었습니다.

그동안 자료의 수집을 도와주신 분들과 자료에 대한 정보를 제공해 주신 분들, 그리고 직접 자료를 제공해 주신 고마운 분들이 많습니다. 이 책이 나오게 된 것은 이분들의 도움으로 가능했던 것입니다.

경북대 남권희 교수님은 한자 자석 자료가 있을 때마다 이에 대한 정보를 주시고 복사도 해 주셨으며, 또 그 문헌의 간행연대나 필사연대에 대한 자문도 해 주셨습니다. 뿐만 아니라 귀한 원본들도 직접 빌려 주셔서 연구에 도움이 되도록 해 주셨습니다. 한자 자석 자료뿐만 아니라 국어사 관련 많은 자료들이 남권희 교수로부터 제공되었다는 사실은 이미 많은 학자들이 익히 알고 있지만, 그래도 여기에 다시 특별히 감사의 말씀을 전합니다.

경북대 백두현 교수님도 수집해 놓은 한자 석음 자료들을 다 복사해서 보내 주셨고 또 함께 이 자료들을 구하기 위해 대구의 고서점들도 소개하여 주셨습니다. 부산대학교의 고 유탁일 교수님도 많은 자료를 보여 주시고 또 직접 원본들을 빌려 주셔서 제가 직접 집에 가지고 와 면밀히 검토할 수 있는 기회를 만들어 주셨습니다. 감사드린다는 말씀을 직접 드릴 수 없음을 안타까워 할 뿐입니다.

예술의 전당 이동국 선생님께도 특별히 감사의 말씀을 전합니다. 2005년 8월에 예술의 전당에서 있었던 '하늘天 따地' 전시회 때 출품되었던 많은 자료들을 열람하게 해 주시고 또 촬영된 자료들도 제공해 주셔서 제 연구에 많은 도움이 되었습니다. '천자문 간인본 연구'란 저서를 쓰신 안미경 선생님도 저에게 여러 자료를 제공해 주셨습니다. 고맙습니다. 선문대의 박재연 선생님도 많은 자료를 제공해 주셨습니다. 특히 필사본 자료 중에서 특이한 한자 학습자료를 많이 소장하고 계신데, 그 자료들을 서슴없이 보여 주시고 빌려 주셔서 많은 도움을 받았습니다. 이외에도 일일이 다 기억해낼 수 없는 많은 분들의 도움이 있었습니다.

항상 이 작업을 뒤에서 조용히 지켜보면서 무언의 응원을 해 준 이태영 교수와 소강춘 교수에게도 고마움을 전합니다. 늘 저에게 힘이 되어준 분들입니다.

그러나 무어니 무어니 해도 자료를 소장하고 있는 곳에서 자료를 공개하여 이용할 수 있도록 해 준 것에 대한 고마움은 더 크다고 할 수 있습니다. 국립중앙도서관의 '한국 고전적 종합 목록 시스템', 서울대학교 규장각 한국학연구원의 '자료 및 원문 검색', 한국학중앙연구원의 '디지털 장서각', 한국고전번역원의 '한국고전DB', 국사편찬위원회의 '전자사료관'과 '한국사데이터베이스', '한국역사정보통합시스템' 등의 도움을 많이 받았습니다.

한자 학습서를 대상으로 조사·연구하면서 그 초기의 시기는 훈민정음 창제 이후가 되었지만, 이 연구에서 대상으로 삼은 문헌의 간행 시기의 하한선을 정하는데 어려움이 많았습니다. 21세기의 20년대인 지금도 한자 학습서는 계속해서 편찬 발간되고 있고 대형 서점에 가면 아직도 한자 학습서는 서가를 가득 채우고 있기 때문입니다. 그래서 필자는 우선 광복 전후로 잡아 대체로 1950년 이전까지의 자료를 대상으로 하기로 하였습니다. 왜냐하면 그 이후의 한자 학습서들은 다양한 한자 학습서가 나타나지 않고, 대부분 거의 일정한 한자 석음을 보이기 때문입니다. 그리고 그 이후에는 천자문이 주종을 이루어서 그 석음도 일정하기 때문입니다. 그러나 1950년 이후에라도 필자의 경험으로 보아 특이한 한자 학습서라고 판단되는 것은 연구의 대상에 포함시켰습니다.

여기에 한 가지 더 첨언하여야 할 내용은 19세기 말에서 20세기 초까지에 연활자본으로 간행된 수많은 한자 자전들은 제외 시킬 수밖에 없었다는 점입니다. 이들은 한자 학습서라기보다는 한자 참고서이기 때문입니다. 이 연구를 위해 수집해 놓은 한자 자전들도 수십 종이 있지만 이 연구에서는 제외시켰습니다.

이 책은 도판이 많습니다. 각 문헌의 내용을 기술하는 방식이 유사하여서 그림으로 보지 않으면 그 문헌의 특징을 파악하기가 쉽지 않을 것 같아 모든 문헌의 앞부분과 뒷부분(특히 판권지)을 도판으로 넣었습니다. 참고가 되었으면 좋겠습니다.

도판이 많은 이 책의 편집을 맡아 주신 태학사의 편집인들에게 감사의 말씀을 전합니다. 그리고 이 책의 출판을 흔쾌히 허락해 주시고 출판에 도움을 주신 지현구 회장님과 김연우 사장님께 특히 감사를 드립니다.

2022년 2월
홍 윤 표

목차

제2부 한자 연구의 내용과 한자 학습의 내용

제3부 한자 학습자료의 분류

제4부 천자문

제5부 유합

제6부 신증유합

제7부 훈몽자회

제8부 아학편

제9부 이천자문

제10부 특정 분야 이해용 한자 학습 문헌

제11부 기타 한자 학습자료

제12부 마무리

제1부

우리나라 문자 사용과 한자

제1장 우리나라 문자 사용의 역사와 한자

우리나라 문자 생활의 역사는 매우 복잡하였다. 한 문자만을 사용하지 않고 매우 다양한 문자를 사용하여 온 역사 때문이다. 우리나라 사람들이 사용하였거나 접촉하여 왔던 문자는 대체로 다음과 같은 10개로 보인다.

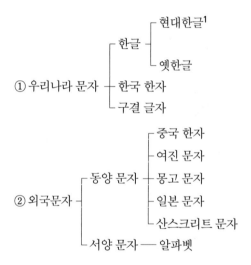

우리말을 표기하기 위해 사용되었던 문자는 한글뿐이라고 생각하는 사람

---

1 여기에서 특히 '한글'이라는 일반 명칭을 사용하지 않고 '현대한글'이라는 단어를 사용한 것은 다음과 같은 이유에서다. 즉 '한글'은 한국어를 표기하는 우리나라 문자에 대한 총칭이어서 훈민정음 창제 당시의 문자도 '한글'이요, 현대에 쓰이는 문자도 역시 '한글'이다. 옛날에 쓰이던 문자와 현대에 쓰이는 문자에 대한 명칭을 구별하고자 하여, 현대에 쓰이는 한글을 특히 '현대한글', 옛날에 쓰이던 문자를 '옛한글'이라고 한 것이다.

도 있다. 그러나 우리말을 표기하기 위해 사용하였던 문자는 한글만이 아니다. 한국 한자도 우리말을 표기하기 위해 만들어진 문자이며, 구결문자도 우리말을 표기하기 위해 만들어진 문자이다.

한국 한자는 중국에서 만들지 않고 우리나라에서 만든 한자를 말한다. 특히 한국 한자음에 없는 우리말을 표기하기 위해 만들어진 것이 대부분이다. 예컨대 한국 한자인 '乶'은 우리말의 '뜰'(국악의 음)을 표기하기 위해 만들어진 것인데, '뜰'이란 한자음을 가진 한자가 없어서 '뜰'음을 표기하기 위해 만들어 사용한 것이다. '乶'에서 '乙'의 윗부분은 '浮'(뜰 부)의 한 부분을 딴 것이고, '乙'은 '뜰'의 말음 'ㄹ'을 다시 지정해 준 것이다. '乙'은 일종의 지정문자(指定文字)인 셈이다.

구결문자는 한문을 쉽게 이해하기 위해 중국어에 없는 문법형태소, 곧 토(吐)들을 표기하려고 만든 것이지만, 그 문법형태소들은 중국어가 아니라 한국어이다. 단지 그 문법형태소들을 한자로 표기하기 위해 한자의 음과 새김을 이용하여 한문구에 달아 놓았기 때문에 이 구결문자도 엄밀히 말하면 한국어를 위해 만들어진 문자라고 할 수 있다. 예컨대 동몽선습의 첫 귀에 보이는 '天地之間 萬物之中厓 唯人伊 最貴爲尼'에서 밑줄 친 '厓, 伊, 爲尼'는 각각 한국어의 토인 '-애(처격 조사), -이(주격 조사), ᄒᆞ니(어미)'를 표기한 것이다. '厓'와 '伊"는 그 한자음 '-애'와 '-이'를, 그리고 '爲尼'는 '爲'의 새김인 'ᄒᆞ-'를, 그리고 '尼'는 '그 음인 '-니'를 따서 'ᄒᆞ니'를 나타낸 것이다. 그리하여 이 한문구를 '천지지간 만물지중애 인간이 최귀ᄒᆞ니'로 읽은 것이다. 그리고 이것을 번역할 때 '하늘과 땅 사이의 만물 가운데 사람이 가장 귀하니'로 번역할 것이다. 그러나 여기에 사용된 문자는 한자이다. 따라서 이 문자로 표기된 것은 구결이지 구결문자가 아니다. 단지 구결 표기에 사용된 한자일 뿐이다. 구결 문자는 이들을 생획자(省劃字)로 만든 '𠂆(厓), ソ(爲), ㄴ(尼)' 등을 구결문자라고 할 수 있다.

이두문자를 우리나라 문자 속에 포함시키지 않은 이유는 비록 이두문에 사용되는 문자이긴 하지만 한자를 그대로 이용하기 때문이다. 향찰 표기에 사용되는 문자도 별도의 문자로 언급하지 않은 이유도 동일하다.

외국문자는 외국어를 학습하거나 이해하기 위해 사용하였던 문자들이지만 이 중에서 중국의 한자는 중국어를 이해하기 위한 문자일 뿐만 아니라, 우리말을 표기하기 위해서도 요긴하게 사용하였던 문자이다.

위에 제시한 우리나라 문자와 외국 문자들은 각각의 목적에 따라 시대적 특징을 가지고 사용되어 왔다.

1. 한글

'현대한글'이란 우리말과 외래어 및 외국어를 표기하기 위하여 1933년에 제정된 '한글맞춤법통일안' 및 '들온말 적기' 등에 의거한 표기체계에 사용된 한글을 말한다. 따라서 '현대한글'이란 1933년 이후에 사용된 한글을 의미할 것이다. 자모로서 △, ㅸ, ㆆ, ㆍ 등을 포함하지 않는 글자로서 11,172개의 음절 글자로 구성되어 있다.

'옛한글'이란 현대한글에서 사용되지 않는 글자로서 '옛글자', '고자'(심지어 '고어'로도 불리었다) 등으로 불리어 글자로서 현대 한글 음절 글자 11,172자에 포함되어 있지 않은 음절 글자들(예컨대 ㄱ ㄴ 돈, ㅅㅣ, ㅂㅗ, ㅎㅗㅇ, ㅇㅕ, ㅎㅕ 등)과 현대 정서법에서 사용하지 않는 자모들(△, ㅸ, ㆆ, ㆍ, ㅅㅈ, ㅂㄷ, ㅃ 등)을 포함한다. 옛한글은 우리말을 표기하기 위해 사용되었던 문자들이 대부분이지만 외래어와 외국어를 표기하기 위해 사용되었던 문자들도 포함된다. 그리하여 한어, 왜어, 청어, 몽어를 학습하기 위해 편찬된 다음과 같은 문헌에는 우리말 표기와 다른 표기들이 보인다.

① 중국어 표기 : 역어유해, 역어유해보, 박통사의 언해류, 노걸대의 언해류, 노박집람, 오륜전비언해 등

② 일본어 표기 : 첩해신어, 왜어유해, 인어대방 등

③ 만주어 표기 : 동문유해, 팔세아, 소아론, 삼역총해 등

④ 몽고어 표기 : 몽어유해, 몽어노걸대 등

고유어 표기를 위해 사용된 자모들과 외래어(주로 한자어)나 외국어를 표기하기 위해 사용된 자모들에는 차이가 있다. 그 예들을 몇 개씩만 보이도록 한다.[2]

① 고유어를 표기하기 위해 사용된 자음 자모들

ㄱ ㄲ ㄴ ㅥ ㄷ ㄸ ㄹ ㅁ ㅂ ㅲ ㅳ ㅃ ㅄ ㅴ ㅵ ᄤ ꥲ ㅶ ᄨ ꥳ ㅷ ᄪ ꥴ ㅅ ㅺ ㅻ ㅼ ᄱ ㅽ ᄳ ㅆ ᄴ ᄵ ㅾ ᄷ ᄸ ᄹ ᄺ ᄻ ㅿ ㅇ ㆀ ㆁ ㅈ ᅍ ㅉ ㅊ ᅕ ㅋ ㅌ ㅍ ㅎ ㆆ ㆅ

② 외래어 및 외국어 표기를 위해 사용된 자음 자모들

ㄱ ㄲ ㄴ ᄓ ㅥ ᄖ ㅧ ᅜ ㄷ ᄗ ㄸ ㄹ ᄘ ꥨ ㅁ ᄜ ㅂ ᄟ ᄨ ᄪ ㅸ ㅹ ㅅ ㅺ ㅼ ㅽ ㅆ ᄵ ㅾ ᄼ ᄽ ᄾ ᄿ ㅿ ㆁ ᅁ ᅂ ꥵ ᅃ ᅄ ᅅ ᅆ ㆀ ᅈ ᅉ ᅊ ᅋ ㆁ ㆁ ㅎ ㅈ ㅉ ᅎ ᅏ ᅐ ᅑ ㅊ ᅒ ᅔ ᅕ ㅋ ㅌ ㅌㅌ ㅍ ᅖ ㅍㅎ ㆄ ㅎ ㅎ ㅊ ㆅ ㆆ

③ 고유어를 표기하기 위해 사용된 모음 자모들

ㅏ ㅐ ㅑ ㅒ ㅓ ㅔ ㅕ ㅖ ㅗ ㅘ ㅙ ᅸ ᅺ ᅻ ㅚ ㅛ ㆈ ᆈ ㅜ ᆉ ㅝ ㅞ ㅟ ㅠ ㆉ ㆊ ㆋ ㅡ ᆖ ㅢ ㅣ ㅡㅣ ᆝ ㆍ ᆣ ㆎ ᆢ

④ 외래어 및 외국어 표기를 위해 사용된 모음 자모들

ㅏ ᅶ ᅷ ㅐ ㅑ ᅸ ힰ ᅹ ㅒ ㅓ ᅺ ᅼ ᅽ ㅔ ㅕ ᅾ ᅿ ㅖ ㅗ ㅘ ㅙ ힲ ᆀ ᆁ ᆂ ᆃ ㅚ ㅛ ힳ ힴ ᆄ ힵ ᆆ ᆇ ᆅ ㅜ ᆉ ᆊ ㅝ ㅞ ᆋ ᆌ ᆍ ㅟ ힶ ㅠ ᆎ ힷ ᆏ ᆐ ㆉ ㆊ ᆓ ᆔ ㅠㅣ ㅡ ힹ ힺ ힻ ힼ ㅢ ᆗ ㅣ ᆘ ᆙ ힽ ힾ ㅣ ㅖ ᆚ ힿ ퟀ ᆛ ퟁ ퟂ ㆍ ᆟ ퟅ ᆠ ㆎ

---

2 옛한글의 전체 목록은 홍윤표(1995)를 참조할 것.

2. 구결문자

구결(口訣)이란 한문의 해독을 위하여 한문의 단어 또는 구절 사이에 들어가는 우리말을 말하며, 구결문자란 이 우리말을 표기하기 위하여 사용된 한자의 생획자(省劃字)를 말한다. 구결문자는 비록 한자를 빌어 쓴 것이지만, 한자는 아니다. 일본문자인 '가나'가 비록 한자의 획을 줄여 만들었다고 해도 이것을 한자의 범주 속에 넣지 않고 있는 이치와 같다. 이 구결문자는 그 사용의 역사가 한글의 사용 역사보다도 더 길다고 할 수 있다. 구결문자가 고려시대부터 보이고 있고 20세기 초까지도 사용되었기 때문이다. 역사적인 변화를 거쳐 왔으므로 고려 시대의 구결 자료 목록과 조선 초기 시대의 구결 자료 목록과 조선 후기의 구결 자료 목록이 다르며, 불가(佛家)의 구결과 유가(儒家)의 구결도 그 목록이 다르다.

조선 후기의 구결자들 중 유가(儒家)에서 쓰인 구결자들은 『소학제가집주(小學諸家集註)』에 목록화되어 있어서 그 모습을 볼 수 있다.[3] 지금까지 구결자의 목록은 연구자들에 의해 작성되었지만, 이전 시기에 이를 목록화하여 놓은 자료는 이 문헌이 가장 오래된 것으로 보인다. 또한 이 자료를 통해 '약체구결자(略體口訣字)'라는 지칭은 '생획현토(省劃懸吐)'라고 하는 것이 합리적인 명칭이라는 것도 알 수 있다. 따라서 이 책에서는 '약체자(略體字)'라고 하지 않고 '생획자(省劃字)'라고 할 것이다. 소학제가집주의 생획자 목록이 들어 있는 부분을 사진으로 보이면 다음과 같다.

---

3 생획토(省劃吐)가 실려 있는 『소학제가집주』는 판식이나 지질로 보아 19세기에 간행된 것으로 추정된다. 특히 상이엽화문어미(上二葉花紋魚尾)로 되어 있는데, 이 판심어미는 주로 18세기 초에서부터 19세기 말까지 사용된 것이기 때문에 이 책의 간행연대를 19세기, 늦어도 19세기 말로 잡아 무방할 것으로 생각된다.

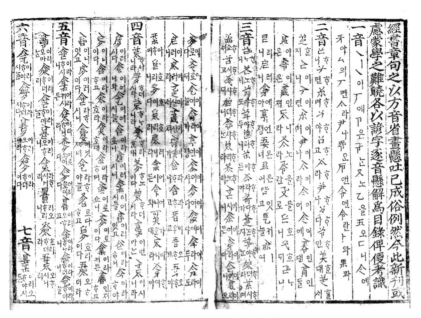

〈소학제가집주의 구결문자 목록〉

이들 생획자의 목록을 보이면 다음과 같다.

	생획자	정자	대응음	차용별	필순별
1	加	加	더	訓	全
2	ㄷ	飛	ㄴ	訓	頭
3	丶	是	ㅣ, 이	訓	尾
4	月	月	돌, ㄷ	訓	全
5	ㅄ	爲	ㅎ	訓	頭
6	可	可	가	音	全
7	ㅌ, 旦	巨	커	音	全
8	ㅁ	古	고	音	尾
9	果	果	과	音	全

10	尹	那	나	音	頭
11	女	女	녀	音	全
12	又	奴	노, 로	音	尾
13	ヒ	尼	니	音	尾
14	夕	多	다	音	頭
15	大	大	대	音	全
16	弋	代	딕	音	尾
17	刀	刀	도	音	全
18	斗	斗	두	音	全
19	ホ	等	든	音	尾
20	厸	羅	라	音	尾
21	户	驢	러	音	尾
22	日	里	리	音	頭
23	ㄅ	馬	마	音	中
24	ㄱ	面	면	音	頭
25	ホ	彌	며	音	尾
26	士	士	ᄉ	音	全
27	仝	舍	샤	音	頭
28	沙	沙	샤	音	全
29	西	西	셔	音	全
30	小	小	쇼	音	全
31	寸	時	시	音	尾
32	兒	兒	ᅀ	音	全
33	牙	牙	아	音	全
34	厂	厓	애	音	頭
35	ㄱ	也	야	音	頭

36	ㅅ	於	어	音	尾
37	言	言	언	音	全
38	亦	亦	여	音	全
39	五	五	오	音	全
40	昷	溫	은	音	尾
41	ㅏ	臥	와	音	尾
42	ㄗ	隱	ㄴ, 은	音	頭
43	乙	乙	ㄹ,을,늘,눌	音	全
44	ㅿ	矣	의	音	頭
45	底	底	져	音	全
46	丁	丁	졍	音	全
47	之	之	지	音	全
48	叱	叱	잇	音	全
49	ㅅ	乎	호	音	頭

불가의 구결자는 유가의 구결자와는 다른 양상을 보이기도 한다. 조선 후기의 구결자들 중 불가(佛家)에서 쓰인 구결자들은 1797년에 편찬된 『지장경(地藏經)』[4]에 나타나는데, 이 구결자들이 포함된 원문의 모습을 보이면 다음과 같다.

---

4 이 책은 안의현(安義縣) 영각사(靈覺寺)에서 간행한 책이다.

地藏菩薩本願經卷上

文益亡父張加八伊兩主

三藏法師　法燈譯

地藏菩薩本願經忉利天宮神通品第一

如是我聞　一時佛　在忉利天　為母
說法　爾時　十方無量世界不可說不
可說　一切諸佛　及大菩薩摩訶薩　皆
來集會　讚歎釋迦牟尼佛　能於五
濁惡世　現不可思議　大智慧神通之
力　調伏剛強眾生　知苦樂法　各遣
各遣侍者　問訊世尊　如是時　如來

舍笑　放百千萬億大光明雲　所謂
大圓滿光明雲　大慈悲光明雲　大智
慧光明雲　大般若光明雲　大三昧光
明雲　大吉祥光明雲　大福德光明雲
大功德光明雲　大歸依光明雲　大
讚歎光明雲　放如是等不可說光明
已　又出種種微妙之音　所謂檀波羅
蜜音　尸羅波羅蜜音　羼提波羅蜜音
若波羅蜜音　慈悲音　喜捨音　解脫
般

〈지장경〉

이들을 정리하면 다음과 같은 구결자들이 보인다. 그 일부를 보이도록 한다.

	구결	음
1	去古齊去入ㅁ	케코져커든
2	去古齊爲奴尼	케코져ᄒ노니
3	去那	커나
4	去那爲面	커나ᄒ면
5	去乃	커나
6	去尼臥	커니와
7	去時ㅁ广乙ㅁ	커신마른
8	去時乙	커시늘
9	去爲去入ㅁ	케ᄒ거든
10	去爲古	케ᄒ고
11	去爲昆	케ᄒ곤
12	去爲ヒ尼	케ᄒᄂ니
13	去爲又尼	케ᄒ노니

14	去爲利尼	케ᄒ리니
15	去爲ㅅ	케ᄒ며
16	去爲ㅿ	케ᄒ며
17	去爲面	케ᄒ면
18	去爲ㅅ	케ᄒ라
19	去爲舍	케ᄒ샤
20	去爲小西	케ᄒ쇼셔

모두 324개의 구결자 목록을 볼 수 있는대, 이들을 검토하여 보면 모두 94개의 구결자로 배합되어 있음을 볼 수 있다. 94개의 구결자의 목록을 음의 가나다순으로 배열하면 다음과 같다. 이 목록에는 구결글자의 생획자뿐만 아니라 구결에 사용된 한자도 함께 제시한다.

	음	구결자		음	구결자
1	가	可, 加	2	거	去
3	고	古, ㅁ	4	곤	昆
5	과	果, 戈	6	관	官
7	긔	己	8	ㄴ	ㄹ, 隱
9	나	乃, 那	10	녀	女
11	노	ㅈ, 奴	12	뇨	了, ㄱ
13	늘	乙	14	니	ㄴ, 尼
15	ᄂ	飛, ㅌ	16	늘	斤
17	다	多	18	대	大
19	더	加	20	뎌	氐
21	뎡	丁	22	도	都, 刀
23	두	豆, 斗	24	드	入
25	디	知, 地	26	딘	陳
27	ᄃ	入, 月	28	둘	月
29	딕	代	30	ㄹ	乙
31	라	ㅅ, 乙	32	러	馿
33	로	奴, ㅈ	34	록	彔
35	리	利, 里	36	ㄹ	乙

37	마	広	38	만	万
39	매	賣	40	며	旀, 尒, 尔
41	면	丆, 面	42	믈	勿
43	ᄆᆞ	勿	44	ᄆᆞᆯ	勿
45	ㅂ	邑	46	ㅅ	叱
47	샤	舍	48	셔	西
49	소	所	50	쇼	小, 所
51	시	時	52	ᄉᆞ	士
53	ᄉᆡ	士	54	ᄯᆞ	月
55	ᅀᅡ	沙	56	ᅀᆞ	兒
57	아	阿	58	애	厓
59	야	也	60	어	於, 良
61	언	言	62	여	如
63	예	曳	64	오	五, 午
65	온	溫	66	와	臥, 卜
67	은	卩, 隱	68	을	乙
69	의	衣	70	이	伊
71	잇	叱	72	이	广, 應
73	저	其	74	져	齊
75	지	之	76	커	去
77	케	去	78	코	古, 口
79	콰	戈	80	토	土, 吐
81	ᄐᆞ	月	82	하	下
83	호	乎	84	홀	忽
85	히	屎	86	ᄒᆞ	爲, 丷

3. 한국 한자

한국 한자는 우리나라에서 만든 한자이다. 한국에서 만든 고유한자의 목록은 연구자마다 각기 다르다. 단국대 동양학연구소에서 1997년에 편찬 · 간행한 『한국한자어사전』에서는 201자를, 하영삼(1999, pp.185-224)에서는 213자를,

그리고 박성종(1999, pp.51-96)에서는 179자를, 그리고 김종훈(2014)에는 국자(國字)(造字), 국음자(國音字), 국의자(國義字)로 나누어 모두 340자의 고유 한자를 제시하고 있다. 한국 한자에는 인명, 지명, 관직명 등에 보이는 고유명사를 표기하기 위해 만든 한자들이 많은데, 대체로 종성 표기에서 'ㄱ, ㄴ, ㄹ, ㅁ, ㅂ, ㅅ, ㅇ'을 표기하기 위해 만든 것이 대부분이다. 그 몇 예를 보이면 다음과 같다(괄호 안은 한자음이다).

鳶(궉) 㔖(격) 㐲(덕) 㐏(둑) 㐀(억) 㐎(작)

㐡(둔) 㦤(뿐) 㐞(뿐) 㐠(산) 㰮(한/흔)

㐓(갈) 乫(갈) 㐎(걸) 㐐(걸) 乫(골) 㐐(골) 乫(굴) 㓧(굴)

㐎(글) 基(길) 㐏(길) 㐗(놀) 㐠(놀) 㐙(돌) 㐛(돌) 㐚(둘)

㐌(둘) 㐠(둘) 㐞(뜰) 㐝(몰) 㐎(볼) 㐞(불) 㐐(빌) 㐙(살)

㐗(살) 㐘(설) 㐖(설) 㐔(절) 㐗(솔) 㐞(솔) 㐎(쌀) 㐖(얼)

㐡(올) 㐥(올) 㐦(올) 㐩(올) 㐢(율) 㐣(율) 㐗(잘) 㓦(절)

㐡(졸) 㐤(졸) 㐗(줄) 㐢(줄) 㐗(찰) 㐴(톨) 㓪(할) 㐒(홀)

㔌(감) 㐴(놈) 㝡(뱀)

㐎(곱) 㐎(삽)

㐲(잣) 㐎(갯) 㐏(갯) 㐡(것) 㐪(곳) 㐫(곳) 㐏(곳) 㐃(긋)

㐠(늣) 㐦(끗) 㐙(돗) 㐖(듯) 㐫(봇) 㐫(붓) 㐫(비) 㐃(삿)

㐘(엇) 㐗(엿) 㐨(엿) 㐩(윗) 㐚(잇) 㐡(잣) 㐝(줏) 㐫(짓)

㐹(팟) 㐡(씻)

㐗(둥) 㐲(똥) 㐶(똥) 㐪(명) 多(몽) 軍(소)

釗(쇠) 㐫(씨) 수(마) 皿(엄) 㐑(화)

이러한 한국 한자들이 사용된 문헌인, 『청음고보(淸音古寶)』(필사년 미상)의 사진을 보도록 한다.

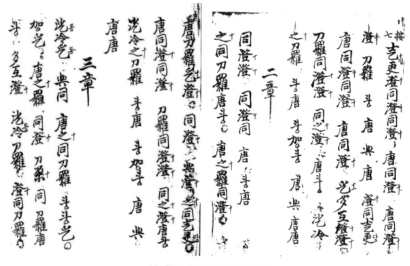

〈청음고보〉(필사연도 미상)

이 문헌에는 '광唐, 광쩡광, 꽝泠꽃, 썰꽃'과 같은 한자가 사용되고 있는데, '광쩡광'은 '둥덩둥'을, '광광꽃'은 '둥둥뚤'을, '썰'은 '살'을 표기하기 위해 우리나라에서 만든 한자이다.

이러한 고유한자가 발생하는 이유는 분명하다. 우리말을 표기하는데 중국의 한자로서는 표기하기 어려운 음이 있을 뿐만 아니라, 한자가 지니고 있는 표의성에다가 표음성을 가미하여 그 의미와 음성을 더욱 정확하게 전달하려는 의도적인 표현방식을 고안해 내었기 때문이다.

예컨대 '격'이란 음을 가진 한자음이 없어서 이 음절을 '거'와 'ㄱ'으로 나누어 표기하는 방식을 택해서 '거'음을 가진 '巨'에다가 한글의 'ㄱ'을 합자하여 '특'을 만든 것이 그러한 예이다. 반면에 이와는 반대로 '포(鮑)'는 원래 石決明(석결명)의 향명인 '싱보'를 표기하기 위해 만든 것인데, 이것을 '生包(생포)'로 쓰지 않고 '包'자에다가 물고기라는 의미의 '魚'를 앞에 붙여 '鮑'로 표기한 것은 한자를 표음자로 사용하면서도 표의성을 덧붙인 경우이다.

고유한자를 만드는 방식에 대하여 남풍현(1989)에서는 합자(合字)에 의한 고유한자와 생획에 의한 고유한자로 구분하여 설명하고 있다.

남풍현 교수가 제시한 합자에 의한 고유한자의 예로 든 것들은 대부분 비명(碑銘)에서 찾은 것들인데, 여기에 든 고유한자들은 다른 곳에서는 제시하지 않은 것들이다(예: 巭 등). 마찬가지로 생획에 의한 고유한자로 예로 든 예들도 다른 고유한자 연구에서는 찾아볼 수 없는 예들이 많다(예: III, 嚴에서 획을 줄인 글자). 따라서 한국의 고유한자에 대한 연구도 더 정밀한 연구가 필요하다고 생각한다.

4. 몽고 문자

몽고 문자가 우리나라에 언제 들어왔는지는 알 수 없으나, 조선조에서 역관을 양성하고 관장하였던 사역원에서는 몽고어 학습을 위하여 회화 교과서와 어휘집들을 편찬하고 간행하였는데, 이중에서 『몽어노걸대』(1790년)에는 몽고문자가 쓰이고 옆에 몽고음이 한글로 주음되어 있다.

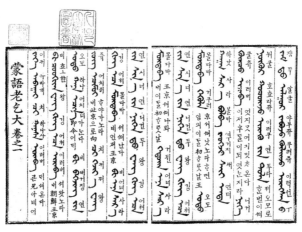

〈몽어노걸대〉(1790년)

5. 만주 문자

마찬가지로 사역원에서 편찬·간행한 만주어 회화 교과서인『청어노걸대』
(1765년)에는 만주문자가 보인다.

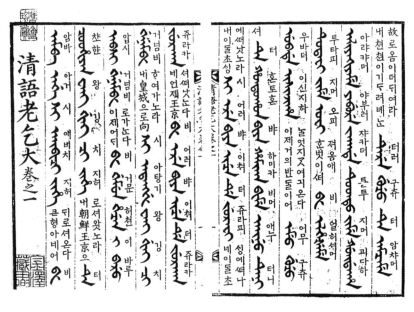

〈청어노걸대〉(1765년)

6. 일본 문자

우리나라가 언제부터 일본 문자에 접했는지는 기록은 없지만 이미 1471년
에 신숙주가 일본에 대해 쓴『해동제국기(海東諸國記)』에 '어음번역(語音飜譯)'이
라 하여 한글로 일본어 발음을 한글로 기록한 것이 있고, 또한 1492년에 편찬
된『이로하(伊路波)』에는 '伊路波四體字母各四十七字(이로파사체자모각사십칠자)'

라 하여 일본문자를 쓰고 그 밑에 한글로 발음을 표기하고 있어서 일찍부터 일본 문자가 한국에 잘 알려져 있었던 것으로 보인다. 그러나 일반인들이 일본어를 직접 대했던 것은 20세기 초의 일제강점기 때였다. 이때 일제는 일본어를 국어라 하여 강제적으로 교육시켰고, 이때에 한국인들이 일본어에 접하게 되었다.

사역원에서 편찬·간행한 일본어 회화 교과서인『첩해신어』(1676년)의 서영을 보이면 다음과 같다.

〈첩해신어〉(1676년)

파스파 문자는 우리나라에서 간행된 문헌에 그 흔적이 발견되지 않으며 또 그것을 학습하였거나 연구하였다는 흔적은 발견되지 않는다.

우리나라 역사에서 몽고 문자, 만주 문자, 일본 문자들을 일반인이 사용하였었다는 흔적은 발견되지 않는다. 이 중 일본 문자만이 20세기에 와서 일반인들에게도 보급되었었는데, 그것은 일제강점기 때의 일이다.

위에서 보인 몽고문자, 만주문자, 일본문자들이 우리나라에서 얼마나 유용하였는가는 조선시대에 잡과의 역과에서 입격자들이 얼마나 되는가를 살펴보면 짐작할 수 있을 것이다. 이를 통해서 그 시대에 그 언어와 문자의 필요성 정도를 어느 정도 파악할 수 있다. 그 통계는 이성무, 최진옥, 김희복(1990)을 참고하여 보면 다음과 같다.

역과는 한학, 청학, 몽학, 왜학의 4과(科)인데, 지금까지 알려진 역과 시험의 실제 횟수가 밝혀진 것은 1498년(연산군 4년)부터 1891년(고종 28년)까지 394년간에 걸친 것이다. 식년과(式年科)(3년마다 정기적으로 시행한 과거시험)가 110회, 증광시(增廣試)(나라에 경사가 있을 때 식년시에 이어서 실시된 비정기 과거시험)가 59회로 모두 169회이다. 이때 배출된 입격자는 식년시(式年試)에서 1,802명, 증광시에서 1,135명으로 모두 2,937명이다.

역과에는 매번 선발하는 인원의 정수가 있었는데, 식년시에서는 한학이 13명이고 몽학, 왜학, 청학이 각각 2명씩이며, 증광시에서는 한학 15명, 몽학, 왜학, 청학이 각각 4명씩이다. 1489년부터 1891년까지의 394년 동안에 입격된 사람을 보면 한학이 1,863명, 청학이 317명, 몽학이 278명, 왜학이 342명이고 미상이 137명이어서 모두 2,937명이다. 이러한 통계를 보면, 실제로 조선 시대에 필요했던 분야는 한학(漢字) 63%, 왜학(일본문자) 12%, 청학(만주 문자) 11%, 몽학(몽고문자) 9% 순이다.

이러한 외국어와 외국문자의 수요는 결국 대외 국제관계와 문화의 교류와 직결되는 것임을 증명한다고 할 수 있다.

이들 전공 역역별 입격자들을 살펴보면 한 사람이 주로 한 외국어만 공부한 것만은 아닌 것 같다. 전공이 2인 입격자도 39명인데, 그 내용을 보면 흥미로운 사실을 알 수 있다.

주전공	부전공	인원수
한학	청학	20명
한학	왜학	5명
한학	몽학	4명
청학	몽학	4명
청학	한학	1명
몽학	청학	1명
몽학	한학	1명
왜학	청학	1명
왜학	한학	1명
왜학	몽학	1명

한학을 주전공으로 하고 부전공으로 다른 청학, 왜학, 몽학을 한 사람은 여럿 있어도, 다른 언어를 주전공으로 하고 한학을 부전공으로 한 사람은 드물다는 사실은 우리나라에서 그만큼 중국어와 한자가 지니는 비중이 큼을 보여준다.

이러한 중국어, 몽고어, 만주어, 일본어를 사용하였던 사람들은 전술한 바와 같이 통역을 담당했던 전문인들이었다고 할 수 있다. 그런데 이것이 일반인들게도 학습시키게 된 것은 19세기 말이었다. 즉 19세기 말의 관립외국어학교가 설립된 것이 그 시작이었다.

일본어학교는 1891년 5월에 서울에 설립을 하였고, 1895년에는 인천에, 그리고 1907년에는 평양에 설치하였으며, 한어 학교, 즉 중국어 학교는 1897년 5월에 서울에 설치하였다. 이전까지의 만주어나 몽고어 학습기관은 설치되지 않았고, 그 대신 프랑스어 학교[法語學校]와 러시아어 학교[俄語學校]와 독일어 학교[德語學校]가 각각 1895년, 1896년, 1898년에 설립되었다. 영어학교는 이보다 앞서 1894년에 설립되었다. 이때부터 존속되어 오다가 1904년 노일전쟁 뒤에 러시아어학교는 폐쇄되고 나머지 학교도 을사늑약 다음해인 1911년 일본 당국에 의해 폐지되었다. 그러다가 광복 이후에 각 대학에 외국어학과가 개설되면서 외국어 교육이 다시 시작되어 오늘에 이르고 있다.

7. 범자(梵字)

범자(梵字)는 일찍부터 우리나라에 들어온 것으로 보인다. 고려시대에 간행된 것으로 보이는 각종 불교 관련 문서(多羅尼 등)에는 범자로 쓰인 것이 많이 존재한다. 특히 불교의 도입과 더불어 진언(眞言)에 쓰이었던 문자이어서 불교에 관여된 승려들이 학습한 것으로 보인다. 일반인들이 이 문자에 접근한 기록은 보이지 않는다. 각종 진언집(眞言集)에 이 범자가 소개되어 있다.

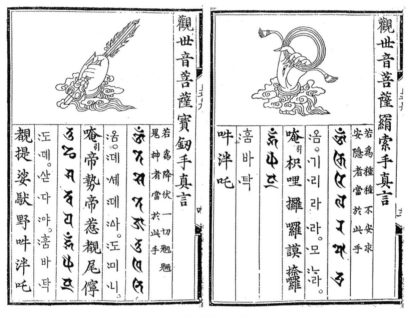

〈오대진언〉(1476년)

범자는 불가에서 오래전부터 학습해 온 것으로 보인다. 진언집에는 실제로 범자들을 설명한 내용들이 보인다. 진언집 앞의 '범례'에서 언문 글자와 범자를 비교하여 설명하고 있는 부분이 있는데, 예컨대 'ㄱ'은 범자의 ㅈ이나 ⌒와 같으며, 'ㄴ'은 ʃ이나 ⫴과 같으며, 'ㄷ'은 ⟩과 같다는 등의 설명을 한

46

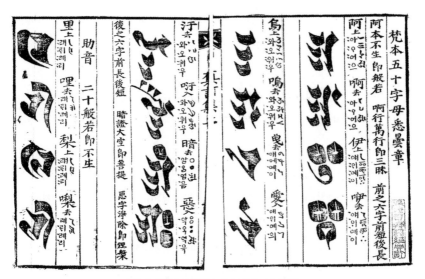

〈중간진언집의 '범본 오십자모 실담장'〉

후에 '梵本 五十字母 悉曇章(범본 오십자모 실담장)'을 싣고 있다.

8. 영문자(알파벳)

알파벳이 언제 우리나라에 선을 보이기 시작하였는지는 명확한 기록이 없어서 알 길이 없다. 단지 조미수호통상조약(朝美修好通商條約)이 1882년에 이루어졌으므로 이 시기부터 영어와 알파벳을 공식적으로 접촉했을 것으로 추정된다.

1883년에 정부에서 영어학교를 설립했다. 일종의 통역관 양성소였다. 그이름은 '동문학(同文學)'이었는데, 그 당시 영어 등을 '양어'(洋語)라고 하였다. 이러한 사실은 김윤식(金允植)의 '음청사'(陰晴史)의 하(下) 고종(高宗) 19년 임오(壬午) 11월 21일조의 다음과 같은 기록으로 알 수 있다.

又設同文學 置掌敎一人 諫洞從兄主爲之 抄擇年少聰明者 開學堂于外衙門卽通商衙
門 中原人吳仲賢 唐紹威兩生 敎習洋語

　동문학(同文學)을 설치하여 총명한 소년들을 뽑았는데, 통상아문에 설치하
였고, 중국 사람 오중현과 당소위 두 사람에게 영어 교육을 맡겼다는 기록
이다.

　우리나라에서 영어학교가 설치되어 영어 교육이 공식적으로 이루어지게
된 것은 1894년 2월이다. 1886년에 미국에서 3명의 교사를 초빙하여 영어로
고관양반의 자제들을 가르치던 육영공원(育英公院)이 세워지고 여기에서 영
어 교육이 이루어졌으므로 19세기 말에 영어학습과 함께 알파벳 학습이 이루
어졌음을 알 수 있다. 그러나 육영공원은 세운 지 얼마 되지 않아 성과를 이루
지 못하고 없어지게 되었다. 그러나 1886년에 배재학당과 이화학당이 설립되
었기 때문에 그곳에서 영어 교육이 이루어졌을 것이므로 영어 교육은 계속되
었을 것이다. 그러다가 1894년에 다시 영어학교를 세우게 되었다.[5]

　1835년에 메드허스트(W. H. Medhust)가 편찬하여 간행한『조선위국자휘(朝鮮
偉國字彙)』(1835년)에 알파벳이 보이지만, 이 책은 외국에서 간행한 것이어서 우
리나라에서 알파벳이 사용된 것이라고 하기 어렵다. 우리나라에서 우리나라
사람에 의해 간행된 문헌에 알파벳이 보이는 문헌으로 지석영이 편찬하여
1908년에 간행한『아학편(兒學編)』을 들 수 있다. 이 아학편에는 한자의 의미를
영어로 보이기 위해 알파벳을 사용하고 있다. 예컨대 '君(인군 군)'에는 'Ruler',
'臣(신하 신)'에는 'Minister'라고 써 놓았다. 그뿐만 아니라 이 책의 앞에서는 알
파벳에 대한 일반적인 정보도 제공하고 있다.

---

5 영어 교육에 관한 상세한 내용은 李光麟(1974)을 참조할 것.

姨 Aunt	姪 Nephew	祖 Ancestor	姊 Eldersister
婭 Brother-in-law	姑 Aunt	宗 Ancestor	妹 Youngersister
婿 Son-in-law	甥 Nephew	子 Son	婦 Youngerbrother's wife
媳 Daughter-in-law	舅 Uncle	孫 Grandson	嫂 Elder-br's wife

兄 Elderbrother	君 Ruler	天 Sky	兒 Dhid
弟 Younger brother	臣 Minister	地 Earth	學 Learn
男 Male	夫 Husband	父 Father	編 Book
女 Female	婦 Wife	母 Mother	

〈아학편〉(1908년)

국악 관련 문헌에 보이는 가야금 악보에 등장하는 합자보(合字譜)도 문자인 것처럼 보이지만, 이것은 문자가 아니라 음악 악보이다. 다음에 보이는 합자보는 양금신보(梁琴新譜)(1610)에 보이는 합자보이다.

이 중에서 첫 번째로 보이는 㔩은 '方'이란 글자, '四'라는 글자, '夕'이란 글자, 그리고 맨 왼쪽에 보이는 'ㅣ'처럼 보이는 부호가 조합된 것이다. '方'은 '줄 이름'이고 '四'는 괘의 순서이며, '夕'은 지법(指法), 즉 거문고를 타는 손가락을 가리킨다. 그리고 'ㅣ'는 탄법(彈法), 즉 술대로 줄을 내리치거나 줄을 뜯는 방법을 표시한 것이다. 여기에 보이는 '方'은 제2현인 유현(遊絃)을 지칭하고, '四'는 넷째 괘를, 그리고 '夕'은 약지를 지칭하고 'ㅣ'는 내리치라는 뜻이다. 따라서 문자가 아니라 악보에 쓰인 부호일 뿐이다. 그러나 이들 대부분이 한자나 한자의 생획자를 이용하고 있어서 우리 선조들이 한자를 어떻게 지혜롭게 활용하여 왔는가를 알 수 있다.

위에서 제시한 문자들을 크게 두 부류로 나눈다면 우리 언어생활에 직접 연관된 문자와 일부 전문가들에게만 필요하였던 문자로 나눌 수 있다. 우리 언어생활과 직접 연관된 문자는 한글과 한국 한자와 구결문자와 중국 한자뿐이다. 따라서 우리가 집중적으로 연구해야 할 문자는 한글과 한자이다.

한글과 한자는 어느 면에서는 서로의 단점을 보완해 주는 문자라고도 할 수 있다. 즉 우리의 고유문자인 한글을 통해서 우리말을 연구할 때 한자를 통해 우리말 연구를 보완할 수 있음을 의미한다. 한글은 소리글자이어서 한글로 표기된 언어의 소리는 쉽게 파악할 수 있지만, 그 의미를 파악하는데 어려움이 있는데, 한글과 함께 표기된 표의문자인 한자를 통해 그 의미 파악에 도움을 받을 수 있기 때문이다.

한자는 우리나라 역사상에서 가장 오랜 동안 사용되었던 문자이다. 한자 사용의 역사는 한글의 사용 역사보다도 더 길다. 그래서 우리 선조들이 남겨 놓은 문자 문화유산 중의 대부분은 한자로 쓰인 것이다. 그런데 한자에 대한 연구, 특히 우리나라에서 사용하였던 한자에 대한 연구는 그 연구가 폭넓고 깊이 있게 진행되어 온 것 같지 않다.

한자에 대한 연구 중에서 중국의 한자에 대한 연구는 상당한 연구 성과를 거두고 있지만, 한국에서 사용되어 왔던 한자에 대한 연구는 아직 미진한 상태로 보인다. 한국에서 사용되었던 한자의 목록도 만들어져 있지 않고, 그 문자들의 음과 새김이 어떻게 변화해 왔는지에 대한 조사도 이루어져 있지 않다. 간단한 예로 필자의 이름 끝자인 '杓'는 원래 그 음이 '쟉'(1527, 訓蒙叡中, 9b, 나므쥭 쟉)이었지만, 언제부터 왜 '표'로 바뀌었는지 알려져 있지 않다.

뿐만 아니라 한자가 지니고 있는 기능에 대해서도 널리 연구되어 있지 않다. 한자는 훈민정음이 창제되기 이전과 훈민정음이 창제된 이후와 오늘날의 한자의 기능은 동일하다고 할 수 없다. 훈민정음 창제 이전의 한자는 우리의 의사와 감정을 전달하거나 우리말을 표기하기 위한 기능으로 사용되었지만, 훈민정음이 창제된 이후에는 우리말을 표기하는 기능보다는 오히려 외래어(한자어 등)를 표기하는 기능으로 더 많이 사용되었다.

이러한 한자에 대한 본격적인 연구와 더불어 우리나라에서 한자를 학습하기 위해 어떠한 자료를 이용하였는지 또는 그 한자의 음과 의미가 어떻게 정착되었는지에 대한 연구조차도 매우 개략적으로 이루어져 온 것으로 보인다. 한자 학습서로서 『천자문』, 『훈몽자회』, 『유합』, 『아학편』 등이 있었다는 사실은 알고 있지만, 그 이외의 한자 학습자료에는 어떠한 것이 있었으며 그 문헌들이 어떠한 역사적 변천을 겪어 왔는지에 대해서는 상세하게 알려져 있지 않다. 마찬가지로 한자음과 의미가 표준화되어 있지 않아서 오늘날까지도 그 표준음과 표준새김에 대한 논의가 구구한 편이다.

이 책은 한자의 그러한 문제들 중에서 가장 기초적인 문제, 즉 한자 학습자료에 어떠한 것이 있었으며, 그것들이 역사적으로 어떠한 변천을 거쳐 왔는지에 대해서 연구한 결과물이다.

제2장 한자의 도입

1. 한자 도입 이전의 문자설

　중국으로부터 한자가 전래되기 이전에는 우리나라에서 문자 생활은 존재하지 않았다. 그러나 훈민정음 창제 이전에도 한자 이외의 문자가 있었다고 주장하는 학자도 있다. 그 몇 가지 주장을 들어 보도록 한다.

　　(1) 권덕규(1923)

　　① 삼황내문(三皇內文)　　　　② 신지비사(神誌秘辭)

　　③ 법수교비문(法首橋碑文)　　④ 왕문문자(王文文字)

　　⑤ 수궁문자(手宮文字)　　　　⑥ 남해도각문(南海島刻文)

　　⑦ 각문자(刻文字)　　　　　　⑧ 구려문자(句麗文字)

　　⑨ 백제문(百濟文)　　　　　　⑩ 발해문(渤海文)

　　⑪ 고려도서(高麗圖書)

　　의 11종이 있었다

　　(2) 김윤경(1938)

　　① 삼황내문(三皇內文)　　　　② 신지비사문(神誌秘詞文)

　　③ 왕문문(王文文)　　　　　　④ 각문자(刻文字)

　　⑤ 고구려문자(高句麗文字)　　⑥ 백제문자(百濟文字)

　　⑦ 발해문자(渤海文字)　　　　⑧ 고려도서(高麗圖書)

⑨ 향찰(鄉札)

의 9종이 있었다

(3) 권상로(1947)

① 삼황내문(三皇內文)   ② 비사문(秘辭文)

③ 법수교비문(法首橋碑文)   ④ 왕문(王文)의 문자(文字)

⑤ 남해석각문(南海石刻文)   ⑥ 각목문(刻木文)

⑦ 천부경문(天符經文)   ⑧ 현묘결문(玄妙訣文)

의 8종이 있었다

(4) 김인호(2005)

① 신지글자

이러한 주장들은 오래전부터 있어 왔지만, 이러한 문자로 기록된 언어자료, 즉 문헌이나 문서나 금석문이 발견된 적이 없으니, 이 문자들이 사용되었다는 주장들을 객관화시키기 어렵다. 북한에서는 특히 신지글자가 있었다는 주장을 계속하고 있으나, 그 근거로 드는 예들은 대부분 소위 '신지비사'에 관한 것이다. 그래서 여기에서는 이들을 논의의 대상으로 하지 않는다.[6]

2. 한자의 도입

한자는 우리 선조들이 접한 최초의 문자였다. 고대 동아시아의 유일한 문자였던 한자가 주변 민족들 사이에 퍼지는 과정에서 맨 처음 뿌리를 박은 곳

---

6 이들 문자를 주장하는 논거에 대해서는 김민수(1980), pp.38-40 참조. 그리고 이들 문자의 주장이 증거가 없다는 논지는 이근수(1986), pp.8-19 참조.

이 우리나라였다. 중국과의 언어접촉 과정에서 우리나라에서는 한자를 자연스럽게 차용하게 되었다.

우리나라에 한자가 언제 도입되었는지는 명확하게 알려져 있지 않다. 그러나 위만조선(B.C.194~B.C.108)이 존재하였다는 점, 그리고 한사군(B.C.108~A.D.347)을 역사적 사실로 본다면 이 시기에 한자가 도입되었을 가능성이 높다. 그러나 실제로 그 실증적 증거를 찾을 수가 없다.

한자의 전래시기에 대해서는 명확한 기록이 전하지 않는다. 그래서 학자들에 따라서 이견도 분분하다. 그 몇 주장을 소개하면 다음과 같다.

(1) 소위 기자조선에서 위만조선에 이르는 시기 : 이용주(1974)

(2) B.C.45년경(평양시 낙랑구 정백동 목곽묘 출토 목간의 추정 연도) : 김영욱(2017)

(3) 위만조선 시대(B.C.194~B.C.108) : 정광(2003)

(4) 한자를 구경한 사례 : 한사군이 설치된 B.C.108년경으로부터 : 심재기(1975)

(5) 고조선 B.C.3세기경 : 김민수(1980), 황위주(1996)

(6) 한무제(漢武帝)가 B.C.108년에 한사군 설치 후 한자가 대거 유입 : 최영애(1995)

(7) 기원전 1세기 중·후반 : 송기중(2002, p.137)

그러나 이 주장들도 대부분 추정일 뿐이지 명확한 근거를 제시한 것은 아니다. 이렇게 대체적인 추정을 하고 있는데 비하여 황위주(1996, 2000)에서는 역사학계나 고고학계에서 연구한 자료를 통해 밝혀진 각종 발굴 유물과 관련 문헌기록을 통해 검토하여 B.C.300년 전후에 한자가 우리나라에 도입되어 정착해가는 과정을 설명하고 있다. 특히 우리나라에 한자가 도입되기 위해서는 중국에서 한자가 주변국가에 전파할 수 있는 여건을 확보하고 있어야 하며, 동시에 우리나라에서는 문화적 상황이 기록문자의 필요성을 절감하고 그것을 수용하여 기록할 만한 수준에 있어야 함을 강조하고 있다. 매우 타당성 있는 주장이다. 그러나 문제는 역사학적인 주장들이나 유물들, 그리고 각종 문헌

기록들이 신뢰성을 가져야 하는 문제점을 동시에 지니고 있다고 할 수 있다. 따라서 이러한 방법에 의해 실제로 신뢰할 수 있는 실제의 자료를 확보하는 일이 곧 한반도에 한자가 도입된 시기를 결정하는 중요한 관건이라고 할 수 있다.

참고로 기록이나 실제로 남아있는 유물을 통해 삼국의 한자문화 보급 현황을 살펴보면 다음과 같다.

	사서의 편찬	불교의 전래	학교의 설립	현전 최고서	일본에 한자 전래	국가 존속
고구려	200(?)(유기) 600년(신집 5권)	372년	372년	414년 고구려 비명		B.C.37년~ A.D.668년
백제	375년(서기)	384년		346년~375년(?) 칠지도비문	285년(왕인이 논어, 천자문)	B.C.18년~ A.D.663년
신라	545년(국사)	417년 ~527년	682년 (국자학)	555년(진흥왕 순수비)		B.C.57년~ A.D.935년

삼국시대에 유기(留記), 신집(新集), 서기(書記), 국사(國史) 등의 사서(史書)가 편찬되었다고 하는 것은 곧 그 사서가 한자로 기록되었음을 의미한다. 또한 불교가 한국에 전래되었다고 하는 사실도 한자와 함께 전래되었을 것으로 추정한다. 학교가 설립되었다고 하는 사실도 그 학습과정에서 한자가 중요한 학습매체의 역할을 한 것임에 틀림없다. 285년에 백제의 왕인이 논어와 천자문을 일본에 전해 주었다는 일본서기(日本書紀)의 기록도 이미 백제에 한자로 된 문헌이 들어와 있었음을 전제로 하는 것이다.

그러나 가장 정확한 근거는 자료가 존재하고 있는 역사적 유물들이다. 414년에 설립된 광개토대왕비(廣開土大王碑)와 346년~375년의 칠지도명문(七支刀銘文)의 기록도 한자로 기록되어 있어서 한반도에 한자가 도입된 것이 이들 유물들이 만들어지기 이전이라는 사실을 알 수 있다.

이러한 여러 가지 정황으로 보아서 늦어도 4세기에는 우리나라에서 한자가 널리 쓰이고 있었음을 알 수 있다. 그리고 고구려가 가장 먼저 한자를 받아들였을 가능성이 높다. 중국에서는 이미 B.C.15세기경에 갑골문자가 출현하고 또한 춘추전국시대(B.C.770년~221년)에는 공자, 맹자 등이 출현하여 한문으로 글을 썼으니, 우리나라에 한자가 들어온 것은 상당히 뒤의 일인 셈이다.

한자가 4세기 이후에 널리 쓰이기 시작했다는 사실은 목간(木簡)의 발견에서도 확인된다. 지금까지 발견된 목간의 작성 시기를 추정한 내용을 보면 대개 6세기에서 8세기 사이에 작성된 목간이 가장 많다는 사실을 알 수 있다. 아래의 표는 이승재(2017), pp.29-30의 표를 필자가 연대순으로 6세기~8세기의 것만 따로 추려 정리한 것이다.

번호	작성시기 추정	발굴연대	출토지
1	561년 하한	1992년~2009년	함안 성산산성(城山山城)
2	567년에 사찰건립	1999년~2002년	부여 능산리사지(陵山里寺址)
3	596년~598년	2004년~2005년	금산 백령산성(栢嶺山城)
4	603년	1990년	하남 이성산성(二城山城)
5	610년	2008년	나주 복암리(伏岩里)
6	618년	2008년	부여 쌍북리(雙北里) 280
7	7세기 전반기	1984년~1985년	경주 월성해자(月城垓字)
8	7세기 전반기	2006년~2007년	부여 쌍북리(雙北里) 현내들
9	7세기 중엽	2010년	부여 구아리(舊衙里)
10	716년 이전	1980년	익산 미륵사지(彌勒寺址)
11	722년(?)	2000년	국립경주박물관 미술관터
12	752년, 765년	1975년	경주 월지(月池)

이 목간의 발굴 상황을 통해서도 이미 6세기에는 한반도에 한자가 널리 쓰이고 있음을 확인할 수 있다.

중국의 문헌에는 고구려 시대에 한반도에 이미 한자가 쓰이고 있었음을 알려 주는 다음과 같은 기록이 전한다.

俗愛書籍 至於衡門厮養之家 各於街衢造大屋 謂之扃堂 子弟未婚之前 晝夜於此讀書習射 其書有 五經 及 史記 漢書 范曄後漢書 三國志 孫盛晉春秋 玉篇 字統 字林及 又有 文選 尤愛重之 〈舊唐書 권299上 東夷 高麗條 列傳 2a〉

(습속에 서적을 좋아하여, 문지기·말먹이꾼의 집에 이르기까지 각기 큰 거리에 커다란 집을 짓고 이를 국당(扃堂)이라 부른다. 자제들이 혼인하기 전까지 밤낮으로 여기에서 글을 읽고 활을 익히게 한다. 서책으로 오경(五經)과 사기(史記) 한서(漢書), 범엽(范曄)의 후한서(後漢書) 삼국지(三國志) 손성(孫盛)의 진춘추(晉春秋) 옥편(玉篇) 자통(字統) 자림(字林) 등이 있으며 또한 문선(文選)이 있는데 이것을 매우 좋아하여 중히 여긴다.)

〈구당서 동이 고려조〉

구당서(舊唐書)는 940년~945년에 장소원(張昭遠), 가위(賈緯), 조희(趙熙) 등이 편찬한 중국의 사서이다. 따라서 이 기록이 맞다면 이미 고구려(이곳에서 지칭한 고려는 고구려를 일컫는다) 때에 오경(五經) 등의 책이 한반도에 들어와 있었음을 확인해 주는 셈이다. 그러므로 고구려 때에는 이미 우리나라에 한자가 도입되어 있었다고 할 수 있다. 그 시기가 고구려 초기인지를 판단하기는 어렵다.

신라 통일 후인 8세기에서부터 토가 쓰인 이두문이 나타나는 것으로 보아서, 그리고 이두는 구결과 향찰보다 후대에 이루어진 것이라는 지금까지의 연구결과로 보아서, 그리고 설총(655~?)이 우리말로 구경(九經)을 읽었다는 기록으로 보아서, 한자는 이미 7세기에는 우리나라에 토착화되어 있었음을 알 수 있다.

이리하여 한자는 고대 삼국의 문자 생활을 지배하기에 이르렀고, 이러한 상태는 고려시대를 거쳐 조선시대까지도 계속되었다. 1443년에 훈민정음이 창제된 뒤에도 한자의 사용은 크게 줄어들지는 않았다. 한글이 한자를 젖히고 우리 의사소통의 기본 문자로 자리 잡기 시작한 시기는 대체로 20세기에 와서의 일이라고 할 수 있다. 1894년 고종 31년에 "법률(法律) 명령(命令)은 다 국문(國文)으로써 본(本)을 삼고 한역(漢譯)을 부(附)ᄒ며 혹국한문(或國漢文)을 혼용(混用)홈"이라는 칙령 제86호 공문식(公文式)이 발표되면서부터였다고 할 수 있다. 한자를 사용하지 않고 한글만 사용하는, 소위 한글 전용시대가 된 것은 20세기 중반에 와서의 일이다. 즉 "대한민국의 공용문서는 한글로 쓴다. 다만 얼마 동안 필요한 때에는 한자를 병용할 수 있다."는 '한글 전용에 관한 법률'이 제정된 1948년 이후에서야 한자가 공식적으로 사용제약을 받게 된 것이다.

한자를 도입하면서 한자의 어떠한 내용부터 받아들였을까? 한자의 중요한 내용은 주로 형음의(形音義)인데, 한자의 형태와 한자음, 그리고 한자의 의미이다. 아마도 이 세 가지는 동시에 도입이 되었을 것이다. 그러나 한자의 형태는 해서체로부터 들어온 것으로 판단된다. 왜냐하면 한자 도입 초기의 대부분의 현존 자료들에 보이는 한자의 서체는 해서체이기 때문이다. 한자음도 들여왔지만, 초기에는 중국의 한자음을 한국어 음운체계에 맞게 수정해왔을 것인데, 이러한 것이 정착된 것은 상당한 후대의 일일 것이다. 의미도 새김으로 받아들였겠지만, 한자를 학습할 때의 '하늘 천, 따 지, 검을 현' 등으로 굳어진 것은 언제인지 추정하기 어렵다. 한자의 성조는 도입 초기에는 거의 관심이 적었던 것으로 보인다.

중국의 한문 문장이 들어 왔을 때, 우리나라 사람들은 처음에 토를 달지 않은 상태로 음독을 하였을 것이 틀림없다. 그러다가 차츰 토를 달면서 구결이 창안이 되었을 것이다. 왜냐하면 문장의 단위별로 구분하는 일은 문장 해독의 1차적인 일이기 때문이다. 그러나 이들 문장들을 훈독할 때, 즉 새김으로 읽을 때에는 한문의 어순과 국어의 어순에 문제가 발생하기 때문에 자연스럽게 음독구결과는 전혀 다른 석독구결이 창안되었을 것으로 생각된다.

한자를 음으로 읽을 것인가 새김으로 읽을 것인가는 이처럼 중국어 문법과 한국어 문법상의 차이로 인하여 발생하는 문제들을 해결하기 위한 방안으로 마련된 것이라고 할 수 있다.

구결을 달기 전에는 한문 문장 전체를 한 단위로 인식하는, 즉 한문문장을 하나의 텍스트로 인식하는 단계라고 할 수 있고, 음독구결을 붙이는 것은 문장을 절과 구로 분석하는 단계이며, 이를 새김으로 읽기 위한 석독구결 방식은 이들 구와 절까지도 더 분석하여 단어의 단위로 풀어 읽는 방식이 된 것이라고 할 수 있다.

이와 같이 한자와 한문을 읽기 위한 방식의 변천은 마치 구조언어학에서 계층구조를 구조분석해 나가는 방식과 대동소이하다고 할 수 있을 것이다.

3. 한자의 역사적 기능

한자는 우리나라에서는 세 가지의 다른 문자로 기능을 해 왔다. 즉 훈민정음이 창제되기 이전의 한자의 기능과 훈민정음이 창제된 이후의 한자의 기능과 그리고 오늘날처럼 한글이 모든 국민들의 우리말을 표기하는 수단이 되어 있는 시대의 한자의 기능은 사뭇 다르다. 뿐만 아니라 현재 한자를 사용하고 있는 국가들에서 한자의 기능도 제각기 다르다.

(1) 훈민정음 창제 이전의 한자의 기능

한자가 우리나라에 들어와서 중국어를 이해하고 중국어를 학습하는 도구로서만 사용된 것은 아니었다. 대부분의 외국어는 주로 이러한 기능으로 사용되었지만, 우리나라에서는 한자를 한국어를 표기하는 도구로 씀으로써 그 기능을 확대시켰다. 한자를 중국의 원음대로만 받아들이지 않고 우리말의 음소에 맞도록 한자음을 수정하여 사용하였을 뿐만 아니라 한자가 지니고 있는 표음성과 표의성을 살려 한자가 지니고 있는 음과 의미를 이용하여 우리말을 표기하는데 이용하였다.

중국의 한자음을 구성하고 있는 음운체계가 한국어의 음운체계와 달라, 중국의 한자음들을 우리 국어의 음운체계와 맞는 한자음으로 바꾸어 읽게 됨으로써 새로운 한국 한자음이 발생하였다. 소위 동음(東音)이 탄생한 것이다.

한자로 표기된 한문을 읽을 때 이해를 쉽게 하기 위해 중국어에는 없는 한국어의 문법형태소를 한문 문구에 덧붙여 읽게 되는 편의성을 추구하면서 음독구결(音讀口訣)이 자연적으로 발생하게 되었다.

뿐만 아니라 한문의 어순과 한국어의 어순이 다름으로써 발생하는 문제를 해결하기 위해 어순을 한국어 문법에 맞는 어순으로 쓴 이두식 문장이 탄생하였다. 소위 임신서기석(壬申誓記石)과 같은 서기체(誓記體) 한문 문장이 나온 것도 이러한 중국식 한문을 한국어에 맞게 활용한 예이다.

한문 자체를 한문식으로 읽지 않고 우리말로 읽는 석독구결(釋讀口訣)의 방식을 고안해 내게 된 것은 한자 한문 활용의 극대화였다.

그리고 마침내 석독구결 방식으로 읽던 것을 그 석독구결에 사용하였던 각종 부호와 문자들을 독창적으로 만들어 낸 것이 곧 훈민정음의 탄생이라 할 수 있다.

한자와 한문으로만 의사를 표명할 수 없는 문제가 등장하게 되는 이유는 대부분 고유명사를 표기하는 경우이었을 것이다. 예컨대 '노돌강변'(지금은 변화하여 '노들강변'이 되었지만)이란 고유명사를 표기하기 위해서 '강변'은 한자로 '江邊'이라고 표기하면 되지만, '노돌'을 표기하기 위해서는 다른 방안을 마련했어야 했을 것이다. 그래서 '露梁'이라고 표기하게 된 것이다. '露'는 그 음을 이용하고 '梁'(돌 량)에서는 그 의미, 즉 새김을 이용하여 '노돌'을 표기하였던 것이다.

이렇게 표기는 한자에 의존하였지만, 그 표기대상이 우리말이 되면서 한자를 적극적으로 활용하는 방안이 등장하게 된다. 그것이 차자표기 방식이었다.

훈민정음 창제 이전의 한자 활용 역사는 두 가지 면에서 볼 수 있다. 하나는 한자, 한문을 이용하여 말을 표기하지 않고 의사만 전달하는 방식이고 또 하나는 한자를 이용하여 우리말을 표기하는 방식이었다. 한자를 이용하는 방식은 한 가지 방향이었다고 할 수 있다. 곧 한자 한문을 우리의 것으로 만드는 토착화의 방향이었다. 그것은 한자 한문을 우리말로 읽으려는 노력과 한자로 우리말을 표기하려는 노력이었다고 할 수 있다.

결국 훈민정음이 창제되기 이전의 한자는 우리 선조들의 생각과 느낌을 전달하는 문자인 동시에 우리말을 표기하는 수단으로서의 문자이기도 했다. 이때의 한자는 한자로 쓴 문장인 한문을 구성하는 문자와, 한자가 지니고 있는 뜻과 음을 이용하여 우리말을 표기하기 위한 수단으로 사용하였던 문자의 두 가지였다. 이 시대에는 이 두 가지 기능을 가진 한자의 사용은 필연적이었다.

이처럼 훈민정음 창제 이전의 한자는 중국어를 이해하는 도구로도 사용하였지만, 오히려 우리말을 표기하는 문자로 더 많이 사용한 것이어서 이 시기의 한자의 기능은 매우 다양하였다고 할 수 있다.

(2) 훈민정음 창제 이후의 한자의 기능

그러나 훈민정음이 창제된 이후에는 한자는 본래 한문을 구성하는 요소로서의 기능을 지속적으로 유지되어 왔지만, 우리말을 표기하기 위한 차자표기 방식은 커다란 변화를 겪게 된다. 즉 차자표기 방식에서 한자는 국어의 조사나 어미를 표기하는 방식, 곧 구결 표기를 제외하고는 모두 쓰이지 않았다. 그래서 훈민정음이 창제된 이후의 한자는 우리말을 표기하는 차자표기 문자로서의 기능은 사라지고 주로 우리말로 된 한자어를 표기하는 문자로서 기능을 하게 되었다. 그러니까 '나랏 말ᄊᆞ미 中듕國귁에 달아 文문字ᄍᆞ와로 서르 ᄉᆞ 못디 아니홀 씨'에서 '中國, 文字'처럼 우리말에 들어온 한자어를 표기할 때 주로 사용되었을 뿐이다. 이러한 사실을 증명해 주는 예는, 훈민정음 창제 이후에 석독구결이 사라졌다는 점이다. 차자표기 방법은 한문을 읽을 때 우리말에 토를 다는 구결만 남게 되었고, 우리말을 쓴 글에서는 한자어를 표기하는 기능으로만 남게 된 것이다.

(3) 현대의 한자의 기능

그러나 한글 문맹률이 거의 0%인 현재의 문자 생활에서 한자는 그 성격이 다르다. 오늘날 한자는 단순히 중국의 문자인 한자일 뿐이다. 왜냐하면 이제는 한글로 우리말을 신속하고 명확하게 표기할 수 있기 때문이다, 그래서 오늘날의 한자는 우리 고전이나 역사적 기록물을 이해하는 도구로서의 한자이거나, 중국어를 배울 때에 사용하는 한자인 셈이다. 영어를 배우기 위해 알파벳을 익히고, 일본어를 배우기 위해서 가나를 익혀야 하듯이 중국어를 배우기 위해 한자를 익히는 것일 뿐이다. 그렇지만 중국이 간자(簡字)를 사용함으로써 우리가 한자를 배우는 목적은 우리의 역사적 기록물을 이해하기 위한 목적만을 지니는 셈이 되었다.

우리의 역사나 우리 문화유산으로서의 한자 기록물들을 이해하기 위해서는 한자 연구가 필수적이다. 그것이 역설적으로 우리 문화의 전통을 이어가는 유일한 방법의 하나이기도 하다.

오늘날 한글 전용과 국한문 혼용 주장이 거의 1세기 이상 첨예하게 대립되고 있지만, 한자의 기능을 한 방향으로만 인식한 결과이다. 한자의 용도에 따라 그 주장들이 설득력을 가질 수 있도록 하여야 할 것이다.

(4) 한국과 중국과 일본의 한자의 기능

한자를 사용하는 국가는 현재도 여러 국가가 있다.

중국이야 한자 창시국인데다가 줄곧 한자를 국가의 공식 문자로 사용해 왔던 국가이어서 중국은 한자를 읽고 쓰기 위해 학습한다. 한자가 문자 생활의 기본 도구이다.

일본은 한자가 일본의 문자는 아니지만 언어생활, 특히 문자 생활에서 일본의 가나(假名)만큼이나 중요한 기능을 하고 있다. 그래서 일본도 한자를 읽고 쓰기 위해서 학습한다. 그래서 일본에서는 한자를 그들의 문자 생활에서 버릴 수 없다. 왜냐하면 일본에서는 한자를 음으로만 읽지 않고 새김으로도 읽기 때문이다. 그 결과로 일본에서는 문자 생활을 우리나라의 한글전용처럼, 가나 전용으로 바꾸기는 쉽지 않다. 오늘날까지도 일본이 한자와 가나를 혼용하는 이유가 여기에 있다. 띄어쓰기를 하지 않는 것도 이러한 이유에서다. 한자를 사용하면 띄어쓰지 않아도 문장의 의미가 중의성(重義性)을 보이지 않기 때문이다. 특히 일본에서 하나의 한자에 새김이 여럿 있을 수 있어서, 일본어를 배운 외국인들이 일본 사람의 이름을 일본어로 부를 때 실수를 자주 하게 되는 대부분의 이유는 한자의 새김을 어떻게 읽는가 하는 문제와 연관된다.

한국은 한자를 일부에서는 쓰기 위해 배우겠지만, 대부분의 한국인들은 한자를 읽기 위해 배운다. 한자를 음으로만 읽기 때문이다. '天地'를 '천지'로 읽지, '하늘땅'이라고 읽지 않는다. 그래서 한국은 한글 전용이 가능하다. 문장 상에 나타나는 '천지(天地)'를 '하늘땅'이라고 읽거나 '하늘천 땅지'라고 읽을 필요가 없는 것이다. 한자의 그 음을 한글로 표기할 수 있어서 한자를 쓰기 위해 배울 필요가 없기 때문이다. 한자를 쓰기 위해 배우는 국가는 서예(또는 書道, 書法)가 학습 과정에 매우 중요한 과정이 된다. 그러나 읽기 위해 한자를 배우는 나라인 한국에서는 한자 서예가 학교 교과목에서 사라지게 되었다. 그런데 한자 서예가 한자를 쓰지 않기 때문에 사라지는 것은 이해가 되지만, 읽고 쓰기 위해 배우는 한글을 쓰는 한글 서예까지도 정규 교과목에서 사라지는 것은 도저히 이해가 되지 않는다. 한자에 대한 인식이 한글에까지 잘못 전해진 것이며, 또한 문자에 대한 인식이 아직도 한자 중심의 문자 인식에서 크게 벗어나지 않은 탓이다.

제2부

한자 연구의 내용과
한자 학습의 내용

제1장 한자 연구의 내용

한자를 연구하기 위해서 우리는 한자의 무엇에 관심을 가져야 할 것인가? 한자의 특성에 따라 우리가 한자에 대해 연구해야 할 여러 가지 사항이 있다.

1. 우리나라 한자 사용의 역사

앞에서 언급한 바와 같이 우리나라는 많은 문자와 접촉해 왔다. 그 문자가 일반 언어생활에 관여하였든, 또는 외국어 학습에 관여하였든, 우리나라에서 사용했던 문자들의 전모와 그 사용 역사를 밝히는 일은 우리 문화의 면모를 밝히는데 중요하다. 그러나 아직까지도 우리나라 사람들이 사용해 온 문자의 역사에 대한 연구는 매우 미진한 형편이라고 생각한다.[1] 우리나라의 한자 사용 역사에 대한 연구도 예외는 아니다. 우리나라에서 사용한 한자의 역사는 중국의 한자 사용의 역사와 동일하지 않다. 중국에서는 오래 전부터 중국에서 사용해 온 문자의 역사를 연구해 왔다. 최근에는 정극화(丁克和), 왕평(王平) 주편(2016)의 5책이 간행되었다. 상주문자(商周文字), 진한문자(秦漢文字), 위진남북조문자(魏晉南北朝文字), 수당오대문자(隋唐五代文字), 민족문자(民族文字)의 5책이다. 필자가 알지 못하는 것인지 모르지만, 아직 한국에서는 우리나라에서 사용된 한자의 역사에 대해서 이처럼 상세하게 쓴 연구서를 본 적이 없다.

---

1 우리나라에서 사용하였던 문자들에 대해 간략하게 기술해 놓은 것은 南豊鉉(2014), pp. 11-30에 보이는 우리나라의 文字生活에 대한 기술이다.

한국목간학회에서는 우리나라의 삼국시대 전후에 목간에 사용되었던 한자에 대해 많은 연구를 하고 있지만, 그 연구를 통해 한자 사용이 어떻게 변천해 왔는지에 대한 관심은 적은 편이다.

김하수·이전경(2015), 김영욱(2017)에서 우리나라 한자 사용 및 활용에 대한 설명이 있으나, 좀 더 정밀한 연구가 필요하다고 생각한다.

2. 한자 활용의 역사

주지하는 바와 같이 우리나라에서는 한자를 이용하여 여러 가지 표기수단을 만들었다. 즉 한자를 이용한 차자표기(借字表記) 체계를 창안해 내었다.

차자표기란 한자가 지니고 있는 의미와 음을 이용하여 우리말을 표기하는 방안으로 마련된 것이다. 차자표기법이 언제부터 우리나라에서 사용되었는지는 알 수 없다. 현재까지 알려진, 가장 이른 시기의 차자표기 자료는 414년에 이루어진 광개토대왕비(廣開土大王碑)이다. 차자표기 방식을 누가 처음 창안해 내었는지도 알 수 없다. 아마도 개인이 창안해 낸 것이 아니라 한자를 이용했던 이용자들이 창안해 낸 것이 일반화된 것으로 보인다.

차자표기는 한자를 이용하되, 중국의 한문을 읽을 때 토[구결]를 달아 읽음으로써 해독을 쉽고 정확하게 하기 위해 만든 것과 한자로 우리말을 표기하기 위해 만든 것의 두 종류가 있다. 곧 한문을 읽기 위한 것과 우리말을 표기하기 위한 것의 두 가지가 있다. 한문을 읽을 때 사용하는 차자표기가 곧 구결문자이고, 우리말을 쓰기 위해 사용한 문자가 향찰과 이두이다.

차자표기는 그 쓰임에 따라 다음과 같이 분류되기도 한다(박성종(2016), p.7).

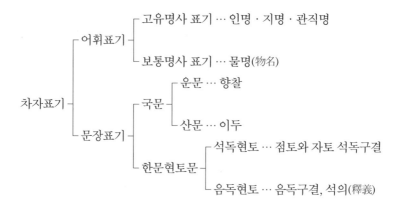

이들 각각에 대한 연구는 매우 활발한 편이다. 향찰에 대한 대표적인 연구는 김완진(2003)을. 이두 연구는 남풍현(2000), 박성종(2016)을, 구결 연구는 남풍현(1999)을 들 수 있다. 석독구결과 음독구결에 대해서는 많은 논문이 지금도 발표되고 있는 편이다. 특히 구결연구는 구결학회에서『구결연구』라는 학회지를 계속적으로 발간해 오고 있을 정도로 활발한 편이다. 이러한 연구의 결과로 구결 문자의 분류, 구결 문자의 목록 등이 잘 알려져 있다. 특히 유가(儒家)의 구결과 불가(佛家)의 구결 목록도 알려져 있다. 그리고 각필구결(角筆口訣)에 대한 연구도 매우 활발한 편이다.

그러나 대부분의 이두와 구결에 대한 연구는 고대 시기로부터 고려시대나 조선 초기 시대의 이두와 구결에만 치우쳐 연구되는 경향이 많다. 이두와 구결은 20세기 초까지도 관청에서도 사용하여 왔고, 또 민간인에 의해 표기되어 왔기 때문에 조선시대의 이두와 구결에 대한 연구도 이루어져야 할 것이라고 생각한다. 그래야만 이두와 구결의 변천사도 기술될 수 있을 것이다.

조선시대의 이두 자료는 이두편람(吏讀便覽)을 비롯하여 매우 많고 다양하여서 자료가 풍부하다고 할 수 있다. 최근에 이두사전(吏讀辭典)이 편찬되어 그 연구가 더욱 활발하게 되었다.[2]

---

2 南豊鉉, 李建植, 吳昌命, 李勇, 朴容植 編(2020), 吏讀辭典, 단국대학교출판부.

3. 한자 표준 석음의 제정

우리나라에서 한자의 석과 음이 어떻게 도입되었으며, 또한 어떻게 정착이 되었는지는 아직까지 구체적으로 알려진 바가 없다. 그러나 개개의 한자에 일정한 석과 음이 생겨나게 되었다.

그런데 한자음의 경우에는 한자음을 알 수 없는 것이 많아서 한자음을 제시해 주어야 할 필요가 생겼다. 불서(佛書)에 그 문헌에 등장하는 한자의 음을 반절법의 방식으로 표기해 놓은 것이 있어서 그러한 사실을 짐작할 수 있다.

'성화이십일년(成化二十一年)(1485) 사월일보간대화주비구니신환(四月日補刊大化主比丘尼信環)'의 간기를 가진 『지장보살본원경(地藏菩薩本願經, 약칭 地藏經)』에는 상중하(上中下) 각 권에 등장하는 한자들에 대해 각 권의 말미에 '석음(釋音)'이라 하고 그 한자들에 대한 음을 반절법으로 제시하고 있다.

〈지장보살본원경〉(卷上의 말미)

여기에 보면 '羼'은 '初産切'이라고 표시하여 이 글자의 한자음이 '찬'임을 알 수 있다. 즉 '初'에서 초성을 '産'에서 중성과 종성을 따서 한 음절을 만드는 반절법을 따라 표기한 것이다. 위에서 제시한 자료를 몇 개 보이면 다음과 같다.

번호	한자	반절표기	번호	한자	반절 표기
1	醯	許兮切	12	渧	都計切
2	儻	他朗切	13	斫	之若切
3	撲	普鹿切	14	鉅	居御切
4	攫	居縛切	15	碓	音對
5	醜	昌九切	16	鷹	於陵切
6	譏	音機	17	陋	盧侯切
7	誣	音無	18	徼	音皎
8	剉	七臥切	19	戟	訖逆切
9	鑿	音昨	20	菌	於仁切
10	誑	俱放切	21	啗	音淡
11	噉	音淡	22	蔓	音慢

이것을 보면 반절 표기 방식으로 한자음을 제시한 것도 있지만, 동일 한자음으로 대치시켜 놓은 것도 보인다. 반절식 표기에는 '醯'을 '許兮切'로 표기하였듯이 '切'로 표시하였고, 동일 한자음으로 대치시킨 것은 '譏'를 '音機'처럼 음으로 표시한 것이 있다.

초기에는 단일한 석과 단일한 한자음이었지만, 차츰 한자의 사용이 활발해지면서, 각 한자에 복수의 석과 음이 발생하게 되었다. 이 한자의 석음은 비록 보수적이기는 하지만, 오랜 시간이 지나면서 역사적으로 많은 변천을 겪어 왔다.

하나의 한자에 2개 이상의 음이 있는 한자는 매우 많은 편이다. 필자가 조사한 바에 의하면 현대 한자 26,955개를 조사한 결과, 2개의 음을 가지고 있는 한자는 2,116개이며, 3개의 음을 가지고 있는 한자는 모두 90개였다. 이제 2개의 음을 가지고 있는 한자의 예를 몇 개 들어 본다. 이 예는 어두의 'ㄹ'음이나(樂

락-낙) 'ㄴ'음(女 녀-여)과 같은 경우는 제외한다. 200개만 예시한다.

賈 (고~가) 齦 (간~은) 稈 (간~한) 喝 (갈~애)

鎌 (감~겸) 歛 (감~렴) 憨 (감~함) 岬 (갑~압)

闸 (갑~잡) 傋 (강~구) 降 (강~항) 价 (개~가)

愾 (개~희) 呿 (거~가) 乾 (건~간) 鈐 (검~금)

偈 (게~걸) 骼 (격~각) 鴃 (격~결) 鬲 (격~력)

筧 (견~현) 嗛 (겸~함) 鼸 (겸~혐) 更 (경~갱)

熲 (형~경) 袴 (고~과) 胯 (고~과) 呆 (고~도)

槁 (고~호) 鵠 (곡~혹) 釭 (강~공) 跫 (공~강)

鍋 (과~와) 夥 (과~화) 桰 (괄~첨) 佸 (괄~활)

罫 (괘~홰) 榷 (각~교) 蹻 (교~갹) 咬 (교~요)

嘐 (교~효) 噭 (요~교) 佉 (거~가) 詬 (구~후)

佝 (후~구) 蹶 (궐~궤) 机 (궤~기) 几 (궤~기)

繢 (회~궤) 쿕 (구~귀) 硅 (규~획) 勻 (균~윤)

畇 (균~윤) 衿 (잠~금) 礏 (압~급) 扱 (흡~급)

亘 (선~긍) 豈 (기~개) 蘄 (기~근) 圻 (기~은)

錡 (기~의) 祇 (기~지) 汔 (기~흘) 拮 (길~결)

金 (금~김) 懦 (나~연) 枏 (남~염) 娘 (낭~냥)

嫩 (눈~논) 杻 (뉴~추) 溺 (닉~뇨) 担 (단~담)

胆 (단~담) 丹 (단~란) 單 (단~선) 靼 (달~단)

錟 (담~염) 倘 (당~상) 鐺 (당~쟁) 餳 (성~당)

瞠 (쟁~당) 鐓 (대~돈) 宅 (택~댁) 闍 (도~사)

陶 (도~요) 跳 (도~조) 度 (도~탁) 讀 (독~두)

蝀 (동~충) 洞 (동~통) 侗 (동~통) 鍊 (련~동)

橦 (장~동) 兜 (두~도) 斁 (역~두) 枓 (주~두)

遯(둔~돈) 滕(등~승) 螣(등~특) 倮(라~과)
騾(라~로) 懶(란~라) 啉(람~림) 踉(랑~량)
驪(려~리) 攊(략~력) 隷(례~예) 龐(방~롱)
賚(뢰~래) 潦(료~로) 飂(류~료) 掄(론~륜)
犁(리~려) 螭(리~치) 黐(치~리) 娩(만~면)
蹣(반~만) 呆(매~태) 沬(매~회) 俛(면~부)
莫(명~멱) 藐(묘~막) 懣(만~문) 湣(민~혼)
撲(박~복) 頒(반~분) 肦(반~분) 龐(롱~방)
搒(방~병) 坏(배~괴) 培(배~부) 扒(팔~배)
駢(변~병) 騈(변~병) 洑(복~보) 宓(밀~복)
墣(복~박) 復(복~부) 奟(봉~궉) 棒(봉~방)
丰(봉~풍) 仆(부~복) 不(불~부) 北(북~배)
肦(분~반) 賁(분~비) 体(체~분) 硼(팽~붕)
椑(비~벽) 鞴(비~보) 芾(비~불) 屁(비~피)
玭(변~빈) 浜(병~빈) 寺(사~시) 射(사~야)
孿(산~련) 霰(산~선) 姗(산~선) 汕(산~신)
殺(살~쇄) 霅(삽~잡) 狀(상~장) 塞(새~색)
槭(색~축) 撕(시~사) 芧(저~서) 說(설~열)
爇(설~열) 渫(설~접) 泄(예~설) 洩(예~설)
鑷(섭~녑) 省(성~생) 洗(세~선) 洒(쇄~세)
愬(소~색) 炤(소~조) 酥(수~소) 俏(초~소)
涑(속~수) 屬(속~촉) 飡(찬~손) 率(솔~률)
惢(솨~예) 釗(소~쇠) 數(수~삭) 綏(수~유)
脺(수~졸) 藪(수~추) 隋(수~타) 晬(쉬~수)
俶(숙~척) 蓴(순~단) 錞(순~대) 洵(순~현)
眴(현~순) 菘(숭~송) 倅(쉬~졸) 淬(쉬~쵀)

한자음이 3개인 것은 90개이니 모두 제시하도록 한다.

蝎 (헐~할~갈)   蠍 (갈~헐~할)   串 (관~천~곶)

龜 (귀~구~균)   闠 (궤~괴~회)   湛 (담~침~잠)

焞 (돈~순~퇴)   瀧 (롱~랑~상)   繆 (무~류~규)

黽 (민~맹~명)   揲 (설~엽~접)   憸 (섬~혐~첨)

摻 (삼~참~섬)   蛻 (세~태~예)   樂 (악~락~요)

媧 (왜~과~와)   潏 (율~휼~술)   軼 (일~질~절)

鰈 (접~첩~탑)   禾 (음~반~중)   劄 (답~찰~차)

廅 (엄~람~감)   叩 (투~부~구)   挈 (설~계~혈)

摻 (삼~참~조)   楽 (락~악~요)   玭 (차~자~체)

稤 (수~숙~칭)   緰 (투~수~유)   繳 (작~교~격)

胇 (필~폐~비)   臤 (간~현~견)   睸 (모~목~묵)

趰 (약~적~척)   鈷 (첨~첩~검)   龟 (귀~구~균)

圎 (선~현~연)   臭 (고~석~택)   媐 (이~수~엽)

輸 (유~수~투)   懏 (악~락~요)   屆 (갑~거~합)

柲 (별~비~필)   掄 (이~연~유)   笒 (금~감~검)

栋 (내~니~날)   橝 (공~담~구)   攕 (참~삼~섬)

欨 (유~구~우)   欨 (의~의~후)   㛄 (책~색~조)

灛 (섬~삼~탐)   牯 (후~우~구)   獟 (효~뇨~교)

瘩 (답~압~합)   㾶 (회~외~퇴)   㹇 (추~차~조)

篒 (시~이~제)   繁 (감~겸~험)   羟 (결~궐~철)

芯 (침~담~임)   莗 (기~회~애)   萪 (사~야~도)

鷔 (혁~각~요)   譆 (흘~희~흔)   誣 (오~가~액)

獠 (로~조~료)   跰 (발~비~패)   蹺 (기~규~위)

豔 (체~제~대)   躇 (저~지~차)   遷 (업~섭~추)

郻 (귀~기~위) 闟 (염~겁~첩) 頍 (괴~외~기)

飇 (별~벽~필) 飉 (려~렵~협) 鎌 (렴~감~함)

鸑 (악~옥~각) 驡 (봉~롱~룡) 髻 (비~배~부)

鬆 (졸~쇄~쵀) 鱏 (잠~침~심) 軼 (절~일~철)

鷦 (조~초~효) 鶾 (간~갈~한) 騧 (과~라~화)

豹 (작~표~적) 鬳 (갑~감~함) 鹹 (갑~감~함)

이처럼 하나의 한자에 여러 한자음이 발생한 것은 여러 가지 이유에서다.
첫째로 대표적인 이유는 국어의 어두 자음의 변화, 소위 두음법칙에 의한
것이다. 어두에 'ㄹ'음을 가진 한자들이 단모음이 후행하면 'ㄴ'으로 변화하고,
'ㅑㅕㅛㅠ' 등의 이중모음이 오면 탈락하며, 그리고 'ㄴ'음을 가진 한자도 이
중모음이 후행하면 'ㄴ'이 탈락하는 경우 등이 이러한 이유에 의한 것이다. 일
종의 한자음의 역사적인 변화라고 할 수 있다. 그리하여 '락원'(樂園)이 '낙원'으
로, '툐리'(料理)가 '요리'로, '녀자'(女子)가 '여자'로 변화한 것이다. 그러나 비어
두음절에서는 그러한 변화가 일어나지 않아서 '오락'(娛樂), '재료'(材料), '남녀'
(男女)가 되어 '樂'이 '락/낙'의 음을, '料'가 '료/요'의 음을, '女'가 '녀/여'의 음을 갖
게 되었다.

그러나 이러한 한자음의 변화는 예견할 수 있는 것이어서 큰 문제는 아니
다. 컴퓨터로 한자를 입력할 때나, 이들을 정렬할 때의 문제가 있기는 하지만,
이것들은 프로그램으로 해결될 수 있는 문제이다. 이들은 모두 매우 규칙적
인 변화이기 때문이다.

두 번째로 들 수 있는 이유는 역사적으로 음운변화가 일어나서 변화한 경우
이다. 현대국어에서는 그러한 경우가 없지만, 음운변화가 일어나는 과정에
서는 어느 한자는 두 가지 음을 지니게 된다. 구개음화가 대표적인 한자음 변
화의 요인이 되기도 하였다. 그리하여 '定'이 '뎡'과 '졍' 그리고 다시 '정'으로 변
화하는 과정에서 둘 내지 세 가지 음이 발생하여 표기되기도 한다.

세 번째로 들 수 있는 이유는 전혀 예견할 수 없는 이유로 한자음이 바뀌는 경우이다. 이 경우는 대부분이 그 한자의 성조가 바뀌어서 의미가 달라지는 데에 그 이유가 있기 때문에, 한자에 해박한 지식을 가지고 있지 않으면 판단하기 힘들어서 사용에 매우 어려운 경우가 발생한다. 대표적인 것이 '惡'의 경우이다. '惡'은 '모질다, 사납다'란 의미를 가질 경우에는 그 음이 '악'이지만 '미워하다'란 의미일 때에는 '오'이다. 그리하여 '善惡'일 경우에는 '선악'이지만 '憎惡'일 경우에는 '증악'이 아니라 '증오'이다. 그래서 '惡'이 '악/오'의 두 가지 음을 가지게 된 것이다.

첫 번째와 두 번째의 이유로 변화한 것은 규칙적인 것이어서 사용에 불편은 있어도 분별에 어려움이 많지 않지만, 세 번째의 이유로 발생한 한자음의 변이들은 판별에 어려움이 많다.

이러한 어려움은 옛날에도 있었던 듯하다. 그리하여 그러한 한자들을 모아 놓고 그 의미에 따라 음이 달라지는 현상을 설명한 문헌도 보인다.

필자가 찾아낸 자료 중에 단국대 율곡기념도서관 소장의 필사본 '자음동이(字音同異)'란 책이 그러한 책이다. 아무런 필사기가 없어서 필사연도는 알 수 없지만 20세기 초에 쓰인 것으로 보인다. 앞에 '사성고(四聲攷)'가 있고, 이어서 본문인 '자음동이(字音同異)'가 나오는데, '一部'부터 시작하여 마지막은 '龠部'로 끝난다. 성조에 대한 언급은 없고 단지 그 의미 차이를 보이고 있다. 그중 몇 개만 예를 들어 보도록 한다.

便 편安也 先변輒也霰

內 닉中也 隊납入也合納同

切 체大凡一切 졀割也門限屑

寺 ᄉ官舍僧居 시官寺寘侍閣

度 도法度遇 탁忖也 官名度支藥

撲 복擊也 박挨也覺

攝 랍折也 合렵持也葉

數 수計也 麤촉細也沃삭頻數覺

會 회合也 괴畫也泰

杓 표北斗柄蕭 쟉飲器栖杓藥勺同

〈字音同異〉

이와 같은 기술은 이형상(李衡祥, 1653~1733)이 지은 『자학(字學)』에도 예시되어 있다. 이형상은 한 한자가 여러 음을 지니고 있는 경우를 '일자변음(一字變音)'이라고 하여 그 예를 148자를 제시하고 있다. 몇 예를 보이면 다음과 같다.

讀 독 - 두(句讀)　　　　氏 씨 - 지(月氏)

角 각 - 록(角里)　　　　汨 멱 - 박(縣이름)

呑 탄 - 천(성씨)　　　　零 령 - 련(先零)

於 어 - 오(於期)　　　　獻 헌 - 하(獻春)

射 사 - 익(姑射)- 야(僕射)　　池 지 - 치(溝池)

令 령 - 련(令居)　　　　　　場 장 - 역(疆場)

懦 나 - 연(選懦)　　　　　　尼 니 - 닐(止尼)

한자의 새김도 마찬가지이다. 예컨대 『천자문』의 마지막 글자인 '也'는 원래 '입겿 야'여서 그 뜻이 '구결'(口訣)이었었지만, 이 한자의 석음이 구전되면서, 오늘날에는 그 뜻도 전혀 이해할 수 없는, '잇기 야'로 변화하였고, 현재는 이 뜻을 아는 사람이 없어서 '어조사'(語助辭) 야'로 바꾸어 놓았다. 그러나 '어조사'란 단어의 뜻을 아는 사람도 전문가를 제외하고는 드물게 되었다. '朴'은 더 심각하다. 학생들에게 이 한자의 석음을 물어보면 음이야 '박'으로 잘 알고 있으면서도 그 석에 대한 답은 중구난방이다. '박정희 박'을 비롯하여 '바가지 박'까지도 등장한다. 오늘날 문서편집기인 '흔글'에 내장되어 있는 한자 석음을 보면 '후박나무 박'으로 되어 있는데, 어떻게 해서 이러한 새김이 생겼는지 알 수 없다. '朴'의 최초 석음은 '숟도욀 박'(숫될 박, 신증유합 下2b)이었고, '둥걸 박, 검박 박, 순박 박, 질박홀 박' 등으로 쓰이다가 20세기 초에 와서 '순박홀 박'으로 변화하였는데, 느닷없이 '후박나무 박'으로 나타나니, 그것이 변화한 과정이나 표준석음으로 '후박나무 박'이 된 이유를 알 수가 없다. 아마도 중국의 한자석음을 빌어온 것이 아닌가 하는 생각이 난다.

이러한 예는 수없이 많다. 우리가 잘 알고 있는 한자 중에 '公'이 있는데, 오늘날 이 한자의 석음은 '공변될 공'(공평할 공)으로 되어 있지만, 19세기 말에는 '귀 공'으로 나타난다. 그리고 어느 문헌에는 '귀인 공'으로도 등장한다. '公'은 '귀인'(貴人)과는 전혀 관계가 없는데, 어째서 이러한 석음이 나타났을까? '公'은 원래 '구의 공'이었다. '구의'는 '관청'이란 뜻을 가진 고어다. 그런데 이 '구의'란 단어가 사라지니까, 화석화되었던 '구의 공'이 '귀 공'으로 음운변화를 일으키고, 이 '귀'가 '귀인'으로 재해석되어 '귀인 공'이 등장한 것이다.

이러한 결과로, 오늘날 한자의 석과 음은 사용자마다, 그리고 한자 사전마다 각각 다르게 되었고, 한자를 배우는 학습자들은 이에 커다란 혼란을 빚게 되었다.

국어에 관련된 다른 분야들, 예컨대 한글맞춤법이나 외래어 표기법, 로마자 표기법 등은 이러한 혼란을 막기 위하여 모두 표준화하여 통일시켜 가고 있는데 반해, 이 한자의 석과 음은 그 표준화가 이루어지지 않고 있다. 대부분이 관용에 따르고 있을 뿐이다. 이것은 한자가 우리나라 문자가 아닌 데에 가장 큰 이유가 있겠지만, 그보다도 지금까지 사용되어 온 한자의 석과 음에 대한 면밀한 검토가 이루어져 오지 않은 데에 기인한다.

한자의 석과 음을 표준화하기 위하여서는 우리 선조들이 사용하여 온 한자의 석과 음에 대한 역사적인 연구가 필수적이다. 왜냐 하면 한자의 석음(釋音)은 어느 날 갑자기 결정된 것이 아니라, 오랜 기간 동안 사용되면서, 한자 사용자들의 기억에 자리 잡게 되는 것이기 때문에 어느 한 개인의 창작이 아니라, 한자 사용자들의 보이지 않는 공통된 약속으로 이루어진 것이기 때문이다. 이러한 한자에 대한 공통된 의식도 한자 석음의 변화를 막지는 못한다. 왜냐 하면 언어는 변화하는 것이기 때문이다.

필자가 조사한 한자의 표준 새김 자료를 보이면 다음과 같다. '朴'에 대한 몇 몇 옛 문헌의 예를 들어 보도록 한다.

> 숟도올 박 〈1576新增類合(초간본)下, 2b〉
> 숟도올 박 〈1605類合(계명대본), 12a〉
> 등걸 박 〈1664類合(칠장사판), 20b〉
> 등걸 박 〈17세기類合(선암사판), 20b〉
> 쉬닐 박 〈1700類合(영장사판), 20b〉
> 숟도올 박 〈1711新增合(중간본) 下, 2b〉
> 등걸 박 〈1730類合(송광사판), 20b〉
> 검박 박 〈18세기類合(호온재장판본), 16b〉

순박 박 〈19세기類合(야동신간판), 14a〉

순박홀 박 〈19세기類合, 14a〉

검박 박 〈1903牖蒙千字1, 62〉

등걸 박 〈1909言文, 12〉

질박홀 박 〈1918初學要選, 29〉

순박홀 박 〈1923作文千, 字28b〉

순박할 박 〈1928朝鮮歷史千字文, 38〉

순박홀 박 〈20세기類合(무교신간판), 14a〉

등걸 박, 질박헐 박 〈20세기訓蒙字略, 27b〉

순박홀 박 〈20세기類合(회동서관판), 14a〉

이 자료를 보면 '朴'은 오늘날 '순박할 박'으로 표준화되어 감을 알 수 있다. 한자음도 마찬가지이다. 표준음이 없어서 혼란이 일어나는 경우가 흔히 있다. 한자 '類'는 두 가지 음을 지니고 있다. 하나는 '류'이고 또 하나는 '유'이다. 그래서 '類義語'는 두음법칙에 의해 '유의어'가 된다. 그러나 비어두음절에서는 그대로 '류'로 표기된다. 그래서 '分類'는 '분류'로 읽고 쓴다. 그러나 '譯語類解'의 경우는 '譯語 類解'로 띄어 쓰지 않는 한, '역어류해'가 올바르다. 그러나 문헌명으로서 쓸 때에는 대부분 '역어유해'로 쓰고 있어서 혼란을 일으키고 있다. 이 책에서는 관례에 따라 '역어유해' 등으로 쓰기로 한다.

이러한 경우는 '隷'에서도 보인다. 노비의 부적(符籍)과 결송(決訟), 결송 입안(立案)을 담당한 관아로서, 1467년에 생긴 '掌隷院'을 '장례원'으로 써야 할 것인지, '장예원'으로 써야 할 것인지가 문제가 된다. 한국민족문화대백과사전에는 '장예원'으로 되어 있으나, 한국고전용어사전, 또는 두산백과사전에는 '장례원'으로 되어 있다.[3]

---

3 '장예원'의 문제는 정구복 교수가 제기한 문제로 같이 논의한 결과이다.

'隷'는 중국의 광운(廣韻)에는 '郎計切'로 되어 있고, 집운(集韻)에는 '力智切 또는 '力結切'로 되어 있어서 어두에 'ㄹ'음이 있는 한자이기 때문에 중국에서의 원래의 음은 '례'였다. 그러나 우리나라에서는 처음에는 그 음이 '례'가 아닌 '예'로 등장한다. 훈몽자회 예산본에는 隷가 '거러치 예'로 되어 있었는데, 주해천자문 초간본부터 그 음이 '례'로 등장한다. '隷'의 음이 '례'인가 '예'인가에 따라 '奴隷'를 '노예'로 읽어야 할지, '노례'로 읽어야 할지가 결정될 것이다.

그런데 옛 문헌에서도 '노례'와 '노예'가 공존한다. 물론 빈도수에서는 '노예'가 훨씬 우세하지만 표기상에서는 이 두 가지가 다 나타난다.

'노례'의 예 : 법국 사름이 교쥬의 노례 되믈 감슈ᄒᆞᄂᆞᆫ 양으로 죠롱ᄒᆞ고〈1883 이언언해, 3:25b〉 노례 奴隷〈1895국한회어, 61〉 노례(-예) 奴隷 (죵) (죵) 노복 〈1897한영자전, 376〉

'노예'의 예 : 내 엇디 츰아 노예를 삼으리오 ᄒᆞ야 다 노하 보내니〈1758종덕신편언해中:7b〉 ᄃᆞ름질 ᄒᆞᄂᆞᆫ 군ᄉᆞ와 쳔흔 노예와 벙어리와 귀 먹으니와 다리 저ᄂᆞᆫ 이시지〈1784어제왕세자책례후각도신군포절반탕감윤음, 2a〉 노예 奴隷〈1880 한불자전, 286〉

이러한 상황에서 '奴隷'는 '노예'로 읽고 쓰는 것이 바람직할 것으로 보인다. 그 결과 '掌隷院'도 '장예원'으로 읽고 써야 옳을 것이다.

이처럼 한자의 새김과 음에 표준이 없음으로써 발생하는 문제는 매우 많으니, 이에 해당하는 모든 한자의 표준 새김과 표준음이 선정되어야 할 것으로 보인다.

한자의 표준음에 대한 연구는 한때 관심을 가지고 연구가 진행된 적이 있다. 예컨대 문화관광부의 학술용역과제 보고서인 『국제 문자코드 한자의 표준화 연구』의 세부과제로 진행된 이재돈, 권인한(1999)과 이재훈 · 홍윤표 · 이경원(2004)이 대표적이다.

그러나 그 이후로는 이러한 한자 표준음에 대한 연구가 부족한 편이다. 특히 컴퓨터에서 한자의 입력은 한글을 그 한자음을 입력하고 그 한자음을 지니고 있는 여러 한자 중에서 선택하여 입력하는 방식이어서, 그 한자의 표준음을 정하는 일은 어문생활에서 매우 중요한 일이다. 그래서 허성도(1994)에서는 이러한 어문생활의 편의를 위하여 여러 가지 제안을 하고 있다. 이 연구보고서에서는 한자의 대표음 결정을 위한 몇 가지 원칙으로서 ① 제1원칙 : 형성(形聲)의 원칙 ② 제2원칙 : 관습의 원칙 ③ 제3원칙 : 사용빈도의 원칙 ④ 제4원칙 : 구성요소의 원칙을 제시하고 있다.

4. 한자 석음의 변화

한자 석음이 오늘날까지 전해 오면서 많은 변화가 있었다. 예컨대 전술한 바와 같이 필자의 이름에 들어 있는 '杓'는 19세기 말까지도 그 음이 '쟉'이었다. 그러나 20세기에 갑자기 '표'로 바뀌게 되었는데, 이것은 '杓'의 의미차이에 의한 것으로 보인다. 전술한 『자음동이』란 문헌에 '杓 표 北斗柄蕭 쟉 飮器栖杓藥勺同 (杓 표 북두병소 쟉 음기배표약작동)'란 기록이 있어서 '작'으로 읽을 때의 의미와 '표'로 읽을 때의 의미가 다르기 때문에, 이름에 쓰인 '杓'가 '북두칠성 자루'의 의미가 더 가까운 이유로 '표'로 바뀐 것으로 보이는데, 이것은 아마도 중국음의 영향을 받은 것으로 추정된다. 그러한 한자 석음의 변화과정은 특히 국어 음운 연구와 어휘 연구에 많은 도움을 준다. 현재 필자는 한자 석음 자료를 모두 입력하여 시대적으로 배열하여 그 석음이 어떻게 변화하여 왔는가를 검토하고 있다. '嫁'의 예를 들어 보이도록 한다(문헌의 약호 설명은 생략).

嫁
얼일 가〈1527訓蒙叡上, 17b〉　　　　　얼일 가〈1527訓蒙尊上, 33b〉

남인마줄 가〈1576新增類下, 40b〉　　남인마줄 가〈1605啓類, 24b〉

얼일 가〈1613訓蒙奎上, 33b〉　　남딘므틀 가〈1653水多類, 26b〉

남딘므틀 가〈1664七類, 26b〉　　남인마줄 가〈1669興國類, 26b〉

시집갈 가〈1682유합체, 21b〉　　남언솔 가〈1700靈類, 26b〉

남민마줄 가〈1711新增重下, 40b〉　　남진브폴 가〈1730松類, 26b〉

셔방마즐 가〈1787續千, 02b〉　　셔방마질 가〈1813兒學姜下, 7b〉

싀집갈 가〈1838西類, 08〉　　싀집갈 가〈1848戊類, 18a〉

셔방ᄆ즐 가〈1856아학편(홍), 下6a〉　　싀집 가〈1856一簧類, 20a〉

싀딥 가〈1856자류상, 30a〉　　싀집갈ㅅ 가〈1858千類, 5b〉

셔방마즐 가〈1873明治6, 45b〉　　싀집 가〈1877初學A, 3b〉

셔방마즐 가〈1879國編兒, 下11a〉　　시집갈 가〈1882女小學4, 42a〉

부틀 가〈1885유합(필사), 16b〉　　싀집갈 가〈1895眞理經, 29a〉

싀집갈 가〈1897한영, 170〉　　식지갈 가〈1898戊戌類, 21b〉

셔방마즐 가〈1898音編東, 01a〉　　셔방마즐 가〈1899字解, 57a〉

시집 가〈1901유합(신축필), 17b〉　　시집갈 가〈1901類合朴, 31b〉

시집갈 가〈1901訓排, 13a〉　　시집갈 가〈1903樵牧下24〉

시집갈 가〈1908兒學池, 42a〉　　싀집갈 가〈1908婦幼100〉

박회굴대 가〈1909言文, 1〉　　싀집갈 가〈1909膈千3, 36〉

싀집갈 가〈1909幼學, 11a〉　　시집갈 가〈1910아학편, 17b〉

싀집갈 가〈1913類合(紙), 18a〉　　싀집갈 가〈1913類合新, 18a〉

싀집갈 가〈1913字集, 11a〉　　싀집갈 가〈1914蒙二, 23b〉

시집갈 가〈1914類盈, 21a〉　　싀집갈 가〈1915新字典1, 36a〉

시집 가〈1915後千字, 15a〉　　시집갈 가〈1916通學, 35b〉

싀집갈 가〈1917無雙千, 17b〉　　싀집갈 가〈1917博文類, 18a〉

혼인 가〈1917음운국, 01a〉　　싀집갈 가〈1918日鮮類, 13b〉

시집갈 가〈1918初要, 74〉　　시집갈 가〈1918漢字解권3, 7〉

시집 가〈1925須讀千, 4b〉	시집갈 가〈1925永二千, 12a〉
시집갈 가〈1925體千, 34a〉	시집갈 가〈1926二千字, 50a〉
시집갈 가〈1926訓鮮千, 4a〉	시집갈 가〈1928字類2, 4b〉
시집갈 가〈1928鎭類, 25b〉	시집 가〈1929兒學金, 40b〉
시집갈 가〈1936免無識, 72〉	시집갈 가〈1940續千字, 2b〉

'嫁'가 '얼일 가'로부터 시작하여 오늘날의 '시집갈 가'로 변화하는 과정을 잘 보여주고 있는 셈이다. 이러한 작업은 우리가 사용하여 왔던 모든 한자를 대상으로 이루어져야 할 것이다.

다양한 새김이 있을 때 표준 새김을 정하기 위해서는 지금까지 발견된 한자 자석 자료들을 수집하여 이들의 역사적 변화과정을 살펴보면 쉽게 파악할 수 있을 것이다. 물론 문헌 기록에서 시기적 선후 관계만을 따져서 결정하는 방법에 전적으로 의존해서도 안되지만, 그래도 상당한 근사치를 얻을 수 있을 것이다.

그러나 한자자석 문헌에 등장하지 않는 한자의 표준 새김, 특히 본의(本義)를 정하기 위해서는 여러 가지 검토를 하여야 할 것이다. 이영주(2000, pp.60-65)에서는 본의를 결정하는 몇 가지 방법을 제시하였는데, 먼저 원칙적으로 字形을 분석하여야 한다고 하였다. 왜냐하면 한자의 조자원리(造字原理)로 볼 때 자형은 그 글자가 만들어질 당시에 그것으로 지칭하고자 하는 개념을 그 속에 반영하기 때문이라고 하였다. 다음에 검토해야 할 것은 그 한자가 쓰인 용례를 고찰하는 일이며, 또한 문헌을 통한 용례분석이 필요하다고 하였다.

5. 사용 한자의 목록

우리나라에서 사용하여 왔던 한자의 숫자가 몇 개나 되는지에 대해서는 아직 알려져 있지 않다. ISO(국제표준기구)의 CJK(China, Japan, Kores)에서 제정한 한 자의 수는 모두 80,388자이다. 한중일(CJK)통합한자 확장은 A부터 G까지 확장 되어 왔다. 그 확장 한자의 수를 보이면 다음과 같다(확장 G는 아직 목록화되어 있 지 않다).

한중일 통합한자 확장	한자의 수
A	20,950
B	42,711
C	4,149
D	222
E	5,762
F	7,473
계	81,267

이들 81,267개 중 이체자 등의 문제로 겹치는 것을 제외하면 모두 80,388개 로 알려져 있다. 그러나 현재 이들 중 컴퓨터의 문서작성기로 입력할 수 있는 것은 한중일 확장 한자 A, B, C까지이다. 곧 67,810개이다. 이들 중에서 한국에 서 사용하는 한자의 수가 얼마나 되는지, 그리고 그 문자들이 실제로 어느 문 헌에 등장하는지에 대한 조사도 되어 있지 않은 편이다.

위에서 예시한 한자 '嫁'는 주흥사의 천자문에는 등장하지 않는 글자이다. 뿐만 아니라 이러한 한중일 통합한자 확장에도 그 목록이 등재되어 있지 않은 우리나라 한자도 꽤나 있다. 필자가 CJK의 한중일 통합한자에도 보이지 않는 한자를 찾아 낸 것만도 약 800여 자가 된다. 물론 이 한자들은 한중일 통합한 자 확충(CJK Extension) A-C에 보이지 않는 것들이어서 컴퓨터의 문서작성기(예 컨대 ㅎ글)로 작성이 가능하지 않은 글자들이다.

한자 목록에 없는 한자를 찾아낸 것만도 800자가 넘는다. 몇 예만 보이도록 한다.

한자	석음	출전
潤	ᄆᆞ를 간	훈몽자회(예산본) 하 6a
轐	바회 거	훈몽자회(예산본) 중 13b
鶋	할미새 거	훈몽자회(예산본) 상 8b
紃	암들마기 구	훈몽자회(예산본) 중 12a
筪	죠리 리	훈몽자회(예산본) 중 7a
徽	매틀 미	훈몽자회(예산본) 하 6a
鵩	다와기 목	훈몽자회(예산본) 상 8b
畚	산태 분	훈몽자회(예산본) 중 10a
鶺	믓올히 셔	훈몽자회(예산본) 상 9a
吶	울 셕	훈몽자회(예산본) 하 4a
髴	머리숨이 불	자류주석 상 40a
駒	공경 궁	자류주석 상, 43b
疎	셩긜 소	유몽속편 77
薑	기나리 강	물명집, 43b
輗	수리 익	역대천자문 9a
牂	빗말쑥 장	훈몽자략 17a
腓	죵아리 비	兒字 중, 8a
鉢	발은딕 발	속천자, 8b
颷	큰바람 율	훈몽자략 83a

6. 한자 자형의 표준화와 서체 및 이체자의 변천

한자는 그 자형이 매우 다양하여 그 다양한 자형에 여러 명칭이 부여되고 있다. 가장 일반적인 명칭이 '이체자(異體字)'이지만, 변체자(變體字), 이형자(異形字), 약체자(略體字), 약자(略字), 변형자(變形字), 고자(古字), 통용자(通用字), 속자(俗字) 등의 명칭이 사용되고 있다. 이들은 명칭은 다르지만 공통된 의미를 지니고 있다. 즉 '자음(字音)과 자의(字義)는 동일하되 자형(字形)이 다른 글자'이다.

이처럼 자음과 자의가 동일하지만 자형이 다른 한자를 일컫는 용어도 연구자마다 각기 다르다. 국립국어연구원(현 국립국어원)에서 조사한 연구보고서들(국립국어연구원, 1991, 1992, 1993)에서는 모두 '약체, 약체자'라고 하고 있다.

이렇게 책의 제목으로서는 '약체'를 사용하면서도 본문에서는 또 '이체자' 란 용어를 사용하고 있다. 위에서 예시한 보고서인 1993년도 조사보고서에서 는 이들을 분석하면서 '우리는 흔히 자체(字體)가 다른 같은 한자들을 이체자 라 부른다'고 하고 약체에 대한 설명 대신에 이체자에 대한 설명으로 일관하 고 있다.

그러나 한자를 연구하는 분야(예컨대 중국학이나 정보처리 분야)에서는 '이체자' 란 용어를 더 선호하는 것으로 보인다.

약체자이든 이체자이든 그것들은 소위 '정자(正字)'에 대한 대립어이다. '정 자'는 곧 '이체자군집(異體字群集)의 대표가 되는 글자'이다. 다시 말하면 이형 동자(異形同字)를 일컫는다. 표준자(標準字)는 임의로 그 이체자 중에서 대표적 인 글자를 규범상으로 표준을 삼은 것이어서 매우 임의적이라고 할 수 있다. 예를 들어 중국의 표준자는 간자(簡字)가 되는 셈이다.

어느 글자가 약체자인가 또는 이체자인가를 결정하는 일은 정자 또는 본자 (本字)를 결정한 이후의 일이다. '정자'는 공시적인 개념이지만 '본자'는 통시적 인 개념이어서 역사적으로 처음 보이는 글자를 본자라고 할 수 있다. 정자는 변형시킨 여러 글자 중에서 변형 이전의 본래 글자를 지칭한다.

한자에서 이 정자를 결정하는 논의도 많았다. 예컨대 문화관광부에서 나온 『국제문자 코드 한자의 자형 표준화 연구』(1999년)의 세부 과제 중 서경호·이 재훈(1998)과 이재훈(1999)이 대표적이다. 이 분석에서는 ISO10646-1의 제안자 형을 수정 제안한 자형으로 제시하고 있다. 이준석·이경원(1999)에서는 한자 이체자전 편찬 문제를, 박석홍(2015)에서는 한자 자형의 표준화 방안을 심도 있게 논의하고 있다.

이 정자, 본자, 표준자들과 다른 것이란 개념에서 보면 '이체자'란 용어가 합 리적이고, 이들 정자들을 변형시킨 것이라는 관점에서 보면 '변형자, 변체자' 란 용어가 합리적이다. 이러한 면에서 본다면 이체자는 단순히 형체만 다른 글자로 인식되어서 정자나 본자와의 연관성은 크게 고려되지 않을 것이다. 이에 반해 변체자는 정자나 본자를 변형시킨 것이어서 본자와의 관계 속에서만 그 개념이 성립된다. 이체자는 정자와 대등한 관계에 있다면, 변체자는 본자의 하위에 들어가는 관계라고 할 수 있다.

이러한 이유로 이체자는 폭넓은 개념으로 사용되어 왔고, 변체자는 정자를 어떻게 변형시켰는가에 따라 분류되곤 하였다.

본자를 변형시키는 방법에는 여러 가지가 지적되어 왔다. 바로 변체자가 이루어지는 요인이 되는 것인데, 대체로 다음과 같은 요인이 될 것으로 보인다. 그 일부를 제시한다.

    (1) 본자의 일부분만 본뜬 것

      ① 본자의 왼쪽 부분만 본뜬 것

        예) 號 → 号, 豫 → 予

      ② 본자의 오른쪽 부분을 본뜬 것

        餘 → 余

      ③ 본자의 윗부분을 본뜬 것

        麗 → 丽, 聲 → 声

      ④ 본자의 윗부분과 아랫부분을 본따 합성한 것

        奪 → 夺, 壓 → 压

      ⑤ 본자의 아랫 부분을 본뜬 것

        雲 → 云, 處 → 処

      ⑥ 본자의 내부나 외부를 본뜬 것

        與 → 与 , 開 → 开

      ⑦ 본자의 한 획만 생략한 것

        富 → 冨 , 師 → 師

      ⑧ 본자의 전후 좌우의 위치를 바꾼 것

羣 → 群, 峯 → 峰, 枊 → 架

본자를 변형시키면 자형이 다른 글자가 되므로 이체자란 용어가 변체자란 용어를 흡수할 수 있다고 생각하여 여기에서는 이체자란 용어를 계속 사용하도록 한다.

한자 자형은 한자 사용자마다 차이가 있는 것으로 보인다. 예컨대 '佛'자와 '釋'자는 일본에서는 '仏', '釈'으로 사용하고 있다. 컴퓨터에서 한자의 실현은 한자 폰트와 연관되는데, 우리나라 문서작성기에 일본의 한자 폰트를 내장한 결과로 입력은 '釋'과 '佛'로 하여도 버전을 바꾸면 이들 한자가 '仏'과 '釈'으로 바뀌어 나타나는 황당한 일이 일어나는 것이다. 이것은 한자의 표준자형이 정해져 있지 않은 것에 기인한다고 할 수 있다.

'昃'은 천자문에 따라 그 자형이 다르다.

광주천자문

석봉천자문

훈몽자회

도상주해천자문

『광주천자문』과 『석봉천자문』의 '昃'자와 『훈몽자회』의 '昃'자는 그 자형이 다르다. 일반적으로 이체자(異體字)라고 하여 처리하지만, 실제로 어떤 글자가 본자(本字)인지를 결정한 후에야 이체자가 결정되는 것이어서 한자의 자형이 어떻게 변화하여 왔는가, 그리고 이체자에는 어떠한 것이 있는가에 대한 검토도 필요하다.

이 '昃'의 이체자로는 㚕(U+02315), 㚗(U+02317), 昗(U+06603), 昊(U+06603), 厄(U+06603) 등이 알려져 있다(괄호 안은 코드값이다). 그러나 이들이 어느 시기에 사용되었는지에 대한 연구는 없다.

마찬가지로 '哉'자에 대한 이체자는 㓌(U+020CC), 成(U+054C9), 栽(U+054C9) 등이 제시되어 있지만, 역시 그 이체자의 사용연대에 대해서는 정보가 없다.

한자의 이체자에 대한 연구는 매우 활발한 편이다. 다음과 같은 업적들이 있다. 즉 이규갑(2000), 이규갑(2007), 공업진흥청(1995), 이준석(2002), 조성덕(2015), 국립국어연구원(1992)이 그것이다.

그러나 이체자의 변천과정에 대한 연구는 보이지 않는다. 예컨대 '哉'자가 '戝'로 쓰이게 된 시기는 언제일 것이다 등의 결론이 나와야 할 것이다. 북한에서는 김세준(1991)과 같은 연구서가 보이지만 매우 기초적인 연구에 불과한 것으로 생각된다.

7. 한자 학습서의 변천과정

한글보다도 더 오랜 역사를 가지고 한자가 사용되어 왔지만, 실제로 그 한자를 사용하기 위해서 한자를 어떻게 습득했을까에 대해서는 명쾌하게 알지 못한다. 천자문을 통해서 배운다고 듣고 있지만, 한자 학습은 천자문만을 통해서만 배우는 것이 아니다. 한자 학습서는 실제로 매우 다양하고 많은 편이다. 그 다양하고 많은 한자 학습서에 어떠한 것이 있는가에 대한 연구도 필요하다. 이 책에서는 주로 이 문제에 대해 논의할 것이다.

8. 한자 사용의 정확성

한자를 사용하면서 어느 경우에는 어떤 한자를 써야 할 것인가를 고민하여야 할 때가 있다. 사용자가 잘못 사용하는 경우를 제외하고서도, 한자 전문가들조차도 어느 한자를 쓰는 것이 맞는 것인지를 판가름하기 어려운 경우가 있다.

예컨대 '과거에 첫 번째로 급제한다'는 뜻의 '장원급제'의 '장원'에 '壯元'을 써야 할 것인지, 아니면 '狀元'을 써야 할 것인지를 판단하는 것은 어려운 일 중의 하나다. 각종 사전에서도 이 두 가지 한자는 혼용되기 때문이다.[4]

사전	장원의 한자
표준국어대사전(국립국어원)	壯元, 狀元
우리말큰사전(한글학회)	壯元
국어대사전(이희승편)	壯元
한국어대사전(고려대학교)	壯元, 狀元
조선말대사전(북한)	壯元

이 '장원'은 역사적으로도 두 가지로 사용되어 왔다.

'壯元'의 예

壯元〈1690역어유해上:16a〉 壯元을 삼앗ᄂᆞ니이다〈1721오륜전비언해3:10a〉 會試壯元〈1775역어유해보, 12b〉 壯元 쟝원〈1778방언유석酉, 8b〉 쟝원 壯元 〈1880한불자전, 532〉 쟝원 壯元〈1895국한회어, 252〉 壯元〈1897한영자전, 716〉

'狀元'의 예

狀元으로〈1588소학언해(도산서원본)6:118b〉 이 天下狀元의 집〈1721오륜전비언해4:6b〉 어제 狀元의 台旨를 〈1721오륜전비언해4:12b〉 狀元〈1779한청문감 2:38a〉

이처럼 '壯元'과 '狀元'의 혼란은 이전부터 알고 있었던 것으로 보인다. 황필수(1842년~1914년)가 각종 사물의 명칭을 고증하여 1870년에 펴낸 책인『명물기략』(名物紀略)에는 다음과 같이 기술되어 있다.

狀元 장원 士居首者 必以狀達之天子 故曰狀元 而俗以凡事居首皆稱狀元 己極不當

---

4 '장원'의 한자 문제는 정구복 교수의 문제 제기로 같이 논의한 사항이다.

而或作壯元者尤非 〈名物紀略 臣職部 30b〉

(狀元 선비로서 우두머리를 차지한 사람은 반드시 천자에게 문서로서 아뢰어야 하므로 '狀元'이라고 했으니 세속에서 모든 일의 우두머리를 차지한 사람을 다 같이 '狀元'이라고 칭함이 이미 아주 부당하며, 이를 혹 '壯元'으로 쓰는 것은 더욱 잘못이다)

이러한 혼돈에 대한 언급은 정약용의 『아언각비(雅言覺非)』에도 그대로 반영되어 있다.

狀元者 奏狀之首也, 進士出榜 必有奏狀 以達天子 故其第一人謂之狀元 鄕試居首者謂之解元 而不名狀元 東人錯認 凡科榜之居首者 通稱狀元, 陞補. 庠製, 鄕試, 初試 下至旬製 月課 凡居首者謂之狀元 已屬謬誤, 況又狀元 謂之壯元 詩元曰 詩壯, 賦元曰 賦壯, 多算者曰 畫壯 奏箚碑謁(碣) 咸已刊行 豈不謬哉. 〈雅言覺非〉

(狀元이란 아뢰는 문서에서 우두머리이다. 진사의 합격자 방문에는 반드시 아뢰는 문서를 만들어 천자에게 아뢰어야 한다. 고로 제1인을 狀元이라고 하였다. 향시의 일등을 해원이라고 하였고, 장원(狀元)이라고 하지 않았다. 우리나라 사람이 착각하여 무릇 모든 과거의 1등을 狀元이라고 하였다. 승보시험, 향시, 초시에서 열흘마다 보는 시험, 월과(매달 치르는 시험)등 모든 1등자를 狀元이라고 일컬음은 이미 잘못이다. 그런데 하물며 '狀元'을 '壯元'이라고 일컬어서 詩짓기에서 1등을 詩壯, 부짓기에서 1등을 賦壯, 산수시험에서 점수를 많은 사람을 획장(畫壯)이라고 아뢰는 글이나 개인의 비석에 써서 이미 간행되었으니 어찌 잘못이 아니겠는가)

이처럼 '장원'을 '壯元'으로 써야 할 것인지, '狀元'으로 써야 할 것인지에 대한 논란이 계속 있어 왔지만, 오늘날에는 대체로 '壯元'으로 굳어져 가는 현상이다. 한자 사용의 역사로 볼 때 몇 가지가 동시에 쓰이다가 점차 하나로 통일되어 가는 것도 있다. 예컨대 '자세히'의 '자세'를 15세기 문헌에서부터 '仔細, 子細, 字細'의 세 가지로 사용되다가 오늘날에는 '仔細'로 굳어졌다.

仔細히 호몰 〈1463법화경언해序:21b〉 子細히 니른시고〈1447석보상절3:10a〉 字細히 닐옳딘댄 〈1467몽산법어약록언해, 66b〉

이처럼 어느 한자를 사용하여야 할 것인가 하는 문제는 오래 전부터 문제로 제기되어 왔다. 바로 '동음동의이자어(同音同義異字語)'들에 대한 연구이다. 원영섭(1994)에서는 이러한 한자를 약2,000개를 제시하고 있다. 그 몇 개를 보이면 다음과 같다.

소형 : 小形, 小型		좌석 : 座席, 座席	
종적 : 蹤迹, 蹤跡		서정 : 抒情, 敍情	
가배 : 嘉俳, 嘉排		각별 : 各別, 恪別	
간음 : 姦淫, 姦婬		개탄 : 慨歎, 慨嘆	
개체 : 個體, 箇體		분노 : 忿怒, 憤怒	

이처럼 어느 한자를 어떠한 한자로 써야 할 것인지에 대한 연구도 한자 연구의 중요한 과제가 될 것이다.

9. 한자 획의 명칭

우리나라에서는 아직도 문자에 대한 기초적인 관심조차도 가지고 있지 않은 결과로 한자에 대한 기본적인 용어가 제정되어 있지 않다. 그래서 한자의 획 하나하나에 대한 명칭이 조사된 적이 없는 것으로 보인다. 한자에는 이러한 한자 서체의 부분들에 대한 명칭이 있다. 『신창도(神創圖)』란 문헌(필자 소장, 필사본)에 그러한 모습이 보인다. 다음에 그 문헌의 한 쪽을 소개하도록 한다.

〈신창도〉(필자 소장)

이 그림에 의하면 丁의 亅부분은 '옥구(玉句)'라고 하고, 才의 丿부분을 '서각(犀角)'이라고 하고 寸의 亅부분은 '만구(漫句)'라고 하고 卞의 丶부분을 '귀두(龜頭)'라고 한다는 것이다. 비슷한 자형이지만 그것이 어디에 쓰이는가에 따라 그 명칭을 달리한 것이다. '신창도'에 보이는 몇 예를 들면 다음과 같다.

한자	한자	획의 모양	명칭
口	日	𠃌	曲尺
月	月	)	新月
乍	乍	丶	苽種
戌	戌	丶	梅核

戉	戉	✓	虎牙
戊	戈	一	玉業
翰	翰	ﻋ	鐵鈴
汗	汗	氵	散水
悍	悍	忄	馬椿
漢	漢		苂種
口	口	ㄱ	折釘
夕	夕	ノ	華角
刀	刀	ㄱ	獅口
好	好	ㄅ	蛇頭
妙	妙	✓	虎牙
乳	乳	ㄴ	龍尾
貌	貌	ㄩ	群鵲
沔	沔	氵	散水
代	代	㇏	飛雁
自	自	㇏	立人

　이『신창도』에서 각 획의 명칭을 보면 상당수가 동물과 연관되어 있음을 볼 수 있다. 물론 이 한자의 획의 명칭은 서예계에서 붙인 명칭임이 틀림없지만, 그나마도 이러한 명칭이 붙어 있다는 사실을 안 것만도 요행이라고 생각한다. 이처럼 한자에 대한 기본적인 용어 제정이 미흡한데, 그 중의 하나가 한자 획의 명칭에 대한 연구일 것이다.

10. 한자 운용의 역사

　문자의 1차적인 기능이 의사소통이지만, 의사소통의 기구인 문자를 이용하여 다른 활동을 하기도 한다. 문자를 그림의 소재로 삼기도 하고, 여러 가지 재담을 만들어 내기도 하며 심지어는 문자를 통하여 점을 치기도 하는 등, 문자를 활용하는 다양한 모습을 볼 수 있다.

(1) 문자도(文字圖)

문자도는 효제충신예의염치(孝悌忠信禮義廉恥) 여덟 문자를 희화적으로 표현한 그림이다. '수(壽), 복(福), 희(喜), 부귀(富貴)' 등 길상문자(吉祥文字)와는 달리 인간이 인간답게 살아가기 위해서 필요한 윤리 덕목을 주제로 하고 있어서 윤리문자도(倫理文字圖)라 불리기도 한다.

한자는 제작의 최초 단계에서부터 회화법을 기본으로 하여 출발하였기 때문에 조형적 요소를 다분히 지니고 있다. 이 조형적 요소를 활용한 것이 문자도이다. 문자도는 기본적으로는 문자를 다루고 있지만, 각 글자에다 그것에 관련된 이야기나 동식물들을 곁들여 그리고 있어서 회화성이 두드러지게 나타난다. 예컨대 '孝'자 그림에는 잉어, 죽순, 부채, 귤 등이 표현되고, '忠'자 그림에는 잉어, 용, 대합, 새우가, '信'자 그림에는 청조와 흰기러기 등이 표현된다.

이러한 회화의 현실적 효용성에 바탕을 두고 그림을 통하여 교화의 목적을 달성하려는 인식이 문자도를 탄생시킨 것이다. 그래서 문자도에는 서민들의 윤리의식과 가치관이 표현되고 있다. 그것은 대체로 유교적 윤리사상에 바탕을 두고, 도교적 요소와 불교적 요소도 함께 표현되고 있다.

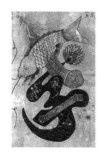

〈효제충신도〉[5]

(2) 한자 문자 재담(才談)

　문자를 이용하여 재치있는 문답을 주고 받음으로써 흥미를 유발하는 문자 재담 설화는 문자를 이용하는 또 다른 예이다. 대개 한글과 한문의 의미와 음을 이용한 어희(語戲) 재담, 대구를 맞추는 것 등이 있다. 어희재담은 주로 한자의 음만으로 구성되는 우리말과 그 한자의 뜻이 각각 의미를 형성할 때 나타나는 흥미를 본위로 한 것이다. 다음은 임금과 신하가 대담한 내용이다.

> 임금 : 오동열매 동실동실(棟實棟實)
> 신하 : 아침까치 조작조작(朝鵲朝鵲)
> 임금 : 보리뿌리 맥근맥근(麥根麥根)
> 신하 : 송아지 다섯이 오독오독(五犢五犢)

　'棟實'과 '오동열매', '朝鵲'과 '아침까치', '麥根'과 '보리뿌리', '五犢'과 '송아지 다섯'이 댓구가 되는 것이다. 한자음을 이용한 상징어 표현이 흥미를 유발시키는 요인이다.

---

5 이 효제충신도는 정민 외 3인(2011)에서 가져 온 것임.

정조와 다산이 같은 글자 셋을 모아 한 글자로 만든 한자를 누가 많이 아는 가 내기를 하였다. 먼저 정조,

"계집 女를 셋 모으면 간사할 간(姦), 날 日을 셋 모으면 맑을 정(晶), 물 水를 셋 모으면 아득할 묘(淼), 나무 木을 셋 모으면 나무 빽빽히 들어설 삼(森), 돌 石을 셋 모으면 돌 쌓일 뢰(磊), 입 口가 셋 모이면 품(品), 불 火가 셋 모이면 불꽃 염(焱), 벌레 훼(卉)가 셋 모이면 벌레 충(蟲), 털 毛가 셋 모이면 솜털 취(毳), 귀 耳가 셋이면 소곤거릴 섭(聶), 수레 車가 셋 모이면 수레모는 소리 굉(轟), 사슴 녹(鹿)이 셋 모이면 거칠 추(麤), 용(龍)이 셋 모이면 용이 가는 모양 답(龘)……"

다산 "전하께서 한 자만은 신에게 미치지 못할 것이올시다."

정조 "모든 자전에 있는 것을 하나도 빠짐없이 죄다 암기하였는데 한 자가 미치지 못한다는 것은 웬 말이냐?"

다산 "바로 이 字이옵니다. (三)

문자재담의 대표적인 것이 김삿갓의 시로 알려져 있다.

二十樹下三十客 (스므나무 아래 서른 객에게)
四十村中五十食 (망할 마을 중에서 쉰 밥을 주는구나)
人間豈有七十事 (인간에 어찌 이런 일이 있을 수 있는가?)
不如歸家三十食 (집에 돌아가서 서른 밥을 먹음만 같지 못하니라)

한자 숫자를 우리말과 연관시켜 만든 재담이다.

天脫冠而得一點 (天에서 관을 벗고) (犬)
乃失枚而橫一帶 (乃에서 줄기를 잃고 가로로 一을 긋는다 (子)

한자를 복합시켜서 의미를 달리하게 하는 해학의 하나다.

위락당(爲樂堂) : 정씨 성을 가진 사람을 일컫는 말로 이것은 한자음으로 읽으면 '위락당'이 되고 이것을 거꾸로 읽으면 '당락위', 즉 '당나귀'가 된다. 정인보(鄭寅普)의 호가 '위당(爲堂)'이 된 사유도 이 '당락위(堂樂爲)'에서 따 왔다는 설이 있다. 한자음을 우리말과 연관시킨 해학이다.

특히 수수께끼에는 이러한 한자 재담이 무척 많다.

> 사람이 감옥에 갇혀 있는 글자는? (囚)
>
> 왕에 혹이 달린 글자는? (玉)
>
> 입이 넷 달린 개는? (器)
>
> 나무가 옥에 갇혀서 곤한 글자는? (困)
>
> 나무보다도 높은 풀은 (짚 藁)
>
> 나무와 나무가 씨름을 하는 글자는? (林)
>
> 나무 위에서 나팔 부는 글자는? (桑) (又又 나팔소리)
>
> 낮에 보아도 밤인 것은? (栗)
>
> 노잣돈 없는데, 음식 찾는 것은 무슨 글자? (술酒) (술 주!)
>
> 논에 막대기를 세우면 무슨 글자? (申)
>
> 돼지 갓 쓴 것이 무슨 글자? (家)
>
> 여자가 갓 쓰고 있는 글자는? (安)
>
> 여자가 아들을 안고 있는 것은? (好)

이러한 한자 재담에서 한자의 어떠한 면이 활용되며, 이러한 재담에 이용되는 한자는 얼마나 되며 그 한자의 성격은 어떠한지, 그리고 이러한 방식이 한자 교육에 어떻게 활용될 수 있는지에 대한 연구가 필요할 것이다.

(3) 한자 파자 점법(漢字 破字占法)

한자를 이용하여 점을 치는 법이 있었다. 주로 천자문을 이용하는 방법인데, 천자문의 어느 한자를 선택하는가에 따라 점을 치는 방식이다. 만약에 '天'이 선택되면 그 점은 '음양 두 가지로 사람을 내시니 백사에 대길'이라는 점괘가 있으며, '玄'이 선택되면 '실이 끊어진 줄이라 불길하도다'란 점괘가 나오게 된다.

1931년에 덕흥서림(德興書林)에서 연활자본으로 간행한 『언문해석 천자파자점법(諺文解釋 千字破字占法)』의 앞에 있는 '천자파자뎜법해설'에서 그 내용을 볼 수 있다.

천자파자뎜법은 녜전부터 잇는 법이라 뎜을 쳐 보아서 풀어 노은 뜻이 일에 상당치 안터래도 밀우어 생각하여 보는 것이 좃코 쏘는 통용하는 자와 변톄되는 자와 반 자식 쎄여 한 자 되는 법을 다 알어야만 될 터이라. 통용하는 자로 말하면 (尙)오히려 상이 (上)웃 상과 통용이오 (勿)말물이 (月)달월과 통용이오 (月)달 월이 (肉)고기 육과 통용이오 (王)임금 왕이 (玉)구슬 옥과 통용이오 (鹿)사심 록이 (祿)록 록과 통용이오 (采)채색 채가 (菜)나물 채와 통용이오 (女)게집 녀가 (汝)너 여와 통용이오 (谷曲)골 곡 굽을 곡이 (穀)곡식 곡과 통용이오 (隹)새 초가 (焦隹)탈 초와 아람다울 가와도 통용이오 (云)일을 운이 (雲耘)구름 운과 김맬 운과도 통용이오 (阝)부 방이 (阜邑)언덕 부와 골 읍과 통용이오 (才)재방 변이 (才財手)재조 재와 재물 재와 손 수와도 통용이오 (辵)책받침이 (之走)갈 지와 다라날 주와도 통용이오 변태 되는 자로 말하면 두어 자만 례를 뵈이건대 (黃)누루 황이 (異)다를 이 변톄오 (主)님금 주가 (玉)구슬 옥 변톄오 반 자식 쎄여 한 자 되는 자로 말하면 두어자만 례를 뵈건대 (弔帳)조상 조와 슯흘 창이 합하여 (張)베풀 장이 되고 (昌諸)창성 창과 못을 제가 합하여 (暑)더울 서가 되고 혹 한 자는 그냥 두고 반 자만 쎄어다가 한 자 만드는 자도 잇스니 (著臧)나타날 저와 착할 장이 합하여 (臧)감출 장이 되는 것이라 여개 방차.

천자파자점법이 예전부터 있어 왔다고 하면서 점을 치는데 필요한 한자 지식이 있어야 함을 강조하며 그 중에 통용자와 변체자에 대한 예를 들고 있다. 이러한 방법은 천자 중에 등재되어 있는 한자를 파자하여 점을 치는 방식이다.

천자파자점이란 천자문을 가지고 '파자점(破字占)'을 치는 것인데, 파자점이란 일종의 문자점(文字占)으로서 한자 글자 하나를 그대로 해석하거나 분해하여 점을 치는 방식이다.

예컨대 '李'를 '木子'로 분해하여 점을 치거나, '劉'자를 '卯, 金, 刀'로 분해하여 점을 치거나, '姜'자를 '八王女'로 분해하여 점을 치거나 하는 방식이다. 마찬가지로 '黃'의 '黃'은 '色'으로 '絶'자로, '婦'는 '少女'로 '少'자 곧 '絶少'라고 하는 등이 그것이다.

이러한 파자에 대한 민간설화는 여러 곳에 전해 오고 있다. 잘 알려져 있는 이성계의 '問'자 파자점이 그것이다.

이성계가 점쟁이에게 '問' 자를 짚고 점을 치니 점쟁이는 좌로도 '임금 군'(君), 우로도 '임금 군'(君)이니 틀림없이 군왕이 되겠다고 하였다. 이에 비해 거지가 역시 '問'자를 짚으니 '門' 앞에 입(口)을 달았으니 빌어먹을 것이어서 거지라고 하였다는 설화가 있다.

유사한 민간설화가 수양대군에 대해서도 전하고 있다. 점쟁이에게 수양대군이 '田' 자를 짚으니 점쟁이는 전후좌우로 '왕(王)'이니 군왕이 되겠다고 하였는데, 반면에 김종서가 마찬가지로 '田'자를 짚으니 점쟁이는 전혀 다르게 '갑자무족(甲字無足) 용병무일(用兵無日), 십자사위(十字四圍)'라 '중구난방(衆口難防)'이라고 하였다는 민담도 있다.

이처럼 '問'자를 파자하여 점을 치는 것처럼 천자문의 어느 글자를 짚는가에 따라 점을 치는 것이 천자 파자점(破字占)이다.

이 천자 파자점을 통하여 한자를 흥미를 가지고 재미있게 습득하기도 하는 것으로 보인다. 이러한 한자의 파자 방법에 대한 연구는 아직까지 없는 것으로 보인다.

이러한 파자점법에 따라 천자파자점법에 제시된 점을 몇 개 보이면 다음과 같다.

①天 (하날텬) 음양 두 가지로 사람을 내시니 백사에 대길
'天'을 위에 있는 '一'과 아래에 있는 '一'과 '人'으로 파자하여 내린 점이다.
②地 (싸 디) 흙쑨이라 만물을 실엇스니 백사에 대길
'地'를 '土'와 '也'로 파자하여 내린 점
③月 (달 월) 해에 숑지들이 생겻스니 재앙이라 불길
'月'을 '日'과 '日'의 아래에 있는 두 선으로 파자하여 내린 점
④盈 (찰 영) 피 한 덤이 업스니 헛애를 배인 격이라 불길
'盈'을 '孕'과 '血'로 파자하여 내린 점
⑤昃 (기울 책) 해가 집에 들엇스니 밝은지라 조흔 격
'昃'을 '日'과 '仄'으로 파자하여 내린 점
⑥宿 (잘 숙) 갓 하나만 업스면 양인이라 류가 달너 좃치 못한 격
⑦往 (갈 왕) 주장한 사람이 둘이니 닷투는 격이라 불길
⑧金 (쇠 금) 착할 선 머리니 길한 격이로다
⑨生 (날 생) 소 하나라 농사와 장사에 다 조흔 격
⑩珍 (보배 진) 옥 갓흔 사람이 머리채가 길엇스니 조흔 격

이처럼 한자를 파자하여 한글로 설명한 책이 '언문해석 천자파자점법'(1931년, 덕흥서림 발행)이다. 필자의 소장본인 이 책의 앞부분 두 면을 보이면 다음과 같다.

〈천자파자점법〉

(4) 천자 뒤풀이

'천자 뒤풀이'는 천자문의 한문구의 뜻을 우리말로 풀어서 노래로 꾸민 타령의 하나인데, 천자문을 읽지만 엉뚱하게 풀어 읽는다는 뜻이다. 곧 '뒤풀이'란 정식 풀이가 아닌 딴 풀이로서, 일종의 문자 유희이며 또한 언어 유희이다. 그러면서 한자를 잘 아는 양반들의 일종의 재담이라고도 할 수 있다. 따라서 천자뒤풀이는 혼자 암송하듯 천자문을 알기 쉬운 말투로 부르게 하는 경우가 대부분이다.

대표적인 것이 '하늘 천 따지 가마솥의 누룽갱이 박박 긁어서' 운운하는 것들이다. 이미 많은 사람들이 익숙하게 천자문을 읽는 해학적인 내용이다. 이것은 지방에 따라서도 많이 다른 모습을 보이는데, 예컨대 경북 안동 지방에서는 '하늘 천 따따 지 가마솥에 누룽지, 딸딸 긁어서 배꼭 다리 한 그릇' 등으로 읽는다고 한다.

'춘향가' 중에 방자가 이몽룡에게 자기도 천자문은 안다고 하면서 '높고 높은 하늘 천, 깊고 깊은 따 지, 휘휘친친 감을 현, 꾹 눌렀다 누루 황'이라고 뒤풀이를 하는 것도 있다.

일츅죠션소리반 K594-A 古代小說劇(고대소설극) 春香傳(춘향전) 李夢龍廣寒樓 求景歌(이몽룡 광한루 구경가)(一) (李東伯(이동백) 金秋月(김추월) 申錦紅(신금강) 長鼓 李興元(장고 이흥원)에 보면 다음과 같은 천자뒤풀이가 등장한다.[6]

> 김추월 : "에기 고약한 놈. 얘 방자야, 천자 한 권 듸려라."
>
> 신금홍 : "도련님 인자 시 살을 잡수셨습니까, 일곱 살을 자시셨습니까? 천자는 왜 듸리라고 하십니까?"
>
> 김추월 : "이 자식 니가 모르난 말이로다. 천자라 하는 것이 새기고 보며는 뼈똥 쌀 일이 많느니라."
>
> 신금홍 : "소인도 부모덕에 천자 권이나 일러 봤습니다마는, 뼈똥은 커녕 물똥도 아니 쌉디다."
>
> 김추월 : "아 이놈, 니가 천자뒤풀이를 헌단 말이냐?"
>
> 신금홍 : "소인이 알고 말고요."
>
> 김추월 : "그러면 어디 한번 해 보아라."
>
> 신금홍 : "예,
>
> 　　　　【자진몰이】 높고 높은 하늘 천, 깊고 깊은 따 지, 꾹 눌렀다 누루 황,
>
> 　　　　회회칭칭 감을 현, 에도라 맹하도다."
>
> 김추월 : 【아니리】 "에 이놈, 그것이 어디 천자뒤풀이냐? 그게 장타령이지. 양반의 천자뒤풀이 너 들어 보아라."

---

6 이 내용은 배연형 교수가 채록하고 해제한 '일츅판 春香傳 전집사설'에서 가져 온 것이다. 이 자료를 제공해 주신 배연형 교수께 감사를 드린다.

신금홍 : "예."

김추월 : 【중중머리】

　　　　"자시으 생천 불연행사시 유유피창으 하날 천,

　　　　축시으 생지허니 만물장생 따 지,

　　　　유현미모 흑정색으 북방현무 가물 현,

　　　　궁상각치우 동서남북 중앙토색에 누루 황,

　　　　천지사뱅이 몇 만 리 활우광활 집 우,

　　　　연대국조 흥망성쇄 왕고내금에 집 주,

　　　　구년지수 어이허리 하우천지 너볼 홍,

　　　　정원장무 호불귀오, 삼경이 취황으 거칠 황,

　　　　요순성덕 장할시고 취지여일이 날 일,

　　　　억조창생 격양가 강구연월에 달 월,

　　　　추우오동 엽락시으 낙엽이 분분 찰 영,

　　　　이애 방자야."

신금홍 : "예."

김추월 : "해가 어느 때나 되었느냐?"

신금홍 : "일중지차 기울 책."

김추월 : "하도낙서 착한 본이 일월성신 별 진,

　　　　가련금야으 숙창가 탐탐정회 베풀 장,

　　　　춘향 입 내 입 한테 대면 법중 여 자가 이 아니냐?

　　　　보고지고 보고지고."

　　이처럼 천자뒤풀이는 여러 가지 해학을 보이면서 한자 학습에도 기여한 것으로 보인다.

　　이와 같은 천자뒤풀이를 모아서 책으로 간행한 것도 보인다. 1943년에 한교연(韓敎淵)이 지어서 덕흥서림에서 간행한 '천하명작 천자 뒤푸리노래'가 있다. 몇 개의 예를 들어 보도록 한다.

一太極(일대국)이 剖判(부판)하여 高明廣大(고명광대) 하날 [天]

陰陽理氣兩儀(음양이기양의)되여 萬物持載(만물지재) 싸 [地]

天一生水(천일생수) 깁흔 理致(이치) 北方精氣(북방정기) 감을 [玄]

金木水火五行之氣(금목수화오행지기) 中央土色(중앙토색) 누루 [黃]

搆木爲巢(구목위소) 녯 風習(풍습)이 易之宮室(역지궁실) 집 [宇]

人物繁華大都會(인물번화대도회)여 千門萬戶(천문만호) 집 - [宙]

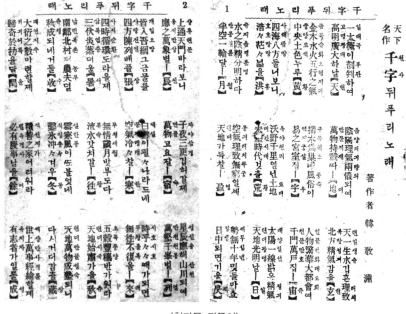

〈천자문 뒤풀이〉

이에 대해서 한자들이 어떻게 운용되었으며, 그 한자들이 지니고 있는 이미지는 무엇인지에 대한 연구도 필요한 것으로 생각한다.

제2장 한글의 학습과 한자의 학습

문자의 학습에서 한글과 한자의 학습서는 그 성격이 확연히 다르다. 한글은 소리글자인데 비해 한자는 뜻글자이기 때문이다. 소리글자와 뜻글자가 지니고 있는 장단점이 있지만, 문자 학습에서는 소리글자의 학습이 뜻글자의 학습에 비해 비교할 수 없을 만큼 수월하다. 비록 뜻글자가 후대까지도 그 소리는 알 수 없어도 의미는 파악할 수 있는 장단점이 있고, 소리글자는 소리는 알아도 그 의미를 파악하지 못하는 장단점이 있지만 그 문자 학습의 효과는 뜻글자가 소리글자를 따를 수가 없다.

한글은 소리글자이기 때문에 소리글자들의 집합으로 단어를 형성하고, 단어의 배열에 따라 구와 절을 구성하여 이들이 문장을 이루어 의미와 감정을 전달한다. 따라서 국어에서는 그 기본 단위가 음성이 아니다. 음성의 집합체로 이루어진 음절이 모여 의미를 전달하는 단어를 형성하기 때문에 단어 또는 어휘가 기본단위가 되는 셈이다. 이러한 이유로 의사소통의 기본이 되는 단어 또는 어휘의 집합체인 사전(辭典)이 크게 필요한 것이다.

이에 비해 한자는 뜻글자이기 때문에 의미기본의 전달은 문자이다. 따라서 문자의 총체인 자전(字典)이 필요하다. 중국어와 연관된 사전과 자전이 구별되는 이유가 그것이다. 여기에 비해 국어사전은 필요하지만 국어자전이나 한글 자전은 필요가 없다. 그래서 한글 사전 또는 한글 자전은 필요 없고, 단지 국어사전만 필요한 것이다.

필자는 국어사를 연구하면서 한글과 한자의 장단점을 보완하는 방안을 생각해 내었는데, 소리는 한글을, 의미는 한자를 이용하는 방법이었다. 대부분의 국어사 관련 옛문헌들에 보이는 문장들은 언해문인데, 언해문의 의미나 언해문에 보이는 어휘의 의미를 정확히 파악하기 위해서는 본문인 한문에 쓰인 한자를 이해하지 않으면 안 되었다. 그래서 정확한 의미를 파악하기 위해 생각해 낸 것이 한자 자석 자료를 수집하고 정리하는 일이었다. 지금까지 한자 자석 문헌 약 500여 책을 수집하고 이 중 자료상으로 가치가 있다고 생각되는 문헌 약 250종을 입력하여 가칭 『한자 자석 역사 사전』을 편찬 중에 있다. 물론 이것은 한자 학습서가 목표가 아니고 한자의 음과 새김의 조사가 그 목적이다.

한글 학습서는 달랑 종이 한 장이면 된다. '언문반절표(諺文反切表)'가 그것이다. 언문반절표는 각 자음 글자와 모음 글자의 음가를 제시하면 되기 때문이다. 언문반절표는 그 형태에는 여러 변화가 있었지만 그 형식은 오늘날까지도 크게 변화한 것이 없다. 다음에 '언문반절표'를 한 개만 예시하도록 한다.

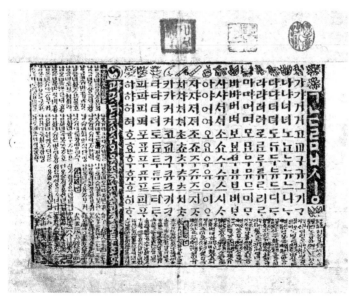

〈언문반절표〉(필자 소장)

이에 비해서 한자 학습서는 사용되는 수만큼의 각각의 한자에 대한 여러 가지 정보를 담아야 하기 때문에 한자 학습 목표나, 방법, 용도에 따라 다르게 편찬되어 왔다. 그래서 그만큼 한자 학습서는 그 종류가 많고, 시대적 요청에 따라 많은 변화를 겪어 왔다.

이러한 특성상 '한글 자전(字典)'은 존재하지 않는다. 글자에 대한 정보를 다 모아 놓아 보았자 몇 장 되지 않기 때문이다. 한글 음절 글자 11,172자를 제시하고 이것을 한글 자전이라고 할 수는 없는 것이다. 그러나 한글로 적은 '국어사전'은 매우 다양하다. 이에 반해서 중국어사전도 많이 있지만, '한자 자전(字典)'도 매우 많다. 한자 하나 하나에 대한 각종 정보가 필요하기 때문이다. 형태, 음, 뜻, 성조 등에 대한 정보가 각 한자마다 다르기 때문이다.

제3장 한자 학습의 방법

　우리나라에서 한자 학습을 어떠한 방식으로 해 왔을까? 이에 대한 구체적인 기록이 없어서 그 방법을 알기는 쉽지 않다. 다만 몇 가지 기록에 나타난 현상으로 추정할 뿐이다.

　한자 학습의 목적은 한자를 필히 사용하여야 했던 시대와 한자 사용이 필수적이지 않을 시대에 따라 달랐을 것이다. 현대와 같이 한자 학습이 언어생활에서 필수적이지 않을 때에는 한자 학습은 단순히 이해하는 데에만 둘 수 있다. 즉 한자로 쓰인 문헌을 읽거나 이해하기 위한 목적이 그것이다. 이때에는 한자의 음과 새김만 익혀도 무관할 것이다. 그러나 한자를 한문 문헌을 해독하거나 또는 한문으로 글을 써야만 했던 시대에는 단순히 한자의 음과 새김만 익혀서는 한문을 해독하기 어려울 것이어서 한문 문장을 함께 읽어 해독하는 과정을 거쳐야 했을 것이다.

　이처럼 한자 학습의 목적에 따라 한자 학습 방법은 차이가 있었던 것으로 보이는데, 조선시대에는 한문을 이해하고 해독하며 더 나아가서는 한문으로 글을 쓰기 위해서도 한자를 학습하였기 때문에, 당연히 한문으로 된 문헌과 함께 읽었어야 할 것으로 이해된다. 우리나라 사람들이 처음부터 어떠한 문헌을 읽었을까를 보여주는 자료들이 있다. 조선 후기의 실학자인 안정복(安鼎福, 1712~1791)의 문집인 순암선생문집(順菴先生文集) 제13권 잡저(雜著)(5a-5b)에 보면 우리나라 사람들이 책을 읽는 순서를 보이고 있다.

[東人所著書] 我俗蒙學初程 先敎千字文 蕭梁周興嗣所撰也 或敎類合 宣廟朝柳眉菴

希春撰 或敎居正[7] 卽徐四佳居正撰 次敎童蒙先習 中廟朝參判咸陽朴世茂撰 次敎十九
史略 明初曾先之余進撰 其註解則宣廟命儒臣金晬等撰輯之 又有剪燈新話二卷 明初瞿
存齋宗吉所撰小說 而明宗朝判書尹春年及吏文學官林芑註

(우리 나라 풍속은 어린이 교육의 첫 과정으로 천자문(千字文)을 먼저 가르치
는데, 이것은 소량(蕭梁)의 주흥사(周興嗣)가 지은 것이다. 그리고 간혹 유합(類
合)을 가르치기도 하는데, 이것은 선조(宣祖) 때 미암 유희춘이 지은 것이며, 더
러는 거정(居正)을 가르치는데, 바로 사가(四佳) 서거정(徐居正)이 지은 것이다.
다음에는 동몽선습(童蒙先習)을 가르치는데, 중종(中宗) 때 참판을 지낸 함양
(咸陽)의 박세무(朴世茂)가 지은 것이며, 그 다음에는 십구사략(十九史略)을 가
르치는데, 명(明) 나라 초에 증선지(曾先之)와 여진(余進)이 편찬한 것으로, 그
주해(註解)는 선조 때 유신(儒臣) 김수(金晬) 등에게 명하여 찬집(撰輯)한 것이
다. 또 전등신화(剪燈新話) 2권이 있는데 명 나라 초에 존재(存齋) 구종길(瞿宗吉)
이 지은 소설이다. 명종(明宗) 때 판서 윤춘년(尹春年)과 이문학관(吏文學官) 임
기(林芑)가 주를 달았다.)

이 내용을 요약하여 보면 안정복이 살았던 18세기에는 천자문(주흥사), 유합
(서거정, 유희춘), 동몽선습(박세무), 십구사략(김수), 전등신화(윤춘년, 임기) 등을
순서대로 읽은 것으로 되어 있다. 처음에 한문으로 된 문헌을 읽게 될 때, 제일
먼저 읽어야 할 책은 천자문과 유합이어서 한자 학습부터 하고 있음을 증명하
고 있다.
    이러한 한자 학습 단계는 윤기(尹愭, 1741년~1826년)의 무명자집(無名子集)의 문
고(文稿) 冊10의 '독서차제(讀書次第)', 즉 독서를 하는 차례에 대해 다음과 같이
기록하고 있다.

---

7 여기의 '居正'은 '類合'을 잘못 쓴 것이다.

世之敎兒者 兒能言則必敎以周興嗣千字文 能屬字讀 則乃敎以史略初卷 通鑑初卷
多者及於西漢紀 又多者及於東漢蜀漢 而又敎以孟子 詩國風 當夏則初敎以唐音絶句 次
敎以唐音長篇 又使之屬文爲五言七言及行文

(세상에서 아이를 가르칠 때, 아이가 말을 할 줄 알면 반드시 주흥사의 천자
문을 가르친다. 글자를 달아 읽을 줄 알게 되면 이에 사략(史略)의 초권과 통감
(通鑑)의 초권을 가르치는데, 많이 나아간 자는 서한기(西漢記)에까지 이르고,
더 나아간 자는 '동한(東漢)', '촉한(蜀漢)'에까지 이른다. 그리고 이어 맹자(孟子)
와 시경(詩經)의 국풍(國風)을 가르친다. 여름에는 처음에 당음(唐音)의 절구(絶
句)를 가르치고, 이어 당음(唐音)의 장편을 가르치고, 또 오언(五言) 칠언(七言)
및 문장을 지어보게 한다.) 〈고전번역원 번역〉

이 기록을 보면 먼저 천자문을 가르치고 이어서 사략과 통감을 가르치며,
더 나아가면 서한기로, 더 나아가면, 동한, 촉한을, 이어서 맹자와 시경의 국
풍, 당음의 절구, 당음의 장편을 가르치고, 마지막에 이를 토대로 하여 오언,
칠언의 문장을 쓰도록 한다는 것이다.

담헌 홍대용도 담헌서(湛軒書) 외집(外集) 권2 건정동필담(乾淨衕筆談)에서
다음과 같이 그 학습과정을 설명하고 있다.

力闇曰 貴處小兒始讀何書 余曰 始讀千字文 次讀史略 次讀小學而及於經書 力闇曰
史略何書 余曰 曾先之所作十九史略 力闇曰 此間謂之鑑略 亦與小兒讀之 又曰 小學最好
(귀처(貴處)의 어린애는 처음 무슨 글을 읽는가? 내가 "처음 천자문을 읽고 다
음 사략을 읽고 다음 소학을 읽고 경서에 미친다. 역암(力闇)이 사략은 무슨 책
인가? 내가 "증선지가 지은 십구사략이다. 역암이 "여기서는 감략(鑑略)이라 하
는데 역시 아동에게 주어 읽힌다. 또 소학이 가장 좋다.) 〈고전번역원 번역〉

이 내용들을 종합하면 천자문, 유합(서거정, 유희춘), 동몽선습, 십구사략, 전
등신화, 통감, 서한기, 동한, 촉한, 맹자, 시경의 국풍, 당음의 절구, 당음의 장
편, 오언, 칠언 등의 학습서가 등장하지만 가장 기본적인 것은 천자문과 통감
과 사략으로, 한자를 학습한 후에 중국의 역사를 배우는 것이 매우 중요한 과
정이이었던 것으로 보인다.

그렇다면 이러한 한자 또는 한문으로 된 문헌을 학습할 때에는 어떠한 방법
으로 하였을까? 한자로 된 문장인 한문의 학습방법에 대한 기록은 임금이 경
연할 때의 경연 사목에서 그 편린을 볼 수 있다.

조선왕조실록의 성종실록 1권, 성종 즉위년 12월 9일 무오 두 번째 기사, 즉
1469년에 신숙주가 경연을 행하는 방법에 대한 사목을 만들어 왕에게 아뢰니
원상과 논의하였다는 내용이 있다.

上將御經筵, 高靈君 申叔舟作事目以啓: "一, 進講《論語》。一, 朝講, 音'釋各三遍
後, 上讀音釋各一遍; 晝講, 上讀朝授音'釋各一遍。一, 朝講, 當直院相二人, 經筵堂上
一人, 郎廳二人, 承旨一人, 臺諫各一人, 史官一人; 晝講, 承旨一人, 經筵郎廳一人, 史官
一人, 入侍宮中, 常讀音二十遍, 釋十遍。"

(임금이 장차 경연(經筵)에 나오려고 하는데, 고령군(高靈君) 신숙주(申叔舟)
가 사목(事目)을 만들어 아뢰기를,

"1.《논어(論語)》를 진강(進講)할 것.

1. 조강(朝講)에는 음(音)·석(釋)을 각각 3번씩 하고 난 후에 임금이 음(音)·
석(釋)을 각기 1번씩 읽고, 주강(晝講)에는 임금이 아침에 배운 음(音)·석(釋)을
각기 1번씩 읽도록 할 것.

1. 조강(朝講)에는 당직(當直) 원상(院相) 2인, 경연 당상(經筵堂上) 1인, 낭청
(郎廳) 2인, 승지(承旨) 1인, 대간(臺諫) 각 1인, 사관(史官) 1인과, 주강(晝講)에는
승지 1인, 경연 낭청(經筵郎廳), 사관(史官) 1인이 궁중(宮中)에 입시(入侍)하여

상시로 음(音) 20번, 석(釋) 10번을 읽을 것." 하였다)

즉 논어를 읽으면서 음으로 읽고 다시 새겨서 읽는 방법을 3번씩 한다는 내용이다.

마찬가지로 조선왕조실록의 명종실록 1권, 명종 즉위년 7월 30일 경인 1번째 기사, 즉 1545년 7월 30일의 기록에서는 좌찬성 이언적 등이 경연 사목을 써서 아뢰는 내용이 있는데 이것을 들어 보이면 다음과 같다.

庚寅/領議政尹仁鏡 左議政柳灌 左贊成李彦迪, 書經筵事目啓曰: 卒哭前領經筵入侍, 則上御衰服, 其餘進講時, 御布衣、布冠、麻帶。 經筵始開日及每月初一日、初五日、十一日、十五日、二十一日、二十五日, 領事一, 經筵堂上一, 承旨一, 臺諫各一, 經筵官二, 注書、史官各一; 晝夕講, 承旨一, 經筵官二, 注書、史官各一。 朝講進講官音三遍, 釋二遍, 上音釋各二遍。 入內, 音三十遍, 釋十遍。 晝講, 上讀前受音一遍, 釋一遍後, 進講官音釋各二遍, 上又讀音四遍, 釋一遍。 夕講進講官音三遍, 釋二遍, 上音釋各二遍, 入內, 音三十遍, 釋十遍。 翌日朝講, 上讀前受音、釋各一遍, 進講官進講如前, 翌日夕講, 上讀前受音、釋各一遍, 進講官進講如前。

(영의정 윤인경, 좌의정 유관, 좌찬성 이언적이 경연 사목(經筵事目)을 써서 아뢰었다.

"졸곡 전에 영경연(領經筵)이 입시하면 상께서는 최복(衰服)을 입으시고 그 나머지의 진강(進講) 때는 포의(布衣)·포관(布冠)·마대(麻帶)로 나아가도록 하였습니다. 경연을 처음 여는 날과 1일·5일·11일·15일·21일·25일에는 영사(領事) 1명, 경연 당상 1명, 승지 1명, 대간 각 1명, 경연관 2명, 주서(注書)·사관(史官) 각 1명이 입시하게 하고, 주강(晝講)과 석강(夕講)에는 승지 1명, 경연관 2명, 주서·사관(史官) 각 2명이 입시하게 하였습니다. 조강(朝講)에는 진강관(進講官)이 세 번 음독(音讀)하고 두 번 해석하면 상께서는 음독과 해석을 각기 두 번씩 하게 하였습니다. 그리고 내전에 들어가시어서는 음독 서른 번과 해석 열 번을 하셔야 합니다.

주강에는 전하께서 앞서 공부한 것을 음독 한 번에 해석 한 번을 하신 뒤에 진강관이 음독과 해석을 각각 두 번씩 하면 상께서는 또 음독 네 번에 해석 한 번을 하셔야 합니다. 석강에는 진강관이 음독 세 번에 해서 두 번을 하고 나면 상께서는 음독과 해석을 각각 두 번씩 하시며 내전에 들어가서는 음독 서른 번과 해석 열 번을 하셔야 합니다. 다음날 조강에는 상께서 앞서 공부하신 것에 대해 음독과 해석을 각기 한 번씩 하시고 나면 진강관이 전처럼 진강하며, 다음날 석강에도 상께서는 앞서 공부하신 것에 대해 음독과 해석을 각각 한 번씩 하시고 나면 진강관이 전과 같이 진강하게 하였습니다.")

결국 임금이 아침 강론에는 강관(講官)이 3번 음독하고 2번 해석한 것을 듣고 이것을 내전에 들어가서는 음독 30번, 해석 10번을 해야 하며, 낮의 강론에서는 복습하기 위해 음독 1번, 해석 1번을 하고 새로 공부하는 내용에 대해 강관이 음독 3번, 해석 2번씩 하는 소리를 듣고 이에 따라 음독 4번, 해석 1번을 하며, 저녁 강론에서는 강관이 음독 3번, 해석 1번을 하는 소리를 듣고 이에 따라 음독과 해석을 각가 2번씩 하고 내전에 들어가서 음독 30번 해석 10번을 하여야 한다는 내용이다. 이 내용을 표로 보이면 다음과 같다.

강론	강관	임금		
		강론 때	복습(강론 때)	내전에서
조강	음독 3번	음독 2번		음독 30번
	해석 2번	해석 2번		해석 10번
주강	음독 2번	음독 4번	음독 1번	
	해석 2번	해석 1번	해석 1번	
석강	음독 3번	음독 2번		음독 30번
	해석 1번	해석 2번		해석 10번

결국 한문을 반복해서 읽고 해석하고 암송하는 방식임을 알 수 있다.

한자 학습도 이와 큰 차이가 없을 것이다. 천자문을 어떻게 학습하는지에 대한 기록은 보이지 않지만 후세에 간행된 천자문의 형식이나 내용을 보면 그 방법을 유추할 수 있다. 우선 천자문이 4자 성구로 되어 있어서 이것을 읽고 새김을 읽고 암송하고 그 4자 성구의 의미를 익히는 방식이라는 것임을 알 수 있다.

이처럼 한문 문헌을 읽어가는 단계에 대해서는 고소설에서도 심심치 않게 등장한다. 경판본 고소설 '춘향전'에 보이는 내용을 보이면 다음과 같다.

> 글이나 닑즈ᄒ니 산유즈 칙샹의 옥츅을 밝히고 온갓 셔칙 ᄎ례로 닑을 젹의
> ① 하늘 텬 따 지 감을 현 누루 황 집 우 집 쥬 집 가르쳐 뵈던 거시 눈의 암암 귀의 징징
> ② 텬디지간 만물지즁의 유인이 최귀ᄒ니 귀흔 즁 더욱 귀타
> ③ 텬황시는 이목덕으로 왕ᄒ여 셰긔셥졔ᄒ니 졔 못 보면 닉 가리라 이십삼 년이라
> ④ 초명진딕부 위스죠적한건ᄒ여 한가지로 못 간 줄이 지금 후희로다
> ⑤ 원형니졍은 텬도지샹이오 인의 례지는 인셩지강이라 강보붓허 못 본 쥴 이 한이로다
> ⑥ 밍직견양혜왕ᄒ신딕 왕 왈 쉬불원쳔니이닉ᄒ시니 쳔니로다 지쳑이 쳔니 로다 관관져귀 지하지쥭로다 요조슉녀 군즈호귀로다 우리 두룰 닐으미라 아모려도 못 닑기다 〈1840춘향전, 8a-8b〉

이 내용에서

① 은 천자문이고 (天地玄黃 宇宙) ② 는 동몽선습이며 (天地之間 萬物之中 唯人最貴), ③ 은 십구사략이며 (天皇氏 以木德 王 歲起攝提) ④ 는 자치통감강목(資治通鑑綱目)이 며 (初命晉大夫 魏斯趙籍韓虔) ⑤ 는 소학집주(小學集註)의 소학제사(小學題辭)의 내용

이며(元亨利貞 天道之常 仁義禮智 人性之綱) ⑥은 맹자 양혜왕 상(梁惠王上), 맹자견양혜왕장(孟子見梁惠王章)에 나오는 문구다.

천자문, 동몽선습, 십구사략, 지치통감, 소학, 맹자 등이 등장하는 것으로 보아서 이 당시에 어떠한 한문 서적을 읽었는지를 짐작할 수 있다.

> 칙쟝마다 츈향이오 글ᄌᆞ마다 츈향이라 한 ᄌᆞ히 두 ᄌᆞ 되고 한 줄이 두 줄이 되니 이 아니 밍낭혼가 원 칙 글지 바로 뵈지 아니ᄒᆞᄂᆡ 텬ᄌᆞ는 감지오 유합은 찬합이오 통감은 곡감이오 밍ᄌᆞ는 팅ᄌᆞ오 논어는 부어오 시젼은 쓰젼이오 강목은 씨묵이라 하늘 텬ᄌᆞ 큰 디 되고 짜 디ᄌᆞ가 못 디 되고 한 일ᄌᆞ가 두 이 되고 밧 젼ᄌᆞ 갈 왈 되고 묘홀 묘ᄌᆞ 이 ᄌᆞ 보쇼 츈향일시 분명ᄒᆞ다

이 내용에서도 천자문, 유합, 통감, 맹자, 논어, 시전, 강목 등이 등장하고 있어서 이들이 일반적으로 많이 읽고 있는 문헌임을 짐작할 수 있다.

이들 중에서 한자 학습서인 천자문과 유합은 늘 등장한다. 그만큼 한자 학습은 기초적인 교육이었음을 알 수 있다.

제4장 한자 학습의 내용

한자를 학습할 때 그 한자를 통해 얻을 수 있는 정보는 매우 다양하다. 한자에서 어떠한 정보를 중시하는가에 따라 한자 학습서의 성격도 달라지기 때문에 한자 학습의 내용을 검토하는 일은 한자 학습서의 변천과정을 살펴 보는데 매우 중요한 관건이 된다. 한자의 기본 요소는 음(音)과 형(形)과 의(義)이다. 곧 한자의 음과 자형과 새김이다.

1. 한자의 자형(字形)

한자 학습에는 반드시 한자의 자형을 알아야 하기 때문에, 모든 한자 학습서는 이 자형을 중시한다. 유일한 필기도구였던 붓으로 한자를 하나하나씩 써서 그 획과 획순 및 획의 특징을 알아야 하기 때문이다. 그래서 한자 학습서에서 가장 두드러지게 보이기 위해 그 자형은 가장 큰 글씨로 쓰이거나, 그 큰 글씨도 명필이 쓰는 경우가 많다. 한자의 새김과 음이 없는 한자 학습서에서도 이 자형만은 반드시 제시되어 있다. 반면에 한자의 자형은 없고 새김과 음만 제시되어 있는 한자 학습서는 존재하지 않는다. 이러한 사실이 한자의 학습에서 한자의 자형 습득이 가장 기본적이라는 근거이다.

2. 한자음

한자 학습서의 대부분은 한자의 음이 표시되어 있다. 한자의 새김이 표시되지 않는 경우에도 한자의 음이 표기되는 경우가 많다. 반면에 한자 새김의 정보가 있는 한자 학습서에는 한자음의 정보도 반드시 제시된다. 새김의 정보는 없어도 한자음의 정보를 보이는 학습서가 곧 운서(韻書)이다. 한자의 모음(즉 韻母)을 분류 기준으로 삼아 한자를 분류하여 배열한 책이 운서(韻書)인데, 일종의 한자 발음 사전이라고 할 수 있다.

『고금운회거요(古今韻會擧要)』,『규장전운(奎章全韻)』,『동국정운(東國正韻)』,『배자예부운략(排字禮部韻略)』,『사성통해(四聲通解)』,『삼운성휘(三韻聲彙)』,『삼운통고(三韻通考)』,『옥휘운(玉彙韻)』,『운회옥편(韻會玉篇)』,『전운옥편(全韻玉篇)』,『홍무정운역훈(洪武正韻譯訓)』,『화동정음통속운고(華東正音通俗韻攷)』 등이 이에 해당하는 문헌이다. 필사본으로 전하는 운서들도 매우 많은 편인데, 한자음 연구자들은 주로 판본에만 관심이 있었고, 필사본에 대한 관심이 적은 편이어서 필사본 운서들에 대해서는 아직 전수 조사도 이루어진 적이 없다. 다음에 아직 세밀하게 연구되지 않은 필사본 운서들을 보이도록 한다. 앞으로의 정밀한 연구가 있기를 바란다.

『경사백가음훈자보(經史百家音訓字譜)』(서울대 일사문고, 일본 천리대도서관 소장),[8] 『동문집음(東文集音)』,『동문화자집음(東文華字集音)』(서울대 중앙도서관 소장),『오방원음(五方元音)』(곳곳에),『운서(韻書)』(필자 소장),『자서집요(字書輯要)』(필자 소장),『자음정와(字音正譌)』(일본 오구라문고),『정음본문(正音本文)』(서울대 중앙도서관 소장),『화동음원(華東音源)』(고려대 도서관 소장) 등이 필사본 운서들이다. 이들 서영을 한 개씩만 보이도록 한다.

---

8 이 책에 대한 연구서로는 李海潤(2019)이 있다.

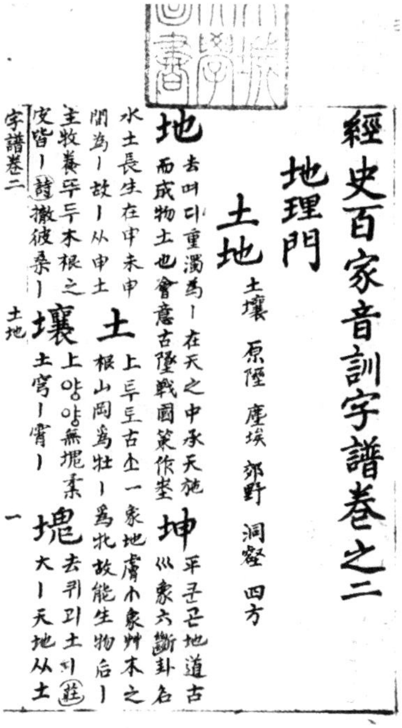

〈경사백가음훈자보〉

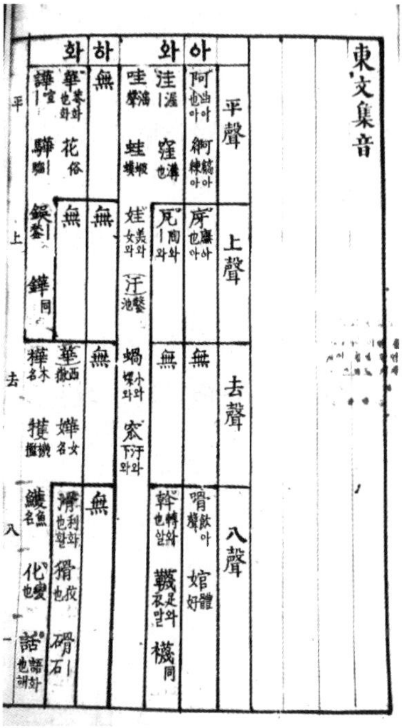

〈동문집음〉

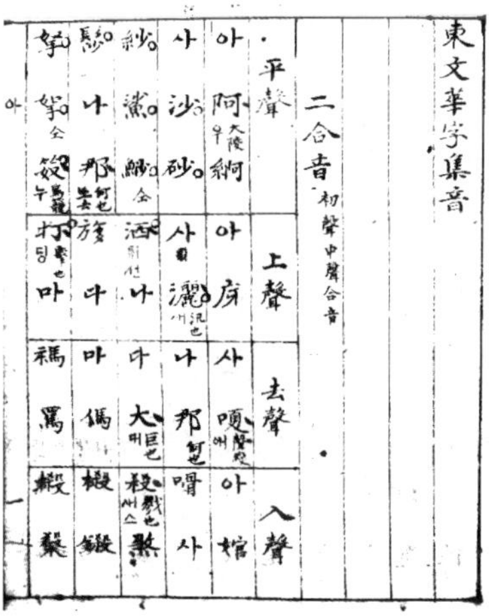

〈동문화자집음〉

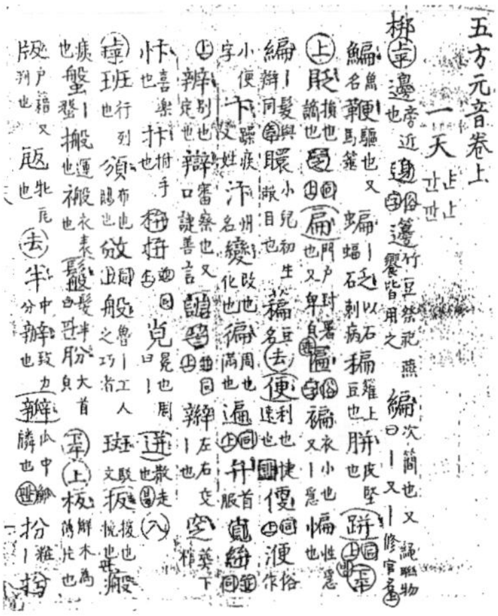

〈오방원음〉

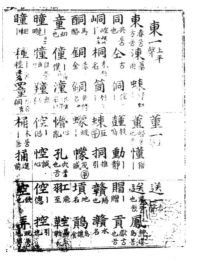

〈운서〉

正音本文
目次
訓民正音
正音大要
三聲要訣
合化成字
活變生字
原文正義
總說
正音與書文義
吐釋
清濁音節
一、辨
辨
一、

謂說
十四部初聲說
十一字中聲說
九文終聲說

讀三聲法
篇義

〈정음본문〉

東一聲
東 上平

〈화동음원〉

華東音源

序

凡文字之有音有義譬如器物之有名有用知音而
不知義者即知名而不知用也知義而不知音者亦
猶用而不知名也音與義之不可不知者正猶名與
用之不可不知也音義之於文字其重且切有如是
矣文字始起於中國中國之人世講之音與義未嘗
不詳備也獨音義之法出於胡僧何也乃全
皇之遺法獨傳於西域歟不然何中國之拙而西域
之巧也是所謂失之中國而求諸四夷者也夫音韻

字音正譌

東 紅音
支 屑音
江 港音
冬 佟音

〈자음정와〉

3. 한자의 새김

한자의 새김은 한자의 의미이므로 기초적인 한자 학습서에는 대부분이 의미 정보가 있다. 그 의미를 한문으로 풀이한 것도 있지만, 그러한 학습서는 극히 드물고, 대부분은 한글로 새김을 달아 놓았다. 한자 한 글자에는 여러 의미가 있지만 대부분의 한자 학습서에는 기본의미만 제시되어 있다. 복수의 새김을 달기 시작한 것은 홍성원의 『주해천자문』(1752년)부터로 보인다. 그리고 한 한자의 다의어를 모두 보이기 시작한 것은 19세기 말에서 20세기 초에 다양하게 간행된 소위 옥편류(玉篇類)부터라고 할 수 있다.

4. 한자의 성조

한자는 동일한 음을 가졌다고 해도 성조의 차이에 따라 의미 분화가 나타나므로 한자의 성조는 한자 학습에서 매우 중요한 요소이다. 그러나 한국어에서 사용되는 한자를 익히기 위한 한자의 학습에는 별도의 성조 표시가 필요하지 않으므로 한자의 성조 표시는 전문적인 학습서가 아닌 이상 후대에 가서는 거의 표시되지 않게 되었다. 훈민정음 창제 이후 훈민정음으로 한자를 정리한 『초학자회』(1458년)나 『동국정운』은 이와 같은 한자 성조와 음에 따라 새김을 붙이거나 음을 달거나 하여 놓았다.

한자의 성조를 익히기 위한 학습서들은 대체로 한자를 성조별로 나열하여 놓고 있다. 『유학일우(幼學一隅)』(필사본, 19세기 말엽, 필자 소장본)가 대표적이다. 물론 이전의 『석봉천자문』에서는 평성과 입성자를 표시하지 않고 상성은 한자의 오른쪽 위에, 그리고 거성은 왼쪽 위에 ○로 표시하고 있다. ○가 없으면 평성이거나 입성인데, 입성은 한자음의 말음이 /p, t, k/로 끝나는 것이어서, 평성은 표시가 없는 것, 한자음의 말음이 /p, t, k/로 끝나는 것은 입성자, 그리고 오른쪽 위에 ○를 붙이면 상성, 왼쪽 위에 ○를 붙이면 거성자이어서 실제로는 4성을 모두 표시한 셈이다.

〈석봉천자문〉(박찬성 소장본)

위의 천자문에서 '地'와 '宙'는 오른쪽 위에, 그리고 '宇'는 왼쪽 위에 ○가 있으므로 '地'와 '宙'는 상성의 한자이고, 그리고 '宇'는 거성의 한자임을 알 수 있다. 그리고 나머지 '天玄黄, 洪, 荒'은 평성임을 알 수 있다.

다음의 사진은 『유학일우』로서 성조별로 한자를 배열하여 놓고 석음을 달아 놓고 있다.

상권에서는 '東同銅桐童瞳公工功蔥聰叢洪紅虹弓躬宮窮風豐忠蟲隆戎韃蒙通翁終中冬攻' 등이 모두 평성의 성조를 가지고 있는 한자들임을 보이고 있다. 마찬가지로 하권에서는 '屋縠谷哭禿讀牘獨祿鹿木目睦牧卜福覆腹覆復伏服菊麴六陸' 등은 입성자임을 보이고 있다.

122

〈幼學一隅 上〉

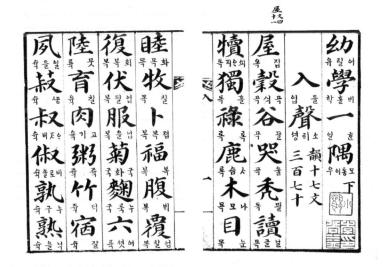

〈幼學一隅 下〉

한자 학습서의 가장 대표적인『천자문』에는 위에서 언급한 한자의 자형, 한자음, 한자의 새김, 한자의 성조가 다 표시되어 있다.

5. 한자의 다양한 서체

모든 문자가 그러하지만 특히 한자는 그 서체가 중시된다. 초기에 한자를 배울 때에는 해서체(楷書體)로 배우게 된다. 그리고 한자에 대한 이해가 높아지면 차차로 초서체(草書體)와 전서체(篆書體)로 진전된다. 다음 그림에서 보듯이『천자문』,『유합』,『훈몽자회』,『아학편』등은 거의 모두가 해서체이다. 그리고 초서체로 쓰인 학습서들이 있다.

〈석봉천자문〉(박찬성 소장본)　　〈신증유합〉(동양문고본)

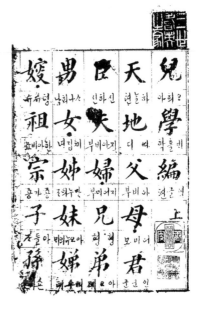

〈훈몽자회〉(예산문고본)　　〈아학편〉(강경훈 소장본)

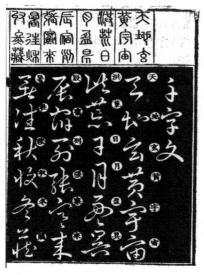 

〈석봉천자문〉(초서천자문)   〈초천자문〉(한글 석음 있음)

초서체나 전서체는 대부분 『천자문』에 국한된다. 유합, 훈몽자회, 아학편 등에서는 기본자에 초서나 전서체로 쓰인 것을 발견할 수 없다. 특히 책으로 간행된 한자 교습 자료는 해서체이거나 초서체가 대부분이다. 전서체인 것은 모두 서예와 연관되는 자료이다.

6. 한자의 다양한 정보

어느 문헌은 각 한자에 대한 다양한 정보를 제공하는 것도 있다. 예컨대 『훈몽자회』나 『주해천자문』 등이 그러하다. 예컨대 『훈몽자회』에서 첫 글자인 '天'에 대해 '하늘 텬'이란 석음 표기 아래에 '天道左 日月右旋(천도좌 일월우선)'이란 한문 주석이 있다. 마찬가지로 『주해천자문』 중간본에는 '天'이란 항목에 '한을 텬'이란 석음 표기 아래에 '至高無上(지고무상)'이란 주석이 있다. 이러한 정보들은 동일한 한국어 새김을 가지고 있는 한자들의 의미차이나 용법의 차이를 알 수 있는 중요한 정보들이라고 할 수 있다.

예컨대 1527년에 최세진이 편찬한 『훈몽자회』에는 '집'이란 새김을 가지고 있는 한자가 27개나 된다.[9] 모두 '집 ○'로 읽히지만, 그 한자들의 의미차이를 알기 어렵다.

집 가 (家) 〈1527, 訓蒙叡中, 3a〉　　집 각 (閣) 〈1527, 訓蒙叡中, 3a〉

집 갑 (匣) 〈1527, 訓蒙叡中, 7b〉　　집 관 (舘) 〈1527, 訓蒙叡中, 5a〉

집 관 (觀) 〈1527, 訓蒙叡中, 5b〉　　집 궐 (闕) 〈1527, 訓蒙叡中, 3a〉

집 뎐 (殿) 〈1527, 訓蒙叡中, 3a〉　　집 뎨 (邸) 〈1527, 訓蒙叡中, 4b〉

집 듀 (宙) 〈1527, 訓蒙叡上, 1a〉　　집 려 (廬) 〈1527, 訓蒙叡中, 3a〉

집 렴 (奩) 〈1527, 訓蒙叡中, 7b〉　　집 무 (廡) 〈1527, 訓蒙叡中, 3a〉

집 샤 (舍) 〈1527, 訓蒙叡中, 3a〉　　집 신 (宸) 〈1527, 訓蒙叡中, 3a〉

집 실 (室) 〈1527, 訓蒙叡中, 3a〉　　집 옥 (屋) 〈1527, 訓蒙叡中, 3a〉

집 우 (宇) 〈1527, 訓蒙叡上, 1a〉　　집 원 (院) 〈1527, 訓蒙叡中, 3b〉

집 하 (廈) 〈1527, 訓蒙叡中, 3a〉　　집 궁 (宮) 〈1527, 訓蒙叡中, 3a〉

집 당 (堂) 〈1527, 訓蒙叡中, 3a〉　　집 방 (房) 〈1527, 訓蒙叡中, 3a〉

집 샹 (廂) 〈1527, 訓蒙叡中, 4b〉　　집 직 (廥) 〈1527, 訓蒙叡中, 3a〉

집 텽 (廳) 〈1527, 訓蒙叡中, 3a〉　　집 틱 (宅) 〈1527, 訓蒙叡中, 3a〉

집 히 (廨) 〈1527, 訓蒙叡中, 3a〉

이 27개의 '집'은 '집'의 다의어(多義語)에 해당할 것이다. 중국어에서 각각 다른 의미를 갖고 있는 어휘를 국어에서는 '집'이란 한 가지 어휘로 표현한 것이

---

9 우리나라 최초로 한자 석음을 달아 놓은 천자문인 『광주천자문』(1575년)에는 '집'을 새김으로 가진 한자가 다음과 같은 9개이다. 집 가 (家), 집 궁 (宮), 집 궐 (闕), 집 당 (堂), 집 뎐 (殿), 집 듀 (宙), 집 샤 (舍), 집 영 (營), 집 우 (宇), 집 틱 (宅)

다. 여기에서 국어의 '집'의 다의어를 찾아 설명할 수 있을 것이다.

『훈몽자회』에는 이 한글 표기 이외에 한문으로 된 설명이 있는데, 이 부분들이 그 한자에 대한 의미정보들이라고 할 수 있다. 그 예를 보이도록 한다.

家 집 가　俗呼家當自稱 寒家 寒居 〈1527, 訓蒙叡中, 3a〉

匣 집 갑　俗呼匣兒 〈1527, 訓蒙叡中, 7b〉

舘 집 관　客舍亦作館 〈1527, 訓蒙叡中, 5a〉

觀 집 관　道宮又平聲볼관見下卷 〈1527, 訓蒙叡中, 5b〉

闕 집 궐　君居俗呼內府內裏又失也過也少也 〈1527, 訓蒙叡中, 3a〉

殿 집 뎐　君居俗呼正殿偏殿 〈1527, 訓蒙叡中, 3a〉

邸 집 뎨　郡國朝宿之舍在京者必有外貨叢集爲市亦曰邸店 〈1527, 訓蒙叡中, 4b〉

宙 집 듀　又舟車所極覆也往古來今曰宙 〈1527, 訓蒙叡上, 1a〉

廬 집 려　民居又喪居曰倚廬 〈1527, 訓蒙叡中, 3a〉

匳 집 렴　俗呼鏡匳 〈1527, 訓蒙叡中, 7b〉

廡 집 무　堂下周廊學宮有東西廡 〈1527, 訓蒙叡中, 3a〉

舍 집 샤　大曰家小曰舍 〈1527, 訓蒙叡中, 3a〉

宸 집 신　君居稱紫宸又太子居曰儀宸 〈1527, 訓蒙叡中, 3a〉

室 집 실　後爲室 〈1527, 訓蒙叡中, 3a〉

屋 집 옥　俗呼房屋 〈1527, 訓蒙叡中, 3a〉

宇 집 우　四方上下曰宇又屋邊也詹宇 〈1527, 訓蒙叡上, 1a〉

院 집 원　垣墻內又院落뜰 〈1527, 訓蒙叡中, 3b〉

厦 집 하　大屋又音沙俗稱披厦東西夾室 〈1527, 訓蒙叡中, 3a〉

宮 집 궁　君居 〈1527, 訓蒙叡中, 3a〉

堂 집 당　前爲堂又詹階內曰堂 〈1527, 訓蒙叡中, 3a〉

房 집 방　俗呼房子瓦房草房 〈1527, 訓蒙叡中, 3a〉

廂 집 샹　堂下舟廊又東西夾室又軍士奇息之所 〈1527, 訓蒙叡中, 4b〉

麝 집 지 燕居茅舍俗稱作麝學宮有東西麝 〈1527, 訓蒙叡中, 3a〉

廳 집 텽 俗稱正廳公廳 〈1527, 訓蒙叡中, 3a〉

宅 집 튁 俗呼大宅子 〈1527, 訓蒙叡中, 3a〉

廨 집 히 公廳俗呼廨舍 〈1527, 訓蒙叡中, 3a〉

이들 기록에서 알 수 있듯이, '집'에는 '누가 거주하는가'에 따라, 예컨대 임금이 거주하는 '군거(君居)'에는 '闕, 殿, 宸, 宮'이 있고, 서민이 살고 있는 집은 '廬' 등이 있는데, 임금이 거주하는 '闕, 殿, 宸, 宮'들도 용도에 따라 각기 달리 쓰이고 있음을 알 수 있다.

또한 황필수가 지은 것으로 알려진 『명물기략(名物紀略)』을 보면 대강의 의미구별을 할 수가 있을 것이다. 즉 '宮'은 옛날에는 귀한 사람이나 천한 사람이 거하는 곳이 모두 '宮'이었는데, 진시황 때부터 '지존(至尊)'(임금)이 거주하는 곳을 '宮'이라고 하였다. '殿'은 '천자(天子)'가 사는 곳이며, '室'은 지어미가 사는 곳, '家'는 한 가문 내에서 쓰는데, 지어미가 지아비를 '家'라고 부르며, '宅'은 존인(尊人)이 사는 곳을 '튁'이라고 하며, '廳'은 관청의 일을 보는 곳이며, 堂은 정침(正寢)(제사를 지내는 몸채의 방)이며, 등등으로 설명하고 있다.

宮 궁 屋見垣 上皇帝作以避寒氣 古者貴賤所居 皆稱宮至 秦始皇定爲至尊之居

殿 전 高大堂天子所居

室 실 城郭之宅 夫以婦爲堂

家 가 一門之內 婦謂夫曰家

宅 튁 居處也 俗尊人居曰튁

廳 청 廳事之處 言大廳 대청 公廳 공청 公廨 賓廳 빈청 大臣廳事之所 官廳 관청 邑
    宰庖廚

堂 당 正寢 向陽之宇 〈以上 名物紀略 宮室部 2a〉

7. 한자의 부수(附隨) 정보

  한자 학습의 중요한 요소는 아니지만 한자를 학습하면서 부수적으로 획득할 수 있도록 다른 정보를 삽입시키기도 한다. 이러한 학습서는 대체로 외국과의 문화교류가 이루어지기 시작하였던 19세기 말로부터 20세기 초에 간행된 한자 학습서에서 흔히 보이는데, 그것은 한자를 배우면서 동시에 외국어의 학습도 하려는 것이다. 즉 외국어를 동시에 배우려고 하는 목적으로 편찬된 한자 학습서들이 있다.

〈몽학도상천자문〉(1932년)　　　　〈신정체법일선이천자〉(1925년)

  『몽학도상천자문』이나 『신정체법일선이천자』에는 '天'에 대해서 'アメ'라는 일본어 새김과 'テン'이라는 일본음까지도 부가시키고 있다. 천자문과 일본어까지도 동시에 학습하려고 편찬된 문헌이다. 앞에서 언급한 지석영 편찬의 『아학편』(1908년 간행)에는 한자 한 글자에 대해 다양한 정보를 제공하고 있다. 이중에서 한자 '妻'에 대한 부분을 들어 각 부분의 정보를 보이면 다음과 같다.

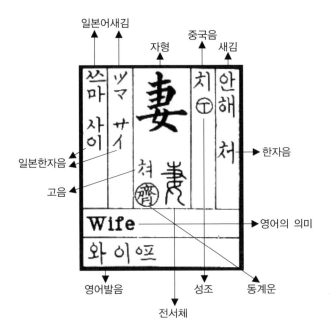

이처럼 한자 하나에 다양한 정보를 제공하고 있음을 볼 수 있다.

제3부

한자 학습자료의 분류

제1장 한자 자전의 종류

천자문 등과 같은 기초적인 한자 학습이 끝나면 이것을 발전시켜서 더 많고 다양한 한자 정보를 얻기 위하여, 더 나은 한자 학습서를 참고하게 된다. 그러나 18세기까지는 그러한 양상은 크게 나타나지 않는다. 대부분이 천자문 등의 학습서를 끝내면 곧바로 원문(예컨대 『명심보감』이나 『동몽선습』, 『소학』 등)을 대하여 더 심화된 한자를 습득하게 되는 것으로 보인다. 그리고 한자 학습에서 참고로 하는 것은 소위 학습참고서인 한자 자전이라고 할 수 있다. 이 한자 자전도 매우 다양한 형태로 간행되어 오거나 필사되어 왔다. 이 다양한 형태의 한자 자전은 그 자전에 실린 한자의 숫자나 내용보다도 사용자가 검색을 어떻게 할 수 있는가에 따라 분류하는 것이 바람직하다. 왜냐하면 한국에서 한자 자전의 변천 현상을 보면 검색 방법에 따라 변화하였기 때문이다. 곧 검색의 용이성에 따라 변화하여 왔다고 할 수 있다.

필요한 한자를 자전에서 검색하여 찾아내는 방법은 여러 가지가 있다. 한자가 지니고 있는 형음의(形音義)를 중심으로 하여 찾아내는 방식인데, 오늘날의 한국의 대부분의 한자 자전은 形을 중심으로 한 것들이다. 즉 한자의 부수(部首)를 찾고, 거기에서 다시 획수를 찾는 방식이 가장 일반적이다. 곧 부수획인자전(部首劃引字典)이 주류이다. 그래서 대부분의 한자 자전은 'ㅡ' 부수의 1획인 'ㅡ'부터 등재되어 있다.

1. 새김 기준 분류 자전

한자를 검색할 때, 한자의 새김에 따라 검색할 수 있도록 편찬된 자전이 있다. 조정순(趙鼎淳)이 편찬한 『언음첩고(諺音捷考)』(1846년)가 대표적이다. 원본은 국립중앙박물관 소장의 2권 2책의 문헌인데, 한국학중앙연구원에 이의 전사본이 전한다.

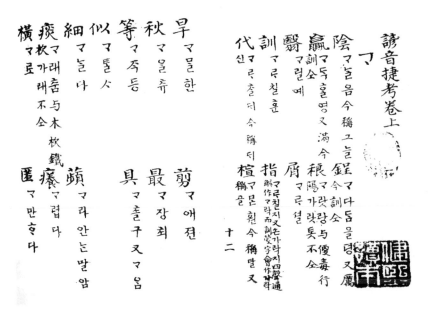

〈언음첩고〉

위의 그림에서 볼 수 있듯이 한자의 배열이 '陰 鋥 贏 穤 翳 屑 訓 指 代 楦 旱 剪 秋 最 等 具 似'의 순으로 배열되어 있다. 이들 한자가 배열된 순서는 한자의 형태나 그 음이 아니라 한자의 한국어 새김에 따른 배열이다. 다음의 예를 보기로 한다.

陰 ᄀᄂᆞᆯ 음	鋥 ᄀᄃᆞ듬을 뎡
嬴 ᄀᄃᆨ홀 영	稂 ᄀᄅᆺ 랑
翳 ᄀᄅᆯ 예	屑 ᄀᄅ 셜
訓 ᄀᄅ칠 훈	指 ᄀᄅ칠 지 又 손가락 지
代 ᄀᄅ출 딕 今稱 듸신	楦 ᄀᄆᆫ 훤 今稱 탈 又稱 골
旱 ᄀᄆᆯ 한	剪 ᄀ애 젼
秋 ᄀᄋᆞᆯ 츄	最 ᄀᄌᆼ 최
等 ᄀᆨ즉 등	具 ᄀᄎᆯ 구 又 ᄀᆷ
似 ᄀᆮ틀 ᄉᆞ	

이들을 검토하여 보면 한자의 새김 첫소리가 모두 'ᄀ'로 시작되는 것들이다. 이 배열순서를 보면 한자 새김의 첫소리의 가나다순으로 배열되어 있음을 알 수 있다. 이어서 'ㄴ' 항목을, 이어서 'ㄷ, ㄹ, ㅁ, ㅂ, ㅅ, ㅇ, ㅈ, ㅊ, ㅋ, ㅌ, ㅍ, ㅎ'의 순서로 배열되어 있다.

이러한 내용은 이 책의 이름에서부터 알 수 있다. 곧 '언음첩고(諺音捷考)'의 '언음'은 '언문의 음'이란 뜻이고, '첩고(捷考)'는 '쉽고 빠른 고찰'이란 의미를 지니고 있기 때문이다.

2. 한자음 기준 배열 자전

한자의 음을 중심으로 배열하여 검색을 편하게 한 자료들이 있다. 그러한 문헌으로는 『음운반절휘편(音韻反切彙編)』이 대표적이다. 대체로 음운첩고(한국학중앙연구원 소장), 서울대중앙도서관 소장(일사문고 구장, 홍윤표 소장), 음운반절휘편(규장각, 손희하, 홍윤표 등 소장), 자회음운반절휘편(충남대도서관 소장), 음운편휘(서울대 중앙도서관 소장, 심악 구장서), 휘음(국립한글박물관 소장) 등의 이름을 가진 것이다.

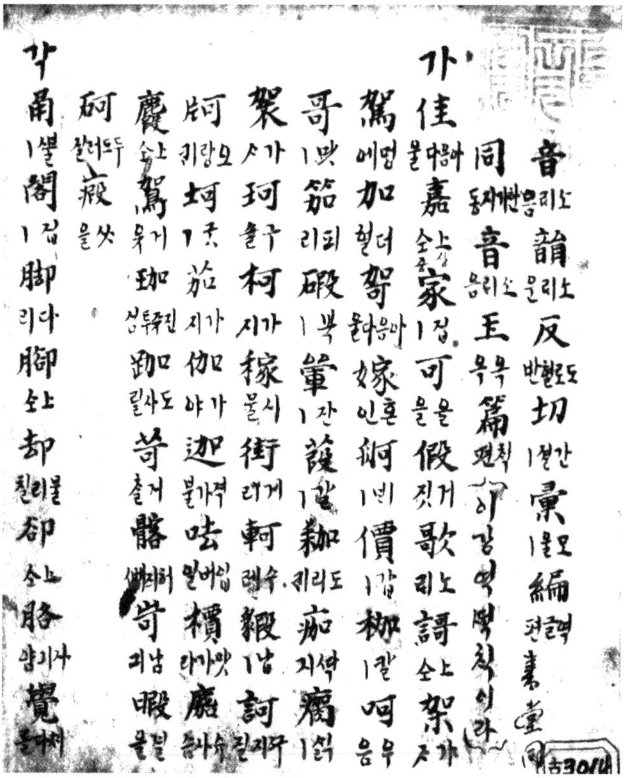

〈음운반절휘편〉(국립중앙도서관 소장본)

위의 그림에서 볼 수 있듯이, 한자음이 '가'인 한자를 '가'로 분류된 항목의
아래에 배열하고 그 각 한자에 새김을 달아 놓은 것이다. 그리고 이의 명칭을
'동음옥편(同音玉篇)'이라고 하고 있음도 볼 수 있다. '가'음을 가진 한자 50개를
나열하여 놓았다.

佳嘉家可假歌謌架駕加哿嫁舸價枷呵哥笳破翆葭枷痂瘕袈珂柯稼
街軻猳訶炳坷茄伽迦咔欀廲麚駒珈跏苛髂崍暇砢瘕

그러나 '가'음을 가진 한자 내의 배열순서는 정해진 것이 없는 것으로 보인

다. 이러한 배열방식을 가진 한자자전은 오늘날의 한자 자전에서는 찾을 수가 없지만, 대부분의 한자 자전에는 검색의 편의를 위해서 한자 자전의 뒤에 한자음별로 모아 놓은 색인집을 달아놓고 있어서, 오늘날에도 그대로 이용되고 있음을 알 수 있다.

3. 한자의 부수와 획수 기준 분류 자전

한자의 부수별로 배열하고 그 부수 안에서는 획수대로 배열하여 검색을 용이하게 한 문헌이 있는데, 우리가 일반적으로 자전(字典, 또는 玉篇)이라고 하는 자료들이다.

한자음만 제시한 문헌으로는 『전운옥편(全韻玉篇)』(1796년?)이 이러한 문헌의 최초인 것으로 보인다. 이 『전운옥편』은 부수(部首)를 1획부터 17획까지 구분하여 분류하고, 214개로 분류된 그 부수에 해당하는 한자에서 획수가 가장 적은 한자부터 배열하였다. 그래서 이 『전운옥편』은 一 부수의 1획인 '一'에서 시작하여 17획의 부수를 가진 '龠'의 9획인 '顲'까지 분류하여 제시하고 있다. 물론 오늘날에는 '龠'의 10획인 '龣'자까지 배열하고 있다.

한글로 석음이 달려 있는 한자 자전 중에서 부수와 획수로 한자를 검색하는 한자 자전의 시초는 지금까지는 정익로가 편찬한 『국한문신옥편(國漢文新玉篇)』(1908년)으로 알려져 있다. 그러나 이것은 사실이 아니다.

한자음만이 아니고 한자 새김까지도 한글로 표기해 놓은 자전 중에서 부수와 획수를 기준으로 하여 편찬된 최초의 자전은 1830년에 편찬된 『자회집(字會集)』인 것으로 보인다. 『자회집』은 필자 소장의 1책의 필사본이다. 모두 136개의 부수로 분류하고 그 부수에 해당하는 한자를 배열하였는데, 각 한자의 아래에 한글로 그 석음을 달아 놓았다. 그리고 한문으로 그 의미를 간략히 기술하여 놓은 책이다. 이 문헌에 대해서는 뒤에 상술될 것이다.

제2장 한자 학습 자료의 형식

한자의 도입으로 한자를 배우고자 하는 사람들에게는 필연적으로 한자의 학습이 필요했을 것이지만, 어떻게 한자를 학습했는지에 대한 기록은 보이지 않는다. 그러나 고려 시대에 충목왕(1344년~1348년)이 천자문을 배웠다는 기록이 있어서[1] 일찍부터 한자 학습이 이루어졌음은 알 수 있다.

한자의 석음에 대한 정보를 처음으로 보이는 것은 언해문에 보이는 한자에 대한 주석이다. 훈민정음 언해본에만 68개의 한자에 대한 주석이 붙어 있다. 석보상절에 150개, 월인석보에 841개의 한자에 대한 석음 자료가 있다.

우리가 쉽게 접할 수 있는 한자 학습자료들은 훈민정음이 창제되면서부터이다. 한글로 한자 정보를 표기할 수 있었기 때문일 것이다. 훈민정음 창제 이후에 벌써 1458년에 『초학자회(初學字會)』란 한자 석음에 관한 책을 편찬하였는데, 이 『초학자회』는 1458년에 세조가 중추(中樞) 김구(金鉤)와 참의(參議) 이승소(李承召)에게 명하여 우보덕(右輔德) 최선복(崔善復) 등 12인을 거느리고 편찬하게 하여 만든 한자 자서(字書)이다. 『동국정운』의 각 운목(韻目)에 해당하는 자모에 속한 한자 중에서 취사선택하여 그 한자의 아래에 한글로 석음을 달아 놓는 방식으로 편찬되었다. 현존하는 문헌 중에서 한자 석음을 한글로 표기한 최초의 문헌이다.

---

1 自是徐太祖眞殿外 餘皆代押 時王習千字文 安震曰 要詳音義 淑蒙曰 殿下但習音 不尋其義 殿下雖不識字 於臣何傷 然恐不可〈高麗史 卷125 辛裔列傳〉

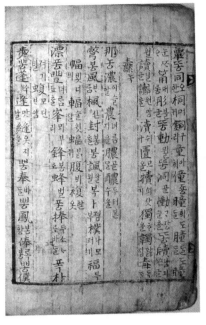

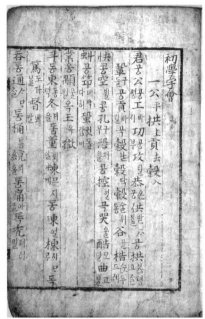

〈초학자회 1b〉　　　　　　　　　〈초학자회 1a〉

　　문헌 기록상으로는 한자의 석음을 가진 최초의 자료는『문종어석(文宗御釋)』
(문종 때)과『초학자회(初學字會)』(세조 때)인 것으로 알려져 있지만,『초학자회』
의 후대 필사본의 일부만 전해 올 뿐,『문종어석』은 현재 전하지 않는다.
　　위에 보인『초학자회』의 한자에 대한 정보는

公 공평 공	工 바지 공	功 공부 공	攻 틸 공
恭 온공 공	供 받ᄌᆞ볼 공	拱 볼텽고즐 공	鞏 구들 공
貢 바틸 공	穀 난 곡	縠 술위통 곡	谷 골 곡

과 같은 일정한 형식으로 되어 있다. 이처럼 한글로 석음을 달아 놓은 한자 학
습자료는 일정한 형식을 갖고 있다. 모두 '天 하늘 천'의 형식이다. 이 형태는
매우 오래 전부터 고정되어 온 것으로 보인다. 이 형식은 거의 한 번도 변화하

지 않고 오늘날까지 지속되어 왔다.

우리 선조들은 일찍부터 한자의 음과 새김과 성조, 그리고 그 한자의 문법적 특성에 관심을 가져 왔다. 이러한 사실은 훈민정음 창제 이후의 한글 문헌에서 증명된다. 언해본은 대개 한문 원문과 언해문과 협주로 표기된 주석문으로 구성되어 있다(도판이 있는 문헌은 제외). 그런데 내용주(內容註) 이외의 피정의항은 대부분이 한자와 한자어이다. 이중에서 한자는 다음과 같은 형식으로 나타난다. 예를 훈민정음 언해본의 첫 번째 주석문을 들어 보인다.

製·졩·는 ·글 지슬 ·씨·니 御·엉製·졩·는 :임·금:지스·샨 ·그
리·라

"製·졩·는 ·글 지슬 ·씨·니"가 한자 '製'에 대한 주석이고 "御·엉製·졩·는 :임·금:지스·샨 ·그리·라"가 한자어에 대한 주석이다. 이중 "製·졩·는 ·글 지슬 ·씨·니"에서 '製'는 한자의 형태이자 피정의항이고, '製'의 밑(본문에서)에 보이는 '졩'는 한자음이며, '·졩'의 방점은 한자 '製'의 성조이며, '·글 지슬'은 새김이며, '·씨·니'는 문법적 분류를 표시한 것이다. 그리고 '지슬'에 보이는 어미 '-ㄹ'은 피정의항의 한자가 지니는 문법 정보에 따른 것이다. 즉 '용언'(동사, 형용사)임을 나타낸다. 결국 이것은 '천자문'과 같은 한자 학습서의 형태로 바꾼다면 '製 ·글 지슬 졩'가 될 것이다. '씨'가 문법적 분류를 나타내는 것이라고 보는 이유는 한자 주석 문장의 형태를 분석한 결과이다.

주지하는 바와 같이 협주 형식의 주석문을 형태별로 구분하여 보면 다음과 같다.

		型	피정의항의 문법 범주	현대의 단어 부류
실사	1	~을 씨라 형	동사, 형용사	용언(동사, 형용사)
	2	~이라 형	명사	체언(명사, 대명사, 수사)
	3	~쁘디라 형	부사	수식언(부사)
허사	1	~입겨지라 형	허사로 문법적 기능만 있는 자	관계언(토)
	2	~字ㅣ라 형	허사로서 의미도 있는 자	
감탄사	1	~마리라 형	감탄사	독립언(감탄사)

〈예문〉

異는 다를 씨라〈1446훈민정음언해본, 1a〉

御製는 님금 지스샨 그리라〈1446훈민정음언해본, 1a〉

不은 아니 ㅎ논 쁘디라〈1446훈민정음언해본, 1b〉

之는 입겨지라〈1446훈민정음언해본, 1a〉

乎는 아모그에 ㅎ논 겨체 쓰는 字ㅣ라〈1446훈민정음언해본, 1a〉

唯然은 엥 ㅎ듯 흔 마리라〈1459월인석보11:109a〉

그러나 한자 학습 문헌에서는 이 문법 범주는 3가지로 구분된다.

부류	예 (광주천자문에서)	형식
용언	玄 가물 현	Vs- + -을/은 + 한자음 형
체언	天 하늘 텬	N + 한자음 형
허사	也 입겻 야	입겻 + 한자음 형

이러한 내용은 한글 주석이 없는 한문본에서도 마찬가지이다. 예컨대 용비어천가의 제2장의 '불휘 기픈 남ㄱᆫ ㅂ룸매 아니 뮐 씨'의 한문 '根深之木(근심지목) 風亦不扤(풍역불올)'의 '扤'에 대한 한문 주석은 '扤五忽切 動也'인데 '五忽切'은 반절법으로 그 음을, '動也'는 그 의미를 적어 놓은 것이다. 이 '動'은 석봉천자문에 '뮐 동'(17a)으로 되어 있어서 그 음은 '동'이고 새김은 '뮈-'인데, 그 음인

'동'의 앞에 그 새김의 문법적 특성이 용언이어서 관형형 어미 '-ㄹ'을 붙여 '뮐'이 되어 '動 뮐 동'이 되어 버린 것이다.

'竭'은 '其謁切'이라고 그 음을 표시하였고 그 의미로는 '盡也'라고 하였다. 이 '竭'은 석봉천자문에 '다을 갈'(11b)로 되어 있어서 그 음이 '갈'이며, 새김은 '다 ᄋᆞ-'이며 문법적 특징은 용언임을 보이고 있는 셈이다. 그리고 그 의미를 표시한 한자 '盡'도 석봉천자문에 '다을 진'(11b)으로 되어 있어서 '竭'과 '盡'의 의미가 상관됨을 알려 준다.

이러한 상관관계는 곳곳에서 볼 수 있다. 용비어천가에서 '巨'는 반절 표시가 없이 의미만 표시하여서 '巨 大也'(2b)로 되어 있는데, '巨'와 '大'는 '클 거'(신증유합 下 48a) '큰 대'(석봉천자문 7a)로 나타난다. '巨'와 '大'가 그 의미가 '크-'이지만 '巨'가 '클 거'임에 반하여 '大'가 '클 대'가 아니라 '큰 대'가 된 것은 '巨'는 용언이면서 동사이지만, '大'는 용언이면서 형용사이기 때문이다. '大'가 사자성구에서 동사로 쓰인다면 '클 대'가 될 것이지만 형용사일 경우에는 '큰 대'로 쓰이는 것이다.

천자문 등의 한자 학습서가 '天 하늘 텬'의 형식을 갖춘 것은 아마도 한자에 대한 오래전부터의 관습에 의한 것이라고 해석된다. 한자의 문법적 성격도 그 새김의 형태에서도 보인다.

제3장 한자 학습 문헌자료의 분류

한글로 한자 석음을 달아 놓은 한자 학습서로서 처음 간행된 책은 초학자회(初學字會)와 문종어석(文宗語釋)(미발견), 자훈언해(字訓諺解)(1555년)이지만 일반인에게까지 널리 알려진 최초의 한자 학습서는 광주천자문(1575년)과 석봉천자문(1583년)이다. 그 이외에 훈몽자회(1527년), 신증유합(1576년), 유합(1653년 등) 등 헤아리기 어려울 정도의 한자 학습서와 자전이 존재한다.

16세기부터 20세기 전반기까지 한글로 석음을 달아 놓은 문헌 중에서 가장 많이 보급되고 알려졌던 대표적인 문헌은 천자문, 유합, 신증유합, 훈몽자회, 아학편이었다. 물론 매우 다양한 문헌들이 있었지만, 많은 사람들에게 알려져 있던 것은 위의 다섯 가지이다.

이들은 우선 한자 글자 수에서 차이가 있다. 천자문은 책 명칭대로 1,000자이고, 유합은 판본에 따라 다른데, 대개 1,200자에서 1,500자 내외이다. 이에 비해 신증유합은 3,000자이다. 그리고 훈몽자회는 3,360자이며 아학편은 2,000자이다.

천자문은 4자 성구로 된 250개의 한문구로 된 책이고 유합과 훈몽자회와 아학편은 한자를 의미별로 분류하고 거기에 해당하는 한자를 배열하여 놓은 책이다. 천자문의 한자는 그 검색작업이 수월치 않고 또 동음이의어(同音異義語)나 이음동의어(異音同義語)들에 대한 이해가 어렵다. 그래서 이 한자들을 유사한 부류로 묶어 검색과 기억을 용이하게 하기 위하여 훈몽자회(訓蒙字會), 유합(類合) 등이 편찬되게 된다.

유합은 한자를 유별(類別)로 분류하여 배열하였지만 그 분문명(分門名)은 제시되어 있지 않다. 그러나 미암(眉巖) 유희춘(柳希春)의 신증유합(新增類合)(1576년)은 수목(數目), 천문(天文), 중색(衆色) 등 27개의 분문(分門)으로 분류하여 한자를 배열하고 있다. 최세진(崔世珍)이 편찬한 훈몽자회(1527년)는 천자문과 유합의 결함을 보완하기 위하여 편찬된 것인데, 천문(天文), 지리(地理), 화품(花品) 등 33개의 분문으로 나누어 분류하고 있다. 그런데 이 훈몽자회는 천자문과는 달리 4구의 한시로 되어 있는 것이 아니라 한자를 물명을 중심으로 배열하고 있다.

아학편은 유형천자, 무형천자의 두 가지 의미영역을 보이고 있다. 이것은 곧 한자를 용이하게 학습하는 방법의 변천이자 또한 거기에 수록된 한자를 쉽게 검색하여 찾아내는 데에도 관심을 두었음을 암시한다. 천자문이 지니고 있는 여러 문제점을 보완하기 위해 편찬된 것들이 유합, 신증유합, 훈몽자회, 아학편 등이지만 필자의 생각으로는 모두 실패하고 다시 천자문으로 되돌아가고 말았다고 할 수 있다. 각 문헌의 출판이 시대적으로 분포되어 있는 사실에서 추론할 수 있다.

그런데 17세기로부터 19세기 중기까지는 기존의 천자문, 훈몽자회, 유합, 신증유합, 아학편 등을 중간하여 이에 대체하고 있는 반면에 19세기 중기 이후 및 20세기 초에 오면, 이러한 보편적인 한자 학습서 이외에 새로운 한자 학습서의 간행이 쏟아져 나오게 된다. 1856년에 정윤용(鄭允容)이 훈몽자회의 뜻을 확장하여 자류(字類)를 늘려서 만든 자류주석(字類註釋), 대계(大溪) 이승희(李承熙)가 편찬한 정몽유어(正蒙類語)(1884년), 황응두(黃應斗)가 편찬한 통학경편(通學徑編)(1916년)을 비롯한 많은 문헌들이 편찬되고 있다.

천자문이라고 하더라도 주흥사의 천자문 이외에 중국의 역사를 천자문으로 엮은 역대천자문(歷代千字文)(1911년), 우리나라의 역사를 기록한 조선역사천자문(朝鮮歷史千字文)(1928년) 등이 출현한다. 그리고 한자의 석과 음이 달려 있지 않은 천자문도 다수 간행된다. 이러한 천자문 이외에 몽학이천자(蒙學二千字), 아학편(兒學篇), 통학경편(通學徑篇) 등이 등장할 뿐만 아니라 개화기 때의 학부 교과서에도, 그리고 일제강점기에도 계속해서 이러한 한자 학습 내용이 포함되어 있게 된다.

이것은 새로운 문물을 수입하면서, 지금까지 습득한 한자가 시대에 뒤떨어지므로 해서 이를 개편하려는 움직임으로 보인다. 이러한 것은 새로운 다른 세계를 이해하려는 자세에서 비롯된 것이라고 할 수 있다.

한자 학습을 위해 만들어진 문헌자료들은 몇 가지 기준에 의해 분류된다.

1. 한자 자수(字數)에 의한 분류

학습하려는 한자의 숫자가 몇 개인가에 따라 한자 학습 문헌자료들을 분류할 수 있다. 대개 한자 학습 문헌자료들은 그 책의 제목 속에 이 숫자에 대한 개념이 들어가 있어서, '천자문', '이천자문' 등의 이름을 붙이고 있다.

(1) 1,000자

학습하려는 한자의 숫자가 1,000개인 자료는 그 숫자가 책제목에 그대로 반영된 『천자문』이 대표적이다. 그 한자의 내용과는 상관없이 한자의 숫자를 1,000자로 한 것은 초기의 한자 학습 효과가 크다고 생각했기 때문일 것이다. 이러한 1,000자를 처음 등장시킨 것은 주흥사의 천자문이다. 그래서 이 주흥사 천자문은 우리나라 한자 학습서의 대표 자격을 지니고 있고 지금도 그 현상은 지속되고 있다. 반면에 한자 학습량이 많아야 할 중국에서는 이 주흥사 천자문은 학습서로서 그리 널리 이용되지 않고 있다. 한자를 사용하고 있는 일본에서도 천자문이 많이 간행되었지만 우리나라처럼 그렇게 많이 간행된 것 같지는 않다.

주흥사 천자문 이외의 천자문들도 학습할 한자의 내용은 달라도 그 숫자는 그대로 1,000자로 한 것이 대부분이다. 아마도 주흥사 천자문과 연관시켜 학습자들에게 익숙하게 접근하기 위한 방편의 하나로, 그리고 천자문이라는 인식을 환기시키기 위한 방편으로도, 1,000자를 선택하였을 것이다.

중국의 역사를 동시에 배우게 하기 위해 만든 역대천자문, 한국의 역사를 동시에 학습시키기 위해 만든 조선역사천자문, 천자문에 이어서 또 1,000자를 학습시키기 위해 편찬된 속천자문, 주흥사 천자문과 달리 별도로 편찬되었다는 것을 암시한 별천자(別千字), 새롭게 천자문을 편찬하였다고 하는 인식을 심어 주기 위해 만들어진 신천자(新千字), 천자문을 증보하기 위해 편찬되었다는 것을 보이려고 만들어진 증보천자(增補千字) 등등이 모두 내용은 달라도 그 숫자는 1,000자로 한 것이다.

(2) 2,000자

한자의 숫자를 천자문에서 그 숫자를 배로 늘린『이천자문(二千字文)』이『아학편』을 필두로 하여 많이 등장한다. 그러나 그『이천자문』의 2,000자의 내용이 동일하지 않아서 '이천자문(二千字文)'이라는 형식은 같지만, 그 내용이 다른 것이 많다. '이천자문'의 대표적인 것이『아학편』인데, 이『아학편』은 유형천자(有形千字)의 1,000자와, 무형천자(無形千字)의 1,000자로 되어 있다. 그 이후에 20세기에 들어서 천자문이 유행하게 되고 이에 부응하기 위해 2,000자로 된 이천자문(二千字文)이 많이 등장하게 된다.『몽학이천자(蒙學二千字)』(1914년),『신정체법일선이천자(新訂體法日鮮二千字)』(1925년),『일선사체이천자문(日鮮四體二千字文)』(1925년),『훈몽일선이천자문(訓蒙日鮮二千字文)』(1926년),『일선사체이천자문(日鮮四體二千字文)』(1935년),『사체이천자문(四體二千字文)』(1952년) 등이 그러하다. 이러한 2,000자를 의미별로 분류해서 편찬된 책이『아학편』이다.

(3) 1,000자~2,000자

1,000자보다는 많고 2,000자보다는 적은 숫자의 한자를 학습하도록 편찬된 책이 『유합(類合)』이다. 유합은 그 책 제목을 가진 문헌마다 한자의 숫자가 달라서 가늠하기 어렵지만 대체로 1,512자가 전통적인 숫자인 것으로 보인다. 유합의 한자 수를 보이면 다음과 같다.

간행 또는 필사시기	문헌	판종	한자 숫자
1613년	유합(수다사판)	목판	1505자
1664년	유합(칠장사판)	목판	1512자
1669년	유합(흥국사판)	목판	1465자
1682년	유합체	목판	1488자
17세기	유합(선암사판)	목판	1176자
1700년	유합(영장사판)	목판	1464자
1730년	유합(송광사판)	목판	1512자
18세기	유합(호온재장판)	목판	1554자
1838년	서양유합	연활자	1512자
1848년	유합(무신간판)	목판	1512자
1856년	유합(일사문고본)	필사	1567자
1885년	유합(이상규 교수 소장본)	필사	1513자
1898년	유합	필사	1519자
19세기	유합	목판	1512자
19세기	유합(무교신간판)	목판	1512자
19세기	유합(야동신간판)	목판	1556자
19세기	유합(한밭도서관본)	필사	1512자
1901년	유합(박형익 교수 소장본)	필사	1512자
1901년	유합	필사	1433자
1913년	유합(신구서림판)	목판	1512자
1913년	유합(지물서책판)	목판	1512자
1914년	유합(경북 영덕)	필사	1509자
1917년	유합(박문서관판)	목판	1512자

1928년	유합(진안)	필사	1510자
20세기	유합(회동서관판)	목판	1512자

이처럼 한자의 숫자가 다른 것은 한자를 의미별로 구분하였기 때문인 것으로 해석된다. 그 의미 영역에 속하는 한자 중에 빠진 것을 보탠다던가, 또는 뺀다던가 해서 발생한 것이 한자 숫자의 넓나듦이 아닌가 하는 생각을 하게 한다.

(4) 3,000자 이상

2,000자까지는 한자 학습량을 고려하여 1,000자를 2,000자로 상향조정한 것이지만 3,000자 이상은 한자의 학습량을 조정하기 위한 것이 아니라 한자의 학습방법을 고려하였기 때문에 발생한 것이라고 할 수 있다. 훈몽자회가 대표적인데, 한자 학습방법을 한자의 의미를 기준으로 분류하고 그 의미기준에 맞는 한자들을 등록시킨 것이어서 그 한자의 양도 많아진 것이다. 이러한 한자의 의미영역별 분류방식은 유서(類書)의 의미분류 방법에서 영향을 받은 것인데, 유서들의 의미영역의 분류와 훈몽자회의 의미영역의 분류는 상당한 차이가 있을 수 있다. 유서들 중에서도 그 범위가 넓은 것은 소위 삼재(三才)의 분류방법인 천지인(天地人)의 보(譜), 즉 천보(天譜), 지보(地譜), 인보(人譜)에다가 물(物)의 보(譜), 즉 물보(物譜)를 합친『재물보(才物譜)』가 가장 광범위한 분류임에 비해서 물보(物譜)는 '물건(物件)'과 연관된 것이어서 그 범위가 매우 한정적이다.『훈몽자회』와『신증유합』의 의미분류 방식은 제한적으로 사용된 것이고 유서가 한자 및 한자어를 포함시킨데 비해서『훈몽자회』와『신증유합』은 한자어를 제외하고 한자에 국한된 것이기 때문에 그 분류도 한정되어 있다. 그래서『훈몽자회』나『신증유합』이 한자 전반에 걸친 것이 아니게 된 것이다. 만약에 사용되는 모든 한자를 의미분류에 따라 배열한다면 무척 복잡해서 불필요한 자료가 될 가능성이 높다. 그래서 한자 자전에서는 의미분류별로 편

찬된 것들은 오늘날 사라지게 된 것으로 보인다.

(5) 4,000자 이상

한자 학습자료 중에서 4,000자를 넘는 자를 포괄한 것은 없다. 4,000자를 넘는다면 그것은 한자 학습서라기보다는 한자 학습 참고서인 '자전(字典)'이 될 것이기 때문이다. 이러한 자료도 상당수 존재한다.『자류주석』이 대표적인 것이며 그 외에도『자류(字類)』등 상당수가 있다. 이 문헌들은 한자 학습자료라기보다는 한자 학습 참고자료이지만 같이 다루기로 한다.

2. 한자의 서체에 의한 분류

한자 학습서는 한자의 서체에 따라 분류될 수 있다. 대부분이 한자 학습서는 해서체(楷書體)를 바탕으로 편찬된다. 왜냐 하면 한자 학습의 기본적인 목표는 자형과 음과 의미의 학습이며 또한 그 학습은 의사소통을 위해서 읽고 쓰기 위한 것이 가장 기본적인 목적이기 때문이다. 이러한 한자 학습의 목적에 부합되는 것이 해서체의 한자를 쓰고 거기에 한글로 석음을 달아 놓은 것이다. 한자에서 해서체는 변별력이 가장 높으며 또한 속독력을 갖춘 서체이기 때문이다. 여기에 더 필요한 요소가 곧 한자의 성조일 것이다. 그렇기 때문에 우리나라에서 편찬된 일반적인 한자 학습서는 해서체의 한자 자형과 그 한글 석음을 달아 놓은 것, 그리고 성조 표시를 해 놓은 것이 가장 일반적인 한자 학습서이다.

그러나 한자에 대해 전문적인 지식을 깃춘 사람이라면 여기에서 더 나아가 이 한자에 다른 정보들이 부가되기를 원하게 되는데, 그것이 곧 다양한 서체를 아는 것이라고 할 수 있다. 그러나 해서체의 한자 학습서는 대체로 해서체를 바탕으로 하고 여기에 다른 서체, 즉 전서체, 예서체, 초서체를 덧붙일 뿐이지 다른 서체, 예컨대 초서체를 바탕으로 하고 여기에 해서체, 전서체, 예서체를 부가시키거나, 전서체를 바탕으로 하고 다른 서체를 부가시키거나 하지는 않는다. 대부분 이러한 다양한 서체에 대한 학습 목표는 해서체를 이해하고 있는 사람들을 대상으로 하기 때문이다. 초서체나 전서체는 대부분이 일반인들을 위한 것이라기보다는 초서체로 쓰인 필사된 문서들을 해독하려는 사람이나, 다양한 서체를 쓰고자 하는 서예가들과 같은 전문가들을 위해서 편찬된 것이라고 할 수 있다. 그래서 초서체의 천자문 등에는 그 한자에 대한 석음이 달려 있는 것이 극히 드물다.

일반 한자 학습서가 해서체의 자형을 보이고 있는데, 한자에 대한 더 깊은 지식을 갖춘 사람들에게도 참고가 될 수 있도록 편찬해서 다수의 사람들이 즐겨 볼 수 있도록 한 것이 소위 삼체천자문(三體千字文), 사체천자문(四體千字文) 등이다. 해서체 천자문에다가 작은 글씨로 전서체, 초서체, 예서체의 서체를 보여 줌으로써 더 많은 독자를 확보하려는 노력이 방각본으로 한자 학습서를 편찬한 서사에서 일어난다. 대체로 20세기에 이르러서 그러한 모습이 나타난다. 『삼체주해천자문(三體註解千字文)』(1916년, 회동서관), 『전초언주천자문(篆草諺註千字文)』(1916년, 천보당), 『한일선삼체천자문(漢日鮮三體千字文)』(1925년, 영창서관) 등에서부터 시작하여 1930년대에 『한일선사체천자문(漢日鮮四體千字文)』(1930년) 등이 출판되게 된다.

3. 외국어 학습 정보 첨가에 의한 분류

한자 학습을 하면서 동시에 그 학습서에 다양한 정보를 부가시키게 되었는데, 그중에서 특히 외국어에 대한 정보를 첨가시키게 된다. 이것은 그 시기의 시대적 상황과 연관된다. 주로 일제강점기에 일본어 학습 효과를 돕기 위한 방편으로 이루어진 것이어서 출판계의 발빠른 상업성을 엿볼 수 있다.

(1) 중국어 정보 첨가

원래 한자 학습서에는 그 한자의 음과 새김을 한글로 적고 있는데, 중국의 한자음까지도 부가시키는 한자 학습서들이 꽤나 있다. 대개 대자(大字)로써 놓은 해서체 한자의 주변에(주로 오른쪽 상단이나 중앙에) 중국 한자음을 적어 놓은 것이다. 대개 원 안에 그 음을 적어 놓는 것이 일반적이다. 다음 그림에서 그것을 볼 수 있다.

〈신구서림판 천자문에서〉(1913년)

이 그림에서 '宇' 자의 오른쪽 가운데에 동그라미 안에 있는 '위'와, '秋'의 오른쪽 원 안에 있는 글자 '챤'가 중국 한자음(곧 華音)을 표기한 것이다.

(2) 일본어 정보 첨가

일제강점기 때 일본어에 대한 정보가 필요하여 일본음과 일본어 새김을 적어 놓은 한자 학습서가 무척 많이 편찬되게 된다. 대개 이러한 한자 학습서들은 앞에 '한일(漢日)'이나 '한일선(漢日鮮)', 또는 '일선(日鮮)' 등의 이름을 붙인다. 『일선언해천자문(日鮮諺解千字文)』(1916년), 『일선주해천자문(日鮮註解千字文)』(1917

152

년),『한일선천자문(漢日鮮千字文)』(1917년) 등으로부터 시작하여 수많은 책들이 간행되었다. 이러한 책은 해방과 함께 그 출판이 사라지게 된다. 그래서『일선도상천자문(日鮮圖像千字文)』(1936년),『일선사체이천자문(日鮮四體二千字文)』(1940년) 등으로 끝을 맺고 있다.

위의 그림에서 '地'의 한자 아래에 있는 'ツチ'는 일본어 새김을, 왼쪽에 있는 'チ'는 일본음을 나타낸 것이고, 마찬가지로 '寒'에서 'サムシ'와 'カン'은 각각 일본어 새김과 음을, '壹'에서 'ヒトツ'와 'イチ'도 각각 일본어 새김과 음을 나타낸 것이다.

(3) 영어 정보 첨가

영어가 우리나라에 들어오면서 한자 학습서에 영어를 병기하여 넣기 시작한 한자 학습서는 지석영이 편찬한『아학편』이다.

위의『아학편』그림에서 '學'에 대한 주석을 하기 위하여 영어로 'Learn'을 써 놓고 그 발음을 한글로 '을러언'이라고 하였다. 이러한 영어를 천자문에서 볼 수 있었던 것은 지석영이 편찬한『아학편』으로부터 보이기 시작하여 별도로 영어천자문을 발행하게 된다. 이러한 영어 천자문은 훨씬 뒤에 등장하였다.

4. 복합정보 추가에 의한 분류

글자 수, 서체, 외국어에 대한 정보가 들어가는 것을 별도로 편찬하다가 이러한 모든 정보를 복합적으로 부가시킨 한자 학습서가 등장한다. 곧 다양한 서체와 외국어(특히 일본어) 정보를 넣고 또 1,000자를 벗어나서 2,000자까지도 포함시키는 문헌들이 등장한다. 그리하여『일선사체이천자문(日鮮四體二千字文)』(1925년, 영창서관),『한일선삼체천자문(漢日鮮三體千字文)』(1925년, 영창서관) 등이 간행되었다.

천자문을 처음 편찬하였을 때에는 단순히 한자의 자형과 그 새김과 한자음 그리고 성조 정도의 정보만 제공했던 것인데, 여기에 외국어 정보와 서체 정보를 추가하였을 뿐만 아니라 1,000자보다 더 많은 한자를 보태어 한자학습자들의 욕구에 부응하려고 한 것이다.

5. 그림 정보 추가에 의한 분류

천자문을 더 잘 이해시키기 위해 각 한자에 해당하는 의미를 그림으로 표시한 천자문이 있다. 대개 책 이름에 '도상(圖像)'이나 '도형(圖形)'이라는 부제를 달아 간행되었는데, 『도상주해천자문(圖像註解千字文)』(1917년, 광학서포), 『도형천자문(圖形千字文)』(1922년, 회동서관), 『몽학도상일선천자문(蒙學圖像日鮮千字文)』(1932년, 한남서림) 등이 그러한 책이다.

한자에 대한 각종 정보를 추가해 가면서 최종적으로 더 용이하게 한자 학습을 할 수 있도록 고안된 것이 그림으로 한자를 쉽게 익히도록 한 것이다.

이 그림들은 대개 두 가지 모습을 보이는데, 하나는 한자 개개의 의미를 쉽게 파악하게 하기 위한 것이고, 또 하나는 천자문의 한문 성구 중 4자성구의 의미를 쉽게 알 수 있도록 하기 위한 것이다.

이 방법은 특히 한자를 배우는 어린이들에게 한자에 대한 두려움을 없애주고 한자에 쉽게 접근할 수 있도록 하기 위한 것이다. 이러한 방법은 오늘날 소위 '마법천자문'처럼 그림으로 되어 있는 천자문을 등장시킨 시원이기도 하다.

제4부

천
자
문

제1장 천자문의 분류

'천자문'이란 한자 1,000자로 이루어진 한자 학습서를 말한다. 특히 중국 남북조시대 양무제 때의 주흥사(周興嗣, 470년~521년)가 하룻밤 새에 4자 250구의 시로 지었는데, 머리가 하얗게 되었다고 하여 백수문(白首文)이라고도 하는 주흥사 천자문을 그 대표적인 것으로 일컫고 있다.

주흥사 천자문을 주석한 손겸익(孫謙益)의 '천자문석의(千字文釋義)'에 의하면 주흥사는 자(字)가 '사찬(思纂)'으로 중국 진군항(陳郡項)(하남 개봉부 회양현(河南 開封府 淮陽縣) 사람이다. 양나라 무제(武帝) 때 급사중(給事中)의 벼슬까지 오른 사람으로 주로 수사(修史)의 일을 보좌한 것으로 알려져 있다. 천자문석의의 앞부분에 다음과 같은 글이 있다.

興嗣字思纂 陳郡項人 上以王羲之書千字 使興嗣次韻爲文奏之稱善 加賜金帛 太平廣記云 梁武帝教諸王書 令殷鐵石 大王書中 搨一千字不重者 每字片紙雜碎無序 帝名興嗣爲曰 卿有才思 爲我韻之 興嗣一夕編綴進上 鬢髮皆白 賞賜甚厚

(주흥사의 자는 사찬이고, 진군항 사람이다. 왕이 왕희지의 천자문을 주흥사로 하여금 차운케 하였는데 이를 상주(上奏)하니 선함을 칭송하고 금백을 하사하였다. 태평광기에 양무제가 제왕에게 서도를 가르치고자 하여 은철석으로 하여금 대왕의 서중(書中)에 중첩되지 않는 1천자를 선택하여 매자(每字)를 한 종이에 쓰게 하였더니 매자가 차례가 없어 임금이 주흥사에게 경은 재사가 있으니 나를 위하여 운(韻)을 지으라고 하였더니 주흥사가 하루 저녁에 편찬하여 진상하니 머리가 모두 희었으니 상을 후하게 내렸다.)

이 주흥사 천자문에 대해서는 여러 가지 평가가 있어 왔다. 주흥사천자문을 이용하는 사람들은 이 천자문을 평가할 리가 없기 때문에, 대부분의 평가는 부정적인 평가이다.

연암 박지원과 다산 정약용의 글을 모아 놓은 '담총외기(談叢外記)'의 후반부에 '천자(千字)', '사략불가독설(史略不可讀說)', '통감절요불가독설(通鑑節要不可讀說)'이 있는데, 대체로 다산의 글로 평가되고 있다.

> 凡有形之物與無形之情其類不同也 無爲之情與有爲之物其類不同也 江河土石其有
> 形者也 淸濁輕重其情也 淳流隕突於斯爲事也 不以類而觸之其可旁通乎夫如是也 故讀
> 千字已猶一字不知也 千字有用處以之標田以之標試券馬可也 不然焚可也 苟爾雅說文
> 不可復徐居正之類合猶其近者也

이 '천자'에서는 학문의 시초로 '天'으로부터 시작해서 익혀 가는데 그 천자의 배열이 서로 연관성 없이 산만하게 되어 유형지물(有形之物)이나 무형지정(無形之情)이 모두 그 유(類)가 같지 않고 무위지정(無爲之情)과 유위지사(有爲之事)가 그 유가 같지 않으므로 천자는 한자도 알 수가 없고 교육적인 면에서 효과가 없다고 보고 있다.

또한 다산은 다산시문집 제17권 증언(贈言) 중 '爲盤山丁修七贈言 字乃則。長興人'(반산(盤山) 정수칠(丁修七)에게 주는 말(자는 내칙(乃則)이고 장흥(長興) 사람임)에서 다음과 같이 천자문의 가치를 내리고 있다. 오히려 유합이 더 나은 것임을 이야기하고 있다.

> 敎小兒。如徐居正類合。雖不及爾雅急就篇之爲雅正。猶勝於周興嗣千文矣。讀玄
> 黃字。不能於靑赤黑白等竭其類。何以長兒之知識。初學讀千文。最是吾東之陋習。
> (어린아이를 가르치는 데 있어서 서거정(徐居正)의 유합(類合)과 같은 것은

비록 이아(爾雅)와 급취편(急就篇)의 아정(雅正)함에는 미치지 못하나 주흥사(周興嗣)의 천자문(千字文)보다는 낫다. 현·황(玄黃)이라는 글자만 읽고, 청·적·흑·백(靑赤黑白) 등등 그 부류에 대해서 다 익히지 않으면 어떻게 아이들의 지식을 길러 줄 수 있겠는가? 초학자가 천자문을 읽는 것이 우리나라의 제일 나쁜 누습(陋習)이다.

그럼에도 불구하고 우리나라에서 가장 많이 성행하였던 한자 학습서인 천자문도 주흥사의 천자문이다. 그래서 이 주흥사 천자문이 가장 많이 간행되거나 필사되었다. 그렇지만 차츰 주흥사의 천자문보다 더 나은 천자문을 만들고자 노력함으로써, 한자 글자는 1,000자이지만 주흥사 천자문과는 그 내용이 다른 천자문을 창안하여 편찬하게 된다. 이렇게 주흥사 천자문과는 달리 편찬된 천자문은 '속천자문, 역대천자문, 신천자문, 조선역사천자문' 등처럼 '천자문'(또는 '천자')의 앞에 주흥사 천자문과 구별되는 표지를 붙여 편찬된다.

천자문은 한자 학습의 기초가 되는 것이어서 이전 시대의 학문이 거의 모두 한자로 기록된 문헌들이 중심이 되었기에 모든 학문의 기초로 인식되었다. 한문으로 쓰인 책을 읽기 위해서는 한자를 학습하여야 하며 한자를 학습한 뒤에는 한문으로 된 문헌을 읽게 되며, 한문으로 된 글을 읽으면서 학습한 한문 문법을 토대로 하여 한문으로 글을 쓰는 순서를 밟는 것이기에 한자 학습은 문자 생활의 가장 기본적인 언어활동이다. 그리고 그 중에서 천자문은 한자 학습의 최초의 교과서이므로 천자문은 한자를 사용하는 사회의 문자 생활의 기초이며 시작이다.

그리하여 책을 중심으로 하여 각종 문방구와 골동품 등이 책가(冊架) 안에 놓여진 모습을 그린 책가도(冊架圖)에도 대표적인 책으로 천자문이 보이기도 한다.

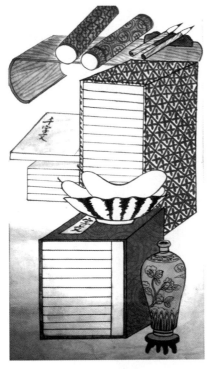

〈책가도〉(필자 소장)   '천자문' 확대 사진

이 책가도에는 책이 쌓여 있는데, '천자문'이 대표적으로 놓여 있음을 볼 수 있다.

천자문을 몇 가지 기준으로 분류한다면 다음과 같이 분류할 수 있을 것이다.

1. 한글 석음이 있는 천자문과 없는 천자문

한자 학습을 할 때, 그 한자의 형태 정보, 새김, 한자음 정보 등이 학습의 대상인데, 이 정보들을 제공해 주는 천자문과 형태 정보만을 제공해 주는 천자문으로 구분할 수 있다. 한자에 대해서 형태 정보 이외의 한자음 정보와 새김

정보를 제공하는 일은 훈민정음이 창제된 이후에는 훨씬 수월하게 되었다. 한글로 그 정보를 제공해 주었기 때문이다. 그러나 훈민정음이 창제되기 이전이나 널리 전파되지 않았을 때에는 한자를 이용하여 한자음이나 새김 정보를 제공해 주곤 하였다. 예컨대 『용비어천가(龍飛御天歌)』에서 그러한 모습을 볼 수 있다.

〈용비어천가〉(제1장)

용비어천가 제1장의 한글 가사 다음에 이의 한문 원문이 나오는데, 이 한문 원문에 등장하는 한자에 대해 쌍행으로 주석을 한 부분이 있다. '브르매 아니 뮐 씨'에 해당하는 한문이 '風亦不扤(풍역불올)'인데, 이 중 '扤'에 대해서 '扤五忽切動也(올오홀절 동야)'란 주석이 보인다. '扤'의 음을 반절법(反切法)으로 표기한 것이어서 '五'에서 초성을 그리고 '忽'에서 중성과 종성을 따서 이 둘을 결합하면 '올'이 되는 것이다. 그리고 그 뜻은 '움직이다'라고 주석을 하고 있다. '扤五忽切'은 '扤'의 한자음을, 그리고 '動也'는 '扤'의 의미를 제공해 주는 것이다. 이러한 방식은 계속된다. '곶 됴코 여름 하ᄂᆞ니'의 한문 원문 '有灼其華 有蕡其實(유작기화 유분기실)'의 '灼'과 '華', 그리고 '蕡'에 대해서 '灼職略切 華盛貌 華 俗作花 蕡浮雲切 實之盛也(작직략절 화성모 화 속작화 분부운절 실지성야)'라고 주석을 붙여 놓았다. 곧 '灼'은 '職略切' 곧 '쟉'이고 그 뜻은 '꽃이 무성한 모습'이며, '華'는 흔히 '花'로도 쓴다. '蕡'은 '浮雲切'로 그 음이 '분'이며, 그 뜻은 '열매가 무성하다'는 뜻이라고 주석을 붙이고 있다.

이러한 주석은 용비어천가 발문에서 언급하고 있듯이, 이 주석은 박팽년, 강희안, 신숙주, 이현로, 성삼문, 이개, 신영환 등이 붙인 것으로 되어 있다.

命臣及守集賢殿校理 臣朴彭年 守敦寧府判官 臣姜希顏 集賢殿副校理臣申叔舟 守副校理 臣李賢老 修撰 臣成三問 臣李塏 吏曹佐郞臣辛永孫等 就加註解 於是粗敍其用事之本末 復爲音訓以便覽 共一十卷

〈(사람 이름 생략) 등에게 명하여 주해를 덧붙이도록 하였습니다. 이에 인용한 옛일의 본말을 간략히 밝히고 다시 글자의 음과 훈을 달아 쉽게 하니 모두 10권입니다.〉

훈민정음 창제 직후이어서 이 모든 내용을 한글로 쓰지 못하고 한문으로 썼기 때문에, 그 한문에 쓰인 한자의 음과 새김을 한자로 표기한 것으로 해석된다.

이렇게 한자로 그 의미와 음을 적었는데, 훈민정음이 창제된 이후에는 그럴 필요가 없어지게 되었다. '天'을 '하늘 텬'으로 표기하여 그 뜻이 '하늘'이고 음이 '텬'임을 표시해 주면 되기 때문이다.

『천자문』에 한자 석음이 달려 있지 않은 것은 그 학습의 목표가 다른 곳에 있기 때문이다. 주로 한자의 형태를 중심으로 한 것이어서 대체로 그 한자의 서체를 본받으려는 사람에게 보이기 위한 것으로 보인다. 그래서 한글 석음이 없는 『천자문』은 대부분 유명한 서예가의 필적으로 남아 있다.

2. 주흥사 천자문과 그 이외의 천자문

우리나라에 주흥사 천자문이 도입된 후에 한자 학습의 능률을 높이기 위해 다양한 천자문이 편찬되었다. 물론 한자 학습의 주된 것은 주흥사 천자문이지만, 그 이외의 천자문도 상당수 편찬되었다. 필자가 지금까지 조사, 수집한 주흥사 천자문과 그 이외의 천자문류를 보이면 다음과 같다. 이들에 대해서는 후술될 것이다.

① 주흥사천자문　② 도형천자문
③ 동몽수독천자문　④ 동천자
⑤ 무쌍천자　⑥ 별천자
⑦ 부별천자문　⑧ 사고천문
⑨ 성리천자문　⑩ 속천자문
⑪ 신정천자문　⑫ 신천자문
⑬ 역대천자문　⑭ 영사속천자문
⑮ 유몽천자　⑯ 일선문신정유합천자
⑰ 조선역사천자문　⑱ 증보천자
⑲ 천자유취　⑳ 후천자문

3. 사찰본 천자문과 방각본 천자문

천자문은 그 간행 주체가 어디인가에 따라 구분되기도 한다. 예컨대 사찰에서 간행한 것과 일반 사서에서 영리 목적으로 간행한 방각본 등이 그 부류에 속할 것이다. 간혹 문중에서 선조가 써 놓은 천자문을 후대에 간행하는 경우도 있다.

4. 서체에 따른 천자문

천자문은 대부분 해서체로 쓰이어 있는 것이 일반적이지만, 간행된 천자문은 대부분 해서체와 초서체 천자문이다. 전서체나 예서체 천자문은 필사되어서 남아 있는 것이 있으나 간행된 적은 없는 것으로 보인다. 대부분은 이 4체의 한자 서체는 해서체를 바탕으로 한 천자문에 작은 글씨로 같이 써서 간행하는 경우가 대부분이다. 그리하여 삼체천자문이나 사체천자문의 이름을 가진 것들이 많이 존재한다.

5. 외국어 정보 제공의 천자문과 미제공 천자문

천자문을 학습하면서 외국어 학습을 보조적으로 돕기 위한 천자문이 있다. 대개 일본어인데, 그것은 우리나라의 근대화 과정에 일제 강점기가 끼어 있었기 때문이다. 영어 정보를 천자문에 넣은 것은 그만큼 사회적으로 영어의 영향이 커진 20세기 중반 이후이다.

6. 그림 정보 제공 천자문과 미제공 천자문

한자 학습을 하는 대상은 주로 어린이이어서 천자문을 쉽게 재미있게 설명하기 위해 그림을 삽입하는 경우가 있다. 그 좋은 방법 중에 그 한자에 해당하는 그림을 삽입하는 것인데, 인쇄술이 발달하면서 그러한 시도가 이루어졌다.

7. 판본의 천자문과 필사본의 천자문

『천자문』은 목판본이든, 금속활본이든, 석인본이든, 신식활자본이든 간행된 천자문과 간행되지 않고 필사본으로 남아 있는 두 가지로 구분된다. 대개 판본은 공공기관이나 사찰이나 출판사에서 간행되고, 필사본도 명필이 쓴 것이 있고, 무명의 필사자가 쓴 것도 있으며, 한 사람이 쓴 것이 있는가 하면 여럿이 공동으로 필사한 것이 있다. 특히 무명의 개인이 필사한 자료는 그 양이 매우 많은 편이다. 왜냐하면 최소한 한 집에 한자 학습서 1종은 수장하고 있었고, 그중에 가장 일반적인 것이 천자문이었기 때문이다.

제2장 한글 석음이 없는 천자문

천자문의 주요한 학습 목적 중에는 자형(字形)을 습득하는 것이 최우선이다. 그 당시의 유일한 필기도구였던 붓으로 한자를 하나하나 써서 그 획과 획순 및 획의 특징을 알아야 하기 때문에 이 한자 학습서에 보이는 한자는 주로 명필이 쓴 글씨를 판하로 하여 간행하거나 명필이 필사한 경우가 많다.[1]

한국에 남아 있는 명필의 천자문들은 대부분 한글로 석음이 달려 있지 않은데, 그 명필들이 쓴 천자문의 목록을 일부 보이면 다음과 같다.

① 안평대군의 진초천자문(眞草千字文) (목판본, 개인 소장)

② 박팽년의 초천자문 (목판본, 개인 소장)

③ 김인후의 초천자문 (목판본, 개인 소장)

④ 이항복의 천자문 (목판본, 국립중앙도서관)

⑤ 황기로(黃耆老)의 초천자문 (필사본, 개인 소장)

⑥ 한석봉의 천자문 (목판본, 개인 소장)

⑦ 이삼만(李三晚)의 천자문 (필사본, 화봉책박물관 소장)

⑧ 엄한명(嚴漢明)의 초천자문 (목판본, 서울서예박물관 소장, 구 이겸로 소장본)

⑨ 조윤형(曺允亨)의 천자문 (필사본, 조재진 소장)

⑩ 신위(申緯)의 천자문 (필사본, 신효용 소장)

---

1 이 글에서는 중국 및 일본의 명필이 쓴 천자문은 제외하였다.

⑪ 윤한석(尹漢石)의 초천자문 (목판본, 회동서관 간행, 개인 소장)

⑫ 윤용구(尹用求)의 천자문 (필사본, 신호영 소장)

⑬ 이수장(李壽長)의 초천자문 (필사본, 문우서림 소장)

⑭ 월하(月荷) 계오(戒悟)의 초천자문 (목판본, 화봉책박물관 소장)

  위의 명필이 쓴 천자문은 모두 한자 석음이 없는 것이다. 따라서 이 천자문 들은 한자의 서예(書藝)를 익히기 위한 천자문이다.

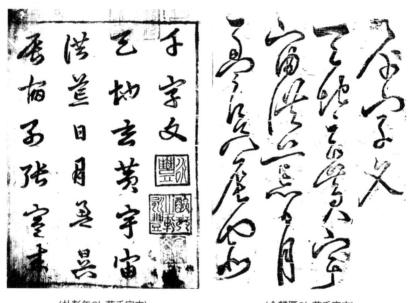

〈朴彭年의 草千字文〉   〈金麟厚의 草千字文〉

  명필이 쓴 천자문이 아니라, 일반 가정에서 한자의 자형을 배우기 위해 필 사해 놓은 자료는 수없이 많다. 대개 한자의 글씨를 잘 쓰는 사람이 천자문을 쓰는 것이 일반적인 바람이며 또한 유행이었다.

제3장 주흥사 천자문의 도입과 종류

1. 주흥사 천자문의 도입

주흥사(周興嗣)가 지었다고 하는 천자문은 우리나라에서 가장 기본적인 한자 학습서라고 할 수 있다. 이 천자문은 왕가에서부터 일반 민간인들에 이르기까지 어려서부터 배운 한자 학습서이다. 최근에 서울 도봉산 기슭의 고려시대 고찰인 영국사(寧國寺) 터에서 출토된 석각에 천자문이 새겨져 있는 것이 발견되었다. 10세기 때의 고려 초기의 것으로 판명된 이 천자문 석각은 주흥사가 지은 천자문의 250구 가운데 165구와 167구의 앞구절 일부가 새겨진 것으로 판명되었다. '治本於農(치본어농)'의 '治本' 부분과 '於'자의 획의 일부분, 그리고 '俶載南畝(숙재남무)'의 '俶載南＿' 부분, '稅熟貢新(세숙공신)'의 '稅熟'과 '貢'의 '工'의 일부분이 새겨져 있다. 그래서 천자문은 고려 초에 이미 우리나라에 도입되어 있었음이 증명된다고 할 수 있다. 어느 학자는 이 한자 서체로 보아 통일신라 시대까지 거슬러 올라갈 수 있다고 주장하기도 한다. 그 석각의 모습을 보이면 다음과 같다.

조선왕조실록에 왕자들이 이 주흥사의 천자문을 배웠다는 기록들이 보인다.

四歲始學周興嗣千字文, 肅宗親製序以勉 (4세 때에 처음으로 주흥사의 천자문을 배웠는데 숙종께서 친히 서문(序文)을 지어 주며 힘쓰도록 하였고) 〈조선왕조실록 경종실록 15권, 경종대왕 행장〉

王, 生有聖質, 數歲通周興嗣 千文百餘字, 翼宗拈他書試之, 輒指所知字, 翼宗喜其聰悟, 大奇愛之 (왕은 나면서 성질(聖質)이 있어 수세(數歲)에 주흥사의 천자문 중에서 1백여 자를 아셨는데, 익종께서 다른 글에서 꺼내어 시험하시면 곧 아는 자를 가리키시니, 익종께서 그 총명하고 영리하신 것을 매우 특별히 사랑하셨다.) 〈조선왕조실록 헌종실록 1권, 헌종대왕 묘지문〉

뿐만 아니라 임금(숙종)이 직접 주흥사 천자문(석봉천자문)의 서문을 쓰기도 하였다.

○戊寅/上親製千字序文, 下春坊。春坊請刊出弁卷, 待東宮開筵, 以此文進講, 許之。其文曰: "予惟千字一書, 卽梁朝周興嗣之所撰也。昔武帝敎諸王書, 令殷鐵石。于鍾、王書中, 榻一千字不重者, 每字片紙, 雜碎無序, 令興嗣韻之。興嗣編綴於一日之內, 鬢髮爲之盡白, 可見用力之勤, 而其所以排比者, 亦可謂精且切矣 (임금이 친히 천자 서문(千字序文)을 춘방(春坊)에 내렸는데, 춘방에서 권두(卷頭)에 붙여서 찍어내어 동궁(東宮)에서 서연(書筵)을 열 때에 이 글을 진강(進講)하겠다고 청하니, 윤허하였다. 그 서문에 이르기를, "내가 생각하건대, 천자의 글은 양(梁)나라의 주흥사(周興嗣)가 지은 것이다. 예전에 무제(武帝)가 제왕(諸王)에게 가르칠 글을 은철석(殷鐵石)으로 하여금 종요(鍾繇)·왕희지(王羲之)의 글 가운데에서 중복되지 않게 1천 자를 베껴 내게 하였는데, 글자마다 다른 쪽지이고 번잡하여 차서가 없으므로, 주흥사로 하여금 운문(韻文)을 만들게 하였더니, 주흥사

가 하루 안에 엮어 내고 머리가 죄다 하얘졌으니 힘쓴 것이 부지런함을 알 수 있고, 그 배열한 방법도 정교하고 절실하다 하겠다. 〈숙종실록 23권 숙종 17년 윤7월 25일 무인조〉

이 천자문 서문은 석봉천자문 갑술중간본의 '어제천자문서'이다.

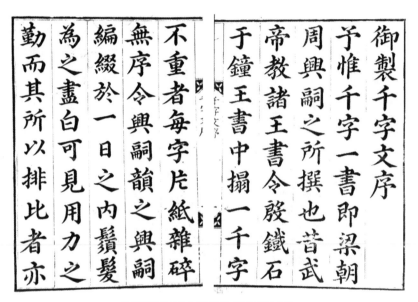

〈석봉천자문(갑술중간본) 어제천자문서〉

천자문은 한자 학습서다. 한자 중에서 가장 기본적인 글자 1,000자를 이용하여 4언(四言)으로 250개의 한문구로 지은 글이다. 한자 학습의 입문서이기 때문에 어린이에게 한자의 형(形)·음(音)·의(義), 즉 한자의 자형(字形)과 서체(書體), 그 음(音)과 석(釋)을 가르치게 되고, 동시에 사언절구(四言絶句)를 통하여 역사나 고사 등을 가르치기도 한다.

이러한 한자 학습의 다양한 목적이 있어서 천자문은 다양한 형태로 간행되거나 필사되어 왔다. 이처럼 주흥사의 천자문은 우리나라의 한자 학습서의 가장 기본적인 책이었다.

2. 결자본(潔字本)과 열자본(烈字本)

이 주흥사의 천자문은 두 가지로 분류된다. 하나는 이 천자문의 41번째 구가 '女慕貞烈(여모정렬)'인 책과 '女慕貞潔(여모정결)'인 책의 두 가지이다. 앞의 것을 '열자본(烈字本)'이라 하고 뒤의 것을 '결자본(潔字本)'이라 하여 구별한다. 『광주천자문』이 '女慕貞潔(여모정결)'로 되어 있고 『석봉천자문』이 '女慕貞烈(여모정렬)'로 되어 있어서 『광주천자문』을 '결자본', 『석봉천자문』을 '열자본'이라고 한다.

〈석봉천자문, 7b〉 　〈광주천자문, 7b〉 　〈광주천자문, 35b〉

『광주천자문』에는 '결(潔)'자가 두 곳에 보인다. 곧 '女慕貞潔(여모정결)'(7b)에 보이는 '潔(결)'과 '紈扇圓潔(환선원결)'(35b)의 '결(潔)'에 보이는 두 가지인데, 앞의 '潔'은 '물 글 결'의 석음이 있고, 뒤의 '潔'에는 '출 결'의 석음이 붙어 있다. 이 차이에 대해서는 이미 오래 전부터 논의가 있었다. 예컨대 지봉유설(芝峯類說) 권7 경서부(經書部) 3의 서적(書籍)에 다음과 같은 글이 있다.

千字文 梁周興嗣所編也 武帝取一千字 每字片紙雜碎 命興嗣韻之 今考其文 唯女慕
貞潔 紈扇圓潔 潔字重疊 或曰貞潔之潔當作絜 按秦本記云男女絜誠 樂毅傳云不絜其名
莊子云以絜吾行 蓋古二字通用 今韓濩所書千字文 作貞烈 未知有所考也

(천자문은 양나라 주흥사가 엮은 것이다. 무제가 1천자를 취해서 매 글자마다 다른 쪽지이고 번잡하여 주흥사로 하여금 운문(韻文)을 만들게 하였다. 이제 그 글을 상고하여 보건대 오직 여자는 정결(貞潔)을 사모하는 것이나 '환선원결(紈扇圓潔)'에 '결(潔)' 자가 중첩되므로 어떤 사람이 말하기를 「'정결(貞潔)'의 '결(潔)' 자는 마땅히 '결(絜)' 자로 보아야 할 것이니 진본기(秦本紀)를 보면 '남녀결성(男女絜誠)'이라 하였고, '악의전(樂毅傳)'에 이르기를 '불결기고(不絜其告)'라 하였고 장자(莊子)는 '이결오행(以絜吾行)'이라 하였으니 대개 옛날에는 두 자가 통용되었다」고 하는데 오늘 한호가 쓴 천자문에 정렬(貞烈)이라고 쓴 것은 상고한 바를 알 수 없다.)

이 글에서도 천자문에 '潔'이 중첩된다는 사실을 지적하고 이 '潔'이 '絜'일 것이라는 견해를 밝히고 있다. '潔'과 '絜'이 통용되었다고도 하였다. 그리고 이것이 석봉천자문에 와서 '烈'로 바뀌었는데 그 근거가 무엇인지를 알 수 없다고 하였다. 이러한 내용은 1804년에 홍태운이 쓴 주해천자문에도 언급되어 있다. 즉 주해천자문의 말미의 '也'자 풀이의 다음 행에 다음과 같은 글이 있다.

皇明文衡山徵明所書 草楷篆隷四體 烈作絜 袗禯 祐作祐福也 邵作劭美也

여기에서도 '烈'과 '絜'의 문제를 다루고 있다.

제4장 광주천자문

1. 동경대학 소장본(1575년)

1575년에 전라도 광주(光州)에서 간행된 이 책은 한글로 쓴 새김이 달려 있는 동시에 간기가 있는 천자문 중 가장 이른 시기의 것으로 알려져 있다. 일본의 동경대학(東京大學) 소장본이다. 책광이 29.5×21.5㎝이고 반엽광곽의 크기는 23.0×18.2㎝이다. 사주단변에 판심어미는 상하대흑구(上下大黑口) 내향흑어미(內向黑魚尾)인데, 27장에는 삼엽화문어미(三葉花紋魚尾)도 보인다. 3행 4자다. 책의 말미에 '萬曆三年月日光州刊上(만력삼년월일광주간상)'이란 간기가 있어서 이 책이 전라도 광주에서 1575년에 간행되었음을 알 수 있다. 그래서 일반적으로 '광주천자문'이라는 통칭으로 불린다.

이 천자문은 그 석이 보수적인 점이 특징으로 알려져 있다. 이 책은『석봉천자문』과는 그 석에 있어서뿐만 아니라 그 한자에 있어서도 몇 가지 차이가 있다.『석봉천자문』의 161-164째 한자가 '女慕貞烈(여모정렬)'인 반면『광주천자문』은 이 중의 '열(烈)'자가 '결(潔)'자로 나타난다. 그래서『광주천자문』계통을 '결자본(潔字本)',『석봉천자문』계통을 '열자본(烈字本)'이라고 지칭하기도 한다. 또한『석봉천자문』의 825-828째 한자가 '妾御績紡(첩어적방)'인데 비해『광주천자문』은 '妾御紡績(첩어방적)'이다. 이것은『광주천자문』의 오서(誤書)로 보인다. 그리고『석봉천자문』과 다른 한자도 보인다.

〈광주천자문〉

이 광주천자문은 뒤에서 설명할 석봉천자문과 비교해 보아도 한자의 형태가 매우 보수적이라고 할 수 있다. 광주천자문이 정자를 쓰는 반면, 석봉천자문은 별도의 서체로 천자문의 한자를 쓰고 있음도 발견되는데, 이 책의 판하를 쓴 사람이 누구인지는 알지 못한다.

다음에 광주천자문과 석봉천자문의 한자 서체의 차이를 보이도록 한다.

광주천자문			석봉천자문		
한자	석음	출전	한자	석음	출전
崑	묏브리 곤	3a	崑	뫼 곤	3a
叢	베플 발	5a	發	베플 발	5a
羌	되 강	6a	羌	되 강	6a
髮	터럭 발	7a	髮	터럭 발	7a
恭	온공 공	7b	恭	온공 공	7b
絲	실 스	9a	絲	실 스	9a

因	지즐 인	10b	曰	지즐 인	10b
壁	구슬 벽	10b	璧	구슬 벽	10b
盡	다올 진	11b	盡	다올 진	11b
流	흐를 류	12b	流	흐를 류	12b
從	조츨 종	14a	從	조츨 종	14a
投	머드리 투	16a	投	더딜 투	16a
分	눈홀 분	16a	分	눈홀 분	16a
切	근절 절	16a	切	그츨 절	16a
節	무딕 졀	16b	節	무딕 졀	16b
逸	안일 일	17a	逸	편안홀 일	17a
鬱	덤쩌울 울	18b	鬱	덥쩌츨 울	18b
設	베플 셜	20b	設	베플 셜	20b
稟	딥 고	21a	稾	딥 고	21a
冠	곳갈 관	22a	冠	곳갈 관	22a
秊	술위 년	22a	秊	년 년	22a
輕	가비야올 경	22b	輕	가비야올 경	22b
匡	광정 광	23b	匡	고틸 광	23b
廻	도로 회	24a	回	도라올 회	24a
晉	진국 진	24b	晉	진국 진	24b
楚	초국 초	24b	楚	초국 초	24b
虢	나라 괵	25a	虢	괵국 괵	25a
綿	소음 면	27b	縣	소옴 면	27b
岫	묏부리 수	28a	岫	묏샏리 슈	28a
歐	이랑 묘	28b	歐	이럼 묘	28b

處	바라 쳐	32b	處	곧 쳐	32b
囊	느믓 랑	34a	囊	느믓 낭	34a
粮	양식 량	35a	糧	냥식 냥	35a
足	발 족	36b	足	발 족	36b
顧	도라볼 고	38a	顧	도라볼 고	38a
答	듸답 답	38a	荅	듸답 답	38a
顈	원홀 원	38a	顧	원홀 원	38a
筆	붇 필	39b	筆	붇 필	39b
紙	죠희 지	39b	紙	죠희 지	39b
哭	우움 쇼	40a	笑	우움 쇼	40a
旋	구슬 션	40b	璇	구슬 션	40b
劭	힘쓸 쇼	41a	邵	노플 쇼	41a
症	쑤밀 쟝	41b	莊	춤딀 쟝	41b

40b에 보이는 광주천자문의 '旋'은 붓으로 '王'자를 가획해서 나타난 '璇'에서 가획한 부분을 떼어 버린 것이다. 원래의 판에는 '璇'으로 되어 있다. 아마도 영인본에서는 구별하기 힘들 것이다.

광주천자문과 석봉천자문 중에서 차이가 나는 위에 든 한자들은 대부분 이 형자(異形字)들이다. 그러나 한자음만 동일할 뿐 전혀 다른 한자를 쓰고 있음도 볼 수 있다. 즉 逈와 回, 旋과 璇, 그리고 劭와 邵는 다른 한자이다. 유니코드의 코드값도 다르다.

한자	유니코드 코드값
逈	U+8FF4
回	U+56DE
旋	U+65CB
璇	U+7487
劢	U+52AD
卲	U+5372

다른 예들은 모두 이형자들인데, 대표자들은 대개 다음과 같다.

대표자	이형자
崑	崐
岫	峀
糧	粮
笑	咲
莊	荘

다른 예들은 모두 이체자(異體字)라고 할 수 있다.

석봉천자문이 대표자를 쓴 반면에 광주천자문이 이형자를 많이 썼지만, 한편으로는 석봉천자문은 기본자 대신에 이체자를 훨씬 많이 사용하고 있다고 할 수 있다.

광주천자문과 석봉천자문은 그 새김에서 많은 차이를 보인다. 광주천자문이 석봉천자문에 비해 매우 보수적이라고 할 수 있다. 광주천자문이 1575년에, 석봉천자문이 1583년에 간행되어서 그 시간적 간격이 8년밖에 차이가 없는데, 두 가지 천자문에서 석음이 완전히 동일한 것은 522개에 불과하고 나머지 478자는 차이가 있다.

그중에 두드러진 것은 'ㅿ'의 사용이다. 광주천자문에서는 'ㅿ'을 사용하고 있지만, 석봉천자문에서는 'ㅿ'을 사용하고 있지 않다. 그 예를 들어 보면 다음과 같다. 여기에서 드는 예들은 모두 내각문고본 석봉천자문이다.

한자	광주천자문	석봉천자문	장차
口	십 구	입 구	34b
冬	겨스 동	겨으 동	02a
眠	조스름 면	조올 면	36a
名	실홈 명	일홈 명	09b
富	가스멸 부	가으멸 부	22b
心	ᄆᆞ슴 심	ᄆᆞ음 심	17a
易	밧쏠 셕	밧골 역	34a
日	날 실	날 일	01b
腸	새 댱	애 댱	34b
弟	아ᅀᅳ 데	아으 데	15b
次	ᄀᆞ슴 ᄎᆞ	ᄀᆞ음 ᄎᆞ	16b
戚	아슴 쳑	아음 쳑	35a
秋	ᄀᆞ술 츄	ᄀᆞ올 츄	02a

또 한 가지 차이는 '사이시옷'의 사용이다. 그러나 이것은 광주천자문과 석봉천자문이 어떠한 경향을 뚜렷이 보이는 것이 아니지만, 광주천자문이 사이시옷을 그대로 유지하고 있는 경우가 많다.

한자	광주천자문	석봉천자문	장차
芥	계줏 개	계ᄌᆞ 개	03b
盟	밍솃 밍	밍셔 밍	25a
慕	ᄉᆞ못 모	ᄉᆞ모 모	07b
方	못 방	모 방	07a
兵	병맛 병	병마 병	22a
寶	보빗 보	보비 보	10b
謝	샤녯 샤	샤례 샤	32a
常	샹녜 샹	샹녯 샹	07a
箱	샹줏 샹	샹ᄌᆞ 샹	34a
歲	힛 셰	힛 셰	02a
誰	누굿 슈	누구 슈	31a
是	이 시	잇 시	11a

慈	ᄌᆞ비 ᄌ	ᄌᆞ빌 ᄌ	16b
玆	일 ᄌ	이 ᄌ	28a
禍	지홧 화	지화 화	10b

다음에 광주천자문과 석봉천자문(내각문고본)과의 차이를 보이도록 한다.
표기법상의 차이가 있는 것들은 제외하고 어휘상의 차이를 보이는 것들을 중
심으로 예시한다. (출전 순서대로 예시하였다. 판식이 동일하여 출전은 동일하다.)

한자	광주천자문	석봉천자문	張次
律	법쯀 률	법측 뉼	02a
成	일 셩	이룰 셩	02a
呂	법쯀 려	법측 녀	02a
收	가둘 슈	거둘 슈	02a
麗	나오머글 려	빗날 려	02b
致	니를 티	닐윌 티	02b
崐	묏브리 곤	뫼 곤	03a
稱	잇ᄀᆞᆯ 친	일ᄏᆞᆯ 칭	03a
劒	칼 검	갈 검	03a
珎	그르 딘	보비 딘	03b
海	바다 ᄒᆡ	바라 ᄒᆡ	03b
薑	싱양 강	싱강 강	03b
羽	지 우	짓 우	04a
翔	ᄂᆞᆯ개 샹	ᄂᆞᆯ 샹	04a
官	귀 관	구의 관	04a
讓	ᄉᆞ양 양	ᄉᆞ양 양	04b
制	ᄆᆞ를 졔	지을 졔	04b
服	옷 복	니블 복	04b
裳	고외 샹	치마 샹	04b
湯	더을 탕	ᄭᅳᆯ흘 탕	05a
唐	대랑 당	대당 당	05a
殷	은국 은	만흘 은	05a
虞	나라 우	혜아릴 우	05a

伐	버힐 벌	베힐 벌	05a
愛	둧올 익	스랑 익	05b
首	마리 슈	머리 슈	05b
垂	드를 슈	드리울 슈	05b
王	긔즈 왕	님금 왕	06a
伏	굿블 복	굿쌜 복	06a
歸	갈 귀	도라갈 귀	06a
食	밥 식	머글 식	06b
鳳	새 봉	봉황 봉	06b
及	밋 급	미츨 급	07a
盖	두웨 개	두플 개	07a
得	시를 득	어들 득	08a
良	알 량	어딜 냥	08a
能	능홀 능	잘홀 능	08a
效	즈윌 효	본볼 효	08a
改	가실 기	고틸 기	08a
靡	안등 미	아닐 미	08b
可	직 가	올홀 가	08b
信	미들 신	미들 신	08b
罔	거츨 망	업슬 망	08b
覆	두플 복	다시 복	08b
欲	바개 욕	ᄒ고져홀 욕	09a
羊	염 양	양 양	09a
器	긔용 긔	그릇 씩	09a
墨	믁 믁	먹 믁	09a
詩	글월 시	글 시	09a
染	므들 염	믈들 염	09a
聖	님금 셩	셩인 셩	09b
習	비홀 습	니길 습	10a
形	즛 형	얼굴 형	10a
正	못 졍	졍홀 졍	10a
慶	길결 경	경하 경	10b
積	울 적	사홀 적	10b
非	안득 비	아닐 비	10b

嚴	클 엄	싁싁홀 엄	11a
與	다뭇 여	더블 여	11a
當	반득 당	맛땅 당	11b
夙	녜 슈	이늘 슉	12a
淸	츨 청	시글 졍	12a
思	ᄉ량 ᄉ	싱각 ᄉ	12b
暎	빗일 영	비췰 영	12b
不	안득 블	아닐 블	12b
定	뎡홀 뎡	일뎡 뎡	13a
令	히 령	어딜 령	13a
優	어글어울 우	나을 우	13b
登	틀 등	오를 등	13b
而	마리 이	말리을 이	14a
尊	존홀 존	노플 존	14b
禮	절 례	녜도 녜	14b
樂	낙홀 락	풍뉴 악	14b
睦	고롤 목	화목 목	14b
上	마디 샹	웃 샹	14b
受	틀 슈	바들 슈	15a
奉	바들 봉	받들 봉	15a
夫	샤옹 부	짓아비 부	15a
儀	다슴 의	거동 의	15a
猶	오힐 유	ᄀ틀 유	15b
比	ᄀ줄 비	견줄 비	15b
懷	훈출 회	푸믈 회	15b
投	머드리 투	더딜 투	16a
規	여을 규	법식 규	16a
箴	빈혀 줌	경계 줌	16a
切	근졀 졀	그츨 졀	16a
廉	발 렴	쳥렴 렴	16b
弗	덜 블	말 블	16b
義	클 의	올홀 의	16b
匪	이즐 비	아닐 비	17a
靜	괴오 졍	고요홀 졍	17a

疲	시드러올 피	곳블 피	17a
持	디닐 씨	가질 디	17b
物	갓 믈	것 믈	17b
渭	믓굿 위	위슈 위	18b
涇	믓굿 경	경슈 경	18b
洛	믓굿 낙	낙슈 낙	18b
背	질 비	등 비	18b
鬱	덤써울 울	덥써츨 울	18b
綵	빗날 치	치식 치	19a
樓	룻 루	다락 누	19a
仙	션간 션	션인 션	19a
啓	여틀 계	열 계	19b
丙	믈 병	남녁 병	19b
筵	돗 연	디의 연	19b
對	샹딧 딕	딕답 딕	19b
楹	딕누리 영	기동 영	19b
吹	불 취	불 츄	20a
弁	곡도 변	곳갈 변	20a
鼓	붑 고	갓붑 고	20a
經	디날 경	글월 경	21a
隸	마치 예	글시 예	21a
漆	옷칠 칠	옷 칠	21a
杜	진둘위 두	마글 두	21a
英	곳부리 영	곳쌕리 영	21a
俠	길 협	씰 협	21b
槐	누튀 괴	괴화 괴	21b
羅	쇠롱 라	벌 라	21b
戶	입 호	지게 호	21b
纓	갇긴 영	긴 영	22a
輦	술위 년	년 년	22a
千	즈믄 천	일쳔 천	22a
振	너틸 진	뻘 진	22a
策	무을 칙	막대 칙	22b
茂	덤거울 무	거츨 무	22b

功	공봇 공	공 공	22b
世	누릴 셰	인간 셰	22b
實	염믈 실	염글 실	22b
衡	저울 형	저울대 형	23a
伊	소얌 이	저 이	23a
時	삐니 시	시절 시	23a
營	집 영	지을 영	23b
桓	나모 환	세와들 환	23b
微	아츨 미	쟈글 미	23b
奄	클 엄	믄득 엄	23b
公	공정 공	구의 공	23b
匡	광짓 광	고틸 광	23b
旦	아춤 단	아춤 됴	23b
濟	거닐 졔	건널 졔	24a
弱	바드라올 약	약홀 약	24a
丁	순 뎡	장뎡 뎡	24a
漢	하늘 한	한슈 한	24a
感	깃글 감	늣길 감	24a
扶	더위자블 부	븓들 부	24a
俊	어딜 쥰	미을 쥰	24b
密	볼 밀	빅빅홀 밀	24b
更	가실 깅	고틸 깅	24b
寔	클 식	잇 식	24b
士	계츰 ᄉ	션비 ᄉ	24b
覇	사홈 패	웃듬 패	24b
寧	안령 령	편홀 령	24b
虢	나라 괵	괵국 괵	25a
弊	폐홀 폐	히여딜 폐	25b
韓	나라 한	한국 한	25b
法	법홀 법	법 법	25b
約	긔약 약	언약 약	25b
翦	ᄇ릴 젼	굴길 젼	25b
精	솝 졍	졍홀 졍	26a
譽	소리 예	기릴 예	26a

最	안직 최	ᄀ쟝 최	26a
宣	님굼 션	베플 션	26a
秦	나라 진	진국 진	26b
恒	흥샹 흥	샹녜 흥	26b
云	ᄀ룰 운	니룰 운	27a
塞	ᄀ ᄉᆞᆨ	마글 ᄉᆞᆨ	27a
禪	션뎡 션	터닷글 션	27a
曠	힛긔 광	너를 광	27b
稼	시믈 가	곡식시믈 가	28a
穡	벼빌 ᄉᆞᆨ	곡식거둘 ᄉᆞᆨ	28a
畝	이랑 묘	이럼 묘	28b
稅	이삭 셰	낙 셰	28b
藝	지조 예	시믈 예	28b
孟	미올 ᄆᆡᆼ	믈 ᄆᆡᆼ	29a
黜	내조출 튤	내틸 튤	29a
謹	말ᄉᆞᆷ 근	삼갈 근	29b
理	고틸 리	다ᄉᆞ릴 리	29b
謙	말ᄉᆞᆷ 겸	겸손 겸	29b
庸	듕용 용	샹녜 용	29b
幾	멋마 긔	거의 긔	29b
勅	저릴 틱	졍히ᄒᆞᆯ 틱	29b
貌	즛 모	양ᄌᆞ 모	30a
其	적 기	그 기	30a
貽	기틸 이	줄 이	30a
祗	오직 지	공경 지	30a
厥	적 궐	그 궐	30a
譏	우슬 긔	긔롱 긔	30b
誡	브즈런흔 계	경곗 계	30b
抗	ᄀ재 항	결울 항	30b
幸	힝홀 힝	힝혀 힝	31a
卽	고 즉	즉제 즉	31a
疏	섯글 소	소통홀 소	31a
默	괴외 믁	줌줌 믁	31b
論	말ᄉᆞᆷ 논	의논 논	31b

處	바라 쳐	곤 쳐	31b
累	띠 류	더러일 류	32a
歡	깃글 환	즐길 환	32a
莽	쌔일 망	플 망	32b
園	위원 원	동산 원	32b
渠	걸 거	기쳔 거	32b
彫	쁘드를 됴	쩌러딜 됴	33a
飄	나붓필 표	부칠 표	33a
飆	나붓필 요	부칠 요	33a
耽	귀울 탐	즐길 탐	33b
鵾	뭇둙 곤	새 곤	33b
獨	홀을 독	홀 독	33b
摩	무릴 마	문질 마	33b
翫	샹원 완	구경 완	33b
凌	업쇼올 릉	오를 릉	33b
飫	비쵤 어	슬밀 어	34b
飧	반찬 찬	밥 손	34b
膳	션믈 션	차반 션	34b
飽	비쵤 포	비브룰 포	34b
具	ᄀ존 구	ᄀ츌 구	34b
宰	사홀 지	버힐 지	34b
少	아히 쇼	져믈 쇼	35a
厭	아쳘 염	슬홀 염	35a
故	주글 고	늘글 고	35a
糟	ᄉ라기 조	ᄌ강 조	35a
親	어버이 친	친홀 친	35a
績	쑤리 적	질삼 적	35b
紡	쑤리 방	질삼 방	35b
潔	츌 결	조홀 결	35b
圓	두리 원	두럴 원	35b
妾	곳갓 쳡	쳡 쳡	35b
巾	뵈 건	슈건 건	35b
房	구들 방	방 방	35b
御	님금 어	뫼실 어	35b

煒	해 휘	빗날 위	36a
煌	해 황	빗날 황	36a
筍	대 슌	듁슌 슌	36a
床	나모 상	상 상	36a
讌	잔치 연	이바디 연	36b
頓	조을 돈	구를 돈	36b
矯	납싸올 교	들 교	36b
康	안강 강	편안 강	37a
豫	미리 예	즐길 예	37a
祀	이바돌 ᄉ	졔ᄉ ᄉ	37a
祭	이바돌 제	졔ᄉ 제	37a
牋	글월 전	죠히 전	37b
懼	저흘 구	두릴 구	37b
稽	니마 계	조을 계	37b
悚	저흘 속	두릴 송	37b
再	노올 직	두 직	37b
要	요강 요	종요 요	37b
簡	글월 간	갈략 간	37b
涼	간다올 량	서늘 냥	38a
詳	슬필 샹	ᄌ셰 샹	38a
驤	글월 양	들일 양	38b
獲	시를 획	어들 획	39a
亡	주글 망	업슬 망	39a
嚬	희강 히	히가 히	39a
丸	모작 환	탄ᄌ 환	39a
利	늘카올 리	니홀 리	39b
恬	알렴 렴	안정 념	39b
任	ᄀ움 임	맛들 임	39b
妍	나머글 연	고올 연	40a
佳	됴홀 가	아름다올 가	40a
妙	미못 묘	묘홀 묘	40a
嚬	빙일 빙	빙긜 빈	40a
姿	고올 ᄌ	양ᄌ ᄌ	40a
斡	웃듬 간	돌 알	40b

曜	빗날 요	비췰 요	40b
每	니으 미	믜양 미	40b
吉	멀 길	길흘 길	41a
照	ᄇ일 죠	비췰 죠	41a
指	손가락 지	ᄀᄅ칠 지	41a
祐	도을 우	복 우	41a
環	골히 환	골회 환	41a
脩	길 슈	닷ᄉᆯ 슈	41a
綏	편흘 유	편안 유	41a
束	믓 속	믓ᄉᆯ 속	41b
領	목 령	깃 녕	41b
矩	고ᄇ자 구	모날 구	41b
莊	ᄭ밀 쟝	츰될 장	41b
寡	홀어비 과	쟈글 과	42a
誚	ᄭ숑 쵸	구지즐 쵸	42a

2. 대동급기념문고본(17세기 중기)

광주천자문과 계통을 같이 하는 천자문, 즉 '결자본'이 1979年 조선학보 93집에 영인 소개된 대동급기념문고본(大東及紀念文庫本)의 간기 없는 천자문이다. 이 책은 동경대학본보다는 뒤에 나온 17세기 후반의 책으로 알려져 있지만, 필자가 검토한 바로는 17세기 중기 이전의 책이다.

이 책은 후지모토(藤本幸夫)(1980)에 의해 알려지게 되었다. 이 논문에 의하면 이 책은 목판본으로서 책의 크기가 26.4×18.1cm이고 사주단변에 유계에 반엽 광곽의 크기는 22.2×15.8cm 이다. 3행 4자로 되어 있고 내제는 '천자문'이다. 판심어미는 상하대흑구, 상하내향흑어미로서 간기가 없어서 간행지나 편찬자는 알 수 없다.

이 대동급기념문고본의 특징을 몇 가지 들면 다음과 같다.

① 『광주천자문』 소창문고본에서는 '첩어방적(妾御紡績)'이었던 것이 '첩어

적방(妾御績紡)'으로 고쳐 놓았다.

② 원래는 한글로 석음을 달아 놓을 공간을 마련해 놓지 않고 한자를 쓴 것처럼 보인다. 왜냐하면 한자의 아랫부분에 한글 석음을 쓸 공간이 부족하여 한글석음 표기에 여러 가지 다양한 모습이 모인다. 예컨대 '履'(11b)자의 석음인 '신 리'의 '신' 자와 '리' 자가 떨어져 있다. 또한 '投'의 한글 석음인 '머므리 투'는 오른쪽에서 왼쪽으로 글씨를 써 가지 않고 '머므' 두 글자는 세로로 두 줄로 쓰고 다시 '리투'를 왼쪽에서 세로로 써 놓았다. 어느 한글 석음 표기는 왼쪽에서 오른쪽으로 써 놓은 것도 보인다. 예컨대 '歸 도라갈 귀'는 원래는 '歸 귀갈라도'로 표기되어 있어야 하는데, '歸 도라갈 귀'로 되어 있어서 특이하다. '本'의 석음인 '믿본'의 '믿' 자의 'ㄷ'이 'ㅁ'의 아래에 쓰이어 있다. 그리하여 '믿'자가 '밈'처럼 쓰이어 있다. 마찬가지로 '邈'의 '막'자가 '맠'처럼 쓰이어 있다. '甞'과 '驤'의 석음 '맛볼 샹'과 '봄늘 양'에서 '볼'과 '늘'이 '보ㄹ'과 'ㄴㄹ'로 표기되어 있다.

표기법에서는 어두 된소리 표기에 ㅄ이 사용되고 있다(時 삐니 시, 滅 쁼 멸). 또한 어말자음군 '래'이 'ㅂㄹ'로도 표기된다(南 앏 남). 이처럼 ㅄ이 마지막에 보이는 시기는 1650년대이며, '래'이 'ㅂㄹ'로 표기되기 시작하는 시기가 17세기부터이므로 이 문헌은 17세기 중기 이전에 쓰인 문헌으로 추정된다.

〈대동급기념문고본 천자문〉

제5장 석봉천자문

　명필(名筆) 한호(韓濩)가 쓴 천자문인데, 천자문의 대표격이라고 할 수 있다. 한호의 호가 석봉(石峰)이어서 석봉천자문(石峰千字文)이라고 한다. 『석봉천자문』은 초천자문과 해서천자문의 두 종류가 있는데, 초천자문에는 한자의 석음이 붙어 있지 않고, 해서천자문에만 한글 석음이 달려 있다.

　수많은 천자문이 전해 오고 있지만, 천자문을 중앙 관서에서 간행한 것은 이 석봉천자문이 유일하다. 1583年에 교서관(校書館)에서 처음 간행한 후에 계속해서 중간본이 이루어져 왔다. 그 이본들을 보이면 다음과 같다.

	문헌	간행연대	판종	소장처
1	김민영 씨 소장본	1583년	목판본	김민영
2	내각문고본	1583년	목판본	일본 내각문고
3	성궤당문고본	16세기	목판본	일본 성궤당문고
4	김동욱 소장본	16세기	목판본	미상
5	어사본	16세기	목판본	충남 한산의 개인
6	내부개간본	1601년	목판본	한국학중앙연구원
7	경인하중보본	1650년	목활자본	남권희
8	경인중보본	1650년	목판본	진태하, 한국학중앙연구원
9	신미하교서관중간본	1691년	목판본	고려대
10	갑술중간본	1754년	목판본	규장각 등
11	척첨대판	1868년	목판본(복각본)	규장각 등
12	통영개간본	1888년	목판본	서예박물관

1. 김민영 소장본(1583년)

일명 박승임(朴承任) 내사본(內賜本)이라고도 하는데, 경북 영주(榮州)의 박찬성(朴贊成) 씨 소장본이었던 것인데, 소장자가 김민영 씨로 바뀐 것으로 알려져 있다. 내사기(萬曆十一年 七月日 內賜 司諫院大司諫 朴承任 千字文 一件 (만력십일년 칠월일 내사 사간원대사간 박승임 천자문 일건)와 판하본(板下本)을 쓴 연기(年記)(萬曆十一年 正月日 副司果臣韓濩奉敎書(만력십일년 정월일 부사과신한호봉교서))가 동일하다. 1583년에 간행된 것이다. 책의 크기는 42.0×27.2cm이고 반엽광곽의 크기는 31.0×21.3cm이다. 판심어미는 내향삼엽화문어미이고 판심제는 '千字文'이다. 표지제와 내지제 모두 '千字文(천자문)'이다. 사주쌍변에 3행 4자로 되어 있다. 서지학 제7호에 조병순(趙炳舜) 씨의 해제로 영인되었다. 그러나 내사기는 그 서영이 보이지 않고 조병순 씨의 해제에 내사기의 내용이 소개되어 있다. 이 천자문을 후술할 내각문고본과 비교하여 보면 다음과 같은 17군데에서 차이를 보인다.

장차	한자	내각문고본	김민영소장본
9a	器	그릇씌	그릇긔
16b	廉	청렴렴	청념넘
22b	實	염글실	염글실
23a	衡	저울대형	저울째형
25b	頗	즈ㅁ파	즈믄파
27a	云	니를운	니늘운
28a	治	다스릴티	다스리티
32b	翠	프를취	프늘취
33a	早	이를조	이늘조
36a	夕	나죄셕	나조셕
38b	賊	도적적	도즉적
38b	盜	도적도	도즉도
39a	嘯	프란쇼	프랍쇼
42b	謂	니를위	니늘위

42b	焉	입겻언	입계언
42b	哉	입겻지	입계지
42b	也	입겻야	입계야

〈한석봉천자문〉(김민영 소장본)

2. 내각문고본(1583년)

내각문고본(內閣文庫本) 석봉천자문은 일본의 내각문고 소장본이다. 책의 크기는 45.0×28.0㎝이고 반엽광곽의 크기는 32.0×22.5㎝이다. 사주쌍변에 판심어미는 내향삼엽화문어미이다. 3행 4자로 되어 있고, 내제와 판심제가 '千字文'이다. 모두 42장인데, 권말의 간기는 박찬성 소장본과 마찬가지로 '萬曆十一年 正月日 副司果臣韓濩奉敎書(만력십일년 정월일 부사과신한호봉교서)'로 되어 있다. 역시 1583년에 간행되었다고 하나, 이것은 박찬성 씨 소장본과 비교하여 보면 이보다는 약간 뒤에 간행된 것으로 보인다. 이기문 교수에 의해 소개 되었고, 단국대 동양학연구소에서 『광주판 천자문』, 『주해천자문』과 함께 영 인 소개되었다. 원래 원간본으로 추정되었으나 원간본의 일부가 복각된 것이 거나 별개의 중간본일 가능성도 있다. 박찬성 소장본의 잘못을 수정한 부분이 있는 것으로 보아 박찬성 소장본이 내각문고본에 비해 앞선 판본임을 알 수 있다.

〈석봉천자문〉(내각문고본)

3. 성궤당문고본(1601년?)

성궤당문고본(成簣堂文庫本)은 일본의 東京お茶の水圖書館(동경おち의수도서 관) 성궤당문고 소장본으로, 德富蘇峰 구장본으로 알려져 있다. 후지모도(藤 本幸夫) 교수에 의해 소개되었는데,[2] 서영(書影)이 소개되지 않고, 단지 내각문 고본과 비교하여 10군데의 차이가 난다는 보고에만 접할 수 있었다.

장차	한자	내각문고본	성궤당문고본
9a	器	그릇싀	그릇긔
12a	夙	이늘슉	이를슉
14b	殊	다늘슈	다를슈
14b	別	다늘별	다를별
16b	廉	청렴렴	청념념
19a	驚	놀날경	놀랄경
21b	俠	씰협	뻴협
24a	說	니늘셜	니를셜
24b	楚	楚	˚ 楚
25b	頗	즈ᄆ파	즈모 파

필자는 이 책을 접할 기회가 없어서, 이에 대한 모든 정보는 藤本幸夫(2006)에 의해 기술하도록 한다. 이에 의하면 이 책은 소위 내각문고본과 같은 판목에 의해 인출되었다고 한다. 그리고 내각문고본과 차이가 나는 10군데는 정교한 매목(埋木)으로 정정이 가해진 것으로 보고 있다. 곧 교서관에서 정식으로 두 번째 교정을 하여 정정(訂正)된 간본이라는 것이다.

그러나 다른 이본들과 비교하여 보면 이 성궤당문고본은 내부개간본에 가깝다. '뻴협'(俠)이 내부개간본에는 '삘협'으로 되어 있는데 반해 성궤당문고본이 '뻴협'으로 되어 있는 것만을 제외하고는 모두 내부개간본과 일치하는 것이어서, 성궤당문고본은 오히려 1601년에 간행된 내부개간본에 가까운 시기에 간행된 문헌으로 보인다.

4. 김동욱 소장본(미상)

이 김동욱(金東旭) 교수 소장 천자문은 이기문 교수에 의해 소개되었으나,[3]

2 藤本幸夫(2006), 「朝鮮版『千字文』에 대하여」, 『국어사 연구 어디까지 와 있는가』, 태학사.
3 이기문(1973), 「천자문 해제」, 『영인본 천자문』, 단국대 동양학연구소.

현재 그 소장처를 알 수 없고, 또 복사나 영인 등의 자료가 없어서 그 내용을 정확히 확인할 길이 없다. 고 김동욱 교수의 소장본을 기증한 단국대학교 율곡기념도서관에도 이 책은 소장되어 있지 않다. 처음 두 장과 끝 한 장이 없어 간년을 알 수 없다고 한다. 단지 이기문 교수에 의해 내각문고본과 비교하여 9군데에 차이가 있는 사실을 통해 이 책의 특징을 알 수 있다.

장차	한자	내각문고본	김동욱소장본
9a	器	그릇 긔	그릇 그
12a	夙	이늘 슉	이를 슉
14b	殊	다늘 슈	다를 슈
14b	別	다늘 별	다를 별
16b	廉	청렴 렴	청념 념
19a	驚	놀날 경	놀랄 경
21b	俠	씰 협	씰 협
24a	說	니늘 셜	니를 셜
25b	頗	즈모 파	즈모 파

5. 어사본(御賜本)(1601년?)

충남 한산(韓山) 지방의 모씨(某氏)가 소장하고 있는 천자문으로 그 책의 표지에 '어사천자문(御賜千字文)'이란 필서가 보이는 석봉천자문이다. 필자가 서천 지역 답사 중에 서천군청 박수환 씨의 도움으로 발견한 책인데, 그 집안의 내력에 의하면 효종(孝宗)이 하사한 천자문이라는 것이다. 그 책의 끝에는 박찬성 소장본이나 내각문고 소장본과 마찬가지의 '萬曆十一年 正月日 副司果 臣韓濩奉敎書(만력십일년 정월일 부사과신한호봉교서)'란 간기가 있다. 내각문고본이나, 성궤당문고본이나 김동욱 소장본과도 다른 것이다. 반엽광곽의 크기는 29.0×21.2cm이고 판심어미는 상하내향흑어미이다. 표지의 책 제목은 후대의 필사로 '御賜千字文(어사천자문)'이고 사주쌍변에 3행 4자로 되어 있다.

내각문고본과의 차이를 보이면 다음과 같다.

장차	한자	내각문고본	어사천자문
9a	器	그릇 씌	그릇 긔
12a	夙	이늘 슉	이릴 슉
14b	殊	다늘 슈	다를 슈
14b	別	다늘 별	다를 별
16b	廉	청렴 렴	청넘 넘
19a	驚	놀날 경	놀랄 경
21b	俠	씰 협	씰 협
25b	頗	즈ᄆ 파	즈모 파
42b	謂	니늘 위	니릴 위

이러한 차이로 보아서 이 책은 오히려 성궤당문고본에 가깝다. 그러나 성
궤당문고본을 실사할 수 없어 결론은 내리기 어렵다.

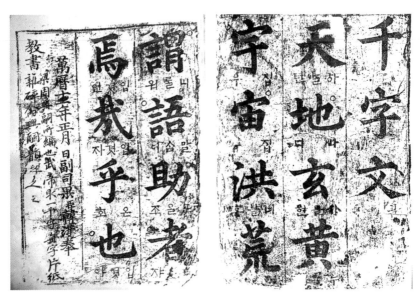

〈석봉천자문〉(어사본)

6. 내부개간본(1601년)

　내부개간본(內府開刊本)은 '二十九年辛丑七月日內府開刊(이십구년신축칠월일 내부개간)'이라는 간기를 갖고 있는 책이다. 1601년의 간본이다. 한국학중앙연구원에 소장되어 있다. 안병희 교수는 이 내부개간본은 현재 전하지 않는다고 하였지만,[4] 한국학중앙연구원에 현존한다(도서번호 古. 711.47). 반엽광곽의 크기는 31.3×20.4㎝이고 사주쌍변에 판심어미는 상하내향이엽화문어미이다. 판심제는 '千字文'이다. 책의 아래 왼쪽 부분이 많이 달아서 확인하기 힘든 것이 있으나 대부분 잘 판독이 된다. 내각문고본과는 다음과 같은 차이를 보인다.

장차	한자	내각문고본	내부개간본
1b	辰	별신	별진
1b	來	올릭	올늬
3a	劒	갈검	칼검
3b	重	므거울듕	무거울듕
3b	薑	싱강강	싱양강
9a	器	그릇싀	그릇긔
12a	夙	이늘슉	이를슉
12b	暎	비췰영	비췰영
14b	殊	다늘슈	다를슈
14b	別	다늘별	다를별
15b	懷	푸믈회	프믈회
16b	廉	청렴렴	청념념
19a	驚	놀날경	놀랄경
21b	俠	씰협	낃협
24a	說	니늘셜	니를셜
25a	踐	블을쳔	블올쳔

---

4 안병희(1992), 『국어사 자료 연구』, 문학과지성사, p.190.

25b	頗	ᄌᆞ모파	ᄌᆞ모파
28b	畝	이럼묘	이렁묘
32a	欣	깃슬흔	깃쓸흔
33a	翠	프늘취	푸를취
33a	早	이룰조	일룰조
42b	謂	니늘위	니를위

　이러한 차이로 보아서 내부개간본은 후대의 석음을 보여 준다. 특히 '깃슬흔'이 '깃쓸흔'으로 변화한 현상에서 그러한 사실을 추론할 수 있다. 앞의 책 제목인 '千字文'이란 한자에도 각각 '일천천, 글ᄌᆞᄌᆞ, 글월문'이란 석음이 달려 있어서 모두 1,003개의 석음이 있는 셈이다.

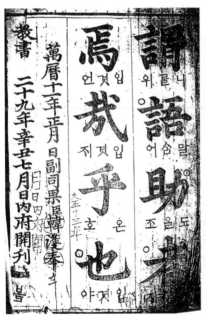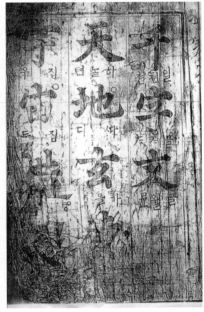

〈석봉천자문〉(내부 개간본)

7. 경인하중보본[5](1650년)

경인하중보본(庚寅夏重補本)은 1650년 여름에 대형(大形)의 목활자(木活字)로 간행한 책이다. 국어사자료연구 제2호에 남권희(南權熙) 교수의 해제와 함께 영인본을 실음으로써 세상에 알려지게 되었다.

책의 크기는 42.7×27.1cm이며 반엽광곽의 크기는 31.1×21.6cm이다. 사주쌍변에 한 면에 3행 4자로 배열되어 있다. 판심어미는 상하백구에 상하내향육엽화문어미이다. 목활자본이다.

책의 말미에 '萬曆十一年 正月日 副司果臣韓濩奉教書(만력십일년 정월일 부사과 신한호봉교서)'의 아래에 '二十九年辛丑七月日內府開刊(이십구년신축칠월일내부개간)'이란 기록이 찍혀 있고 그 아래에 '庚寅夏重補(경인하중보)'란 간기가 있다. 만력 29년 신축년이면 1601년이고, 그 후의 경인년이면 효종 1년인 1650년이다. 1601년에 간행한 내부개간본을 중보한 책이다. 그러니 내부개간본과 유사한 책이다. 내부개간본과의 차이를 보이면 다음과 같다.

장차	한자	내부개간본	경인하중보본
16a	同	오힌 동	오히 동
21b	俠	삘 협	삘 협
23a	銘	조울 명	조을 명
23a	衡	저울대 형	저을대 형
40a	嚬	삥길 빈	뼝길 빈

천자문을 목활자본으로 출간한 유일한 예일 것이다.

---

5 '庚寅夏重補本'이란 명칭은 엄밀히 말하면 '庚寅夏重補板'이라고 해야 맞을 것이다. 그러나 학계에서 일반적으로 '경인하중보본'이라고 칭하고 있으므로 이에 따르도록 한다. 경인중보본, 갑술중간본 등도 모두 동일한 경우이다.

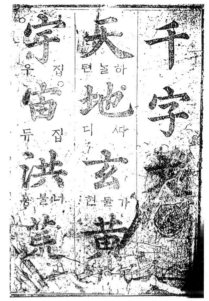

〈석봉천자문〉(경인하중보본)

8. 경인중보본(1650년)

경인중보본(庚寅重補本)은 1650년에 목판본으로 간행한 책으로 진태하(陳泰夏) 교수, 한국학중앙연구원(구 윤석창 교수 소장본)이 소장하고 있다. 경인하중보본을 수정하여 간행한 것으로 보인다. 책의 크기는 42.4×27.2㎝이고 반엽광곽은 31.2×20.8㎝이며 사주쌍변에 3행 4자이며 판심어미는 상하내향이엽화문어미이다. 책의 말미에 '萬曆十一年 正月日 副司果臣韓濩奉敎書(만력십일년 정월일 부사과신한호봉교서)'의 아래에 '二十九年辛丑七月日內府開刊(이십구년신축칠월일 내부개간)'이 찍혀 있고 그 아래에 쌍행으로 '庚寅重補(경인중보)'란 간기가 있다. 만력 29년 신축년이면 1601년이고, 그 후의 경인년이면 효종 1년 1650년이다. 1650년에 간행한 '경인하중보본'을 중보한 책이다. 그러니 내부개간본과 경인하중보본과 유사한 책이다.

　이겸로 선생 소장본이었다가, 예술의 전당 서예박물관에 기증된 경인중보본 천자문에는 뒤에 숙종이 쓴 어제천자문서(御製千字文序)와 중간천자문후서(重刊千字文 後序)가 붙어 있다. 어제천자문서는 '崇禎紀元後六十四年 辛未秋七月朔朝序(숭정기원후육십사년 신미추칠월삭조서)'라고 되어 있어서, 1691년에 쓴 것이고 중간천자문후서는 '歲己丑孟冬哉生明顧庵序(세기축맹동재생명고암서)'란 글이 있어서 1769년의 글이므로 이 경인중보본은 1770년(경인년)에 간행된 것이라는 주장도 있다. 그러나 한국학중앙연구원에 소장되어 있는 전 윤석창 교수 소장본에는 이 서문이 없다. 따라서 이 서문은 후에 다시 덧붙인 것으로 보인다. 왜냐하면 후술할 갑술중간본에 이 어제서문이 붙어 있기 때문이다. 경인하중보본과의 차이는 하나도 없다.

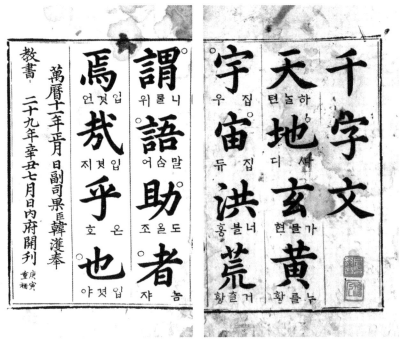

〈석봉천자문〉(경인중보본)

9. 신미하교서관중간본(1691년)

신미하교서관중간본(辛未夏校書館重刊本)은 1691년에 목판본으로 간행한 책으로 책머리에 숙종의 서문과 오시복(吳始復, 1637년~1716년)이 서문의 판하를 썼다는 기록이 있다. 고려대 도서관 소장본이다. 책의 크기는 38.3×25.2cm이며 반엽광곽의 크기는 29.7×20.6cm이다. 사주쌍변에 판심어미는 내향2엽·3엽화문어미이다. 3행 4자로 책의 말미에 다른 석봉천자문의 내부개간본, 경인하중보본, 경인중보본과 마찬가지로 '萬曆十一年 正月日 副司果臣韓濩奉教書(만력십일년 정월일 부사과신한호봉교서)'의 아래에 '二十九年辛丑七月日內府開刊(이십구년신축칠월일내부개간)'이 찍혀 있고, 그 아래에 쌍행으로 '辛未夏校書館重刊(신미하교서관중간)'이란 간기가 있다. 교서관에서 1691년에 간행한 책임을 알 수 있다. 책의 앞에 '辛未秋七月日朝序(신미추칠월일조서)'라 하고 '戶曹判書兼同知經筵事 臣吳始復 奉教書(호조판서겸동지경연사 신오시복 봉교서)'의 서문이 있다. 역시 내부개간본을 수정 보완한 것으로 보인다. 내부개간본과 비교하여 보면 다음과 같다.

장차	한자	내부개간본	신미하교서관중간본
35b	扇	부체 선	부세 선
8a	改	고틸 기	곤틸 기
33a	根	불휘 근	블후 근
32a	欣	깃쓸 흔	깃쓸 흔
11b	深	기풀 심	기플 심
28a	穡	곡식거들 식	곡식거플 식
22a	纓	긴 영	낀 영
10b	非	아닐 비	아릴 비
36a	象	코키리 샹	고키리 샹
26a	軍	군ᄉ 군	군 군
1a	黃	누를 황	느로 황
11b	竭	다홀 갈	다을 갈

6a	伏	구쌀 복	굿쌀 복

〈석봉천자문〉(신미하교서관중간본)

10. 갑술중간본(1754년)

신미하중간본(辛未夏重刊本)에 보이는 숙종의 서문이 오시복(吳始復)에 관한 것만 삭제되어 그대로 실려 있고 뒤에 매목(埋木)으로 '甲戌重刊(갑술중간)'이란 기록을 첨가한 책이다. ㅇ과 ㆁ이 극도로 혼란되어 있음이 특징이다. 이기문 교수는 1754년, 안병희 교수는 1814년에 간행된 것으로 추정하고 있다. 또한 갑술년을 1694년(숙종 20)으로 추정하는 사람도 있다. 그러나 1691년(숙종 17)에 신미하중간본(辛未夏重刊本)이 있는 것으로 보아 1694년은 해당되지 않는 것으로 볼 수 있고, 또한 안병희 교수가 갑술년을 1814년으로 추정한 이유는 진태하 교수가 소장하고 있는 경인중보본의 묵서에 '가경(嘉慶) 12년(1807년) 11월 26일 사급(賜給)'이란 기록을 중시하였기 때문이다. 즉 갑술년을 1754년이라고 하면 임금으로부터 책을 받은 1807년에는 교서관을 비롯하여 중앙에 석봉천자문의 책판이 3종이나 있게 되니 그것은 무리라고 생각하기 때문이다. 그러나 19세기 초에는 문헌 간행이 거의 없었고, 또한 천자문이 번성하던 시기가 아니었다. 천자문은 18세기 중기 이후에라야 그 세력을 얻게 된다. 이러한 여러 가지 점으로 보아 갑술중간본 석봉천자문은 1754년(영조 30년)에 이루어 졌다고 보는 설이 옳은 것으로 본다.

이 갑술중간본은 조선 시대에 가장 많이 이용되었고 또 가장 많이 남아 있는 천자문이라고 할 수 있다. 갑술중간본과 신미하교서관중간본과 비교를 하면 다음과 같다.

장차	한자	신미하중간본	갑술중간본
21b	俠	띨 협	뗼 협
16a	同	오힌 동	오히 동
3b	奈	멋 내	벗 내
11b	履	불을 리	불불 니
35b	扇	부세 션	부체 션
9a	改	곤틸 기	고틸 기
22a	纓	씬 영	긴 영
10b	非	아릴 비	아닐 비
18a	邑	고올 읍	고을 읍
1a	黃	누로 황	누를 황
33a	根	불후 근	불휘 근
30b	恥	붓그릴티	붓그릴 티
26b	恒	샹녜 흥	샹녜 흥
29a	賞	샹홀 샹	샹홀 샹
23a	衡	저울대 형	저울대 형
32b	翠	프를 취	푸를 취

〈석봉천자문〉(갑술중간본)

11. 척첨대판(1868년)

척첨대판(陟瞻臺板)은 갑술중간본의 복각본이다. 1868년에 밀양(密陽)의 척첨대(陟瞻臺)에서 복각한 것으로 책의 끝에 갑술중간본의 간기와 함께 '戊辰八月滄藩朴海徹識(무진팔월창번박해철지)'란 발문이 있다. 곧 1868년에 박해철(朴海徹)이 발문을 쓴 석봉천자문이다. 갑술중간본에 있는 어제서문은 제외하고 복각을 하였는데, 몇 곳에서 차이를 보인다. 복각을 하면서 몇 군데를 수정하였다. 판목을 볼 수 없었지만, 어느 부분은 아마도 매목을 대고 수정하였을 것이다. 갑술중간본과 차이를 보이는 몇 개를 보이도록 한다.

장차	한자	섭첨대판	갑술중간본
4b	位	벼슬 위	벼솔 위
8a	覆	다시 부	다시 복
15b	懷	푸믈 회	프믈 회
21b	縣	고을 현	고올 현
26a	譽	기일 예	기릴 예
38a	骸	새 히	새 히

〈석봉천자문〉(척첨대판)

12. 통영개간본(1888년)

 1888년에 통영(統營)에서 1책의 목판본으로 개간한 것인데, 책의 끝에 '萬曆十一年正月日副司果臣韓濩奉敎書(만력십일년정월일부사과신한호봉교서)'란 간기의 뒤에 '戊子閏三月統營開刊(무자윤삼월통영개간)'이란 간기가 있는 천자문이다. 책의 크기는 42.8×28.1㎝이고 반엽광곽의 크기는 29.3×20.3㎝이다. 판심어미는 상하이엽화문어미 등 다양하다. 판심제는 '千字文'이다. 사주는 단변과 쌍변이 혼재되어 있어서, 지방판의 조잡함을 보여 주고 있다. 현재 전하고 있는 이 책은 후쇄본으로 보인다. 이 문헌에는 특히 33장 앞면부터 34장 뒷면의 2장에 집중적으로 기존의 천자문을 수정하였는데, 특히 통영지역어가 반영되어 있는 석음들이 보인다. 그 몇 가지를 보이면 다음과 같다.

장차	한자	석음
33b	觥	귀겡완
34a	囊	쥼치낭
34a	輶	기거울유
34b	腸	길읍장
34b	飫	슬을염
34b	宰	맛들지

이 천자문은 대구 진명사 이종소 씨 소장본이다. 2005년 8월에 예술의 전당에서 '하늘天따地'의 전시회 때 전시되었을 뿐, 아직 그 문헌이 공개된 적은 없다.

〈석봉천자문〉(통영개간본)

13. 조선천자문(1754년 이후)

『석봉천자문』은 우리나라에서만 간행된 것이 아니다. 일본에서도『석봉천자문』이 간행되었는데, 한글 석음과 성조 표기 등을 그대로 표기한 채 간행하였다.『석봉천자문』의 내각문고본을 음각하여 간행한 책으로 현재 프랑스의 한 도서관에 소장되어 있다. 표지의 제첨에는 '朝鮮千字文(조선천자문)' 이라 되어 있고 내지에는 세로로 세 단을 나누어 첫 단에는 '朝鮮國韓護書(조선국한호서)', 두 번째 가운데 단에는 '朝鮮千字文(조선천자문)', 그리고 왼쪽의 세 번째 칸에는 '書林 赤松閣藏版(서림 적송각장판)'이라고 되어 있다. 적송각에서 간행해낸 것인데, '韓濩'의 '濩'를 '護'로 잘못 써 놓았다. 책의 말미에는 '順慶町心齊橋角 河內屋茂兵衛 大阪書林 四軒町 千單屋新右衙門求板(순경정심제교각 하내옥무병위 대판서림 사헌정 천단옥신우아문구판)'이란 기록이 있어서 책을 구할 곳을 적어 놓았다.

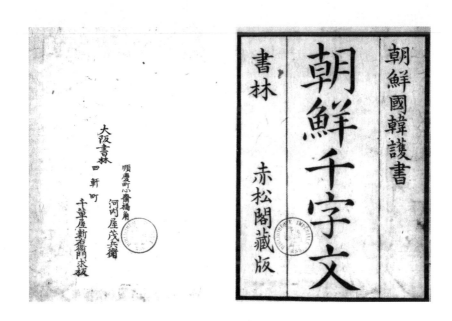

무계에 4행 6자이다. 판심제는 '千(천)'이고 장차가 판심제 아래에 있다. 모두 21장으로 되어 있다. 한자와 한글 석음은 내각문고본과 동일하다. 그러나 간기가 없어서 간행연도는 알 수 없다.

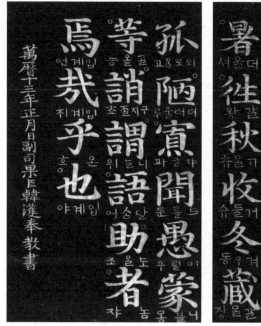

〈조선천자문〉

210

제6장 석봉, 광주 천자문 이외의 주흥사 천자문

이외에도 주흥사 천자문의 판하를 쓴 사람이 알려져 있는 천자문 중에 판본으로 남아 있는 천자문은 다음과 같다.

	문헌	간행 연대	판종	소장처
1	이해룡 서 천자문	1601년	목판본	서울 화곡동 모씨
2	김국표 서 천자문	1750년	목판본	서예박물관
3	이무실 서 천자문	1735년 초간	목판본	경북대 북악문고
4	홍성원 서 천자문 (주해천자문 초간본)	1752년	목판본	규장각 등
5	홍태운 서 천자문 (주해천자문 중간본)	1804년	목판본	곳곳
6	송계 서 천자문	1865년	목판본	곳곳
7	절첩본 천자문	16세기	목판본	국립한글박물관
8	병자판 천자문	1696년	목판본	일본 대마역사민속자료관
9	주해천자문	1866년	목판본	프랑스동양언어문화학교
10	천자문1	19세기	목판본	프랑스동양언어문화학교
11	천자문2	19세기	목판본	프랑스동양언어문화학교
12	주해천자문(화림재장판)	1905년	목판본	영남대 도서관

1. 이해룡 서 천자문(1601년)

이 천자문은 북악(北岳) 이해룡(李海龍)의 글씨를 판하로 하여 쓴 천자문을 1601년에 간행한 책으로 남권희(1999)에서 소개되었다. 이해룡의 후손인 서울

등촌동의 이한의 씨 소장본이다. 이 책의 표지에 '北岳筆書(북악필서)'라는 묵서가 있고, 책의 말미에 '萬曆二十九年仲夏 書于玉堂 謄寫 麟經 乘暇 而遺子 汝其勉之(만력이십구년중하 서우옥당 등사 린경 승가 이유자 여기면지)'라는 기록이 있어서 이 책이 1601년에 간행되었음을 알 수 있다. 이해룡이 옥당(玉堂, 교서관)에 있으면서 경전(經典)을 베끼는 여가에 자손에게 남기기 위해 썼으니 열심히 익히라는 내용인데, 언뜻 보아『석봉천자문』의 체재나 글씨와 유사하여 석봉천자문으로 착각할 정도다. 이것은 아마도 이해룡이『석봉천자문』의 간본을 대본으로 하여 썼기 때문이 아닌가 생각한다.

이 책의 크기는 42.5×28.5cm이고 반엽광곽의 크기는 31.4×21.8cm이며 사주쌍변에 3행 4자로 되어 있다. 판심어미는 상하백구, 상하내향유문어미(上下內向有紋魚尾)가 주종을 이룬다. 내지제와 판심제는 모두 '千字文(천자문)'이다.

이해룡 천자문에 대해 언급한 문헌이 있다. 조선 후기의 문신이며 학자인 박태순(朴泰淳)의 시문집인 '동계집(東溪集)'의 권6의 발(跋)에 '제이해룡천자서(題李海龍千字書)'란 글이 있다.

題李海龍千字書
李主簿海龍以善書著於宣廟朝 嘗西随儐使東渡日本 稱華國手與韓石峯濩齊名韓書病於爲戈見李所書輒遜沙峴 將建楊蒼峴碑華人擇東國善書者 終以命李韓至失涕云 余嘗從其曾孫後勘求觀其遺跡兵亂後散軼只有千字文一冊初頗謹正文盡其精力以今比觀家鷄埜鶩雖未易別其貴賤 然玉環飛燕固不可異其愛憎若仍至煙没則甚可惜也 遂俾其玄孫春發搨摹而付諸剞劂以壽之李自號北岳其裔孫頗多能世其箕裘今於斯没盡誠奔走不辭勞苦亦可嘉也已並爲之識

당시 한호(韓濩)와 비견할만한 명필인 이해룡이 남긴 필적이 천자문 하나밖에 없음을 설명하고, 그 필치가 고금에 보기 드문 희귀한 것이라고 하고 있다.

〈이해룡 천자문〉

『이해룡 천자문』에는 오각도 여럿 보인다. '傳 옮길 년'(10a)은 '옮길 뎐', '耽
즐길 담'(33b)은 '즐길 탐'의 오각으로 보인다.

그리고 다른 『석봉천자문』과 다른 한자를 쓰기도 하였다. 『석봉천자문』에
서는 '回'를 '回 도라올 회'(내각문고본, 24a)를 쓰고 있는데 비해 『이해룡 천자문』
에서는 '廻 도라올 회'(24a)를 쓰고 있다. 回와 廻의 의미 차이가 없어서 일어난
일이다.

『석봉천자문』과 다른 이체자를 쓰기도 하였다. 즉 『석봉천자문』에서는 '莊'
을 '莊 츰될 장'(41b)을 쓰고 있는데 비해 『이해룡 천자문』에서는 '庄 츰될 장'
(41b)으로 쓰고 있으며, 『석봉천자문』에서는 '寧 편홀 령'(24b)을 쓰는데 반해 이
해룡천자문에서는 '寍 편홀 령'(24b)을 쓰고 있다.

출전	석봉천자문	이해룡천자문	석음
12b	暎	映	비칠 용
19a	綵	彩	치식 치
24b	寧	寗	편홀 령
27b	野	埜	드르 야
28a	峀	岫	묏샌리 슈
40a	咲	笑	우움 쇼
40b	璇	旋	구슬 션
41b	莊	庄	츰될 장

이 이해룡의 천자문과 내각문고본 석봉천자문의 한글 석음을 비교하여 보면 다음과 같다.

출전	한자	석봉천자문(내각문고본)	이해룡 천자문
03a	劍	갈 검	칼 검
04b	字	글월 ᄌ	글월 ᄌ
09a	器	룻 씌	그늣 긔
10a	傳	옴길 뎐	옴길 년
12a	夙	이늘 슉	이를 슉
14b	別	다늘 별	다를 별
15a	夫	짓아비 부	지아비 브
21b	俠	씰 협	씰 협
23b	合	모들 합	모돌 함
33a	委	ᄇ릴 위	브릴 위
39a	嘯	ᄑ람 쇼	풀암 쇼

2. 김국표 서 천자문(1750년)

1750년에 사자관(寫字官)과 별부사과(別付司果)를 지냈던 김국표(金國杓)가 쓴 천자문으로 목판본이다. 책의 끝에 '崇禎紀元後百二十三年 正月日 嘉善大夫同知中樞府使 景福宮假衛將副司果金國杓書(숭정기원후123년 정월일 가선대부동지중추부사 경복궁가위장부사과김국표서'란 기록이 있어서 이러한 사실을 알 수 있다. 예술의 전당 서예박물관 소장본인데, 전 통문관 주인 이겸로 선생의 구장본이다. 책의 크기는 38.0×25.8cm이고 광곽은 27.3×19.9cm이며 사주쌍변에 판심어미는 상하이엽화문어미이다. 표지 제목은 '千字文 副司果 金國杓書(천자문 부사과 김국표 서)'라고 되어 있으나, 이것은 이겸로 선생이 개장할 때 써 넣은 것이다. 내지제와 판심제가 모두 '千字文'이다. 이 책의 체재나 판식 또는 글씨가 『이해룡 천자문』과 함께 『석봉천자문』과 같아서, 간본 『석봉천자문』을 대본으로 하여 쓴 것으로 추정된다.

이 천자문을 쓴 김국표(金國杓)는 영조 시대에 활약하였던 무관의 사자관(寫字官)으로서 주로 승문원의 문서를 정서하는 일을 맡았으나, 무관으로 궁중의 호위를 맡던 충장위장(忠壯衛將, 정3품)(1743년), 창덕궁가위장(昌德宮假衛將, 1748년), 경복가위장(景福假衛將, 1749년), 경덕궁가위장(慶德宮假衛將, 1753년) 등을 지냈으며, 고성첨사(古城僉使, 1753년), 진해현감(鎭海縣監, 1757년), 명성첨사(免城僉使, 1763년), 서생첨사(西生僉使, 1766년), 원사자관별부사과(院寫字官別付司果, 1771년) 등을 지냈다. 원래 글씨를 잘 써서 그 당시의 주해천자문을 쓴 명필 홍성원과 함께 사자관으로서 큰 공로를 세웠다. 그러나 이러한 기록들은 승정원일기에만 보일 뿐, 조선왕조실록 등에는 보이지 않는다. 그래서 생몰연대는 알 수 없다. 북악 이해룡의 천자문처럼 글씨를 잘 썼던 무관이 천자문을 만든 것이다.

이 천자문을 썼던 1750년에는 김국표가 경복궁을 지키던 오위장(五衛長)이었을 때이다. 김국표는 이 천자문을 간본 석봉천자문을 대본으로 하여 쓴 것으로 추정된다. 왜냐하면 한자 석음이 석봉천자문과 매우 유사하기 때문이다. 다음에 1583년에 개간된 일본의 내각문고본 석봉천자문 초간본과 한자의 석음을 비교하여 보면 다음과 같다.

한자	석봉천자문 (내각문고본)	김국표서 천자문	출전
劍	갈 검	칼 검	3a
步	거름 보	거름 보	41b
鑑	거우루 감	거울 감	30a
茂	거츨 무	거츨 무	22b
誡	경곗 계	경계 계	30b
寥	괴오 료	괴요 료	31b
寂	괴오 적	괴요 적	31b
器	그릇 씌	그릇 긔	9a
晦	그믐 회	금믐 회	41a
高	노폴 고	노폴 고	22a
南	앒 남	남녁 남	28b
驚	놀날 경	놀랄 경	19a
說	니늘 셜	니를 셜	24a
謂	니늘 위	니를 위	42b
別	다늘 별	다룰 별	14b
殊	다늘 슈	다룰 슈	14b
垣	담 원	담 완	34a
戚	아옴 척	딜이 척	35a
場	맏 댱	맛 댱	6b
墳	무덤 분	므덤 분	20b
海	바라 히	바다 히	3b
效	본볼 효	본바들 효	8a
恥	붓그릴 티	붓그릴 티	30b
寓	브틸 우	브딜 우	34a
恒	샹녜 홍	샹녜 홍	26b
建	셸 건	셜 건	9b
同	오힌 동	오히 동	16a
畝	이럼 묘	이렁 묘	28b
夙	이늘 슉	이룰 슉	12a
廉	청렴 렴	청념 념	16b
懷	푸믈 회	프믈 회	15b
翠	프늘 취	프를 취	32b

216

分	눈홀 분	눈홀 분	16a
淡	물글 담	물글 담	3b
武	미올 무	미올 무	24a
履	불을 리	불을 리	11b
踐	불올 천	불올 천	25a
頗	ᄌᄆ 파	ᄌ모 파	25b
糟	ᄌ강 조	지강 조	35a
俠	씰 협	쀌 협	21b

그 차이는 주로 표기법상에서 보인다. 한자음의 변화는 '垣'의 한자음이 '원'에서 '완'으로 바뀐 것이 유일하다. 그리고 새김이 바뀐 것 중에 중요한 것으로는 '갈 검'(劍)이 '칼 검'으로, '아옴 척'(戚)이 '딜이 척'으로, '바라 히'(海)가 '바다 히'로, '본볼 효'(效)가 '본바들 효'로, '앏 남'(南)이 '남녁 남'으로, '거우루 감'(鑑)이 '거울 감'으로, 'ᄌ강 조'(糟)가 '지강 조'로 바뀐 정도의 차이가 보인다.

여기에 보이는 '딜이'는 '결이'의 오자로 보인다. '딜이'의 '딜'이 '결'의 오자로 보인다. 'ㄱ'의 가로획이 빠지고 '세로획'의 아랫부분이 줄어든 것이기 때문이다.

이 김국표서 천자문의 책 상태가 좋지 않아서 왼쪽 하단에 있는 한자의 한글 석음이 보이지 않아 붓으로 가필한 흔적이 보인다. 그래서 1장부터 7장까지의 왼쪽 하단에 있는 한자, 즉 '荒(거필 황), 昃(기울 책), 陽(볏 양), 雨(비 우), 光(빗 광), 柰(벗 내), 皇(닌금황), 字(글자 자), 湯(ᄯᅳ일 탕), 道(길 도), 王(님금 왕) 樹(나무 슈), 常(항상 상), 養(길우 양)'의 14자의 한글 석음은 원책의 한글 석음이 아니다.

다른 석봉천자문들과는 표기법의 차이가 주로 보이고, '본볼 효'(效)가 '본바들 효'로, '앏 남'(南)이 '남녁 남'으로, '거우루 감'(鑑)이 '거울 감'으로 바뀐 정도의 차이가 보인다. 2011년 국어사연구 제12호에 필자의 해제를 붙여 영인하였다.

〈김국표 서 천자문〉

3. 이무실 서 천자문(1735년, 1839년, 1857년, 1894년)

월성후인(月城后人) 이무실(李茂實, 1683년~1736년)이 쓴 글씨를 판하로 하여 간
행한 목판본이다. 모두 네 번 간행되었는데, 초간은 1735년에, 제2간은 1839년
에, 제3간은 1857년에, 그리고 제4간은 1894년에 간행되었다. 이러한 내용은
제4판의 책 끝에 '擁正十三年乙卯三月日 月城后人 李茂實書(옹정13년을묘3월일
월성후인 이무실서)', '道光十年庚寅四月日 孫基大曾孫孟新重刊(도광10년 경인 4월일
손기대증손맹신중간)', '咸豊七年丁巳三月日 五代孫芝秀三刊(함풍7년 정사3월일 오대
손지수삼간)', '光緒二十年甲午五月日 五代孫東珎四刊(광서20년갑오5월일 오대손동
진사간)'이라는 기록이 있어서 그것을 알 수 있다. 현재까지 초간본으로 알려
진 것은 경북대학교 도서관의 북재문고(北齋文庫, 구 남권희 교수 소장본)에 소장
되어 있고, 세 번째의 간본은 한국학중앙연구원의 장서각에, 그리고 제4간본

은 서울대 규장각 등에 소장되어 있다. 한국학중앙연구원 소장본은 구안춘근 소장본(舊安春根所藏本)인데 원본이 아니라 복사본으로 보인다. 매 한자에다가 한자의 순서를 적은 숫자를 써 놓았다. 그렇지만 세번째 간본의 원본 소장처 는 알 수 없다. 제2간본은 현존 유무도 알려져 있지 않다.

초간본은 대구 진명사의 이종소 씨 소장본(장영신 씨 구장본)도 있다. 책의 크 기는 36.1×25.0cm이고 반엽광곽의 크기는 23.0×20.7cm이다. 사주단변에 유계 에 4행 4자이다. 한자 아래에 한글로 석음을 달았을 뿐, 성조 표시 등은 없다. 판심제는 보이지 않고 내지의 책제는 '千字文'인데 '千字文' 아래에는 새김을 달지 않고 단지 한자음만을 한글로 써 놓았다. 이 책의 말미에는 '擁正十三年 乙卯三月日 月城后人 李茂實書(옹정13년을묘3월일 월성후인 이무실서)'란 간기는 보 이지 않고 후대본에서 복사해 놓은 간기가 붙어 있다. 표지에도 '乙卯三月日 月城后人 李茂實書(을묘3월 일 월성후인 이무실서)'란 필서가 보인다.

제2간은 이기대(李基大)라는 증손이, 제3간은 5대손 이지수(李芝秀, 1829년~ 1867년)가, 제4간은 5대손 이동진(李東珍, 1836년~1905년)이 간행한 것이다. 월성 (月城) 이씨(李氏)의 후손들이다. 제4간본의 첫장에 '月城李氏世寶(월성이씨세보)' 라는 인장이 있어서 그것을 알 수 있다. 모두 경북 대구가 생활 근거지이었던 사람들이지만 특히 대구 지역어를 반영한 석음은 보이지 않는다.[6] 오히려 매 우 보수적인 석음을 보인다. 구개음화도 반영되어 나타나지 않으며 방언형도 보이지 않는다. 초간본(1735년)의 몇 예를 보인다.

力 힘 녁〈8b〉	務 힘쓸 무〈2b〉	仁 어딜 인〈12b〉
傍 겻 방〈14b〉	囊 주머니 낭〈25b〉	更 고틸 깅〈18b〉
壁 바름 벽〈16a〉	深 깁플 심〈9a〉	用 뻐 용〈19b〉
知 알 디〈6a〉	稅 구실 셰〈21b〉	筆 붇 필〈29b〉

---

6 이 천자문의 편자인 이무실과 간행자인 후손들에 대한 정보는 손희하(2020) 참조.

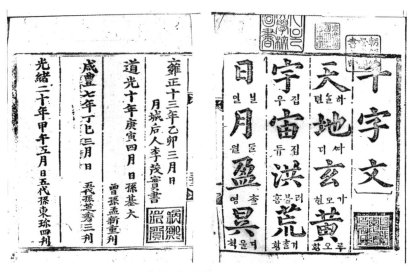

〈이무실 서 천자문 4간본〉

초간본과 제3간본, 4간본은 이무실이 쓴 한자는 그대로 두고 한글로 쓰인 석음은 모두 달라서 복각을 한 것이 아님을 알 수 있다. 제3간본인 1857년에 간행된 이무실 천자문이 한글석음에서 큰 차이가 난다. 다음에 초간본, 3간본, 4간본 중에서 표기법의 차이가 아닌, 새김이나 한자음에 차이가 나는 것들을 찾아 비교해서 표로 보이도록 한다.

출전	한자	초간본(1735년)	제3간본(1857년)	제4간본(1894년)
03a	翔	늘애 샹	늘 샹	늘 샹
04a	唐	당국 당	대당 당	당국 당
08b	嚴	엄흘 엄	싁싁흘 엄	싁싁흘 엄
12b	仁	어딜 인	클 인	클 인
13b	物	것 믈	만물 믈	만물 물
14b	靈	녕흘 녕	녕흘 녕	어딜 령
15a	席	즈리 셕	돗 셕	돗 셕
15b	通	통흘 통	스무출 통	스무출 통
16b	兵	병마 병	군사 병	군사 병

17a	實	열미 실	여믈 실	열매 실
17b	碑	비 비	비 비	비석 비
18a	匡	바울 광	고틸 광	고틸 광
20a	百	일빅 빅	온 빅	온 빅
21a	農	농스 농	녀름지을 롱	녀름지을 농
22b	勅	졍게 칙	뎡히홀 틱	다스릴 칙
24a	沈	즘길 침	드믈 팀	즘길 침
24b	條	올리 됴	올 됴	기지 됴
25a	落	써러질 낙	떨 낙	떨 낙
27a	帷	댱막 유	댱 유	댱 유
30a	並	아울 병	굴올 병	굴올 병
30b	催	지촉 최	빈알 최	빈알 최
32a	也	입깃 야	입겻 야	입깃 야

4. 홍성원 서 천자문(주해천자문 초간본)(1752년)

정조시대에 사자관(寫字官)과 영부사과(永付司果)를 지냈던 홍성원(洪聖源)의 글씨를 판하로 하여 출간한 책인데, 책명은 '주해천자문(註解千字文)'이다. 『주해천자문』의 초간본이다. 이 책의 끝에 '崇禎百二十五年 壬申冬註解于龜谷精舍 上護軍南陽洪聖源書 南漢開元寺開版(숭정125년 임신동주해우귀곡정사 상호군남양홍성원서 남한개원사개판)'이란 간기가 있어서 이 책이 1752年에 개원사(開元寺)에서 개간되었음을 알 수 있다.

홍성원의 주해천자문은 1804년에 나온 홍태운의 주해천자문의 저본이다. 홍태운은 홍성원의 주해천자문을 토대로 하여 더 보완하여 간행한 것이다. 따라서 홍성원의 주해천자문과 한글로 쓴 석음은 하나도 차이가 없다.

주해천자문은 우리나라에서 천자문에 복수주석을 달아 놓은 최초의 천자문이다. 지금까지는 대부분의 학자들이 1804년에 간행된 홍태운의 주해천자문이 우리나라 최초의 복수주석을 달아 놓은 천자문으로 알고 있으나, 그것은 홍성원의 주해천자문을 살피지 못한 탓이다. 왜냐하면 홍성원의 주해천자문은 홍태운의 주해천자문에 비해 책이 매우 귀해서 흔히 발견할 수 없기 때문이다. 혹 발견한다고 해도 대부분의 책들이 선본이 없어서 판독이 쉽지 않기 때문이다.

이 복수주석에 대해서 이 책의 내제(內題) 아랫 부분에 세주(細註)로 다음과 같이 기술하고 있어서, 그 의도를 알 수 있다.

每字釋解 主本句文義 次書別義 標以又字 本義在後 則標以本字 本句亦不可無解 故略註於逐行下

(매 글자의 풀이에서는 본구의 문의를 주로 하고 다음에 별의(別義)를 쓰되 '又'자로 표하였다. 본의가 뒤에 있으면 '本'字로 표하였다. 본구(本句)도 또한 풀이가 없어서는 안되므로 간략한 주를 줄 아래에 붙였다)

그리고 성조의 차이로 의미가 달라지는 문제도 언급하였다.

又以圈點別四聲 上聲則圈 去聲則點 平入聲則否 一義二聲則細註其一

(또한 원점으로 사성을 구별하였다. 상성은 군(圈)으로, 거성은 점으로 표시하였으며, 평성과 입성은 표시하지 않았다. 한 의미가 두 개의 성조가 있는 것은 그중 하나를 세밀히 주석을 붙였다)

이 홍성원의 주해천자문은 한자 또는 한문으로 된 주석문이 있음이 특징이다. 예를 몇 개 들어 보도록 한다. 4a 부분만 예시한다.

鱗 비늘 린 魚甲
潛 줌길 첨 藏也 (本)첨슈 셤 漢別水名
羽 짓 우 鳥長毛 (又)鳥翅 (又)五音之一

翔 ᄂᆞᆯ 샹 廻飛

龍 미르 룡 鱗蟲之長

師 벼슬 ᄉᆞ 官師 (本)스승 ᄉᆞ 人之模範 (又) 군ᄉᆞ ᄉᆞ 師旅 (又) 卦名

火 블 화 南方行 (本)火炎

帝 님금 뎨 帝王 (又) 샹뎨 뎨 天之主宰

鳥 새 됴 羽禽總名

官 벼슬 관 職也 公也

人 사룸 인 倮蟲之長

皇 님금 황 有天下者之通稱 (본) 클 황 大也 (又)아름다올 황 美也

　이러한 주석 방법은 훈몽자회에서나 볼 수 있었던 것인데, 천자문에서도 이러한 형식이 취해진 것이다. 훈몽자회에서는 위의 한자에 대한 주석을 다음과 같이 하고 있어서 그 형식이 동일함을 알 수 있다. 훈몽자회 예산본에서의 주석을 보이면 다음과 같다.

鱗 비늘 린 魚甲 (下2a)

潛 ᄌᆞᆷ골 ᄌᆞᆷ 藏也 水伏流曰潛 (下2a)

羽 짓 우 鳥毛 (下1b)

翔 봄올 샹 詩翶翔 (下3b)

龍 미르 룡 〈上10b〉

師 스승 ᄉᆞ 又官兵師又衆也 〈上17b〉

火 블 화 〈下15a〉

帝 님굼 뎨 〈中 1a〉

鳥 새 됴 飛禽總名 常時曰鳥胎卵曰禽 〈下2a〉

官 구의 관 又有職者曰官人 〈中4b〉

人 사룸 신 〈下 1b〉

皇 님굼 황 〈中1a〉

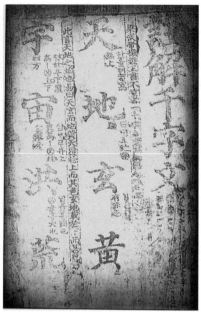

〈홍성원의 주해천자문〉

이 주해천자문에 보이는 복수 주석은 많게는 5개까지도 있다. 그 예를 몇 개
씩 들어 보인다.

① 5개

解 〈31a〉 그를 기, 풀 기, 알 히, 초시 기, 흐틀 히

行 〈9b〉 길 힝, 닐 힝, 힝실 힝, 줄 항, 무리 항

當 〈11b〉 맛당 당, 마즐 당, 쥬홀 당, 던당 당, 밋 당

經 〈21a〉 글월 경, 늘 경, 덧덧홀 경, 디날 경, 목밀 경

敦 〈29a〉 도타올 돈, 조을 퇴, 모돌 단, 사길 됴, 그릇 디

矜 〈41b〉 닷글 긍, 슬플 긍, 쟈랑 긍, 창 근, 홀아비 관

224

② 4개

　　蓋 〈7a〉 대개 개, 더플 개, 갑가 갑, 고을 합

　　難 〈9a〉 어려울 난, 환난 난, 논란 난, 성흘 나

　　京 〈18a〉 셔울 경, 클 경, 두던 경, ㄱ틀 결

　　更 〈24b〉 굴ㅁ들일 경, 고칠 경, 다시 깅, 경 경

　　碣 〈27b〉 갈셕 갈, 비셕 갈, 비셕게, 비셕걸

　　昆 〈27b〉 뭇 곤, 나종 곤, 즘승 곤, 혼론 혼

　　皐 〈31a〉 언덕 고, 나올 고, 부를 호, 소리ㄱ을 고

　　이전의 천자문에서는 한자에 단수 주석을 달다가 후대에 이처럼 복수 주석을 다는 방법을 택한 것은 한자 학습자의 요구도 있었겠지만, 이것이 가능했던 것은 한자의 성조에 대한 인식이 적어진 데에도 있다고 생각된다. 성조의 차이에 의해 의미구별이 이루어질 때에는 표준 석음을 달다가 성조 차이가 사라지면서 그 한자와 관계된 모든 석음을 다 표기한 것으로 해석되기 때문이다.

　　이러한 복수 주석은 후에 한자 자전이나 옥편을 편찬할 때 매우 유용한 정보를 제공해 주었다고 할 수 있다. 이러한 복수 주석이 이 주해천자문을 일반인들이 가장 선호하게 만든 요인이라고 할 수 있다.

　　홍성원의 주해천자문은 지금까지 다른 곳에서 간행한 예를 찾을 수 없었으나, 필자가 최근에 삽교의 개인 수장가인 권혁송 씨의 소장본 속에서 새로운 간기를 가진 문헌을 발견할 수 있었다. 그 책은 본문은 원판의 판목을 그대로 이용하였고 마지막 간기 부분의 '남한개원사개판(南漢開元寺開版)' 부분을 '전라감영개판(全羅監營開板)'으로 고친 것이다. 따라서 본문의 내용에는 차이가 하나도 없다.

〈전라감영 개판 홍성원의 주해천자문〉

5. 홍태운 서 천자문(주해천자문 중간본)(1804년)

주해천자문의 중간본은 정조 때의 명필인 홍태운(洪泰運)의 글씨를 판하로 하여 1804년에 목판본으로 간행한 책이다. 책의 끝에 '南陽洪泰運書 崇禎百七十七季甲子秋 京城廣通坊新刊(남양홍태운서 숭정177 계갑자추 경성광통방신간)'이란 간기가 있다. 책의 크기는 27.1×20.0cm이고 책광은 24.4×17.1cm이다. 사주단변에 판심어미는 상백어미인데, 간혹 상흑어미도 보인다. 3행 4자로 되어 있다. 판심제는 '千字文'이다. 홍성원의 천자문을 신증(新增)한 것이다. 이러한 사실은 이 책을 홍성원의 『주해천자문』과 비교해 보아도 알 수 있지만, 책의 말미에 있는 '篆與字音淸濁及小註竝新增(전여자음청탁급소주병신증)'이란 기록에서도 잘 알 수 있다. 즉 이 책에서는 홍성원의 주해천자문에 전서자를 덧붙이고 글자의 청탁음과 소주(小註)를 덧붙인 것이다. 그것을 그림으로 확인하도록 한다. □ 친 부분이 보완한 부분이다.

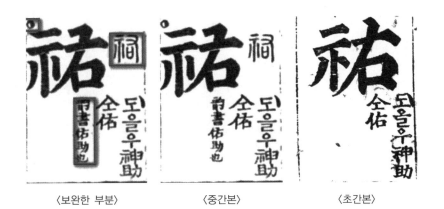

| 〈보완한 부분〉 | 〈중간본〉 | 〈초간본〉 |

초간본과 중간본을 비교하여 보면 '祐'자의 왼쪽 위에 ◑ 표시가 청탁을 표시한 것이고, 오른쪽 위의 것이 '祐'자의 전서이며, 아래쪽 가운데의 '韻書佑助也(운서우조야)'가 소주(小註)이다. 전청은 ○, 차청은 ◑, 불청불탁은 ◗, 전탁은 ● 로 표시하였다.

특히 홍태운(洪泰運)은 한자뿐만 아니라 한글 글씨에도 능해서 이 당시의 각종 언해본은 홍태운의 글씨를 판하로 하여 간행한 문헌이 많다. 불암사(佛嚴寺)에서 간행된 각종의 불경언해나 도교 관련 언해본들은 홍태운의 글씨를 판하로 하여 간행되었는데, 이 한글 서체는 오늘날의 돋움체(고딕체)의 시초가 되었다고 할 수 있다. 홍태운의 글씨를 판하로 하여 간행한 목판본 중 한문본은 불암사에서 간행한 불설대보부모은중경(佛說大報父母恩重經)(1795년), 불설대승무량수장엄경(佛說大乘無量壽莊嚴經)(1795년), 불설장수멸죄호제동자다라니경(佛說長壽滅罪護諸童子陀羅尼經)(1796년) 등이 있고 한글본은 경신록언석(敬信錄諺釋)(1796년), 전설인과곡(奠說因果曲)(1794년), 참선곡(參禪曲)(1794년), 권선곡(勸禪曲)(1795년), 수선곡(修善曲)(1794년) 등이 있다.

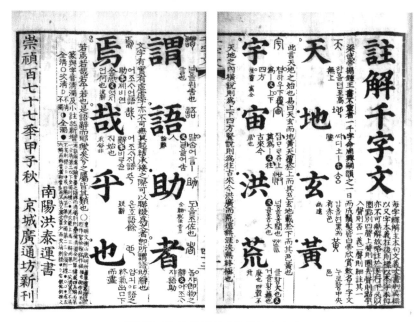

〈홍태운 서 천자문〉(주해천자문 중간본)

　홍태운의『주해천자문』은 그 이후에도 수없이 많이 간행되었다.『석봉천
자문』보다도 더 많은 독자가 형성되었던 것으로 추정된다. 그것은 각종 서포
(書鋪)에서 방각본이 나오면서 이 주해천자문이 계속 간행되었던 것에서 알 수
있다. 어느 책은 뒤의 간기를 그대로 달아 출판하는가 하면 어느 책은 그 간기
만 떼어 버리고 간행하기도 하였으며, 오늘날에도 천자문을 배우는 사람들의
교재로 사용되고 있기도 하다.
　홍태운의 중간본 주해천자문은 1973년에 단국대 동양학연구소에서 필자
의 소장본을 저본으로 하여 광주천자문, 석봉천자문 내각문고본과 함께 영인
하였다.

6. 송계 서 천자문(1865년)

송계 서 천자문(松溪 書 千字文)은 책의 앞에 '乙丑季秋松溪書(을축계추송계서)'라는 기록이 있는 목판본이다. 국립중앙도서관 소장본(古朝41-58-8)에는 뒤에 판권지가 붙어 있는데, '大正六年 八月十日 發行'이라고 되어 있고 인쇄겸발행소는 전주의 칠서방(七書房)으로 되어 있어서 1917년에 전주의 칠서방에서 간행한 것으로 되어 있으나, '을축년(乙丑年)'은 1917년 이후의 을축년이 될 수 없으므로 그 이전의 을축년인 1865년으로 추정된다. 표기법이나 판식 등이 그러하다. 송계(松溪)란 호를 가진 사람이 누구인지는 알 수 없다. 송계란 호를 가진 사람이 너무 많아서 '송계'가 누구인지는 지정하기가 어렵다.

이 책의 크기는 29.5×20.2cm이고 반엽광곽의 크기는 21.0×17.5cm이다. 사주단변에 계선이 없이 4행 4자이다. 표지와 내지의 책 제목과 판심제가 모두 '千字文'이다. 판심어미는 상흑어미이다. 필자의 소장본에는 뒤의 판권지가 없다.

이 책은 후지모도(藤本幸夫) 교수가 궁내청서릉부(宮內廳書陵部) 소장본을 『조선학보』 98집(1980년)에 색인과 함께 영인하여 소개하였다. 그리고 『조선학보』 94집에 그 서지를 소개하였다. 후지모도 교수는 이 책을 18세기 문헌으로 보았지만 표기법 등으로 보아 19세기로 보는 것이 바람직하다. 특히 천자문의 마지막 자인 '也'의 새김이 '잇기'로 나타나는 시기가 19세기인 점에서 그러하다.

이 송계 서 천자문은 한글 석음에서 특징적인 예가 거의 없다. '侈'가 '샤치 치'인데 '샤치 샤(17a)로 잘못 되어 있으며, '嘯'는 새김이 없이 그 음만 '쇼'로 되어 있다(29b). 몇 가지 특징 있는 석음으로는 몇 가지를 들 수 있다.

幸 괴일 힝 〈23b〉   戶 민호 호 〈16b〉   姑 아즈미 고 〈12a〉

城 셩 셩 〈20b〉   分 분수 분 〈12b〉   傳 옴길 젼 〈8a〉

〈松溪書 千字文〉

7. 절첩본 천자문(16세기)

제책된 것이 아니라 절첩 형식으로 남아 있는 목판본 천자문이 있다. 국립한글박물관 소장본이다. 모두 9장만 남아 있다. 큰 글씨로 한자가 쓰이어 있고 그 아래에 매우 작은 글씨로 한글 석음을 달아 놓았다. 이 천자문은 '滅 뻘멸'에서 보는 바와 같이 어두합용병서로 ㅽ이 보일 뿐만 아니라 그 새김 또한 16세기의 석봉천자문과 거의 동일하다. 따라서 16세기의 간본으로 추정할 수 있다.

2행 4자이어서 모두 144개의 한자가 남아 있는 셈이다. 그러나 한글 석음을 판별할 수 있는 한자는 138개이다. 이 중에서 초간본 석봉천자문과 그 석음이 다른 것은 10개뿐이고 나머지는 모두 동일하다. 그 차이 나는 것을 보이면 다음과 같다.

230

한자	절첩본 천자문	석봉천자문(초간본)
駭	놀날 히	놀랄 히
飫	슬믈 어	슬믤어
頗	즈모 파	즈믄 파
賊	도적 적	도죽 적
盜	도적 도	도죽 도
用	뼤 용	뻐용
烹	슬믈 핑	슬믈 핑
渭	위수 위	위슈 위
叛	반홀 반	빅반 반

〈절첩본 천자문〉

8. 병자판 천자문(1696년)

병자판(丙子板) 천자문은 1696년에 간행된 천자문으로서, 일본의 대마역사
민속자료관(對馬歷史民俗資料館) 소장본이다. 책의 끝에 '丙子三月于(병자3월우)'
의 간기가 있다. 이것의 '于(우)'는 '刊(간)'의 오각(誤刻)으로 보인다. 1987년에 최
세화 교수가 고성판(固城板) 훈몽자회와 함께 태학사에서 해제를 붙여 영인본
을 내어서 세상에 널리 알려지게 되었다. 책의 크기는 30.0×20.6㎝이고 사주
단변에 유계로 4행 4자로 되어 있다. 반엽광곽의 크기는 21.2×16.6㎝이며 판
심어미는 상백구하단흑구 상내향이엽화문어미 등으로 되어 있다. 책 제목 없
이 본문인 '天地玄黃'으로 시작된다. 이 문헌에는 한글 석음이 없는 한자도 보
인다(壹, 4b) 마찬가지로 새김이 없고 음만 달려 있는 한자도 보인다(歸, 귀, 4b).

새김은 대체로 한자어로 바뀌고 있는 모습을 볼 수 있다. 거의 동일 시기에
간행된 석봉천자문(신미하중간본)(1691년)과 비교하여 보면 다음과 같은 한자들
이 고유어 새김에서 한자어 새김으로 바뀐 것을 볼 수 있다.

한자	석봉천자문(신미하중간본)		병자판 천자문	
	출전	석음	출전	석음
育	05b	칠 육	4b	양휵 휵
行	09b	녈 힝	07a	힝실 힝
節	16b	ᄆᄃᆡ 졀	12b	졀목 졀
墳	20b	무덤 분	15b	분져 분
冠	22a	곳갈 관	16b	관ᄃᆡ 관
茂	22b	거츨 무	17a	무셩 무
富	22b	가ᄋᆞ멸 부	17a	부홀 부
策	22b	막대 칙	17a	모칙 칙
匡	23b	고틸 광	18a	광뎡 광
武	24a	믜올 무	18a	호반 무
密	24b	빅빅ᄒᆞᆯ 밀	18b	쥬밀 밀
煩	25b	어즈리울 번	19a	번거 번

弊	25b	히여딜 폐	19a	폐홀 폐
漠	26a	아득홀 막	19b	막븍 막
百	26b	온 빅	20a	일빅 빅
勅	29b	정히홀 틱	22a	틱녕 틱
索	31b	노 삭	23b	고요 삭
閑	31b	겨르 한	23b	한거 한
的	32b	마줄 덕	24b	즈의 덕
輶	34a	가비야올 유	34a	수리 유
戚	35a	아음 척	26b	권당 척
紛	39b	어즈러올 분	30a	분요 분
孤	42a	외로올 고	31b	고독 고
陋	42a	디러올 루	31b	폐루 루
操	17b	자볼 조	13b	절조 조

뿐만 아니라 새김에서도 어휘상에서 석봉천자문과 차이가 있는 것들이 있다. 그 차이를 역시 석봉천자문(신미하중간본)과 차이가 나는 것을 보이면 다음과 같다.

한자	석봉천자문(신미하중간본)		병자판 천자문	
	출전	석음	출전	석음
丙	19b	남녁 병	14b	믇 병
亡	39a	업슬 망	29a	주글 망
仁	16b	클 인	12b	클 인
則	11b	법측 측	08b	곧 즉
勅	29b	정히홀 틱	22a	틱녕 틱
同	16a	오힌 동	12a	흔가지 동
寔	24b	잇 식	18b	클 식
嶽	26b	묏부리 악	20a	뫼 악
性	17a	셩 셩	13a	쳔성 셩
王	06a	님금 왕	04b	긔즈 왕
碑	23a	빗 비	17a	비셕 비
秦	26b	진국 진	20a	나라 진

稼	28a	곡식시믈 가	21a	시믈 가
穡	28a	곡식거풀 식	21a	거돌 싴
罔	08b	업슬 망	06b	거즌 망
鬱	18b	덥써츨 울	14a	울홀 울
累	32a	더러일 류	24a	띠 루
索	31b	노 삭	23b	고요 삭

이 천자문에서 가장 눈여겨 보아야 할 것은 '王'의 새김이 '긔ᄌ 왕'이라는 사실이다. 이 새김은 광주천자문에서만 보이는 것이어서 이 병자판 천자문이 광주 지역어를 반영한 천자문일 것이라는 최세화 교수의 주장을 뒷받침해 준다.

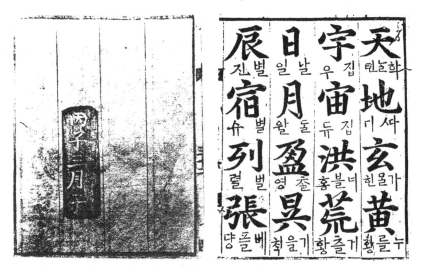

〈병자판 천자문〉

9. 지볼트의 천자문(1833년)

지볼트의 천자문은 독일계 네델란드 의사인 지볼트(Phillip Franz Jonkheer Balthasar von Siebold, 1796년~1866년)가 편찬하여 1833년에 라이덴(Leiden)에서 석인

본으로 간행한 천자문이다.

이 책은 6행 10자로 되어 있는데, 천자문의 한자 아래에 한글로 석음을 달고 오른쪽에는 가타카나로 일본음을, 그리고 왼쪽에는 역시 가타카나로 일본어 새김을 달았다.

이 천자문은 지볼트의 중국인 비서인 곽성장(郭成章)의 도움을 받아 라틴어의 서문을 붙여 간행하였는데, 아마도 여기에 쓰인 한글도 곽성장이 쓴 것으로 추정된다. 한자에는 잘못 쓴 것이 없는데, 한글 표기에는 잘못 쓴 것이 많다. 그래서 한국어 연구 자료로서는 거의 도움을 받을 수 없다. 예컨대 '黃'의 '누루 황'을 '누루 황'으로 하여 'ㅎ'을 'ㅎ'으로 썼고, '荒'의 '거츨 황'을 '거츰 황'으로 잘못 썼을 뿐만 아니라 '成'의 '이룰 셩'을 '이 셰'로, '雲'의 '구룸 운'이 '구 운'으로 '露'의 '이슬 로'가 '이 로' 등처럼 3음절에서 두번째 음절을 빠뜨리고 있다. 그런데 흥미로운 것은 이 천자문의 영역(英譯)에서는 이들 새김을 빠뜨리지 않고 쓰고 있다는 점이다. 몇 예를 들면 다음과 같다.

한자	한글 주석	영어 번역
秋	ᄀ 츄	kă-ŭl
收	거 슈	kŏtŭr
冬	거 동	kjŭ-ù
藏	갈 장	karmŭr
閏	구 윤	pŭrŭr
餘	나 여	namăr
成	이 셰	irŭr
歲	힛 셰	hăis
呂	법 녀	păp-tsŭk

이 천자문을 간행할 때에는 잘못 써서 표기하였지만, 영역을 할 때에는 지볼트가 가지고 있던 원문을 참고하였을 것으로 보인다.

이 천자문은 필자가 자료를 볼 수 없었다. 단지 고영근(1989)의 기술과 여기에 붙은 서영만을 보고 간략히 기술한 것이다.

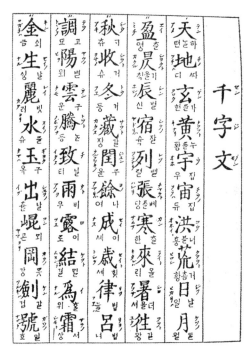

〈지볼트의 천자문〉

10. 주해천자문(1866년)

주해천자문(註解千字文)은 1866년에 목판본으로 간행된 천자문이다. 책의 말미에 '同治五年柔兆攝提格棽審哉生魄(동치5년유조섭제격유성성재생백)'이란 기록이 보여서 이 책이 1866년에 간행되었음을 알 수 있다. 그 앞 행에는 '南陽洪泰運書(남양홍태운서)'란 기록이 있다. 책의 크기가 26.0×19.7㎝이고 반엽광곽의 크기는 22.8×17.1㎝이다. 1804년에 간행된 주해천자문 중간본을 따라 간행된 것이지만, 그 판식은 많이 다르다. 사주단변에 판심어미는 상하이엽화문어미이다. 판심제는 판심어미 위에 '註解千字(주해천자)'라고 쓰이어 있다. 4행 4자로 되어 있는데, 첫 장의 책 제목 '註解千字文(주해천자문)'의 다음 행에 '梁周

236

興嗣撰(양주홍사찬)'이란 글이 있다. 제목 아래의 설명이나 세주로 써 내려간 4자 성구에 대한 설명이나 모두 1804년에 홍태운이 편찬한 주해천자문과 동일하다. 그러나 각 한자 사이를 구분하여 한 한자에 대해 세로로 3구분하여 놓고 첫 행에는 해서체 한자를 써 놓고 그 아래에 한글로 석음을 달고, 그 아래에 한문으로 된 부가설명을 써 넣었다. 홍태운의 주해천자문에 보이던 복수 주석 중에서 가장 앞에 등장하는 한글 석음은 한자 아래에 적어 놓았지만, 다음에 보이는 석음은 한글 석음이 있는 그 다음 줄에 적어 놓았다. 한자의 왼쪽 위에 성조를 표시한 것도 동일하다. 그러나 홍태운의 주해천자문에 보이던 한자의 전서체는 없다. 한자는 홍태운이 쓴 것이지만 나머지 글씨는 다른 사람이 쓴 것이다. 홍태운의 주해천자문과 이 주해천자문의 차이를 보이면 다음과 같다.

〈1866년판 주해천자문〉　　　　〈1804년판 주해천자문〉

'呂'에 대한 한자 자석도 달라져서 홍태운의 주해천자문에서는 '곡됴료'와 '등마른려'만 있는데 비해 1866년판 주해천자문에서는 기본 석음이 '법측녀'가 되고, 복수주석으로 '곡됴료, 등ㅁ루려'로 되어 있다. 필자의 소장본이다. 그러나 간기가 없는 동일한 책이 프랑스 동양언어문화학교에 소장되어 있다(도서번호 Cor-1.434).

〈주해천자문〉(1866년)

11. 목판본 천자문 1(19세기)

19세기에 1책의 목판본으로 간행된 것으로 추정되는 천자문이 프랑스 동양언어문화학교에 소장되어 있다.

책제는 '千字文(천자문)'이고 그 다음 행에 '周興嗣撰(주흥사찬)'이 쓰이어 있다. 간기가 보이지 않아 간행연도는 알 수 없으나 표기법 등으로 보아 19세기 말로 보인다. 사주단변에 판심어미는 상이엽화문어미이고 판심제는 없다. 모두 32장이다. 4행 4자이며, 자형과 한글 석음만 적혀 있는 가장 단순한 천자문이다.

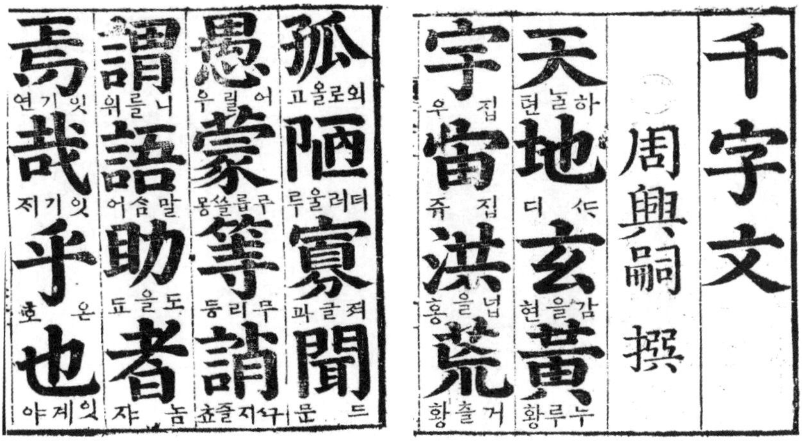

〈천자문(프랑스 동양언어문화학교 소장본1)〉

12. 목판본 천자문 2(19세기)

19세기에 1책의 목판본으로 간행된 것으로 추정되는 천자문이 프랑스 동양언어문화학교에 소장되어 있다(Cor-1,420). 간기도 없을 뿐만 아니라 이 책에 대한 아무런 정보도 없다. 사주단변에 4행 4장이다. 판심어미는 상하이엽화문어미이고 판심제는 '千字文'이다. 매우 단순한 형태의 천자문이다. 이 책은 20세기 이전의 책이 틀림없다. 어두에 합용병서는 ㅅ 계밖에 쓰이지 않고, /ɛ/의 표기에 주로 'ㅐ'보다는 'ㆎ'를 주로 사용하는 점 등으로 볼 때 19세기 중기 정도의 문헌으로 추정된다.

앞의 동양언어문화학교 소장의 천자문과는 한글 새김에서 표기상의 차이를 보인다(앞의 것이 목판본 천자문1이고 뒤의 것이 목판본천자문 2이다).

地	ᄯᅡ 디	싸 디
洪	너불 홍	넙을 홍
來	올 내	올 릭

〈천자문〉(프랑스 동양언어문화학교 소장본2)

13. 화림재장판 주해천자문(1905년)

1905년 창녕의 화림재(華林齋)에서 목판본으로 홍태운의 주해천자문을 다시 간행한 것이다. 책의 말미에 성돈호(成敦鎬)가 쓴 지문(識文)이 있다. 이 지문에 의하면 경성 광통방에서 주해천자문을 간행한 것이 102년이 지나서 구해보기가 힘들어 다시 간행한다는 글이 있다. 홍태운의 주해천자문을 복각한 것이다. 책의 말미에 '光武乙巳秋新刊 昌寧華林齋藏板(광무을사추신간 창녕화림재장판)'이란 간기가 있다.

책의 크기는 30.5×20.5cm이고 반엽광곽의 크기는 23.8×16.6cm이다. 사주단변에 3행 4자인데 계선이 있다. 판심어미는 주로 상흑어미인데, 상이엽화문어미도 보인다. 홍태운의 주해천자문에 있는 '南陽洪泰運書와 崇禎百七十七季甲子秋 京城廣通坊新刊(南陽洪泰運書와 숭정177계갑자추 경성광통방신간)'이 있었던 공간은 1804년판의 마지막 부분에 있는 내용의 글자를 크게 하여 그 공간을 채웠다. 따라서 내용상에는 변화가 없다. 영남대학교 도서관 소장본이다.

〈화림재장판 끝부분〉

〈홍태운의 주해천자문 끝부분〉

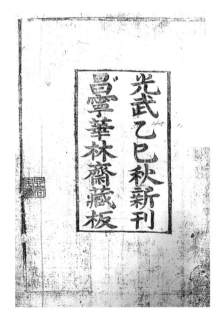

〈화림재장판본 주해천자문 간기〉

14. 조선어법급회화서의 천자문(1917년)

1917년에 조선총독부에서 편찬하여 발간한 『조선어법급회화서(朝鮮語法及會話書)』의 끝에 실려 있는 천자문이다. 이 책은 서울 및 인근에서 사용되는 조선어를 표준으로 하여 편찬한 조선어 학습서인데, 특히 일본인들을 대상으로 조선어를 가르치기 위한 목적으로 편찬한 것이다. 여기에 '천자문'을 부록으로 첨가시킨 것이다.

책의 판권지에는 '大正六年六月十五日 發行(대정 6년 6월 15일 발행)'으로 되어 있고, 발행처는 조선총독부이다. 이 책에는 한글 철자법과 일본 문법 기술 방식으로 쓰인 조선어 문법 지식과 회화 및 용례들이 기술되어 있는데, 부록으로 천자문이 들어 있다.

한자 아래에 한글로 그 석음을 달아 놓았다. 오른쪽에는 그 새김을, 왼쪽에는 그 음을 적어 놓았다. 'ㆍ'가 쓰이고 합용병서도 사용하고 있다. 地 ᄯᅡ 디 (23) 醎 � 함 (25) 拱 ᄭᅩᆲ 공 (26) 이 책은 규장각 등에 소장되어 있다.

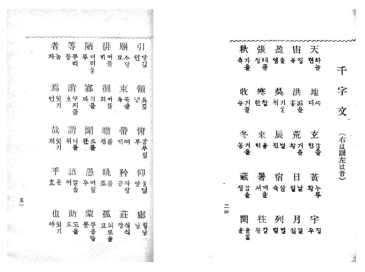

〈조선어법급회화서의 천자문〉

242

제7장 사찰간본 천자문

천자문은 사찰에서도 많이 간행되었다. 그 천자문들을 소개하면 다음과 같다.

	문헌	간행연대	판종	소장처
1	수다사판 천자문	1652년	목판(판목 현존)	통도사 성보박물관
2	칠장사판 천자문	1661년	목판(판목 현존)	칠장사
3	흥국사판 천자문	1665년	목판(판목 현존)	흥국사
4	파계사판 천자문	1668년	목판(판목 현존)	파계사
5	용문사판 천자문	17세기	목판	유탁일 교수
6	청계사판 천자문	17세기	목판(판목 현존)	청계사
7	영봉사판 천자문	17~18세기	목판(판목 현존)	영봉사
8	송광사판 천자문	1730년	목판(판목 현존)	송광사
9	개원사판 천자문	1752년	목판	곳곳
10	화방사판 천자문	19세기	목판(판목 소실)	유탁일 교수
11	안심사판 천자문	1932년	목판	연세대

지금까지 필자가 조사한 사찰판 천자문의 목록 이외에 다른 사찰판이 있을 수 있을 것으로 생각된다. 예컨대 전남의 선암사(仙巖寺)에는 유합(類合)의 판목만이 남아 있는데, 아마도 '천자문'과 함께 간행되었을 것으로 보이지만, 천자문은 보이지 않는다.

1. 수다사판 천자문(1652년)

이 천자문은 그 판목이 현재까지 경북 김천시(金泉市) 황악산 직지사(直指寺) 성보박물관(聖保博物館)에 소장되어 있으나, 원래는 구미(龜尾) 무을면 상송리에 있는 수다사(水多寺)에 전해 내려 오던 것을 이곳 박물관으로 옮겨 놓은 것이다. 판목으로만 전할 뿐 성보박물관에서도 쇄출본으로도 가지고 있지 않다. 필자는 이 판목을 촬영한 사진으로만 확인하였을 뿐이다.[7] 이 책은 '歲次 壬辰暮春日開刊(세차임진모춘일개간)'이라는 간기를 가지고 있다. 임진년(壬辰年)을 1652년으로 추정하는 것은 1661년에 질장사(七長寺)에서 간행된 천자문과 한자의 자형에서부터 판형에 이르기까지 너무 유사하고, 칠장사판과 비교하여 보면 그보다는 앞서기 때문에, 임진년을 칠장사판보다 앞선 1652년으로 추정하는 것이다. 반엽광곽의 크기는 17.8×17.3㎝이며 사주단변에 유계로 4행 4자이다. 판심어미는 상하내향이엽화문어미이고 판심제는 '千'이다. 책 제목인 '千字文'에도 한글 석음이 달려 있다. 현재 수다사판에는 1653년에 새긴 유합의 판목도 동시에 전하고 있다.

---

7 이 사진을 제공해 주신 남권희 교수께 감사를 드린다.

〈수다사판 천자문 판목〉

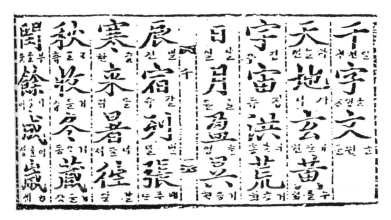

〈수다사판 천자문(쇄출)〉[8]

　이 수다사판 천자문은 1661년에 칠장사에서 간행한 천자문과 매우 유사한
석음을 보이고 있다. 이 수다사판 천자문을 칠장사에서 그대로 찍은 것인지
아니면 사찰에서 사용하는 한자의 석음이 일정한 표준적인 요소를 가지고 있
었는지는 더 연구를 요하는 문제이다.

　칠장사판과 한글 석음을 비교하여 보면 대부분 일치하고 몇 곳에서 차이를
보일 뿐이다.

---

8 이 서영은 朴相國 편저(1987), p.293에서 가져 온 것이다.

한자	수다사판	칠장사판	장차
令	어딜 령	어딜 녕	10a
伯	묻 빅	뭇 빅	11b
侍	뫼실 시	모실 시	27a
匪	아닐 비	이즐 비	13a
南	앒 남	압 남	21b
吹	불 츄	불 취	15a
宜	맛쌍 의	마쌍 이	10a

2. 칠장사판 천자문(1661년)

　칠장사판(七長寺板) 『천자문』은 1661년에 천자문에 석음을 달아 칠장사에서 개간한 책으로 현재 경기도 안성군 칠장사(七長寺)에 『유합(類合)』과 함께 그 판목이 보존되어 있다. 목판본 1책이다. 책의 말미에 '順治十八年 留于私板(순치 18년류우사판)'이라는 간기가 있어서 1661년에 간행되었음을 알 수 있다. '유우사판(留于私板)'이라고 했으니 아마도 어느 문중 또는 사가(私家)에서 판각한 것을 보관이 쉽지 않아 칠장사에 보관한 것일 가능성이 높다. 장판각을 마련하기가 쉽지 않았기 때문일 것이다.

　반엽광곽의 크기는 17.2×16.9㎝이고 사주단변에 판심어미는 상하내향이 엽화문어미이지만 상어미만 있고 하어미는 없는 것도 있다. 판심제는 '千'이다. 내지 제목은 '千字文(천자문)'인데 여기에는 새김은 없고 한자음만 쓰이어 있다. 4행 4자로 모두 32장이다.

　새김은 없고 음만 달려 있는 한자도 보인다. '正'(7b)이 그러하다. 필자가 1984년 7월 20일에 칠장사에 가서 쇄출할 때 살펴본 결과, 판목에서 그 석이 달려 있는 부분을 깎은 흔적이 보이지 않아 원래부터 석을 달지 않은 것으로 생각된다. 이 칠장사판 『천자문』의 석음에 나타나는 표기법을 보면 앞에서 언급한 수다사판 천자문과 매우 유사하며 또한 송광사판(松廣寺板) 『천자문』과도 대동소이하다. 칠장사판 천자문 판목은 지금도 남아 있지만, 그 판목으로 쇄출한 쇄출본들을 검토해 보면 획과 점의 많은 마모가 발견된다. 수다사판과 몇 개만 비교해 보아도 그러한 사실을 잘 알 수 있다.

한자	출전	칠장사판	수다사판
始	03b	비르슬 시	비르슬 시
宜	10a	마쌍 이	맛쌍 의
仕	10b	버슬 스	벼슬 스
傍	14b	깃 방	겻 방
尹	17b	믄 윤	믄 윤
妾	26b	칩 첩	첩 첩
嚬	30b	빙긜 빙	뻥긜 빈

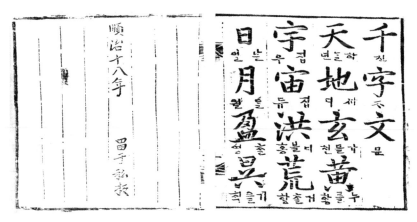

〈칠장사판 천자문〉

3. 흥국사판 천자문(1665년)

전남 여수 흥국사(興國寺)에서 간행한 천자문으로 현재 그 판목이 그 사찰에 남아 있다. 이 판목으로 쇄출한 적이 없어서, 판목을 촬영한 형태로 확인할 수밖에 없었다.[9] 끝에 '乙巳季春 學敏書 訓私板(을사계춘 학민서 훈사판)'이란 간기가 있어서, 학민(學敏)이 쓴 천자문을 간행한 것인데, 흥국사에서 간행한 것인지는 알 수 없다. '훈사판(訓私板)'의 기록으로 보아 사가에서 간행한 것을 이 사찰에서 보관하고 있었던 것일 가능성도 있다. 학민이 누구인지는 알 수 없으나 학민이란 이름이 법명일 것 같아서 승려인 것으로 보인다. 이 흥국사에 소장되어 있는 유합도 학민이 쓴 것이어서 천자문과 유합 모두 한 사람의 글씨를 판하로 하여 간행한 것이다.

을사년(乙巳年)이 어느 해인지에 대해서는 이 사찰에서 간행되고 또 판목으로 남아 있는『예수십왕생칠재의찬요(預修十王生七齋儀纂要)』의 간기가 '康熙四年乙巳五月日(강희 4년 을사5월일)'로 되어 있어서 이 천자문도 1665년을 간년으로 추정할 수 있다. 판목은 매우 깨끗한 편이며, 이전에는 간기가 새겨져 있는 판목까지 완전히 갖추고 있었던 것으로 보이는데, 2008년 현재는 7개의 판목이 없는 형편이다(5a, 5b, 6a, 6b, 17a, 17b, 18a, 18b, 28a, 28b, 31a, 31b, 32a). 다른 사찰판에 비해 한자의 서체가 전혀 다르다.

반엽광곽의 크기는 19.0×16.0㎝이고 사주단변에 유계로 판심어미는 상하내향흑어미이다. 판심제는 '千'이고 4행 4자이다. 이 흥국사에는 유합의 판목도 소장하고 있는데, 이 유합의 판하도 학민이 쓴 것이다.

수다사판 천자문과 비교를 하여 보면 다음과 같은 차이들이 보인다.

한자	수다사판	흥국사판	장차
力	힘 녁	심 녁	08b
列	벌 녈	벌 열	01a
務	힘쓸 무	리블 무	21a
別	다룰 별	다늘 별	11a
伏	굿쌜 복	굿볼 복	04b
匪	아닐 비	이즐 비	12b
城	자 성	잣 성	20b

---

9 이 사진 자료를 제공해 주신 황용주 선생께 감사의 말씀을 드린다.

云	니를 운	니를 운	20a
再	다시 지	두 지	28a
制	지을 제	질을 제	03b
初	처암 초	처엄 초	10a

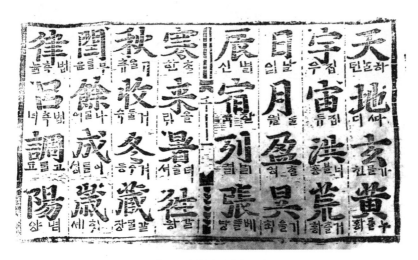

〈흥국사판 천자문〉(앞부분)

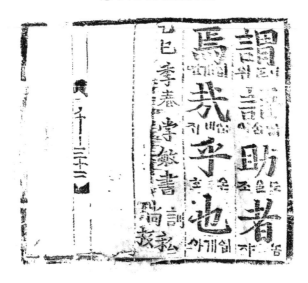

〈흥국사판 천자문〉(끝부분)

〈흥국사판 천자문 판목〉

4. 파계사판 천자문(1668년)

경북 대구의 파계사(把溪寺)에서 간행한 천자문으로 그 판목이 남아 있다. 권말 간기에 '戊申三月日 金縶書 李相國泰淵命靈空刻(무신3월일 김계서 이상국태연명령공각)'이란 기록이 있다. 판서자(板書者)와 각수(刻手) 이름까지 제시되어 있어서 매우 특이한 천자문이다. 이태연(李泰淵, 1615년~1669년)의 생몰연대를 따져 '무신년(戊申年)'을 1668년으로 추정하고 있다. 반엽광곽의 크기는 27.0×23.0㎝이고 사주단변에 유계로 3행 4자이며 판심어미는 내향흑어미이다. 이 판목으로 쇄출한 천자문은 아직 보이지 않는다. 필자는 이 판목을 촬영한 자료를 이용하였다.[10]

이 천자문 중에서 몇 가지 석음을 보이도록 한다.

어딜 령(令)〈13a〉	심 녁(力)〈11b〉	대당 당(唐)〈5a〉
짓아비 부(夫))〈15a〉	버러딜 됴(彫)〈33a〉	나 일(日)〈1b〉
온 빅(百)〈26b〉	블을 쳔(踐)〈25a〉	오래 문(門)〈27a〉

---

10 이 판목을 촬영한 자료는 남권희 교수로부터 받은 것이다. 거듭 감사의 말씀을 드린다.

<파계사판 천자문 판목>

5. 용문사판 천자문(17세기 말~18세기 초)

이 천자문은 경남 용문사(龍門寺)에서 개간한 천자문이다. 필자는 고 유탁일 교수로부터 그 복사본을 받아 조사하였기 때문에 책의 크기는 알 수 없다. 반 엽광곽의 크기는 17.2×17.0cm이다. 사주단변에 유계로 4행 4자의 판식을 가지고 있다. 대흑구에 상하내향이엽화문어미에 곳에 따라 상사엽화문어미도 보인다. 듣기에는 이전에 이 판목이 소장되어 있었으나 화재로 소실된 것으로 알려져 있다. 다행히 소실되기 이전에 쇄출해 놓은 것이 있어서, 그 모습을 확

인할 수 있다. 강희년간(康熙年間)에 간행된 천자문으로 고 유탁일(柳鐸一) 교수
가 쇄출한 자료인데, 마지막 장의 끝에 '康熙(강희)'라는 두 글자가 희미하게 보
인다. 칠장사판 천자문과 매우 유사한 모습을 보인다. 표지에 '千字文'이라는
책명 아래에 '용문사판(龍門寺板)'이라는 유탁일 교수의 묵서가 있다. 유탁일
교수가 직접 쇄출한 것이어서 이 기록이 신빙성이 있는 것으로 생각하고 이
책에 대해 기술하도록 한다. 강희년이 1662년~1722년이라서 대체로 17세기
말에서 18세기 초의 자료로 보인다.

　K 구개음화도 보이며, 역구개음화 표기도 보인다.

　제집 녀(女)⟨6a⟩, 딥 우(宇)⟨1a⟩, 딥 듀(宙)⟨1a⟩

　'ㅇ'이 'ㅿ'처럼 쓰이어서 혼동하기 쉬우나 이것은 표기상의 문제가 아니라
서체상의 문제이다.

　ᄀᆞ슬 튜(秋)⟨1b⟩, 거두술 슈(收)⟨1b⟩ 베플 쟝(張)⟨1b⟩

　위의 'ᄀᆞ슬'과 '거두술'과 '쟝'은 모두 '가을'과 '거두울'과 '장'을 표기한 것이다.

⟨용문사판 천자문⟩

6. 청계사판 천자문(17세기)

관악산(冠岳山)의 청계사(淸溪寺)에 그 판목이 남아 있는 천자문이다. 뒤에 발문이 있으나 12 장만 남아 있는 낙장본이다. '보권 근발(普勸 謹跋)'로 끝나는 발문에는 간기가 기록되어 있지 않다. 표기법 등으로 보아 17세기의 간본으로 파악된다. 반엽광곽의 크기는 22.0×16.0㎝이고 사주단변에 판심어미는 상하 내향반월어미이다. 유계에 4행 4자로 되어 있고 판심제는 '千字文(천자문)'이다. 모두 32장이지만, 현재 남아 있는 판목은 1, 2, 7, 8, 9, 10, 27, 28, 29, 30, 31, 32장의 12장뿐이다. 내지 제목인 '千字文(천자문)'에도 한글 석음이 달려 있다. 필자는 단국대학교 국어국문학과에서 쇄출해 온 자료를 이용하고 있다.

焉, 哉, 也가 각각 '입계 언, 입계 지, 입계 야'인 것을 보면 16세기에서 17세기에 간행된 문헌으로 보이지만 어말자음으로 ㄷ 이 쓰인 점(麗 빛날 려, 柰 멀 내, 表 밭 표 등)과 구개음화가 일어나지 않은 점(惡 모딜 악, 珍 보비 딘 등)으로 보아 17세기의 간본으로 보는 것이 합리적이라고 생각한다.

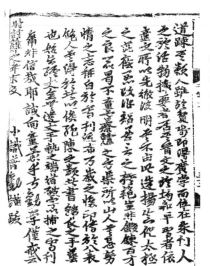

〈청계사판 천자문〉

7. 영봉사판 천자문(1701년)

전남 영봉사(靈鳳寺)에서 개간한 천자문인데, 현재는 전남 곡성의 도림사(道林寺)에 그 판목이 소장되어 있다. 전체가 아닌 15판만 소장되어 있는 것으로 알려져 있다. 권말에 '辛巳年孟春日 福川地靈鳳開板(신사년맹춘일 복천지영봉개판)'이란 간기가 있다. 반엽광곽의 크기는 18.7×15.6㎝이고 사주단변에 유계로 4행 4자로 되어 있다. 판심어미는 상하내향흑어미이고 판심제는 없다. 여기의 '신사년(辛巳年)'은 1701년으로 추정하고 있다. 이것은 도림사에 소장되어 있는 유합이 1709년에 간행된 사실로 이렇게 추정할 수 있다. 또한 도림사에 소장되어 있는 판목을 조사하여서도 알 수 있다(안미경, 2004, p.119). 판목 중 19, 20장이 없는 것으로 보고되어 있다. 필자는 고 유탁일 교수가 제공해 준 쇄출자료를 통해 그 판목이 있음은 확인할 수 있었으나 직접 조사할 기회가 없어서, 이전의 보고를 토대로 기술하였다.

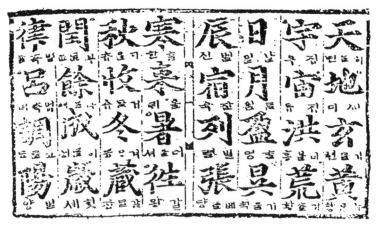

〈영봉사판 천자문〉[11]

---

11 이 서영은 朴相國 편저(1987), 『全國寺刹所藏木板集』, 文化財管理局, p.222에서 가져온 것이다.

254

8. 송광사판 천자문(1730년)

송광사판(松廣寺版) 천자문은 1730년(영조 6년)에 전남 순천(順天)의 송광사(松廣寺)에서 1책의 목판본으로 간행해낸 천자문이다. 현재 송광사에 그 판목이 보존되어 있는 이 천자문은 책의 말미에 '雍正八年九月日順天曹溪山松廣寺開刊 老刻卓梅見學願心後日傳布(옹정8년9월일순천조계산송광사개간 노각탁매견학원심후일전포)'란 기록이 있어서 1730년에 개간되었음을 알 수 있다. 사주단변에 반엽광곽의 크기는 세로 18.2㎝, 가로 15.4㎝인데 유계에 4행 4자로 되어 있다. 판심어미는 상하내향이엽화문어미, 상하내향흑어미, 무어미들이 섞여 있고 판심제는 '千'이다. 그러나 어미가 없는 제23장-30장에는 판심제도 없다. 모두 32장이다.

이 송광사판『천자문』을『석봉천자문』과 비교하여 보면 그 음과 석이 서로 유사함을 알 수 있다.

그 특징적인 석음을 다른『천자문』과 비교하여 보도록 한다. 이러한 비교를 통하여 이 송광사판『천자문』의 위치를 알아보도록 한다.

천자문 번호	한자	송광사판 천자문	광주 천자문	내각문고석봉 천자문	신미하중간 석봉천자문	갑술중간석 봉천자문	주해천자문 초간본
23	冬	겨ᅌᅮ동	겨ᅳ동		겨ᅌᅮ동	겨ᅌᅮ동	겨울동
28	歲	힛셰	힛셰	힛셰	힛셰	힛셰	힋셰
29	律	법측뉼	법뿔률	법측뉼	법측뉼	법측뉼	곡됴률
65	海	바라히	바다히	바라히	바라히	바다히	바다히
68	淡	물글담	물글담	물글담	물글담	물글담	승거울담
104	湯	쓸흘탕	더올탕	쓸흘탕	쓸흘탕	쓸흘탕	탕슈탕
144	方	모방	못방	모방	모방	모방	방소방
215	表	받표	밧표	받표	받표	받표	밧표
216	正	졍흘졍	못졍	졍흘졍	졍흘졍	졍흘졍	바를졍
228	積	사홀젹	물젹	사홀젹	사홀젹	사홀젹	싸홀젹
239	是	잇시	이시	잇시	잇시	잇시	이시

250	當	맛쌍당	반득당	맛쌍당	맛쌍당	맛쌍당	맛당당
259	履	불올리	불올리	불올리	불을리	불불니	ᄇᆞᆯ릴리
320	詠	으플영	이플영	으플영	으플영	으플영	을플영
397	逐	또츨튝	조츨튝	또츨튝	또츨튝	또츨튝	조츨츅
453	鼓	갓붑고	붑고	갓붑고	갓붑고	갓붑고	틀고
494	俠	띨협	길협	씰협	띨협	띨협	씰협
557	說	니를셜	니를셜	니늘셜	니를셜	니를셜	깃글열
595	頗	ᄌᆞ모파	ᄌᆞ모파	ᄌᆞ모파	ᄌᆞ모파	ᄌᆞ모파	ᄌᆞᆺ파
977	束	뭇슬속	뭇속	뭇슬속	뭇슬속	뭇글속	묵글속
980	莊	춤될장	수밀쟝	춤될장	춤될장	춤될장	싁싁홀장
987	寡	쟈글과	홀어미과	쟈글과	쟈글과	쟈글과	져글과
992	幽	구지줄쵸	수훙쵸	구지줄쵸	구지줄쵸	구지줄쵸	ᄭᅮ지줄쵸
997	焉	입겻언	입겻언	입겻언	입겻언	입겻언	어조ᄉᆞ언
1000	也	입겻야	입겻야	입겻야	입겻야	입겻야	입긔야

위의 표를 통해 보면 이 송광사판『천자문』은『석봉천자문』과 동궤의 것임을 알 수 있다. 그것도 특히 신미하중간본의『석봉천자문』과 거의 일치함을 알 수 있다. 그러나 이 송광사판『천자문』이 신미하중간본의『석봉천자문』과 동일하다면 그 가치는 없어진다. 송광사판『천자문』이 부분적으로 전라남도 방언을 반영하고 있기 때문에 이『천자문』이 문헌적 가치를 가지는 것이다.

k 구개음화의 예가 보인다(진 쟝(長, 6b)), 'ㆍ'가 순자음(脣子音) 아래에서 'ㅗ'로 변한 예를 볼 수 있는데 이것은 현대 전남방언에서도 확인되는 현상이다(몰글딩(澄, 9b)). 이 송광사판『천자문』을 통해서 전남방언에서 순자음 아래에서 'ㆍ'가 'ㅗ'로 변화한 시기와, 어말자음군 ㄼ 중 자음 앞에서나 단독으로 사용될 때 ㅂ만 발음되기 시작한 시기가 적어도 1730년 당대이거나 그 이전일 것이라는 귀중한 암시를 받을 수 있는 것이다.

또한 이 송광사판『천자문』이 신미하중간본을 따른 것이고 갑술중간본과는 그 석에 있어서 큰 차이가 없다는 사실을 통하여 갑술중간본의 간기를 추정할 수 있게 한다. 즉 갑술중간본은 1754년(영조 30년)에 간행되었다는 설과

1814년(순조 14년)에 간행되었다는 두 가지 설이 있으나 송광사판과 유사하고 또 송광사판이 1730년에 간행되었다는, 간기가 뚜렷한 점으로 미루어 보아, 갑술중간본의『석봉천자문』은 1754년에 간행되었을 것으로 추정되는 것이다. 이 천자문은 손희하 교수의 해제를 붙여 1993년에 태학사에서 영인한 적이 있다. 전국 도서관에 소장되어 있는데, 필자는 고 황패강 교수가 직접 쇄출해 온 자료를 이용하였다.

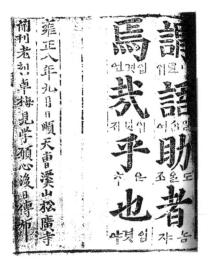

〈송광사판 천자문〉

9. 개원사판 천자문(1752년)

개원사판(開元寺板) 천자문은 주해천자문(註解千字文) 초판을 말한다. 이에 대해서는 이미 앞에서 언급하였다.

10. 화방사판 천자문(19세기)

이 천자문은 경남 남해(南海)의 화방사(花芳寺)에 그 판목이 보관되어 있는 천자문이다. 천자문 전체의 판목이 남아 있는데, 필자는 아직 조사할 수 없었다. 단지 조사 보고서의 내용을 참조로 하여 몇 가지를 기술할 수 밖에 없다. 반엽 광곽의 크기는 17.5×17.3㎝로 거의 정사각형의 판식을 지니고 있다. 사주단변에 유계로 4행 4자이다. 판심제는 '千'이고 판심어미는 상하내향반월(半月)어미이다. 모두 32장으로 간기는 보이지 않는다. 그러나 19세기의 자료로 추정된다.

〈화방사판 천자문〉[12]

11. 안심사판 천자문(1932년)

전주의 안심사(安心寺)에 있는 판목으로 쇄출하여 1932년에 만해(萬海) 한용

---

12 이 서영은 朴相國 편저(1987), p.461에서 가져 온 것이다.

운(韓龍雲)이 편찬하여 불교사에서 간행하여 낸 천자문이다. 뒤의 판권지에 '全羅北道全州郡安心寺藏板(전라북도전주군안심사장판)'이라는 내용으로 보아 그 것을 알 수 있는데, 이 천자문은 다른 천자문과는 달리 한 행에 4자의 한자를 배열하지 않고 6자씩 배열하여 놓은 천자문이라서, 어느 소개서에서는 6자본 이라고 하였으나, 그것은 판권지가 붙어 있지 않은 문헌을 보았기 때문이다. 책판이 매우 낡아서 한글로 쓴 석음을 판독하기 어려운 형편이다. 한국전쟁 때, 보관하고 있던 658판의 판목이 불타면서 이 판목도 불에 타버린 것으로 보 이는데, 천자문 판목은 18세기의 것으로 추정된다. 매우 많은 쇄출을 해서인 지 매우 낡은 것을 알 수 있다. 서울대학교 규장각, 국립중앙도서관과 일본 동 경대학 오구라문고, 연세대학교 도서관 등에 소장되어 있으며 모두 17장인데 사주단변에 책의 크기는 31.2×21.2㎝이고 반엽광곽의 크기는 21.0×18.2㎝이 며 유계에 5행6자로 되어 있다. 판심어미는 일정하지 않다. 표제는 '千字文'이 고 판심제는 '千字'이다. 그리고 서근제(書根題)도 '千字文(천자문)'이다. 발행일 은 '昭和七年十二月十四日(소화 7년(1932) 12월14일)'로 되어 있고 발행처는 '全羅 北道全州郡安心寺藏板 佛敎社 韓龍雲 發行(전라북도 전주군 안심사장판 불교사 한용 운 발행)'으로 되어 있다. 인쇄는 선광인쇄주식회사(鮮光印刷株式會社)에서 했다.

사찰판 천자문은 그 판식이 대부분 대동소이하다. 4자성구로 되어 있기 때 문에 각 천자문이 행수는 달라도 자수는 모두 4자이다. 그래서 사찰에서 개간 한 천자문들은 모두 4자씩이다. 특히 4행 4자가 대부분이다. 개원사판의 주해 천자문과 파계사판 천자문만이 3행 4자이고, 수다사, 칠장사, 흥국사, 영봉사, 화방사, 송광사, 용문사, 청계사판이 모두 4행 4자이다. 안심사판 천자문이 5 행 6자인데, 이것은 방각본의 부류에 속해서 경비를 줄이려는 목적으로 이루 어진 것으로 보인다. 광주천자문이나 석봉천자문은 거의 모두 3행 4자이다. 후대의 천자문류들은 대개 이 부류에 속한다. 다른 한자 학습서들, 예컨대 유 합이나 훈몽자회들은 이 4자 원칙을 고집하지 않는다. 오히려 6자들이 많아 진다. 이것은 한자 학습의 효율을 높이기 위한 방편이라고 생각한다. 한자를 하나하나의 낱자로도 배우지만, '天地玄黃'처럼 한 한자성구로도 배우기 때문이다.

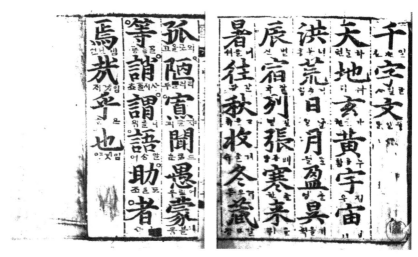

〈안심사판 천자문〉

마찬가지로 사찰판 천자문들은 한자에 대한 한글 석음도 대개 일정하게 고정되어 있는 것처럼 보인다. 대부분 표기상의 차이를 보일 뿐, 어휘상의 차이를 보이는 것은 극히 일부이다. 다음에 어휘상으로 차이가 나는 석음을 수다사판, 칠장사판, 흥국사판, 파계사판 천자문들을 비교하여 보면 그 차이가 그리 크지 않다는 사실을 알 수 있을 것이다.

한자	수다사판(1652년)	칠장사판(1661년)	흥국사판(1665년)	파계사판(1668년)
軻	술위 가	술의 가	가위 가	술위 가
當	맛짱 당	맛짱 당	맛짱 당	맛당 당
道	길 도	길 드	도리 도	길 도
力	힘 녁	힘 녁	심 녁	심 녁
宣	필 션	펼 션	베플 션	베플 션
瑟	비화 슬	비화 슬	비화 슬	비파 슬

詩	글 시	글 시	글월 시	글 시
再	다시 지	다시 지	두 직	두 직
宰	버힐 지	버흐 지	버흐 지	버힐 지
制	지을 제	질을 졔	질을 졔	지을 졔
處	곧 쳐	곳 쳐	곧 쳐	곳 쳐
表	받 표	받 표	받 표	밧 표
筆	붓 필	붓 필	붇 필	붓 필
華	빗날 화	빗날 화	빈날 화	빗날 화

천자문이 현재도 그 판목들이 사찰에 소장되어 있는 이유는 대개 다음과 같은 이유에 기인할 것으로 이해된다.

① 승려들은 한문으로 된 불경(佛經)이나 법어(法語) 등을 읽어야 되기 때문에, 이를 위해 사찰 자체 내에서 한자 교육을 시키기 위해 천자문이나 유합을 간행하였을 것으로 이해된다.

② 천자문을 간행하고자 하는 개인이 각판에 능한 승려들에게 의뢰하여 판각을 하여 그 판목이 사찰에 남아 있을 수 있다. 천자문에 각수명(刻手名)이 남아 있는 것은 사찰판뿐이라는 사실도 이러한 추정을 할 수 있게 한다.

③ 개인이나 문중에서 천자문을 사찰에 의뢰하여 판각한 후에 장판각(藏板閣)이 없어서 보관이 어려워 판목을 보관할 수 있는 장판각을 마련하기 쉬운 사찰에 맡기는 경우가 있을 수 있다.

이 사찰 간본 천자문은 다른 천자문에 비해 특징적인 요소가 있는데, 그것을 들어 보면 다음과 같다.

① 사찰 간본은 주흥사 천자문만 존재한다. 이것은 사찰간본이 주흥사 천자문 이외의 천자문이 나오기 이전에 간행되었기 때문일 것이다.

② 사찰 간본은 해서체(楷書體) 천자문만 존재한다. 즉 초서 등으로 간행된 사찰본은 아직 발견되지 않고 있는데, 이것은 사찰에서 승려들이 천자문을 한자를 이해하는 데에 주로 이용하였음을 말해 준다.

③ 사찰 간본 천자문은 대부분 유합(類合)과 함께 간행되었다. 이것은 앞에

서 언급한 바와 같이 사찰에서 불경을 이해하기 위하여 한자를 교육하기 위해 천자문을 간행하였기 때문인 것으로 이해된다.

④지방 사찰본이 많아서 그것을 간행한 사찰이 있는 지역의 지역어를 반영한 것이 있다. 송광사판 천자문 등이 그러하다.

⑤사찰판 천자문에는 성조(聲調) 표시를 한 것이 없다. 이것은 사찰에서 한문을 이해하는 데에만 필요하고 한문으로 시를 쓰거나 하는 일은 필요가 없었기 때문일 것이다.

⑥복수 석음을 달아 놓은 천자문이 없다. 이처럼 복수 석음이 없는 것은 복수 석음을 달기 시작한 18세기 말 이전에 주로 이루어졌기 때문으로 해석된다.

⑦한자에 석음이 달려 있지 않은 것도 흔히 있는데, 이것은 주로 빈도가 높은 한자거나 또는 이미 잘 알 수 있는 한자에 주로 나타난다. 이러한 것은 소위 동승(童僧)과 같은 어린이가 천자문을 본 것이 아니라 승려들이 보았기 때문인 것으로 이해된다.

제8장 방각본 천자문

19세기 중반 이후부터 20세기 중반까지 천자문은 봇물 터지듯 간행되었다. 특히 20세기 10년대부터 30년대에는 우리나라의 거의 모든 출판사에서 천자문을 간행해 내었다고 해도 과언이 아니다. 필자가 조사하고 자료를 확보한 방각본 천자문의 목록을 들면 다음과 같다.

	문헌	간행연대	간기 및 발행처
1	주해천자문	1849년	기유계동완산신간(己酉季冬完山新刊)
2	천자문	1855년	을묘납월완산신간판(乙卯臘月完山新刊板)
3	천자문	1858년	무오맹동완산신판(戊午孟冬完山新板)
4	천자문	1858년	무오모춘완산양동신간(戊午暮春完山養洞新刊)
5	천자문	1862년	행곡신간(杏谷新刊)
6	천자문	1867년	정묘맹하완산신판(丁卯孟夏完山新板)
7	천자문	1884년	세갑신맹추완산개간(歲甲申孟秋完山改刊)
8	천자문	1898년	무술맹하서내신간(戊戌孟夏西內新刊)
9	천자문	19세기	효교신간(孝橋新刊)
10	천자문	19세기	홍수동판(紅樹洞板)
11	천자문	19세기	무교신간(武橋新刊)
12	천자문	1905년	을사계동완산신간(乙巳季冬完山新刊)
13	천자문	1911년	서계서포(西溪書鋪)
14	천자문	1913년	신구서림(新舊書林)
15	주해천자문	1913년	재전당서포(在田堂書鋪)
16	천자문	1915년	지물서책상(紙物書冊商)
17	천자문	1916년	한남서림(翰南書林)
18	천자문	1916년	홍수당(弘壽堂)
19	주해천자문	1917년	한남서림(漢南書林)

20	천자문	1917년	박문서관(博文書館)
21	천자문	1919년	천일서관(天一書館)
22	천자문	1923년	신안서림(新安書林)
23	천자문	1923년	창신서관(昌新書館)
24	천자문(4행 4자본)	1926년	광안서관(廣安書館)
25	천자문(6행 4자본)	1926년	광안서관(廣安書館)
26	천자문	1928년	대창서원, 보급서관(大昌書院, 普及書館)
27	천자문	1930년	최웅렬서점(崔雄烈書店)
28	천자문	1931년	최성운상점(崔聖運商店)
29	천자문	1934년	우주서림(宇宙書林)
30	천자문	1935년	삼성서림(三成書林)
31	천자문	1945년	중앙출판사(中央出版社)
32	주석천자문	1947년	문명사(文明社)
33	천자문	1936년 이전	신구서림(新舊書林)

1. 기유계동완산신간의 주해천자문(1849년)

책의 말미에 기유계동완산신간(己酉季冬完山新刊)의 간기가 있는 주해천자문은 1849년에 전주에서 1책의 목판본으로 간행한 주해천자문이다. 간기의 기유년(己酉年)은 1849년으로 추정된다. 책의 크기는 26.5×18.5cm이고 반엽광곽의 크기는 22.3×16.9cm이다. 사주단변에 4행 4자이고 판심어미는 상하내향흑어미이다. 내지의 책명은 '註解千字文(주해천자문)'이고 판심제는 '註解千字(주해천자)'인데, 상어미의 위에 쓰이어 있다.

책의 내제인 '註解千字文(주해천자문)'의 아래에 다음과 같은 기록이 있다.

'每字釋解主本句文義 次書別義 標以又字 本義在後 則標以本字 本句亦不可無解 故略註於逐行下 又以圈點別四聲 上聲則圈 去聲則點 平入聲則否 一義二聲則細註其一'(매 글자의 석해(釋解)는 본구(本句)의 문의(文義)를 주로 삼았고 다음에 별의(別義)를 쓰되 '又'자를 가지고 표를 하였다. 본의가 뒤에 있을 때에는 본

자(本字)로 표를 하였다. 또한 권점으로서 사성을 구별하였다. 상성은 권(圈)으로, 거성은 점(點)으로 표시하였으며, 평성과 입성은 표시하지 않았다. 한 의미를 가지면서 두 개의 성조가 있는 것은 그 하나를 세밀히 주석하였다.)

그러나 이 책에서는 이 원칙에 따르지 않고 있다. 즉 본구(本句)에 따라 본의(本義)를 적기로 하였지만, 실제로는 그렇지 않다. 예를 몇 개 들어 보면 다음과 같다.

한자	1804년 주해천자문(홍태운)	출전	1849년 주해천자문
宇	첨하 우	1a	집 우
宙	집무른 쥬	1a	집 쥬
荒	클 황 大也 又 거츨 황	1a	거츨 황
辰	별 신	1b	별 진
宿	별 슈, 잘 슉, 본듸 슉	1b	잘 슈, 별 슈, 본듸 슉
列	벌 렬	1b	벌 녈

위의 내용은 1804년에 홍태운이 편찬해 간행한 주해천자문의 내용을 그대로 이용한 것이다. 필자의 소장본이다.

내지 책명 다음 행에는 '梁周興嗣撰(양주흥사찬)'이란 글이 쓰이어 있고, 다음 행부터 한자의 석음과 주석이 나온다. 홍태운이 편찬한 주해천자문과 기유계 동완산신간의 주해천자문은 내용은 동일하지만 홍태운의 주해천자문에 보이던 전서자(篆書字)는 보이지 않는다. 한자 아래에 한글로 석음을 쓰고 그 아래의 칸에 한자의 주석을 붙이고 있다. 그 차이를 보이면 다음과 같다.

〈홍태운 주해천자문〉

〈완산신간 주해천자문〉

〈기유계동완산신간 주해천자문〉

2. 을묘납월완산신간의 주해천자문(1855년)

을묘납월완산신간(乙卯臘月完山新刊)의 간기를 가진 주해천자문은 1855년에
전주에서 간행한 주해천자문이다. 책의 말미에 '乙卯臘月完山新刊(을묘납월완
산신간)'의 간기가 있다. 여기의 을묘(乙卯)는 1855년으로 추정된다. 이러한 판
식의 주해천자문이 그 당시에 유행하던 판식이기 때문이다. 책의 크기는
27.3×19.4㎝이고 반엽광곽의 크기는 22.0×17.2㎝이다. 사주단변에 4행 4자이
고 판심어미는 상하내향흑구어미이다. 판심제는 '註解千字(주해천자)'이다. '註
解千字文(주해천자문)'이란 제목 다음에 '梁周興嗣撰(양주흥사찬)'이란 글이 있다.
한국학중앙연구원 소장본이다.

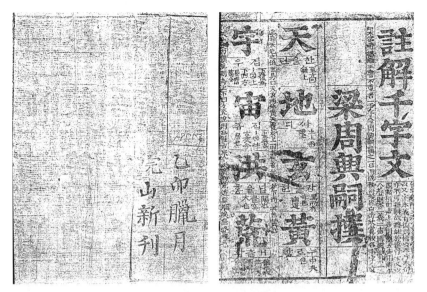

〈을묘납월완산신간 주해천자문〉

그런데 이 책은 1916년에 전주의 다가서포에서 다시 간행한 적이 있다. 판권지에 '大正五年十月八日 發行(대정 5년 10월 8일 발행) / 發行所 多佳書鋪(발행소 다가서포)"라고 되어 있다. 새 판으로 다시 간행한 것으로 보기에는 책의 상태가 좋지 않은 것으로 보아 옛날 판목을 다시 사용한 것으로 보인다.

3. 무오맹동완산신판의 천자문(1858년)

무오맹동완산신판(戊午孟冬完山新板)의 천자문은 책의 말미에 '戊午孟冬完山新板(무오맹동완산신판)'이란 간기를 가지고 있는 목판본 천자문이다. 전북 전주에서 간행된 책이다. 책의 크기는 26.0×20.7㎝이고 책 제목은 '千字文'이다. 반엽광곽의 크기는 20.4×17.8㎝로 사주단변에 유계에 4행 4자로 되어 있다. 판심은 상하내향흑어미와 상하내향이엽화문어미가 섞여 있고, 판심제는 '千

字文'이다. 본문 첫면의 오른쪽 첫째 줄에 '양주흥사제(梁周興嗣製)'라는 글씨가 전서체로 쓰이어 있고 둘째 줄에 책 제목인 '千字文'이 있으며 셋째줄부터 '天地玄黃'의 본문이 시작된다. 모두 32장이다. 간기의 무오년은 1858년으로 추정된다. ㅅ 계 합용병서가 주로 쓰이고 ㅂ 계 합용병서는 '쁠 용(用)(19b)'의 한 예에만 나타난다. 꺼질 멸(滅, 19a), 짜 지(地, 1a), 쌔힐 츄(抽, 24b), 쪽 남(藍, 27b). 필자의 소장본이다.

〈무오맹동완산신판 천자문〉

4. 무오모춘완산양동신간의 천자문(1858년)

무오모춘완산양동신간(戊午暮春完山養洞新刊)의 천자문은 책말미에 '歲在戊午暮春完山養洞新刊(세재무오모춘완산양동신간)'이란 간기를 가진 목판본이다. 앞의 무오맹동완산신판 천자문과 함께 같은 해에 전주에서 간행한 책이다. 책의 크기는 24.0×19.3cm이고 책 제목은 '千字文(천자문)'이다. 반엽광곽의 크기는 20.0×16.6㎝로 사주단변에 유계에 4행 4자로 되어 있다. 판심은 상하내향흑어미이고 판심제는 '千字文(천자문)'이다. 본문 첫째 줄에 전서체로 '梁周興嗣製(양주흥사제)'라고 쓰이어 있다. 모두 32장이다. 간기에 보이는 무오년은 1858년으로 추정된다. 앞의 무오맹동완산신판 천자문과 동일한 판식을 가지고 있고, 또한 한자 서체도 거의 동일해서 언뜻 보면 같은 책을 복각하지 않았나 하고 의심할 정도로 유사한 책이다. 그러나 자세히 살펴보면 다른 글자이고 다른 책이다. 필자의 소장본이다.

〈세재무오모춘 완산양동신간 천자문〉

무오맹동완산신판 천자문과 무오모춘완산양동신간 천자문을 비교하여 보면 한글 석음에서 다음과 같은 차이를 볼 수 있다.

한자	출전	무오맹동완산신판 천자문	세재무오모춘완산양동신간 천자문
乃	03b	싀 닉	새 닉
裳	03b	늘아 샹	치마 샹

周	04a	둘로 쥬	두로 쥬
平	04b	평홀 평	혁홀 평
壹	05a	흔 일	한 일
五	05b	다숫 오	만조 오
賴	05b	힘니블 뢰	심니블 뢰
量	07a	헤아릴 량	셰알일 양
行	07b	열 힝	당길 힝
維	07b	얼글 유	벼리 유
慶	08a	경하 경	경스 경
之	10b	갈 지	슐 지
棠	11a	아가외 당	아가비 당
孔	12a	구먹 공	구무 공
分	12b	논홀 분	분홀 분
疲	13a	곳블 피	잇블 피
虧	13a	이질러질 휴	이즐 휴
英	16a	숫부리 영	곳부리 영
英	16a	숫부리 영	곳부리 영
公	18a	귀 공	구이 공
丁	18b	쌴 졍	뎡자 졍
土	19a	흙 토	흘 토
楚	19a	초나라 초	초국 초
滅	19a	써질 멸	슬 멸
趙	19a	죠나라 죠	죠국 죠
虢	19a	괵나라 괵	괵국 괵
韓	19b	한나라 한	한국 한
起	19b	니러날 긔	닐 긔
牧	19b	칠 목	쇼 목
弊	19b	헐 폐	흐야질 폐
宣	20a	펼 션	베플 션
秦	20a	진나라 진	진국 진
岱	20b	뫼 딕	딕산 딕
城	20b	지 셩	셩 셩
門	20b	오리 문	문 문
碣	21a	갈셕 갈	돌 갈

農	21b	농사 농	여름디을 롱
素	22a	본디 소	옴 소
稅	22a	거둘 세	바칠 셰
庶	22b	거의 셔	믈 시
勅	22b	칙셔 칙	경치흘 칙
園	24b	동산 원	뒤원 원
並	30a	굴를 병	아울 병
領	31b	거늘 영	옷깃 영

5. 행곡신간판 천자문(1862년)

행곡신간판(杏谷新刊板) 천자문은 1862년에 행곡에서 목판본으로 간행한 천
자문이다. 책의 말미에 '崇禎紀元後四壬戌 杏谷開刊(숭정기원후4임술 행곡개간)'
이란 간기를 가지고 있어서 이러한 사실을 알 수 있다. 책의 크기는 29.0×20.0㎝
이고 판광은 21.0×18.0㎝이다. 사주쌍변에 계선이 있는데 4행 4자이다. 판심
어미는 상하이엽화문어미이고 판심제는 '千字'이다. 모두 32장이다. 책제목
인 '千字文(천자문)'의 앞에 '봉시도기초정(鵬始圖驥初程)'이라는 글이 전서체로
쓰이어 있다. '봉새가 날기 시작하고 천리마가 달리기 시작하는 첫길'이란 뜻
이어서 천자문을 배우는 사람에게 권고하는 글이다. 이러한 체재는 후에 개
간한 무술맹하서내신간판 천자문(1898년)과 을사계동완산신간판(1905년) 천자
문에도 그대로 사용하였는데, 그 시초는 이 행곡신간판이다. 이 행곡신간판
은 1916년에 전주의 다가서포에서 다시 간행하였다. 판권지에 '大正五年十月
八日 全州 多佳書舍鋪(대정 5년 10월 8일 전주 다가서사포)'란 기록이 있다. 행곡은
전주의 행동(杏洞)에 있었던 서사로 알려져 있다. 이 천자문의 한글 석음에는
몇 가지 현상이 보인다.
① 방언형이 보인다.
심 력(力)〈9a〉 심쓸 무(務)〈21b〉 목심 명(命)〈9a〉

누기 슈(誰) 〈23b〉 소야치 독(犢) 〈29a〉

② 곳곳에 탈획이 많이 보인다.

버실 경(卿) 〈16b〉 경스 경(慶) 〈8a〉 공경 경(敬) 〈8b〉

경슈 경(涇) 〈14a〉 편안홍 염(恬) 〈30a〉

③ 오각도 여러 곳에 보인다.

싀각 스(思) 〈9a〉 cf. 싱각 녀(慮) 〈24a〉

이 천자문은 필자와 국립중앙도서관이 소장하고 있다.

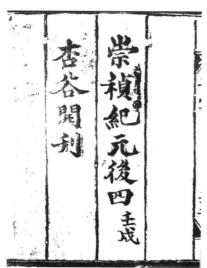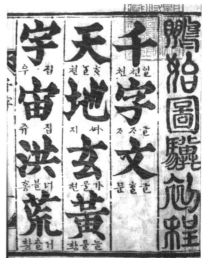

〈행곡개간판 천자문〉

6. 정묘맹하완산신판 천자문(1867년)

정묘맹하완산신판(丁卯孟夏完山新板) 천자문은 '丁卯孟夏完山新板(정묘맹하완
산신판)'의 간기를 갖고 있는 1책의 목판본인 천자문이다. 1867년 간본으로 추
정된다. 전주에서 간행된 것이어서 그 이전에 간행된 무오맹동완산신판 천자

문의 판식과 한자 서체를 그대로 사용하였지만, 복각은 아니다. 필자가 이 자료를 이미지 파일로 받아서 이 책의 소장처를 알 수 없어서 책의 크기나 반엽 광곽의 크기도 알 수 없다. 사주단변에 유계에 4행 4자로 되어 있다. 판심은 상하내향흑어미이고 판심제는 '千字文(천자문)'이다. 본문의 첫면에 '梁周興嗣製(양주흥사제)'라는 글씨가 전서체로 쓰이어 있다. 모두 32장이다. 여기의 정묘년은 1867년으로 추정된다. 앞의 무오맹동완산신판 천자문과 동일한 판식을 가지고 있고, 또한 한자 서체도 거의 동일해서 언뜻 보면 같은 책의 복각본이 아닌가 생각할 정도로 유사한 책이지만 복각본이 아니고 다른 판본이다.

〈정묘맹하완산신판 천자문〉

7. 세갑신맹추완산개간 천자문(1884년)

세갑신맹추완산개간(歲甲申孟秋完山改刊) 천자문도 전주에서 간행된 것이어서 앞에서 소개한 세 가지 천자문과 거의 동일한 판식을 가지고 있는 천자문이다. 책의 끝에 '歲甲申孟秋完山改刊(세갑신맹추완산개간)'이라는 간기가 있다.

1884년에 간행된 천자문이다. 책의 크기는 25.8×19.3cm이고 반엽광곽의 크기는 20.6×17.6cm이다. 사주단변에 유계로 4행 4자이다. 판심은 상하흑어미이고 판심제는 '千字文(천자문)'이다. 앞의 전주판과 마찬가지로 '梁周興嗣製(양주흥사제)'라는 글이 1장의 맨 앞에 전서체(篆書體)로 쓰이어 있다. 무오맹동완산신판 천자문과 유사하다. 필자의 소장본이지만 책이 무척 헐었다.

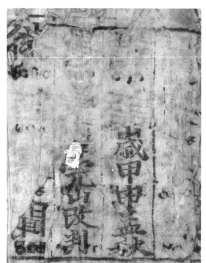

〈세갑신맹추완산개간 천자문〉

8. 무술맹하서내신간판 천자문(1898년)

무술맹하서내신간판(戊戌孟夏西內新刊板) 천자문은 책의 끝에 '戊戌孟夏西內新刊(무술맹하서내신간)'이란 간기를 지닌 천자문이다. 1책의 목판본으로 필자의 소장본이다. 책의 크기는 27.0×19.7cm이고 반엽광곽의 크기는 19.3×6.7cm이다. 모두 32장으로 사주쌍변에 유계로 4행 4자로 되어 있다. 판심어미는 상하내향이엽화문어미이며, 판심제는 '千字'이다. '서내(西內)'는 전주의 서계서

포를 의미하는 것으로 해석된다. 왜냐하면 서계서포의 주소가 전주군부서사
계(全州郡府西四契)로 되어 있고 또한 전주에서 간행한 천자문들과 유사하기 때
문이다.

간기의 무술년은 1898년으로 추정된다. '붕시도기초정(鵬始圖驥初程)'이라는
글이 1장의 맨 앞에 전서체로 쓰이어 있다. 판식은 무오맹동완산신판 천자문
과 유사하다.

〈무술맹하서내신간판 천자문〉

위에 설명한 '행곡신간판'(1862년), '정묘맹하완산신판'(1867년), '갑신맹추완
산개간판'(1884년), '무술맹하서내신간판'(1898년)은 모두 19세기 후반에 전주(全
州)에서 간행되었다는 공통점이 있다. 전주에서 이렇게 천자문이 계속 간행
된 배경에는 이 지역의 문화적 특징과 인쇄술의 발달 등 여러 가지 여건이 작
용했을 것이다. 이 4가지 천자문 중에서 '정묘맹하완산신판'(1867년)과 '무술맹
하서내신간판'(1898년)을 비교하여 보이면 다음과 같다.

한자	완산신판 (1867년)	서내신판 (1898년)	장차
鵾	새 곤	고기 곤	25b
恐	저흘 공	두럴 공	28b
匡	고힐 광	바울 광	18a
勸	권흘 권	힘쓸 권	22a
囊	줌치 낭	쥬미이 낭	25b
乃	새 내	이의 닉	3b
祿	복녹 녹	록 록	17a
農	여름디을 롱	농사 농	21b
凌	오를 릉	어일 릉	25b
力	힘 역	심 역	10a
令	히여금 영	어질 영	11a
離	여흴 리	이별 이	12b
孟	뭇 밍	밍가 밍	22a
銘	조을 명	식길 명	17b
貌	양주 모	얼굴 모	22b
務	힘쓸 무	심쓸 무	21b
房	구들 방	방 방	27a
徘	머믈 빙	돌 빙	31b
並	굴를 병	아울 병	30a
富	가으멸 부	부흘 부	17a
分	분흘 분	느늘 분	12b
事	셤길 ᄉ	일 ᄉ	9b
使	부릴 ᄉ	ᄒ야곰 ᄉ	7a
笙	져 싱	상황 싱	15a
席	돗 셕	ᄌ리 셕	15a
世	인간 셰	디 셰	17a
讌	이바지 연	연늑 연	27b
榮	영화 영	빗날 영	10b
乂	어질 애	지조 예	18b
豫	깃쓸 예	미이 예	28a
隸	글시 예	맛질 녜	16a
虞	궈정 우	우라 우	4a

276

慈	ᄌᆞ비 ᄌᆞ	옛불 ᄌᆞ	12b
箴	경계 줌	잠계 줌	12b
丁	정자 정	곰빗 뎡	18b
定	정홀 정	안뎡 뎡	11a
奏	슬를 쥬	아뢸 주	24b
俊	됩살홀 쥰	쥰걸 쥰	18b
讚	디딜 찬	지릴 ᄎᆞᆫ	7a
勅	정치홀 칙	쳑셔 쳑	22b
親	친홀 친	ᄉᆞ랑 친	26b
合	모돌 합	흡홀 흡	18a
桓	셰아들 환	나무 환	18a

9. 효교신간판 천자문(19세기)

효교신간판(孝橋新刊板) 천자문은 오늘날 서울 중구의 주교동(舟橋洞)에 있었던 서사인 효교(孝橋)에서 간행한 천자문으로 책의 1면 '千字文(천자문)'이란 서제(書題) 아래쪽에 타원형의 안에 '효교신간(孝橋新刊)'이란 간기를 가진 천자문이다. 간행시기는 알 수 없으나 다른 문헌들 중 '효교(孝橋)'의 이름을 가진 문헌들이 주로 19세기에 간행된 것들인 점으로 보아서 19세기 말의 문헌으로 추정된다. '효교신간'이란 간기를 가진 문헌으로는 『간례휘찬(簡禮彙纂)』, 『소미가숙점교부통감절요(少微家熟點校附痛鑑節要)』, 『직성행년편람(直星行年便覽)』(1905년) 등이 있는데, 주로 19세기 말에서 20세기 초에 간행된 것들이다. 따라서 이 효교신간판 천자문도 효교에서 이른 시기에 간행된 문헌으로 보아 19세기 말의 문헌으로 추정된다. 책의 크기는 28.3×20.2cm이고 사주단변에 유계로 4행 4자로 되어 있다. 반엽광곽의 크기는 20.3×17.1cm이고 판심제는 '千字文(천자문)'이다. 필자가 소장하고 있고, 동국대학교 경주캠퍼스 도서관과 모 개인이 소장하고 있다. 필자의 소장본은 붓으로 수정해 놓은 부분이 많아서 필자가 활용한 자료는 모 개인의 소장본이다.[13]

〈효교신간판 천자문〉

10. 홍수동판 천자문(19세기)

홍수동판(紅樹洞板) 천자문은 19세기에 홍수동(紅樹洞)에서 목판본으로 개간한 천자문이다, 간기는 없이 책의 말미에 '홍수동판(紅樹洞板)'이란 기록만 있을 뿐이다. 홍수동이란 서포에서는 경판 고소설을 비롯한 여러 가지 책을 간행해 내었는데, 주로 19세기 중기 이전부터 간행된 문헌들이어서 이 천자문도 19세기 중반에 간행된 책으로 추정한다. 책의 크기는 27.9×19.4㎝이고 반엽광곽의 크기는 21.6×16.5cm이다. 표지제목은 '白首文(백수문)'이고 내지 제목은 '千字文(천자문)'이다 사주단변에 계선이 있는데 4행 4자이다. 판심어미는 상이엽화문어미이다. 책 제목인 '千字文'의 다음 행에 '주흥사 찬(周興嗣 撰)'이란 글이 있다. 고려대학교 신암문고 소장본이다(신암A13-A10A).

---

13 안미경 선생의 도움으로 이 자료를 볼 수 있게 되었다. 감사를 드린다.

〈홍수동판 천자문〉

이 홍수동판 천자문은 프랑스 동양언어문화학교 소장본인 천자문(도서번호 Cor-1,420)과 동일판본이다. 동양언어문화학교 소장본에는 '홍수동판'이라는 간기가 없다.

〈프랑스 동양언어문화학교 소장본 천자문〉

11. 무교신간판 천자문(19세기)

무교신간판(武橋新刊板) 천자문은 19세기에 무교에서 목판본으로 간행한 천자문이다. 사주단변에 판심어미는 상이엽화문어미이고 판심제는 '千字文(천자문)'이다. 4행 4자이다. 책이 낡아서 1장부터 6장까지 몇몇 장은 책의 왼쪽 하단의 한자를 판독하기 힘들다. 간행연도는 보이지 않고 책의 말미에 큰 글자로 '무교신간(武橋新刊)'이라고 되어 있어서 무교에서 방각본으로 간행된 것임을 알 수 있다. 무교에서 간행된 문헌들은 대부분 1863년부터 보이기 시작하여 1920년대까지 보이지만 가장 책을 많이 간행한 시기는 1860년대이다. 특히 1864년부터 1869년까지 활발하게 문헌을 간행하였으며 특히 유합(類合)도 무교신간본이 있고 또 '同治 甲子 季夏武橋重刊(동치 갑자(1864년)계하무교중간)'이라는 간기를 가진 초천자문(草千字文)이 있어서 대체로 19세기 중기에 이 천자문도 간행되었을 것으로 추정한다. 소장처는 미상이다.[14]

〈무교신간판 천자문〉

---

14 이 자료는 안미경 선생으로부터 받은 것이다. 감사를 드린다.

12. 을사계동완산신간판 천자문(1905년)

을사계동완산신간판(乙巳季冬完山新刊板) 천자문은 1905년에 전주에서 목판본으로 간행한 천자문이다. 을사년이 1905년으로 추정되기 때문이다. 이 천자문은 책의 끝에 '乙巳季冬完山新刊(을사계동완산신간)'이라 간기를 갖고 있는 천자문인데, 그 판식이나 필체 등이 모두 '무술맹하서내신간'이란 간기를 가지고 있는 천자문과 동일하다. 책의 크기는 25.6×19.3㎝이고 사주쌍변에 유계로 4행 4자로 되어 있다. 반엽광곽의 크기는 19.8×17.3㎝이고 판심어미는 상하내향이엽화문어미이며 판심제는 '千字'이다. 1898년에 개간된 책의 판목을 다시 사용한 것으로 보인다.

1면 책제목 '千字文'의 앞, 즉 첫 행에 '붕시도기초정(鵬始圖驥初程)'이라는 전서체의 글씨가 있다. 이것은 '큰 붕새가 날기 시작하고 천리마가 달리기 시작하는 첫 길'이라는 뜻이어서 천자문을 배우기 시작하는 사람들의 용기를 북돋우기 위해 쓴 것으로 보인다. 이처럼 첫장에 이러한 내용이 들어 있는 천자문이 또 하나 있는데, 그것은 '崇禎紀元後四壬戌杏谷開刊(숭정기원후4임술행곡개간)'이란 간기를 가진 소위 행곡개간본 천자문과 동일한 양식이다. 즉 1862년에 간행된 행곡개간본과 동일하여서 이 행곡개간본이 전주 지역에서 개간되었고, 또한 이 을사본이 그 계통을 따른 것으로 보인다. 한자의 글씨도 그대로 사용한 것으로 보인다. 앞에 '붕시도기초정(鵬始圖驥初程)'이란 전서체의 글이 있는 것과 글자의 모든 모양이 동일하여 그 책을 그대로 베낀 것으로 보인다. 필자가 소장하고 있고 국립중앙도서관에도 소장되어 있다.

다만 한글로 쓰인 한자 석음에는 많은 차이가 있다. 한글로 쓰인 석음을 보면 을사본이 행곡본에 비해 매우 정제되어 있다고 할 수 있다. 행곡본에 보이는 오자도 모두 수정하였다. 행곡본과 을사본의 차이를 몇 개 보이면 다음과 같다(표기법 차이 제외).

	한자	행곡본(1862년)	을사본(1905년)
1	丁	남녕 뎡	곰비 뎡
2	世	되 셰	인간 셰
3	乃	새 닉	이녀 닉
4	事	셤길 亽	일 亽
5	令	어질 영	흐야금 영
6	公	공평 공	귀 공
7	別	다룰 별	이별 별
8	匡	발울 광	광졍 광
9	合	모들 흡	흡흘 흡
10	壁	ᄇ람 벽	벽 벽
11	定	일뎡 뎡	졍흘 뎡

이 책은 전주에서간행되었기 때문에 이 지역어를 조금 반영하고 있다.

제 강(糠)〈26b〉   소야치 독(犢)〈29a〉   나구 녀(驢)〈29a〉

심 역(力)〈9a〉   심리블 뇌(賴)〈5b〉   슨 이(履)〈9a〉

식길 명(銘)〈17b〉   메길 목(牧)〈19b〉   심쓸 무(務)〈21b〉

전줄 비(比)〈12a〉   쾨키리 샹(象)〈27b〉   쉬프람 소(嘯)〈29b〉

이 책은 1937년에 완주 양책방(梁冊房)에서 다시 간행하였음이 그 뒤에 붙은 판권지를 통해 알 수 있다. '昭和十二年五月六日發行(소화 12년 5월 6일 발행)'의 판권지 내용이 연활자로 찍혀 있다. 책광은 25.5×19.2㎝이고 반엽광곽의 크기는 19.9×17.1㎝이다. 저작겸 발행자는 양승곤(梁承坤)으로 양책방 주인이다. 모두 32장인데, 4행 4자로 되어 있고 사주쌍변에 판심어미는 상하이엽화문어미이다. 가끔 상하흑어미도 보인다. 제첨의 책제목과 내지의 책 제목 모두 '千字文 (천자문)'이다. 판심제는 '千字(천자)'이다. 대자(大字)로 천자문의 한자를 쓰고 그 아래에 한글로 표기된 한자의 석음이 달려 있다.

〈을사계동완산신간판 천자문〉

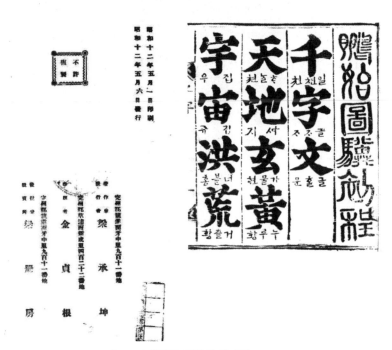

〈1937년 양책방 간행의 천자문〉

13. 서계서포 간행 천자문(1911년)

　서계서포(西溪書鋪) 간행 천자문은 1911년에 전주의 서계서포(西溪書鋪)에서 목판본으로 간행한 천자문이다. 책의 뒤에 목판으로 찍은 판권지가 붙어 있는데, '明治四十四年八月二十二日發行(명치44년 8월 22일 발행)'의 간기가 있다. 그리고 저작겸발행자는 탁종길(卓鐘佶)이고 인쇄겸발행자는 양원중(梁元仲), 인쇄겸발행소는 서계서포이다. 책광은 25.7×19.0㎝이고 사주단변에 유계로 4행 4자로 되어 있다. 반엽광곽의 크기는 19.0×17.3㎝이며 판심어미는 상하이엽화문어미이고 판심제는 '千字文(천자문)'이다. 필자의 소장본이다.

〈서계서포판 천자문〉

14. 신구서림 발행 천자문(1913년)

이 천자문은 1913년에 서울의 신구서림(新舊書林)에서 목판본으로 간행한
천자문이다. 권말 판권지에 '大正二年 八月二十日 發行(대정 2년 8월 20일 발행)'이
라 되어 있고 인쇄 겸 발행자는 신구서림으로 되어 있다. 책의 크기는 31.0×
19.5cm이고, 반엽광곽의 크기는 20.8×16.3cm이다. 제첨과 내제는 '千字文'이
다. 사주단변에 판심어미는 상흑어미이며 모두 32장이다. 책제목인 '천자문'
이라는 첫행 다음 행에 '주흥사찬 학고당서(周興嗣撰 學古堂書)'라고 전서체로 쓰
이어 있다. 학고당이 누구인지는 알 수는 없으나 천자문의 서사자로 여러 천
자문에 '학고당서'가 쓰이어 있다. 한자의 오른쪽 위에는 사성점이 찍혀 있다.
천자문이라는 제목 아래에 '平聲標(평성표)○ 上聲標(상성표)● 上平通用標(상평
통용표)◑'라고 기록되어 있다. 그리고 한자의 오른쪽 중간의 원 안에 그 한자
의 중국음이 적혀 있다. 그리고 한자의 아래에 그 한자의 석음이 한글로 달려
있다. 이 책은 국립중앙도서관 소장본이다(古朝 41-115-2).

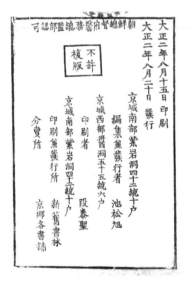

〈신구서림판 천자문〉

이 책은 책은 동일하지만 판권지가 각각 다른 책들이 몇 개 존재한다. 하나는 동일한 신구서림에서 간행한 것이지만 판권지에 인쇄와 발행일, 편집겸발행자, 인쇄인, 발행소는 동일한데, 그 주소가 각각 다른 책이 있다. 국립중앙도서관본은 지송욱(池松旭)의 주소가 '京城南部紫岩洞四十二統十號(경성남부자암동사십이통십호)'로 되어 있는데, 필자의 소장본에는 '京城府蓬萊町一丁目七十七(경성부봉래정1정목77)'로 되어 있다. 자암동에서 봉래동으로 이사한 후에 같은 책을 다시 찍어낸 것으로 보인다. 그리고 필자의 소장본에는 판권지가 앞에 붙어 있다.

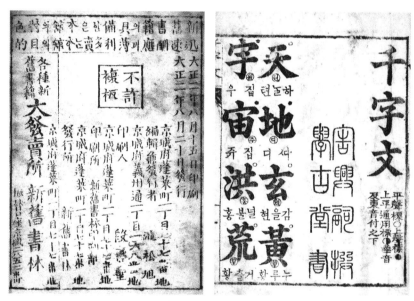

〈판권지가 다른 신구서림판 천자문〉

그런데 이 신구서림판을 박문서관에서도 동일하게 간행하였다. 필자가 소장하고 있는데, 모든 내용이 동일하지만, 마지막 장에 있는 발매소 명칭이 신구서림에서 박문서관으로 바뀐 것이다. 그 부분을 비교하여 보면 다음과 같다. 박문서관판은 별도의 판권지가 없다.

박문서관과 신구서림이 봉래동에 같이 위치해 있어서 이러한 현상이 가능했을 것이며, 또한 천자문이 그 당시에 매우 인기가 있는 문헌이어서 가능했을 것으로 보인다.

〈박문서관판〉　　　　　　　　〈신구서림판〉

15. 재전당서포 발행 주해천자문(1913년)

이 천자문은 1913년에 대구의 재전당서포(在田堂書鋪)에서 목판본으로 간행한 주해천자문이다. 판권지에 '大正二年九月十六日 發行(대정 2년 9월 16일 발행) / 印刷兼發行所 在田堂書鋪(인쇄겸발행소 재전당서포)'라고 되어 있다. 판권지 앞장에는 '신화삼십전(新貨三拾錢)'이라는 글과 전서체로 쓰인 '刷還洞在田店印刷所(쇄환동재전점인쇄소)'라는 글이 있다. 책의 크기는 28.7×19.5cm이고 반엽광곽의 크기는 21.9×17.2cm이다. 제첨과 내지의 제목이 모두 '註解千字文(주해천자문)'이다. 사주단변에 5행 4자인데, 판심어미는 상하이엽화문어미이다. 판심제는 '註解千字(주해천자)'이다. 이 주해천자문은 동치5년(同治五年) 간기를 가진 1866년 간행의 주해천자문과 같은 판으로 보인다. 필자가 소장하고 있고 국립중앙도서관에도 소장되어 있다(BC古朝41-60).

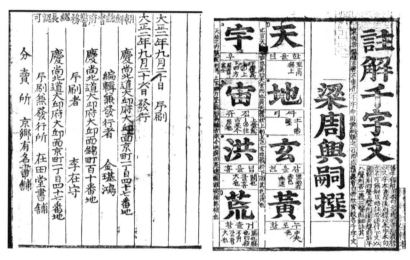

〈재전당서포 발행 주해천자문〉

16. 지물서책상 발행 천자문(1915년)

1915년에 서울의 지물서책상(紙物書冊商)에서 목판본으로 간행한 천자문이다. 책의 말미에 목판으로 찍은 판권지가 붙어 있는데, 大正四年七月五日發行(대정 4년 7월 5일 발행), 인쇄겸발행소는 '지물서책상(紙物書冊商)'으로 되어 있다. 책의 크기는 30.9×20.3cm이고, 반엽광곽의 크기는 21.2×16.5cm이다. 편집 겸 발행자는 이종모(李鍾模)이다. 모두 32장인데, 4행 4자로 되어 있고 사주단변에 판심어미는 상흑어미이다. 제첨에는 '訂本千字文(정본천자문)'이라 되어 있지만 내지 제목은 '千字文(천자문)'이며 판심제도 '千字文(천자문)'이다. 1913년 간행의 신구서림판과 동일한 판식이다.

　책제목인 '천자문'이라는 첫행 다음 행에 '周興嗣撰 學古堂書(주흥사찬 학고당서)'라고 전서체로 쓰이어 있는 것이나 한자의 오른쪽 위에는 사성점이 찍혀 있는 것이나 한자의 오른쪽 중간의 원 안에 그 한자의 중국음이 적혀 있는 것이나, 천자문이라는 제목 아래에 '平聲標(평성표)○ 上聲標(상성표)● 上平通用標(상평통용표)◗ 華音付之旁 東音付之下(화음부지방 동음부지하)'라고 쓴 모든 것이 동일하다. 그러나 한글 석음은 신구서림판과 동일한 듯하여서 신구서림에서 만든 판목을 그대로 찍어 판권지만 바꾸어 책을 간행한 것으로 볼 수 있을 것 같지만, 실은 한글로 쓴 석음에 약간의 차이가 보인다. 필자와 국립중앙도서관이 소장하고 있다(古朝 41-58-2).

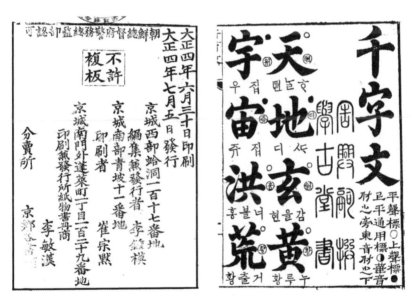

〈지물서책상판 천자문〉

17. 한남서림 발행 천자문(1916년)

　1916년 한남서림(翰南書林)에서 목판본으로 개간한 천자문이다. 연활자본으로 찍은 판권지에 '大正五年 六月 三十日 發行(대정 5년 6월 30일 발행) / 印刷兼發行所 翰南書林(인쇄겸 발행소 한남서림)'의 기록이 있다. 책의 크기는 30.9×20.3cm이고 반엽광곽의 크기는 21.2×16.5cm이다. 제첨제나 내지제나 어미 윗부분에 있는 판심제나 모두 '千字文'이다. 사주단변에 무계이고 4행 4자이다. 판심어미는 상흑어미로 모두 32장이다. 내제 아래에 사성 표시에 대한 것과 화음(華音)을 달아 놓았다는 내용, 그리고 '周興嗣板 學古堂序(주흥사판 학고당서)'라는 전서체의 글씨 등이나 판식이나 한글로 쓴 한자 석음이 모두 1913년 신구서림판과 1915년 지물서책상판의 천자문과 매우 유사하다. 국립중앙도서관 소장본이다(告朝 41-58-3).

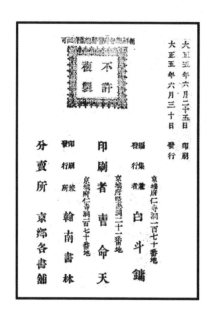 

〈한남서림판 천자문〉

판형이 유사하고 구조도 거의 동일하지만 석음에서는 차이가 있어서 이 3종의 천자문, 즉 1913년 간행의 신구서림판과 1915년 간행의 지물서책상판과 1916년의 한남서림판 천자문의 차이를 보이면 다음과 같다. 대부분 오각 등의 차이일 뿐 어휘상의 차이는 거의 없다고 할 수 있다.

한자	출전	신구서림판(1913)	지물서책상판(1915)	한남서림판(1916)
黎	04b	감을 려	김을 려	감을 려
惟	06a	오직 유	쟝 유	오직 유
豈	06a	엇재 긔	엇재 긔	엇지 긔
彼	06b	되 피	되 피	져 피
難	07a	어려올 난	어려을 난	어려을 난
似	09a	가틀 ᄉ	가를 ᄉ	가틀 ᄉ
如	09b	가틀 여	가를 여	가틀 여
竟	10b	마츰 경	마춤 경	마츰 경
尊	11a	노플 존	노플 존	노플 돈
寫	14b	쁠 샤	쁠 ᄉ	쁠 ᄉ
實	17b	열ㅁ 실	열ㅁ 실	열ㅁ 실
勿	18a	말 물	밀 물	말 물
馳	20a	달일 치	달알 치	달일 치
雁	20b	길러기 안	길려기 안	길러기 안
慈	21b	이 ᄌ	이 ᄎ	이 ᄌ
敦	22a	돗타올 돈	돗ㄹ올 돈	돗타올 돈
晩	25a	노즐 만	노질 만	느질 만
輶	26a	가부열 유	가부열 유	가부열 유
顙	28b	니마 샹	이미 샹	이마 샹
琴	29b	검은묘 금	거문묘 금	거문고 금
仰	31a	우러 앙	우리 앙	우러 앙
莊	31b	씩씩홀 댱	씩씩홀 쟝	씩씩홀 쟝

18. 홍수당 발행 천자문(1916년)

　1916년에 홍수당(弘壽堂)에서 1책의 목판본으로 간행한 천자문이다. 판권지에 '大正五年 一月 三十日 發行(대정 5년 1월 30일 발행), 發行所 弘壽堂(발행소 홍수당)'의 발행기록이 있다. 편집 겸 발행자는 최홍미(崔弘美)이다. 제첨에는 '千字(천자)'를 큰 글자로 쓰고 '文(문)'은 작은 글자로 썼다. 내제도 판심제도 모두 '千字文(천자문)'이다. 제목 다음 행에 '주흥사찬(周興嗣撰)'이 쓰이어 있다. 책광은 31.0×20.5㎝이다. 사주단변에 유계로 4행 4자이며 판심어미는 상이엽화문어미이다. 모두 32장이다. 본문은 한자와 그 아래에 있는 석음으로 되어 있다. 국립중앙도서관 소장본이다(古朝 41-94-2).

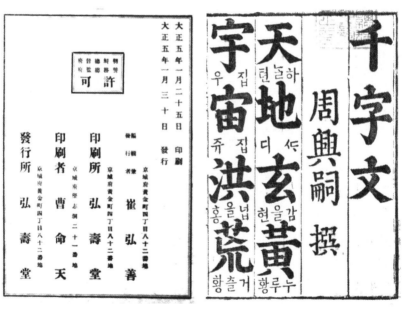

〈홍수당판 천자문〉

19. 한남서림 발행 주해천자문(1917년)

이 한남서림(翰南書林) 발행 주해천자문은 1916년 한남서림에서 1책의 목판본으로 간행해 낸 천자문이다. 판권지에 '大正六年六月三十日 發行(대정 6년 6월 30일 발행) / 印刷兼發行所 翰南書林(인쇄겸발행소 한남서림)'이란 기록이 있다. 책의 크기는 29.9×20.3cm이고 반엽광곽의 크기는 22.8×17.1cm이다. 제첨의 책 제목은 '註解千字(주해천자)'이며 내지 제목은 '註解千字文(주해천자문)'이고 판심제는 '註解千字(주해천자)'이다. 사주단변에 판심어미는 내향이엽화문어미이며 유계로 4행 4자로 되어 있다. 다른 주해천자문과 마찬가지로 주해천자문 제목 다음 행에 '양주홍사찬(梁周興嗣撰)'이라고 되어 있다. '을묘납월완산신간'의 주해천자문과 동일한 책이다. 국립중앙도서관 소장본이다(BC古朝41-65-2).

이 책은 판권지만 다를 뿐, 1913년에 재전당서포에서 간행한 주해천자문과 동일한 책이다.

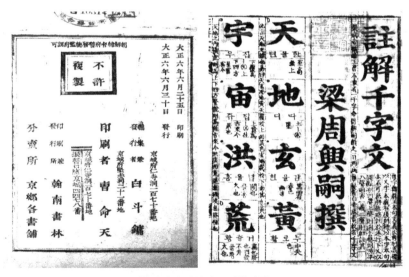

〈한남서림 간행의 주해천자문〉

20. 박문서관 발행 천자문(1917년)

1917년에 박문서관(博文書館)에서 석인본으로 간행한 천자문이다. 책말의 판권지에 '大正六年 八月 三十日發行(대정 6년 8월 30일 발행), 發行所 博文書館(발행소 박문서관)'의 기록이 있다. 편집겸발행자는 노익형(盧益亨)인데 박문서관 대표이다. 책의 크기는 25.9×18.9㎝이고 반엽광곽의 크기는 21.1×16.1㎝이다. 사주단변에 유계로 5행 4자로 되어 있다. 판심어미는 상이엽화문어미이고 판심제는 어미 위에 '천자문'이라고 쓰이어 있다. 제첨의 책 제목과 내제가 모두 '千字文(천자문)'이다. 각 한자의 오른쪽 위에 성조 표시가 있고 한자의 아래쪽의 원 안에 중국의 한자음이 쓰이어 있고 그 아래의 칸에 세필로 한글 석음이 쓰이어 있다. 내제의 '千字文(천자문)'이란 제목 아래에 '평성표(平聲標)○ 上聲標(상성표)● 上平通用標(상평통용표)◑ 華音及東音付之下(화음급동음부지하)'라고 하여 성조 표시에 대한 것과 우리나라 한자의 석음을 적었음을 제시하고 있다. 필자 소장본인데 국립중앙도서관에도 소장되어 있다. (책 그림은 295쪽에 있음.)

21. 천일서관 발행 천자문(1919년)

이 천자문은 1919년에 천일서관(天一書館)에서 1책의 목판본으로 간행한 책이다. 판권지에 '大正八年 一月 六日 發行(대정 8년 1월 6일 발행)'이라는 발행기록이 있다. 책광은 28.7×19.4㎝이고 반엽광곽의 크기는 21.0×16.2㎝이다. 편집 및 발행자는 윤태성(尹泰晟)이다. 모두 32장인데, 4행 4자로 되어 있고 사주단변에 판심어미는 상흑어미이다. 제첨에는 '訂本千字文(정본천자문)'이라 되어 있지만 내지 제목은 '千字文(천자문)'이며 판심제도 '千字文(천자문)'이다. 판권지는 앞표지의 내면에 있다. 1면에 '주흥사찬 학고당서(周興嗣撰 學古堂書)'가 전서(篆書)로 쓰이어 있다. 대자로 천자문의 한자를 쓰고 그 대자의 오른쪽에 성

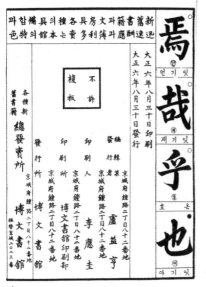

〈박문서관판 천자문〉

점(聲點)이 표시되어 있다. ○, ●, ◑의 3가지가 있는데, ○는 평성, ●는 상성, ◑는 상평통용이라 적혀 있다. 대자(大字)의 밑에 한글로 석과 음을 달고 그 오른쪽 가운데 동그라미 안에 화음(華音)이 한글로 표기되어 있다. 국립중앙도서관 소장본이다(古朝 41-58-2).

　이 천자문은 1916년 간행의 한남서림판과 동일한 판식이다. 중국의 한자음과 사성 표시를 한 것과 한글 석음도 모두 동일하다. 한남서림판을 그대로 이용하고 판권지만 바꾸어 놓은 것이다.

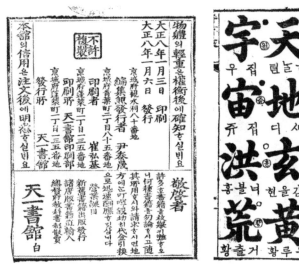

〈천일서관 발행 천자문〉

22. 신안서림 발행 천자문(1923년)

1923년에 경기도 안성의 신안서림(新安書林)에서 목판본 1책으로 간행한 천자문이다. 책의 앞면지에 붙어 있는 목판으로 찍은 판권지에 '大正十二年十月十日 發行(대정 12년 10월 10일 발행), 印刷兼發行者 新安書林(인쇄겸발행者 신안서림)'으로 되어 있다. 저작겸발행자는 장이만(張二萬)이다. 책의 크기는 27.5×19.1㎝이고 반엽광곽의 크기는 21.3×16.4㎝이다. 사주단변에 무계로 4행 4자이다. 상흑어미이고 그 흑어미 위에 판심제인 '千字文'이 있다. 앞의 천일서관판과 동일한 판식을 가지고 있다. 필자의 소장본이다.

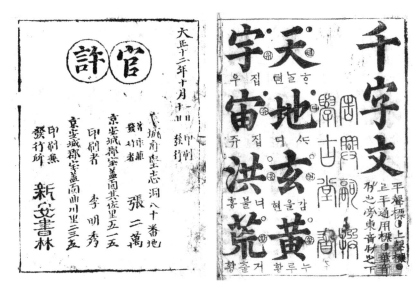

〈신안서림판 천자문〉

23. 창신서관 발행 천자문(1923년)

1923년에 경기도 안성의 창신서관(昌新書館)에서 목판본으로 간행한 천자문이다. 책의 앞 면지에 목판으로 찍어 놓은 판권지에 '大正十二年○月 十日 發行(대정 12년 ○월 10일 발행), 發行所 昌新書館(발행소 창신서관)'이라 되어 있다. 저작자는 정은채(鄭殷采), 박수홍(朴壽弘)이다. 정은채는 창신서관의 주인인 것 같지만 박수홍은 누구인지 알 수 없다. 책의 크기는 27.5×19.3cm이고 반엽광곽의 크기는 20.7×16.0cm이다. 사주단변으로 무계에 4행 4자로 되어 있고 상흑어미이며 판심제는 '千字文(천자문)'이다. 이 천자문도 앞의 신안서림판의 천자문과 동일한 판식을 가지고 있다. 영남대학교 도서관과 필자가 소장하고 있다. 필자 소장본은 발행연월일 부분이 찢어져 보이지 않아 영남대학교 도서관 소장본의 기록을 참고하였다.

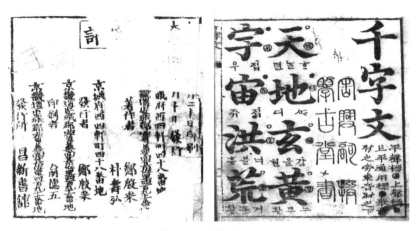

〈창신서관 발행 천자문〉

천일서관판 천자문, 신안서림판 천자문, 한신서관판 천자문에서 한글로 쓴 석음의 차이를 보이면 다음과 같다.

한자	출전	천일서관판 (1919년)	신안서림판 (1923년)	창신서관판 (1923)
李	03a	외앗 니	외앗 니	외앗 리
淡	03a	말을 담	밀을 담	말글 담
駒	05a	마아지 구	마야지 구	마야지 구
女	06a	겨집 녀	기집 녀	겨집 녀
彼	06b	되 피	되 피	뎌 피
讚	07a	기럴 찬	기릴 찬	기릴 찬
虛	08a	부틸 허	부릴 허	부릴 허
非	08b	아닐 비	안닐 비	아닐 비
深	09a	깁플 심	깁폴 심	깁폴 심
馨	09b	양긔 형	향긔 형	향긔 형
令	10a	흐여금 녕	흐여금 령	흐여금 녕
竟	10b	마춤 경	마츰 경	마츰 경

298

以	11a	뻐 이	뻐 이	뻐 이
富	17a	감열 부	감열 부	감멸 부
雁	20b	길려기 안	길러기 안	길러기 안
熟	22a	익을 슉	익을 슉	이을 슉
晚	25a	노질 만	느질 만	느질 만
翳	25a	가리 예	가라 예	가리 예
遊	25b	놀 류	놀 튜	놀 류
輶	26a	가부열 유	가부열 유	가부열 유
觴	27b	준 샹	츈 샹	츈 샹
琴	29b	거문묘 금	거문고 금	거문고 금
紙	30a	죠의 디	쇼의 디	죠의 디
仰	31b	우리 앙	우러 앙	우러 앙

24. 광안서관 발행 천자문(4행 4자본)(1926년)

1926년에 경기도 안성의 광안서관(廣安書館)에서 목판본으로 간행한 천자문이다. 반엽광곽의 크기는 27.8×19.1㎝이다. 제첨제와 내제가 모두 '千字文(천자문)'이며 사주단변에 유계로 4행 4자이고 판심어미는 상하이엽화문어미이다. 모두 32장이다. 책의 끝에 판권지에 '大正十五年九月二十日 發行(대정 15년 9월 20일 발행), 인쇄겸발행소 廣安書館(광안서관)이라 되어 있고 저작겸발행자는 이정순(李正淳)이다. 국립중앙도서관 소장본이다(古朝 41-58-7).

〈광안서관 발행 천자문〉(4행 4자본)

25. 광안서관 발행 천자문(6행 4자본)(1926년)

1926년에 경기도 안성의 광안서관에서 목판본으로 낸 또 다른 천자문이 있다. 책의 크기는 25.5×18.5cm이고 반엽광곽의 크기는 19.8×16.5cm이다. 사주단변에 유계로 6행 4자로 되어 있다. 판심어미는 상흑어미이고 판심제는 '千字文'이다. 책제목 '千字文'의 다음 행에 '학고당서(學古堂書)'가 전서체로 쓰이어 있다. 모두 21장이다. 책의 앞 면지에 판권지가 있는데 '大正十五年九月二十日 發行(대정 15년 9월 20일 발행), 인쇄겸발행소 廣安書館(광안서관)'이라는 기록이 있다. 앞의 4행 4자로 된 광안서국의 천자문에 보이는 판권지와 동일한 판권지가 붙어 있다. 필자 소장본이다.

이 천자문은 광안서관에서 1934년에 그대로 간행한 적이 있다. 판권지에 '昭和九年(소화 9년)'이란 발행일자가 적혀 있는 책인데, 1926년판과 같은 책이다. 다만 광안서관의 주인이 바뀌어서 발행자와 인쇄자 이름이 바뀌었다. 발행자는 박용○(朴容○), 인쇄자는 예일○(芮一○)이다.

〈광안서관 발행 천자문〉(6행 4자본)

26. 대창서원·보급서관 발행 천자문(1928년)

1928년에 대창서원과 보급서관에서 목판본으로 간행한 천자문이다. 책 끝에 붙어 있는 판권지에 '昭和三年六月二十九日 發行(소화 3년 6월 29일 발행) / 發行所 大昌書院 普及書館(발행소 대창서원 보급서관)'이라고 기록되어 있다. 저작겸발행자는 대창서원 대표인 현공렴(玄公廉)이다. 반엽광곽의 크기는 25.9×19.0㎝이다. 사주단변에 계선이 없다. 5행 4자로 되어 있는데 모두 25장이다. 제첨제와 내제 그리고 판심제가 모두 '千字文'이다. 판심제는 상이엽화문어미이다. 판권지와 함께 모두 26장이다. 국립중앙도서관 소장이다(古朝 41-34).

동일한 책에 한글로 써놓은 석음 아래에 일본어를 써놓은 책이 역시 같은 판권지를 붙여 간행되었다. 국립중앙도서관 소장본이다(古朝 41-33). 이 문헌은 후술할 것이다.

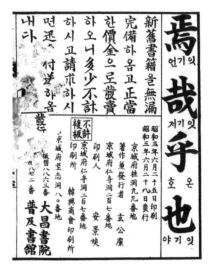

〈대창서원 발행 천자문〉

27. 최웅렬서점 발행 천자문(1930년)

1930년에 수원의 최웅렬서점(崔雄烈書店)에서 1책의 석인본으로 간행한 천자문이다. 판권지에 '昭和五年 二月 十日 發行(소화 5년 2월 10일 발행) / 發行所 崔雄烈書店(발행소 최웅렬서점)'으로 출판일자와 발행사가 쓰이어 있고, 편집겸발행자는 최성운(崔聖運)이다. 편집겸 발행자인 최성운은 최성운상점의 주인이기도 한데, 1년 뒤인 1931년에는 천자문도 다시 간행한다.

책의 크기는 25.5×18.9㎝이고 반엽광곽의 크기는 21.2×16.1㎝이다. 사주단변에 계선이 없다. 모두 26장이다. 한 면이 5행 4자인데, 각 한자의 오른쪽 위에 성조 표시가 되어 있고 한자의 아래에 한글로 석음이 달려 있다. 판심어미는 상흑어미이고 그 흑어미 위에 판심제인 '千字文(천자문)'이 쓰이어 있다. 판

권지 위에는 일본의 오십음표가 한글로 그 음을 달아서 쓰이어 있는데, 이 천
자문이 일본어가 없음에도 이것이 달려 있는 것은 아마도 소위 '한일선천자
문'도 같이 간행하고 그 판권지를 같이 사용한 것이 아닌가 하는 추측을 하게
한다. 필자의 소장본이다.

〈최웅렬서점 발행 천자문〉

28. 최성운상점 발행 천자문(1931년)

1931년에 수원의 최성운상점(崔聖運商店)에서 목판본으로 간행한 천자문이
다. 일부 훼손된 판권지에 '昭和六年三月二十日 發行(소화 6년 3월 20일 발행) / 印
刷兼 普及 崔聖運商店 書籍出版部(인쇄겸 보급 최성운상점 서적출판부)'라는 기록을
볼 수 있다. 편집겸발행자는 최성운(崔聖運)이다. 최성운은 전술한 최웅렬서
점에서 간행된 천자문의 발행자이기도 하다.

책의 크기는 28.0×19.9cm이고 반엽광곽의 크기는 20.9×16.0cm이다. 사주단

변에 무계로 5행 4자이다. 판심어미는 상이엽화문어미이고 그 판심어미 위에 판심제 '千字文(천자문)'이 쓰이어 있다.

1919년 천일서관 발행 천자문과 판식이 유사하나 부분적으로 다르다. 한자의 오른쪽 위에 성조 표시가 있고 한자의 바로 아래의 원 안에 그 한자의 중국음을 써 넣었다(다른 천일서관 등의 것은 오른쪽에 붙어 있다). 책제목인 '千字文'의 아래에 작은 글씨로 '平聲標(평성표)○ 上聲標(상성표)● 上平通用標(상평통용표)◑ 華音及東音付之下(화음급동음부지하)'란 기록이 보인다. 필자 소장인데 판권지 일부가 훼손되었으나 출판사항은 알 수 있다.

〈최성운상점 발행 천자문〉

29. 우주서림 발행 천자문(1934년)

1934년에 우주서림(宇宙書林)에서 목판본으로 간행한 천자문이다. 책의 크기는 25.7×18.5㎝이다. 판권지에 '昭和九年一月二十日 發行(소화 9년 1월 20일 발행) / 印刷兼發行所 宇宙書林(인쇄겸발행소 우주서림)'이라고 되어 있다. 저작겸발행자는 김익배(金益培)이다. 내지제와 판심제는 '千字文'이다. 사주단변에 무계로 5행 4자로 되어 있다. 판심어미는 상이엽화문어미이다. 책 제목인 '千字文'의 아래에 '平聲標(평성표) ○ 上聲標(상성표) ● 上平通用標(상평통용표) ◑'란 기록이 있고, 그 다음 행에 '주흥사찬 학고당서(周興嗣撰 學古堂書)'란 글이 전서로 쓰이어 있다. 한자의 오른쪽 위에는 ● ○ ◑로 성조표시를 하였고, 한자의 아래에 한글로 한자석음이 쓰이어 있다. 고려대학교 만송문고 소장본이다(만송A13A1j).

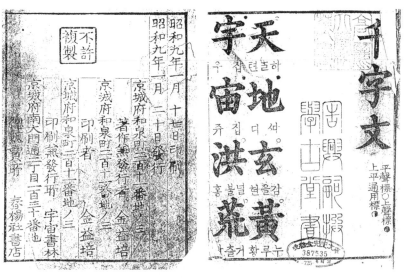

〈우주서림 발행 천자문〉

30. 삼성서림 발행 천자문(1935년)

1935년에 경기도 수원의 삼성서림(三成書林)에서 목판본으로 간행한 천자문이다. 반엽광곽의 크기는 26.0×18.7㎝이다. 책의 끝에 붙은 판권지에 '昭和十年八月十三日 發行(소화 10년 8월 13일 발행) / 印刷兼發行所 三成書林(인쇄겸발행소 삼성서림)'이라는 기록이 있다. 저작겸발행자는 이상훈(李相焄)이다. 표지의 제첨에는 '정정신편천자문(訂正新編千字文)'이라고 되어 있지만 내제와 판심제는 '千字文(천자문)'이다. 종이는 미농지이다. 모두 26장인데 사주단변에 계선이 없이 5행 4자로 되어 있다. 판심어미는 상흑어미이다. 각 한자에 성조 표시가 오른쪽 위에 ○(평성) ●(상성) ◑(상평통용)으로 표시되어 있다. 그리고 아래에 한글로 석음이 달려 있다. '·'는 [ㅔ] 표기에만 'ㅣ'가 쓰이고 있을 뿐 나머지는 '·'가 거의 쓰이지 않았다. ㅅ 계 합용병서가 쓰이고 있고 받침 'ㄹ'과 'ㄼ'이 분철표기되어 있다. 필자와 국립중앙도서관이 소장하고 있다(朝 41-77).

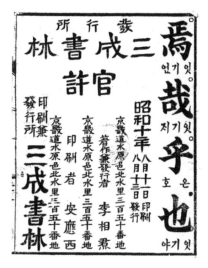 

〈삼성서림 발행 천자문〉

31. 중앙출판사 발행 천자문(1945년)

1945년에 중앙출판사(中央出版社)에서 1책의 석인본으로 간행한 천자문이다. 뒤의 판권지에 '西紀一九四五年 十一月 十日 發行(서기1945년 11월 10일 발행), 著作兼發行者 閔明善(저작겸발행자 민명선), 發行所 中央出版社(발행소 중앙출판사)'로 되어 있다. 책의 크기는 25.1×18.8㎝이고 반엽광곽의 크기는 21.5×16.5㎝이다. 판심은 없고 유계에 8행 4자로 되어 있다. 첫행에 '千字文'이란 제목이 있고 둘째 줄과 셋째 줄에 '周興嗣撰 學古堂書(주흥사찬 학고당서)'로 쓰이어 있다. 4자의 한자에는 각각의 아래에 한글로 한자 석음을 달아 놓았다. 그리고 그 4자의 상단에는 그 한문 성구의 의미가 한글로 풀이되어 있다.

예컨대 '天'에는 그 아래에 '하날 텬'이란 석음이 달려 있고, 그 상단에는 한글로 '하날은 우에 덥힌 고로 그 빗시 감고 짜는 아래 실인고로 그 빗시 누루이라'로 되어 있다.

판권지의 상단에는 '언문반절'이 붙어 있는데, '가갸거겨고교구규그기ㄱ'처럼 'ㆍ'까지 설정되어 있다. 1945년에 간행된 것이어서 한글맞춤법에 따라 표기되어야 할 것 같지만, 그렇지 않은 표기가 흔히 보인다. 합용병서는 보이지 않고 각자병서만 보이며, 이중모음 표기는 이전 시대의 표기를 그대로 따르고 있다. 그래서 '俊'은 '준걸 준'으로 표기되지 않고 '쥰걸 쥰'으로 표기되어 있으며, '綺'도 '깁 기'가 아니라 '깁 긔'이다. 필자의 소장이다. 그런데 앞부분이 너무 훼손되어 서영은 뒷부분을 보이도록 한다.

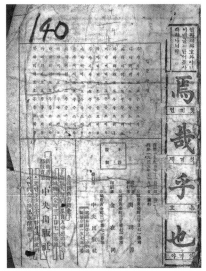
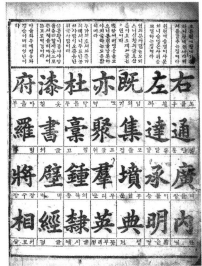

〈중앙출판사 발행 천자문〉

32. 문명사 발행 주석천자문(1947년)

주석천자문(註釋千字文)은 노여천(魯汝天)이 청나라의 손겸익(孫謙益)이 주석
해 놓은 '천자문주석(千字文註釋)'을 번역하여 1947년에 문명사(文明社)에서 연
활자본으로 간행해 낸 천자문이다. 판권지에 '檀紀四二八〇년 十二月二十五
日 發行(단기4280년 12월 25일 발행), 著作者 魯汝天(저작자 노여천), 發行所 文明社(발
행소 문명사)'로 되어 있다. 모두 188장이다. 내용은 전체가 5장으로 구성되어
있다.

책의 앞에 돈암(敦菴) 노여천이 쓴 자서(自序)가 있는데 그 내용의 일부를 보
이면 다음과 같다.

回顧하건대 이 注疏는 梁時에 이미 있었으나 近代에 이르러서는 唯獨히 淸의

孫氏謙益原注가 分篇五章으로 世間에 가장 出色함이 되었으나 多少腐言됨을 免치 못하므로 余의 私見으로 이를 增損하여 一卷하니 命曰註釋千字文이라 하였다. 이 註釋의 主眼點은 大凡 公民의 時流敎訓과 敎學上修補로 特히 先聖의 經典에서 吾人의 鑑戒的 格言을 收拾하여 用意詳解하였음으로 漢文을 學習하는 者는 마땅히 致心을 이에 할지어다

즉 이 천자문을 통해 한문 학습과 시류에 따른 교훈을 주고자 했음을 알 수 있다. 본문은 천자문을 8자 또는 16자로 큰 글자로 제시하고 그 아래에 해설과 훈독(訓讀)과 통해(通解)와 참고(參考)로 나누어 설명하였다. '참고'는 필수적으로 달려 있지는 않다. 본문의 대자로 쓴 한자 아래에는 한글로 그 석음을 써 놓았다. 국립중앙도서관에 소장되어 있다.

〈주석천자문〉

33. 신구서림 발행 천자문(1936년 이전)

　신구서림에서 1책의 목판본으로 간행한 천자문인데, 간행연도가 불명인 책이다. 책의 말미에 '發賣所 新舊書林(발매소 신구서림)'이라고 되어 있지만, 발행 연도는 표시되어 있지 않다. 표지에 '昭和十一年陰七月二十三日 所有者 大田府春日町二丁目二十二番 全昌植(소화 11년 음 7월 23일 소유자 대전부 춘일정 2정목 22번 전창식)'이란 묵서가 있어서 이 책이 소화 11년, 즉 1936년 이전에 간행되었음을 알 수 있다.

　책의 크기는 25.6×19.0cm이고 반엽광곽의 크기는 21.4×16.3cm이다. 사주쌍변에 판심어미는 상이엽화문어미이고 유계에 5행 4자이다. 책제목인 '千字文'의 아래에 작은 글씨로 '平聲標(평성표)○ 上聲標(상성표)● 上平通用標(상평통용표) ◐ 華音及東音付之下(화음급동음부지하)'란 기록이 보이는데, 이것은 다른 천자문에서도 흔히 볼 수 있는 내용이다. 그 다음 행에는 '주흥사찬 학고당서(周興嗣撰 學古堂書)'란 내용이 전서체로 쓰이어 있다.

　각 한자에는 큰 글자로 쓴 한자가 있고 그 한자의 아래쪽에 원 안에다가 그 한자의 중국음이 한글로 쓰이어 있다. 그 한자의 오른쪽 위에는 ○, ●, ◐가 표시되어 있어서 성조를 표시해 주고 있다. 그 아래에 그 한자의 석음을 한글로 써 놓았다. 필자의 소장본이다.

〈천자문〉(신구서림판)

제9장 다양한 서체의 천자문

한자 학습의 가장 기본적인 학습 내용은 자형과 그 새김과 음이다. 그래서 천자문도 초기에는 자형과 석음을 달아 놓은 천자문이 등장하게 된다. 우리 나라에서 간행된, 한글 석음이 있는 첫 번째의 천자문인 '光州千字文'이 그 예이다. 그러나 한자 학습자들의 요구는 그 한자에 대하여 더 많은 정보를 요구하게 되었다. 그 첫 번째 부가 정보는 한자의 성조이었다. 그래서 한자에다가 성조를 표시하게 되었다. '석봉천자문'이 그러한 예이다. 특히 성조 표시는 부호로 표시하게 되었는데, 대개 원으로 표시하여 주로 ○ ● ◑ 의 세 가지 부호를 사용하였다. 그 다음의 요구는 한자의 서체이다. 거의 대부분의 천자문은 해서체로 쓰이게 되었는데, 해서체 이외의 한자 서체 중에서 가장 먼저 요구된 서체는 초서체였다. 초서체는 특히 빨리 쓰는 필기체에서 많이 사용되어서 편지 등에 주로 사용되어 왔고, 또 명필들은 초서체를 흔히 사용하여 왔기 때문에 초서체를 익히려는 욕구가 있었던 것으로 보인다. 이 초서체 천자문은 서예 전문가들 사이에 유행하게 되자 별도의 초서체 천자문이 등장하게 된다. 그래서 김인후(金麟厚) 초서체 천자문이나 석봉 초서체 천자문 등이 출간되게 된다. 그러나 초서체 한자의 학습은 일반 한자 학습자들의 욕구는 아니었던 것으로 보인다. 그래서 부가적으로 일반인들이 요구하는 해서체, 전서체, 예서체의 삼체 천자문과 여기에 초서체를 합친 사체 천자문까지 등장하게 된다.

여기에 더 부가시키고 싶은 것이 외국어를 학습하는 것을 부가시킨 것이었는데, 주로 일제강점기와 깊은 관련이 있다. 그래서 일본어 학습까지도 고려한 천자문이 등장하게 된다. 그러나 이것도 부가정보를 모두 합쳐서 자형, 석음, 성조, 서체, 외국어까지도 함께 학습하도록 만든 천자문이 등장하게 된 것이었는데, 주로 일본어 관계이었다. 이것은 시대적인 문제다. 이러한 천자문은 다시 한번 새로운 시대에 맞는 천자문을 요구하게 되는데, 그것은 곧 그림을 이용하여 쉽게 이해하도록 하는 것이었다. 그리고 이들 모두를 포괄하는 천자문들이 등장하게 된다.

한글 석음이 달려 있는 천자문은 한자의 서체가 대부분 해서체(楷書體)이지만 전서(篆書), 예서(隷書), 초서(草書)를 익히기 위한 천자문도 있었는데, 사체천자문(四體千字文)은 한자의 해서, 행서, 전서, 초서를 다 써 놓은 것이고, 삼체천자문(三體千字文)은 그중에서 전서가 빠진 것이다. 이체천자문(二體千字文)도 눈에 띄이는데, 해서체와 초서체나, 해서체와 전서체 두 가지를 선택한 것이다. 해서체와 예서체를 써 놓은 이체천자문은 보이지 않는다.

대부분의 이러한 서체를 가진 천자문들은 20세기에 들어서 유행하였던 것으로 보인다. 그 이전에는 대부분 그중 해서나 초서 중의 한 서체로만 되어 있었던 것인데, 20세기에 들어서 이들 모든 서체를 익히기 위한 학습서가 등장한 셈이다.

1. 이체천자문(二體千字文)

한자의 서체 중 해서체와 전서체를 볼 수 있는 천자문이 이체천자문(二體千字文)이라고 할 수 있다. 해서체를 본문으로 하고 전서체는 부가 정보로 붙인 것이다.

(1) 천자문동몽선습(1636년)

천자문동몽선습(千字文童蒙先習)은 천자문과 동몽선습이 합본되어 있는 책으로, 1636년에 목판본으로 간행된 책이다. 천자문 끝에 있는 간기에 '丙子新正懶英書(병자 신정 나영서)'라고 되어 있는데, 이 문헌에 나오는 한글 자석의 표기법과 지질 등으로 보아 17세기 문헌으로 볼 수 있어서, 그 간행년을 1636년으로 추정하였다.

이 책은 앞의 천자문과 뒤의 동몽선습의 두 부분으로 되어 있다. 천자문의 첫 면은 낙장이어서 보사되어 있으나 원본 그대로 보사한 것이 아니라 낙서한 듯 쓴 글이 있다. 사주단변에 상하흑어미이고, 판심제도 없다. 6행 6자인데, 첫행에는 해서체의 천자문이 쓰이어 있고, 둘째행에는 초서체의 한자가 쓰이어 있다. 해서체의 한자 아래에는 한글로 그 석음을 달아 놓았지만, 초서체 한자 밑에는 한글 석음이 없다. 그래서 6행 6자이지만 한 면에 천자문의 한자 36자가 들어가지 않고 그 반인 18자의 한자가 들어가 있는 셈이다. 천자문이 29장이다. 대부분의 천자문에는 해서체 이외의 서체들은 작은 글씨로 써서 부가적인 정보를 제공하고 있는데 비해, 이 천자문은 초서체를 해서체와 동등하게 다루고 있다는 점에서 매우 특이한 천자문이라고 할 수 있다. 물론 초서체에는 한글로 쓴 석음을 달지는 않았지만, 다른 서체를 제공하고 있는 천자문들에서는 다른 서체는 단순한 참고사항처럼 다루고 있는데 비해 이 책은 해서체와 초서체를 같은 비중으로 다루고 있는 것은 다른 전서체나 예서체를 다루지 않은 데에 그 이유가 있을 것이다. 왜냐하면 다른 서체를 다 제공했을 때에는 여유 지면이 없기 때문이다.

이 글씨를 쓴 '나영(懶英)'은 승려로 보이나, 인적 사항은 알 수 없다.

천자문에 이어서 동몽선습이 같이 붙어 있는데, 한문에 차자구결이 붙어 있다. 동몽선습에는 제목도 있어서 '동몽선습'이라고 하였고, 9행 13자로 되어 있다. 천자문이 29장, 동몽선습이 19장으로 모두 58장으로 되어 있다. 책의 보존상태가 좋지 않아 서영을 보이는데 문제가 있을 수 있다. 남권희 교수 소장본이다.

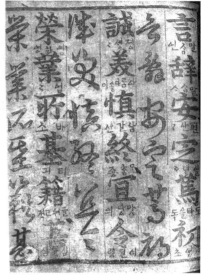

〈천자문 동몽선습〉

(2) 필사본 전해천자문(1865년)

전해천자문(篆諧千字文)은 1865년에 필사한 천자문이다. 책의 크기는 31×28㎝이다. 책의 끝에 '歲在乙丑早春/ 硏樵(세재을축조춘/ 연초)'의 기록이 있어서 1865년에 쓴 천자문으로 추정한다. 한자 석음의 한글 표기가 1925년에 필사된 것으로 보기에는 무리이어서 1865년에 쓴 것으로 본다. 책의 본문 첫행에 '梁周興嗣(양주흥사)'가 쓰이어 있고 이어서 다음 행에 이 책의 제목인 '千字文(천자문)'이 있어서 이어서 읽으면 '주흥사천자문'이 될 것이다. 4행 5자인데, 그 위에 한 줄이 있어서 엄밀히 말하면 4행 5자 정도인 셈이다. 상단에는 아래의 4자 한자에 대한 전서체의 한자가 쓰이어 있다. 그래서 이 책을 '전해천자문'이라고 할 수 있다. 그리고 한자의 오른쪽에 한글로 그 한자의 석음을 달아 놓았다.
한상봉 씨 소장이다.

〈전해천자문〉

2. 삼체천자문(三體千字文)

한자의 세 가지 서체를 볼 수 있게 편찬된 천자문이 곧 삼체천자문인데, 해
서체를 바탕으로 하고 초서체와 전서체를 첨가하거나 초서체와 예서체를 첨
가한 것이다.

(1) 천보당 발행 전초언주천자문(1916년)

전초언주천자문(篆草諺註千字文)은 1916년에 천보당(天寶堂)에서 1책의 목판
본으로 간행한 천자문이다. 판권지에 '大正五年 三月十五日 發行(대정 5년 3월 15
일 발행) / 發行所 天寶堂(발행소 천보당)'이라는 발행 기록이 있다.

반엽광곽의 크기는 28.0×18.5㎝이다. 편집 겸 발행자는 박영진(朴永鎭)이다. 모두 32장인데, 4행 4자로 되어 있고 사주단변에 판심어미는 상이엽화문어미이다. 제첨의 제목과 내지제목 모두 '篆草諺註千字文(전초언주천자문)'이다. 내지 제목 '篆草諺註千字文(전초언주천자문)'의 아래에 한글로 '천자문'에 대한 주석을 달아 놓았는데, 그 내용은 다음과 같다.

> 이 칙은 량무데씌셔 각각 글즈 일쳔즈를 갈히샤 쥬흥스를 명ᄒ야 글을 지으라 ᄒ신지 ᄒ로 동안에 지여 밧쳣ᄂᆡ 머리와 슈염이 빅발이 되엿거늘 무데 깃거ᄒ샤 상 주시고 칙명으로 쳔즈문이라 칭ᄒ니라

그러나 판심제는 없다. 판권지는 표지의 안쪽 면지에 붙어 있다. 1장 앞면에는 '周興嗣 撰 朴永鎭 修(주흥사찬 박영진 수)'가 전서체로 판각되어 있고 난상에 그 면에 실린 한자의 전서체가 쓰이어 있다. 각 한자의 오른쪽 위에 성점(聲點) 표시를 하였는데, ○ ● ◑의 3가지가 있다. 이에 대해서는 하단에 한글로 다음과 같이 설명하여 놓았다.

> 글즈마다 놉고 ᄂᆞᆫ즌 즈ㅣ 잇스니 놉흔 즈ᄂᆞᆫ 음을 느리게 부르며 ᄂᆞᆫ즌 즈ᄂᆞᆫ 음을 되게 부르ᄂᆞᆫ 법인 고로 놉흔 즈ᄂᆞᆫ ● 검은 덤을 찍고 ᄂᆞᆫ즌 즈ᄂᆞᆫ ○ 흰 덤을 찍으며 흔 글즈가 놉고 ᄂᆞᆺ게 두 가지로 되ᄂᆞᆫ 즈ᄂᆞᆫ ◑ 반덤을 찍어 ᄡᅥ 글즈의 고뎌를 표ᄒ노니 이ᄂᆞᆫ 다름 아니라 말홀 ᄶᅢ에 고뎌를 분명히 ᄒ야 문명흔 사람이 되게 훔이니라

각 한자의 아래에 한글로 석과 음을 달아 놓았고, 각 한자의 아래쪽 왼편에 그 한자의 초서체를 서 놓았다. 그래서 상단의 전서체와 이 초서체와 본문의 해서체를 합쳐 삼체(三體)라고 한 것이다.

4자 성구의 하단에 한글로 그 4구로 된 한문구의 뜻풀이를 하여 놓았다. 예

를 '天地玄黃'을 들어 보이도록 한다.

　　텬디의 시초라 쥬역에 글ㅇ듸 하늘은 감앗코 싸흔 누르다 ㅎ니 하늘은 우혜
덥힌 고로 빗치 검으며 싸흔 아릭에 실닌 고로 빗치 누르니라

'宇宙洪黃'에 대해서는 다음과 같이 기술하고 잇다.

　　텬디는 샹하와 ᄉ방이 잇스며 녯날과 이졔가 잇셔 크며 넓고 것즐며 머러셔
참 가이업고 ᄯᆞᆺ치 업ᄂᆞ니라

　　'ㆍ'가 쓰이고 ㅅ계 합용병서가 사용되었다. 국립중앙도서관 소장이다(古
朝 41-86-2).

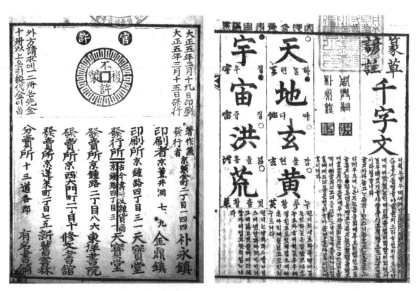

〈전초언주천자문〉

(2) 회동서관 발행 삼체주해천자문(1916년)

삼체주해천자문(三體註解千字文)은 1916년에 회동서관(滙東書館)에서 1책의 목판본으로 간행한 천자문이다. 판권지에 '大正五年 十月 十二日 發行(대정 5년 10월 12일 發行)'이라는 발행기록이 있다.

책광은 26.6×18.7㎝이고 반엽광곽의 크기는 21.1×15.7㎝이다. 편집 겸 발행자는 강의영(姜義永)인데, 회동서관 대표이다. 모두 32장으로, 4행 4자이며 사주단변에 판심어미는 상이엽화문어미이다. 제첨의 제목과 내지 제목 모두 '三體註解千字文(삼체주해천자문)'이다.

이 책은 책의 제목이 '三體註解千字文(삼체주해천자문)'이지만 같은 해 3월에 천보당에서 간행한 『전초언주천자문』과 동일한 책이다. 다른 점은 판권지와 1장의 앞면에 있는 '周興嗣 撰 朴永鎭修(주흥사 찬 박영진 수)'를 '周興嗣 撰 姜義永修(주흥사 찬 각의영 수)'로 바꾸어 놓은 것밖에 없다. 판식과 한글로 쓴 석음도 동일하다. '전초(篆草)'의 두 서체와 '해서(楷書)'의 세 가지 서체를 사용하였기 때문에 한 책에서는 '전초언주천자문'이라고 하였고 한 책에서는 '삼체주해천자문'이라고 한 것이다. 국립중앙도서관 소장본이다(古朝 41-61-2).

〈삼체주해천자문〉

(3) 해초예서천자문(1930년 이후)

해초예서천자문(諧草隷書千字文)은 판권지가 없어서 발행처와 발행연월일을 알 수 없다. 1책의 석인본이다. 그러나 책의 말미에 '대한민국성씨표(大韓民國姓氏表)'가 있는데, 그 아래에 '四二六三年 十月 一日 國勢調査發表(4263년 10월 1일 국세조사발표)'란 기록이 있어서 이 책이 1930년 이후의 책임을 알 수 있다. 1930년 이후이지만 표기법으로 보면 1960년대로 보인다. 표지 제첨제와 내지 책제목은 '諧草隷書千字文(해초예서천자문)'이다. 반엽광곽의 크기는 26.1×18.9㎝이고 사주단변에 판심제는 없다. 모두 26장인데 한자는 4행 4자로 되어 있고, 상단에 밑의 한자 4자에 대한 예서와 초서 두 가지를 작은 글씨로 적어 놓았다. 본문에 있는 한자 해서체와 상단에 있는 예서체와 초서체를 합쳐 삼체인 셈이다. 한자 하나하나마다 오른쪽 상단에 중국음이 쓰이어 있고, 하단에 한글로 그 한자에 대한 석음을 달아 놓았다. 그리고 한자의 왼쪽을 행으로 나누어 작은 글씨로 한자 4자의 문구에 대한 설명이 붙어 있다. 예컨대 한자 '天地玄荒'에는 '하늘은 위에 덮인 고로 그 빛이 검고 땅은 아래에 실린 고로 그 빛이 누루니라'란 글이 있다. 한자 '宇宙洪荒'에는 '우주는 넓고 커서 시종이 없으니 이는 세상이 끝이 없음을 이름이니라'라고 되어 있다. 국립중앙도서관 소장본이다 (BA3111-30).

이 천자문은 1973년 11월 10일에 신문출판사(新文出版社)에서 판형을 줄여 다시 간행하였다. 책 뒤에 '發行(발행) 1973년 11월 10일, 發行人 閔泰豊 發行所 新文出版社(발행인 민태풍 발행소 신문출판사)'의 기록이 있다. 반엽광곽의 크기는 20.6×15.6㎝이다. 양지에다가 인쇄하였다. 필자가 소장하고 있다.

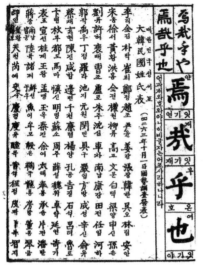

〈해초예서천자문〉

(4) 전초해삼체천자문(20세기)

전초해삼체천자문(篆草諧三體千字文)은 목판본으로 간행된 것인데, 간기가 없어서 누가 언제 간행하였는지는 알 수 없다. 그러나 20세기 이전에는 삼체 천자문이 보이지 않고 대체로 20세기 초에 와서 이러한 천자문이 등장하는 것으로 보아 이 천자문도 20세기 초에 간행된 것으로 추정할 수 있다. 반엽광곽의 크기는 28.6×18.1㎝이다. 사주단변에 판심어미는 상흑어미이고 판심제는 '千字文'이다. 4행 4자이고 32장이다. 책제목인 '篆草諧三體千字文(전초해삼체천자문)' 아래에는 '南陽洪泰運書(남양홍태운서)'라고 되어 있는데, 여기에 쓰인 한자가 홍태운이 썼다는 의미인지, '千字文(천자문)'이란 글씨만 홍태운이 썼다고 하는지 알 수 없다. 그러나 주해천자문과 비교를 하면 이 책에 쓰인 한자가 주해천자문의 한자와 매우 흡사해서 여기에 쓰인 한자가 곧 홍태운이 쓴 천자문에서 가져 온 것으로 해석된다. 제목 다음 줄에 '梁周興嗣撰(양주흥사찬)'이란 글이 있는데, 이것은 이 당시의 천자문에서 흔히 볼 수 있는 판식이다.

천자문에 해당하는 한자 하나하나에 대해 자형으로 해서체 한자를 크게 쓰고 그 아래 오른쪽에 세로로 한글 석음을 붙였고, 그 석음 왼쪽으로 그 한자의 전서체와 초서체를 써 놓았다. 그래서 한 칸에 한자의 본문인 해서체와 합쳐 삼체의 한자가 있는 셈이다. 국립중앙도서관 소장본이다(古朝 41-86-4).

〈전초해삼체천자문〉

3. 사체천자문(四體千字文)

사체천자문은 한자의 네 가지 서체, 즉 해서체, 전서체, 예서체, 초서체를 볼 수 있는 천자문이다.

(1) 회동서관 발행 사체천자문(1929년)

1929년에 회동서관(滙東書館)에서 1책의 목판본으로 간행한 천자문이다. 책의 크기는 28.5×20.2cm이고 반엽광곽의 크기는 21.1×16.7cm이다. 사주단변에 5행 4자이다. 계선이 있고 판심어미는 상이엽화문어미이다. 내제와 판심제는 '四體千字文(사체천자문)'이다. 책의 끝에 있는 판권지에는 '昭和四年二月五日 發行(소화 4년 2월 5일 발행) / 發行所 滙東書館(발행소 회동서관)'의 기록이 있다. 편집 겸발행자는 회동서관 대표인 고유상(高裕相)이다. 한자 하나하나에 대하여 그 오른쪽 위에 한자의 성조를 표시하는 ○ ● ◑의 표시가 달려 있고 한자의 아래에 한글로 쓴 석음이 달려 있다. 한글 석음 아래에 그 한자에 대한 일본어 석음이 가타카나로 쓰이어 있는데 새김과 음 사이에 가로선을 그어 구분하여 놓았다. '四體千字文(사체천자문)'이란 제목의 아래에 성조 표시의 부호에 대한 설명이 있다. 그리고 4자의 한자 위에는 그 4자 한자의 전서체, 초서체, 예서체의 3가지 서체가 작은 글씨로 쓰이어 있다. 본문의 해서체와 함께 4가지 서체를 보여주고 있어서 이 책을 사체천자문이라고 한 것이다. 판권지 위에는 일본의 가타카나 오십음표가 있고 각 가타카나에는 한글로 그 음을 달아 놓았다. 이름을 한일선 사체천자문이라고 했어야 맞을 것 같다. 필자가 소장하고 있다.

이 사체천자문에 나타나는, 동일한 새김을 가진 한자를 2개만 예를 들어 보도록 한다.

집 튁(宅)〈14b〉	집 가(家)〈13b〉	집 고(稾)〈13a〉
집 궁(宮)〈11b〉	집 궐(闕)〈2a〉	집 당(堂)〈6b〉
집 뎐(殿)〈11b〉	집 샤(舍)〈12a〉	집 슈(宙)〈1a〉
집 우(宇)〈1a〉		
편안 강(康)〈22b〉	편안 념(恬)〈24a〉	편안 녕(寧)〈15a〉
편안 안(安)〈8a〉	편안 유(綏)〈25a〉	편안 일(逸)〈10b〉

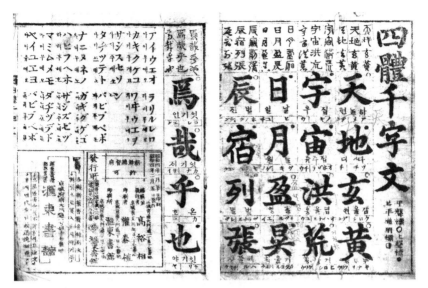

〈사체천자문〉

(2) 광한서림 발행 중선언해사체천자문(1945년)

중선언해사체천자문(中鮮諺解四體千字文)은 1945년에 광한서림(廣韓書林)에서 석인본으로 간행한 천자문이다. 판권지에 '乙酉年十月十五日 發行(을유년 10월 15일 발행) / 發行兼總販賣所 廣韓書林(발행겸총판매소 광한서림)'이라고 되어 있다. 저작겸발행자는 김송규(金松圭)이다. 여기의 '을유(乙酉)'는 1945년이다. 책의 크기는 26.0×18.5㎝이고 반엽광곽의 크기는 21.5×17.3㎝이다. 사주단변에 유계로 5행 4자이다. 표지 제목은 '四體千字文(사체천자문)'이고 내지 제목은 '中鮮諺解四體千字文(중선언해사체천자문)'이다. 본문 한자의 오른쪽 위에는 그 한자의 중국어음을 한글로 써 놓았고, 그 한자의 아래에 한글로 그 석음을 달아 놓았다. 그리고 4자의 한자성구에 대한 설명이 4자의 한자 왼편에 쓰이어 있다. 예컨대 '天地玄黃'에는 '하날은 우에 덥힌 고로 빗시 감고 짜는 아래 실인 고로 그 빗시 누루이라'란 설명이 붙어 있다. 판권지의 상단에는 언문반절표가 실려 있다. 필자 소장본이다.

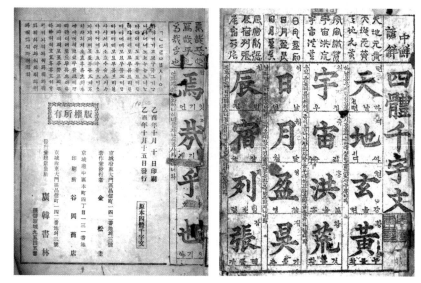

〈중선언해사체천자문〉

4. 오체천자문(五體千字文)

오체천자문은 한자의 네 가지 서체, 즉 행서체, 전서체, 예서체, 초서체에다
가 해서체를 볼 수 있는 천자문이다.

(1) 홍문서관 발행 국문현토 오체천자문(1949년)

국문현토 오체천자문(國文懸吐 五體千字文)은 1949년에 홍문서관(弘文書館)에
서 1책의 석인본으로 간행한 수진본 천자문이다. 책의 크기가 12.7×9.2㎝인
작은 책이어서 표지 서명은 '懷中 五體千字文(회중 오체천자문)'이다. 이 책의 편

집자는 김영기(金永起)로 되어 있는데 홍문서관의 대표인 김완기(金完起)와 관계있는 사람으로 보인다. 표지에는 '홍문서관 편집'으로 되어 있다. 뒤의 판권지에 '檀紀四二八二年 十一月 十日 發行(단기4282년 11월 10일 발행), 發行者 金完起(발행자 김완기)', '發行所 弘文書館(발행소 홍문서관)'으로 되어 있다. 앞에 운필법(運筆法)이라 하여 영자팔법(永字八法)이 있고 이어서 국문현토 오체천자문의 본문이 나온다.

내지 책명이 '국문현토 오체천자문'이어서 한자에 한글로 석음이 달려 있고 상단에는 그 줄에 쓰인 한자의 전서, 예서, 행서, 초서가 있고 본문의 한자가 해서체이어서 이를 오체천자문이라고 한 것으로 보인다. 이러한 종류의 천자문은 대부분 '사체천자문'이라고 하는데, 이 책에서는 책제목을 오체천자문이라고 붙인 것이다.

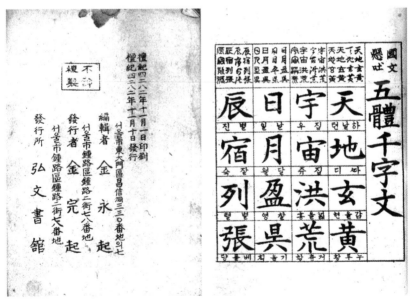

〈국문현토 오체천자문〉

본문은 4행 4자로 되어 있어서 여늬 천자문과 다를 바 없다. 각 한자의 아래에 한글 석음이 쓰이어 있다. 1949년에 간행되었음에도 불구하고 여기에 쓰인 한글 표기는 이전의 표기법과 그 당시의 표기법이 섞여 있다. '天 하날 텬, 地 따 디'가 있는가 하면 '坐 앉을 좌, 盖 덮을 개'도 보인다.

책의 뒤에는 한잔비문(漢殘碑文)을 비롯하여 추사(秋史)의 글씨와 한석봉의 글씨 등이 붙어 있다. 필자가 소장하고 있는 책이다.

5. 초서체 천자문

초서체(草書體)의 천자문은 별도의 책으로 간행한 경우가 많이 있을 뿐만 아니라 유명한 서예가들이 써 놓은 책도 꽤나 있다. 그러나 이 초서체 천자문은 천자문에서 한자의 기본적인 형, 음, 의를 학습하려는 사람들의 요구를 충족시키기 위해서 편찬된 것이 아니라 한자의 기본적인 형(形), 음(音), 의(義)는 알고 있고 이것을 활용하여 한자에 대한 더 많은 지식을 요구하는 사람들을 대상으로 편찬된 것이라고 할 수 있다. 그렇기 때문에 초서체 천자문에는 한글로 그 석과 음을 달아 놓은 것이 매우 드물다. 필자가 찾은 것은 다음의 한 책에 불과하다.

(1) 초천자문(19세기 말)

초서체의 천자문인데 한글 석음을 가지고 있는 천자문이다. 간기나 판권지 등이 없어서 간행사항을 알 수 없으나, 한글석음, 그리고 배접지에 경판 한글 고소설이 붙어 있는 것 등으로 보아 이 천자문이 19세기 말경에 간행된 것으로 추정된다.

책제목은 '草千字文'이다. 책의 크기는 22.0×16.6㎝이고 반엽광곽의 크기는

17.5×13.0㎝의 작은 천자문이다. 사주단변에 유계로 5행 6자이다. 판심어미는 상하이엽화문어미이고 판심제는 없다. 초서체의 한자를 크게 써 놓고 그 오른 편에 작은 글자로 해서체 한자를 써 놓았다. 그리고 초서체 한자의 아래에 한글로 그 한자의 석음을 달아 놓았다. 필자의 소장본이다.

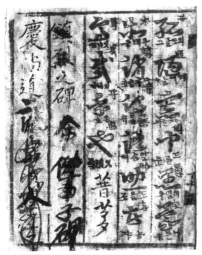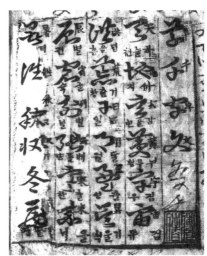

〈초천자문〉

제10장 외국어를 동시에 배우는 천자문

천자문은 원래 한자를 익히기 위한 교재이었지만, 외국어까지도 함께 학습하도록 만든 천자문도 있다. 특히 일제강점기에 간행된 천자문 중에는 일본어를 동시에 배우도록 편찬된 것이 흔히 있다. 그래서 이 천자문들은 중국의 한자, 한국의 한글, 일본의 가나 문자가 쓰이고 있어서 대개 '한일선(漢日鮮)'이라는 부제를 달고 출간되는 것이 일반적이다. 이 천자문들은 한국어를 연구하는 데에도 도움을 주지만, 그 당시의 일본어 연구에도 많은 도움을 줄 수 있을 것으로 생각한다. 광복 이후에는 영어도 함께 익히는 천자문이 나오기도 하였다. 20세기에 들어서야 이러한 책이 출간되고 있음도 그 당시의 한일관계를 말해 주고 있는 것이다.

1. 중국어

천자문은 본래 중국의 문자인 한자를 학습하는 교재이지만 우리나라에서 편찬된 천자문은 이 한자의 중국음을 학습하는 것이 아니라 한국의 한자음과 새김을 학습하는 것이어서 초기에 간행된 천자문에는 이 한자의 중국음을 표기해 놓은 천자문은 거의 보이지 않는다.

어찌 보면 한자를 배우기 위해서는 중국어 학습이 필수적인 것처럼 인식되지만, 실제로 우리나라 사람들에게 중국음은 반드시 필요한 정보는 아니었던 것이다. 한자 교육에서 중국음 정보가 필수적이었다면 모든 한자 학습서에 중국음 정보가 반드시 포함되었어야 한다. 그러나 실제로 천자문에 중국음 표기가 부가되기 시작한 것은 20세기에 와서의 일이다.

만약에 그 한자의 중국음이 필요하다면 천자문의 한자에 중국음을 부가해 표기해 놓으면 될 것이어서 대체로 '화음(華音)'이란 표시를 하여 중국음 정보를 부가적으로 제공하고 있다.

이렇게 중국음을 표기해 놓은 천자문의 목록을 보이면 다음과 같다. 그러나 이 문헌들은 다른 곳에서 소개하고 기술하기 때문에 이곳에서는 별도로 기술하지 않는다.

번호	문헌명	간행연도	출판사
1	천자문	1913년	신구서림
2	천자문	1915년	지물서책상
3	천자문	1916년	한남서림
4	천자문	1917년	박문서관
5	천자문	1925년	회동서관
6	천자문	1931년	최성운상점
7	천자문	1934년	세창서관
8	해초예서 천자문	1930년 이후	미상
9	천자문	1936년 이전	신구서림

2. 일본어

천자문에 일본어의 새김과 일본 한자음이 쓰이기 시작한 것은 20세기에 와서의 일이다. 일제강점기와 관계되기 때문이다. 일본어가 부가된 천자문은 대부분 '日鮮'이라는 부가제목이 앞에 붙어 있다. 한자가 쓰이고 일본어가 쓰이고 한국어가 쓰이어 있기 때문에 대부분은 '한일선(漢日鮮)'이란 제목이 많이 붙는다. 그러나 이러한 천자문은 8.15 광복과 함께 완전히 사라져 버리고, 해방 이후부터 지금까지도 이러한 천자문은 거의 나타나지 않고 있다.

(1) 일한천자문(1900년)

　일한천자문(日韓千字文)은 일본인 荒浪平治郎이 편찬하여 1900년에 일본의
동경에 있는 철학서원(哲學書院)에서 1책의 연활자본으로 간행한 천자문이다.
책의 크기는 17.2×12.2㎝의 작은 책이다. 표지서명은 '日淸韓 三國千字文(일청
한 삼국천자문)'으로 되어 있지만, 내지의 제목은 '日韓千字文(일한천자문)'이다.
그러나 책의 말미에는 '日淸韓 三國千字文終(일청한 삼국천자문종)'으로 되어 있
다. 판권지에는 '明治三十三年 五月十五日 發行(명치33년 5월 15일 발행) / 發行所
哲學書院(발행소 철학서원)'으로 되어 있고, 저작자는 일본인 荒浪平治郎이다.
　책의 앞에는 野口寧齋가 한문으로 쓴 글이 있고 이어서 삼국천자문인(三國
千字文引)이 있는데, 1895년(명치 28년 8월 7일)에 省軒 龜谷行이 쓴 것이다. 이어서
한문으로 된 삼국천자문서(三國千字文序)가 있고 이어서 勺水 日下寬이 역시 한
문으로 쓴 '서한본천자문후(書韓本千字文後)'가 있다. 그 뒤에는 秋月種樹가 쓴
일한천자문서(日韓千字文序)가 한문으로 기록되어 있다. 뒤를 이어서 한국인
洌水居士가 한문으로 쓴 '삼국천자문서(三國千字文序)'가 있다. 그 뒤에 부산에
서 伊集院彦吉이 일본어로 쓴 '삼국천자문서(三國千字文序)'가 있다. 그 뒤에 일
본어로 쓴 '삼국천자문서(三國千字文序)'의 한어역(韓語譯)이 붙어 있는데 이것을
보이면 다음과 같다.

　　日淸韓 三國은 古來 東洋 一面에 獨立ᄒ여 國勢ᄂ 各差ᄒ나 其歷史的 關係에 密홈
　　은 玆에 余의 喋喋ᄒᄆ를 要홀 것 업거니와 今예 歐米의 勢力이 東으로 漸進ᄒ기로
　　자차 三國의 關係홈은 더욱 復雜케 되니 旣往은 말홀 것 업스나 萬一 其 交情이 圓
　　滿을 缺ᄒ고 和親을 온전히 ᄒ지 못ᄒ면 敵이 其 隙을 乘ᄒ여 東洋에 禍機ᄂ 玆에
　　發ᄒ여 마춤ᄂᆡ 이루 말홀 슈 업는 不幸에 더러질 일이 업즐턴지 保證홀 슈 업는
　　지라 果然則 三國의 和親을 鞏固케 ᄒ는 道를 講ᄒ기는 진실노 三國人士의 勉홀 바
　　아니려 然而 其目的을 達ᄒ는 方法은 결단코 젹지 아느뇌타 就中 文學ᄀᆺ튼 거슨

332

가장 其媒介者에 適當한 거시라 本是 三國의 文學은 親子의 關係가 有한 거시나 國情과 風土가 異홈으로써 其發達上에 各기 特色이 잇스나 조곰 硏究를 積하여 其方法을 講하면 三國의 文學은 共通되여 情을 通하고 思를 述하는 難과 易는 今日과 곳지 아니하리라 此事가 成就하게 되면 互相 感情은 融和 아니하랴 하여도 得지 못하니라

荒浪平治郎君이 玆에 觀혼 바 잇셔 明治二十八年에 朝鮮에 와셔 其文學에 關하여 크게 硏究하려 하더니 맛츰 此時에 釜山 韓人中 篤志者가 圖謀하여 文明혼 模範을 本바다 校舍를 興設하랴 하니 君아 其擧를 도와셔 盡力하여 맛츰닉 釜山開成學校 創立홈을 보고 君이 今에 釜山에 止하여 同校에셔 韓人 子弟 敎育하믈 從事하여 其間에 크게 得하기 잇셔 三國千字文을 編纂하여 成하니 所載는 簡하나 君이 三國 文學上에 知識과 實驗이 잇고 토 能히 要領을 盡하니 此書가 혼번 世上에 公行하게 되면 日淸韓 三國 語學硏究上에 裨益아 앗기는 疑心이 업는 바ㅣ라 余 크게 此擧 잇스믈 贊하예 聊所思를 述하여 川上立一郞君을 煩하여 이에 韓譯을 添하여 本書의 上梓홈을 祝홈.

이 글에 의하면 이 책의 필자는 부산개성학교에 와서 우리나라 자제들을 교육시키기 위하여 이 삼국천자문을 지었다는 것이다.

이 뒤에는 일본어로 된 필자의 서언(緖言)이 17쪽에 걸쳐 쓰이어 있다. 이 서언에서는 저자가 일본에서 한국의 부산에 오게 된 과정과 도움을 준 사람들에 대해 언급하고 동양의 학문과 서양의 학문에 대해 저자의 생각을 기술하고 있다. 그 뒤에 6개로 나누어 범례를 설명하고 있다. 그 뒤에 일본편가명(日本片假名), 진자(眞字), 평가명(平假名)이 제시되어 있고 이어서 조선언문표(朝鮮諺文表)가 모음, 자음 그리고 평음 격음, 중음(重音), 중격음(重激音) 순으로 배열하여 놓았다. 마지막으로 독방주의(讀方注意), 즉 읽을 때 주의할 점을 들어 놓고 본문이 시작된다.

본문은 6행 4자로 되어 있는데, 한자 하나에 대하여 일음훈(日音訓) 한음(韓音)

한훈(韓訓)의 세 가지를 써 놓았다. 한자의 오른쪽에는 일본음이 가타카나로
쓰이어 있고 왼쪽에는 일본훈(日本訓)이 가타카나로 적혀 있다. 그리고 아래에
한글로 우리나라 한자음을 크게 적고 바로 아래에 한자의 새김을 한글로 적어
놓았다. '天'을 예로 들면 다음과 같다.

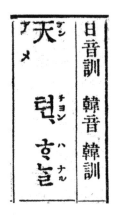

天의 오른쪽에는 'テン'이란 일본음을, 왼쪽엔 ' ゝ'란 일본훈을 적었고 그 아
래에 '텬'이란 한음(韓音)을 적었는데, 그 오른쪽에는 한국의 음을 일본의 가타
카나로 'チヨン'으로 표시해 놓았다. 이 '텬'의 아래에 쉼표를 찍어 아래의 훈과
구분하였다. 그리고 한훈(韓訓)에는 'ㅎ 늘'로 쓰고 역시 각 음절에 일본의 가타
카나로 'ハ ナル'로 적고 있다.

일본인이 편찬한 것이라 오자도 많다. (〈 〉 안은 바로잡은 글자임)

月 탈 월(11) 〈달 월〉   寒 칠 한(11) 〈찰 한〉

愛 스랑 의(15) 〈스랑 이〉   駒 미마지 구(15) 〈미아지 구〉

首 어리 슈(15) 〈머리슈〉   深 김흘 심(20) 〈깁흘 심〉

容 알글 용(21) 〈얼골 용〉   大 곤 대(16) 〈큰 대〉

이 책은 부산시립도서관 소장본이다.

〈일한천자문〉

천자문이 끝나면 '청음천자문(淸音千字文)'이 있고 이어서 부록으로 동몽선습이 한국어와 한문으로 쓰이어 있으며 마지막에 東京府士族(동경부사족) 木保安親이 명치 30년(1897년)에 부산객사(釜山客舍)에서 한국어로 쓴 발(跋)이 붙어 있다. 일본인이 만든 한국어로 된 최초의 천자문이라고 할 수 있다.

이 일한천자문을 필사한 한일천자문(韓日千字文)이 전한다. 백두현 교수 소장본으로, '隆熙三年二月日(융희 3년 2월 일)'의 필사기와 표지에 '隆熙二年戊申秋(융희 2년 무신추)'라는 기록이 있다. 즉 1908년에 필사한 것이다.

'일한천자문(日韓千字文)'을 '한일천자문(韓日千字文)'으로 바꾸어 놓았다. 표지서명은 '韓日兩國千字文(한일양국천자문)'이다. 어느 것은 일한천자문을 그대로, 어느 것은 수정하여 필사한 것으로 보인다. 앞의 '칠 한'은 그대로 필사했지만, '蒙'은 연활자본에서는 '머릴 몽'으로 되어 있는데, 필사본에서는 '어릴 몽'으로 수정하여 놓았다.

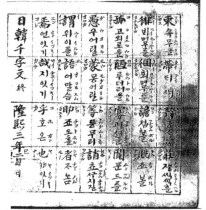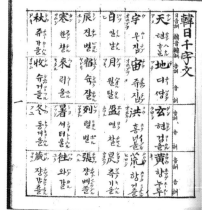

〈한일천자문〉

(2) 일한훈점천자문(1903년)

일한훈점천자문(日韓訓點千字文)은 1903년에 간행된 『일한통화(日韓通話)』에 실려 있는 연활자로 간행된 천자문이다. 판권지에 의하면 '明治三十六年 十月 八日 發行(명치36년 10월 8일 발행) / 發行者 國分建見(발행자 국분건견)'으로 되어 있다. 『일한통화』는 그 당시 서울에 살고 있었던 일본인 國分象太郞이 교정하고 國分國夫가 편집하고 한국인 유필근(柳苾根)과 박제상(朴齊尙)이 교열(校閱)하여 1903년에 초판을 간행하고 1904년에 4판을 간행한 책이다. 이 책에는 제1장 조선언문(朝鮮諺文)과 일본가명(日本假名), 제2장 조선언문조성구별(朝鮮諺文組成區別)로부터 시작하여 제24장 선차(船車)까지 되어 있고 마지막에 일한훈점천자문(日韓訓點千字文)이 실려 있다.

이 천자문은 각 한자에 대해 한자의 오른쪽에 일본음을 가타카나로 적고 왼쪽에는 일본의 새김을 역시 가타카나로 적어 놓았으며 그 한자의 아래에는 한글로 석음을 달아 놓았다. 1900년에 간행된 일한천자문과 동궤의 책으로, 역시 일본인이 편찬한 천자문이다. 한글을 잘 모르는 상태에서 편찬되었기 때

문에 곳곳에 잘못이 보인다. '寒'이 '칠 한'으로 되어 있는데 이것은 '찰 한'의 잘못이다. 그런데 '칠 한'이라고 하고 일본음으로 '칠'을 'チル'로 하고 있으니 잘못임이 틀림 없다.

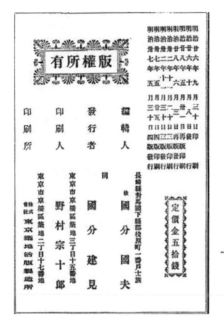

〈일한훈점천자문〉

(3) 박원식서점 발행 일선언해천자문(1916년)

일선언해천자문(日鮮諺解千字文)은 1916년에 박원식서점(朴元植書店)에서 1책의 목판본으로 간행한 천자문이다. 목판으로 찍은 판권지에 '大正五年 二月二十八日 發行(대정 5년 2월 28일 발행) / 印刷兼發行所 朴元植書店(인쇄겸발행소 박원식서점)'으로 되어 있다. 책의 크기는 26.3×18.8cm이고 반엽광곽의 크기는 22.4×16.7cm이다. 사주단변에 유계로 5행 4자이다. 내지제목과 판심제가 모두 '日鮮諺解千字文(일선언해천자문)'이다. 판심어미는 상이엽화문어미이다. 제목 다음 행에 '양주홍사찬(梁周興嗣撰)'이라 쓰이어 있고 그 다음 행에 '박원식정(朴元植訂)'이라고 쓰이어 있다. 한자 하나는 세로로 3행인데 첫째 행에 한자를 대자로 쓰고 그 다음 아래에 한글로 그 한자의 석음을 달고 그 다음 아래에는 오른쪽에 ○ ● ◑로 성조를 표시하였고 왼쪽에는 전서체와 초서체의 글씨를 써 놓았으며 그 한자의 왼쪽에는 일본의 가타카나로 새김과 음을 써 놓았다. 즉 다음과 같은 구조로 되어 있다.

일본어 새김	한자		
일본어 음	한글 석음		
	초서	전서	성조

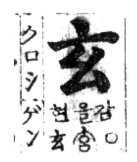

4자가 끝난 아래에는 한글로 4자로 된 성구의 의미를 적어 놓았다. 예컨대 '宇宙洪黃'의 밑에는 '우와 쥬는 널으고 크셔 가와 맛침이 업느니 상하 스방을 우라 ᄒ고 왕고릭금을 쥬라 ᄒᄂ니라'란 글이 있다. 판권지는 앞에 붙어 있다.

1910년대에는 이미 일정한 한자 석음으로 굳어진 것으로 판단된다. 이 당시에 간행된 천자문의 석음이 거의 동일하기 때문이다. 예컨대 이 천자문과 동일한 시기인 1916년에 천보당(天寶堂)에서 간행된 '전초언주천자문'과 비교해 보면 표기법을 제외하고 석음에 차이가 나는 것은 몇 개 되지 않는다.

가득홀 만(滿) (11a)   찰 만(滿)(13b)

견줄 비(比)(10a)   비홀 비(比)(12a)

두루 쥬(周)(13b)   나라 쥬(周)(4a)

비회 회(徊)(25b)   두루 회(徊)(31b)

필자 소장본이다.

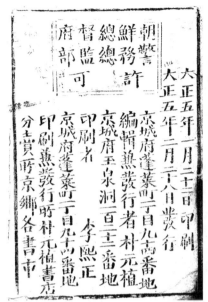
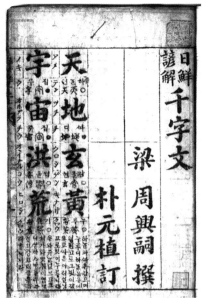

〈일선언해천자문〉

(4) 박문서관 발행 한일선천자문(1917년)

한일선천자문(漢日鮮千字文)은 1917년에 박문서관에서 석인본으로 간행한 천자문이다. 표지 제첨의 책제목은 '日鮮四體千字文(일선사체천자문)'인데, 내지의 제목은 '韓日鮮千字文(한일선천자문)'이어서 '사체(四體)'가 빠져 있다. 책의 크기는 25.8×18.6cm이고 반엽광곽의 크기는 23.0×16.0cm이다. 사주단변에 유계에 6행 4자이고 판심어미는 상이엽화문어미이다. 판심어미 위에 판심제인 '四體千字文(사체천자문)'이 있다. 각 한자의 오른쪽 위에 平聲標(평성표)인 ○, 上聲標(상성표)인 ●, 上平通用標(상평통용표)인 ◑ 표시가 있고 한자의 아래 작은 칸에 한글로 한자 석음을 써 놓고 그 아래에 일본어 새김과 음을 가타카나로 적어 놓았는데, 새김과 음 사이에는 점을 찍어서 구분하였다. 4자의 한자 상단에는 그 한자 4자의 전서, 예서, 초서의 3가지 서체를 작은 글자로 써 놓았다. 그래서 본문의 한자 해서체와 함께 4체가 되는 것인데, 이 책에서는 그보다는 일본어 석음을 달아 놓은 것에 맞추어 제목을 단 것으로 보인다.

‘ · ’가 쓰이지 않았으며, ㅅ계 합용병서가 쓰이고 있다. 필자가 소장하고 있고 국립중앙도서관에도 소장되어 있다(朝 41-80). 이 책은 후술할 바와 같이 1935년에 삼문사(三文社)에서 다시 간행하였다.

〈한일선천자문〉

(5) 박문서관 발행 일선주해천자문(1917년)

일선주해천자문(日鮮註解千字文)은 1917년에 박문서관(博文書館)에서 석인본으로 간행한 천자문이다. 제첨제와 내지 제목이 ‘日鮮註解千字文(일선주해천자문)’이다. 판심제는 ‘日鮮註解千字(일선주해천자)’이다. 책의 크기는 26.1×18.8cm이고 반엽광곽의 크기는 23.2×16.1cm이다. 계선이 있으며 6행 4자이다. 사주단변에 판심어미는 상이엽화문어미이다.

한자 아래에 한글로 석음을 달고 그 아래에 일본어 석음을 가타카나로 적었다. 일본어의 새김과 음 사이에는 점으로 구분하여 놓았다. 4개의 한자 하단에는 한글로 이 4자 성구의 의미를 적어 놓았다. 예컨대 '日月盈昃'의 아래에는 '날과 달은 차면 기우나니 날은 가온대 한즉 기울고 달은 찬즉 이지러지나니라'라고 설명되어 있다. 'ㆍ'는 사용되지 않으나 ㅅ계 합용병서는 사용되고 있다. 필자가 소장하고 있다.

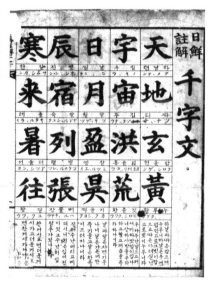

〈일선주해천자문〉

(6) 일본 한어학대전 소수 언한천자(1917년)

언한천자(諺漢千字)는 1917년에 일본 숭산당(嵩山堂)에서 연활자본으로 간행한 한어학대전(韓語學大全)에 실려 있는 천자문이다. 한어학대전은 일본인 津田房吉이 지은 것으로 발행소는 동경(東京) 숭산당(嵩山堂)이다. 판권지에 '大正

六年十一月五日發行(대정 6년 11월 5일 발행)'으로 되어 있다. 이 책의 내용은 문법 약설(文法略說), 명칭(名稱), 수량(數量), 이로하 절용단편(節用短編), 응접(應接), 통신(通信) 등이 있고, 끝부분에 한국단자성(韓國單字姓), 한국복자성(韓國複字姓)과 함께 언한천자(諺漢千字)가 있다.

한자가 있고 한자의 오른쪽에는 가타카나로 일본어 새김이, 왼쪽에는 일본어 음이 있다. 그리고 한자의 아래에는 오른쪽에는 한글로 그 한자의 새김이, 왼쪽에는 그 한자의 음이 적혀 있는데, 이들 한글의 오른쪽에는 그 한글음을 일본의 가타카나로 적어 놓았다. '·'가 쓰이고 합용병서가 사용되고 있다.

地 쌍 디 (385)　　常 썻썻 상 (387)　　湯 슬을 탕 (387)

逐 쏫츨 튝 (392)　　英 쏫봉어리 영 (393)　　亦 쏘 역 (393)

국립중앙도서관에 소장되어 있다(朝 40-75).

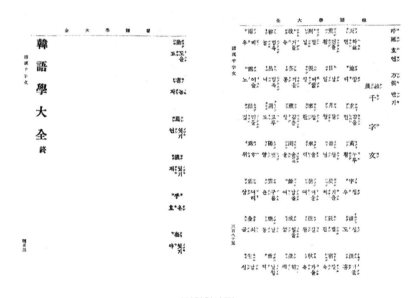

〈언한천자문〉

342

(7) 박문서관 발행 일선주해천자문(1925년)

일선주해천자문(日鮮註解千字文)은 1925년에 박문서관에서 목판본으로 간행한 천자문이다. 판권지에 '大正十四年 九月三十日 發行(대정 14년 9월 30일 발행) / 發行所 博文書館(발행소 박문서관)'이란 간행사항이 적혀 있다. 책의 크기는 28.8×19.8㎝이고 반엽광곽의 크기는 22.5×16.2㎝이다. 사주단변에 판심어미는 상흑어미이고, 5행 4자로 내지 책제목과 판심제는 모두 '日鮮註解千字文(일선주해천자문)'이다. 한자의 아래에 한글로 쓴 석음이 있고 그 아래에 일본어 석음이 가타카나로 쓰이어 있다. 일본어 새김과 음 사이에는 가로선으로 그 경계를 표시하였다.

모두 26장인데, 판권지 위에는 일본의 가타카나의 50음표가 각 일본 문자에 한글로 그 음을 달아서 표시되어 있다. 4자의 한자가 끝난 아래에는 4자로 된 한문구에 대한 설명이 한글로 쓰이어 있다. 이 설명은 1917년 박문서관에서 발행한 『일선주해천자문』과 동일하다. 박문서관에서 1917년에 발행한 『일선주해천자문』과 1925년에 발행한 『일선주해천자문』은 책제목은 동일하지만, 전혀 다른 책이다. 1917년판은 석인본인데 비하여 1925년판은 목판본이고 행자수가 다르다. 그러나 한글 석음은 매우 유사하다. 판권지 상단에는 일본의 가타카나 50음표가 붙어 있는데, 매 글자마다 한글로 그 음을 달아 놓았다.

1925년판임에도 불구하고 'ㆍ'가 전혀 사용되지 않고 있다. 그러나 ㅅ 계 합용병서는 쓰이고 있다.

쌀 함(醎)〈2b〉	끌을 탕(湯)〈3b〉	쇠질 공(拱)〈3b〉
써날 리(離)〈10a〉	뜻 졍(情)〈10b〉	쫏츨 츅(逐)〈11a〉
쌕쌕할 밀(密)〈15a〉	뫼쑤리 슈(峀)〈17a〉	쯩그릴 빈(嚬)〈24b〉

하단에 있는 사자성구에 대한 설명은 다른 천자문의 내용과 동일하다. 예컨 대 '秋收冬藏'은 '가을에 거두고 겨울에 감초니 만물이 봄에 나셔 여름에 자라나니라'로 되어 있다.

필자가 소장하고 있는데, 첫 면의 하단 부분이 많이 헐었다.

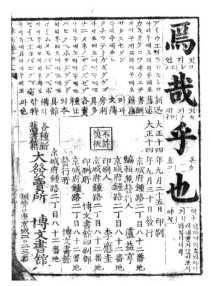

〈일선주해천자문〉

(8) 회동서관 발행 천자문(1925년)

이 천자문은 1925년에 회동서관에서 1책의 목판본으로 간행한 책이다. 판권지에 '大正十四年 五月 十一日 發行(대정 14년 5월 11일 발행) / 發行所 滙東書館(발행소 회동서관)'의 기록이 있다. 책의 크기는 25.5×18.9㎝이다. 제첨제나 내제나 모두 '千字文(천자문)'이다. 그러나 판심제는 '漢日鮮千字文(한일선천자문)'이다. 사주단변에 판심어미는 상내향이엽화문어미이고 유계에 5행 4자로 되어 있다. '千字文(천자문)'이란 책제 다음 두 행에 걸쳐 '周興嗣撰, 學古堂書(주흥사찬 학고당서)'가 전서체로 쓰이어 있는데, 이것은 이 당시에 간행된 천자문에서 흔히 볼 수 있는 판식이다. 책 제목 아래에 평성, 상성, 상평성을 표시하는 부호에 대한 설명이 있고 또한 글자의 아래에 중국음[華音]을 덧붙인다는 설명이 있다.

그래서 각 한자에는 오른쪽 위에 성조를 표시하는 ○ ● ◐ 중 하나로 성조를 표시하여 놓았고, 그 한자의 아래에 원 안에 중국음을 써 넣었다. 그리고 그 아래에 한글로 석음을 달아 놓았고, 다시 그 아래에 일본의 가타카나로 일본어 석음을 달아 놓았다. 그리고 그 석음의 경계는 세로선으로 하였다.

판권지에는 회동서관에서 발행한 도서목록이 나온다. 곧 '본관발태백지판 서목(本館發兌白紙版書目)'이 있는데, 여기에 한자 학습서인 '교정옥편(校正玉篇), 육체필론습자첩(六體筆論習字帖), 몽학이천자(蒙學二千字), 초천자(草千字), 유합 (類合), 주해삼체천자문(註解三體千字文), 천자문(千字文)'이 소개되어 있어서 이 당시에 한자 학습에 얼마나 많은 노력을 해 왔는지를 짐작할 수 있다. 필자와 국립중앙도서관이 소장하고 있다(古朝 41-58- 12).

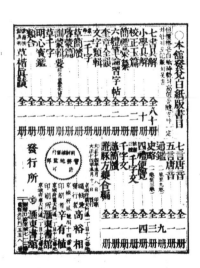 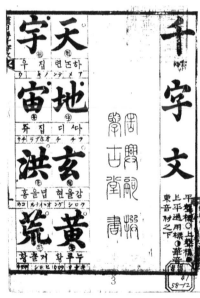

〈천자문〉

(9) 최성운상점 발행 일선주해천자문(1931년)

일선주해천자문(日鮮註解千字文)은 1931년 수원의 최성운상점에서 1책의 목
판본으로 간행한 천자문이다. 판권지에 '昭和六年 三月二十日 發行(소화6년 3월
20일 발행) / 印刷兼發行所 崔聖雲商店(인쇄겸발행소 최성운상점)'으로 되어 있다.
이 책은 1925년에 박문서관에서 발행한 일선주해천자문과 그 내용이 동일한
책이다. 책의 크기는 30.0×20.1cm이고 반엽광곽의 크기는 23.0×16.3cm이다.
박문서관판보다는 세로의 크기가 조금 커진 것 이외에는 거의 동일하며, 판
식도 동일하다. 아마도 최성운상점에서 박문서관판을 그대로 복각한 것으로
보인다. 마지막장의 판권지만 달라진 것이다. 필자가 소장하고 있다.

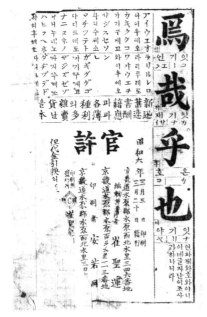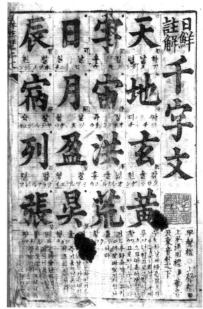

〈일선주해천자문〉

(10) 홍문서관 발행 신석한일선문주해천자(1931년)

신석한일선문주해천자(新釋韓日鮮文註解千字)는 1931년에 홍문서관(弘文書館)에서 1책의 석인본으로 간행한 천자문이다. 판권지에 '昭和六年 三月二十九日 發行(소화6년 3월 29일 발행) / 印刷兼發行者 洪鍾應(인쇄겸발행자 홍종응)', 發行所 弘文書館(발행소 홍문서관)으로 되어 있다.

책의 크기는 25.6×18.0㎝이고 반엽광곽의 크기는 20.9×16.0㎝이다. 사주단변에 판심어미는 상흑어미이고 판심제는 '註解千字(주해천자)'이다. 책 제목의 '신석한일선문주해천자(新釋漢日鮮文註解千字)'의 '신석한일선문(新釋漢日鮮文)'은 작은 글씨로, 그리고 '주해천자(註解千字)'는 큰 글씨로 쓰이어 있고, 다음 행에 '川香 朴翔緒 題 / 華城 洪鍾應 訂(천향 박상서 제 / 화성 홍종응 정)'이라 하고 각각의 이름 아래에 인장이 찍혀 있다. 5행 4자인데, 4자의 상단에는 4자 성구에 대한 한글 설명이 있다. 각 한자에는 한자의 아래에 한글로 석음을 써 놓고 다시 그 아래에는 일본어 석음이 가타카나로 쓰이어 있다. 즉

天
텬날하
シテ丨メア

와 같은 형식을 취하고 있다.

상단에는 예컨대 '宇宙洪荒'에 대해서는 '우와 쥬는 멀으고 커셔 갓과 맛침이 읍나니라'라고 쓰이어 있다.

이 제목의 천자문은 이후에도 여러 종류가 간행되었다. 예컨대 1934년판과 1935년판 등이 있는데, 형식은 매우 유사하지만, 한자에 대한 한글 석음은 표기상에서 차이가 보인다. 1931년판과 1935년판의 표기상의 차이를 몇 개 보이면 다음과 같다.

한자	출전	1931년판	1935년판
洪	01a	넓을 홍	넓을 홍
歲	01b	히 셰	해스 셰
致	01b	이울 치	일울 치
薑	02a	싀양 강	새양 강
海	02b	바다 히	바다 해
拱	03a	꼬즐 공	꼬질 공
湯	03a	쓰를 탕	쓸을 탕

1931년, 1934년, 1935년판 모두 필자가 소장하고 있다.

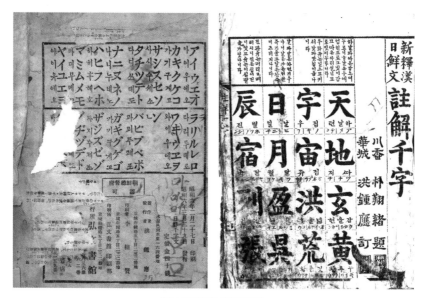

〈신석한일선문주해천자〉

(11) 우주서림 발행 천자문(1932년)

이 책은 1932년 우주서림(宇宙書林)에서 목판본으로 낸 천자문이다. 판권지에 '昭和七年十月五日 發行 / 發行兼印刷所 宇宙書林'으로 되어 있다. 반엽광곽

348

의 크기는 25.8×18.9㎝이다. 제첨제는 '日鮮千字文'이지만 내제는 '千字文'이다. 판심제는 없다. 상흑어미이다. 사주단변에 6행 4자로 되어 있다. 책제목인 '千字文'의 아래에 성조를 뜻하는 ○ ● ◐에 대한 설명이 있다. 즉 平聲標(평성표) ○, 上聲標(상성표) ● 上平通用標(상평통용표) ◐가 쓰이어 있다. 다음 행에 '周興嗣撰 學古堂書(주흥사찬 학고당서)'란 글이 전서체로 쓰이어 있다. 각 한자에는 오른쪽 위에 성조를 표시하는 표가 있고 한자의 아래에는 한글 석음이 있으며 그 아래에 일본어 석음이 가타카나로 쓰이어 있다. 먼저 새김을 쓰고, 이어서 음을 썼는데, 그 경계를 가로선으로 표시하였다. 국립중앙도서관 소장본이다(古朝 41-85).

〈우주서림판 천자문〉

(12) 삼문사 발행 일선주해천자문(1933년)

일선주해천자문(日鮮註解千字文)은 판권지의 발행소만 삼문사로 바꾸었을 뿐, 1917년에 박문서관에서 간행한 일선주해천자문(日鮮註解千字文)과 동일한 책이다. 뿐만 아니라 1933년에 회동서관에서 발행한『일선주해천자문』과 1935년에 삼문사에서 발행한『일선주해천자문』도 동일한 책이다. 세 책이 모두 판식과 반엽광곽의 크기가 동일하다.

1933년판의 회동서관판은 '昭和八年五月五日 發行(소화 8년 5월 5일 발행)'으로, 편집겸발행자가 고유상(高裕相)으로, 발행소는 회동서관으로, 그리고 총발매소가 삼문사(三文社)로 되어 있는데 비해서 1935년판은 '昭和十年十一月十五日 發行(소화 10년 11월 15일 발행)'으로, 編輯兼發行者(편집겸발행자)가 고경상(高敬相)으로 되어 있고, 발행소는 삼문사(三文社)로 되어 있다. 회동서관 주인과 삼문사 주인이 형제 관계로 추정된다. 그래서 동일한 책을 이렇게 다른 출판사에서 간행한 것일텐데, 1917년에 박문서관에서 간행한『일선주해천자문』을 그대로 다시 간행한 것을 보면, 그 당시에 출판사간에 판권 거래가 있었을 가능성을 보여 준다. 뿐만 아니라 그 당시에 천자문에 대한 독자들의 수요가 많았음을 암시해 준다고 할 수 있다.

이러한 이유로 한자 석음은 이 당시에 거의 표준화되어 있었다고 할 수 있다. 정부나 어느 단체에서 한자의 석음을 표준화한 적은 없지만, 이러한 방각본들이 천자문들을 공유하면서 자연스럽게 한자에 대한 석음이 몇몇을 제외하고는 대체로 표준화된 것으로 추측된다.

두 문헌 모두 필자가 소장하고 있다.

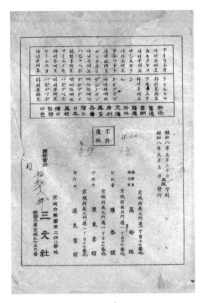

〈1933년 회동서관판 일선주해천자문〉

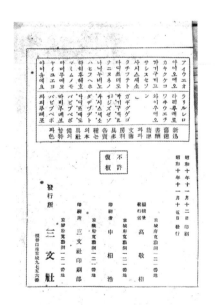

〈1935년 삼문사판 일선주해천자문〉

(13) 세창서관 발행 신석한일선문주해천자(1934년)

신석한일선문주해천자(新釋漢日鮮文註解千字)는 1934년에 세창서관에서 간행한 천자문이다. 판권지에 '昭和九年五月三十日 發行(소화 9년 5월 30일 발행) / 發行所 世昌書館(발행소 세창서관)'의 기록이 있다. 책의 크기는 25.1×17.9cm이며 반엽광곽의 크기는 20.6×15.6cm이다. 사주단변에 판심어미는 상흑어미이다. 제첨의 책제목은 '註解千字(주해천자)'인데, 내지의 제목은 '新釋漢日鮮文註解千字(신석한일선문주해천자)'이다. 판심제는 '註解千字文(주해천자문)'이다. 본문의 제목 다음 행에 '月堂新案謹製發行(월당신안근제발행)'이란 글이 있고 그 아래에 '月堂(월당)'의 인장이 새겨져 있다.

본문의 한자 하나하나에는 아래에 한글로 쓴 석음과 일본 가타카나로 쓴 일본 석음이 쓰이어 있다. 그리고 4자의 위에는 4자 성구의 의미를 네 줄로 된 한글 설명을 붙여 놓았다. 예컨대 '天地玄黃'의 위에 '하날과 싸은 감으며 누루니 하날은 우에 덥힌 고로 그 빗이 감으고 싸은 아래 실닌 고로 빗이 누루니라'란 글이 있다. 판권지 상단에 한글음이 붙은 일본 가타카나 50음표가 실려 있다. 'ㆍ'는 '이' 표기 (셕, 닉 등)에만 쓰이고 단독으로는 쓰이지 않는다. 그리하여 '하늘 텬'은 '하날 텬'으로 표기된다. 필자 소장본이다.

이 책은 1935년에도 세창서관에서 동일한 판으로 다시 간행하였다. 모든 것이 1934년판과 동일하여서 제첨제도 동일하게 '註解千字(주해천자)'이다. 다만 앞 면지에 '영국국문(英國國文)'이란 도표가 하나 덧붙여 있는데, 이것은 알파벳의 대문자 소문자를 써 놓고 그 오른쪽에 한글로 그 음을 달아 놓은 것이다. 그리고 1934년판에는 판권지 상단에 일본의 가타카나 50음표가 있었는데, 1935년판에서는 그 부분이 없어졌다. 1935년판에는 발행일이 昭和十年九月三十日 發行(소화 10년 9월 30일 발행)으로 되어 있을 뿐이다. 이 시기에 매우 많이 구독되었던 천자문인 듯, 지금도 이 책들은 흔히 볼 수 있는 편이다.

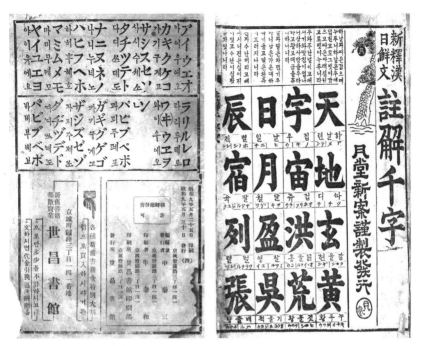

〈신석한일선문주해천자〉

(14) 세창서관 발행 천자문(1934년)

이 천자문은 1934년에 세창서관(世昌書館)에서 1책의 석인본으로 간행한 책
이다. 판권지에 '昭和九年 五月 三十日 發行(소화 9년 5월 30일 발행)'이라는 발행기
록이 있다. 책광은 26.2×18.6cm이고 반엽광곽의 크기는 20.6×16.3cm이다. 앞
표지 뒷면에 판권지가 있다. 편집 겸 발행자를 신태삼(申泰三)으로 하였고 발
행소는 영창서관이다. 지질은 미농지이다.

1면에 '周興嗣撰 學古堂書(주흥사찬 학고당서)'란 기록이 보이는데, 이 당시의
천자문에 '학고당'이란 사람의 글씨가 매우 널리 퍼져 있었지만, 정작 '학고당
(學古堂)'이 누구인지는 전혀 알 수 없다.

모두 26장인데, 5행 4자로 되어 있고 사주단변에 판심어미는 상이엽화문어

미이다. 제첨에는 '漢日鮮千字文'이라 하였지만 내지에는 책제목을 '千字文(천자문)'이라고만 하였다. 판심제는 오히려 제첨과 마찬가지로 '漢日鮮千字文(한일선천자문)'이라고 하여 놓았다.

각 한자의 아래에 한글로 석음을 달아 놓았고 그 바로 아래에 일본어의 석과 음을 가타카나로 표기하여 놓았다.

각 한자의 오른쪽 상단에 그 한자음에 대한 성조 표시를 ●◑○로 표시하여 놓았다. 이에 대한 설명이 천자문이란 책 제목 아래에 쓰이어 있다. 즉 平聲標(평성표) ○ 上聲標(상성표) ● 上平通用標(상평통용표) ◑라고 하였다. 그리고 각 한자의 오른쪽 중간에 한글로 중국의 음을 표시하여 놓았다. 이것도 '華音付之旁 東音付之下(화음부지방 동음부지하)'라 하여 중국음은 옆에, 한국의 한자음, 즉 동음은 아래에 붙여 놓았다고 하였다. 중국어와 일본어를 동시에 배우게 하려고 편찬된 천자문이라고 할 수 있다. 그래서 판권지 상단에 가타카나로 된 일본문자 50음표가 있는데, 한글로 그 음을 표시하고 있다. 국립중앙도서관 소장본이다(朝 41-74).

〈천자문(세창서관)〉

354

(15) 재전당서포 발행 일선문사체천자문(1935년)

일선문사체천자문(日鮮文四體千字文)은 1935년에 대구의 재전당서포에서 목판본으로 간행한 천자문이다. 판권지에 '昭和拾年九月二十日 發行(소화 10년 9월 20일 발행) / 發行所 在田堂書鋪(발행소 재전당서포)'란 기록이 있다. 책의 크기는 25.3×18.5cm이다. 표지의 제첨에도 그리고 내제에도 '日鮮文四體千字文(일선문사체천자문)'이란 제목이 있다. 판심어미는 상이엽화문어미이고 판심제는 '四體千字(사체천자)'이다. 5행 4자인데, 한자의 오른쪽 위에 성조 표시를 ● ○ ◑의 기호로 표시하였고, 그 아래에는 한글로 석음을 달아 놓았으며, 그 아래에는 일본어 석음이 가타카나로 적혀 있다. 4자의 상단에는 그 4자에 해당하는 전서체와 예서체와 초서체의 글자들이 작은 글씨로 적혀 있다. 이 책이 사체천자문이라고 하는 것은 여기에 본문의 해서체를 합쳐 사체라고 한 것이다. 국립중앙도서관 소장본이다(古朝 41-80-4).

〈재전당서포 발행 일선문사체천자문〉

(16) 삼문사 발행 일선천자문(1936년)

일선천자문(日鮮千字文)은 1936년에 삼문사에서 1책의 석인본으로 간행한 천자문이다. 판권지에 '昭和十一年 二月 二十五日 發行(소화 11년 2월 25일 발행)'이라는 발행 기록이 있다. 책광은 25.9×18.6㎝이고 반엽광곽의 크기는 20.9×16.0㎝이다. 편집 및 발행자는 고경상(高敬相)인데, 이 당시의 저작자가 출판사 대표로 해 놓는 방법에 따른 것이다. 판권지 위에 일본음을 적어 놓은 것이 있는 것은 이 천자문이 일본의 가타카나도 표기되어 있기 때문이다. 모두 26장인데, 5행 4자로 되어 있고 사주단변으로 판심어미는 상이엽화문어미이다. 제첨에는 '日鮮原本千字文(일선원본천자문)'이라 되어 있고 내지제목은 '日鮮千字文(일선천자문)'이며 판심제도 '日鮮千字文(일선천자문)'이다. 천자문 내용은 일반적인 주흥사 천자문이다. 대자(大字)로 천자문의 한자를 쓰고 그 대자의 오른쪽에 성점(聲點)이 표시되어 있다. ○, ●, ◑의 3가지가 있는데, ○는 평성, ●는 상성, ◑는 상평통용이라 적혀 있다. 대자(大字)의 밑에 한글로 석과 음을 달고 그 아래에 가타카나로 석과 음을 달아 놓았다. 일본어로 쓴 석과 음 사에는 온점(·)을 찍어 구별하였다(예 : 天 하날천 アメ·チン). 표기상으로는 'ㆍ'가 사용되지 않았고 각자병서가 사용되었다. 국립중앙도서관 소장본이다 (古朝 41-85). (책 그림은 357쪽에 있음.)

(17) 성문당서점 발행 주해천자문(1936년)

주해천자문(註解千字文)은 1936년에 성문당서점에서 1책의 석인본으로 간행해 낸 천자문이다. 판권지에 '昭和十一年 十月二十日 發行(소화 11년 10월 20일 발행) / 發行所 盛文堂書店(발행소 성문당서점)'의 발행기록이 있다. 책의 크기는 25.6×18.7㎝이고 반엽광곽의 크기는 21.0×16.0㎝이다. 사주단변에 6행 4자인데 판심어미는 상흑어미이다. 제첨의 책제목과 판심제는 '註解千字文'이다.

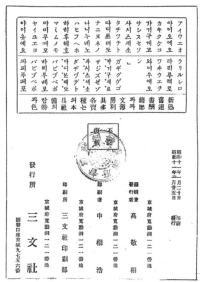

〈일선천자문〉

내지 제목은 첫 장이 낙장이라서 알 수 없으나, '註解千字文(주해천자문)'으로 추정된다. 대자로 된 한자의 아래에 한글 석음이 달려 있고 그 아래에 일본어 석음이 가타카나로 적혀 있다. 4자의 성구 상단에는 이 4자 성구가 지니는 의미를 한글로 써 놓았다. 예컨대 '金生麗水'의 위에는 '금은 려수에서 나니 려수난 물 일홈이니 운남성 영창부에서 나니라'란 설명이 있다. 판권지의 상단에는 가타카나의 오십음표(五十音表)가 있는데, 각 글자 왼쪽에는 한글로 그 음을 적어 놓았다. 필자가 소장하고 있다.

〈주해천자문〉

(18) 양책방 발행 일선천자문(1937년)

일선천자문(日鮮千字文)은 1937년에 전주 양책방(梁冊房)에서 목판본으로 간행한 천자문이다. 뒤에 연활자로 찍은 판권지가 붙어 있는데, 여기에 '昭和十二年四月十日 發行(소화12년 4월 10일 발행) / 發行兼發行所 梁冊房(발행겸발행소 양책방)'으로 되어 있다. 책의 크기는 28.5×18.9㎝이며 반엽광곽의 크기는 17.5×16.7㎝이다. 표지서명과 내지서명 모두 '日鮮千字文(일선천자문)'이다. 판심어미는 상이엽화문어미인데 판심제는 '日鮮千字(일선천자)'이다. 5행 4자로 되어 있는데, 각 한자마다 한자의 오른쪽 위에 성조를 표시하는 ○●◑의 표가 있으나 이것이 무슨 성조를 표시하는지에 대한 설명은 없다. 한자의 바로 아래에 한글 석음이 달려 있고 그 아래에 일본어 새김과 음이 가타카나로 쓰이어 있다. 옆에 새김을 그리고 가로선으로 경계를 한 다음에는 그 음이 적혀 있다. 천자문이 끝난 말미에는 일본 가타카나의 50음표가 있는데, 각 글자에는 한글

로 그 음을 적어 놓았다. 그리고 그 표 가운데에 '全州梁冊房(전주양책방)'이란
글씨가 있다. 국립중앙도서관 소장본이다(BC古朝 41-93).

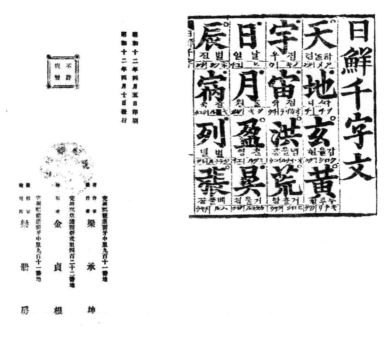

〈일선천자문〉

(19) 광한서림 발행 일선해주천자문(1937년)

일선해주천자문(日鮮解註千字文)은 1937년에 광한서림(廣韓書林)에서 석인본
으로 간행한 천자문이다. 판권지에 '昭和十二年 十一月 三十日 發行(소화 12년 11
월 30일 발행) / 發行所 廣韓書林(발행소 광한서림)'이라고 되어 있다. 책의 크기는
26.0×18.5㎝이며 반엽광곽의 크기는 21.8×16.8㎝이다. 사주단변에 판심어미
는 상흑어미이고 유계에 7행 4자로 되어 있다. 내지서명은 '日鮮解註千字文(일
선해주천자문)'인데 판심제는 '解註千字(해주천자)'이다. 제목 다음 행에 '周興嗣

撰 學古堂書(주흥사찬 학고당서)'가 전서체로 쓰이어 있다. 본문의 각 한자에는 그 아래에 한글 석음이 있고 그 한글 석음 아래에 일본어 석음이 가타카나로 쓰이어 있다. 그리고 4자의 성구 위에는 이 4자 성구에 대한 설명이 한글로 쓰이어 있다. 예컨대 '辰宿列張'에는 '진과 슈는 버리고 베퍼스나 진는 십이진이오 슈는 이십팔슈니라'란 설명이 있다. 책의 말미에 있는 판권지 위에는 가타카나 50음표가 적혀 있고 각 글자 좌편에 한글로 그 음을 제시하여 놓아 일본어 학습에 도움을 주려고 하였다. 그러나 동일한 책임에도 불구하고 어느 책은 가타카나 50음표가 아닌, '언문반절'이 붙어 있다. 발행일부터 모든 것이 동일한데, 그것만 다르다.

'·'가 전혀 보이지 않으며 합용병서는 한두 개를 제외하고는 사용되지 않았다. 된소리는 각자병서로 표기하였다.

纓 끈 영〈10a〉　　密 빽빽 밀〈11a〉　　地 따 지〈1a〉　　鹹 짤 함〈2a〉

常 떳떳 상〈3b〉　　積 싸을 적〈5a〉　　逐 쫏츨 축〈8a〉　cf. 骸 쎠 해〈17a〉

그리고 '忘 잊을 망〈4a〉, 覆 덮을 복〈4b〉처럼 받침에 'ㅈ ㅍ'도 보인다.

이 두 책 모두 필자 소장본이다. 마찬가지로 1948년에 중앙출판사에서 간행한 책도 동일한 책이다.

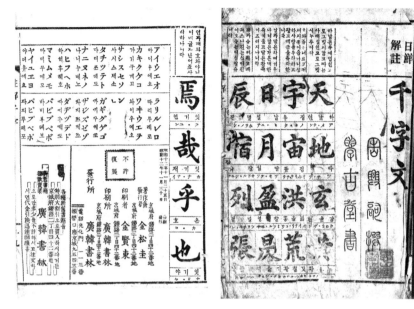

〈일선해주천자문〉

(20) 덕흥서림 발행 신석한일선문주해천자(1937년)

신석한일선문주해천자(新釋韓日鮮文註解千字)는 1934년에 세창서관(世昌書館)
에서 발행한 신석한일선문주해천자(新釋漢日鮮文註解千字)와 동일한 책이다. 판
권지의 간행연도와 발행소만 덕흥서림(德興書林)으로 바꾸었을 뿐이다. 심지어
판권지 상단에 가타카나 오십음표(五十音表)도 그대로이다. 국립중앙도서관에
소장되어 있다(古朝 41-80-2).

(21) 일선주해천자문(1938년 이전)

일선주해천자문(日鮮註解千字文)은 1938년 이전에 석인본으로 간행한 천자
문인데, 판권지가 없어서 발행사항을 알 수가 없으나 이 책의 표지 내지에 '昭

和十三年 正月二十五日 以上(소화 13년 정월 25일 이상)'이라는 기록이 있는 것으로 보아 1938년 이전에 간행된 것이 틀림없다.

　일선주해천자문은 몇 번 간행되었다. 1917년에 박문서관에서, 1925년에 박문서관에서, 1931년에 최성운상점에서, 그리고 1933년에 삼문사에서 간행하였다. 모두 그 형식이 조금씩 차이가 있는데, 이들 책과 판식 등이 다른 또 다른 일선주해천자문이 있다.

　책의 크기는 24.7×19.4㎝이고 반엽광곽의 크기는 22.2×17.1㎝이며 사주단변에 판심어미는 상흑어미이다. 내지 책제목은 '日鮮註解千字文(일선주해천자문)'이지만 판심제는 '千字文(천자문)'이다. 책 제목 아래에 성점에 대한 설명이 있고, 책제목 다음 행에는 '周興嗣撰 學古堂書(주흥사찬 학고당서)'란 글씨가 전서체로 쓰이어 있다. 6행 4자인데 각 한자에는 한글 석음과 일본어 석음을 가타카나로 표기해 놓았다. 그리고 상단에는 한글로 4자 성구의 의미를 기술해 놓았다.

　이러한 방식은 일선주해천자문의 일반적인 판식인데, 이 중에서 4자 성구의 의미를 적은 부분이 하단에 있거나 상단에 있거나 하여 차이를 보인다. 다른 일선주해천자문은 4자 성구의 의미를 적은 부분이 모두 하단에 있는데, 이 책은 상단에 있다. 그 내용도 거의 동일하다. 표기법까지도 동일한 편이다.

　이 책의 판식은 1937년에 광한서림(廣韓書林)에서 간행한 『일선해주천자문』과 동일하다. 그러나 4자 성구에 대한 한글 설명은 차이가 있다. 1937년 광한서림 발행의 일선해주천자문은 '하날은 우에 덥힌 고로 그 빗시 감고 짜는 아래 실인 고로 그 빗시 누루이라'인데 비하여 이 일선주해천자문은 '하날과 짜은 감으며 누르니, ㅎ날은 우에 덥힌 고로 그 빗이 감고 짜은 아리 실닌 고로 빗이 누루니라'로 되어 있다. 필자 소장본이다.

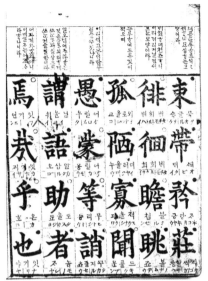

〈1938년 이전 일선주해천자문〉

(22) 삼중당서점 발행 한석봉서 천자문(1943년)

한석봉서 천자문(韓石峯書 千字文)은 1943년에 석봉천자문 경인중보본을 영
인·간행하면서 뒤에 연활자본으로 찍어서 붙인 천자문인데, 이 천자문에는
한글 석음뿐만 아니라 일본어 석음도 달아 놓고 있다. 책의 크기는 26.0×17.9㎝
이다. 판권지에는 소화 18년 2월 10일 발행, 저작겸 발행자 대산수(大山壽)이고
발행소는 삼중당서점(三中堂書店)이다. 배급원은 日本出版配給株式會社朝鮮支
店(일본 출판배급주식회사 조선지점)이어서 일본인이 편찬하고 일본인들에게 판
매하기 위해서 편찬된 것으로 보인다. 앞부분에 석봉천자문을 영인하여 붙인
것도 결국은 일본인들에게 판매하기 위해 만들어진 것이라고 볼 수 있다.

뒤에 붙어 있는 천자문에는 한자의 오른쪽에 가타카나로 쓴 일본어 한자음
이, 그리고 왼쪽에 역시 가타카나로 쓴 일본어 새김이 있다. 그리고 한자의 아
랫쪽에는 한글로 석음이 쓰이어 있다. 대체로 현대의 표기법에 맞게 표기되

어 있다. 필자가 소장하고 있다.

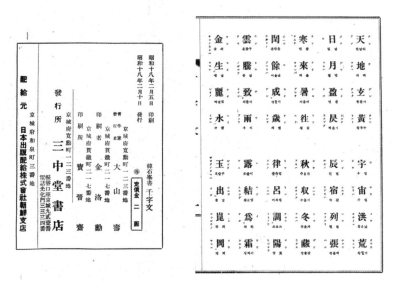

〈삼중당서점 발행 한석봉서 천자문〉

3. 영어

영어를 한자 학습서에 처음 제공한 것은 지석영이 편찬한 아학편이 최초이다. 그러나 그 이후에 천자문에 영어를 제공한 것은 1900년대 후반이다.

(1) 자성문화사 발행 실용한영천자문(1946년)

실용한영천자문(實用韓英千字文)은 1946년에 자성문화사(自省文化社) 편집부(編輯部)에서 편찬하여 석인본으로 간행한 천자문이다. 뒤의 속표지에 판권 내용이 있는데, '檀紀四二七九年 五月二十日 發行(단기4279년 5월 20일 발행) / 編輯兼

發行者 自省文化社編輯部(편집겸발행자 자성문화사편집부)"로 되어 있어서 1946년에 간행되었음을 알 수 있다. 책의 크기가 21.3×14.3㎝의 작은 책이지만 석인본이어서 양장본이 아니다. 고서 편찬 형식을 띠고 있지만 한지를 사용하지 않고 양지를 사용하고 있다. 용지의 부족인지 약품 광고지의 이면을 이용하여 인쇄하였다.

표지에는 한자로 실용한영천자문(實用韓英千字文)이라 되어 있고 알파벳으로 'Thousand Letters Writing'이라고 쓰이어 있다.

앞 첫 장에는 '한글'이라 하여 자음과 모음 글자를 제시하고 각각의 명칭을 써 놓았고, 그 아래에 언문반절표가 있다. 그 아래에는 자음의 각자병서와 모음의 이중모음들이 나열되고 그 이름이 적혀 있다. 맨 아래에는 한글이 세계 문자의 으뜸이라는 글이 쓰이어 있다. 그 다음 뒷면에는 THE ALPHABET라 하여 놓고 그 아래에 알파벳의 대문자 소문자, 그리고 필기체의 대문자 소문자를 적어 놓고 그 아래의 괄호 속에 알파벳의 이름을 적어 놓았다.

본문에는 한자 아래에 한글 석음이 있고 그 아래에 알파벳으로 쓴 단어가 있으며 그 아래에는 한글로 쓴 영어의 발음이 적혀 있다. 한자 석음은 오른쪽에서 왼쪽으로 글을 썼지만, 영어 발음을 한글로 표기한 곳에는 왼쪽에서 오른쪽으로 썼다. 영어의 특수성 때문일 것이다.

그런데 여기에 한글로 쓰인 영어 발음 표기에 현대 철자에 사용되지 않는 철자를 사용할 수밖에 없었던 것으로 보인다.

그리하여 天 heaven(헤앤) 宿 sleep(스리-프) 玄 black(뿌렉) 律 law(로-) 致 perform(퍼뽀-ㅁ) 菜 vegetable(예지터불) bear(뻬어) 火 fire(봐이어) 字 letter(레터) 蓋 cover(커애) 誠 devotion(디앤우쉰) 篤 thick(씩크) 夫 husband(하즈뻰드) 別 difference(디쁘런쓰)처럼 다양한 한글을 이용하고 있다.

그리고 장음일 경우에는 鹹 salty(쏘-ㄹ티), 四 four(뽀-), 率 command(커마-ㄴ드), 歸 return(리터-ㄴ), 及 reach(리-취)처럼 '-'을 그어서 표시하고 있다.

필자가 소장하고 있다.

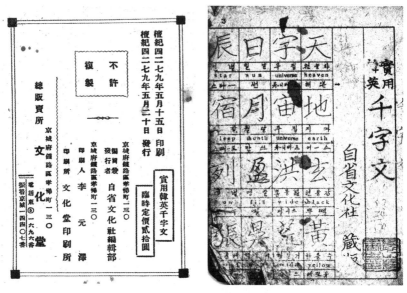

〈실용한영천자문〉

(2) 국어교육연구회 편 한영중도상초예서학생영어천자문(1960년)

한영중도상초예서학생영어천자문(韓英中圖像草隷書學生英語千字文)은 국어교
육연구회에서 편찬하여 영화출판사(永和出版社)에서 1책의 연활자본으로 간
행한 영어천자문이다. 책의 크기는 18.8×12.9cm이다. 표지 제목과 내지 제목
모두 '한영중도상초예서 학생영어천자문(韓英中圖像草隷書 學生英語千字文)'이다.
아마도 책제목이 이렇게 긴 것도 드물 것이다. 그도 그럴 것이 이 책에 모든 정
보를 다 넣으려고 했기 때문이다. 한국어는 물론이고 영어, 중국어를 포함시
켰을 뿐만 아니라 그림까지도 포함시켰고, 이것을 학생들에게 학습시키고자
하는 내용까지도 포함시켜서 이 내용을 다 제목 속에 포함시키려니 이렇게 책
제목이 길어진 것이다.

책은 7행으로 되어 있고, 상하로 3부분으로 나누었는데 제일 위에는 4자로
된 한자 성구에 대한 그림과 이에 대한 풀이가 한글로 적혀 있으며 아래에는

366

한자 4자가 나열되어 있는데 각 한자마다 한자의 오른쪽 위에는 중국음이, 한자의 아래쪽에는 한글 석음이, 그리고 그 아래에는 알파벳이, 그리고 그 아래에는 한글로 영어 발음을 써 놓았다. 그리고 그 4자의 한자 아래에는 한자의 전서 예서 초서체가 작은 글씨로 쓰이어 있다. 책제목에는 '초예서(草隸書)'라고 하여 초서체와 예서체만 있는 것으로 되어 있지만 전서체까지도 보이고 있다.

판권지는 앞표지의 내지에 있다. 著作兼發行者 姜槿馨(저작겸발행자 강근형), 發行所 永和出版社(발행소 영화출판사)로 되어 있고, 출판연도는 뒷표지에 동일한 판권 내용이 적혀 있어서 알 수 있는데, 檀紀(단기) 4293年 6月 20日 發行(발행)이라고 되어 있다.

표지의 내지에는 한글 자모표, 소위 언문반절표가 상단에 있고 하단에는 영자팔법(永字八法)이 그려져 있고 판권 내용이 적혀 있다.

책제목의 다음 행에는 '주흥사찬 학고당서(周興嗣撰 學古堂書)'라고 되어 있다. 영어 표기에서 구별기호를 많이 쓰지 않고 f 나 p나 ph 모두 ㅍ으로 표기하였으며, r 과 l 도 ㄹ로 표기하였다. 중국음 표기에서는 ㅸ 등도 사용하고 있다(伏 복, 弗 붕). 그리고 영어를 한 단어로 풀이를 하지 못하면 두 단어로 표기한 것도 보이며, 두 가지 의미가 있을 때에는 쉼표를 찍고 두 단어를 써 놓기도 하였다.

한자	중국음	한글석음	영어	영어한글표기
天	텬	하늘 천	heaven	해븐
宇	위	집 우	universe	유니벌스
宙	츄	집 주	cosmic	코스미크
閏	인	윤달 윤	leap-year	리-프이열
闕	궈	집 궐	palace gate	패리스게이트
黎	리	감을 예	all, every	올, 애브리
湯	탕	끓을 탕	hot water	핥 워틸
伏	붕	엎드릴 복	lie down	라이따운
五	우	다섯 오	five	파이브
四	쓰	넉 사	four	퍼-ㄹ
白	배	흰 백	white	화이트

어느 한자는 영어를 표기하지 않은 것이 있는데, 왜 그렇게 했는지 이유를
알 수 없다. 아마도 영어로 해석하기 어려워서 비워 둔 것으로 보인다.

殷	인	나라 은	-	-
鼂	찬	이를 조	-	-
輦	년	연 련	-	-
軻	거	수레 가	-	-
杷	피	나무 파	-	-
桐	동	오동 동	-	-
阮	위	성 완	-	-
嵇	해	뫼 해	-	-

그런데 동일한 책이 판을 크게 해서 1961년에 다시 간행해 내기도 하였다.
책의 크기는 25.2×17.2㎝이고 반엽광곽의 크기도 커졌다. 그러나 내용은 모두
동일하다. 두 책 모두 필자의 소장본이다.

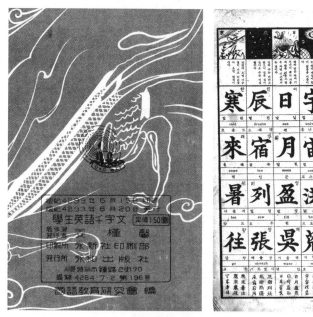

〈韓英中圖像初隷書學生英語千字文〉

제11장 외국어와 서체를 동시에 배우는 천자문

1. 영창서관 발행 한일선삼체천자문(1925년)

한일선삼체천자문(韓日鮮三體千字文)은 1925년에 영창서관에서 석인본으로 간행한 천자문이다. 책의 크기는 29.5×20.4㎝이고 반엽광곽의 크기는 22.0× 16.3㎝이다. 판권지에 '大正 十四年 十二月 五日 發行(대정 14년 12월 5일 발행) / 發行所 永昌書館(발행소 영창서관)'이란 기록이 있다. 편집겸발행자는 영창서관 주인인 강의영(姜義永)이다. 사주단변에 계선이 있고, 한자는 5행 4자로 되어 있다. 그러나 한자 4자의 상단에 그 4자에 대한 3가지 서체가 작은 글씨로 쓰이어 있어서 5행 5자라고도 할 수 있다.

이 삼체천자문의 제목 아래에 '영창서관 편찬(永昌書館 編纂)'이란 글이 있으며 각 한자에는 오른쪽 상단에 그 한자의 성조를 표시하는 ○ ● ◑의 표시가 달려 있고 한자의 아래에 한글로 쓴 석음이 있으며 그 아래에 일본어 석음이 달려 있다. 그러나 성조 표시의 이 부호들이 무엇을 나타내는가는 설명이 되어 있지 않다. 일본어 석과 음 사이에는 가로선으로 구분하여 표시하여 놓았다. 본문의 한자와 한자의 석음을 일본 가타카나로 적고 또 한글로 석음을 달아 놓았기 때문에 '한일선'이라고 하였고, 본문의 한자는 해서체로, 그 한자의 상단에는 전서체와 초서체를 달아 놓아서 '삼체(三體)'라고 하여 이 책을 '한일선삼체천자문(漢日鮮三體千字文)'이라고 한 것이다. 판권지의 상단에 일본의 가타카나를 써 놓고 그 음을 한글로 써 놓은 것은 여기에 쓰인 일본문자를 이해하기 위한 것이다. 필자가 소장하고 있으며 국립중앙도서관에도 소장되어 있다(BA 3111-63).

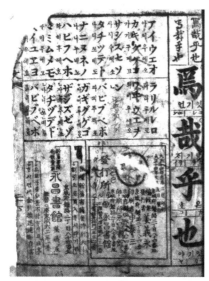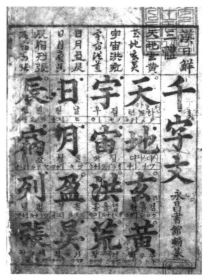

〈漢日鮮三體千字文〉

2. 영창서관 발행 일선사체천자문(1925년)

일선사체천자문(日鮮四體千字文)은 1925년 영창서관에서 1책의 석인본으로 간행한 천자문이다. 책의 크기는 25.8×18.7㎝이고 반엽광곽의 크기는 22.3×17.0㎝이다. 사주단변에 계선이 있는데, 6행 4자이다. 판심어미는 상흑어미이고 제첨에는 '日鮮文四體千字文(일선문사체천자문)'이라 되어 있고 내제(內題)는 '日鮮四體千字文(일선사체천자문)'이다. 판권지에 '大正十四年十二月五日 發行(대정 14년 12월 5일 발행) / 發行所 永昌書館(발행소 영창서관)'으로 되어 있다. 책제목 '일선사체천자문'의 다음 행에 '周興嗣撰 學古堂書(주흥사찬 학고당서)'가 전서체로 쓰이어 있다.

각 한자에는 오른쪽 상단에 그 한자의 성조를 표시하는 ○ ● ◑의 표시가 달려 있고 한자의 아래에 한글로 쓴 석음이 있으며 그 아래에 일본어 석음이 달려 있다. 그러나 성조 표시의 이 부호들이 무엇을 나타내는가는 쓰이어 있지 않다. 일본어 석과 음 사이에는 가로선으로 구분하여 표시하여 놓았다. 본문의 한자는 해서체로, 그 한자의 상단에는 전서체와 예서체와 초서체를 달아 놓아서 '사체(四體)'라고 하여 이 책을 '일선사체천자문(日鮮四體千字文)'이라고 한 것이다. 판권지의 상단에 일본의 가타카나를 써 놓고 그 음을 한글로 써 놓은 것은 여기에 쓰인 일본문자를 이해하기 위한 것이다. 필자가 소장하고 있는 책이다.

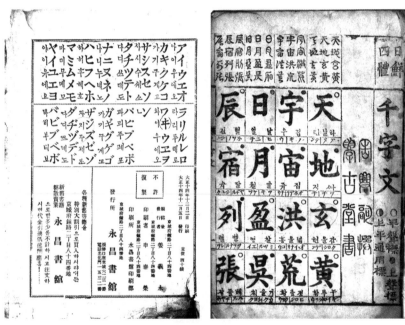

〈일선사체천자문〉

3. 영창서관 발행 신석한일선문사체천자(1925년)

신석한일선문사체천자(新釋韓日鮮文四體千字)는 1925년에 영창서관에서 석인본으로 간행한 천자문이다. 판권지에 '大正十四年十二月五日 發行(대정 14년 12월 5일 발행) / 發行所 永昌書館(발행소 영창서관)'으로 되어 있다. 책의 크기는 24.5×18.2㎝이고, 반엽광곽의 크기는 20.2×16.0㎝이다. 사주단변에 판심어미는 상이엽화문어미이다. 판심제는 '四體千字文(사체천자문)'이고 6행 4자로 모두 21장이다. 책 제목 다음 행에는 '月堂新案謹製 發行(월당신안근제 발행)'이라고 쓰이어 있다. 각 한자에는 아래에 한글로 쓴 석음이 있으며 그 아래에는 가타카나로 쓴 일본 새김과 음이 붙어 있다. 일본어 새김과 음 사이에는 가로선으로 구분하여 놓았다. 4자의 상단에는 그 4자에 해당하는 전서체, 예서체, 초서체를 작은 글씨로 써 놓았다. 그래서 본문의 해서체와 함께 사체(四體)라고 한 것이다. 판권지 상단에는 일본의 50음표가 가타카나로 쓰이어 있고 그 왼쪽에는 한글로 가타카나의 음을 한글로 적어 놓았다. 필자의 소장본이다.

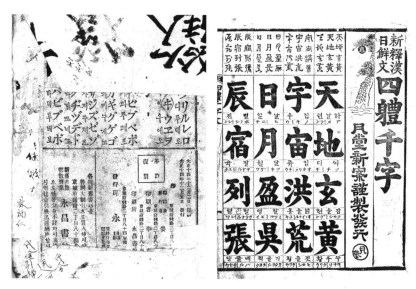

〈신석한일선문사체천자〉

4. 신구서림 발행 한일선사체천자문(1930년)

한일선사체천자문(韓日鮮四體千字文)은 1930년에 신구서림(新舊書林)에서 목판본으로 간행한 천자문이다. 내지제목이 '漢日鮮四體千字文(한일선사체천자문)'이다. 책의 크기는 28.0×19.4㎝이고 반엽광곽의 크기는 22.0×16.7㎝이다. 사주단변에 계선이 있는데 5행 4자이다. 판심어미는 상이엽화문어미이고 판심제는 '四體千字文(사체천자문)'이다. 뒤의 판권지에는 '昭和五年十月二十五日 發行(소화 5년 10월 25일 발행) / 發行所 新舊書林(발행소 신구서림)'이라고 적혀 있다.

각 한자에는 오른쪽 상단에 성조 표시가 되어 있는데, 그 당시의 성조 표시와 마찬가지로 평성에는 ○, 상성에는 ●, 상평성에는 ◐이다. 아래에 한글로 석음이 달려 있고, 그 하단에는 일본의 가타카나로 일본어 석음이 달려 있는데, 석과 음 사이에는 가로선으로 경계를 그었다. 4자의 한자 위에는 그 네 한자의 전서, 예서, 초서 글씨가 작은 글씨로 쓰이어 있다. 한자와 한글과 가타카나가 쓰이어 있어서 '한일선(漢日鮮)'이고 본문이 해서체와 상단에 있는 전서체, 예서체, 초서체가 있어서 '사체(四體)'이다. 판권지 상단에는 일본어를 익히기 위한 가타카나 50음표가 붙어 있는데, 각각의 가나에는 한글로 그 음을 달아 놓았다.

한글 석음 표기에 '爲 ᄒᆞ 위〈2a〉愛 ᄉ랑 ᄋᆡ'처럼 'ㆍ'가 쓰이고 있으며, '地 ᄯᅡ 디, 浮 ᄯᅳᆯ 부, 密 ᄲᅢᆨᄲᅢᆨ홀 밀, 藍 ᄶᅩᆨ 람, 組 인ᄯᅳᆫ 조'처럼 ㅅ계 합용병서가 쓰이고 있으나 ㅂ계 합용병서는 보이지 않는다.

필자 소장본이다. 책이 많이 낡았다.

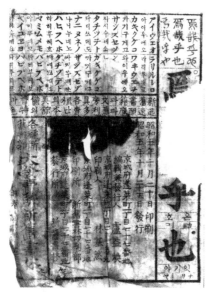

〈한일선 사체천자문〉

5. 박문서관 발행 한일선천자문(1930년)

한일선천자문(漢日鮮千字文)은 1930년에 박문서관에서 목판본으로 간행한 천자문이다. 판권지에 '昭和五年五月三十日 發行(소화 5년 5월 30일 발행) /發行所 博文書館(발행소 박문서관)'으로 되어 있다. 책의 크기는 26.4×19.1㎝이고 반엽 광곽의 크기는 21.9×16.7㎝이다. 모두 25장으로 되어 있다. 제첨에는 '漢日鮮 新四體千字文(한일선사체천자문)'이라 되어 있지만, 내지에는 '漢日鮮千字文(한 일선천자문)'이라고 되어 있으며 판심제는 '四體千字文(사체천자문)'이다. 사주쌍 변에 계선이 있고 5행 4자로 되어 있다. 판심어미는 상이엽화문어미이다.

각 한자에는 오른쪽 상단에 성조 표시가 되어 있는데, 그 당시의 성조 표시 와 마찬가지로 평성에는 ○, 상성에는 ●, 상평성에는 ◑이다. 아래에 한글로 석음이 달려 있고, 그 하단에는 일본의 가타카나로 일본어 석음이 달려 있는데, 석과 음 사이에는 가로선으로 경계를 그었다. 4자의 한자 위에는 그 네 한자의 전서체, 예서체, 초서체 글씨가 작은 글씨로 쓰이어 있다. 한자와 한글과 가타카나가 쓰이어 있어서 '한일선(漢日鮮)'이라고 한 것이다. 본문이 해서체와 상단에 있는 전서체, 예서체, 초서체가 있어서 '사체(四體)'이다. 판권지 상단에는 일본어를 익히기 위한 가타카나 50음표가 붙어 있고, 각각의 가나에는 한글로 그 음을 달아 놓았다. 국립중앙도서관 소장본이다(古朝 41-62).

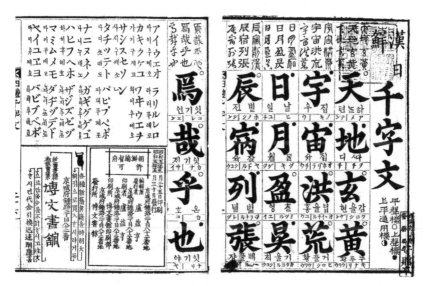

〈韓日鮮千字文〉

6. 영창서관 발행 한일선사체법천자문(1930년)

한일선사체법천자문(韓日鮮四體法千字文)은 1930년에 영창서관에서 1책의 목판본으로 간행해 낸 천자문이다. 표지의 제목은 '천자문'이지만, 내지의 책제목은 '漢日鮮四體法千字文(한일선사체법천자문)'이다. 책의 끝에 있는 판권지에 '昭和五年 九月 二十日 發行(소화 5년 9월 20일 발행) / 發行所 永昌書館(발행소 영창서

관)'이란 기록이 있다. 사주단변에 유계로 5행 5자이다. 판심어미는 상이엽화
문어미이고 판심제는 '四體千字文(사체천자문)'이다.

　책제목인 '한일선사체법천자문(漢日鮮四體法千字文)' 아래에 '영창서관 편찬
(永昌書館 編纂)'이란 글이 있다. 각 한자에는 오른쪽 상단에 성조 표시가 되어 있
는데, 그 당시의 성조 표시와 마찬가지로 평성에는 ○, 상성에는 ●, 상평성에
는 ◑이다. 아래에 한글로 석음이 달려 있고, 그 하단에는 일본의 가타카나로
일본어 석음이 달려 있는데, 석과 음 사이에는 가로선으로 경계를 그었다. 4
자의 한자 위에는 그 네 한자의 전서, 예서, 초서 글씨가 작은 글씨로 쓰이어
있다. 한자와 한글과 가타카나가 쓰이어 있어서 '한일선(漢日鮮)'이고 본문이
해서체와 상단에 있는 전서체, 예서체, 초서체가 있어서 '사체(四體)'이다. 판권
지 상단에는 일본어를 익히기 위한 가타카나 50음표가 붙어 있고, 각각의 가
나에는 한글로 그 음을 달아 놓았다. 소장처 미상이다.

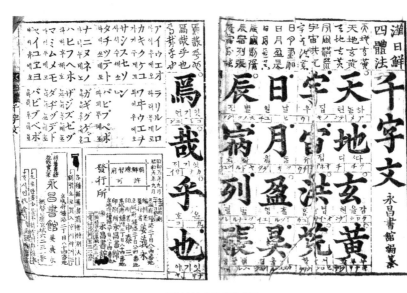

〈한일선사체법천자문〉

7. 수원서관 발행 신석한일선문사체천자(1931년)

신석한일선문사체천자(新釋韓日鮮文四體千字)는 1931년에 수원의 수원서관에서 1책의 석인본으로 간행한 천자문이다. 표지의 제첨제는 '日鮮四體千字文'인데, 내지 제목은 '新釋漢日鮮文 四體千字(신석한일선문 사체천자)'이다. 판권지에 '昭和六年三月二十九日 發行(소화 6년 3월 29일 발행) / 印刷兼 發行所 水原書館(인쇄겸발행소 수원서관)'으로 되어 있고 저작겸발행자는 '홍종응(洪鐘應)'이다. 책의 크기는 25.8×19.0cm이고 반엽광곽의 크기는 21.5×16.6cm이다. 계선이 있고 6행 4자로 되어 있다. 모두 21장이다. 판심어미는 상흑어미이고 판심제는 '四體千字(사체천자)'이다. 본문 첫행에 책제목인 '新釋漢日鮮文 四體千字(신석한일선문 사체천자)'가 있고, '新釋漢日鮮文(신석한일선문)'은 작은 글씨로 그리고 '四體千字(사체천자)'는 큰 글씨로 쓰이어 있다. 제목의 다음 행에는 쌍행으로 '川香 朴翔緖 題, 華城 洪鐘應 訂(천향 박상서 제, 화성 홍종응 정)'이 있고 각자의 이름 아래에 도장이 새겨져 있다. 제목을 쓴 사람과 교정을 본 사람이 사는 지명과 이름인 것으로 보이는데, 홍종응(洪鐘應)은 판권지에 저작겸 발행자로 되어 있는 사람이다. 각 한자의 아래에 한글로 쓴 석음과 '일본 가타카나로 쓴 일본 석음이 적혀 있는데, 석과 음 사이에는 가로선으로 경계를 표시하여 놓았다. 그리고 4자 한자의 상단에는 그 네 한자의 전서체, 예서체, 초서체가 작은 글씨로 쓰이어 있다. 그래서 본문의 해서체와 함께 사체(四體)라고 한 것이고 한자, 한글 가타카나 때문에 한일선(漢日鮮)이라고 한 것이다. 이 천자문은 1933년에 신흥서관(新興書館)에서 다시 찍어 냈다. 이 신흥서관판도 저작겸발행자는 홍종응이다. 마찬가지로 인쇄자가 안약동(安若同)인 점도 동일하다. 제첨제가 수원서관판은 '일선사체천자문(日鮮四體千字文)'이지만 신흥서관판은 '천자문(千字文)'에서 '문(文)'자가 빠진 '일선사체천자(日鮮四體千字)'인 차이 이외에는 모든 체재와 한글로 쓴 석음의 모든 표기가 동일하다. 그러나 반엽광곽의 크기는 다르다. 수원서관판은 21.5×16.6cm이지만, 신흥서관판은 20.8×16.2cm로서 조금 작다. 두 책 모두 필자의 소장본이다.

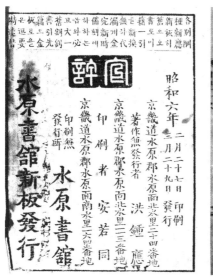

〈신석한일선문사체천자(수원서관판)〉

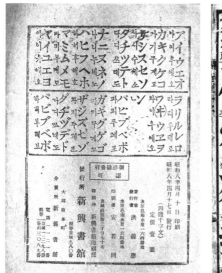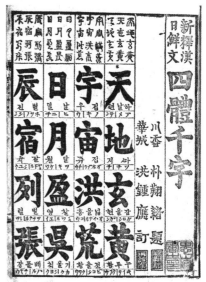

〈신석한일선문사체천자(신흥서관판)〉

8. 백합사 발행 신석한일선문사체천자(1931년)

신석한일선문사체천자(新釋韓日鮮文四體千字)는 1931년에 백합사(百合社)에서 1책의 석인본으로 간행한 천자문이다. 판권지에 '昭和六年三月三十日 發行(소화6년 3월 30일 발행) / 發行所 百合社(발행소 백합사)'라고 되어 있으나 판권소유는 수원의 최웅렬서점(崔雄烈書店)과 창문서관(昌文書館)으로 되어 있다. 저작겸발행자는 최성운(崔聖運)으로 되어 있어서 최웅렬서점에서 1930년에 간행한 천자문의 한자를 그대로 가져 온 것으로 보인다. 그러나 내용은 전혀 다르다. 1930년 최웅렬서점판은 일본어 석음이 달려 있지 않지만, 백합사 발행의 천자문에는 일본어 석음이 달려 있다. 그리고 한글 석음도 내용이 다르다. 다만 한자의 서체는 동일하다. 그리고 1925년에 영창서관에서 간행한 '신석한일선문사체천자'와는 책제목 다음 행에 이 책에서는 '주흥사찬 학고당서(周興嗣撰 學古堂書)'가 쓰이어 있는데, 1925년 간행의 영창서관판에는 '월당신안근제발행(月堂新案謹製發行)'이라고 되어 있는 부분을 대치해 놓은 것 같다. 책의 크기는 25.7×18.9cm이고 반엽광곽의 크기는 22.7×16.0cm이다. 사주단변에 계선이 있는데, 6행에 매행 4자의 한자가 쓰이어 있다. 판심어미는 상이엽화문어미이고 판심제는 판심어미 위에 '四體千字文(사체천자문)'이라고 되어 있다. 표지의 제첨에는 '四體千字文(사체천자문)'이라고 되어 있다. 본문의 1행에 책의 제목이 쓰이어 있고 2행에는 '주흥사찬 학고당서(周興嗣撰 學古堂書)'가 전서체로 쓰이어 있다. 4자 한자 위에는 그 4자에 해당하는 전서체, 예서체, 초서체의 한자가 작은 글씨로 쓰이어 있다. 한자의 아래에는 한글로 써 놓은 석음이 있고 그 아래에는 일본의 가타카나로 쓴 일본어 석음이 달려 있다. 필자 소장이다.

〈신석한일선문사체천자〉(백합사)

9. 회동서관 발행 한일선천자문(1933년)

한일선천자문(漢日鮮千字文)은 1933년에 회동서관(滙東書館)에서 석인본으로 간행한 천자문이다. 판권지에 '昭和八年五月五日 發行(소화 8년 5월 5일 발행) / 發行所 滙東書館(발행소 회동서관)'으로 되어 있다. 책의 크기는 26.2×18.6cm이고 반엽광곽의 크기는 23.1×16.1cm이다. 제첨에는 '日鮮四體千字文(일선사체천자문'이라고 되어 있지만, 내지제목은 '漢日鮮千字文(한일선천자문)'이다. 판심제목은 '四體千字文(사체천자문)'이다. 사주단변에 유계로 6행 4자의 판식을 가지고 있다. 책제목 아래에는 성조에 대한 설명, 즉 평성표 ○, 상성표 ● 상평통용표 ◑의 내용이 있다. 각 한자에는 오른쪽 위에 성조를 나타내는 표가 있고 한자의 아래쪽에는 한글로 쓴 석음이 있고 그 한글 석음 아래에 일본어 석음이 가타카나로 적혀 있다. 새김과 음 사이의 경계는 가로선으로 하고 있다. 판권지의 상단에는 일본어를 이해시키기 위한 가타카나 50음표를 한글음을 붙여 소개하고 있다. 필자의 소장본이다.

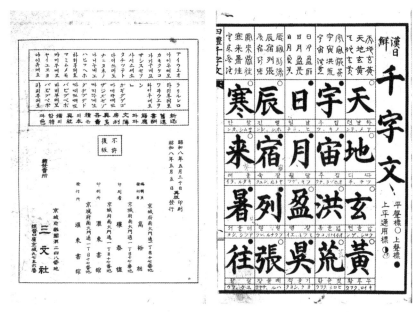

〈한일선 천자문(회동서관)〉

이 책은 1935년에 삼문사(三文社)에서 석인본으로 다시 간행하였는데, '昭和十年十一月十五日 發行(소화 10년 11월 15일 발행) / 發行所 三文社(발행소 삼문사)'로 적은 판권지가 있다. 책광은 26.1×18.6cm이고 반엽광곽의 크기는 23.2×16.1cm이다. 편집겸발행자는 고경상(高敬相)이고 발행소는 삼문사(三文社)이다. 모두 21장인데, 6행 4자로 되어 있고 사주단변에 판심어미는 상이엽화문어미이다. 제첨에는 '日鮮四體千字文(일선사체천자문)'이라 하였지만 내지에는 책제목을 '漢日鮮千字文(한일선천자문)'이라고 하였다. 판심제는 '四體千字文(사체천자문)'이라고 하여서 모든 곳의 책제목이 다 다르다. 그러나 내지 제목에 따라 이 책은 '한일선천자문(漢日鮮千字文)'이라고 하여야 할 것이다.

1933년에 회동서관에서 발행했을 때에는 삼문사(三文社)가 인쇄를 담당하였었는데, 1935년에 이것을 삼문사가 발행하게 된 것이다. 이 책은 국립중앙도서관에 소장되어 있다(古朝 41-80).

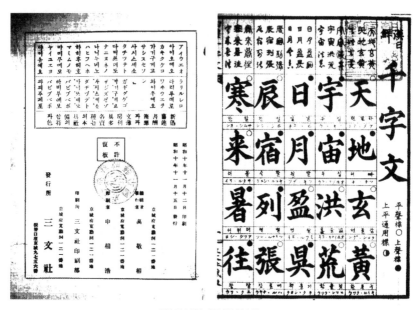

〈한일선천자문(삼문사)〉

10. 광한서림 발행 일선사체천자문(1937년)

일선사체천자문(日鮮四體千字文)은 1937년에 광한서림에서 석인본으로 간행한 천자문이다. 판권지에 '昭和十二年九月三十日 發行(소화 12년 9월 30일 발행) / 發行所 廣韓書林(발행소 광한서림)'이라고 되어 있다. 반엽광곽의 크기는 26.0× 18.5㎝이다. 모두 19장인데, 내지의 책 제목과 표지의 제첨에는 책의 제목이 '日鮮四體千字文(일선사체천자문)'으로 되어 있다. 책의 내제 다음 행에는 '周興嗣撰(주흥사찬)'과 '學古堂書(학고당서)'가 전서체로 쓰이어 있다. 본문에는 4자의 한자 상단에 초서체, 예서체, 전서체가 작은 글자로 쓰이어 있다. 그래서 본문의 해서체를 합쳐 사체(四體)가 되는 셈이다. 본문 한자에는 한자 아래에 한글로 석음을 달고 그 아래에는 일본의 가타카나로 그 일본어 새김과 음을 적어 놓았다. 판권지 상단에 가타카나로 일본어 50음을 적고 한글로 그 음을 달아 놓은 것이 보이는데, 이것은 이 천자문에 실린 일본 글자를 이해하기 위해 필요한 것으로 보인다. 국립중앙도서관 소장본이다(古朝 82-183-2).

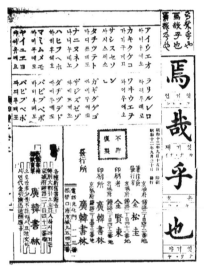

〈일선사체천자문〉

제12장 그림을 통해 학습하는 천자문

오늘날에는 의사전달의 가장 효과적인 방법은 멀티미디어 방식으로 알려져 있지만, 그러한 방식이 발전되지 않았던 시기에는 문자와 함께 그림으로 전달하는 방식이었다. 천자문도 한자의 형태, 한자음과 새김을 문자로 전달하고 있지만 학습에 더 흥미를 가지게 하고 또 인상적으로 학습하게 하기 위해서 한글 석음과 함께 그림을 부가시키는 방법으로 발전하게 된다. 그래서 그림을 통해서도 천자문을 학습하도록 하는 문헌들이 20세기에 와서 등장하게 된다. 그림을 덧붙인 천자문에는 대개 '도상(圖像)'이라는 부가 제목을 앞에 붙이고 있다.

1. 조경적가 발행 도상주해천자문(1917년)

도상주해천자문(圖像註解千字文)은 1917년에 조경적가(趙慶勣家)에서 1책의 목판본으로 간행한 천자문이다. 판권지에 '大正六年 十二月 二十九日 發行(대정 6년 12월 29일 발행) / 印刷兼發行所 趙慶勣家(인쇄겸발행소 조경적가)'라는 발행기록이 있다. 책의 크기는 30.9×19.0cm이고 반엽광곽의 크기가 23.5×15.1cm이다. 제첨제와 내지제와 판심제 모두 '圖像註解千字文(도상주해천자문)'이다. 판심어미는 상하이엽화문어미이고 사주쌍변인데, 유계에 5행 4자이다. 본문과 판권지가 같은 판목으로 인쇄되어 있다.

크게 상하로 2단으로 나누고(경계선은 쌍선으로 하였다), 상단에는 그림이 그려져 있다. 하단은 4자의 한자를 나열하였는데, 각 한자는 2단으로 나뉘어져서 위에는 한자를, 아래에는 그 한자에 대한 주해를 붙였다. 각 한자의 주해는 세 가지로 되어 있다. 즉

① 한글로 된 석음

② 한문 주해

③ 일본의 가타카나로 표기된 일본어음

그리하여 다음과 같은 모습으로 나타난다.

책제목인 '圖像註解千字文(도상주해천자문)'의 다음 행에 '梁 周興嗣 撰(양 주흥사찬)', '漢陽 趙慶勳家 註解幷書(한양 조경적가 주해병서)'라고 되어 있다. 주해천자문의 상단에 한자의 이해를 돕기 위해 그림이 붙어 있는데, 모든 한자에 그림이 있는 것이 아니고 4자로 된 한문구에 대한 그림이다. 그래서 그림은 250개가 되는 셈이다. 한자 4자로 된 성구의 한자에는 각각 한자 석음과 그 한자에 대한 설명과 일본어 한자음이 붙어 있는데, 한자의 석음은 한글로, 그리고 부수설명은 한문으로, 그리고 일본 한자음은 가타카나로 쓰이어 있다. 예를 들자면 '天'에 대해서 '하늘 텬'이란 석음과 '至高無上曰天(지고무상왈천)'이라는 부수설명이 있고, 이어서 'テン'이란 일본 한자음이 적혀 있다.

다음에 몇 개의 그림을 보이도록 한다.

天地　　　玄黃　　　　日　　　　月

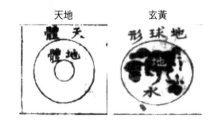

여기에 쓰인 한자는 조경적이 쓴 것이지만, 조경적에 대한 정보는 알 수 없다. 아마도 '조경적가'라는 서사의 주인으로 추정된다. 표기상의 특징으로는 'ㆍ'가 쓰이었다는 점(하늘 텬), ㅅ 계 합용병서가 쓰이었다는 점(싸 디), 어간말 자음군으로 ㄺ, ㄽ이 쓰이었다는 점, 그리고 장음(長音) 표시는 하지 않았지만 '쉴 식(息)'을 '쉬일 식'으로 표기하고 있다는 점 등이다. 국립중앙도서관에 소장되어 있다(朝 41 65-3).

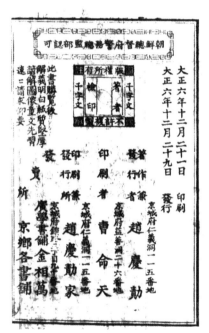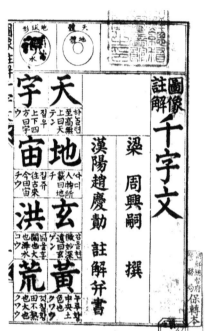

〈도상주해천자문〉

2. 정문관장판 신천자문(1945년)

신천자문(新千字文)은 1945년에 정문관장판(正文館藏版)의 석인본으로 간행해 낸 천자문이다. 책의 크기가 23.7×20.6cm이고 반엽광곽의 크기는 20.1× 16.0cm이다. 판심어미와 판심제는 없다. 내지제는 '신천자문(新千字文)'인데, '新'자의 크기가 작다. 내지 제목 다음에 '京城 正文館藏版(경성 정문관장판)'이라 고 쓰이어 있다. 6행 4자로 되어 있는데, 4자 위에는 그림이 그려져 있다. 한자 의 이해를 돕기 위해 그림을 그려 넣은 것인데, 모든 한자에 그림이 있는 것이 아니고 4자로 된 한문구에 대한 그림이어서 그림은 250개가 되는 셈이다. 각 한자의 아래에 한글로 석음을 달아 놓았는데, 'ㆍ'는 보이지 않으나 합용병서 는 그대로 사용되고 있다(地 짜 디 湯 슬을 탕, 拱 쇠질 공, 離 써날 리 등). 판권지가 없 어서 간행연도 등을 알 수 없지만, 필자가 조사해 놓은 메모에 1945년으로 되 어 있어서 간행연도를 1945년으로 하였다. 흔히 보던 천자문인데, 다른 도서 관에는 소장 정보가 없어서 안타까울 뿐이다. 필자가 소장하고 있다.

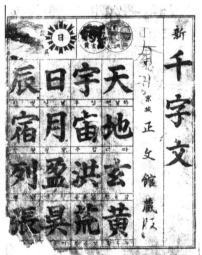

〈신천자문〉

3. 명문당 발행 사체도상명문천자문(1956년)

사체도상명문천자문(四體圖像明文千字文)은 1955년에 명문당(明文堂)에서 1책의 석인본으로 간행한 천자문이다. 책의 크기는 25.5×18.8㎝이고 모두 32쪽이다. 뒤의 판권란에 西紀一九五五年 12月 10日 初版發行(서기1955년 12월 10日 초판발행), 著作兼發行者 金赫濟(저작겸발행자 김혁제), 발행소는 明文堂(명문당)으로되어 있다.

표지의 제첨에는 '사체도상명문천자문 부록 성씨일람표(四體圖像明文千字文附錄 姓氏一覽表)'라고 되어 있는데 '明文千字文(명문천자문)'만 큰 글씨로 썼고 나머지는 작은 글씨로 쓰이어 있다. 표지의 면지에는 상단에 '언문반절표'가, 하단에는 '영법팔법(永字八法)'이 그려져 있다. 본문은 8행으로 되어 있고 세로는 7단으로 나뉘어 있다.

첫 단에는 4자 성구 한자의 초서체, 전서체, 예서체가 쓰이어 있으며 세 번째 단부터 6단까지는 한자 4자가 쓰이어 있는데, 각 한자의 아래에 한글로 석음이 쓰이어 있다. 그 아래에는 4자 성구에 대한 뜻풀이가 한글로 쓰이어 있다. 맨 마지막 단에는 그림이 그려져 있는데, 4자 한자에 대한 그림이라기보다는 그중에서 선택된 한 글자 내지 2글자에 대한 그림이다.

마지막에 우리나라 성씨일람이 있다. 한글 석음이나 설명은 모두 현대 한글 맞춤법에 따랐고 한글 석음도 왼쪽에서 오른쪽으로 쓰이어 있다.

天 하늘 천　地 따 지　玄 검을 현　黃 누를 황
(하늘은 그 빛이 검고 땅은 그 빛이 누르니라)
宇 집 우　宙 집 주　洪 넓을 홍　荒 거칠 황
(하늘과 땅 사이는 넓고 커서 시종이 없으며 끝이 없느니라)
日 날 일　月 달 월　盈 찰 영　昃 기울 측
(해와 달은 차면 기울고 해는 가온대 한 즉 서쪽으로 기울고 달은 차면 이지러지느니라)

필자가 소장하고 있다.

〈사체도상명문천자문〉

4. 세창서관 발행 사체도상주해 세창천자문(1956년)

사체도상주해세창천자문(四體圖像註解世昌千字文)은 1956년에 세창서관에서
석인본으로 간행한 천자문이다. 이 책은 책의 크기가 다른 두 가지 책으로 간
행되었는데, 하나는 책의 크기가 18.3×12.7㎝로 수진본에 가까운 책이며 또
하나는 24.7×17.3㎝이다. 책의 내용은 하나도 변화가 없다. 석인본을 사진으
로 작게 만든 것은 수진본처럼 들고 다니며 익히도록 한 것으로 보인다.

마지막 페이지에 판권 내용이 쓰이어 있는데, '檀紀四二八九年 七月二五日
發行(단기4289년 7월 25일 발행), 著作兼發行者 申泰三(저작겸발행자 신태삼), 發行所
世昌書館(발행소 세창서관)'으로 되어 있다.

표지의 제첨에는 '사체도상주해 세창천자문 부국문 · 서체법 성씨 일람(四體圖像註解世昌千字文 附國文 · 書體法姓氏一覽)'이라고 되어 있는데 '세창천자문(世昌千字文)'만 큰 글씨이고 나머지는 작은 글씨로 되어 있다. 표지의 면지에는 상단에 '언문반절표'가 있고 하단에는 '팔자영법(八字永法)'이 그려져 있다. 본문은 8행으로 되어 있고 세로는 7단으로 나누어 첫 단에는 그림을, 둘째 단에는 4자 성구 한자의 초서체, 전서체, 예서체가 쓰이어 있으며 세번째 단에는 이 4자 성구의 뜻풀이가 한글로 쓰이어 있다. 나머지 네 개의 단에는 천자문의 4자 성구를 써 놓고 각각의 한자 아래에 한글로 그 한자의 석음을 달아 놓았다. 상단의 그림은 4자 한자의 그림을 모두 그린 것이 아니라 그 중의 하나 또는 2개의 한자에 대한 그림을 그려 놓았다. 모두 32쪽이고 마지막에 '이백칠십육 성씨 일람표(二百七十六姓氏一覽表)'(一)이 있다. 한글 석음은 현대 표기법에 맞는 표기로 되어 있다. 두 책 모두 필자가 소장하고 있다. 이 책은 1966년에 다시 간행하였는데, 표지의 제첨에 있던 '사체도상주해세창천자문 부국문 · 서체법성씨일람(四體圖像註解世昌千字文 附國文 · 書體法姓氏一覽)'이라고 되어 있던 것을 '부성씨일람(附姓氏一覽)'이라고 수정하였다. 그러나 본문은 그대로이다. 1966년판은 국립중앙도서관에 소장되어 있다.

〈사체도상주해세창천자문〉

제13장 그림을 통해 천자문과 외국어를 동시에 학습하는 천자문

　그림을 부가시켜서 천자문을 효과적으로 학습하는 동시에 여기에 외국어, 특히 일본어 석음까지도 덧붙여서 천자문 한 책에 다양한 정보를 제공하는 천자문이 등장하게 되었다.

1. 한남서림 발행 몽학도상천자문(1932년)

　몽학도상천자문(蒙學圖像千字文)은 1932년에 한남서림(翰南書林)에서 1책의 목판본으로 간행한 천자문이다. 판권지에 '昭和七年 七月 七日 發行(소화 7년 7월 7일 발행)'이라는 발행기록이 있다.

　책광은 30.3×19.0㎝이고 반엽광곽의 크기는 21.0×16.3㎝이다. 편집 겸 발행자는 백두용(白斗鏞)인데, 한남서림 대표이다. 모두 21장인데, 6행 4자로 되어 있고 사주단변에 판심어미는 상흑어미이다. 제첨에는 '蒙學圖像日鮮千字文(몽학도상일선천자문)'이라 되어 있지만 내지제목은 '蒙學圖像千字文(몽학도상천자문)'이며 판심제는 '千字文(천자문)'이다. 판권지는 맨 뒤에 붙어 있다. 상단에는 그림이 있고 하단에는 4자씩의 한자가 쓰이어 있으며 각 한자의 아래에 한글로 쓴 석음이 있다. 그 한글 석음 아래에 가타카나로 된 일본어 석음이 있다. 일본 석음의 경우에는 석과 음 사이에 세로선을 그어서 구분하여 놓았다. 각 한자의 오른쪽 어깨에 성점(聲點)이 표시되어 있다. ○, ●, ◑의 3 가지가 있지만, 이에 대한 설명은 없다. 다른 한자 학습서에서 제시한 대로 ○는 평성, ●는 상성, ◑는 상평통용을 의미하는 것일 것이다.

상단의 그림은 4자 성구와 연관시켜 그린 것이다. 그렇다고 4자 성구들의 모두를 그림으로 그린 것이 아니라, 부분적으로 선택하여 그렸다. 예컨대 첫 장 앞면에는 4자 성구가 4개가 있는데, 天地玄黃 宇宙洪荒 日月盈昃 辰宿列張의 4 중에서 天地玄黃과 日月盈昃만 그림으로 표시하였다. 1장 뒷면에는 6개의 4자 성구가 있는데, 이 중에서 寒來署往, 秋收冬藏, 雲騰致雨의 3가지만 그림으로 표시하였다. 각 그림에는 한자를 써 놓아서 그 그림이 어느 성구에 해당되는 것인지를 보여주고 있다. 'ㆍ'가 쓰이고 ㅅ 계 합용병서가 사용되었으며, 사이시옷이 음절과 독립되어, '脁(볼ㅅ죠)'와 같이 표기되어 있다.

하늘 텬(天)〈1a〉 둘 월(月)〈1a〉 늘 등(騰)〈1b〉

짜 디(地)〈1a〉 쓸 함(醎)〈2b〉 스를 탕(湯)〈3a〉

히ㅅ 셰(歲)〈1b〉 셜ㅅ 건(建)〈5b〉 셜ㅅ 립(立)〈5b〉

일본 동경대학 소창문고와 국립중앙도서관 소장이다(古朝 41-66).

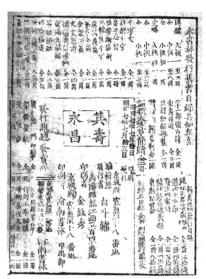

〈몽학도상천자문〉

2. 영창서관 발행 일선도상천자문(1936년)

일선도상천자문(日鮮圖像千字文)은 1936년에 영창서관에서 1책의 석인본으로 간행한 천자문이다. 반엽광곽의 크기는 25.7×19.0㎝이다. 판권지에 '昭和 十一年 二月 二十五日 發行(소화 11년 2월 25일 발행) / 發行所 永昌書館(발행소 영창서관)'의 발행기록이 있다. 표지서명, 내지서명 모두 '日鮮圖像千字文(일선도상천자문)'이고 판심제는 '圖像千字文(도상천자문)'이다. 6행 4자로 모두 21장이다. 내지 서명 아래에 '영창서관 편찬(永昌書館 編纂)'이란 문구가 있다. 대자로 쓴 한자 아래에 한글 석음이 있고 그 아래에 일본어 석음이 있다. 4자 성구의 위에 그림이 있는데 그 그림에도 한자를 제공해서 그 그림이 어느 한자에 해당되는 그림인가를 보여 주고 있다. 한글석음에는 'ㆍ'가 전혀 보이지 않으며 또한 합용병서도 보이지 않고 각자병서만 보인다. 필자와 국립중앙도서관 소장이다 (古朝 41-87).

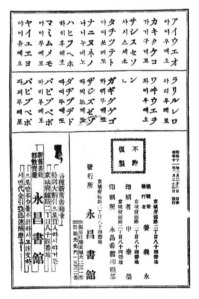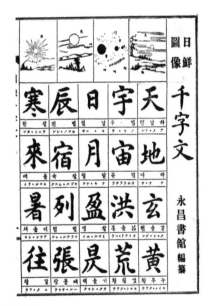

〈일선도상천자문〉

3. 덕흥서림 발행 신석한일선문도상천자(1937년)

신석한일선문도상천자(新釋漢日鮮文圖像千字)는 1937년에 덕흥서림에서 석인본으로 간행한 천자문이다. 판권지에 '昭和十二年 八月三十日 發行(소화 12년 8월 30일 발행) / 發行所 德興書林(발행소 덕흥서림)'이란 정보가 있다. 책의 크기는 26.0×19.0㎝이고 반엽광곽의 크기는 20.8×16.4㎝이다. 사주단변에 계선이 있는데 6행 4자이다. 표지 서명은 '漢日鮮文千字文(한일선문천자문)'이고 내지서명은 '新釋漢日鮮文圖像千字(신석한일선문도상천자)'이다. 판심제는 '圖像千字文(도상천자문)'이다. 한자의 아래에 한글 석음이 있고 그 아래에 일본 가타카나로 쓰인 일본어 석음이 달려 있다. 그리고 4자의 한자 성구 상단에 그림이 있는데, 모든 한자에 대한 그림이 아니라 한자 성구를 이해하는 데 도움이 되도록 그린 것이다. 내지 책제목 다음 행에 '월당신안근제발행(月堂新案謹製發行)'이란 글이 있다. 한글석음 표기에 'ㆍ'도 보이고 ㅅ계 합용병서도 보인다. 필자가 소장하고 있는 책이다.

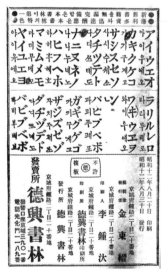 

〈신석한일선문도상천자〉

4. 박문서관 발행 도상천자문(1937년)

도상천자문(圖像千字文)은 1937년에 박문서관(博文書館)에서 1책의 석인본으로 간행해 낸 천자문이다. 판권지에 '昭和十二年二月五日 發行(소화 12년 2월 5일 발행) / 發行所 博文書館(발행소 박문서관)'의 발행 정보가 있다. 책의 크기는 25.6×18.6㎝이고 반엽광곽의 크기는 22.0×16.1㎝이다. 사주단변에 판심어미는 상이엽화문어미이고 유계에 6행 4자이다. 내지서명이 '圖像千字文(도상천자문)'이고 판심제는 '千字文(천자문)'이다. 책 제목 아래에 '평성표 ○ 상성표 ● 상평통용표 ◑'의 안내가 있다. 다음 행에 '주흥사(周興嗣)'가 적혀 있다. 각 한자 오른쪽 상단에 성조 표시가 있고 한자의 아래에 한글로 석음을 달아 놓았고 그 아래에 일본의 가타카나로 쓴 일본어 석음이 있다. 4자로 된 성구의 위에는 그림이 있는데, 이 그림은 1932년에 한남서림에서 발행한 '몽학도상천자문(蒙學圖像千字文)'의 그림과 매우 유사하다. 다만 명암이 다르다. 모두 21장이다. 필자가 소장하고 있다.

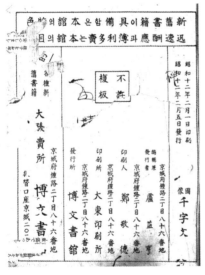

〈도상천자문〉

제14장 필사본 천자문

천자문을 필사해 놓은 책은 부지기수이다. 아마도 옛날에는 각 집마다 천자문 책이 한 권씩은 다 갖추어져 있었을 것으로 보인다. 간본을 갖추지 못한 집안에서는 천자문을 빌려서 베껴 놓거나 또는 한자 학습을 하면서 천자문을 그대로 전사해 보거나 하는 등의 사정으로, 한 집에 천자문 한 건씩은 다 비치해 놓는 것이 상식이었다.

필자는 여러 가지 이유로 필사본 천자문에 주목하여 왔다. 특히 한글로 한자 석음을 달아 놓은 천자문(천자문뿐만이 아니라 필사본의 한자 자석 문헌자료)에 관심을 가져 왔다. 그 이유에는 몇 가지가 있다.

①자료가 매우 많다는 점이다. 국어사 연구자들에게 항상 문제가되는 것은 자료의 빈곤이다. 많은 국어사 자료가 있는 것은 사실이지만, 국어사 연구를 위한 자료의 총량은 언제나 부족하다. 예컨대 15세기 국어 자료는 모두 모아야 30만 어절에 지나지 않는다. 만약에 현대국어를 연구하기 위해 30만 어절을 대상으로 연구하였다고 하면 비난을 받을 것이지만, 국어사 연구에서는 문제 제기를 하지 않는다. 아예 15세기 국어 자료의 총량이 30만 어절 정도밖에 되지 않는다는 사실조차도 인식하지 못하고 있다. 따라서 고소설 등을 필두로 하여 필사본 자료를 확충하여야 하겠다는 생각을 가지고 이들 필사본 한자 자석 자료에 관심을 가져 왔다.

②대부분의 국어사 자료는 중앙어 자료이다. 방언 자료가 극히 드문 형편이다. 지방에서 간행되었다고 해도 문자화시킬 때에는 무심결에 중앙어로 표기하는 경향이 있어서 지방어를 반영하는 방언 자료는 극히 드물다. 특히 방

언 자료는 어휘 자료가 드문데, 한자 자석 자료들은 모두 음운론 연구를 위한 자료이거나 어휘를 연구하기 위한 자료들이어서 필사본 중에서 방언성을 쉽게 들어내 보이는 것은 한자 자석 자료라고 생각하여 이들 필사본 천자문 자료에 관심을 가져 왔다.

③방언 자료라고 해도 상당수 필사본들은 그 문헌을 필사한 시기나 필사한 사람의 출신이 어디인지를 밝혀 놓은 경우가 드물다. 그러나 천자문 등의 자료에는 필사자의 주소나 필사한 시기를 밝히는 경우가 상당히 많다. 그 이유는 자제 교육을 위해 필사해 놓기 때문인 것으로 추측된다.

④그 당시의 한자 교육의 실태를 파악할 수 있다고 생각하였다. 왜냐하면 필사본 천자문 등에는 누가 몇 살 때 천자문을 배우게 하기 위해 필사해 놓았다고 하거나, 그 천자문을 몇 세 아이가 몇 번 숙독하였다고 하는 등의 기록을 간간 볼 수 있기 때문이다.

⑤한자 학습 문헌자료들 중 간본들은 대부분 그 문헌을 간행한 당시의 해서체 한자를 대상으로 하고 있지만, 민간에서 직접 붓으로 쓸 경우에는 간혹 필기체 한자를 이용하는 경우가 있어서, 한자의 필기체 서체 연구에도 도움이 될 것이라고 생각하여 필사본 천자문 등을 살필 때에는 이 점도 크게 고려하였다.

⑥필사본 천자문은 앞에서 언급한 바와 같이 그 수량이 너무 많다. 그래서 필자는 이 필사본 천자문들 중에서 특히 필사연도를 기록해 놓은 문헌에 집중하였다. 한자 자형이나, 한자 석음이나, 또는 명필이 쓴 것이거나 한 천자문이 아니면 필사기가 없는 필사본 천자문에는 크게 눈여겨 보지 않았다. 따라서 여기에서 언급한 필사본 천자문들은 대부분 필사연도가 밝혀져 있는 것들이다. 그래서 약 20여 종의 필사본 천자문들을 다루기로 하였다. 물론 이 천자문들의 한글 석음들은 모두 입력하여 한자 자석 역사사전을 만들 때 참고하기로 하였다.

필사본 천자문이라고 하더라도 명필이 썼거나 연대가 이르거나 한 천자문은 이미 널리 소개되어 알려져 있다. 따라서 여기에서는 한 번도 소개되지 않은 19세기 중기 이후의 자료들에 국한할 수밖에 없다. 필자는 여기에 소개되지 않은 많은 필사본 자료도 다수 소장하고 있다.

1. 1792년 필사 효간공 서 천자문

효간공서(孝簡公書) 천자문은 1792년에 효간공이 필사한 천자문이다. 천자문의 끝에 '壬子春三月書 于靜默堂(임자춘삼월서 우정묵당)'이란 글이 보이고 책 말미에 헌영(鑢永)이 쓴 글이 있는데, '此筆卽我五大祖孝簡公手澤也(차필즉아오대조효간공수택야)'란 기록이 보인다. 이 문헌의 소장자는 이 천자문을 쓴 사람을 권중경(權重經, 1642~1728)이라고 보았는데, 그 이유는 '壬子春三月書 于靜默堂(임자춘삼월서 우정묵당)'에서 이 글을 쓴 사람의 호가 '정묵당(靜默堂)'이라고 생각하였기 때문에 이 생존연대 중에서 임자(壬子)에 해당하는 1672년에 쓴 글이라고 보았다. 그래서 앞부분에 띠지를 붙여 그렇게 써 놓았다. 그러나 '정묵당'은 호(號)가 아니라 자(字)이다. 오히려 그 뒤에 5대 후손이 쓴 글에 이 천자문을 쓴 사람이 효간공이라고 밝힌 사실에 더 주목해야 할 것이다. '효간'이란 시효를 받은 사람은 여럿이 있지만, 서예가이며 또한 한글석음에 나타나는 표기 현상 등을 통해 추정되는 시기인 18세기 말의 임자년인 1792년에 생존했던 서예가는 서유방(徐有防, 1741~1798)으로 보인다.

서유방은 조선 후기의 문신이자 서예가이다. 글씨에 능해서, 1785년에 쓴 규장각 상량문 등의 글씨가 남아 있다. 시호는 효간(孝簡)이다. 1795년에 경기도 안양에 건립된 만안교비(萬安橋碑, 명지대박물관 소장)의 비문도 지었다.

이 천자문은 필사본으로 계선이 없고 판심도 없다. 3행 4자로 쓰이어 있다. 대자로 쓴 한자 아래에 한글로 석음을 달아 놓았다. 표지의 제첨에는 '천자문'이라는 제목이 붙어 있고 그 아래에 '영세보장(永世寶藏)'이라고 쓰이어 있다. 내지제도 '천자문'이다. 개인 소장이다.

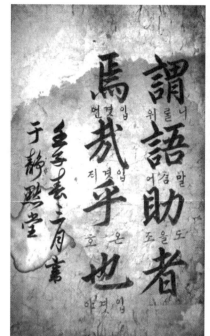

〈효간공서 천자문〉

2. 1806년 필사 천자문

이 필사본 천자문은 책의 말미에 '歲丙寅七月 爲孫兒 書于麻浦精舍(세병인칠
월 위손아 서우마포정사)'란 필사기를 가지고 있다. 손자를 위해 마포정사에서 썼
다는 기록이다. 이때의 병인년은 1806년으로 추정된다. 한글 표기법이나 책
의 판형 등으로 보아 그러하다. 판심어미는 없고 판심제도 없고, 단지 장차만
적혀 있다. 유계에 3행 4자이다. 사주단변인데, 이 단변의 줄은 붉은 색으로 되
어 있다. 각 한자 아래에도 한글로 석음을 적기 위한 공간이 역시 붉은 줄로 되
어 있다. 모두 42장이다.

본문 이외의 여백에 천자문 교육을 했던 기록을 해 두었는데, 그 기록은 다

음과 같다.

① 앞표지 뒷면

```
敬奭七歲時
丁巳正月始讀
四月畢讀
同月再讀
同年七月畢讀

敬同七歲時
辛酉正月始讀
六月十四日 畢讀
同月十六日 再讀
```

② 앞의 속표지1

```
甲龍七歲時
庚辰正月初六日 始讀
三月十三日 畢讀
　十五日 熟讀
四月十五日 畢讀
```

③ 앞의 속표지2

```
五歲 미상
甲戌七月十六日 始讀
　九月十九日 畢讀
　九月二十一日 熟讀
　十月十六日 畢讀
六歲時
丁酉二月初六日 始讀
　八月二十五日 畢讀
七歲時
乙巳三月初一日 始讀
四月二十五日 畢讀
四月二十七日 熟讀
五月二十一日 畢讀
```

④ 뒷표지 안쪽

```
甲龍七歲時
庚辰正月初六日 始讀
三月十三日 畢讀
　十五日 熟讀
四月十五日 畢讀
鳳甲七歲時
戊子十月二十六日 始讀
己丑六月念七日 畢讀
　七月初七日 始讀
庚寅八月十五日 畢讀
甲仁九歲
乙未元月初七日 始讀
```

천자문 1책으로 여러 어린이가 한자 학습을 한 것이다. 그것도 한 대에 그친 것이 아니라 여러 대에 걸쳐 이 천자문 한 책으로 한자를 학습한 것이다. 이 기록에 등장하는 어린이는 모두 8명이다. '갑룡(甲龍)'이 두 군데에 기록되어 있어서, 여기에 기록된 이름은 경석(敬奭, 7세), 경동(敬同, 7세), 갑룡(甲龍, 7세), 봉갑(鳳甲, 7세), 갑인(甲仁, 9세)의 5인이고 성명 미상인 어린이가 5세, 6세, 7세의 3인이다. 여기에 든 5세부터 9세까지의 어린이가 천자문 교육을 시작한 것이어서 이 당시에 어린이가 몇 세부터 천자문 교육을 시작하였는지를 알 수 있다. 5세가 1인, 6세가 1인, 7세가 5인, 9세가 1인이어서 주로 7세부터 천자문 교육을 시킨 것을 알 수 있다.

이들 어린이가 다른 시대에 천자문을 학습하였는데, 각각 간지가 표시되어 있어서 이를 연대로 환산해 보면 다음과 같다. 그리고 기록을 묶어서 했기 때문에 그 시대도 대개 세 번에 걸쳐 기록한 것임을 알 수 있다.

시대	이름	교육한 해	환산한 해
1	미상(5세)	갑술	1814년
	미상(6세)	정유	1837년
	미상(7세)	을사	1845년
2	경석(敬奭)(7세)	정사	1857년
	경동(敬同)(7세)	신유	1861년
3	갑룡(甲龍)(7세)	경신	1880년
	봉갑(鳳甲)(7세)	무자	1888년
	갑인(甲仁)(9세)	을미	1895년

또한 각 어린이들이 시독(始讀), 재독(再讀), 필독(畢讀), 숙독(熟讀)의 단계를 거치는 것으로 되어 있다. 시독(始讀)은 천자문을 석독 형태로 읽는 것을 뜻하는 것처럼 보인다. 그래서 '하늘천, 따지, 검을현, 누루황'식으로 읽는 것으로 짐작할 수 있다. 그것을 다 읽는 기간이 어린이마다 각각 다르다.

시대	이름	시독- 필독 기간	숙독- 필독 기간 (또는 재독 기간)
1	미상(5세)	3개월	2개월
	미상(6세)	7개월	
	미상(7세)	2개월	
2	경석(敬奭)(7세)	4개월	4개월
	경동(敬同)(7세)	6개원	
3	갑룡(甲龍)(7세)	6개월	1개월
	봉갑(鳳甲)(7세)	9개월	9개월

갑인(甲仁)(9세)	시독 날짜만 기록	

결국 천자문을 교육시킬 때, 쓰기보다는 오히려 읽기에 치중하였음을 알 수 있다. 쓰기 교육은 별도로 이루어졌는지는 알 수 없다. 이러한 교육방법은 현대에도 마찬가지일 것이다. 필자의 경험에 의하면 천자문 괘도를 벽에 걸어 놓고 어린이에게 계속해서 읽고 이해하도록 한 결과, 한자를 독해하는데 큰 도움이 되었던 경험을 가지고 있다.

이 필사본 천자문은 오랜 동안 이 책을 통해 교육을 시켜서인지 책은 잘 보존되었지만, 글씨를 판독하기 어려울 정도로 지면이 닳아 있었다. 이 천자문에 보이는 한자 자석은 매우 보수적인 면을 띤다. 이 책은 모 개인 소장본이다.

〈1806년 필사 천자문〉

〈천자문을 교육시킨 기록〉

3. 1826년 필사 51인 천자문

　이 문헌은 51인의 재상(宰相)들이 24자씩 한자를 써서 천자문을 만든 것이다. 51인 중 42명은 한 사람이 24자씩 쓰되 처음 쓴 사람인 판부사 심(判府使 沈)은 '千字文(천자문)'이란 내제를 썼기 때문에 천자문이란 한자를 합쳐 23자를 썼고(천자문 본문의 한자는 20자), 천자문의 마지막을 쓴 유참판 정양(柳參判 鼎養)도 마지막에 20자를 써서 모두 1,000자를 쓴 것이다. 그리고 천자문의 뒤에 9인이 다른 한자들을 24자씩 써서 1,000자에 216자를 더하여 모두 1,216자를 써 놓고 있다. 천자문 뒤에 배열한 한자의 목록은 어디에서 온 것인지는 알 수 없다.

대개 의미에 따라 분류해 놓은 것으로 보인다. 맨 앞의 24자는 膚頭額頰로부터 시작하여 腰膝臀腎으로 끝나서 신체(身體)에 대한 한자를, 그 다음 24자는 皮爪室閣으로 시작하여 紬袍帽襦로 끝나서 '초훼(草卉)'에 대한 한자를, 그 뒤에는 袴笠衫襪로 시작하여 乳塩醬饌으로 끝나서 '식찬(食饌)'에 대한 한자를 보이고 있다.

동아대학교 박물관 소장본인데 책의 크기는 33.5×23.5㎝이다. 사주단변으로 유계에 3행 4자로 되어 있다. 당연히 필사본이다. 색이 있는 한지에 필사를 하였는데, 모두 51인이 썼지만, 천자문을 쓴 사람은 42명이다. 천자문은 그 직함이 판부사(判府事), 영부사(領府使), 영명위(永明尉), 영돈녕(領敦寧), 판서(判書), 우의정(右議政), 봉조하(奉朝賀), 판서(判書), 참판(參判)의 순으로 썼고, 천자문 이외의 한자 216자는 모두 승지(承旨)들이 썼다. 각자 한자뿐만 아니라 한글로 그 석음도 써 놓아서, 조선시대의 사대부들도 한글을 알고 있었음을 증명해 주고 있다.

이 한자와 한글을 쓴 사람들을 모두 들어 보이면 다음과 같다.

判府使 沈	領府使 鄭	永明尉 洪顯周	領敦寧 金祖淳
李判書 義甲	右議政 金	金奉朝賀 履陽	李判書 錫奎
洪判書 義俊	趙判書 萬永	金判書 逌根	李判書 光文
朴判書 綺壽	鄭判書 元容	宋判書 晃載	曺判書 鳳振
朴判書 周壽	金判書 箕殷	李判書 勉昇	洪參判 敬謨
李判書 翊會	李參判 奎鉉	鄭參判 基善	趙參判 晉和
李參判 元默	徐參判 畊輔	趙參判 寅永	金參判 陽淳
金參判 道喜	朴參判 宗琦	李參判 紀淵	徐參判 憙淳
朴參判 晦壽	任參判 存常	參判 蒼洞	金參判 應爡
洪參判 義瑾	尹參判 命烈	申參判 緯	尹參判 行直
洪參判 命周	柳參判 鼎養	〈이상 천자문을 쓴 사람〉	

尹承旨 命圭　　鄭承旨 知容　　趙承旨 容和　　趙承旨 秉鉉

徐承旨 萬淳　尹承旨 秉烈　洪承旨 學淵　徐承旨 箕淳

正言 羅洞　　〈이상 천자문 이외의 한자를 쓴 사람〉

　51인의 이름과 관직에 있었던 기간을 산정하고 비교하여 본 결과, 이 천자
문은 1826년에 쓰인 것으로 결론을 내릴 수 있었다. 이 천자문은 1755년~1835
년 사이에 쓰인 것이다. 이 중에서 가장 나이가 많은 사람들 중의 한 사람이 김
이양(金履陽)인데 1755년생이며 또한 1835년에 이면승(李勉昇)이 졸(卒)한 해이
기 때문이다. 이 중에서 조만영(趙萬永)이 이조판서가 된 해가 1826년이어서
1826년이 상한선이라고 할 수 있다. 따라서 이 천자문은 1826년에 쓰인 것임
에 틀림없다. 한자 석음은 매우 보수적이다.

〈五十一人 千字文〉

〈천자문 이외의 한자〉

4. 19세기 말 필사 장서각본 천자문

장서각에 소장되어 있는 필사본인 이 천자문은 화려하게 종이가 모두 노란색, 분홍색, 초록색, 파란색, 흰색, 붉은색으로 되어 있고, 그 채색 종이에 천자문의 한자와 한글 석음이 달려 있다. 판식은 색지의 색깔에 맞추어 붉은색 혹은 푸른색으로 그렸다. 책의 크기는 47.0×40.3㎝이고 반엽광곽의 크기는 27.5×18.5㎝로 사주쌍변에 판심은 상하내향이엽화문어미이다. 표지의 책제목과 내지의 책제목 그리고 판심제가 모두 '千字文(천자문)'이다. 3행 4자로 한자와 한글 석음을 쓴 부분은 선으로 구분하여 놓았다. 표기법 등으로 보아 이책은 19세기 말경에 필사된 것으로 보인다.

필사본으로서 이렇게 정교하게 필사하고 편집한 책인 것으로 보아 왕실에서 왕자 등에게 천자문을 교육시키기 위해서 특별히 명필, 예컨대 사자관(寫字官) 등이 별도로 쓴 천자문으로 보인다. 이 천자문에 쓰인 한자는 석봉천자문의 서체를 뛰어넘을 정도의 필체라고 할 수 있다. 왕세자 등을 교육시키기 위한 교재로 만들었다고 추정하는 이유의 또 하나는 여기에 보이는 천자문의 한자들이 석봉천자문의 서체보다도 더 정자체에 가깝게 썼다는 사실에서도 추정할 수 있다. 다음에 몇 가지를 석봉천자문과 비교하여 보도록 한다.

출전	한자	석봉천자문	장서각본 천자문
3b	芥	茮	芥
4a	潛	潜	潜
14a	從	従	従
22a	輦	輦	輦
26a	最	最	最
26b	岱	岱	岱
29a	敦	敦	敦
36b	足	足	足
38a	願	願	願
39a	亡	亡	亡

이 문헌에 보이는 표기법은 천자문류의 문헌이 대개 다 그렇지만, 매우 보수적인 편이다. 가장 대표적인 것이 어말자음에 'ㄷ'을 쓰고 있는 점이다. 17세기 이후의 문헌에서 어말에 'ㄷ'은 대부분 'ㅅ'으로 표기되는 것이 일반적이다.

맏 빅 (伯,15b)　　　겯 방 (傍,19b)　　　묻 형 (兄,15b)
받 광 (光,3a)　　　벋 우 (友,16a)　　　볃 경 (景,9b)

외얄 니 (李,3b)   싣 단 (端,10a)   받 표 (表,10a)

모음 표기에서 /ɛ/는 대체로 '애'로 표기되지 않고 '익'로 표기되고 /e/는 '에'
로 표기되는 현상이 있는데, 이러한 현상은 대개 19세기 말엽의 표기현상이
다. 물론 /ɛ/를 '애'로 표기한 예가 보이지만 매우 드물게 나타난다.

아리 하(下,14b) 가온딕 즁(中,29b) 큰 딕(大,7a) cf. 딕둡 대(對,19b) 내 쳔
(川,12b)

ㅅ계 합용병서와 ㅂ계 합용병서가 쓰이고 있다.

쌘힐 튜 (抽,32b) 쌕리 근 (根,33a) 쎠 히 (骸,38a) 쩔 진 (振,22a) 뜻 지 (志,17b)
뻥길 빈 (嚬,40a) 뾰줄 츅 (逐,17b)

이러한 표기법의 현상으로 보아 이 천자문은 19세기 말엽에 필사된 것으로
보인다.

이 장서각본 필사본 천자문은 이 당시의 표준적인 한자 석음을 보여 주
는 것으로 판단된다. 다음에 석봉천자문(박찬성 소장본)과의 한자 석음의
차이를 몇 개 보이면 다음과 같다. 곧 표준적인 한자 석음에 변화가 생긴
것이다.

출전	한자	석봉천자문	장서각본
27a	主	님 쥬	잉금 쥬
24b	乂	어딜 예	직쥬 예
39a	亡	업슬 망	도망 망
16b	仁	클 인	어질 인
05a	伐	베힐 벌	칠 벌

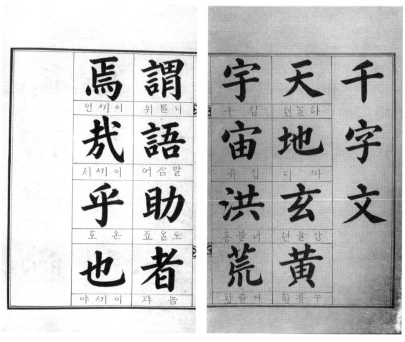

〈장서각본 천자문〉

이 책은 한국학중앙연구원에서 영인하였으며, 이에 대한 연구도 황문환 외
(2016)가 있다.

5. 19세기 말 필사 예일대 소장본 천자문

미국 예일대학교 도서관에 소장되어 있는 천자문으로 필사본이다. 한국학
중앙연구원의 장서각 소장본과 유사한 천자문으로 왕실에서 사용하였던 천
자문으로 추정된다. 책의 크기는 32.5×23.3㎝ 이고 사주쌍변에 3行4字로 되어
있고 판심어미는 상이엽화문어미이다. 표지의 제첨에 보이는 제목은 '千字文
(천자문)'이고 내지의 책제목도 '千字文(천자문)'이다. 판심제는 없다. 표기법으

로 보아 장서각 소장본보다 조금 후대로 보인다. 역시 19세기 말의 자료로 보인다.

　장서각본 천자문과 마찬가지로 장마다 종이색을 달리하여 천자문을 필사하였다. 필사기를 비롯한 어떠한 기록도 보이지 않는다.

　예일대 소장본 천자문과 장서각 소장본 천자문의 판식도 유사하다. 한자의 필체도 장서각 소장본과 마찬가지로 매우 유려한 해서체이다. 단 한글 석음은 장서각 소장본이 한 사람의 글씨로 세필로 쓴 것이라면 예일대 소장본이 여러 사람의 글씨처럼 각 장마다 조금씩은 다른 더 굵은 서체로 썼다고 볼 수 있다. 장서각 소장본과 마찬가지로 궁중의 사자관(寫字官)이 쓴 것으로 추정된다. 붉은 종이에 쓴 것은 계선도 붉은 선으로 그려 놓아 계선이 거의 보이지 않는다. 장서각 소장본과 예일대 소장본을 비교해 보면 다음과 같다.

〈예일대 소장본〉

〈장서각 소장본〉

출전	한자	장서각본	예일대본
25b	何	엇디 하	엇지 하
42b	也	잇씨 야	잇게 야
15b	伯	맏 빅	맛 빅
21b	俠	씰 협	협긔 협
10b	善	어딜 션	착흘 션
39a	嘯	파람 쇼	슈파름 쇼
7a	常	샹례 샹	썻쩟 샹
24b	寔	이 식	지실로 식
40a	姿	양즈 즈	자릭 자
21a	壁	브람 벽	브롬벽 벽
27a	塞	막을 식	변방 시
33a	彫	써러질 죠	마를 죠

〈예일대 소장본 천자문〉

6. 19세기 말 필사 일성공 서 주해천자문

이 책은 일성공(日省公), 즉 이장운(李章雲)의 수묵(手墨)을 후손인 이갑형(李甲衡)이 1982년에 영인하여 낸 주해천자문이다. 이장운은 주로 경남 밀양에서 활동한 문인으로 그 당시에 명필로 널리 알려진 문인으로 보인다. 그 후기에 의하면 '일성공 세후 백유여년(日省公 歲後 百有餘年)'이 되었다고 하였으므로 이 책은 19세기 말의 자료로 보인다. 책의 크기 등은 알 수 없다. 유계에 3행 23자로 되어 있으나 판심은 없다. 천자문의 한 글자 한 글자마다 가운데에 해서체로 한자를 써 놓고 오른쪽 상단에 전서자를 써 놓았으며 왼쪽 상단에는 그 한자의 성조를 부호로 표시하였다. 상성은 원으로, 거성은 점으로 평성은 표시를 하지 않았다. 그리고 그 한자의 아래에는 한글로 한자 석음을 달아 놓았고 이어서 그 한자에 대한 한문 주석을 달아 놓았다. 모두 홍태운의 주해천자문을 그대로 옮겨 놓았다. 그리고 천두(天頭) 부분에 4자로 된 한문구에 대한 해설을 한문으로 붙였는데, 이것도 홍태운의 주해천자문의 행간에 써 놓았던 부분을 옮겨 놓은 것이다. 한글로 쓴 한자에 대한 석음도 거의 유사하나 표기법에 차이가 있고, 어느 것은 복수주석에서 주석 중의 한둘을 빼기도 하였다. 몇 예를 들어 보이면 다음과 같다.

한자	홍태운의 주해천자문	일성공의 주해천자문
丁	남녁 뎡, 장뎡 뎡, 만날 뎡, 소리 징	남녁 정, 정 정, 만날 정, 소리 정
上	웃 샹, 오를 샹, 더을 샹, 숭샹 샹	웃 샹, 올랄 샹, 더을 샹, 숭샹 샹
下	아래 하, 느릴 하, 느죽이흘 하	아릭 하, 날릴 하, 나작할이 하
且	쏘 챠, 도마 조, 어조스 져, 아직 챠	쏘 차, 도마 조, 어조스 져, 아즉 츠
中	즁도 즁, 가온대 즁, 마칠 즁, 마즐 즁	즁도 즁, 가온딕 즁, 마칠 즁
京	셔울 경, 클 경, 두던 경, ᄀ틀 경	셔울 경, 클 경, 두던 경, 갓탈 경
中	즁도 즁, 가온대 즁, 마칠 즁, 마즐 즁	즁도 즁, 가온딕 즁, 마칠 즁
信	밋블 신, 미둘 신, 긔별 신	밋들 신, 긔별 신

필사자가 밀양 사람이지만 그 지역어를 반영하고 있지는 않다.

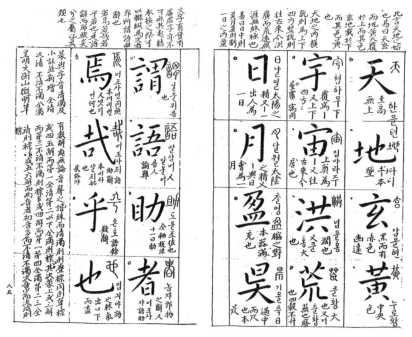

〈日省公書 註解千字文〉

7. 1901년 필사 천자문음해

1901년에 필사된 『천자문음해(千字文音解)』란 책이 하버드대학 도서관에 소장되어 있다. 표지서명이 '천자문음해'이지만 내지 제목은 볼 수 없다. 앞의 석 장 정도가 낙장이기 때문이다.

첫 장에 천자문의 '鱗'부터 보인다. 이 '천자문음해'란 제목은 후대에 붙인 것인데, 아마도 원래 제목이 붙어 있지 않아서 이 책의 성격을 모르는 사람이 천자문에 대한 한글석음이 있고, 또 천자문의 4자 성구에 대한 한문풀이 등이 있는 것을 보고 이렇게 책제목을 붙인 것으로 보이나, 이 책은 홍태운의 주해천자문에 대한 필사본에 지나지 않는다. 천자문의 마지막에 '辛丑秋八月二十一日終筆(신축추팔월이십일일종필)'이란 필사기가 있어서 이 책의 필사년을 1901년으로 보는 것이다. 1959년 7월 17일에 하버드대학에서 구입한 것이니 필사연도가 1901년이 맞다. 홍태운의 주해천자문을 전사하였다고 하나, 그대로 전사한 것은 아니다. 홍태운의 주해천자문과 차이 있는 몇 개를 보이면 다음과 같다.

한자	출전	석음
上	주해천자문,14b	웃 샹, 오를 샹, 더을 샹, 슝샹 샹
	천자문음해,15	위 샹, 오를 샹, 더을 샹, 슝샹 샹
囊	주해천자문,34a	주머니 낭
	천자문음해,42	듀먼니 낭
常	주해천자문,7a	덛덛홀 샹, 샹례 샹
	천자문음해,5	덛덛홀 샹
幸	주해천자문,31a	힝혀 힝, 브랄 힝, 괴일 힝, 슌힝 힝
	천자문음해,38	힝혀 힝, 브랄 힝

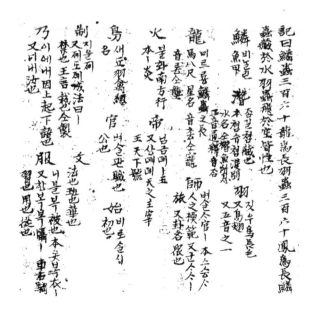

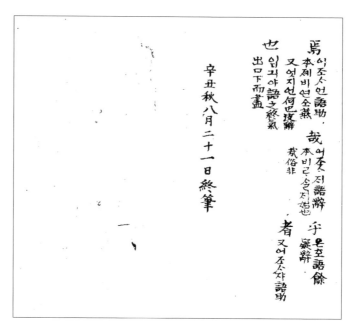

〈천자문음해〉

8. 1909년 필사 천자문

이 필사본 천자문은 책의 끝에 '隆熙三年 十二月 十六日 始讀(융희 3년 12월 16일 시독)'이란 글이 있어서 1909년 이전에 필사되었음을 알 수 있다. 표지서명은 '千字文(천자문)'이다. 내지에 '千字文(천자문)'이란 제목이 있고 다음 행에 '양주 홍사(梁周興嗣)'라고 되어 있는데, 이들 한자에 모두 한글로 석음을 달아 놓았 다. 책의 크기는 28.7×21.8cm이다. 판심이나 장차는 없고 계선은 붉은 선으로 하였는데, 4행 4자이다. 한자 아래에 한글로 석음을 달아 놓았다. 모두 33장이 다. 필자가 소장하고 있다.

한글로 표기된 석음에서 많은 방언형들을 볼 수 있다. ㅋ 구개음화나 ㅎ 구개 음화 등이 보인다.

飭 지을 칙 〈02a〉   女 지집 여 〈07a〉   深 집흘 심 〈10a〉

比 전줄 비 〈12b〉   賴 심니불 뇌 〈06a〉   力 심 역 〈09b〉

傾 지우러질 경 〈19a〉   勉 심쓸 면 〈23b〉   務 심슬 무 〈22a〉

몇몇 개의 방언형들도 보인다.

儀 그동 의 〈12b〉   刻 싀길 각 〈18a〉   銘 싀길 명 〈18a〉

侍 뫼실 시 〈27b〉

치찰음 밑에서의 고모음화도 나타난다.

樂 질걸 락 〈12a〉   治 다시릴 치 〈22a〉   命 목심 명 〈09a〉

官 벼실 관 〈04a〉   忘 이질 망 〈07a〉   性 승품 승 〈14a〉

〈1909년 필사 천자문〉

〈1909년 필사 천자문〉

9. 1911년 필사 천자문

　이 필사본 천자문은 수진본이다. 천자문 인쇄본의 수진본은 현대 연활자가
나온 후 1950년대에나 출현하는데, 이 필사본 천자문은 1911년도에 필사되어
매우 진귀한 자료로 생각한다. 책의 크기는 15.7×10.2㎝이다. 4행 4자로 뒤의
부록 등과 합쳐서 모두 32장이다. 천자문 말미에 '辛亥七月壬午獲麟(신해7월 임
오획린)'이란 필사기가 있다. '획린(獲麟)'이 글을 마쳤다는 뜻이니 1911년 7월
에 필사를 마쳤다는 것이다. 이 책을 1911년으로 추정하는 것은 천자문 뒤에
붙어 있는 '언문정의(諺文正義)' 내용 때문이다. 이 '언문정의'는 소위 '언문반절
표'인데, 자음과 모음의 자모표가 등재되어 있다. 한자 학습을 하면서 거기에
쓰이어 있는 한글 석음을 이해시키기 위해 덧붙여 놓은 것으로 보인다. 이처
럼 언문반절표를 책의 앞이나 뒤에 붙이는 일은 19세기 말과 20세기 초에 대유
행을 하였던 것이기 때문에, 이 수진본 천자문의 필사기에 보이는 '辛亥(신해)'

를 1911년으로 보는 것이다. 이 언문정의에 보이는 한글 자모는 그 아래에 자모의 이름을 한글로 적어 놓았는데, 'ㄱ, ㄴ, ㄷ, ㄹ, ㅁ, ㅂ, ㅅ, ㅇ'을 각각 '그기억, 느니은, 드디귿, 르리을, 므미음, 브비읍, 스시옷, 으이힝' 등으로 적고 '가갸거겨고교구규그기ᄀᆞ'를 각각 '그아, 기아, 그어, 기여, 그오, 기요, 그우, 기유, 그으, 기이, 그ᄋᆞ'로 적어 놓았다.

이 수진본 천자문은 4자로 된 성구 뒤에 한글로 토를 달아서 한문구를 암송할 수 있도록 만든 것이 특징이다. 즉 첫 행의 '天地玄黃' 뒤에는 '하고'를 그리고 '宇宙洪黃' 뒤에는 '이라'를 붙였다. 그리하여 '天地玄黃하고 宇宙洪黃이라'로 읽게 만든 것이다. 필자가 소장하고 있다.

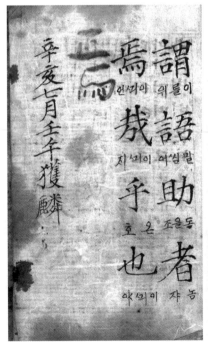

〈1911년 필사 천자문〉

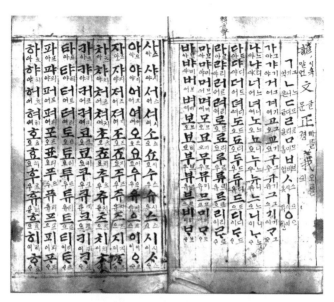

〈천자문 뒤의 언문정의1〉

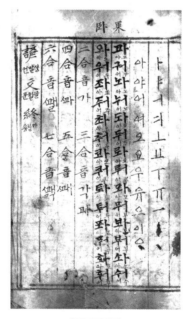

〈언문정의2〉

10. 1913~1923년 필사 서울역사박물관 소장본 천인천자문

천인천자문(千人千字文)은 여러 문헌이 전래되어 오지만, 이 책은 그 당시의 명필이었던 윤희구(尹喜求, 1867년~1926년)가 '천자문'이란 제목의 한자를 쓴 천인천자문이다. 이 책은 학고당이 쓴 천자문을 간행한 천자문을 대본으로 하여 쓴 것인데, 여기에 천자문을 쓴 인물로 보아 1910년에서 1920년 사이에 쓰인 것으로 보인다. 첫 글자인 '天'은 윤택영(尹澤榮)이, 맨 마지막 글자 '也'는 지석영(池錫永)이 쓴 책이다. 서울역사박물관 소장이다. 책의 크기는 46.0×33.5cm이다. 윤희구가 주관해서 만든 천인천자문으로 보인다.

한자의 오른쪽에는 그 한자를 쓴 사람의 이름이 적혀 있고, 그 이름 아래에는 그 사람의 도장까지 찍혀 있어서 매우 정성 들여 만든 것임을 알 수 있다.

〈1000인 천자문〉

이처럼 '周興嗣 撰 學古堂書(주흥사찬 학고당서)'가 천자문이란 책의 제목 다음에 쓰인 천자문은 이 1910~20년대에 흔히 보이던 것이었다. 대부분의 방각본들이 이 학고당이 쓴 천자문을 저본으로 하여 책을 출판하였다. 1913년에 신구서림에서 낸 천자문이 그 시작이었고, 이어서 1916년에 한남서림(漢南書林)에서 간행한 천자문이 그러하다. 마찬가지로 1919년에 천일서관(天一書館)에서 간행한 것과 1923년 신안서림(新安書林)과 1923년 창신서관(昌新書館)에서 각각 출판한 천자문이 모두 이 학고당서의 천자문을 그대로 이용하여 간행하였다. 물론 모두 목판본으로, 한자는 학고당서이지만 한글 새김은 달리 판각하였다. 그렇지만 한글 석음이 쓰인 표기법 등은 거의 모두가 동일하다.

그래서 이 천인천자문은 1913년에서 1923년 사이에 쓰인 것으로 볼 수 있다.

〈천자문(신구서림판)1913년〉

11. 1916년 필사 천자문

이 필사본 천자문은 1916년에 충남 공주에 살고 있는 김석근(金石根)이라는 사람이 가지고 있던 책이다. 김석근(金石根)이 필사자는 아닌 듯 하다. 천자문 말미에 '丙辰陽月吉日畢(병진양월길일필)'이란 필사기를 가지고 있다. 한글 석음의 표기법 등으로 보아 1916년에 필사된 것으로 추정된다. 책의 크기는 31.6×22.0cm이다. 표지 제목은 '白首文(백수문)'이다. 4행 4자로 되어 있고 모두 33장이다. 필자가 소장하고 있다.

필사기 뒤에 고소설 필사본 등에 흔히 쓰는 글이 있다. 즉 "일천자가 딕쥬 글 즈은 오즈 낙셔가 읍쓰나 언문은 오자 낙셔가 믹오 만흐니 상심ᄒ여 가리치라"라고 써서 이 천자문을 가지고 가르칠 때 한자는 오자나 낙셔가 없지만 한글은 오자 낙셔가 있으니 살펴서 가르치라고 하는 글이다, 책의 끝에 '卷主 金石根(권주 김석근)', '忠淸南道 公州郡 寺谷面 花月里 七十二番地(충청남도 공주군 사곡면 화월리 72번지)'라는 소장자의 주소가 적혀 있다. 아마 후대에 쓴 것으로 보인다. 이곳은 지금의 충남 공주시 마곡면 화월리 72번지로 마곡사에서 가까운 곳이다.

이 천자문에서 공주 지역어를 반영하였다고 보이는 자료를 들면 다음과 같다.

傾 지울어질 경 〈18a〉	鷄 달 셰 〈20b〉
皐 어덕 고 〈23a〉	寡 즉을 과 〈31b〉
巧 굉교훌 괴 〈29b〉	駒 밍지 구 〈5a〉
女 지집 여 〈6a〉	短 짜늘 단 〈6b〉
得 으들 득 〈6a〉	量 시야릴 양 〈6b〉
勉 심씰 면 〈22b〉	無 읍실 무 〈10a〉
靡 씨려질 미 〈6b〉	微 즈글 미 〈17b〉
說 짓불 열 〈18a〉	盛 승할 승 〈9a〉

嘯 쉬파람 소 〈29b〉　　養 지를 양 〈5b〉

御 으거할 으 〈26b〉　　欣 짓불 흔 〈24a〉

〈1911년 필사 천자문〉

12. 1917년 필사 천자문

이 천자문은 1917년에 필사한 천자문이다. 책의 표지에 '歲在 丁巳(세재 정사)'
의 기록이 있어서 필사연도를 알 수 있다. 표지서명은 '千字文(천자문)'이며 뒷
표지에는 '白首文(백수문)'과 '小兒初學(소아초학)'이라고 쓰이어 있다. 책의 크기
는 23.9×22.9㎝이다. 4행 4자인데, 모두 32장이다. 한자의 아래에 가로로 한글
석음을 달았는데, 어느 것은 한자의 오른쪽에 한글 석음을 달아 놓았다. 처음
부터 한자를 쓰고 한글 석음을 달아 놓은 것이 아니라, 먼저 한자를 모두 써 놓
고 후에 한글 석음을 쓴 것이다. 그래서 한자는 정연하게 쓰이었는데, 한글 석

음은 격식없이 제멋대로 쓰이었다. 그래서 어느 한자는 한글 석음을 쓰지 않은 것도 보인다. 또한 한글 석음에 각자병서도 보이어서(帶 띄 디, 謂 꾸지즐 쵸, 빼 쫑길 빈), 1917년보다 더 후대의 것으로도 생각할 수 있겠지만, 'ㆍ'도 쓰이고 합용병서도 보이어서(時 쎠 시, 刻 쌔일 각, 振 썰칠 진, 纓 쓴 영, 亦 쏘 역), 1917년대의 표기로 보인다. 경북대도서관 소장본인데, 남권희 교수 기증본이다.

〈1817년 필사 천자문〉

13. 1920년 필사 천자문

이 천자문은 정용우(鄭瑢雨)가 1920년에 필사한 천자문이다. 천자문의 말미에 '庚申歲至月望 迎日 鄭瑢雨(경신세지월망 영일 정용우)'라는 필사기가 있다. '정용우' 아래에 목도장이 찍혀 있는데, 인기(印記)는 '용우(瑢雨)'이다. 한글 표기 등으로 보아 '庚申(경신)'은 1920년으로 추정한다. 책의 크기는 23.4×27.0cm로서 가로의 길이가 세로의 길이보다 긴 책이다. 표지 서명은 '千字'이고 내지 서명은 '千字文(천자문)'이다. 5행 4자로 모두 26장이다. 책의 표지에 '정종(鄭淙)'이란 이름과 책의 끝에 '學文之道 求其放心 鄭淙(학문지도 구기방심 정종)'이라고 되어 있어서 책주는 '정종'으로 보인다. 한글 석음은 중부 지역의 국어를 반영하고 있다. 필자의 소장본이다.

〈1920년 필사천자문〉

14. 1921년 필사 천자문

이 천자문은 화성시 향토박물관 소장본이다. 책의 말미에 '從孫石萬年甫七歲 能釋字音爲開始學書給此冊勤孜于斯以副副遂成之望也 辛酉臘月下澣仲從祖寫(종손석만년보칠세 능석자음위개시학서급차책근자우사이부부수성지망야 신유납월하한중종조사)'란 필사기가 있다. 신유년 12월에 작은 할아버지가 종손인 석만(石萬)과 연보(年甫)가 7세가 되자 능히 한자의 새김과 음을 알아 이 책을 주어 글자 쓰는 일을 시작하여서, 부지런히 학습하게 하기 위해 썼다고 한다. 한자는 대자로 썼지만, 한글 석음은 매우 작은 글씨로 썼다. 계선이 있고 4행 4자이다. 책의 크기는 34.0×27.5㎝이며 반엽광곽의 크기는 26.0×25.0㎝이다. 첫 장은 매우 낡아서 뒷장을 서영으로 보인다.

〈1921년 필사 천자문〉

15. 1927년 필사 천자문

1927년에 충주에서 필사한 천자문이다. 표지에 '丁卯壹月二日(정묘 일월 이일)'
이란 필서가 보이고 책의 말미에 '忠州郡 老隱面 連花里(충주군 노은면 연화리)'라
는 필서가 있으며, 고무도장으로 찍은 '논산군 부적면 덕평리 1구 T 34-1502 조
돈국'이란 내용도 보인다. 붓으로 쓴 것이 원래의 천자문을 쓴 사람의 것으로
추정하여 1927년에 충주에서 필사한 천자문으로 생각한다. 책의 크기는 26.7×
18.9㎝이고 사주단변에 계선이 있는데, 4행 4자로 되어 있다. 판심에는 어미가
없고 단지 장차만 적혀 있다. 모두 32장이다. 천자문이 끝난 곳에 '梁周興嗣撰
(양주흥사찬)'이란 필서가 있다. 필자의 소장본이다.

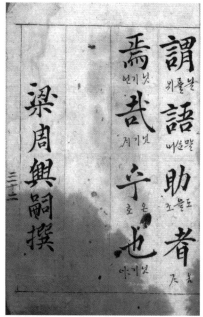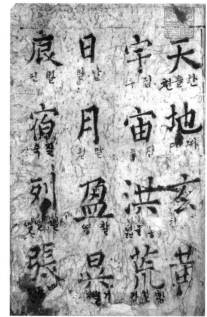

〈1927년 필사 천자문〉

16. 1930년 필사 천인천자문

천인천자문(千人千字文)으로서 서울역사박물관 소장의 천인천자문과 동일한 판식으로 1,000명이 한 글자씩 써 놓은 천인천자문인데 충남 홍성의 조환웅 씨가 소장하고 있다. 책의 크기는 36.5×27.5cm이며 모두 32장이다. 책의 끝부분에 '庚午九月日 千人筆跡(경오구월일 천인필적)'이라고 되어 있어서 이 천인천자문이 1930년에 쓰인 것을 알 수 있다. 판식은 1913년에 간행된 신구서림판의 형태를 그대로 따라 쓴 것이다. '周興嗣 撰 學古堂書(주흥사 찬 학고당서)'란 내용이 전서체로 쓰이어 있고 한자의 오른쪽에는 그 글씨를 쓴 사람의 이름을, 그리고 아래에는 한글로 그 한자의 석음을 써 놓은 것이다. 표지 제목은 '白首文(백수문)'이다.

〈조환웅 씨 소장 천인천자문〉

〈천인천자문 필사기 부분〉

17. 1933년 필사 천자문 1

이 천자문은 1933년에 호정(湖亭) 박영훈(朴英勳)이 충남 청양군 정산(定山)에서 쓴 천자문이다. 책의 크기는 32.0×22.0cm이다. 표지 책제목은 '千字(천자)'이고 속표지 책제목은 '白首文(백수문)'이며 내지 책제목은 '千字文(천자문)'이다. 내지에 '癸酉三月十日謄(계유삼월십일등)'이란 필사기가 있다. 본문 첫 장 첫 행에는 '千字文(천자문)'이라고 되어 있고, 두 번째 행에는 '周興嗣(주흥사)'라고 쓰이어 있다. 계선이 없이 4행 4자이다.

천자문의 끝에 忠淸南道 靑陽郡 定山面 瓦村里 壹四六番地(충청남도 청양군 정산면 와촌리 146번지)라고 소장자의 주소가 쓰이어 있고 그 다음 행에 '湖亭 朴英勳 書(호정 박영훈 서)'란 글에 이어 큰 글씨로 '瓦軒 朴湖亭 書(와헌 박호정 서)'란 글이 있다. 그리고 '瓦軒 朴湖亭 書(와헌 박호정 서)'란 글씨는 천자문 본문의 글씨체와 같다. 필자의 소장본이다. 다음과 같이 충남 방언형들이 보인다.

儀 그동 의 〈11b〉　　兒 아흐 아 〈12a〉　　務 심쓸 무 〈21b〉

命 목심 명 〈09a〉　　四 늑 사 〈05b〉　　쯤 누쌀 진 〈19a〉

無 읍실 무 〈10b〉　　獸 김싱 슈 〈14b〉　　白 흐인 빅 〈05a〉

經 십마리 경 〈16a〉　　賤 츤할 츤 〈11a〉　　賴 싯니을 뇌 〈05b〉

〈1933년 필사 천자문〉

18. 1933년 필사 천자문 2

이 필사본 천자문은 1933년에 필사한 천자문이다. 책의 크기는 25.1×20.8㎝
이다. 표지서명과 내지서명 모두 '千字文(천자문)'이다. 계선이 있고 5행 4자로
되어 있다. 판심은 없고, 판심 부분에 동그라미를 그려 놓고 그 안에 장차를 써

넣었다. 천자문만 모두 21장이다. 천자문의 말미에 '癸酉十一月二十五, 謄出也 以上合二十一章(계유11월25, 등출야 이상합21장)이라'란 필사기가 있다. 이 필사기 만으로는 정확히 필사연도를 알 수 없으나, 이 책의 첫 면에 '孔子誕降貳千四百 八十四年癸酉至月拾五日結冊(공자 탄강2484년 계유지월 15일 결책)'이라 기록이 있 어서 1933년임을 알 수 있다. 각각의 한자 오른쪽 위에는 ○ ● ◑을 표시해서 한자의 성조를 표시하였고, 한자의 아랫 부분에는 한글로 석음을 달아 놓았 다. 필자가 소장하고 있다.

'·'가 쓰이었지만, 주로 단독으로나, 'ㅓ'의 경우에 주로 사용되었으며, ㅅ 계 합용병서는 보이지 않고 된소리는 각자병서를 사용하여 표기하고 있다.

地 따 디 〈1a〉   湯 끌을 탕 〈3a〉
拱 꼬질 공 〈3a〉   帶 뛰 대 〈21a〉

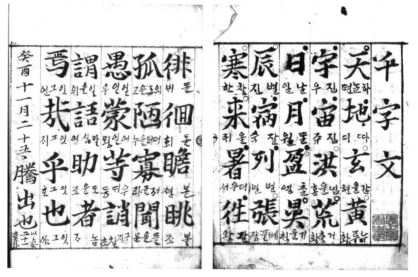

〈1933년 필사본 천자문〉

19. 1934년 필사 천자문

이 천자문은 1934년에 7세 어린이인 심창섭(沈昌燮)의 학습서로 필사된 것이다. 내지 서명 '千字文(천자문)'의 다음 행에 昭和九年九月一日 沈昌燮 七歲 學習書(소화9년9월1일 심창섭 칠세 학습서)'란 필사기가 있어서 이러한 사실을 알 수 있다. 심창섭이란 7세 된 어린이에게 한자를 학습시키기 위해 필사한 천자문이다. 일반적으로 천자문을 학습시킨 어린이의 나이가 7세임을 확인할 수 있다. 그러나 필사자가 누구인지는 알 수 없다. 이 책은 크기도 매우 커서 책의 크기가 41.9×32.0㎝이다. 표면은 비단으로 장정을 하였다. 사주쌍변으로 판심어미는 없고 판심제는 '白首文(백수문)'이다. 밑에 장차가 쓰이어 있는데 모두 32장이다. 붉은 선으로 그린 계선이 있고 4행 4자로 되어 있다. 필자의 소장본이다. 주로 중앙어를 반영하고 있다.

豈 웃지 긔 〈6a〉   得 으들 득 〈6b〉   性 승품 승 〈13a〉

〈1934년 필사 천자문〉

20. 1937년 필사 천자문

이 천자문은 1937년에 필사한 천자문이다. 표지에 '昭和十二年舊十二月十四日(소화 12년 구12월 14일)'이라는 기록이 보이고, 첫 장에도 '昭和十二年舊十二月六日(소화 12년 구12월 6일)'이라는 기록이 보인다. 이것으로 보아 이 필사본 천자문은 1937년에 필사된 것으로 추정한다. 책의 크기는 20.0×19.0㎝인 작은 책인데, 내지의 책명은 '千字文(천자문)'이다. 계선이 없이 5행 4자로 되어 있고 각 한자의 아래에 작은 글씨로 한글 석음을 달아 놓았다. 모두 25장이다. 'ㆍ'는 보이지 않고, ㅅ계 합용병서가 보인다. '地 짜 지〈1a〉' '醎 짤 함〈2b〉' '拱 쇼즐 공〈3b〉' '빽빽할 밀〈15a〉'. 필자의 소장본이다.

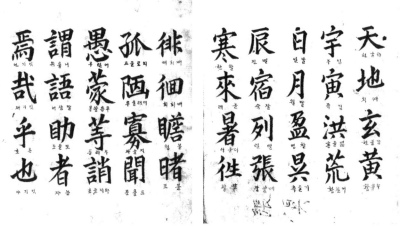

〈1937년 필사 천자문〉

21. 1940년 필사 천자문

이 천자문은 1940년에 충북 진천군에 사는 73세의 김관국(金寬國)이 필사한 책이다. 책의 크기는 27.4×24.0cm이다. 천자문 말미에 '歲庚辰二月日稀之三歲人 忠北道 鎭川郡 萬升面 廣惠院 中里 居 楸洞里 旅留時 晚香 金寬國 謄書(세경진 2월일 희지3세인 충북도 진천군 만승면 광혜원 중리 거 추동리 여류시 만향 김관국 등서)'란 기록이 있어서 이것을 알 수 있다. 충북도 진천군 만승면 광혜원 중리는 현재 충북 진천군 광혜원면 광혜원리에 해당한다. 김관국은 이 지역 사람이기보다 는 타지 사람으로 보인다. 여행하다가 머물렀을 때 썼다고 하였다. 그래서 이 책의 표지와 앞 부분에 '冊主 宋仲憲(책주 송중헌)'이란 기록이 보인다. 충남 천 안시 광덕면에 있는 춘호재의 소장본이다.

〈1940년 필사 천자문〉

22. 1945년 필사 천자문

이 천자문은 1945년에 쓴 필사본으로 원래는 충남 논산군 노성면에 사는 嚴益煐(엄익경)씨 소장본이었다. 책의 크기는 25.0×29.7cm이어서 가로가 더 큰 책 이다. 책의 표지에 '白首文'이라고 책명이 쓰이어 있고 또한 '乙酉年至月初四日

(을유년지월초사일)'과 '論山郡 魯城面 豆寺里(논산군 노성면 두사리)'와 '冊主 嚴益熿(책주 엄익경)'이라고 쓰이어 있다. 주소와 책주 이름은 천자문 말미에도 꼭같이 쓰이어 있다.

4행 4자로 모두 32장이다. 한자 아래에 한글로 석음을 달아 놓았다. 그런데 이전의 천자문에서는 한글 석음을 쓰는 방향을 오른쪽에서 왼쪽으로 써 왔는데, 이 책에서는 오늘날처럼 왼쪽에서 오른쪽으로 써 놓았다. 그래서 이전 책에서는 '천날하'처럼 쓰이었던 것인데, 이 책에서는 '하날천'으로 썼다. 'ㆍ'도 쓰이고 ㅅ계 합용병서도 쓰이고 있다. 한글맞춤법이 1933년에 만들어졌어도 천자문에는 아직 적용되지 않고 있음을 볼 수 있다. 필자의 소장본이다.

〈1945년 필사천자문〉

23. 1953년 필사 천자문

1953년에 필사한 천자문이다. 책의 말미에 '癸巳正月日終(계사정월일종)'이라고 필서되어 있다. 책의 크기는 27.5×23.7cm이다. 계선은 없고 6행 4자로 되어 있다. 모두 21장이다. 현대의 맞춤법에 따라 한자 석음이 쓰이어 있으나 가끔 'ㆍ'자가 보인다. 필자의 소장본이다.

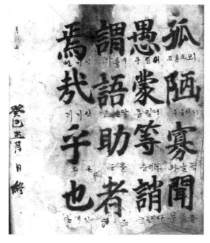

〈1953년 필사 천자문〉

24. 1962년 필사 천자문

책의 말미에 '歲在壬寅小春 德山書(세재임인소춘 덕산서)'란 필사기가 있는 필사본 천자문으로 책의 크기는 26.0×29.5㎝로 세로보다 가로가 더 큰 책이다. 계선이 없이 4행 4자로 되어 있다. '덕산(德山)'이 누구인지는 알 수 없다. 모두 32장이다. 받침에 'ㅌ'이 쓰이고 있다.

若 같을 약〈9b〉 돋을 경(競)〈8a〉

된소리 표기에 각자병서들이 보인다.

따 지(地)〈1a〉 짤 함(鹹)〈3a〉 떠떠 상(常)〈5b〉 뻔받을 효(效)〈6a〉

방언형들이 모인다.

구실 옥(玉)〈2a〉 곤칠 개(改)〈6a〉 마리 당(堂)〈7b〉 말심 사(辭)〈9b〉 겔 동(冬)〈1a〉 시싱 사(師)〈3a〉

필자의 소장본이다.

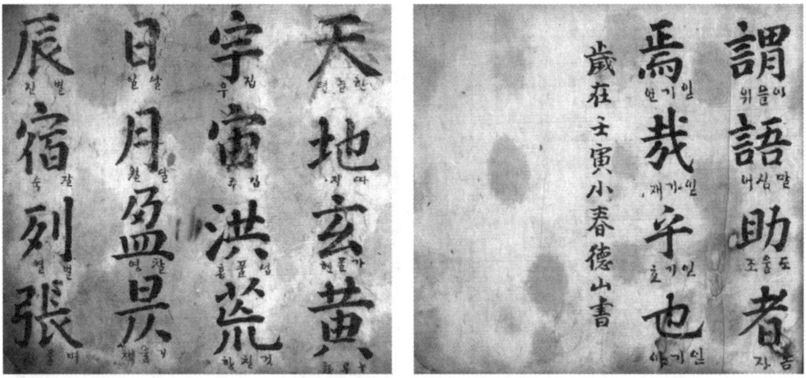

〈1962년 필사 천자문〉

25. 1963년 필사 천자문

1963년에도 필사한 천자문이 존재한다. 책의 말미에 '癸卯七月十二日 終了(계묘7월 12일 종료)'란 필서가 있어서 1963년에 필사한 것임을 알 수 있다. 표지제는 '白首文'이다. 그리고 天地玄黃부터 시작하지 않고 그 앞에 '鵬鳥始圖 驥馬初程(붕조시도 기마초정)'이란 문구가 더 있다. 그래서 '鵬'이 'ᄒᆞᄂᆞᆯ 텬'으로 썼다가 'ᄉᆡ 붕'으로 바꾸었다. 책의 크기는 23.8×26.5㎝이다. 계선이 없이 5행 4자로 되어 있다. 모두 26장이다. 1963년에 필사한 것임에도 불구하고 '·'가 쓰이고 있다. 그리고 받침에 'ㅍ'이, 그리고 어두에 ㅅ 계 합용병서와 ㅂ 계 합용병서도 쓰이고 있다.

덮을 개(盖)〈4b〉 ᄆᆡ즐 결(結)〈2a〉 ᄒᆞ 위(爲)〈2a〉 ᄯᆞ 디(地)〈1a〉 ᄧᆞᆯ 함(醎)〈2b〉

한글맞춤법이 제정되었음에도 불구하고 천자문은 전통적인 방법으로 전래되어 왔음을 볼 수 있는 자료이다.

필자의 소장본이다.

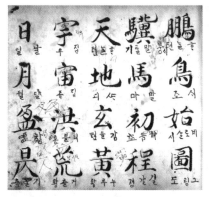

〈1963년 필사 천자문〉

26. 1914년 이후 필사 천자문

이 책은 20세기 초, 특히 1914년 직후에 충남 청양군에서 필사된 천자문이다. 이 책의 앞부분 속지에 '靑陽郡 斜陽面 大鳳里 趙昌九(청양군 사양면 대봉리 조창구)'라는 글이 있다. '청양군 사양면 대봉리'는 지금의 충남 청양군 남양면 대봉리이다. 대봉리는 본래 홍주군 상전면의 지역이었는데, 1914년 행정구역 폐합에 따라 대봉리가 되고 청양군 사양면에 편입되었다. 1987년에는 사양면이 남양면으로 바뀌었다. 따라서 이 책은 1914년 이후의 필사본인데, 표기법 등으로 보아 1914년 직후일 것으로 생각한다. 책의 크기는 28.8×21.8cm이고 계선이 있는데, 사주변은 그리지 않고 단지 한자간의 경계만 붉은 색으로 선을 그어 네모 안에 한자를 쓰고 다시 작은 직사각형 안에 한글로 석음을 적어 놓았다. 모두 32장이다. 앞에 '천자문'이란 제목을 달고 다음 행에 '梁周興嗣(양주흥사)'라고 써 놓고 각 한자에 한글로 석음을 달아 놓았다. 청양 지역어를 반영한 표기도 보인다. 辰(비을 진), 賴(심니불 뇌) 得(으들 득) 行(딩길 힝) 深(집홀 심) 比(견줄 비) 등. 필자의 소장본이다.

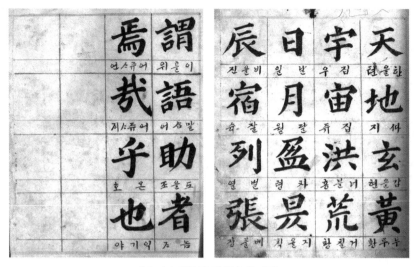

〈1914년 이후의 필사본 천자문〉

27. 20세기 초 필사 일사문고 소장본 천자문

이 천자문은 1책의 필사본으로 서울대 일사문고 소장본이다(一簑古418.3-J868c). 책의 크기는 31.9×22.9㎝이고 사주단변에 4행 4자로 되어 있다. 모두 32 장이다. 판심제와 판심어미는 없어서 장차도 적혀 있지 않다. 4주의 단변선은 붉은 색으로 그려져 있고, 안쪽의 선들은 모두 푸른 색으로 그려져 있어서 정성들여 필사한 천자문이다. 단정한 글씨로 한자를 쓰고 그 아래에 한글로 석음을 달아 놓았다.

아무런 필사기가 없어서 필사자와 필사연도를 알 수 없다. 한글 석음 표기의 특징을 보면 20세기 초에 쓰인 것으로 추정된다. '必'이 '반들 필'(6a)로 되어 있고, '柰 벗 내'(2b), '虞 나ᄅ 우'(3b) 등의 표기로 보아 시기를 추정할 수 있다. 어휘상으로도 20세기 초의 전형적인 한글 석음을 보이고 있어서 특이한 석음은 보이지 않는다.

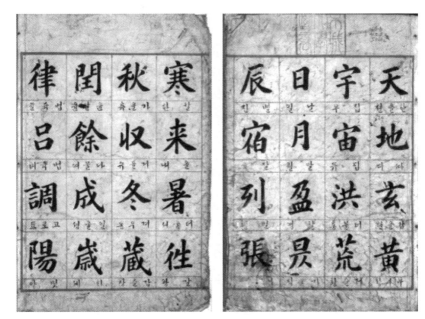

〈일사문고 소장 필사 천자문〉

28. 20세기 전반 필사 동래정씨 천자문

이 책의 표지 제목은 '千字文'이지만 내지 제목은 '東萊 鄭氏 千字文(동래정씨
천자문)'이라고 되어 있는 1책의 필사본이다. 책의 크기는 21.0×19.7㎝이고 계
선이 없이 8행 4자로 모두 16장이다. 앞에 '東萊 鄭氏 千字文(동래 정씨 천자문)'이
라고 되어 있는데, 여기에 '동래 정씨'를 붙인 것은 이 천자문을 필사한 사람이
동래 정씨이기 때문일 것이다. 책의 표지에 '鄭圭永(정규영)'이라는 이름이 묵
서로 쓰이어 있고 내지에도 '鄭相龍(정상룡)'이라는 이름이 쓰이어 있어서 그러
한 추측을 할 수 있다.

이 천자문은 주흥사의 천자문인데, 천자문의 끝에 있는 '焉哉乎也'의 뒤에
'槿域花開 三十六春(근역화개삼십육춘)'의 2구와 '周興嗣所作白首文(주흥사소작백

수문)'이라는 글이 더 붙어 있다. 앞의 '東萊鄭氏千字文(동래정씨천자문)'의 각 한자와 뒤의 '槿域花開 三十六春(근역화개 삼십육춘)'과 '周興嗣所作白首文(주흥사소작백수문)'의 각 한자 아래에 한글로 석음을 달아 놓았기 때문에 이 책에 한글 석음을 달아 놓은 한자는 모두 1,023자이다.

'·'가 쓰이지 않았지만 ㅅ계 합용병서가 쓰이고 있다.

ᄭᅩ즐 공(拱, 2b) ᄭᅳᆯ을 탕(湯, 2b) ᄯᅥᆺᄯᅥᆺ 상(常, 2a) ᄯᅥ날 리(離, 6b) ᄯᅳᆺ 디(志, 7a) ᄶᅩᆺ츨축(逐, 7a) 살ᄶᅵᆯ 비(肥, 9a) ᄲᅮ리 근(根, 13a)

그러나 각자병서도 함께 쓰이고 있다.

쑥때 래(萊, 1a) 따 디(地, 1a) 짤 함(鹹, 2a)

치찰음 아래에서 이중모음 표기가 흔히 나타난다.

감촐 장(藏, 1a) 더울 셔(暑, 1a) 거들슈(收, 1a) 가을 츄(秋, 1a)

그러나 단모음으로도 쓰이는 예도 보인다.

일천 천(千, 1a)

이러한 표기법의 특징으로 보아 이 책은 20세기 초, 특히 1930년대에 쓰인 책으로 추정된다. 필자가 소장하고 있다.

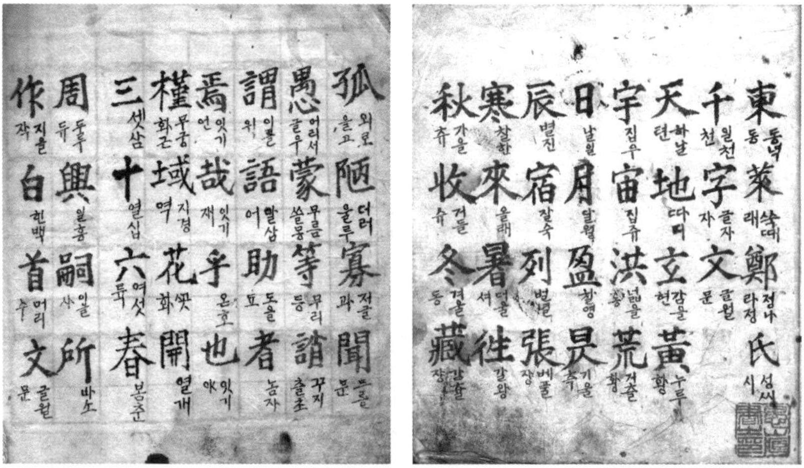

〈東萊鄭氏 千字文〉

29. 20세기 전반 필사 신석한선문 주해천자문

신석한선문 주해천자문(新釋漢鮮文 註解千字文)은 1931년에 홍문서관(弘文書館)에서 석인본으로 간행한 '新釋漢日鮮文註解千字(신석한일선문주해천자)'에서 일본어를 빼고 필사해 놓은 천자문이다. 그래서 '新釋漢日鮮文(신석한일선문)'에서 '日(일)'을 뺀 '新釋漢鮮文(신석한선문)'이라고 하였고 '註解千字(주해천자)'를 '註解千字文(주해천자문)'이라고 하여 써 놓은 것이다. 1931년판 석인본의 판식을 따라 필사는 했지만, 한글 석음은 새롭게 써 놓은 것이 많아 여기에 소개를 하는 것이다.

책의 크기는 28.2×23.0㎝이고 반엽광곽의 크기는 21.3×18.1㎝이며 판심어미는 없고 판심 아래에 장차만 적혀 있다. 사주단변에 한 면을 상하 2단으로 나누고 상단에는 4자성구의 뜻을 적은 주해문이 있고, 하단에는 천자문의 4자성구에 해당하는 한자를 쓰고 각 한자의 아래에 한글로 석음을 써 놓았다. 한자와 한자 사이에는 계선이 없고 주해문과 4자성구 사이에는 계선을 그어 구분하여 놓았다. 모두 21장으로 필자의 소장본이다.

1931년판의 판식에서는 한자와 한자 사이에도 계선이 있었는데 필사본에는 그러한 계선이 없다.

표지서명은 '千字文(천자문)'이지만 내지서명은 '新釋漢鮮文註解千字文(신석한선문주해천자)'이다. 내지 서명 다음 행에 '川香 朴翔緒 題, 華城 洪鍾應 訂(천향 박상서 제, 화성 홍종응 정)'이란 글은 1931년판과 동일하다. 한문 부분은 6행 4자이다.

주해문은 1931년판을 요약하거나 줄인 것이다. 예컨대 '天地玄黃'의 주해문은 1931년판은 '하날과 짜은 감으며 누르니 흐날은 우에 업힌 고로 그 빗이 감고 짜은 아릭 실닌 고로 빗이 누릇 니라'로 되어 있지만, 이 필사본에서는 '하날과 쌍은 가물고 눌으니라'로만 되어 있다.

한자 석음의 차이를 보이면 다음과 같다.

한자	1931년판	필사본	장차
玄	감을 현	가물 현	1a
洪	넓을 홍	널불 홍	1a
宿	잘 슉	잘 숙	1a
餘	남을 여	나물 여	1b
成	일울 성	이를 성	1b
呂	법측 려	법측 여	1b
調	고로 됴	고로 조	1b
致	이울 치	일을 치	1b
露	이슬 로	이실 로	1b
號	일홈 호	이름 호	2a
珠	구슬 쥬	구실 주	2a
官	벼슬 관	벼살 관	2b
章	글쟝 쟝	글즁 증	3a

이러한 현상으로 보아 이 책은 1931년보다 훨씬 후대인 1940년대에 쓰인 것
으로 추정된다.

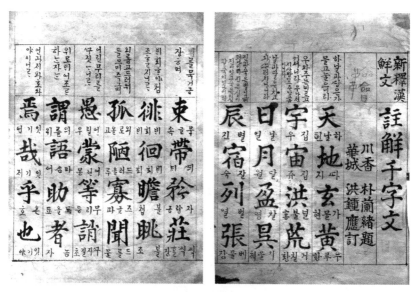

〈新釋漢鮮文 註解千字文〉

30. 20세기 전반 필사 천자문 1

필자의 소장본인 필사본 천자문은 표지는 검은색 비단으로 장정을 하여서 표지서명은 보이지 않는다. 내지서명은 '千字文(천자문)'인데 천자문의 각 글자 아래에 '千(일쳔 쳔) 字(글쟈 쟈) 文(그릴 문)'이라는 한글 석음이 쓰이어 있다. 책의 크기는 28.0×27.0㎝이고 계선이 없이 4행 4자이다. 모두 32장인데 책의 끝에 '焉哉乎也'의 뒤에 '壹貳參肆伍陸柒捌玖拾仟萬億兆'의 15자가 더 붙어 있다. 유합의 시작 부분에 "壹貳參肆伍陸柒捌玖拾仟萬億'까지와 '兆'가 하나 더 첨가되어 있어서 한글 석음이 붙어 있는 한자는 앞의 제목의 '千字文(천자문)'과 함께 1,018자이다.

한자를 먼저 필사하고 한글 석음은 뒤에 써 놓은 것으로 보인다. 한자는 정자로 정성을 들여 써 놓았지만 한글 석음은 필체가 달라서 한자는 글씨를 잘쓰는 사람이 쓰고 한글 석음은 이 천자문을 학습하는 사람이 쓴 것으로 추정된다. 한자의 학습에서 한자의 자형이 한자의 석음보다도 더 중요하게 인식하였다는 증거이다. 그래서 필사본 천자문들의 상당수가 이러한 과정을 거쳤을 것으로 생각한다.

책의 끝에 '牙山郡 新昌面 新達里 禾道里書堂(아산군 신창면 신달리 화도리서당)'이라는 펜글씨가 있는 것으로 보아 이 책은 서당에서 사용하였던 교재로 보인다. '아산군 신창면 신달리'는 현재 '충남 아산군 신창면 신달리'이다.

'·'가 보이지만 상당수는 'ㅏ'로 바뀌었고, ㅅ계 합용병서가 쓰이고 있으며 ㅂ계 합용병서도 보인다.

爲 ᄒ 위(2a) 結 ᄆᆡ질 결(2a) 歲 히 셰(2a)

地 ᄯᅡ 지(1a) 端 ᄭᅳᆺ 단(7b) 隨 ᄯᅡ를 수(11b) 醎 ᄲᆯ 함(3a)

ㄱ 구개음화도 보인다.

昃 지울 칙(1b) 冬 져을 동(1b) cf. 深 깁플 심(9a)

ㅎ 구개음화는 보이지 않는다.

力 힘 역(9a)

고모음화도 나타난다.

定 증할 증(10a) 盛 승할 승(9b)

이러한 표기 현상으로 보아서 이 문헌은 20세기 전반기의 충남 아산 지역어를 반영하고 있다고 할 수 있다.

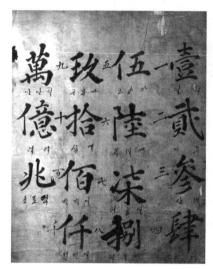

〈20세기 전반 필사 천자문1〉

31. 20세기 전반 필사 천자문 2

이 천자문은 주흥사 천자문을 학습하기 위해 천자문을 써 놓고 각 한자의 아래에 한글로 석음을 써 놓은 1책의 필사본이다. 필자의 소장본인 이 책의 크기는 23.4×26.4cm로 가로가 더 긴 책이다. 표지서명이나 내지 서명이 없고 다른 어떤 기록도 보이지 않는다. 4행 4자로 모두 32장이다.

표기상으로는 ' · '가 보인다. 그러나 대부분 ' ㅏ'로 표기되어 나타난다.

生 날 싱(2a) 歲 히 세(1b) 海 바다 히(2b)

爲 하 위(2a) 平 평할 평(4a) 地 따 지(1a)

ㅅ계 합용병서기 사용되고 있다.

醎 쌀 함(3a) 湯 쓰릴 탕(4a) 常 쩟쩟 상(5b) 拱 쇠질 공(4a) 效 쌘바들 효(6a)

이러한 표기 현상은 20세기 초의 표기현상이어서 이 책은 20세기 초의 1930년대 이전에 필사한 책으로 추정된다. 이 책을 여기에 소개하는 이유는 한글 석음에 방언형이 많이 보이기 때문이다. 그 몇 예를 들어 보면 다음과 같다.

ㄱ 구개음화 현상이 보인다.

昃 지울 칙(1a) 養 지을 양(5b) 女 지집 여(6a) 長 진 장(6b) 深 집풀 심(9a) 道 질 도(4a)

ㅎ 구개음화 현상이 나타난다.

量 쎄아일 양(6b) 賴 심이불 뇌(5a)

움라우트 현상도 보인다.

潛 쟁길 잠(3a) 行 딩길 행(7a)

경음화 현상도 나타난다.

柰 쌘 내(2b) 效 쌘바들 효(6a)

그 이외에 다음과 같은 자료도 나타난다.

秋 갈 추(1b) 陽 볏 양(1b) 露 이실 로(2a) 金 세 금(2a) 李 오난 리(2a)

四 늘 사(5b) 官 베실 간(3a) 位 베실 위(3b)

이러한 표기상의 특징으로 보아 이 천자문은 남부 지역어, 특히 서남지역어를 반영한 것으로 보인다.

〈20세기 전반 필사 천자문2〉

제15장 구술 천자문

한자 학습을 위한 천자문은 아니지만 여기에 천자문 자료로서 첨가시키고 싶은 것이 있어서 여기에 부가시켜 소개하도록 한다. 그것은 곧 구술(口述) 천자문이다. 이 구술 천자문은 일찍 천자문을 배웠던 분들의 기억을 되살려 구술한 것을 정리한 천자문이다.

이처럼 구술 천자문을 수집, 정리한 이유는 지방에 따라 한자의 새김과 음에 차이가 있을 수 있음을 예견하고 시행된 것이다.

1. 평북 방언 천자문(1980년)

평북방언 천자문은 金履浹(김이협) 옹이 1910년대 평북 강계 지방의 서당에서 수학한 세 사람이 각기 기억을 더듬어 기록하여 정리한 천자문이다.

이몽(李蒙)(강계읍 성내, 1917년생), 문순현(文舜賢)(공북면 승방동 마을, 1908년생), 김이협(金履浹)(강계읍 교외 야학동 마을, 1911년생)의 세 사람이 기억을 되살려 주흥사 천자문의 석음을 되살려 놓은 것이다.

이것은 한국정신문화연구원 어문연구실에서 편찬한 '方言(방언)' 3(1980년 간행)에 실려 있다.

평안도 방언의 모습이 그대로 나타나고 있다. 몇 예를 보이면 다음과 같다.

地 따 디   宙 집 두   字 글째 자   五 다스 오

力 힘 녁　　　達 삼살 달　　　八 야들 팔　　　動 미울 동

野 드러 야　　　精 정미정　　　曠 해끼 광　　　環 고루 환

이 천자문은 김이협이 편저하여 1981년에, 한국정신문화연구에서 펴낸 평북방언사전에도 실려 있다. 이 책에는 김이협 옹이 채집한 '平北方言 漢字發音(평북방언 한자발음)'과 '심메니(심마니) 隱語集(은어집)'도 함께 실려 있다.

149

晞 그믐 희	皖 넋 백	環 고루 환	照 비치울 조
指 가리킬지	薪 섶 섬	修 닦을 수	祐 복 우
永 긴 영	蔯 먼 유	吉 길할 길	邵 높을 소
姰 모날 구	步 걸음을 보	引 뻗일 인	領 거느릴 령
偹 굶을 부	仰 우럴 앙	廊 행낭 낭[방]	刷 쓸 묘
束 묶을 속	帶 띠 대	矜 자랑 긍	莊 씩씩할 장
俳 머물 배	徊 머물 회	瞻 볼 첨	眺 볼 도
孤 외로울 고	陋 더러울 루	寡 젹을 과	聞 들을 문
愚 어릴 우	蒙 닙을 몽	等 무리 등	誚 꾸짖을 초
謂 니를 위	語 말씀 어	助 도울 조	者 늠 자
焉 이거 연	哉 이거 제	乎 온 호	也 이거 야

이 글에는 그렇게 읽기는 하면서도 못내 解得하기 어려운 새김(訓)의 뜻과 異常한 音들이 섞여 있다.

(1) 「推:쳐」·「賓:졔」·「業:엽」·「巾:긘」等의 音은 아직도 그대로 踏襲되고 있고 「廊:행」·「動:녁」·「勞:뇌」等의 音도 活用에 있어 그 바뀜이 남아 있으므로 이것은 例外로 치더라도, 아주 現行音과는 判異한 音들이 있다. 〈　〉안의 音은 現行音.
「齲:이쑬 췌〈츙〉」·「疲:가쿨 피〈퇴〉」·「逐:쫓을 푸〈튝〉」·「寀:막닥채〈채〉」·「矜:자랑 금〈긍〉」·「緼:매 후〈구〉」·「號:나라 긔〈쉬〉」.

(2) 表現이 아리송하다나 뜻이 전연 생소한 새김.
「投:미딜 투」·「疲:가쿨 비」·「孰:긔 숙」·「鮓:헤아릴 폐」·「城:잔성」·「扰:기 봄」·「富:가멜 부」·「桓:세아를 환」·「俊:매울 준」·「殉:때맏 맏」·「潔:몰 졀」·「動:졍할 띡」·「解:글굴 얘」·「組:이긜 조」.

(3) 글자(漢字)가 바뀐 句節.
다른 千字文들에는 「凌摩絳霄」로 된 句節이 「凌摩降霄」로 되어 있다.

138

天 하늘 턴	地 따다ʼ	玄 감을 헌	黃 누루 황
宇 집 우	宙 집 두	洪 넙을 홍	荒 거츨 황
日 날 일	月 달 월	盈 찰 영	昃 기울책측
辰 미리 진	宿 잘 숙	列 벌 럴[녈]	張 배플 당
寒 찰 한	來 올 래	暑 더울 서	往 갈 왕
秋 갈 추	收 거둘 수	冬 겨울 동	藏 갈마장
閏 나믄 윤	餘 남을 여	成 이룰 성ʼ	歲 햇 세ʼ
律 법쿨 뉼[뉼]	呂 법쿨 너[려]	調 고룰 도[됴]	陽 볃 양
雲 구름 운	騰 날 등	致 니르 티	雨 비 우
露 이슬 로	結 맺을 결	爲 할 위	霜 서릴 상
金 쇠 금	生 날 생	麗 맑을 리	水 믈 수
玉 구슬 옥	出 내 출	崑 모이 곤	岡 뫼 강
劍 칼 검	號 이릴 호	巨 클 거	闕 집 궐
珠 구슬 주	稱 이까말 칭	夜 밤 야	光 빛 광
果 여름 과	珍 보배 던	李 윌 리	柰 머 나
菜 나물 채	重 무거울 둥	芥 겨쟛 개	薑 생강 강
海 바다 해	鹹 짤 함	河 믈 하	淡 설을 담
鱗 비늘 린	潛 졈길 잠	羽 짓 우	翔 나래 샹

1. 日常語에서는 「甲로 쓰이고 '병'은 쓰이지 않는다. (예) 버진 만추 곡다.
2. 日常語에서는 '둘이 좋으나, 불일로, 룡그一'가 쓰인다.
3. 日常語에서는 '모방에 이주이에서ー'와 같이 '덕후一'가 어간됨.
4. 병사의 圓林 音 사이에 'ㅅ'을 흔히 넛스러 구개이 顎硬으로 방음되기 때문에 쓴 것 같음. 또 'ㄷ'이 되면 경우도 바람나무, 한데 '休 나물 쉬'에서는 방음이 '나믄푸이 뭘'.
5. 日常語의 圓林 音 사이의 부사는 '고루'로, 동사는 '고루一빛.
6. 日常語에서는 '렷지나무디'가 쓰임.
7. 日常語에서는 '디'가.
8. 日常語에서는 '졍'과 '져칙'가 모두 쓰임. (예) 지칭물 뭇하다.
9. 日常語에서는 '낭개'

〈평북 방언 천자문〉

2. 천자문 자료집-지방 천자문 편-(1995년)

이 책은 1995년에 도서출판 박이정에서 간행한 책이다. 기획·편집은 이기문, 손희하(李基文, 孫熙河)이며, 수집·해설은 김이협, 김영진(金履浹 金永鎭)이다. 이 책은 우리나라 여러 지방의 노인들을 찾아 그분들이 어려서 배운 천자

문을 직접 채록한 자료를 모은 것이다. 그러니까 이 책은 지방의 방언으로 구술된 천자문을 정리한 것이다. 자료 조사는 김영진, 박경래, 손희하, 유동석 교수가 1983년에서 1985년에 걸쳐 현지조사한 자료들을 정리하여 놓은 것이다.

여기에는 강원도 강릉, 충북 괴산군, 충북 중원군, 전남 담양군, 전남 곡성군, 경북 봉화군, 경북 달성군, 경남 합천군, 경남 함양군, 경남 김해군, 경남 하동군, 경남 마산시, 제주도 북제주군, 제주도 남제주군의 제보자 21분을 조사하여 채록한 것이어서, 지금까지 방언 천자문을 이렇게 수집하여 놓은 것은 이 책이 유일하다. 아마도 다시는 이러한 종류의 책이 조사, 간행될 가능성도 없을 것으로 생각한다.

이 책은 세로로는 21곳의 지역 이름이 적혀 있고, 가로로는 천자문의 한자가 4개씩 나열되어 있다. 그래서 한자 하나에 대해 각 지역에서 어떻게 한글 석음이 다른지를 한 눈에 볼 수 있도록 하였다. 대부분은 유사한 석음을 지니고 있지만, 어느 한자는 차이를 보이는 것들도 보인다.

예컨대 '姑'는 '할미 고, 시에미 고, 시어미 고, 아지미 고, 에미 고'가 보이고, '穡'은 '거둘 색, 베 색, 시물 색, 나락 색, 곡식 색, 숨굴 색, 맬 색, 숭글 색, 거두울 색, 심을 예' 등으로 다양하게 보인다. 그러나 '天'은 '하늘 천'과 '하늘 턴'만 보인다.

	001 天	002 地	003 玄	004 黃
1 강계	하늘 턴	따 디	감을 현	누루 황
2 박천	하늘 턴	닷(닭) 디	감을 현	누르 황
3 강릉	하늘 천	따 지	검을 현	누루 황
4 유하	하늘 천	따: 지	가물 현	누루 황
5 적석	하늘 천	따: 지	가물 현	누루 황
6 중원	하늘 천	따: 지	가물 현	누루 황
7 담양	하늘 천	따 지	감을 현	누루 황
8 곡성	하늘 천	따 지	감을 현	누르 황
9 봉화	하날 천	따 지	감을 현	누루 황
10 달성	하늘 천	따 지	검을 현	누룰 황
11 오동	하늘 천	따 지	가물 현	누룰 황
12 쌍책	하늘 천	따 지	가물 현	누룰 황
13 가회	하늘 천	따 지	감을 현	누룰 황
14 성리	하늘 천	따 지	감을 현	누룰 황
15 함양	하늘 천	따 지	가물 현	누룰 황
16 김해	하늘 천	따 지	감을 현	누루 황
17 하동	하늘 천	따 지	감을 현	누루 황
18 마산	하늘 천	따 지	감을 현	누룰 황
19 구좌	하늘 천	따 지	가물 현	누루 황
20 표선	하늘 천	따 지	가물 현	누루 황
21 애월	하늘 천	따 지	가물 현	누루 황

	997 焉	998 哉	999 乎	1000 也
1 강계	이끼 언	이끼 재	온 호	이끼 야
2 박천	잇기 언	잇기 재	온오 호	잇기 야
3 강릉	어조 언	어조 재	어조 호	이끼 야
4 유하	이끼 언	이끼 재	온: 호	이끼 야
5 적석	이끼 언	이끼 재	이끼 호	이끼 야
6 중원	이끼 언	이끼 재	온: 호	이끼 야
7 담양	이끼 언	이끼 재	이끼 호	이끼 야
8 곡성	이끼 언	이끼 재	이끼 호	이끼 야
9 봉화	이끼 언	이끼 재	온 호	이끼 야
10 달성	이끼 언	이끼 재	이끼 호	이끼 야
11 오동	잇끼 언	잇끼 재	온 호	잇끼 야
12 쌍책	잇끼 언	잇끼 재	온 호	잇끼 야
13 가회	어찌 언	이끼 재	이끼 호	이끼 야
14 성리	이끼 언	이끼 재	온 호	이끼 야
15 함양	잇끼 언	잇끼 재	온 호	잇끼 야
16 김해	이끼 언	이끼 재	온 호	이끼 야
17 하동	이끼 언	이끼 재	이끼 호	이끼 야
18 마산	이끼 언	이끼 재	온 호	이끼 야
19 구좌	이끼 언	이끼 재	혼 호	이끼 야
20 표선	이께 언	이께 재	혼 호	이께 야
21 애월	이께 언	이께 재	온 호	이께 야

〈구술천자문〉

제16장 주흥사 천자문 이외의 천자문

주흥사 편찬의 천자문이 아닌 다른 천자문도 꽤나 많이 있다. 한자의 숫자는 1,000자인데 한자의 목록이 주흥사의 천자문과 다른 천자문이다. 주흥사 천자문의 단점을 보완하고자 하여 편찬되거나, 주흥사 천자문을 학습한 뒤에 1,000자를 더 습득시키기 위하여 편찬된 것들이다. 한자의 수를 1,000자로 한 것은 바로 주흥사 천자문이 한자 학습서의 대표적인 것이었기 때문일 것이다. 그래서 다른 한자 학습서를 편찬하였음에도 불구하고 그 명칭은 '천자문'으로 붙인 것이다. 대신 그 앞에 다른 명칭을 덧붙인다. 그래야 주흥사 천자문과 동일한 가치를 가지는 것으로 인식시킬 수 있기 때문일 것이다.

필자가 지금까지 조사하고 수집한 주흥사 천자문 이외의 천자문들을 소개하도록 한다.

	책이름	연도	편찬자	판종	소장처
01	속천자문(續千字文)	1787년	이수현(李守賢)	필사	성균관대
		19세기 말	이수현(李守賢)	필사	율곡기념도서관
		1940년	김연태(金鍊泰)	필사	한중연
02	천자유취(千字類聚)	1858년	무옹(茂翁)	필사	모개인
03	증보천자(增補千字)	1870년대	추한(秋漢)	필사	모개인
04	별천자(別千字)	19세기 말	미상	필사	유탁일
05	영사속천자문(詠史續千字文)	19세기 말	미상	목판	남권희
06	신정천자문(新訂千字文)	1908년	이승교(李承喬)	연활자	홍윤표
07	역대천자문(歷代千字文)	1911년	이상규(李祥奎)	목판	홍윤표

08	부별천자문(部別千字文)	1913년	창서(滄西)	목판	경북대
09	후천자문(後千字文)	1916년	미상	필사	홍윤표
10	도형천자문(圖形千字文)	1922년	미상	석인	국중도
11	한일선작문천자 (韓日鮮作文千字)	1923년	고유상(高裕相)	연활자	홍윤표
12	신천자(新千字)	1924년	권보상(權輔相)	목판	미상
13	동몽수독천자문 (童蒙須讀千字文)	1925년	김태린(金泰麟)	필사	후손
14	무쌍천자(無雙千字)	1927년	손병근(孫炳根)	필사	홍윤표
15	조선역사천자문 (朝鮮歷史千字文)	1928년	심형진(沈衡鎭)	연활자	홍윤표
16	성리천자문(性理千字文)	1934년	남건(南健)	목판	홍윤표
17	일선문신정유합천자 (日鮮文新訂類合千字)	1934년	김동진(金東縉)	연활자	국중도
18	사고천문(史考千文)	1956년	김환창(金煥昌)	석인	국중도
19	신천자문(新千字文)	1965년	미상	필사	홍윤표
20	동천자(東千字)	1977년	김호직(金浩直)	필사	안동대
21	합음천자문(合音千字文)	1987년	이승래(李昇來)	필사	이용균

이 목록에는 유몽천자(牖蒙千字)를 포함시키지 않았다. 왜냐 하면 이 책은 '千字'라는 개념을 1,000자와 연관시키지 않은 것이어서 다른 곳에서 설명을 하도록 한다.

1. 속천자문

속천자문(續千字文)은 필자가 조사한 바에 의하면 두 종류가 있다. 삼기노자(三寄老子)가 지은 속천자문과 1940년에 김연태(金鍊泰)가 편찬한 필사본 속천자문이다. 단국대 율곡기념도서관에도 속천자문이 소장되어 있는데, 이 책은 삼기노자가 지은 속천자문의 이본이다.

(1) 이수현 편찬 속천자문(1787년)

1787년에 삼기노자(三寄老子) 이수현(李守賢)이 지은 천자문인데, 기존의 천자문 이외에서 1천자를 뽑아 새로 만든 것이다. 필사본으로서 책의 크기는 27.0×17.1㎝이며 반엽광곽의 크기는 19.9×13.5㎝이다. 사주쌍변에 판심어미는 상하이엽화문어미이다. 판심제와 장차표시는 없다. 10행 21자인데 모두 31장이다.

책의 앞에 삼기노자가 쓴 '續千字小敍(속천자문소서)'가 있다. 그 내용을 그대로 옮기면 다음과 같다.

　周興嗣製千字文 令爲童蒙初學之書而通史次之操觚之家訓蒙之法 不一而蓋未有捨此先他者 爲其字無重疊文易攷告也 周氏之功亦大矣 第恨其日用文字 太半未入僕嘗索居杜門寄眼於古紙堆中試取千字外千字 倣其體而更成一篇爲四言詩二百五十句 敍歷代正朔諺以釋其音註以演其義題曰續千字 噫坐於今而譚及農軒之世 茫然若捫參歷井然而溯論書契可考之年則强半於萬而尙與堯舜同一午會古人所稱萬古者不已　夸乎今以循仡後年代約之於千字之內要使 初學小子先讀千字次讀續千字總得二千字 不待通史己可領畧大綱未必無少助於誦詩咏歌之工而亦不敢以示人聊試夫一門之童稗云

　神農初元丙辰後四千九百五十二年 朝鮮國今上十一年 丁未陽月 丁酉朏三寄老子題

주흥사의 천자문이 그 공이 크지만 일용문자 태반이 들어 있지 않아 4언시 250구를 만들어 중국 역사를 약술하고 언문으로 그 음을 새겨서 속천자라고 하였으니 초학의 소자(小子)들은 먼저 주흥사의 천자를 배운 후에 다음에 속천자를 읽으면 모두 2천자를 배울 수 있다고 하였다.

이 속천자문은 서문 다음에 한 글자가 2가지 음을 가지고 있는 경우에도 해당 문구에 맞는 것을 택하였다고 하는 등의 음주범례(音註凡例)가 제시되어 있다. 그 '음주범례'의 하나를 보이면 다음과 같다.

一. 一字二音者 不拘當句文義釋以行用之音 如周氏千字 辰宿之宿 當爲去聲而取寐
義音肅之類

　이 속천자문의 구조는 다른 천자문과는 전혀 다르다. 일반 천자문들은 특
히 한자의 자형을 중시해서 한자를 큰 글자로 쓰고 그 주석은 작은 글씨로 써
서 판식을 만들었는데, 이 속천자문은 모든 글씨를 동일한 크기로 썼다. 먼저
4구로 된 어구를 제시한다. 그리고 그 아래에 4구에 나오는 한자를 조그마한
글씨로 써 놓고 그 아래에 한글로 석음을 단다. 그렇게 2개의 어구가 끝나면,
한문으로 이에 대한 설명을 하는 형식이다. 그 예를 보이면 다음과 같다.

　　混沌剖鑿 흐릴 혼混 혼돈 돈沌 쌔칠 부剖 뚜를 착 鑿
　　乾坤確隤 하늘 건乾 자 곤坤 굿셀 확確 순흘 퇴隤
　　天地未判之時 混沌如鷄子 只是一物及夫天開於子 地闢於丑 其形始分易曰 夫乾確
然 夫坤隤然確然 健貌隤然順貌

　표지에는 '續千字(속천자)'라고 하였고, 서(敍)는 '續千字 敍(속천자 서)'라고 하
였으나 본문의 제목은 '續千字文(속천자문)'이다. '混沌剖鑿 乾坤確隤'로 시작하
여 '耶歟兮矣 旨繁詞漫'으로 끝난다.
　이 속천자문은 그 내용이 주로 천지(天地), 우주(宇宙), 조수(鳥獸) 등에 대한 한
자와 중국 역사와 우리나라 역사에 관한 내용이다. 그러나 주된 내용은 중국
역사 관련 내용이라고 할 수 있다.
　이 속천자문은 일찍 이겸로(1987)에서 약술해 놓은 것이 있다. 삼기노자가
이수현의 호이며 자는 경량(景良), 양성 이씨(陽城 李氏)이며 진사 문장(進士 文章)
으로 이름을 떨쳤고 정조가 재옹(才翁)이라고 호를 내렸으며 전강목(前綱目)과
속천자문을 저술하였는데, 이겸로 선생이 본 책이 원본이라고 하였다. 현재
이 책은 성균관대학교 존경각에 소장되어 있는데, 이 책이 이겸로 선생이 본

그 책이 맞는 것으로 보인다. 임형택(2016)에서도 이 속천자문이 소개되어 있다.

이 속천자문에 등록되어 있는 한자는 주흥사 천자문에 등록되어 있는 한자와 겹치는 글자는 하나도 없다. 대신 유니코드에도 없는 한자가 등재되어 있다.

麼 일흠 마 〈19b〉　　囦 고쟈 엄 〈22a〉

爇 불틀 셜 〈21b〉　　逢 성 방 〈05a〉

蠃 쟈개 나 〈30b〉　　威 멸홀 혈 〈21a〉

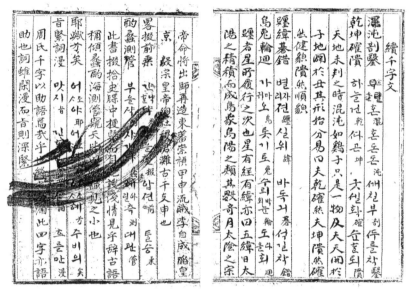

〈속천자문〉

(2) 율곡기념도서관 소장 속천자문(20세기 초)

이 속천자문의 이본이 있다. 이 이본은 단국대학교 율곡기념도서관 소장의 필사본인데, 필사기 등이 없다. 책의 크기는 19.2×14.8㎝이고 모두 13장이다. 표기법 등으로 보아 19세기 말 또는 20세기 초기의 필사본으로 추정된다. 6행

8자인데, 한자의 오른쪽에 한글로 석음을 달아 놓았다.

'混(섯길혼) 沌(흐릴돈) 剖(쪼길부) 鑿(쑤를착) 乾(하늘건) 坤(짜곤) 確(굿을확) 隤(기우러질퇴)로 시작하여 邪(어조스야) 歟(어조스여) 兮(어조스혜) 矣(쥬비의) 旨(맛지) 緊(긴홀긴) 詞(글스) 漫(한만홀만)'으로 끝난다. 이것으로 보아 이 책이 앞에 설명한 三希老子의 속천자문과 동일한 책임을 알 수 있다.

이 속천자문은 이수현이 편찬한 속천자문을 전사한 것이다. 대신 그 체재를 달리하여 어구에 대한 한문 해석은 다 빼고 한자에 한글 석음만 달아 놓은 것이다. 그러나 한글 석음에는 많은 차이가 있다. 다음에 몇 개를 비교해 보도록 한다.

한자	율곡기념도서관 소장본		성균관대 소장본	
	석음	장차	석음	장차
沌	흐릴 돈	1a	혼돈 돈	1a
剖	쏘길 부	1a	쌔칠 부	1a
確	굿을 확	1a	굿셀 확	1a
緯	실삐 유	1a	실 위	1a
輪	박회 륜	1a	수릐박회 눈	1a
嵩	슝산 슝	1a	노플 슝	1b
橐	견듸 탁	1a	쟈르 탁	1b
彙	모돌 휘	1a	동류 휘	1b
耦	겨리 우	1b	싹 우	2a
芸	향풀 운	1b	향초 운	2a
蕃	성홀 번	1b	번셩홀 번	2a
泊	빈쓰일 박	1b	그칠 박	2a
庇	더풀 비	1b	굴히울 비	2b
炊	불싸일 취	1b	밥지을 취	2b
泄	실 셜	1b	터질 셜	2b
篆	젼즈 젼	2a	글즈 뎐	3a
杵	방아대 져	2a	공이 져	3a
軾	수레횡목 식	2a	수릐 식	3a
勵	힘쁠 려	2a	ᄀ다듬을 녀	3b

458

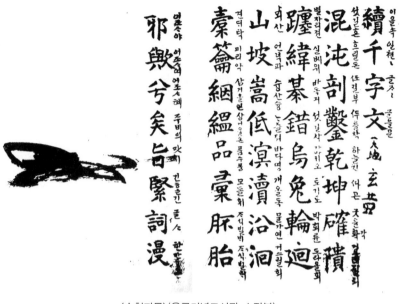

〈속천자문〉(율곡기념도서관 소장본)

(3) 김연태 편찬 속천자문(1940년)

이 속천자문은 1940년에 江原道 三陟郡 蘆谷面 上斑川 閑斗谷書塾(강원도 삼척군 노곡면 상반천 한두곡서숙)에서 김연태(金鍊泰)가 편찬한 것이다. 김연태가 쓴 발문에 '昭和拾五年陰庚辰新春建設三陟郡蘆谷面上斑川閑斗谷書塾(소화 15년 음경진신춘 건설 삼척군 노곡면 상반천 한두곡서숙)'란 기록과 '昭和拾五年陰庚辰五月二十四日 金海人 金鍊泰 書(소화 15년 음경진 5월 24일 김해인 김연태 서)'의 기록으로 이러한 사실을 알 수 있다. 필사본으로 한국학중앙연구원에 소장되어 있다. 책의 크기는 23.7×18.0㎝이다. 모두 33장이다. 끝에 속천자문 발문이 있다.

夫千字是初學之權輿也 雖字劃簡約而祥究其旨義 則有深奧者存焉 天地之道 人事之理 莫不畢該 日月星辰 風雨霜露 四時運行 天之道也 嶽瀆河海 昆虫草木 品彙動植 地之

道也 至於人事 則 孝悌忠信 禮義廉恥 福善禍淫 勤儉勞逸 自古王伯將相 輔佐得失 是非
榮辱 莫不畢俱使 初學童子 狹冊而讀之則 靈竅始開聰明漸進如時雨之之沾注 南風之養
物以至於成就之域 則莫非千字之有功也 雖樵童牧竪婦人幼子莫不歌誦豈以卑近而 易
之哉　余於昭和拾五年陰庚辰新春建設三陟郡盧谷面上班川閑斗谷書塾敎兒天('千'의
誤字)字文以至弊而神勞也 愛其山水之淸閑風烟之幽深而春窓永日不耐寂寞之興謹依
千字 不書疊字而效顰爲續數千字一卷以示諸生焉

昭和拾五年陰庚辰五月二十四日

金海人 金鍊泰 書

　1940년 봄에 삼척군 노곡면 상반천리 한두곡서숙에서 아이들에게 천자문
을 가르치다가 정신이 피로하게 되었다. 그 산수가 청한하고 풍경이 그윽하
고 봄이 창에 유심하여 적막한 흥을 견디지 못하여 1,000자에서 겹치는 글자
를 쓰지 않고 천자문 1권을 만들어 아이들에게 보여 주었다는 것이다.
　'乾(하날건) 坤(짜곤) 闔(닷을합) 闢(열벽)으로 시작하여 偏(두루변) 踏(발불답) 閱(지
낼열) 覽(볼람) 掇(주을철) 拾(주을습) 畢(다할필) 了(마칠요)'로 끝난다. 江原道 方言이
반영되어 있다. 예컨대 '洗(씰 세) 濯(씰 탁)'이나 '辛(씰 신) 苦(씨굴고)' 등이 그러하
다. 유니코드에 없는 다음과 같은 한자도 이 속천자문 속에 있다.

　　鈸 발은듸 발 〈8b〉　　紬 적을 묘 〈26b〉
　　砶 섬 치 〈17b〉　　吔 조슈 셕 〈4b〉

　이 속천자문에는 주홍사의 천자문에 나오는 한자가 다음과 같은 8자가 있
다. 그리고 중복되는 글자도 5자가 있다.

　천자문 등재 한자 : 汲 産 霄 嗟 戚 淸 義 颷
　겹치는 한자 : 汲 産 齊 嗟 桶

460

〈續千字文〉(韓國學中央研究院所藏本)〉

　　현재 전하지는 않지만 이 속천자(續千字)가 편찬되었다는 기록이 있다. 안정복(安鼎福)(1712년~1791년)의 문집인 순암집(順菴集) 권18에 '속천자발(續千字跋)'이 기록되어 있다. 그러나 그 속천자의 실체는 발견되지 않았다. 그 '속천자발'의 일부를 보이면 다음과 같다.

　　東人敎小兒之文有三 梁周氏之千字 徐四佳之居正 柳眉巖之類合是已 周氏之文 以其傳習之久 盛行于世 丁卯歲 睦公避寅旅舍 無以消遣 課村童千字文 恨其常用文字多闕 復綴本文外得千字而韻之 名曰續千字 時公年八十歲 越三年庚子 求筆於南公而書之 南公時年八十四歲 余讀其文章蒼古 觀其筆畫端嚴 無一毫老耄衰颯之態 非有平日存養之工 能如是乎 尤可敬也 南公又寫一本 遺聾窩子 聾窩子雖與二公年紀隔等 而有抱負而落魄 與二公等也 二公樂與之友而忘年 南公之贈 盖有意也 聾窩子旣受而跋之 又徵余續貂 謹識于後 傳爲吾黨奇事

　　(우리 나라 사람들이 아이들을 가르치는 글로는 삼량주씨(三梁周氏)의 천자문과 서사가(徐四佳) 서거정(徐居正))의 거정(居正)[15]과 유미암(柳眉巖 유희춘

(柳希春))의 유합(類合)이 있는데, 주씨의 글은 전습(傳習)된 지가 오래여서 세상에 성행되고 있다. 정묘년에 목공이 난을 피하여 여사(旅舍)에 머물면서 무료함을 달랠 길이 없어 마을 아이들에게 천자문을 가르쳤는데, 상용되는 문자가 많이 빠진 것을 아쉽게 생각하여 본문 이외에 다시 글자 1,000자를 모아 운(韻)을 달고 이름을 속천자(續千字)라고 하였다. 이 때에 공의 나이가 80세였으며, 그로부터 3년 뒤 경자년에 남공에게 부탁해서 글씨를 쓰게 했는데 이 때에 남공의 나이가 84세였다. 내가 그 문장을 읽어보니 아주 옛스럽고 그 글씨를 보니 단정하고 엄격하여 털끝만큼도 80된 노인의 쇠약하고 깔끄러운 티가 없다. 평일 존양(存養)의 공부가 없고서야 능히 이렇게 할 수 있었겠는가. 더욱 존경할 만하다. 남공이 또 1본을 써서 농와자(聾窩子)에게 주었는데, 농와자는 비록 두 공보다 나이는 동떨어지게 적지만 포부를 안고 낙척하여 있는 것은 두 공과 마찬가지이다. 두 공이 즐겨 더불어 벗을 하면서 연치를 잊었으니, 남공이 이를 준 데는 뜻이 있는 것이다. 농와자가 이미 받아서 발문을 짓고 또 나더러 뒤를 이어 발문을 지으라고 하므로 삼가 뒤에 기록하여 우리 당의 기사(奇事)로 전하는 바이다.)〈한국고전번역원 이백순(역)〉

안정복이 나이 80에 속천자를 지었고, 이를 84세인 남공에게 부탁하여 글씨를 썼고, 다시 남공이 하나를 더 써서 농와자에게 주었다고 한다. 간행하지 않고 전사로만 전하였으니 이 책이 오늘날 남아 있기가 어려울 것이다.

2. 천자유취(무 옹 서, 1858년)

천자유취(千字類聚)는 1858년에 호연무(弧筵茂)라는 호를 가진 노인이 써서 정

---

15 類合의 질못이다.

선모(鄭善謨)에게 주어 읽게 한, 필사본으로 남아 있는 한자 학습서이다. 책의 끝에 '萊州鄭善模讀 戊午建未初回弧筵茂翁寫予(내주정선모독 무오건미초회호연무 옹사여)'라는 글이 있어서 이 책의 내력을 알 수 있다. 즉 '동래 정씨인 정선모가 읽도록 무오년 6월 1일에 호연무 옹이 써서 주었다'는 내용이다. '내주(萊州)'는 '동래(東萊)'의 이칭이고, '건미월(建未月)'은 6월, '초회(初回)'는 '1일'이어서 그러한 사실을 알 수 있는데, 이 글을 쓴 '호연무(弧筵茂)'가 누구인지는 전혀 알 수 없다. 무오년이 1858년과 1918년의 둘 중에서 한글 표기법으로 보아 1858년으로 추정할 수 있다.

책의 크기는 29.5×23.7㎝이고 표지의 제첨제는 '千字類聚(천자유취)'이며, 내지의 제목은 없다. 오침장정으로, 좌우계선과 상하계선이 파란색의 매우 가는 줄로 그려져 있고 4행 4자로 되어 있다. 한자 아래에 한글로 그 한자의 석음을 달아 놓았다. 모두 32장이다. 최효삼 씨 개인 소장본이다.

'天(하늘천) 地(짜디) 父(아비부) 母(어미무 俗모) 君(임금군) 臣(신하신) 夫(지아비부) 婦(지어미부)'로 시작하여 '爾(너이) 其(그기) 勉(힘쓸면) 哉(어죠스직) 無(읍슬무) 怠(게울을틱) 始(비로솔시) 終(마침죵)'으로 끝난다.

2005년 예술의전당에서 '하늘천 따지전' 전시회에서 처음 소개된 책이다. 한자음이 복수로 적혀 있는 경우도 흔히 있다. 예컨대 '母'에 대하여 '어미 무(俗모)', '澤'은 '목 칙(俗퇴)'이라고 하고 있다.

한자는 모두 1,000자이다. 이 중에서 주흥사 천자문과 겹치는 한자는 다음과 같은 350자이다. 나머지 650자는 주흥사 천자문에 등재되어 있지 않은 한자이다.

家歌簡甘甲岡康薑盖芥居車巾劒謙京敬經輕階古姑鼓谷公功工恭
寡果冠觀槐九口垢矩駒國君軍郡宮貴規勤根近琴其器機氣飢吉金南
男囊內女老農多端棠大帶德圖道都犢冬動同東桐等騾樂兩驢力令龍
樓倫李鱗林立萬亡寐勉面名命明銘母毛木牧目蒙廟武無墨文門物民

盤飯髮房方拜背白百伐法寶步福鳳夫婦富府父分肥非飛賓事史四土
思沙絲上常相裳觴象賞霜色生笙庶署書西黍夕石仙善扇城性成星聖
聲世歲稅少笑松水守峀手獸叔瑟始市是時矢詩食信神臣薪身尋心嶽
惡巖夜野躍羊讓陰魚言業妍葉榮纓藝五玉溫王外用右羽雨雲園遠月
位威爲育閨銀陰儀意椅義衣二以耳人仁日入子字慈爵箋墻將帳章腸
莊長哉才嫡籍赤典殿田節亭庭情政正貞靜帝弟祭弔朝造鳥足尊宗終
坐左罪主晝珠酒中重之地指枝紙直稷菜策處尺戚陟千天川妾牒聽靑
草秋出黜忠聚治親土退八霸烹平布飽表筆下夏學寒鹹海行賢兄形衡
惠戶化和火畵皇黃晦會孝後興

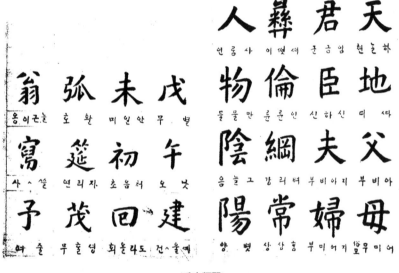

〈千字類聚〉

3. 증보천자(추한 편찬, 1870년대)

증보천자(增補千字)는 1870년대에 추한(穐漢, 또는 秋漢) 이복원(李復訒)이 편찬한 천자문이다. 1책의 필사본으로 전한다. 이 책은 충남 천안시 성남면 신사리의 한 집안에 전하는 것으로 소장자는 편찬자 이복원의 후손인 이우석 씨다. 19세기 말엽의 충남 지역어를 반영하고 있다.

증보천자는 책의 크기가 33.3×21.0cm이다. 표제는 '增補千字(증보천자)'이고 내지서명도 역시 같다. 반엽광곽의 크기가 22.4×17.6cm이다. 원래 광곽이 잘 보이지 않는 것은 그 선이 청색(靑色)으로 되어 있었던 것이었는데, 복사하면서 그 선이 분명히 나타나지 않았기 때문이다. 편찬자는 내지 서명 뒤에 보이는 것처럼 '추한(穐漢)'이다.

편찬자의 후손인 이우석 씨 댁에서는 가전논고(家傳論藁), 풍류사(風流史), 이소경(離騷經), 추옹 풍류사(秋翁風流史), 추옹 풍류사(穐翁 飌流史) 등의 책이 같이 소장되어 있다. 모두 동일인의 필체로 쓴 필사본이다. 증보천자의 필체도 이들 문헌들과 동일하다. 따라서 증보천자의 편찬자는 위의 책을 필사한 사람이 편찬하였거나 또는 전사한 것으로 추정된다. 그러나 '추한풍류사(秋翁風流史)'처럼 '추옹', 즉 '가을노인'이라는 호가 증보천자의 저자인 '추한(穐漢)'(가을사나이)과 상통되는 것이어서 '추옹(秋翁)'과 '추한(穐漢)'은 동일인으로 보인다. 소장자의 증언을 간접적으로 들은 내용에 의하면 이 '추옹' 또는 '추한'이란 호를 가진 분은 '이복원'이라고 한다.

증보천자는 1870년대에 쓰인 것으로 추정된다. 추옹 이복원이 쓴 풍류사에는 '維 同治十二年 歲次癸酉九月 丙午朔十一日 丙辰幼學 李復訧 敢昭告于(유 동치12년 세차계유9월 병오삭11일 병진유학 이복원 감소고우)'라는 기록이 있어서 이 시대와 비슷한 연대에 이 책을 편찬했을 것으로 생각하기 때문이다.

증보천자는 '乾坤閣闢'으로부터 시작하여 '遂附驥尾'로 끝난다. 모두 32장으로 4구로 된 한문구 250수가 실려 있다. 4행 4자로 각 한자의 아래에 한글로 석음을 달았다. 그리고 그 상단에는 각 한문구에 해당하는 내용에 대한 한문 주석이 있다. 이 '증보천자'의 뒤에는 '옥루연기(玉樓宴記)'라는 가사가 실려 있는데, 모두 490句이다. 모두 22장의 장편가사인데, 국한혼용이다. '천황지황(天

皇地皇) 개벽(開闢) 후(後)에 인황(人皇) 구주(九州) 분장(分長)ᄒᆞ니 천만고흥망적(千萬古興亡跡)은 남가일몽(南柯一夢) 아니련가'로 시작되어 '어와 이ᄂᆡ 몽조(夢兆) 이상(異常)ᄒᆞ니 아마도 흥국가동휴척(興國家同休戚)ᄒᆞᆯ가 ᄒᆞ노라'로 끝난다.

이 천자문이 충청도 방언을 반영한 자료임을 쉽게 알 수 있다.

> 아짐미 슈(嫂) 〈5a〉 ᄃᆡ소고리 변(籩) 〈9b〉 셜듀 셜(楔) 〈11b〉 다방머리 슈(竪) 〈14a〉 ᄐᆡ돌 긔(磯) 〈18b〉 희불닐 훼(燬) 〈22a〉 갑뵈릴 슈(售) 〈23a〉 가리마 구(篝) 〈27a〉 ᄂᆞᆯ회혈 셔(徐) 〈20b〉

의미를 알 수 없는 방언형들도 보인다.

> 진널 셔(噬) 〈11a〉 진널 합(嗑) 〈11a〉 져륵 져(樗) 〈28a〉 져륵 륵(櫟) 〈28a〉 두황ᄉᆞ 두(鼪) 〈28b〉 신즉ᄒᆞᆯ 경(警) 〈24b〉 묘금도 류(劉) 〈19b〉 영졍 영 (伶) 〈30b〉

이 문헌에 쓰인 표기법 및 언어현상을 몇 가지 보이면 다음과 같다.

① 어두합용병서로 ㅺ ㅼ ㅽ ㅾ의 ㅅ 계 합용병서가 주로 사용된다. 그러나 예외적으로 ㅂ 계 합용병서인 ㅶ 이 'ᄧᅡᆯ 직'에 한 번 보인다. 후대의 문헌에 흔히 쓰이던 ㅄ 조차도 보이지 않는다. ᄸ이 한 예가 보이고, 각자병서도 ㅆ 만 사용되고 다른 각자병서들은 보이지 않는다.

ㅺ : ᄭᅩᆺ 화(花)〈2b〉, ᄭᅡ부를 파(簸)〈9a〉 ᄭᅳᆫ늘 ᄃᆞᆫ(斷)〈11a〉, ᄭᅩᆺ즐 진(搢)〈14a〉 등

ㅼ : ᄯᅡ 곤(坤)〈1a〉, ᄯᆞᆯ을 츄(追)〈1b〉, ᄯᅮ를 찬(鑽)〈3b〉, ᄯᅡ일홈 태(邰) 〈8a〉 등

ㅽ : ᄲᅧ 골(骨)〈5a〉, ᄲᅮ일 쇄(灑)〈6a〉, ᄲᅮ일 파(播)〈8a〉, ᄲᅳᆯ 각(角)〈12b〉 등

ㅾ : ᄶᅵᆯ을 츙(衝)〈2b〉, ᄶᅵᆨ의 ᄌᆡ(滓)〈6b〉, ᄶᅵ즐 열(裂)〈13b〉, ᄶᅡᆨ 필(匹)〈14a〉 등

ㅶ : 織 ᄧᅡᆯ 직〈7b〉

ㅆ : ᄊᆞᆯ 포(包)〈3b〉, 쓸 쇼(掃)〈6a〉, 쑥 번(繁)〈7b〉, 싹 아(芽)〈8b〉, 쎠글 부(腐)〈9a〉 등

서 : 그물셛 고(罟)〈4a〉

②/ɛ/는 주로 'ㅓ'로 표기된다. 'ㅐ'로 표기된 것은 몇 예에 불과하다.

기일 쳥(晴)〈2a〉, 미화 미(梅)〈2b〉, 디 쥭(竹)〈2b〉, 시배 신(晨)〈3a〉, 칰력 력(曆)〈4b〉,

미일 계(系)〈4b〉, 빅빅홀 인(絪)〈4b〉, 쎼 골(骨)〈5a〉, 싱질 싱(甥)〈5b〉 등
cf. 찰 냉(冷)〈3a〉, 시배 신(晨)〈3a〉, 짜일홈 태(兌)〈8a〉 개 견(犬)〈24b〉

③어중의 ㄴ 이 중철 표기되기도 한다.

간는뵈 치(絺)〈3a〉, 흐늘 궁(穹)〈12a〉

④'ᄒ다'가 '하다'로도 표기되기도 한다.

연할 연(軟)〈2b〉, 토할 토(吐)〈4b〉, 빅빅할 온(縕)〈4b〉

⑤어두의 ㅣ 모음 앞에서 ㄹ 이 개재되기도 한다.

렬 벽(闢)〈1a〉, 렬 기(開)〈1a〉, 롓 셕(昔)〈3a〉, 럴 쳔(闡)〈22b〉

⑥어중의 ㄹ 이 'ㅡ'나 'ㅣ' 모음과 같은 고모음 위에서 탈락하는 현상이 두드러지다. 마찬가지로 'ㅓ' 모음 위에서도 그러한 현상이 나타난다.

어으만질 무(撫)〈3a〉, 깃드일 소(巢)〈3b〉, 쑤일 파(播)〈8a〉, 쑤일 쇄(灑)〈6a〉, 버일 기(棄)〈8a〉, 드일 적(糴)〈10b〉, 기을 축(畜)〈12b〉, 두을 위(圍)〈27b〉, 더얼 비(鄙)〈11a〉, 구엉 혹(壑)〈13b〉

⑦어중에서 ㅁ 이 탈락하는 표기가 보인다.

시을 죵(種)〈8a〉, 시을 지(栽)〈8b〉

⑧'ㅚ' 모음이 이중모음으로 나타난다.

오일 숑(誦)〈21b〉

⑨ㅣ 움라우트 현상이 보인다.

호링니 호(虎)〈13b〉

⑩치찰음 아래에서 고모음화 현상이 보이지만, 예외도 흔하다.

슈심 녹(鹿)〈13a〉 길임 고(膏)〈24a〉 길임 유(腴)〈24a〉 지질 쟈(煮)〈24a〉
예외 : 즈럼길 경

⑪ ㅎ 구개음화 현상은 보이지만, ㄱ 구개음화 현상은 보이지 않는다.

겨 비(粃) 〈9a〉 키 긔(箕) 〈9a〉

이 책은 2011년 국어사연구 제13호에 필자의 해제를 붙여 영인한 적이 있다.

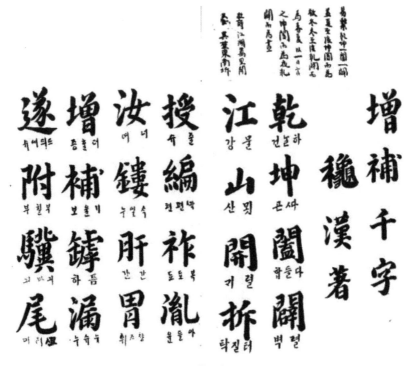

〈增補千字〉

4. 별천자(19세기 말)

이 별천자(別千字)는 고 유탁일 교수 소장본으로 필사본이다. 편찬자는 미상
이다. 책의 크기는 19.4×21.5㎝이다. 앞에 '은사가(隱士歌), 어부사(漁父詞)' 등 칠

언절구(七言絶句)를 써놓은 14장이 있고, 그 뒤에 있는 '別千字'는 모두 11장이다. 개자(大字) 6행 6자로 되어 있다. 필사기는 보이지 않고, 앞면지에 '册主 爾也(책주 이야)'라는 기록이 보일 뿐이다. /ɛ/를 주로 '익'로 표기하는 표기법 등으로 보아 19세기 말의 자료로 추정된다. '天(하늘뎡) 地(짜지) 人(살암인) 物(만물물) 日(날일) 月(달월) 星(볘셩) 雲(굴움운) 烟(연기연) 霧(안기무) 雷(울이뇌) 電(번기젼)'으로 시작하여 '袈(가사가) 衲(쪽갈납) 娼(창여창) 妓(기상기) 歌(노릭가) 舞(춤칠무) 粉(분분) 臙(미질렬이) 琴(겨무고금) 竽(피리우) 巫(무당무) 覡(양종격)'으로 끝난다. 치찰음 밑에서의 고모음화 등이 보여서 남부 방언을 반영한 자료라고 생각된다.

이 책의 이름이 '별천자'이어서 여기에 등재되어 있는 한자가 1,000자인 것처럼 인식되지만, 실제로는 786자이다. 거기에다가 한글로 석음을 달아 놓지 않은 한자가 9자가 있어서 한자의 석음이 달려 있는 한자는 모두 777자이다. 원래 1,000자가 아니었는지, 아니면 원래 1,000자로 편찬되었는데, 뒷부분이 낙장이 된 것인지는 알 수 없다.

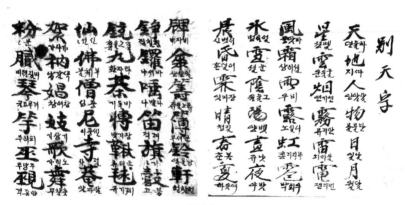

〈別千字〉

5. 영사속천자문(19세기 말)

이 책은 중국의 역사와 관련된 한자 1,000자를 모아 4언 250구로 편찬한 천자문이다. 『영사속천자문(詠史續千字文)』이라고 칭한 것도 역사를 입으로 읊으면서 공부하는 '속천자문'이란 뜻일 것이다. 목판본으로 간행되었지만 서문이나 발문 또는 간기가 없어서 편찬자나 간행연도를 알 수 없다. 그러나 표기법이나 판식 등으로 추정하여 보면 19세기 말의 간본으로 보인다. '乾坤剖判 肇誕億兆'로 시작하여 '鮮擇蒭蕘 漫음馴角'으로 끝나고 있다. 남권희 교수 소장본이다.

〈詠史續千字文〉

6. 신정천자문(이승교 편찬, 1908년)

신전천자문(新訂千字文)은 난곡(蘭谷) 이승교(李承喬)가 편찬한 천자문이다. 이 천자문은 소위 주흥사 천자문과는 그 한자가 다르다. 이승교가 실용 한자

470

1,000자를 모아서 새로이 편찬하여, 1908年에 조선도서주식회사에서 간행한 천자문으로 신식활자본으로 간행되었다. 한자 대자만은 이승교의 글씨를 활자화하여 간행하였다. 앞에 이승교의 서문이 있고, 이어서 4구로 된 한자 성어 250구를 신고 각 한자의 아래에 한글로 석음을 달아 놓은 것이다. '天(하늘텬) 地(따디) 日(날일) 月(달월) 風(바름풍) 雲(구름운) 雨(비우) 露(이슬노) 雷(우뢰뇌) 電(번 기뎐) 霜(서리상) 雪(눈셜)'로부터 시작하여 '博(넓을박) 施(베플시) 廣(넓을광) 濟(건질 제) 注(부을쥬) 意(뜻의) 也(어죠야) 哉(어죠직)'로 끝나고 있어 속칭 주흥사의『천자 문』과는 그 내용이 전혀 다르다.

이승교가 쓴 서문에 의하면 자전, 자학지류(字學之類)가 잡다하게 나와 있지 만 모두 중복되어 이를 배우느라고 많은 시간을 허비하므로 이들을 덜고 더하 여서 일용사물(日用事物)의 한자 1,000자를 편성한다는 내용이 있다. 그 서문에는

夫敎育秩序 科有程度 初入小學者 未嘗不先要字讀 稍進章句也 舊學文字 雖有詞理
之條劚 旨義之微奧 毫無補益 而又害之 爲敎授者 脣焦口燥 學語小兒 如箝 在口 疾首蹙
頞 於周興嗣 千字文 試之矣 此非字學 亦不近於蒙學 何爲而爲初等兒學乎 久固謬習者
未知其然而然 字典字學之類 雜出於諸家 而重複活澣 渺無涯矣 若使沖年可惜之寸陰 謾
費於字讀之月日 則任重致 遠之前程 何能循循然得達乎 文獻之高尙 質素之義務 職由時
代不同也 蔽一言曰 字數 可取其適中也 字義 可取諸易曉也 所以損益古文 爰輯日用事
物之漢字壹千 編成初學之敎科 不煩不複 純實無疑 恐有合於男女學界上普通文字 而且
國文懸註者 是乃國漢文之學字與習字 並臻便宜也 不但爲小學初程之要素 使之幽邃閨
門 · 勞働社會 · 樵叟牧兒 · 次第注意 則四境之內 無人不識字 庶幾有補於文化進步云
爾 隆熙二年六月二日 蘭谷李承喬 序

라 되어 있다. 서문의 끝에 「隆熙二年六月二日蘭谷李承喬序(융희 2년 6월 2일 난곡 이승교서)」라 되어 있다.

이 책과 동일한 내용의 천자문이 있다. 책명이 '新訂千字文(신정천자문)'이 아

닌, '千字文(천자문)'이란 이름으로 되어 있는 문헌이다. 한국학중앙연구원에 소장되어 있는(구 안춘근 소장본) (도서번호 大A10D-14) 이 책은 불분권 1책의 필사본이다. 내용은 모두 신식활자본 『신정천자문』과 동일하다. 이승교의 친필본으로 추정된다.

필사본의 천자문은 책의 크기가 41.2×29.2㎝인 큰 책이다. 판심어미는 상삼엽화문어미이고, 반엽광곽의 크기가 31.6×23.8㎝이다. 사주쌍변에 유계로 4행 4자로 되어 있다. 제첨과 수제(首題), 판심제 모두가 '千字文'이다. 그러나 판심제는 어미 상단의 백구 자리에 쓰이어 있다. 수제(首題)의 다음 행에 「李承喬撰(이승교 찬)」이란 내용이 있다. 서문과 발문은 없다. 한자 대자는 묵서로, 그리고 한글로 된 석음은 주서(朱書)로 쓰이어 있다. 정성을 들인 것으로 보아 수고본(手稿本)일 가능성도 있으나, 서문(序文)이 없어서 이러한 결론을 내릴 수 없다. 내용은 모두 신식활자본 『新訂千字文(신정천자문)』과 동일하다. 모두 33장으로 되어 있는데, 그중 32장 뒷면과 33장은 괘선만 있을 뿐이다.

신식활자본의 『신정천자문』에 쓰인 한글 표기에 보이는 국어학적 특징을 들면 다음과 같다.

① 한자의 석에 종래의 석과는 다른 것이 많이 보인다. 이것은 4자로 된 成句에 맞게 한자를 풀이한 데에 연유하는 것으로 보인다.

죠죠 경(京, 7), 일가 족(族, 8), 껍질 갑(甲, 26)

② ㅅ계 합용병서만 사용하고 ㅂ계 합용병서는 사용하지 않았다.

ㅺ : 씬다를 각(覺, 60) 곳 화(花, 17) 쏑 치(雉, 22) 쇠쇼리 잉(鶯, 22) 껍질 갑(甲, 26)
　　쇼리 미(尾, 27) 꿀 밀(蜜, 37) 씬다를 오(悟, 60)

ㅼ : 쁠ㅅ부(浮, 54) 따쯧홀 온(溫, 3) 쌈 한(汗, 21) 쏭 분(糞, 21) 씨 시(時, 3) 쁠 뎡(庭, 29) 쩍 병(餠, 36) 뜻 정(情, 38)

ㅽ : 쌔를 쳡(捷, 61) 쑝나무 상(桑, 18) 쎄여날 슈(秀, 57) 쎄아슬 탈(奪, 60) 쌀 각(角, 27)

ㅆ : 짤 함(鹹, 37)

③ 어중의 된소리를 표기할 때에는 ㅅ을 가운데에 쓰고 있다. 이러한 표기

는 이 문헌의 특징이라고 할 수 있다. 특히 필사본의 新訂千字文에서도 일반적인 표기로 나타난다.

물ㅅ결 랑(浪, 15) 안ㅅ방 규(閨, 28) 뒤ㅅ간 측(厠, 28) 뜰ㅅ 부(浮, 54) 대들ㅅ보 동(棟, 28) 들ㅅ 보 량(樑, 28) 혀 ㅅ가리 연(椽, 28) 쥬초ㅅ돌 초(礎, 29) 굴ㅅ둑 돌(堗, 29) 벽ㅅ돌 벽(甓, 29) 섬ㅅ돌 계(階, 29) 열ㅅ쇠 약(鑰, 29) 잠을ㅅ쇠 쇄(鎖, 29)

④ /e/에는 주로 '에'를, /ε/에는 '이'를 사용하여 표기하고 있다.

쎅야슬 탈(奪, 60) 집힝이 장(杖, 35)

⑤ 어간 내부에서 ㄹ이 탈락되는 모습을 보인다. 이 표기가 어떠한 음운론적인 현상을 나타내는지에 대해서는 알 수 없다. 이러한 현상은 이 시기의 다른 문헌, 예컨대『초학요선(初學要選)』 등에 일반적으로 나타나는 현상이다.

푸을 청(靑, 6), 바일 샤(捨, 56) cf. 마르 종(宗, 7)

⑥ 어중의 유기음은 재음소화된 표기를 보인다. 이 재음소화된 표기는 ㅎ의 약화로 인한 실제의 발음을 표시한 것으로도 해석할 수 있다.

갑흘 보(報, 43), 훗흘 산(散, 54), 뒤집힐 번(翻, 56)

⑦ 어간말음 중 ㄷ, ㅌ 등은 ㅅ으로 통일하여 표기하고 있다. 즉 어간말음의 ㄷ을 모음이 후행할 때, 분철하여 표기할 경우에는 ㅅ을 사용하고 있다. 그러나 연철할 경우에는 ㄷ을 그대로 사용하고 있다.

밋을 신(信, 38) 곳을 직(直, 5) 곳을 정(貞, 40) 엇을 득(得, 50) 밧 뎐(田, 18) 팟 두(豆, 17) cf. 바들 봉(捧, 43)

⑧ 치찰음 밑에서의 고모음화가 비어두음절이나 어두음절에서다 나타난다. 그러나 전반적으로 나타나는 것은 아니다.

느질 만(晩, 3) 질길 락(樂, 59) 부지런홀 근(勤, 59) cf. 나즐 뎌(低, 5) 춤 연(涎, 12) 거즛 가(假, 55) 정승 상(相, 9)

⑨ 어간말자음군인 ㄼ, ㄻ 등은 분철되어 표기된다.

삷힐 찰(察, 42) 읇흘 영(詠, 43) 읇흘 음(吟, 45) 앏흘 통(痛, 46)

⑩ 어중의 유기음은 재음소화된 표기를 사용하고 있다. 그러나 가끔 7종성

의 하나를 받침으로 쓰고 받침의 음가에 해당하는 자음을 다음 음절의 초성에 쓰는 표기방식도 보인다.

닉힐 습(習, 45) 굽흐릴 부(俯, 41) 집힝이 장(杖, 35) 갑흘 보(報, 43) 훗흘 산(散, 54) 뒤집힐 번(翻, 56) ㄱ흘 동(同, 57)

cf. 밋칠 광(狂, 61)

⑪ t 구개음화는 일어나지만 k, h 구개음화는 일어나지 않는다.

직힐 슈(守, 46) 긴 장(長, 4) 혀 설(舌, 11) 기름 고(膏, 12)

⑫ 어중에서 ㅎ이 탈락하는 모습을 보인다.

일을 실(失, 50)

연활자본은 필자의 소장본이다.

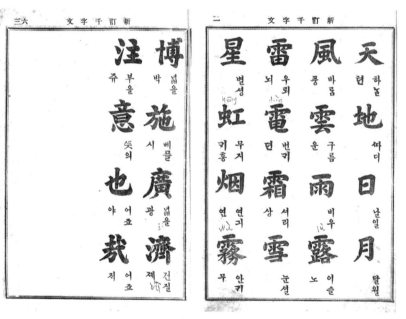

〈이승교 서 천자문(신정천자문)〉

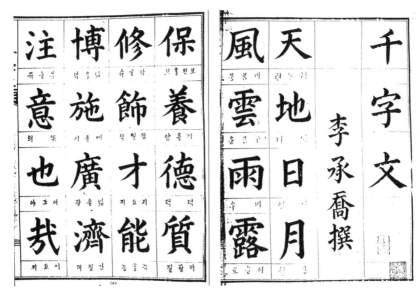

〈이승교 서 천자문(신정천자문) 필사본〉

7. 역대천자문(이상규 편찬, 1911년)

역대천자문(歷代千字文)은 혜산(惠山) 이상규(李祥奎)가 어린이들에게 한자교육과 중국 역사의 습득을 위하여 1910년에 정택주(鄭宅周)의 필체를 빌어 쓴 것을 1911년에 목판본으로 간행한 책이다. 불분권 1책 32장으로 되어 있는 이 책은 필자를 비롯하여 서울대학교 일사문고, 그리고 고도서 등에 소장되어 있다.

책의 크기가 30.2×20.8cm이고 사주쌍변에 반곽의 크기가 23.1×17.5cm이다. 유계에 4행, 각 행에 한자 5자씩 쓰이어 있고 매 한자의 아래에 그 한자의 석과 음을 달아 놓고 있다. 판심어미는 상하화문어미이며 그 어미들 사이에 판심제 '歷代千字文(역대천자문)'과 장차가 적혀 있다. 그리고 그 석음을 단 5자의 한자 상단에는 그 오자체(五字體)의 백운시(百韻詩)에 대한 주석이 4행 9자로 적혀 있다.

책의 앞에는 '辛亥春正月庚戌霞峯趙鎬來序(신해춘정월경술하봉조호래서)'로 끝나는 조호래의 서문이 2장이 있다. 그리고 본문은 26장인데 이 본문의 앞에는 '歷代千字文(역대천자문)'이란 제목 아래에 '庚戌冬惠山李祥奎閉戶謾筆(경술동혜산이상규폐호만필)'이란 기록이 보인다. 이 본문의 말미에 '晉陽鄭宅周謹書(진양정택주근서)'라는 기록이 있으며 그 뒤에 감교자 3인(심의규, 유진태, 권상찬), 고정자(考訂者) 2인(최규영, 이회로), 그리고 편집자(編集字) 3인(최두수, 박희종, 김정식)의 이름이 밝혀져 있다. 본문 뒤에 '書歷代千字文後(서역대천자문후)'란 제하(題下)의 발문이 4장이 붙어 있는데, 이 발문은 허찬(許巑), 정규석(鄭圭錫), 문정욱(文正郁), 김수로(金壽老), 송의로(宋懿老)가 각각 쓴 것이다. 그리고 권말에 '辛亥春刊學而齋藏(신해춘간 학이재장)'이란 간기가 보인다.

『역대천자문』은 석봉천자문이나 광주천자문 등과는 그 한자가 전혀 다르다. 어린이들이 한자를 배울 때 주흥사의 백수문을 쓰고 있는데 이 백수문은 간편하지만 줄거리에 계통이 없고 문리가 계속되지 않아 가르치는 사람이 괴롭게 생각하였으므로 역대시를 천자로 엮었다는 것이 이상규가 이 책을 편찬한 동기다. 그리하여 '太(가장태) 極(다홀극) 肇(비로소조) 剖(쪼갤부) 判(판결판) 天(하늘천) 地(쯘지) 造(지을조) 化(될화) 弘(클홍)'이라 하여 태극에서 천지가 개벽되는 때로부터 시작하여 '讀(일글독) 罷(프홀파) 崇(노풀숭) 禎(승서정) 史(스긔스) 淚(눈물루) 迸(허틀병) 下(아리하) 泉(싀미천) 流(흐를류)'라 하여 명나라까지의 역사로 끝내고 있다. 결국 이 책은 태고로부터 명나라에 이르기까지의 중국 역사를 간추려서 오자체(五字體)의 백운시(百韻詩) 200구로 엮은 것이다.

이 책의 저자 이상규는 경남 고성에서 태어나 그곳에서 살다가 대체로 27세 이후에 하동(河東), 진양(晉陽), 산음(山陰) 등으로 이사를 다니다가 35세에 慶南山淸郡 丹城面 默谷里(경남 산청군 단성면 묵곡리)에 정착하여 그곳에서 일생을 마쳤다. 역대천자문에 쓰이어 있는 한글로 쓴 석음에는 서부동남방언이 반영되어 있다.[16]

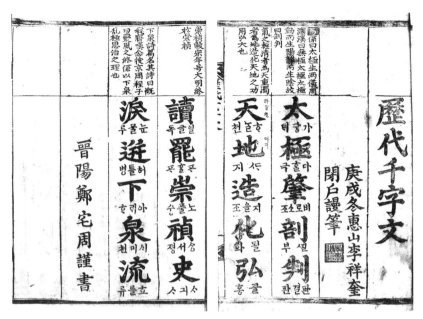

〈정택주서 천자문(역대천자문)〉

8. 부별천자문(창서 편찬, 1913년)

　부별천자문(部別千字文)은 1913年에 창서(滄西)라는 사람이 편찬하고 동시에 글씨를 쓴 목판 천자문이다. 책의 앞에 '滄西撰而書(창서찬이서)'라는 기록이 있는데, 그 밑에 '金熙國印(김희국인)'이라는 인기가 인쇄되어 있어서, '창서'라는 사람의 이름이 '김희국'임을 짐작하게 한다. 그러나 김희국이 누구인지는 확인할 수 없어서 부별천자문의 찬자를 알 길이 없다. 혹시 대구 달성 출신의 김희국(1824년~1901년)일 가능성이 있으나, 그의 호는 '낙하(落下)'이어서 확인할 수 없다. 다른 논문에서는 저자를 김기홍(金琪鴻)으로 기록하고 있는데, 김기홍은 출판사인 재전당서포 주인의 이름이지 편찬자가 아니다.

　권말에 '靑牛南至日撰者跋(청우남지일찬자발)'이라는 발문이 있는데, 을축일

(乙丑日)에 쓴 것이어서 간행연도는 알 수 없으나, 이 책에 붙어 있는 대구의 재전당서포(在田堂書鋪)에서 간행한 판권지에 간행연도가 1913년으로 되어 있어서 그 무렵에 간행된 것을 알 수 있다. 주흥사의 천자문을 수정 보완하였는데, '천문(天文), 지리(地理), 인륜(人倫), 사행(事行), 나체(躶體), 복식(服飾), 기용(器用), 산정(算程), 궁실(宮室), 보패(寶貝), 음식(飮食), 미곡(米穀), 채종(採種), 과품(果品), 화초(花草), 임목(林木), 비금(飛禽), 주수(走獸), 어류(魚類), 충족(蟲族)' 등의 20개 부별로 구분하여 재편집한 것이다. 각 한자에 석음을 달아 놓았는데, 복수의 석음을 달아 놓은 곳도 곳곳에 보인다. 天(하날텬) 文(글월문, 문채 문) 地(싸디) 理(리치리, 다스릴리) 人(사람인, 남인) 倫(씻씻륜, 차례륜) 事(일사, 섬길사) 行(행할행, 항오항)으로부터 시작하여 螽(묏두기죵), 蝗(황츙황) 蝸(달팡이와, 달팡이 왜) 蠹(좀두) 蟄(움추릴칩) 蠢(굼실거릴쥰) 化(화할화, 변화할화) 生(날생, 살생)으로 끝난다. 경북대 및 영남대 도서관 등에 소장되어 있다.

〈부별천자문〉

478

9. 후천자문(1915년)

후천자문은 1915년에 필사한 천자문이다. 편찬자나 필사자가 모두 미상이다. 책의 앞부분에 '조선국문(朝鮮國文)'이란 제목 아래에 언문반절표가 필사되어 있는데, 그 끝에 '을묘시월초칠닐 스하니라'란 글이 있어서 이 '을묘'년이 1915년임을 짐작할 수 있다. 이러한 언문반절표가 유행하였던 시기는 19세기 말에서 20세기 초이기 때문이다. 책의 크기는 21.9×14.9cm이고 반엽광곽의 크기는 17.5×12.3cm이다. 사주단변에 판심어미나 판심제나 장차가 없다. 한자만은 5행 8자인데, 한글 석음을 합치면 5행 16자라고 할 수 있다. 표지의 제첨제와 내지서명이 모두 '後千字文(후천자문)'이다. 모두 17장이다. '一二三四五六七八九十'으로부터 시작하여 '終始本末事物者也'로 끝나는데, 그 마지막에 '凡三百二十句 一千二百八十字(범320구 1,280자)'라고 되어 있어서 '後千字文'이라고 하였지만 한자가 1,000자가 아니라 1,280자임을 밝히고 있다. 모든 한자에는 그 한자 밑에 한글로 한자음을 써 놓았고 한자의 오른쪽에 한글로 한자의 새김을 달아 놓고 있으나 모든 한자에 새김을 써 놓지 않고 부분적으로만 새김을 달아 놓았다.

필자가 소장하고 있는 이 후천자문에 보이는 특이한 석음을 몇 개를 보이면 다음과 같다.

代 디로디 〈2b〉	倉 창집 창 〈7b〉
切 싼을 졀 〈13b〉	囊 줌치낭 〈12a〉
娶 장기 츄 〈15a〉	庠 학궁 상 〈7b〉
屑 입스을 슌 〈8b〉	膚 씁지 부 〈9a〉
頂 쌍박이 뎡 〈8b〉	筋 침줄 근 〈9a〉
板 쌘째기 판 〈9b〉	廚 증지 쥬 〈9b〉

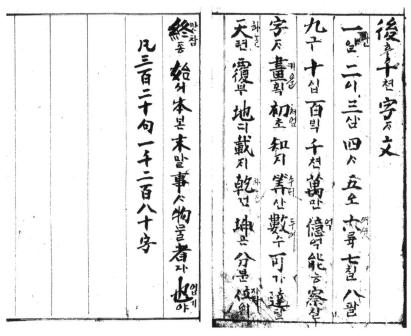

〈後千字文〉

10. 도형 천자문(회동서관 간행, 1922년)

1922년에 고유상(高裕相)이 편찬하여 회동서관(滙東書館)에서 석인본으로 간행해 낸 천자문이다. 다섯 자로 된 숫자인 '一(하나일) 二(둘이) 三(셋삼) 四(넷亽) 五(다섯오) 六(여섯륙) 七(일곱칠) 八(여덟팔) 九(아홉구) 十(열십)'으로부터 시작한다. 이어서 三字成句인 '天(하늘텬) 地(짜디) 人(사람인)' 등의 성구 6개와 '前後左右 遠近高低 行走坐立 來去出入'으로 始作하여 '吾汝之求 知識思想 奮發修業 復何爲也'로 끝나는 4字成句 243구로 되어 있는데, 그 책 제목대로 각 한자의 왼쪽에 이 한자의 석에 해당하는 그림을 그려 이해를 쉽게 한 것이다. 그림이 매우 정교하고, 어떤 책은 채색까지 되어 있기도 하다. 필자가 본 고 김동욱 선생님 소장본에는 채색이 되어 있었다. 어린이의 한자교육에 필요하여 만든 것이다. 고유상이 저자로 되어 있으나, 이 사람은 회동서관의 대표자이기 때문에 작자는 알려져 있지 않은 셈이다. 국립중앙도서관 소장본이다(BC古朝 41-44).

〈도형천자문〉

11. 한일선작문천자(회동서관 간행, 1923년)

한일선작문천자(漢日鮮作文千字)는 한자 작문 교과용으로 편찬한 천자문으로, 4언으로 250구를 만들어 한자 1,000자를 학습하도록 한 것인데, 1923년에 회동서관에서 연활자본으로 간행한 것이다. 책의 크기는 23.7×16.8cm이고 반엽광곽의 크기는 19.1×13.9cm이다. 판심어미는 상흑어미이고 판심제는 '한일선작문천자'이다. 사주쌍변에 4행 4자이다. 판권지에 '大正十二年一月五日 發行(대정 12년 1월 5일 발행), 著作兼發行者 高裕相(저작겸발행자 고유상), 總發行所 滙東書館(총발행소 회동서관)'으로 되어 있다.

한글로 석음을 달고 역시 일본어 석음을 달아 놓았다. 한자의 오른쪽에는 성조 표시와 한자의 중국음이, 왼쪽에는 일본어 석음이 가타카나로 쓰이어 있으며, 아래쪽에 한글로 석음을 달아 놓았다.

책의 앞에 범례가 있는데, 그 내용을 보면 다음과 같다.

一. 本書는 初等科 作文敎科用에 適合ᄒ도록 編成홈
一. 本書는 一千字에 限ᄒ야 每四字로 一文句를 作ᄒ고 字의 左右로 支那音及日本音訓을 脇付ᄒ고 字의 下에 朝鮮文으로 譯解ᄒ야 漢日鮮三邦人士로 通曉自習케 홈

이어서 漢日鮮作文千字 音訓自習法(한일선작문천자 음훈자습법)과 日本音讀法(일본음독법), 朝鮮音讀法(조선음독법)이 있다. 이어서 본문이 시작된다. '天(하날텬) 高(놉흘고) 地(ᄯᅡ디) 闊(너를활) 日(날일) 明(발글명) 月(달월) 白(흰빅)'으로 시작하여 '嗟(슬플차) 爾(너이) 小(젹을소) 輩(무리빅) 凡(무릇범) 百(일빅빅) 注(쏫을주) 意(쯧의)'로 끝난다. 필자의 소장본이다.

이 천자문에는 동일한 새김을 가진 한자들이 매우 많이 발견된다. 많게는 '집'이란 새김을 가진 한자가 10개가 보이고, 작게는 2개의 동일한 새김을 가진 것들이 많이 보인다. 몇 예만 들어 보도록 한다.

[집]

집 가(家)⟨28b⟩ 집 각(閣)⟨3a⟩ 집 궁(宮)⟨2b⟩ 집 당(堂)⟨4a⟩

집 대(臺)⟨4b⟩ 집 실(室)⟨17b⟩ 집 옥(屋)⟨3b⟩ 집 우(宇)⟨1a⟩

집 원(院)⟨2b⟩ 집 쥬(宙)⟨1a⟩

[나라]

나라 국(國)⟨27a⟩ 나라 당(唐)⟨18b⟩ 나라 오(吳)⟨18b⟩

나라 촉(蜀)⟨18b⟩ 나라 한(漢)⟨18b⟩

[비단]

비단 빅(帛)〈18b〉 비단 금(錦)〈30a〉 비단 긔(綺)〈23b〉

비단 단(緞)〈18b〉 비단 릉(綾)〈18b〉

〈漢日鮮作文千字〉

12. 신천자(조선도서주식회사 간행, 1924년)

이 천자문은 匏軒居士(포헌거사)가 편찬하고 글씨를 써서 1924年에 조선도서
주식회사에서 간행해낸 목판본 천자문이다. 앞의 내제인 '新千字'의 바로 뒤
에 '匏軒居士撰幷書(포헌거사찬병서)'라는 글이 있다. 포헌거사가 편찬하고 글
씨도 썼다는데 역시 4언으로 된 250구가 실려 있다. 반엽광곽의 크기는
20.2×14.8㎝이고 판심어미는 상흑어미이다. 판심제는 '新千字(신천자)'이고 사
주쌍변에 4행 4자로 되어 있다.

판권지에는 저작자가 '권보상(權輔相)'으로 되어 있다. 포헌거사의 이름이

권보상일 것으로 보이는데, 이 편찬자가 혹시 국문연구소(國文研究所)의 위원으로 있던 권보상인지는 알 수 없다. 조선도서주식회사의 대표는 홍순필(洪淳泌)이기 때문에 출판사 대표의 이름은 아니다. '上(우ㅅ상) 天(하늘텬) 下(아래하) 地(짜디) 中(가운데ㅅ즁) 有(잇을유) 人(사람인) 生(날생)'으로부터 始作하여 '童(아희동) 顔(얼골안) 鶴(학학) 髮(터럭발) 龜(거북귀) 齡(해령) 纔(겨우자) 顯(나타날현)'으로 끝난다. 필자가 복사를 해 두었던 것인데, 복사의 출처를 기록해 두지 않아서 소장자를 알 수 없다.

이 신천자(新千字)는 1924년 6월 29일자 동아일보에 신간소개란(新刊紹介欄)에 보인다.

新千字(權輔相著) 家庭이나 書堂에서 아이들을 읽키기에 가장 조흔 著作이니 글 쯧을 배호고 글씨를 번바드면 두 공부를 힘 안 드리고 한께 할 수 잇는 것이다. 朝鮮圖書會社 發行 定價普通四十錢 上製五十錢

〈신천자〉

13. 동몽수독천자문(김태린 저술, 1925년)

이 책은 1925年에 김태린(金泰麟, 1869년~1927년)이 저술하고 직접 자필로 쓴 필사본 천자문으로 그의 손자인 김위호(金謂鎬) 옹이 1986년에 영인본으로 출판한 책이다. 이 영인본의 표지 서명은 '童蒙須讀千字文(동몽수독천자문)'이지만 김태린이 직접 쓴 자필본의 권두서명은 '童蒙須讀(동몽수독)'이다.

앞에 저자의 서문이 있고, 그 앞에 '乙丑六月臥寫單本(을축6월와사단본)'이란 필사기가 있다. 서문의 끝에도 '乙丑淸明節小岡畸人書(을축청명절소강기인서)'란 필사기가 있는데, '을축년'은 1925년이다. 뒤에는 두 개의 발문이 있는데 그중의 하나는 후손인 김위호(金謂鎬) 옹이 쓴 것이다.

이 천자문은 한자가 모두 1,000자이어서 원래의 제목은 '童蒙須讀(동몽수독)'이지만, 후손이 영인본을 낼 때 '천자문'이란 제목을 덧붙인 것으로 보인다. 이 책은 '천문(天文), 천시(天時), 천도(天道), 지리(地理), 지리(地利), 지도(地道), 인륜(人倫), 인심(人心), 인도(人道), 인사(人事), 형체(形體), 질병(疾病), 인품(人品), 위품(位品), 유도(儒道), 이단(異端), 기예(技藝), 수량(數量), 셍도(生道), 용보(用寶), 음식(飮食), 의복(衣服), 가옥(家屋), 기용(器用), 음률(音律), 지방(地方), 방위(方位), 우충(羽蟲), 모충(毛蟲), 인충(鱗蟲), 개충(介蟲), 해충(蟄虫), 화류(花類), 초류(草類), 목류(木類), 죽류(竹類), 과류(果類), 채류(菜類), 곡류(穀類)'의 39개 부류로 나누어 그 의미에 해당하는 한자를 배열한 후 각각의 한자에 석음을 달아 놓았다. 그리고 그 뒤에 한문으로 주석을 달아 놓았다. 예컨대 '日'에는 '날일'이라 석음을 달고, '太陽精又十二時(태양정우십이시)'란 주석이 있다.

이 책을 쓴 김태린은 경남 밀양군 청도면 소태리 출신이어서 이 한자 자석에는 이곳 지역어가 반영되어 있다.

ㅣ 모음 역행동화도 보인다.

믹킬 비(痞)〈6b〉 믹킬 조(阻)〈2a〉 익길 석(惜)〈3b〉

믹길 임(任)〈4a〉 징길 침(浸)〈2a〉 이비 부(父)〈2b〉

위아지비 구(舅)〈3a〉 아지비 슉(叔)〈2b〉 달핑이 와(蝸)〈15a〉

치찰음 아래에서 전설고모음화가 보인다. 어두음절과 비어두음절 모든 환
경에서 나타난다.

마질 영(迎)〈4b〉 안질 좌(坐))〈4a〉 질글 히(喜)〈3b〉

질글 락(樂)〈3b〉 사심 록(鹿)〈14a〉 실풀 익(哀)〈3b〉

비파 실(瑟)〈12b〉

〈동몽수독천자문〉

14. 무쌍천자(1927년)

이 책은 1927년에 쓰인 필사본 천자문인데 편찬자는 알 수 없다. 책의 크기
는 25.8×19.8cm이다. 표지서명과 내지서명이 모두 '無雙千字(무쌍천자)'이다. 내

지에 '昭和二年陰四月初五日始(소화 2년 음4월 초5일시)'란 글과 '謄書人 慶州人 孫炳根(등서인 경주인 손병근)'이란 글과 '謄書時 年數 二十二歲(등서시 연수 22세)'와 '慶州孫炳根 家藏(경주 손병근 가장)'이란 글이 있다. 1927년에 경주 손씨인 손병근이 22세 때에 쓴 것임을 알 수 있다. 이 천자문이 끝난 곳에는 '無雙千字文終(무쌍천자문종)', '慶尙北道聞郡(경상북도 문군)'('聞慶郡'에서 '慶'자 탈자)加恩面院北里 孫炳根 家藏(가은면 원북리 손병근 가장)'과 '丁卯四月拾九日始成(정묘 4월 19일 시성)'과 '大栗書堂(대률서당)'이란 기록이 있다. 손병근이란 분이 편찬한 것인지 아니면 전사한 것인지는 알 수 없다. 단지 등서인이라고만 하였고, 또한 '대률서당'이 기록되어 있으니 이 서당에 보관하고 있던 책인지도 알 수가 없다. 첫장에는 2행은 5자로 그리고 나머지 2행은 3자씩으로 되어 있다. 4행 4자로 된 곳에서부터 4언구로 되어 있어서 '前後左右, 遠近高低, 行走坐立 來去出入' 등으로 되어 있다.

그리고 1장의 뒷면은 4행 3자로 되어 있으나 2장부터는 모두 4행 4자로 되어 있다. 모두 32장으로 되어 있다. 이 무쌍천자는 두 부분으로 나뉘어 있다. '壹貳參肆'로 시작하여 '椎鈕鏊犁'까지의 500자가 끝난 곳에 '上篇終(상편종)'이라고 되어 있으나 마지막 부분에서는 '하편종(下篇終)'이란 기록이 없다. 상편종 다음은 '父母子孫' '兄弟姉妹'로부터 시작하여 '奮發修業'과 '復何爲也'로 끝난다. 뒷부분의 글자는 500자가 아니라 496자이어서 이 무쌍천자는 천자가 되지 못한다. 한자 하나하나의 아래에 한글로 한자석음을 달아 놓았다. 필자가 소장하고 있다.

〈무쌍천자〉

15. 조선역사천자문(심형진 편찬, 1928년)

『조선역사천자문(朝鮮歷史千字文)』은 심형진(沈衡鎭)이 우리나라의 역사를 4字成句(4자성구) 250구로 압축하여 1928년에 전남 光州에서 1책의 연활자로 간행한 천자문이다. 고조선으로부터 조선시대에 이르기까지의 우리나라 역사를 기록한 것이다.

책의 크기는 22.5×14.8cm이다. 판권지에 昭和三年 十二月二十日 發行(소화3년 12월 20일 발행), 著作兼發行者 沈衡鎭(저작겸발행자 심형진), 發行所 光州木山印刷所(발행소 광주목산인쇄소)로 되어 있다.

'乾(하늘건) 坤(짜곤) 曠(뷔일광) 漠(아득할막) 古(녜고) 今(이제금) 連(련홀련) 緜(쓰허지지안을면) 半(반반) 萬(일만만) 歷(지날력) 代(대신대) 槿(무궁화근) 域(지경역) 朝(아침조) 鮮(밝을선)'으로 시작하여 '翳(어됴사예) 吾(나오) 同(한가지동) 胞(틱겁질포) 繁(번

성할번) 殖(불을식) 永(길영) 昌(창성할창)'으로 끝나는데, 현대의 한자석음과 매우 유사하다. 신식활자본으로 되어 있다.[17] 필자가 소장하고 있다.

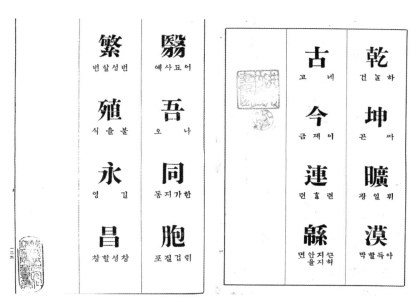

〈조선역사천자문〉

16. 성리천자문(남건 편찬, 1934년)

이 성리천자문(性理千字文)은 성리학과 유학에 대한 내용을 천자문의 형식을 빌어 쓴 책이다. 책의 앞에 '노헌노인(魯軒老人)'이 갑술년(1934년)에 쓴 서문과 김형칠(金衡七)이 정유년(1957년)에 쓴 서문이 있고, 권말에 신미년(1991년)에 권응규(權應奎)가 쓴 간행 경위문이 실려 있다. 석인본으로 간행하였다.

---

[17] 조선역사천자문에 대해서는 심재기(1986), 정욱재(2009)를 참조할 것.

이 책의 편찬자는 남건(南健)인데, 남건은 1850년에서 1943년까지 산 문인이다. 그의 문집인 노헌문집(魯軒文集)이 남아 있어 그의 일대기를 알 수 있다. 남건이 쓴 원고본을 권응규가 그의 종제 권오흠 가(權五欽 家)에서 얻어 보고, 이것을 권응규가 등서하여 1991년에 인출한 것이어서 이 문헌에 쓰인 한자는 권응규의 글씨다. 그러나 한자 석음은 남건이 표기한 대로 쓴 것으로 보인다.

본문은 '一(한일) 理(이세이) 太(클티) 極(극할극) 二(두이) 氣(기운기) 陰(그늘음) 陽(볜양) 乾(하늘건) 健(건장할건) 坤(싸곤) 順(순할순) 天(하늘천) 圓(두얼원) 地(싸지) 方(모방)'과 같은 4자 1구로 시작하여, '念(생각엽) 玆(이자) 戒(경계계) 惕(공경척) 罔(안일망) 敢(굿테감) 怠(게그믈태) 荒(덕거칠황)'으로 끝난다.

이 책은 성리학이나 유학에 대한 천자문이지만, 기독교에 대한 진리편독삼자경(眞理便讀三字經)(1895년)이나 최근에 간행된 불교에 대한 불교천자문(佛敎千字文)(1973년)과 성격을 같이 하는 것이다. 이 천자문에 보이는 특이한 한자 자석을 몇 개 보이도록 한다.

웃 상(上)〈6b〉　　　북을 단(丹)〈25b〉　　　막헬 치(値)〈11a〉

하항 유(愈)〈21b〉　　이엄 명(名)〈13b〉　　　샨 시(啻)〈31b〉

등싱이 소(塑)〈16a〉　　가망올 밀(密)〈15b〉

필자가 소장하고 있다.

〈성리천자문〉

17. 일선문신정유합천자(덕흥서림 발행, 1934년)

한자를 습득하기 위해 천자문과 유합을 다 공부하여야 하므로, 천자문과 유합에 등장하는 한자를 선택하여 만든 천자가 곧 이 책이다. 1934년에 덕흥서림에서 연활자본으로 刊行하였다. 내지에는 '김동진 저(金東縉 著)'로 되어 있는데, 덕흥서림의 주인이다. 반엽광곽의 크기는 22.6×15.5㎝이고 제첨제는 '日鮮文新訂類合千字(일선문신정유합천자)'이며 제첨제는 '新訂類合千字(신정유합천자)'이다. 판심어미는 상흑어미로 4행 4자이고 모두 32장이다. 판권지에 昭和九年十月三十日發行(소화 9년 10월 30일 발행), 著作兼發行者 金東縉(저작겸발행자 김동진), 發行所 德興書林(발행소 덕흥서림)으로 되어 있다.

이 천자문은 책제목에서 볼 수 있듯이 '유합'과 '천자문'을 종합하여 편찬되었지만, 한자의 숫자는 천자문을 따라 1,000자이다. 책의 앞에 일본의 '편가명(片假名), 탁음(濁音) 반탁음(半濁音) 이자장호음(二字長呼音) 삼자장호음(三字長呼音)'

이 소개되고 이어서 본문이 시작된다.

한자 대자 밑에 한글로 석음을 달고 그 한글 석음 아래에 일본어의 음과 석을 가타카나로 달아 놓았다. 일본어 카다카나로 된 석음은 석과 음의 순서로 되어 있는데, 석과 음 사이에는 검은 점(흑점)으로 경계를 두어 구분하였다. 한글 석음 표기에는 ' · '가 보이지 않지만 ㅅ 계 합용병서는 사용되고 있다.

본문은 '初(처음초) 學(배울학) 文(글월문) 字(글자자) 天(하날텬) 地(따디) 人(사람인) 物(만물물)'로부터 시작하여 '讀(읽을독) 誦(외일송) 講(강논강) 習(익힐습) 次(버금차) 第(차례뎨) 經(경서경) 史(사긔사)'로 끝난다.

이 '일선문신정유합천자'에 등장하는 한자가 주흥사 천자문에 동시에 출현하는 한자는 297자로 그 목록을 보이면 다음과 같다.

歌 簡 甘 甲 岡 糠 薑 芥 蓋 居 渠 車 巾 劍 京 經 輕 階 姑
高 鼓 曲 工 寡 果 冠 廣 槐 驅 九 口 國 君 宮 闕 貴 根 近
琴 禽 機 氣 起 飢 金 南 男 藍 囊 內 奈 女 農 多 答 堂 大
帶 德 圖 都 讀 冬 動 東 洞 登 驪 樂 驢 龍 樓 李 鱗 林 立
磨 晩 萬 面 名 明 母 毛 木 目 睦 廟 無 墨 問 文 門 物 民
薄 飯 髮 房 方 拜 杯 背 白 百 壁 本 鳳 俯 府 父 卑 事 史
四 士 寫 射 沙 絲 上 牀 相 箱 裳 象 霜 色 暑 書 西 黍 夕
席 石 扇 城 星 聲 歲 少 笑 飡 松 峀 手 水 獸 叔 習 始 市
時 矢 食 信 神 臣 薪 實 心 嶽 仰 夜 野 羊 陽 御 魚 言 業
淵 緣 熱 葉 纓 詠 隷 五 梧 玉 溫 往 外 浴 優 友 右 羽 雨
云 雲 圓 園 垣 遠 月 爲 有 帷 銀 陰 邑 義 衣 二 耳 人 仁
日 任 入 子 字 紫 將 長 才 赤 殿 田 節 亭 庭 精 靜 弟 早
朝 足 尊 終 鍾 坐 左 晝 珠 酒 中 重 地 指 枝 紙 直 稷 次
此 唱 綵 菜 尺 戚 千 天 川 賤 妾 聽 靑 體 初 草 燭 秋 出
忠 馳 土 通 退 八 平 布 飽 表 彼 筆 下 夏 學 海 行 虛 兄

衡 戶 號 和 火 環 黃 回 晦 孝 後

유합에 등장하는 한자는 모두 458자로 그 목록을 보이면 다음과 같다(칠장사 판 유합과 비교하였다).

架 歌 茄 角 澗 肝 間 葛 柑 江 降 羹 渠 乾 犬 肩 京 磬 經
莖 輕 鏡 桂 階 庫 膏 苦 鼓 斛 曲 穀 鵠 骨 冠 貫 廣 筐 槐
口 鹿 灸 臼 鈎 驪 鷗 裘 菊 麴 弓 蕨 跪 龜 葵 菌 橘 屐 根
芹 琴 襟 錦 機 氣 箕 起 飢 金 南 藍 囊 奈 農 泥 茶 帶 德
刀 圖 島 桃 稻 讀 動 棟 洞 童 銅 斗 頭 臀 燈 登 螺 騾 卵
浪 狼 冷 櫟 藜 閭 驢 蓮 簾 爐 路 鷺 綠 籠 雷 蓼 龍 柳 榴
栗 梨 狸 籬 裏 里 麟 笠 磨 馬 痲 幕 晚 萬 末 望 網 梅 麥
面 麵 帽 毛 沐 目 夢 猫 苗 巫 舞 霧 墨 文 蚊 尾 眉 米 薇
蜜 薄 雹 飯 鉢 髮 杯 背 帛 栢 百 壁 屏 瓶 餅 腹 峯 蜂 鳳
俯 斧 釜 北 盆 粉 婢 扉 榧 臂 鼻 鬖 氷 事 射 梭 沙 篩 蛇
朔 山 算 蒜 酸 霰 杉 蔘 鋪 桑 箱 裳 象 塞 書 犀 鋤 黍 鼠
席 扇 蟬 舌 雪 蟾 城 姓 星 腥 醒 小 梳 笑 粟 松 誦 送 手
數 獸 睡 秀 繡 鬚 叟 菽 旬 脣 膝 葢 濕 僧 升 蠅 匙 市 視
豕 豉 晨 辛 實 氏 岸 案 鞍 暗 仰 哀 鸚 野 藥 羊 魚 億 椽
涎 淵 硯 熱 鹽 葉 詠 梧 烏 玉 瓮 瓦 臥 蛙 腰 浴 褥 牛 芋
熊 原 猿 遠 爲 熨 乳 幼 柚 油 肉 銀 陰 飮 揖 鷹 依 義 蟻
耳 翌 蚓 子 字 紫 昨 勺 雀 鵲 掌 獐 醬 材 低 杵 芋 笛 赤
前 剪 錢 電 節 蝶 井 亭 庭 汀 鼎 梯 第 臍 蹄 棗 潮 爪 蚤
竈 族 足 終 鐘 住 晝 柱 珠 蛛 酒 竹 粥 甑 指 智 枝 紙 芝
稷 塵 榛 進 次 饌 菖 釵 冊 千 泉 薦 鐵 晴 淸 聽 菁 蜻 涕
初 草 蕉 燭 蔥 楸 錐 雛 春 醉 雉 馳 齒 枕 砧 針 濁 炭 澤

兎 通 退 波 板 鞭 浦 袍 瓢 豹 楓 風 彼 皮 筆 夏 霞 鶴 旱

汗 檻 蛤 缸 項 蟹 杏 香 虛 血 狹 螢 鞋 湖 狐 虎 昏 笏 紅

虹 花 靴 鑊 環 晦 檜 灰 膾 候 厚 喉 後 萱 偶 恤 胸 黑 喜

柿 萖

국립중앙도서관 소장본이다(BC古朝41-72).

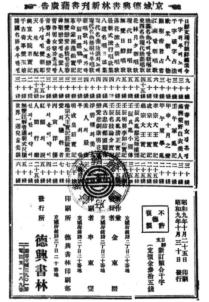

〈일선문신정유합천자〉

18. 사고천문(계몽사 발행, 1956년)

사고천문은 김환창(金煥昌)이 편찬하여 1956년에 계몽사에서 1책의 석인본
으로 간행한 한자 학습서이다. 판권지에 '檀紀四二八九年 三月二十五日 發行

(단기4289년 3월 25일 발행), 著者 金煥昌(저자 김환창), 發行處 啓蒙社(발행처 계몽사)' 로 되어 있다. 책의 크기는 26.2×18.5cm이고 사주쌍변에 유계로 4행 4자이다. 판심어미는 없고 판심제는 '史考千文(사고천문)'이다.

앞에 1954년에 심산(心山) 김창숙(金昌淑)이 쓴 사고천문서(史考千文序)와 1953년에 퇴경(退耕) 권상로(權相老)가 쓴 사고천문서(史考千文序)가 있다. 그리고 책의 말미에는 권상규(權相圭), 이가원(李家源), 하성재(河性在), 이회춘(李會春), 안명언(安明彦)이 쓴 후서(後紋)가 있다.

권상로가 쓴 서문에는 중국의 진한 이래로 양나라 주흥사의 천자문으로부터 시작하여 우리나라에는 최세진의 유합,[18] 정다산의 아학편, 그리고 근래에는 통학경편(通學徑編), 시문독본(時文讀本) 등이 있으나 뒤섞여서 어지러워 김환창 군이 사고천문을 편찬하였는데, 1000자에 대해 4000여 년의 전고와 시공을 넘어 개괄하여 마치 아송(雅頌)과 전고(典誥)와 같다고 칭송하고 있다.

각 한자의 아래에 두 칸을 마련해 두었는데, 석음이 하나일 경우에는 윗칸만 사용하고 석음이 두 개일 경우에는 두 칸을 다 사용하고 있다. 그리고 각 행에는 4자로 된 한자 성구가 있고, 그 오른쪽에는 그 4자 성구에 대한 풀이가 있다.

성구	풀이
亞洲東幅	亞細亞洲 東쪽에
曰我朝鮮	가로되 우리 朝鮮이라(檀君箕子 衛滿 李朝朝鮮임)
維國剏始	오직 나라가 시작함이
檀木降仙	박달나무에서 神仙이 내리시다

모두 33장이고 1,000자로 되어 있다.

주흥사 천자문과 겹치는 한자는 모두 416자이다. 그 목록을 보이면 다음과 같다.

---

18 유합을 최세진의 저작이라고 본 것은 착오이다.

可嘉家稼駕刻簡竭感敢鑑甲岡皆去居巨據巾建劍見遣京
卿景輕啓溪稽古孤故顧困公功貢冠官矯九舊驅國君軍郡
宮厥貴琴禽其器基幾旣機氣起吉金難乃內女年農多達唐
大對德圖道都陶獨同東桐洞杜得登等騰兩麗歷列烈令靈
領禮賴遼龍流倫利李林立莫滿萬亡罔每盟勉冥名命明鳴
慕木牧目蒙妙廟務武茂問文聞門勿美靡縻民碻髮方伯白
百伐法璧弁辨丙兵幷寶步伏服福覆奉夫府扶阜分匪肥賓
事使史嗣四士射師思沙肆辭上常想相詳穡色生書西石仙
善宣禪設說城成星世歲嘯所素松受垂手綏誰首承施是
時始市息食信新神臣實深我阿安巖弱約陽養於言業與餘
亦易淵緣染榮永營英乂藝譽五玉曰王外畏要容庸用愚祐
禹羽虞云運雲圓園月位威爲有猶維尹戎陰音儀義二以移
而益人仁因引逸入子字玆自資作爵將章莊藏長再在載積
適傳典殿轉節丁亭定情政正貞靜制濟諸弔彫朝條釣宗主
奏晝遵中重增地枝止直職眞辰執集次策處戚千天淸靑初
招楚草寵最抽秋逐充忠治致馳稱耽土通退投八平弊布彼
被必筆何河學漢韓海駭幸玄絃縣賢惠乎號洪化畵禍華黃
回懷晦會孝效訓欣

이 천자문에 보이는 한글 표기법은 거의 현대의 표기법과 동일하다.

깎을 박(剝)〈17b〉 꽃뿌리 영(英)〈17a〉 높을 최(崔)〈13a〉 닦을 수(修)〈15a〉
덮을 복(覆)〈17b〉 많을 다(多)〈22b〉 북녘 북(北)〈21a〉

이천자문에 보이는 특이한 석음을 몇 개 보이면 다음과 같다.

계집의관 괵(幗)〈25a〉 동관 료(僚)〈24a〉 배암 파(巴)〈9b〉 범어 게(偈)〈12b〉

봉같은새 원(鵷)〈18a〉 뿔없는룡 리(螭)〈9b〉 성우에치첩 첩(堞)〈3a〉

아름다울 휴(休)〈32b〉 어긋질 호(互)〈26a〉 엄지가락 벽(擘)〈14a〉

이 책은 국립중앙도서관(古3111-6)과 안동대학교 도서관에 소장되어 있다.

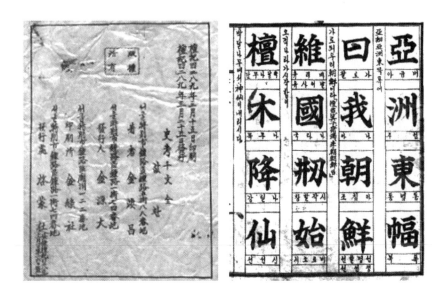

〈사고천문〉

그런데 1963년에 계몽사에서 이 사고천문을 다시 간행하였는데, 1956년도 판에서는 내지제목이 없었던 것을 내지 제목을 달고 그 이후부터 본문이 시작 되도록 하여 판형이 바뀌게 되었다. 한자에 대한 한글 석음이 오른쪽에서 왼 쪽으로 써 왔던 것을 모두 왼쪽에서 오른쪽으로 쓰는 방식으로 바뀌었다. 예 컨대 '亞'는 '아금버'이었던 것이 '버금아'로 바뀌었다. 그리고 '鮮'은 '선명할 선' 과 '생선 선'의 복수 석음이었는데, '선명할 선'의 단수 석음으로 바뀌었다. 그 러나 표기법에는 차이가 없다. 물론 내용도 조금씩 바뀐 것으로 보인다. 예컨대 '亞洲東幅'에 대한 설명이 '亞細亞洲 東폭에'가 '亞細亞洲東쪽 폭을'로 바뀌었다. 화봉책박물관 소장본이다.

〈사고천문〉(963년판)

19. 신천자문(1965년)

신천자문(新千字文)은 1965년에 필사한 천자문인데, 편찬자나 필사자가 누구인지는 알 수 없다. 표지에 '乙巳二月日 抄(을사 2월일 초)'라는 기록이 있어서 1965년에 필사되었음을 알 수 있다. 책의 크기는 20.0×18.7㎝인 작은 책으로 표지 서명과 내지 서명 모두 '新千字文(신천자문)'이다. 뒷표지에 '丁未年(정미년) 1967.1.1.'이란 낙서가 있는데, 이것은 그 후에 쓰인 것이다. '天地日月 宇宙洪

黃 東西南北 限定方位'로부터 시작하여 '償還期中 倉庫藏置 權利伸張 前途多望'
으로 끝난다. 주로 4자성구로 되어 있는데, 시대상황을 상당히 많이 반영하고
있어서 '戶籍檢查 投票選擧(호적검사 투표선거)', 또는 '休戰監視 委任統治(휴전감
시 위임통치)' 등의 성구도 들어 있다. 각 한자의 아래에 세필(細筆)로 한글 석음
을 달아 놓았는데, 글씨 방향이 왼쪽에서 오른쪽으로 되어 있어서 현대의 쓰
는 방식으로 되어 있다. 한글 표기도 현대정서법에 맞추어 쓰이어 있다. 6행
4자로 되어 있는데, 모두 20장이어서 책 제목을 빼면 한자가 952자가 쓰이어
있다. 필자의 소장본이다.

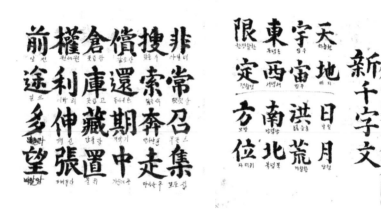

〈신천자문〉

20. 동천자(김호직 필, 1977년)

동천자(東千字)는 일제강점기에 김호직(金浩直, 1874년~1953년)이 쓴 필사본 천
자문이다. 이 동천자의 편찬연대는 알 수 없다. 이 책은 김호직의 아들 김기수
(金基秀)의 처남 우전(雨田) 이원만(李源萬)의 집에 보관되어 왔다가 아들 김기수

에 의해 1977년 5월에 안동에서 해석본으로 발간되어 세상에 알려지게 되었다. 이러한 사실은 김호직의 문집인 우강문집(雨岡文集) 권8의 행록(行錄)과 김기수가 쓴 '東千字後識(동천자후지)'의 기록에서 잘 알 수 있다.

世道多舛 家運不幸 盡入于白虎兵燹之中 幸其餘存者 漢陽歌東千字 編 僅保於忠南 李雨田家矣

이 동천자는 한국의 역사를 중심으로 하여 기술한 천자문이다. 그래서 단군의 내용으로부터 시작하여 경술국치까지의 역사를 중심으로 하여 이를 천자문으로 엮은 것이다. 내지서명은 '東千字(동천자)'이다. 사주쌍변에 판심어미나 판심제나 장차 표시는 없다. 계선이 있는데, 3행 4자이다. 한자 아래에 한글로 그 석음을 달고 있는데, 복수 주석을 하고 있다. 4자로 된 4言句의 왼쪽에는 한문으로 된 설명이 있다. 예컨대 동천자의 첫행인 '若稽檀君'의 왼쪽에는 '若稽卽虞書曰若稽也 檀君王儉也 或曰王儉檀君之子(약계즉우서왈약계야 단군왕검야 혹왈왕검단군지자)'란 글이 있다. '약계는 우서에서 말하는 약계인데, 단군왕검이다. 혹자는 왕검은 단군의 아들이라고 한다'는 주장을 하면서 우리나라 역사를 중심으로 천자문을 편찬한 것이다. '若稽檀君 肇降太白'로 시작하여 '歲庚戌秋 已矣焉哉'로 끝난다. 모두 42장이다.

복수 주석이어서 한 한자에 여러 개의 석음이 있다. 몇 예를 들어 본다.

分 : 논을 분, 분정 분, 직분 분, 명분 문 〈3a〉
勝 : 이길 승, 견댈 승, 맛흘 승, 대승새 승, 우승할 승 〈4a〉
劉 : 이길 류, 죽일 류, 자귀 류 〈3a〉
回 : 도라올 회, 간사할 회, 굽을 회, 둘일 회 〈11a〉
委 : 맛길 위, 버릴 위, 쓰러질 위, 싸을 위, 옹용할 위, 위곡할 위 〈31b〉

복수 주석에서 의미가 달라 그 한자음도 달라지는 경우가 보인다.

射 : 쏠 샤, 맛칠 석, 벼살일홈 야, 산일홈 역, 율일홈 역

이 동천자에 보이는 특이한 자석을 몇 예를 들어 본다.
丹 약일홈 단〈9b〉　　亂 풍뉴굿장 란〈21b〉　　佛 : 듕 불〈37b〉
俙 의희힐 희〈33a〉　　休 아름다울 휴〈6b〉

안동대 소장본이다.

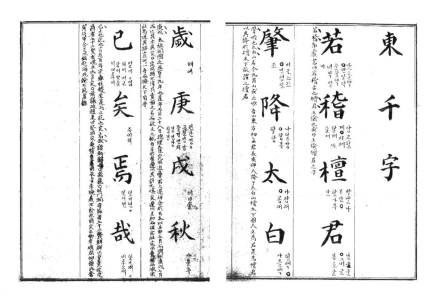

〈동천자〉

21. 합음천자문(이승래 필사, 1984년)

합음천자문(合音千字文)은 1984년에 이승래(李昇來)가 81세 때 편찬한 필사본
천자문이다. 책의 말미에 '一九八四年甲子三月(1984년 갑자 3월) 著作編輯 李昇來

(저작편집 이승래)'라는 기록이 있다. 책의 크기는 27×20㎝이고 모두 21장이다. 속표지의 제목, 내지의 제목과 판심제가 모두 '合音千字文(합음천자문)'이다. 판심어미는 상이엽화문어미이고 판심제 아래에 장차가 적혀 있다. 6행 4자인데. 계선이 그려져 있고 가로 계선도 있는데, 한글 석음을 써 놓은칸은 세로폭이 좁다. 한자 아래에 쓰인 한글 석음은 왼쪽에서 오른쪽으로 써 내려갔다.

앞에 '八十一嘆老(팔십일탄로)'란 칠언시(七言詩)가 쓰이어 있어서 이승래가 81세에 쓴 것임을 알 수 있다.

八十一嘆老
吾齡己過八旬於　每事先忘後失歟
有力紅顔惟去執　無情白髮益添予
開篇誦讀身勞似　執筆行書手戰如
自古人生皆得意　我猶世上枂然餘

'天地開闢 陰陽形象 日月明朗 星宿羅列'부터 시작하여 '言語助辭 豈何然矣 既決終末 焉哉乎也'로 끝난다. 모두 1,000자이다. 이 합음천자문은 여러 책을 참고하여 편찬한 것으로 보인다. 앞 부분은 1940년에 덕흥서림에서 간행한 '이천자문(二千字文)'을 참고한 것으로 보인다. 이 '이천자문(二千字文)'의 처음 시작은 '天地初闢 陰陽始分 日月明朗 星宿羅列 東西南北'으로 시작하는데, 이 합음천자문은 이를 조금 수정하여 앞부분을 만든 것이다.

이 책은 1980년대에 쓰이었으면서도 'ㅅ'계 합용병서가 쓰이고, 현대 정서법에 맞지 않는 표기법이 보이는데, 이것은 편찬자가 81세 노인이기 때문일 것이다.

花 꼿 화〈3a〉　　　織 짤 직〈9a〉　　　組 짤 조〈9a〉
追 쫓칠 추〈11a〉　　選 뽑을 선〈11b〉　　亡 없을 망〈14a〉

이 책은 전북 남원군 주생면 이용균 소장본이라서 그 지역의 지역어를 반영하는 어휘들이 여럿 보인다.

石 독 석〈2a〉　　　海 바대 해〈2a〉　　　鹿 사심 록〈3a〉

貍 삵가지 리〈3a〉　　間 새이 간〈4a〉　　　胃 밥집 위〈4a〉

辛 씰 신〈5b〉　　　力 심 역〈14b〉　　　影 그림애 영〈17a〉

〈합음천자문〉

이처럼 주흥사 천자문 이외의 천자문은 다양하게 편찬되어 왔다. 물론 이 책에서는 한글 석음이 달려 있는 문헌들만 기술하였는데, 필자가 조사하는 과정에서 알게 된, 한글 석음이 없는 천자문도 꽤나 있었다. 그 내용은 주로 이효선(李孝善)(2011)에서 찾아낸 것이다. 그 목록을 보이면 다음과 같다.

문헌명	연도	편찬자	출전 및 소장처	한자수
도통천자문	1865년	송치규(宋穉圭)	강재집(剛齋集)	1000자
만고천자문 (萬古千字文)	1666년	권응도(權應道) (1616~1673)	풍영정일고(風詠亭逸稿) 1권 잡서(雜書)	1000자
속천자(續千字)	1781년	남경근(南景根)	한국학중앙연구원	993자
경서집구천자문 (經書集句千字文)	1800년	홍석모(洪錫謨) (1781~1857)	도애집(陶厓集) 권7	1000자
별천자문 (別千字文)	1855년	홍희준(洪羲俊) (1761~1841)	전구(傳舊) 제4책	1000자
천자동사 (千字東史)	1885년	윤희구(尹喜求) (1867~1926)	단행본	1000자
변천자문 (變千字文)	1899년	조존영(趙存榮) (1785~?)	종산집(鐘山集)	998자
사언훈(四言訓)	1899년	유식(柳埴)	아재유고 잡저(啞齋遺稿 雜著)	1000자
훈몽천언발 (訓蒙千言跋)	1901년	김세락(金世洛)	담계유고(澹溪遺稿) 변종기(邊鍾基)	1000자
속천자문 (續千字文)	1903년	전 석 우 (田 錫 雨) (1828~1916)	양리문집(陽里文集) 제2책	993자
속천자문 (續千字文)	1921년	박문호(朴文鎬)	호산집(壺山集) 권26, 잡저(雜著)	1000자
신천자문 (新千字文)	1924년	권 보 상 (權 輔 相)(1879~?)		1000자
천자가(千字歌)	1935년	김덕련(金悳練) (1869~1929)	고헌집(顧軒集) 잡저(雜著)	1000자
신제천자문 (新製千字文)	1939년	변상철(邊相轍) (1818~1886)	봉서유고(鳳棲遺稿)	1000자
데뭉천자문 (大東千字文)	1948년	김순(金舜) (1888~1978)	염재집(念齋集) 권16	999자
성학천자문 (聖學千字文)	1957년	김재숙(金載琡)	인암문집(認菴文集) 잡저(雜著)	1000자
계몽천자문 (啓蒙千字文)	미상	신기선(申箕善) (1851~1909)	양원유집(陽園遺集) 17권 잡저(雜著)	1000자

이들 중에서 몇 자료의 서영을 보이면 다음과 같다.

變千字文 並序

經恠周興嗣千字乾陋疎舛不成文理何以能見傳
也按史梁武集右軍中滿千命一夕製進意其怱於
綴韻工拙不暇載也又按六書類亦載是文而與史
將急就章類彙部聯並取做速文不拙

甘飫糟糠厭飫肥家讓誚面墻讚銘碑碣邙墳永傷
受困巨賊丸矢背城棠位催祿紫羅祐明贈聘萬曆
想慕古京滿號屬初百益隷軍我攷微弱每拜勒云

〈變千字文〉

聖學千字文

太極幹轉陰陽合變乾坤定位法立彙見
一靜互萬其根也即合變陰陽法之謂坤變圖說一太極
法象即成象之謂乾效法坤者也五行妙凝萬物
化形曰性斯人得秀最靈
圓純性與情厥初渾全象知圖見太
旣緣知覺乘彝倫端本仁義忠君
孝親也中義此親之於其臣也孟子曰父子有親君臣有義夫
各當序別夫婦長幼交相
賓益倍及朋友婦有別長幼有序朋友有信直曰人之倫
禽獸迥殊草木起居食室廬衣服

墳塋室速遷改場壘蓋益
之過往雷霆威怒母或緣怠怒急
隨落坎塹謔笑傲寬歸狂佯
挾矢注的盈科到海兎鄉較倍扛方柔必強
鈍就鍛礪鐵累寸積切惕鷹
代淑哲且皆有為欲便至勇進歷磨
安也又有為者如是論語一貫進吾往也至誠爾來者
琢須雕琢瑟大也歷

〈성학천자문〉

大東大韓也

大東千字文

大韓遺民金儅

天地覆載
日月照懸
人參兩間
父乾母坤
慈愛宜萬
孝奉必勤

沿岸漁獵
鑛牧各業
收取山積
財源洞闢
汽運風轉
遞郵旋電
暴列絲繹
交互周徧

〈대동천자문〉

訓蒙千言跋

吾友金古巖世洛氏儒林鉅匠也早有文望銘金樂
石之文錄喪繡榟之書金請叢求而嚴翁操紙筆立
書不費尋思推究之勞應酬如流誠倚馬才也年迫

之賦於人而爲性情次及帝王之治聖賢之道衛正
斥邪之功以及我東方歷代與先賢傳道淵源末歎歧
學之害正而眷眷乎蒙學自修之道誠訓蒙之要訣
也註既成遂書此以歸塞吾友之謬托

〈훈몽천언발〉

千字歌

天尊地卑包含無遺首聖翔制象取二儀上察日星
下設城池敷叙五倫萬古永垂原理賦形因性秉彝
用是立敎建置君師勤在庠舍懲以官司導必有術
貴自幼時粤昔大賢厥初小兒愛親敬長千百行基
堯舜孔孟專主于斯父今至嚴母則偏慈身體髮膚

摛不壞隨妻孥交歡居常嘻綠襪杵辨別揮挑
朋董膏箴遇難詢諸投合膠漆引吸鍼磁素朴一散
級降澆漓靈沇旦晦谷把鋤犂吾道充塞疇或斑窺
坐井喻蛙酌海傾蠢曰爾蠶蒙聽領良規榮枯付命
闊步雲逵倍加勇邁學肆駿駬年歲電催三秀靈芝

〈천자가(고헌집)〉

제5부

유
합

제1장 유합의 한자

『유합(類合)』은 한자를 종류가 비슷한 것들을 모아 놓아 쉽게 한자를 학습할
수 있도록 편찬한 한자 학습서로, 『천자문』과 함께 조선 초기부터 널리 읽혀
온 전래의 한자입문서이다.

편저자와 편찬연대는 미상이다. 오주연문장전산고 경사편 경전류 2(五洲衍
文長箋散稿 經史篇 經典類 2), 소학(小學)에 유합을 서거정이 지었다고 하나 실상은
알 수 없다는 기록이 보인다.

> 或類合(或云徐四佳居正所撰 諺稱居 者 皆以此也 不知出於誰手 集字類解 而所選精
> 切 見金烋 海東文獻錄巧) (혹 『유합(類合)』(혹자가 말하기를 "사가(四佳) 서거정
> (徐居正)이 지은 것이다." 하니, 속어(俗語)에서 '거정'이라고 일컫는 것은 이 때
> 문인데 누구 손에서 나온 것인지 알 수 없다. 글자를 모아 유해(類解)했으니, 가
> 려뽑은 것이 정밀하고도 절실하다. 김휴(金烋)의 해동문헌록 海東文獻錄)을 보
> 면 상고할 수 있다.)

해동문헌록의 목록 부 소학류(小學類)에 유합을 '不知出於誰手'(누구 손에서 나
온 것인지 알 수 없다)라고 한 것을 이규경(李圭景)이 인용한 것이다. 결국 유합의
편찬자는 현재로서는 알 길이 없다. 뿐만 아니라 천자문과는 달리 유합은 명
필의 필체를 판하로 하여 간행하거나 또는 명필이 직접 필사하여 남겨 놓은
것이 보이지 않는다. 유합을 배우기 이전에 이미 천자를 통해 이미 학습되었
기 때문일 것이다.

천자문은 여러 가지 서체로 간행되었지만, 유합은 해서체 이외의 서체로 하여 간행된 책이 없는 것으로 보인다. 천자문이 초서체, 전서체, 예서체 등을 포함하여 2체, 3체, 4체 천자문 등을 간행한 적이 있으나 유합은 전서체나 초서체 등으로 간행된 적이 없다(필사본에서는 초서체가 보이기도 하지만, 극히 드문 일이다). 이러한 사실은 유합은 단순히 한자의 형태와 석음을 학습하기 위한 목적으로만 사용하였을 뿐, 다른 용도로는 사용되지 않고 있음을 증명하는 것이다. 즉 서예계 등에서는 유합을 이용하지 않았다. 이러한 이유로 인하여 천자문처럼 다양한 자형을 보여 주지 않고 대부분 일정한 자형을 보이고 있다.

유합은 종류가 비슷한 것들끼리 모아 놓은 한자 학습서이지만, 그들의 의미 영역을 표시한 분문례(分門例)는 보이지 않는다. 신증유합이나 훈몽자회에서는 그 분문(分門)의 이름이 천두(天頭) 부분에 표시를 하고 있지만, 유합에는 그러한 표시가 없다. 그러나 신증유합이 그 분류 항목을 표시하고 있어서 쉽게 유합의 분류 내용을 알 수 있다. 이제 그 내용을 표로 보이면 다음과 같다.

分門	처음한자 – 마지막 한자	한자수
수목(數目)	壹貳 - 可達	24
천문(天文)	天覆 - 成曆	104
중색(衆色)	靑黃 - 衆色	16
지리(地理)	山川 - 名號	56
초훼(草卉)	芝蘭 - 蕃榮	48
수목(樹木)	松栢 - 備具	16
과실(果實)	桃杏 - 多般	24
화곡(禾穀)	稻黍 - 禾穀	16
채소(菜蔬)	蔥薑 - 芳新	24
금조(禽鳥)	鳳鸞 - 羽族	48
수축(獸畜)	麒麟 - 毛軰	48
인개(鱗介)	龍龜 - 鉤網	16
충치(蟲豸)	蜂蝶 - 微蟲	24
인륜(人倫)	於諸 - 尊卑	40

도읍(都邑)	宮殿 - 都邑	48
권속(眷屬)	父母 - 眷屬	24
신체(身體)	頭頂 - 身體	56
실옥(室屋)	廳房 - 居處	40
포진(鋪陳)	茵簟 - 顧眄	40
금백(金帛)	金銀 - 美好	24
자용(資用)	苧麻 - 最要	24
기계(器械)	鉢觴 - 雜器	64
식찬(食饌)	酒漿 - 兼餉	28
의복(衣服)	衣裳 - 光華	32
심술(心術)	容貌 - 心行	4
지의(志意)	志意 - 動止	476
사물(事物)	大小 - 物也	148
		1,512자

유합의 각 항목에 배당되어 있는 한자의 수는 모두 4의 배수들이다. 따라서 유합은 4자로 된 성구로 되어 있음을 알 수 있다. 그러나 판식에서는 1행이 4자로 되어 있는 유합은 없다. 주로 6자로 되어 있다.

천자문과 유합은 학습의 선후가 있는 것이 아니다. 왜냐하면 이 두 문헌에 등장하는 한자의 겹침이 많기 때문이다. 선후의 학습문헌이면 가능한 한 겹치는 한자가 없어야 하는 것이 상식일 것이다.

유합이 천자문보다 뒤에 편찬되었다면, 유합의 집필자가 사람들에게 그렇게 많은 사랑을 받아왔던 천자문을 모를 리가 없었을 것이다. 그리고 천자문의 단점을 보완하여야 하겠다는 생각에 유합을 편찬하였을 것이다. 이 유합은 한국인이 편찬한 것이다. 중국이나 일본에서는 이 유합을 알지 못한다. 한국인의 의식에 맞는 한자 학습서는 그 한자의 내용에 따라 분류하여 편찬하는 것이라는 생각을 하였다고 생각된다. 훈몽자회가 그러한 동기에서 편찬되었고, 우리나라 대부분의 유서(類書)들, 예컨대 재물보(才物譜), 물명고(物名攷) 등이 그렇게 분류하여 편찬된 것들이다. 그래서 유합은 천자문에 비해 한자 학습의 효율성을 높이기 위해 편찬된 것으로 보인다. 그러나 그러한 기록이 없을 뿐만 아니라 편찬자도 알지 못하는 사실이 안타깝기만 하다.

주흥사의 천자문과 유합에 동시에 등재되어 있는 한자는 다음과 같다, 575개가 있다.

可 嘉 家 歌 感 甘 薑 改 皆 盖 芥 更 去 居 巨
擧 渠 車 鉅 堅 見 結 謙 京 傾 卿 敬 經 輕 驚
溪 階 古 姑 孤 故 羔 顧 高 鼓 曲 谷 困 公 功
恐 空 貢 寡 過 冠 官 光 廣 槐 交 具 口 懼 求
舊 駒 驅 國 君 宮 勸 闕 歸 貴 根 近 琴 矜 其
器 旣 機 氣 起 飢 吉 金 羅 落 蘭 難 南 男 藍
納 囊 乃 內 女 年 念 祿 農 累 能 多 丹 旦 短
段 達 談 答 堂 大 對 帶 德 圖 道 都 犢 獨 讀
冬 動 同 東 桐 洞 得 登 等 騰 騾 樂 凉 糧 驢
力 歷 連 列 領 禮 賴 龍 流 離 鱗 林 立 磨 晩
滿 萬 亡 忘 寐 盟 眠 面 名 命 明 鳴 慕 母 毛
貌 木 牧 目 蒙 無 畝 墨 黙 問 文 聞 門 物 微
美 民 密 薄 盤 飯 發 髮 房 方 拜 杯 背 陪 伯
白 壁 璧 辨 別 幷 秉 竝 寶 步 伏 服 福 覆 本
奉 封 鳳 俯 傳 夫 婦 富 扶 浮 父 分 紛 卑 悲
肥 非 飛 賓 事 似 使 士 射 師 思 斯 沙 祀 絲
肆 辭 散 上 嘗 床 想 相 箱 裳 觴 象 霜 色 生
笙 庶 書 西 黍 夕 席 石 善 宣 扇 膳 設 城 性
成 星 聲 誠 世 歲 稅 嘯 少 笑 霄 屬 束 續 松
受 守 手 收 樹 殊 水 獸 誰 首 鬢 叔 熟 筍 瑟
習 侍 始 市 施 時 矢 息 食 新 神 臣 身 實 審

尋 心 深 甚 兒 我 惡 安 鴈 巖 仰 愛 也 夜 野

弱 躍 羊 讓 陽 養 於 語 魚 言 與 餘 亦 易 淵

悅 熱 厭 染 葉 榮 永 營 盈 詠 梧 玉 曰 往 王

外 畏 要 浴 容 用 友 右 宇 愚 羽 雨 云 雲 圓

遠 願 月 位 爲 謂 惟 有 遊 銀 隱 陰 音 邑 宜

意 疑 義 衣 移 耳 益 人 引 壹 日 逸 入 子 字

妓 紫 自 作 墻 帳 張 腸 長 再 在 才 載 寂 積

赤 跡 殿 田 轉 顚 切 節 接 亭 定 庭 情 正 帝

弟 濟 祭 諸 助 弔 早 朝 條 照 造 釣 鳥 足 存

尊 從 終 佐 坐 左 主 州 晝 珠 酒 紬 中 重 卽

增 蒸 之 地 志 持 指 枝 止 池 知 紙 直 稷 職

振 眞 執 集 次 此 察 唱 菜 處 尺 天 川 賤 踐

妾 淸 聽 靑 體 初 招 草 超 燭 寸 催 最 抽 推

秋 逐 出 充 取 吹 翠 聚 侈 馳 親 漆 稱 湯 土

通 退 投 烹 平 布 飽 飄 彼 被 筆 下 夏 荷 學

寒 閑 合 海 解 行 虛 懸 玄 縣 賢 兄 形 惠 好

戶 號 化 火 晝 華 丸 歡 環 荒 黃 懷 晦 會 橫

孝 後 訓 虧 欣

유합에는 없고 천자문에만 있는 한자는 다음과 같다. 425자이다.

佳 假 稼 軻 駕 刻 簡 碣 竭 敢 鑑 甲 岡 康 糠

絳 羌 豈 據 巾 建 劍 遣 潔 慶 景 涇 竟 競 啓

稽 誠 雞 睾 藁 穀 崑 昆 鵾 孔 工 恭 拱 果 觀

匡 曠 巧 矯 九 垢 矩 鞠 軍 郡 躬 厥 闕 鈞 剋

極 謹 禽 及 給 基 己 幾 機 綺 譏 洛 廊 朗 來

奈 恬 寧 勞 老 路 露 論 陋 勒 凌 端 淡 唐 棠
當 岱 宅 盜 途 陶 篤 敦 頓 杜 兩 良 量 呂 慮
麗 黎 烈 廉 令 聆 遼 樓 倫 律 率 利 履 李 理
異 臨 摩 漠 莫 邈 罔 莽 邙 每 孟 勉 縣 滅 冥
銘 睦 妙 廟 杳 務 武 茂 勿 靡 麋 叛 磻 傍 紡
徘 百 魄 煩 伐 法 弁 丙 兵 府 阜 墳 不 弗 匪
枇 比 碑 顰 仕 史 嗣 四 寫 舍 謝 索 傷 常 翔
詳 賞 顙 塞 穡 省 暑 釋 仙 璇 禪 說 攝 盛 聖
所 素 逍 邵 俗 浪 悚 垂 岫 綏 脩 隨 夙 執 宿
淑 俶 承 陞 恃 是 詩 寔 植 信 愼 薪 沈 阿 雅
嶽 斡 若 約 驤 飫 焉 嚴 奄 業 如 妍 筵 緣 輦
讌 暎 楹 纓 英 乂 藝 譽 豫 隸 翳 五 溫 虢 阮
寥 曜 遙 欲 辱 庸 優 寅 祐 禹 虞 運 鬱 垣 委
威 渭 魏 煒 攸 猶 猷 維 帷 育 尹 閏 戎 殷 儀
二 以 伊 而 貽 邇 仁 因 任 妥 慈 者 資 爵 潛
箋 場 將 章 莊 藏 哉 宰 嫡 的 籍 績 賊 適 傳
典 賤 翦 丁 政 精 靜 制 彫 操 眺 糟 組 調 宗
鍾 罪 周 奏 宙 誅 俊 遵 祇 晉 盡 秦 辰 陳 澄
且 讚 斬 綵 策 陟 千 瞻 牒 楚 誚 寵 黜 充 忠
惻 戾 恥 治 致 則 勅 耽 殆 特 杷 頗 八 沛 霸
弊 陛 捕 表 疲 必 逼 何 河 逞 漢 韓 鹹 恒 抗
駭 骸 幸 絃 俠 刑 馨 乎 洪 和 禍 桓 紈 惶 煌
皇 回 徊 獲 效 毀 暉 興 義 稽 琛 羣 虢 輶 飆
疏

주흥사 천자문에는 없고 유합에만 등재되어 있는 한자는 다음과 같다. 모두 937자이다.

茄 架 呵 嫁 加 各 角 脚 閣 澗 肝 慳 看 間 幹
艱 葛 柑 監 減 江 强 降 介 開 客 羹 乾 乞 儉
隔 擊 犬 肩 牽 缺 鎌 兼 莖 鏡 磬 耕 桂 鷄 繼
戒 繫 苣 庫 膏 苦 考 枯 固 穀 鵠 斛 坤 骨 蚤
供 菓 誇 裹 課 鸛 貫 筐 狂 掛 怪 愧 乖 郊 橋
膠 敎 玖 丘 鳩 鷗 區 狗 鉤 溝 舅 廐 臼 裘 救
灸 久 菊 局 麴 群 裙 屈 弓 窮 拳 眷 卷 倦 蕨
机 櫃 跪 龜 葵 圭 窺 菌 橘 屐 芹 勤 今 錦 襟
汲 麒 肌 碁 豈 箕 期 祈 記 寄 棄 喫 懶 鸞 煖
亂 蠟 柰 耐 奴 鹿 樓 淚 綾 泥 尼 茶 斷 單 獺
毯 擔 踏 代 臺 碓 待 戴 貸 島 濤 桃 稻 逃 刀
到 擣 導 倒 渡 賭 禿 童 棟 銅 荳 頭 斗 臀 藤
燈 螺 駱 卵 浪 狼 來 冷 櫟 藜 閭 靈 蓮 憐 鍊
簾 獵 靈 例 露 蘆 鷺 老 路 爐 怒 勞 綠 籠 雷
耒 賚 蓼 料 療 了 屢 柳 榴 鷗 留 類 輪 栗 勒
裏 梨 狸 里 籬 麟 隣 笠 馬 麻 幕 寞 彎 漫 襪
末 望 網 忙 梅 妹 罵 媒 買 賣 麥 脈 晒 綿 糆
暮 牡 茅 帽 某 苜 沐 鶩 夢 苗 猫 霧 巫 舞 蕉
蚊 捫 薇 尾 眉 米 憫 蜜 雹 朴 般 返 攀 半 反
鉢 拔 芳 防 訪 放 排 栢 帛 著 帆 凡 碧 霹 邊
辮 變 屏 瓶 餠 病 報 補 僕 腹 卜 復 峯 蓬 蜂
逢 臬 賦 膚 釜 斧 不 付 負 北 奔 粉 盆 噴 焚
佛 拂 鵬 朋 備 榧 婢 鼻 臂 扉 琵 蘋 貧 頻 氷
娉 憑 蛇 司 寺 紗 篩 梭 笥 奢 伺 捨 賜 斜 朔

516

削霰山蒜酸産參森蔘衫錙挿桑狀賽
塞薯栖犀鼠壻鋤誓徐錫昔惜蘚蟬船
羨雪舌蟾纖涉腥姓醒省洗洒蔬巢梳
巠掃燒小疎消粟速孫蟀率誦送碎衰
數藪叟繡壽瘦睡修羞輸酬秀菽旬蕁
脣順蝨膝拾濕蠅僧升豕匙豉視試飾
辰晨蜃辛伸蟋室失拾雙氏岸眼顔案
鞍暗艾哀額腋鴦藥若楊釀漁禦億憶
儼掩予汝驛逆烟軟鳶涎椽硯宴戀延
炎髥鹽映影迎霓刈伍烏吾娛屋穩翁
瓮蛙蝸瓦臥椀緩腰搖饒褥勇春踊隅
芋牛憂遇又韻熊雄原猿院怨源元越
葦衛僞違圍熨慰柚柔幼乳油遺誘踰
陸肉倫潤恩飮揖泣鷹應蟻醫倚依欹
貳李異爾利翌翼鷁蚓茵印忍溢臨孕
剩雌觜煮刺昨勺雀鵲嚼酌盞殘簪暫
雜薔獐掌杖欌漿醬粧材財栽齋裁錚
爭渚猪杵苧低笛炙摘前電甎錢箭戰
剪餞專絶折簟占霑蝶汀井頂鼎淨第
蹄梯臍啼提除潮藻棗爪蚤祖竈槽阻
族簇鐘蹤種朱洲蛛舟廚柱走住注竹
粥樽棗楫甑憎拯贈芝脂智至支遲塵
榛珍進鎭瞋迭姪疾叱斟嗟遮着錯饌
攅憯菖鵪倉窓創釵彩採冊嘖妻躑擲
隻仟泉蚕薦穿淺遷鐵添晴菁蜻廳請
涕砌蕉鷦綃鞘醮躅促村蔥叢摠聰楸

雛 錐 追 麤 祝 縮 春 椿 蟲 鶩 炊 醉 娶 厠 側

雉 鴟 齒 柒 枕 針 寢 沈 駝 他 拖 打 啄 濯 濁

炭 吞 彈 歎 奪 脫 探 苔 怠 澤 宅 兔 吐 桶 堆

妬 鬪 波 芭 琶 罷 破 板 捌 鞭 片 便 枰 吠 閉

浦 蒲 袍 抱 縹 豹 瓢 風 楓 豊 皮 避 匹 畢 乏

娚 霞 蝦 賀 鶴 旱 汗 恨 罕 限 割 檻 函 銜 緘

含 蛤 項 缸 葄 蟹 害 杏 香 餉 響 向 噓 軒 獻

險 革 現 血 狹 螢 鞋 湖 虎 狐 壺 呼 護 昏 笏

忽 虹 紅 鴻 畵 花 禾 靴 簧 喚 患 還 換 活 簧

廻 灰 檜 膾 誨 悔 曉 梟 侯 猴 喉 厚 萱 喧 輝

揮 畦 㑺 休 携 恤 胸 凶 黑 吸 喜 稀 俙 柹 箕

筋 緲 耔 耻 腮 舘 荣 莧 蓿 黃 蜓 蠖 釰 霤 毄

頤 鷓 鷃 麰 鷸

　　유합은 16세기부터 20세기 초까지 계속 간행되었다. 그러나 국가의 공공기관에서는 간행한 적이 없다. 석봉천자문이 중앙정부에서 간행되거나 지방 관아에서 간행된 것과는 크게 대조된다. 그리고 19세기 말부터는 방각본도 간행되었다. 훈몽자회의 방각본이 간행된 적이 없는 것에 비해 매우 이례적이라고 할 수 있다.

제2장 유합의 이본

유합의 이본들은 몇 종류로 구분할 수 있다.

첫째는 유합의 글자 수에 따라 분류될 수 있다. 일반적으로 유합에 들어 있는 한자는 1,512자이다. 그러나 판본에 따라서 그 한자의 수는 들쑥날쑥이다.

필자가 직접 확인한 유합과 그 글자들의 숫자를 보이면 다음과 같다. 여기에서는 『新增類合』은 제외한다.

	판명	간행연도	판본	간기 및 필사기	자수
1	수다사판	1653년	목판본	癸巳八月日類合開板	1512자
2	칠장사판	1664년	목판본	康熙三年六月日私板	1512자
3	흥국사판	1669년	목판본	乙酉年六月二十六日○○寺開刊	낙장으로 계산 불가
4	유합체	1682년	목판본	壬戌春正月日勉菴書	1518자
5	선암사판	17세기	목판본	歲在彊圉作噩黃鐘下浣新刊于仙巖寺	낙장으로 계산 불가
6	영장사판	1700년	목판본	康熙三十九年 庚申六月日 南海望雲山靈藏寺書列	1512자
7	송광사판	1730년	목판본	擁正八年庚戌六月日開刊	낙장으로 계산 불가
8	호은재장판	18세기중엽	목판본	乎隱齋藏板	1544자
9	Siebold의 유합	1838년	석인본	1838년	1512자
10	무신간판본	1848년	목판본	戊申刊板	1518자
11	일사문고본	1856년	필사본	丙辰五月初四日書贈鐵孫課讀	1568자
12	이상규 교수 소장본	1885년	필사본	乙酉二月十五日畢書	1506자

13	야동신판본	19세기중엽	목판본	冶洞新板	1512자
14	무교신간본	1918년(?)	목판본	武橋新刊	1512자
15	한밭도서관소장본	19세기	필사본	필사기 없음	1512자
16	목판본	19세기	목판본	간기 없음	1512자
17	박형익교수소장본	1901년	필사본	光武五年辛丑六月十三日	1512자
18	신축십이월필사본	1901년	필사본	辛丑十二月二十五日終	1433자
19	지물서책포	1913년	목판본	大正二年十月二十五日 發行	1512자
20	신구서림판	1913년	목판본	大正二年八月二十日發行	1512자
21	박문서관판	1917년	목판본	大正六年八月三十日發行	1512자
22	일선문토유합	1918년	목판본	大正七年十一月十九日發行	1512자
23	회동서관판	20세기 초	목판본	간기 없음	1512자

대부분의 유합이 1,512자임에 비해 어떤 유합은 1,568자까지 있다. 그리고 1,512자라고 하더라도 등재되어 있는 한자가 다른 경우가 많다.

둘째로, 유합의 11번째 글자와 12번째 글자가 '百, 千'인가 '佰, 仟'인가에 따라 구분되기도 한다. 대부분의 유합은 '百, 千'으로 되어 있지만 어느 유합은 '佰, 仟'으로 되어 있다. 다음에 '佰. 仟'으로 되어 있는 유합의 목록을 보이면 다음과 같다. 나머지는 모두 '百, 千'으로 되어 있다.

① 1625년판 유합 　　　　② 1669년 흥국사판 유합

③ 1709년 용문사판 유합 　　④ 1908년 무신간판 유합

⑤ 19세기 중엽 호은재장판 유합

셋째로 판식에 의한 것인데, 4행 6자본과 6행 6자본으로 대별된다. 대체로 사찰에서 간행된 초기의 것들은 4행 6자이지만, 방각본들은 6행 6자본이다. 이것은 판목수를 줄이려는 상업성과 연관된다고도 할 수 있다. 다음에 그것들을 보이도록 한다.

간행년	문헌	행자수
1625년	유합(을축맹하)	4행 6자
1682년	유합체(면암)	5행 6자
18세기 초	유합	4행 6자
1653년	유합(수다사판)	4행 6자
1664년	유합(칠장사판)	4행 6자
1669년	유합(흥국사판)	4행 6자
1709년	유합(용문사판)	4행 6자
1730년	유합(송광사판)	4행 6자
1777년	유합(선암사판)	4행 6자
18세기	유합(해인사판)	4행 6자
19세기	유합(호은재장판본)	5행 6자
19세기 말	유합(무교신간본)	6행 6자
19세기 말	유합(야동신판)	6행 6자
1908년	유합(무신간판본)	5행 6자
1913년	유합(지물서책포)	6행 6자
1913년	유합(신구서림판)	6행 6자
1917년	유합(박문서관판)	6행 6자
1918년	일선문토 유합	7행 8자
1918년	유합(회동서관판)	6행 6자
1929년	유합(석왕사판)	4행 5자
1932년	유합(우주서점판)	7행 8자
20세기 초	유합	6행 6자

이 표에서 볼 수 있듯이 사찰간본들은 대개 4행 6자인데 비하여 방각본들은 6행 6자이며 후대로 갈수록 6행 6자로 굳어짐을 볼 수 있다.

유합의 이본들을 보이면 다음과 같다. 여기에서는 사찰간본과 방각본과 필사본들은 다른 곳에서 설명하려고 하여 제외하도록 한다.

책명	판본	간행연도	소장처
유합	목판본	1625년	국립한글박물관
유합체	목판본	1682년	고 유탁일 교수

유합	목판본	18세기 초	구정길
유합	목판본	18세기 초	구정길
지볼트 유합	석인본	1838년	국립국어원

1. 유합(1625년)

이 유합은 1625년에 1책의 목판본으로 간행한 책이다. 지금까지 발견된 유합 중 가장 이른 시기에 간행된 것으로 보인다. 책의 끝에 '乙丑孟夏月日仲開刊(을축맹하월일중개간)'이란 간기를 가지고 있다. 한글 석음 등으로 보아 17세기 초의 자료로 보이어서 1625년 간본으로 추정한다. 사주단변에 계선이 있는데, 4행 6자이다. 판심어미는 상하내향흑어미이고 판심제는 '合'이다. 모두 31장인데, 권말에 이 유합의 3장이 한 장 덧붙여져 있다. 대신 제29장과 30장이 낙장이다. 그리하여 한자는 1,416자밖에 없다. 국립한글박물관 소장본인데, 판의 상태가 그리 좋은 편이 아니다.

〈1625년판 유합〉

2. 유합체(1682년)

천자문은 그 판하의 한자를 쓴 사람이 많이 알려져 있다. 그러나 유합은 의외로 판하의 글씨를 쓴 사람이 알려져 있지 않다. 그런데『유합』의 글씨를 쓴 사람을 밝혀서 간행한 것이 있다. 그것이 곧『유합체(類合體)』이다. 이 문헌은 학계에 한 번도 알려진 적이 없는 유합이다.

『유합체』는 면암(勉菴)이 1682년에 유합에 나오는 한자를 써서 그 글씨를 판하로 하여 간행한 책이다. 다른『유합』이란 책과 다를 바가 없는 책인데, 거기에 '體'를 붙인 것은 다른 유합과 차별성을 보이기 위해 의도적으로 붙인 것으로 해석된다. '체(體)'는 '몸, 신체'란 뜻이지만, '자체(字體)' 즉 글자의 모양이란 뜻과, '체재(體裁)' 등의 하위의미가 있어서 유합의 자체(字體) 또는 형체(形體) 및 체재(體裁)란 의미로 쓴 것으로 보인다.

이 책은 말미에 '壬戌春正月日勉菴○(임술춘정월일면암○)'이란 글이 있는데 마지막 글자가 잘 보이지 않지만 어렴풋이 볼 수 있는 글자가 '書(서)'의 윗부분인 것 같아, '壬戌春正月日勉菴書(임술 춘정월일 면암 서)'로 보인다. 즉 임술년은 17세기의 임술년으로 추정된다. 이 문헌에 쓰인 한자 석음의 한글 표기에서 알 수 있다. 어간말 받침으로 'ㅅ'과 'ㄷ'이 대체로 구분되어 표기되는 등 17세기 말에 간행된 칠장사판『유합』과 매우 유사한 표기법을 보이기 때문이다. 그래서 임술년은 1682년으로 추정된다.

간 관(冠)〈6b〉	간 입(笠)〈15a〉	간붑 고(鼓)〈15a〉
갈플 교(膠)〈14b〉	곧 즉(卽)〈23a〉	굳셀 강(强)〈14b〉
뜯 의(意)〈14b〉	뜯 졍(情)〈15b〉	깃 셔(栖)〈24a〉
깃 소(巢)〈7a〉	돗 셕(席)〈2a〉	못 연(淵)〈11b〉
cf. 붓 필(筆)〈21a〉	곳 쳐(處)〈13a〉	벗 붕(朋)〈5b〉

'勉菴'이 누구인지만 알면 그 간행시기는 쉽게 해결될 수 있지만, '면암'이란 호를 지닌 사람이 여럿 있어도 구체적으로 누구인지는 확인이 되지 않는다. '면암'이란 호를 가진 사람이 '박서동(朴瑞東)(18세기), 안영로(安英老)(1797~1840), 조운종(趙雲從)(1783~?), 최익현(崔益鉉)(1833~1906) 등이 있지만, 이들의 문집 등에서는 유합체'를 지었다는 기록을 볼 수 없다.

이 『유합체』는 고 유탁일 교수의 소장본이다. 필자가 2004년 8월에 경북대학교 白斗鉉 교수와 함께 부산의 유탁일 교수의 서재를 찾아가 이 책을 보고 빌려와서 촬영 후에 다시 찾아가 되돌려 드린 일이 있다. 물론 다른 여러 문헌들도 함께 빌려 왔다. 책의 크기는 24.1×18.1㎝이고 광곽은 19.6×13.6㎝이며 사주단변에 판심어미는 상이엽화문어미이다. 판심제는 첫장에만 '類(유)'라고 되어 있고 나머지에는 판심제가 없다. 표지서명은 '類合體(유합체)'인데 후대에 필사해 놓은 것이다. 내지(內紙) 서명은 '類合體(유합체)'이다. 첫 장의 뒷면 (1b)이 낙장이어서 아쉬움이 남는다. 왼편 하단에도 전체적으로 훼손된 부분이 있어서 14장까지는 부분적으로 보이지 않는 한자와 석음이 있다. 표지는 개장된 것이지만 원래의 표지는 그대로 남겨둔 채 개장을 하였다. 한자는 원래 1,518자인데 반엽이 낙장이어서 한자는 1,488자만 남아 있는 셈이다.

『유합체』는 한자가 1,518자이어서 다른 유합에 비해 6자가 더 많은 편이지만 실제로 다른 유합과는 다른 한자들이 12자가 더 있다. 그 한자는 다음과 같다.

怪, 壞, 潰, 丹, 碓, 乍, 俄, 裂, 惟, 倫, 蟲, 頯

다른 유합에는 있는데 유합체에는 보이지 않는 한자는 45자인데, 이 중에는 반엽이 낙장이어서 반엽에 있는 30자를 빼면 15자가 다른 셈이다. 다음 한자 중 어느 것이 30자에 해당하는 것이고 어느 것이 15자에 해당하는지는 알 수 없다. 단지 ( ) 안에 든 한자가 낙장된 반엽 속에 있었던 한자일 것으로 추정되지만 그래도 30자 중 12자는 확인이 가능하지 않다.

劍, 檢, 坤, 卦, 槓, (南), (内), (東), 麵, 鶩, 百, (邊), 覆, (北), (分), (上), (西), (星), 鸚,

余, 燕, (外), 踊, (右), (隅), (月), (位), 唯, (裏), (日), (臨), 載, (前), (照), (左), (中), 地,

(辰), 天, 千, 恥, 砧, (下), 嘆, 街, (後), 筝, 蜒

이 책은 필자의 해제를 붙여 2011년에 韓國語研究(한국어연구) 8에 영인하여
소개한 적이 있다.

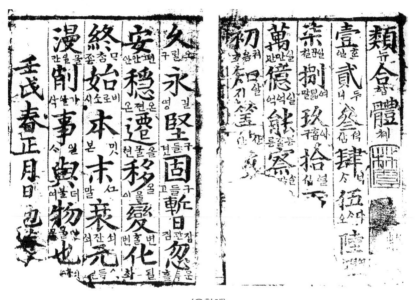

〈유합체〉

3. 18세기 초기 간행 유합 1

이 유합은 1책의 목판본으로 간행된 책이다. 책의 크기는 27.0×19.5cm이고
반엽광곽의 크기는 20.7×16.4cm이다. 사주단변에 판심어미는 상하내향흑어
미이고 판심제는 '合'이다. 책의 끝에 간기가 있던 부분이 검은 먹으로 개칠을

하여 간행사항을 전혀 알아볼 수 없다. 책의 상태로 보아 판각 후 10년 이상 지
난 후에 쇄출한 후쇄본으로 18세기 초기의 문헌이라는 것이 서지학 전문가의
견해다. 칠장사판과 같은 모본으로 각각 달리 번각한 것으로 판단된다. 29장,
30장의 두 장은 반엽광곽의 크기가 현저히 작다. 대구의 대구방 주인인 구정
길 씨 소장본이다. 4행 6자로 모두 32장이다. 한자는 1,512자이다.

〈18세기 초의 유합〉

4. 18세기 초기 간행 유합 2

이 유합은 18세기 초에 목판본으로 간행한 유합으로 추정된다. 책의 크기는
28.5×20.3㎝이고 반엽광곽의 크기는 20.0×16.3㎝이다. 판심어미는 상하내향이
엽화문어미이고 판심제는 '類合(유합)'인데, 몇 곳에만 판심제가 있고 대부분은
판심제가 없다. 4행 6자로 모두 32장이다. 복각본을 후쇄한 것으로 보인다. 표기
법 등으로 보아 18세기 초로 보인다. 대구의 대구방 주인인 구정길 씨 소장본이다.

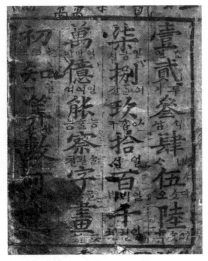

〈18세기 초 간행의 유합〉

5. 지볼트의 유합(1838년)

지볼트(Philipp Franz von Siebold, 1796~1866)가 편찬하여 1838년에 네델란드 라이
덴(Leiden)에서 간행한 책이다. 책의 제목은 한자로 '類合(유합)'이라고 적고 알
파벳으로 'LUI HŎ'라고 적었다.

이 유합은 한자의 좌우에 한자에 대한 주석을 달아 놓았다. 즉 한자의 오른
쪽에는 한글로 새김을 달았고 왼쪽에는 그 한자음을 적어 놓은 것이다. 10행
16자씩 써 놓았는데, 모두 10쪽이다. 이 유합의 뒤에 부록으로 한자 및 한자어
454개에 대해 한국어와 일본어에 대한 주석을 붙였다. 한자의 오른쪽에는 그
한자의 새김과 음을 한글로 쓰고 한자의 왼쪽에는 일본어의 새김과 음을 가타
카나로 적어 놓았다. 한자어인 경우에는 그 한자어의 의미와 한자음을 그리
고 역시 일본어로 한자어의 각 한자에 대한 새김과 음을 달아 놓았다. 동국통
감(東國通鑑), 조선물어(朝鮮物語), 삼국통람도기(三國通覽圖記), 조선태평기(朝鮮

太平記), 천자문(千字文), 왜어유해 목록(倭語類解目錄)을 참조한 것으로 되어 있다.

이의 뒤에는 한글로 쓴 조선가(朝鮮歌)가 등장하는데 그 내용은 '셰샹의 얄믄 거시 거모 밧긔 다시 업닉 졔 밋디 줄롤 내야 만경 그믈 마자 놋고 곳 보고 웃는 나븨롤 잡으랴고'라고 한글로 쓰이어 있다.

이 뒤에는 '朝鮮國 全羅道 康津 許士膽書(조선국 전라도 강진 허사등서)'로 되어 있는 글이 있고 이어서 유합에 대한 영문 해석이 나온다. 즉 첫 칸에는 한자음, 두 번째 칸에는 그 한자의 의미, 세 번째 칸에는 그 새김을 적어 놓았다.

〈부록 부분〉   〈유합 부분〉

국립국어원 소장본이다.

 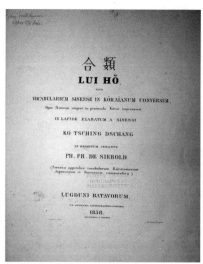

〈지볼트의 유합〉

제3장 사찰간본 유합

유합은 각 사찰에서 많이 간행되었다. 대개는 그 판목이 그 사찰에 그대로
보존되어 있기도 하다. 이것은 천자문과도 같다.

유합(수다사판)	1653년	목판
유합(칠장사판)	1664년	목판
유합(흥국사판)	1669년	목판
유합(안심사판)	17세기	목판
유합(영장사판)	1700년	목판
유합(영문사판)(도림사 소장)	1709년	목판
유합(송광사판)	1730년	목판
유합(선암사판)	1777년	목판
유합(해인사판)	18세기	목판
유합(석왕사판)	1929년	목판

1. 수다사판 유합(1653년)

이 유합은 그 판목이 현재까지 경북 김천시 황악산 직지사 성보박물관(慶北
金泉市 黃嶽山 直指寺 聖保博物館)에 소장되어 있으나, 원래는 구미 무을면 상송리
에 있는 수다사(水多寺)에 전해 내려 오던 것을 이곳 박물관으로 옮겨 놓은 것
이다. 판목으로만 전할 뿐 성보박물관에서도 쇄출본으로 가지고 있지 않다.
필자는 이 판목을 촬영한 사진으로만 확인하였을 뿐이다. 사주단변에 반곽의
크기는 21.0×17.0cm이다, 유계에 4행 6자이다. 판심어미는 상하내향반월어미

이고, 판심제는 '合'이다. 판은 모두 16판이다.

이 책은 '癸巳八月日 類合開板(계사팔월일 유합개판)'이라는 간기를 가지고 있다. 계사년은 1653년이다. 수다사에서 천자문을 1652년에 개간한 후 그 이듬해에 유합을 간행한 것이다.

〈유합1〉(수다사판)

〈유합2〉(수다사판)

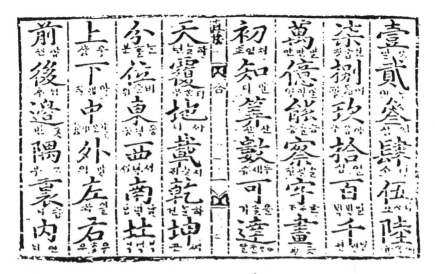

〈유합〉(수다사판)[1]

2. 칠장사판 유합(1664년)

칠장사판(七長寺板)『유합(類合)』은 1664년(顯宗 5년)에 천자문에 석음을 달아 七長寺에서 개간한 책으로 현재 경기도 안성군 칠장사에 『千字文(천자문)』과 함께 그 판목이 보존되어 있다. 목판본 1책으로 책의 끝에 「康熙三年六月 日 私板(강희 3년 6월 일 사판)」이란 간기가 있다.[2]

반엽광곽의 크기는 21.5×16.9㎝로 모두 32장으로 되어 있다. 유계에 4행으로 되어 있는데, 매행에 6자로 되어 있다. 판심어미는 조잡한 일엽화문어미로 되어 있다. 판심제는 '合'이다. 그러나 판심제가 없는 장도 있다. 8장, 30장, 31

---

1 이 서영은 박상국 편저(1987), p.293에서 가져 온 것이다.
2 이 문헌에 대한 서지사항은 필자와 단국대학교 인문과학대학 국어국문학과의 고전문학반과 국어학반 학생들이 1984년 7월 20일에 안성에 있는 칠장사에 가서 직접 쇄출한 것을 대상으로 한 것이다. 그때 수고해 준 학생들에게 감사한다.

장이 그러하다(이 31장에는 이 판심제가 쓰일 자리에 장차가 적혀 있다). 그리고 제 12장은 판목이 부식되어 거의 문자를 판독하기 어려운 상태다.

이 칠장사판 유합은 후대에 간행된 무교신간판(武橋新刊板) 유합이나 회동서관판(滙東書館板) 유합과 마찬가지로 1,512자의 한자에 석음을 달아 놓았다. 이에 비해 무신간판본(戊申刊板本) 유합은 1,518자, 호은재장판본(乎隱齋藏板本) 유합은 1,554자이다. 송광사판 유합이나 선암사판 유합은 그 낙장을 고려하여 그 글자 수를 생각한다면 아마도 1,512자의 유합일 것으로 보인다. 곳곳에 그 석을 빠뜨리고 음만을 달아 놓은 것이 보인다. 판목에서 그 석이 달린 부분을 깎은 흔적이 보이지 않아 원래부터 석을 달지 않은 것으로 생각된다. 석을 달지 않고 음만을 쓴 한자가 260여 개이다. 그리고 음과 석 모두가 빠진 한자도 66개나 있다. 특히 27장 이후부터 음과 석을 달지 않은 한자가 보이고 대신 음만을 달아 놓은 부분이 없는 것도 특이하다. 이러한 것은 불가(佛家)에서 사용하는『유합』과 유가(儒家)에서 사용하던『유합』이 그 용도에 따라 달리 간행되었을 것이라는 추측을 하게 한다. 특히 이 칠장사판『유합』처럼 석과 음을 달지 않은 한자의 목록을 조사해 본다면 그 특징들이 발견될 것으로 생각한다.

이 칠장사판 유합의 석음에 나타나는 표기법을 보면 송광사판 유합과 대동소이하다. 선암사판 유합과도 유사하나, 오히려 송광사판 유합에 훨씬 가깝다. 그러나 무신간판본이나 회동서관판, 그리고 무교신간판과 호은재장판과는 많은 차이를 보인다. 이로 보아서 유합의 석음은 불가에서 사용하는 일정한 것이 있었던 것으로 추측된다.[3]

이 책에 나타나는 국어학적 특징을 보면 다음과 같다.

① 어두된소리의 표기에 ㅅ계와 ㅂ계의 합용병서를 다 사용하고 있다.

ㅅㄱ : 쇠리 미(尾, 9b) 쑤밀 식(飾, 19a) 씔 셩(醒, 22a) 쪙 티(雉, 8a)

---

3 佛家에서 사용하는 漢字의 釋과 儒家에서 쓰는 漢字의 釋이 달랐을 가능성은 매우 많다. 심지어 基督敎 관계 문헌의 漢字 釋에서는 특히 다르다. 예컨대 基督敎 관계 문헌인『三字經』에서는 그 釋이 다름을 알 수 있다.

ㅅㄷ : 쓰믈 쟝(漿, 18a) 씀 구(炙, 23b)

ㅅㅂ : 뽕나모 상(桑, 6a) 쌜 각(角, 9b) 뼈 골(骨, 13b) 쌘ᄂᆞᆯ 속(速, 30b)

ㅂㄱ : 뻴 관(貫, 28b)

ㅂㄷ : 쁜 의(意, 19b) 뿔올 튜(追, 21a) 뻘틸 불(拂, 22b) 뿔 탄(彈, 22b) 뛜 툐(超, 21a)

ㅂㅅ : 뼈 용(用, 6a) ᄡᅵ 죵(種, 22a) ᄡᆞᆯ 샤(射, 22a)

ㅂㅈ : ᄧ출 튝(逐, 21a) ᄧᆞᆨ 쳑(隻, 29b)

② ㅅㅌ의 표기가 나타난다.

ᄻᅡᆷ 한(汗, 14a)

그러나 이것은 '쌈'의 誤刻일 수도 있다.

③ 어간말자음군 ㄺ 중 'ㄱ'이 탈락된 모습을 보이기도 한다.

즌흘 니(泥, 4b) ᄃᆞᆯ 계(鷄, 8a)

④ t 구개음화의 역표기도 보인다.

딥 실(室, 14a) 딥 막(幕, 14a) 딥 옥(屋, 14a)

⑤ k 구개음화 및 h 구개음화가 나타난다.

심 녁(力, 13b) 심슬 근(勤, 27a) 슙홀 슙(31a) 디쟝 셰(7a)('기쟝'의 역표기) 샨 겸(15a) ('샨 덤'의 역표기)

⑥ 특히 모음간에서의 ㄹ 이 ㄴ 으로 표기되는 것이 특징이다.

고사니(幽, 7b) 기늠 유(油, 16b) 가내 삽(惟, 17b) 어닐 우(愚, 20a) 주으닐 긔(飢, 22a) 녀늠디슬 롱(農, 22a) 보니 모(7a) 미나니 근(芹, 7b) 굇고니 잉(鷹, 8a) ᄆᆞᄂᆞ 동(棟, 14b) 바닐 샤(搖, 26b) 흐닐 탁(濁, 29b)

⑦ 어말자음의 ㅅ 과 ㄷ 은 혼기되고 있다.

뭇ᄀᆞᆯ 졍(汀, 4b) ᄀᆞᆺ 변(邊, 1b) 못 디(池, 4a) 못 틱(澤, 4a) 믈ᄀᆞᆫ 쥬(洲, 4b) 곳 화(花, 6a) 폰 두(荳, 7a) 돈 데(9a) 낟 구(鉤, 10a) 낫 개(介, 11a) 엇게 견(肩, 13b) 졋 유(乳, 13b) 붇 필(筆, 15b) 긷 빅(帛, 16a)

⑧ 방언형도 보인다.

정디 듀(廚, 14b) 구시 조(槽, 17a) 읍플 영(詠, 21a) 나슬 진(進, 20b) 여싁 호(狐, 9a)

⑨ ㅍ과 ㅎ을 혼동하여 쓴 표기도 보인다.

비화 슬(瑟, 15a) cf. 비파 비(琵, 15a) 비파 파(琶, 15a)

⑩ 이화작용의 표기도 보인다.

모욕 목(沐, 22b)

⑪ 다음과 같은 이중모음의 표기도 보인다.

호악 구(臼, 17a) 드이 딕(帶, 18b)

⑫ 다음의 특이한 어휘도 보인다.

믈ㄱ슬 지(裁, 27a)

이 어휘는 15세기 국어에 나타나는 '믈읏다'의 이전 형태로 생각된다.

이 책의 쇄출본은 현재 2가지로 알려져 있다. 하나는 단국대 국어국문학과에서 쇄출한 것이고, 또 하나는 안성문화원에서 쇄출한 것이다. 필자는 이 두 쇄출본을 다 소장하고 있다.

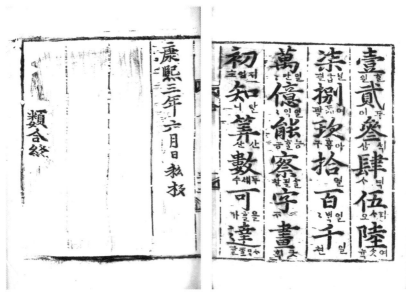

〈유합〉(칠장사판)

3. 흥국사판 유합(1669년)

전남 여수(麗水) 흥국사(興國寺)에서 개간한 유합으로 현재 그 판목이 그 사찰에 남아 있다. 여전히 쇄출한 적이 없어서, 판목을 촬영한 형태로 확인할 수밖에 없었다. 사주단변에 반엽광곽의 크기는 20.0×15.8cm이며 판심어미는 상하내향이엽화문어미이고, 판심제는 '合'이다. 유계에 4행 6자로 되어 있다. 판목은 모두 16판으로 28장과 29장의 판이 없다.

끝에 '己酉年六月二十六日○○寺開刊(기유년 6월 26일 ○○사 개간)'이란 간기가 있는데, '○○사'의 ○○부분은 깎여서 문자 식별이 불가능하다. 아마도 다른 사찰에서 만든 판목을 가지고 와서 그 부분을 삭제하고 간행한 것으로 추정된다. 1669년에 간행된 것인데, 끝부분에 '學敏書 刻手智明(학민 서 각수 지명)'이란 기록도 보인다.[4]

〈유합1〉(흥국사판)

---

4 이 흥국사판 유합의 촬영 자료는 국립국어원의 황용주 선생이 제공해 준 것이다. 감사를 드린다.

〈유합2〉(흥국사판)

壹貳叄肆 伍陸
柒捌玖拾 佰仟
萬億能察字畫
初知等數可達
天覆地載乾坤
分位東西南北
上下中外左右
前後邊隅裏內

〈유합〉(흥국사판)[5]

5 이 서영은 박상국 편저(1987), p.271에서 가져 온 것이다.

4. 안심사판 유합(17세기 중엽)

전북 전주의 안심사에서 개간한 책으로 간행연도를 알 수 없으나 17세기 중엽에 간행된 것으로 추정된다. 일본 동경대학 오구라문고(小倉文庫)와 일본 동양문고에 소장되어 있는 이 안심사판 유합에는 간기 등의 간행사항을 알 수 있는 기록은 없다. 그러나 오구라 문고의 책의 뒷표지 안쪽에 '全羅北道 全州郡 安心寺板 昭和七年 十二月 覆制(전라북도 전주군 안심사판 소화7년 12월 복제)'라는 붓으로 쓴 글이 있어서 이 책이 안심사판임을 알 수 있다. 안심사판 유합을 쇄출하고 써 놓은 것으로 보이기 때문이다. 또한 동일한 책이 일본 동양문고에 소장되어 있는데, 장판기(藏板記)에 '全羅北道全州郡安心寺藏板(전라북도 전주군 안심사장판)'이라고 되어 있고 끝에 판권지가 있는데, '昭和七年 十二月十四日 發行(소화 7년 12월 14일 발행), 佛敎社 韓龍雲 發行(불교사 한용운 발행)'이라는 기록이 있어서 1932년에 한용운이 판목을 쇄출해서 제책을 한 것으로 생각된다. 책의 크기는 31.0×21.7㎝이고 반엽 광곽의 크기는 21.8×19.0㎝이다. 사주단변에 판심어미는 상하내향흑어미이고 판심제는 없다. 유계에 5행 6자이며 모두 26장이다.

이 책의 표기법 중 17세기의 표기법을 보이는 예로 종성에 'ㄷ'을 표기하고 있는 것을 들 수 있다.

紫 ᄌ딛 ᄌ(3a) 豕 돋 시(7b) 朋 벋 붕(9a) 兄 ᄆ닫 형(10a)

鬢 귀믿 빈(10b)

어두 합용병서로 ㅅ 계 합용병서는 물론이고 ㅂ 계 합용병서도 사용하고 있다.

叢 ᄡ럴기 총(10a) 雉 ᄭᅯᆼ 치(6b) 蓬 다복ᄡᅮᆨ 봉(4b) 亦 ᄯᅩ 역(8a)

戶 ᄲᅡᆨ문 호(11b) 庭 ᄠᅳᆯ 뎡(11b) 灸 ᄯᅳᆷᄯᅳᆯ 구(19a) 踴 ᄠᅱᆯ 용(20a)

'官 구의 관(9a), 記 긔디 긔(20a), 舊 무글 구(20a)' 등과 같은 古形들이 보인다.

동일한 책이 서울대 가람문고에 있다(가람古418.3-y95b).

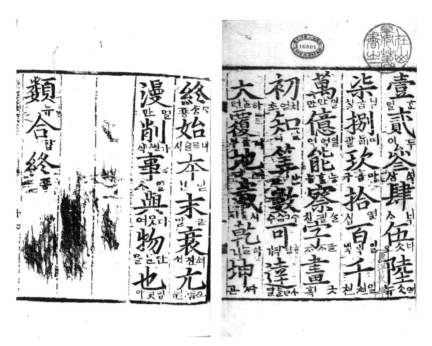

〈유합〉(안심사판)

5. 영장사판 유합(1700년)

1700년에 경남 남해군 고현면 영장사에서 개간한 유합이다. '康熙三十九年庚申六月日 南海望雲山靈藏寺書列(강희 39년 경신6월일 남해 망운산 영장사 서렬)'이라는 간기를 가진 유합으로서 최근까지 남해도 화방사(花芳寺)에 그 책판이 남아 있었으나 1981년의 화재로 소실된 책이다. 1979년 고 유탁일 교수가 인출한 책이 남아 있어 오늘날 이 자료가 남아 있게 되었다. 사주단변에 반엽광곽의 크기는 17.5×13.9㎝이고 판심어미는 상하내향이엽화문어미 및 상하흑어미 등 다양하다. 판심제는 '合'이며 유계에 4행 6자이다. 이 책의 면지에 붓글씨로 다음과 같은 유탁일 교수의 글이 있다.

"南海花房寺藏板 一九七九年 夏日 印出(남해 화방사장판 1979년 하일 인출)해 온 것을 배지(褙紙)를 붙여서 제책(製冊)한 것임. 一九八〇年. 七. 一三. 유탁일지(柳鐸一志) 이날 송의중(宋義中) 외종(外從) 이시일(李時一) 선생(先生) 일본(一本)이 왔었다." 뒤의 간기 부분에 붓글씨로 '看雲山房主 製冊(간운산방주 제책) 1980. 7. 13. 우(雨)'란 기록과 이 기록의 윗부분에 '이 책판은 1981년 겨울에 남해(南海) 화방사(花芳寺)가 불탐에 따라 조유화(鳥有化)하고 말았다(유탁일)'이란 기록이 있다.

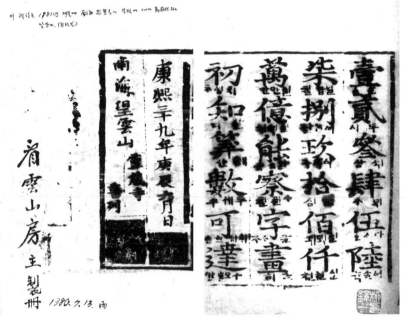

〈유합〉(영장사판)

6. 용문사판 유합(1709년)

전남 순천의 용문사(龍門寺)에서 개간한 유합으로 현재 그 판목이 전남 곡성의 도림사(道林寺)에 소장되어 있다. '時己丑每月四吉日順川地大光山龍門寺開刊(시 기축 매월 4길일 순천지 대광산 용문사 개간)'이란 간기가 있는데, 이때의 기축년을 1709년으로 추정한다. 사주단변에 반엽광곽의 크기는 17.8×14.2cm이고 판심어미는 상해내향흑어미이며, 유계로 4행 6자이다. 판심제는 '合'이다. 모두 15판이 소장되어 있는데, 23, 24장이 없다. 도림사에는 간기가 없으며 한글 석음이 달려 있지 않은 유합의 판목도 5판을 소장하고 있다. 한 사찰에서 간행한 판목을 이용하여 다른 사찰에서 다시 간행하거나 하는 일은 많았으므로 용문사에서 간행한 판목이 도림사에 소장되어 있었던 것으로 추정한다. 고 유탁일 교수 소장본이다.

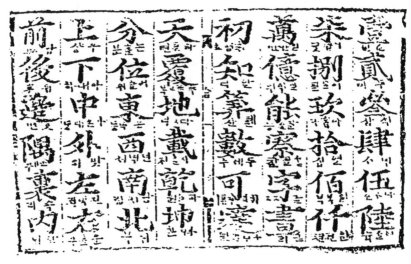

〈유합〉(용문사판)

7. 송광사판 유합(1730년)

전남 순천의 송광사(松廣寺)에 그 판목이 보존되어 있는 유합이다. 1730년에 목판본으로 간행된 유합이다. 끝에 '擁正八年庚戌六月日開刊順天曹溪山松廣寺(옹정8년 경술 6월일 개간 순천 조계산 송광사)'란 간기가 있다.

사주단변에 반엽광곽의 크기는 21.0×16.5㎝이고 판심어미는 상하내향일엽화문어미이다. 유계에 4행 6자이고 판심제는 '合'이다. 판목은 모두 16판이다. 모두 32장이다. 필자는 고 황패강 교수가 인출해 온 유합을 복사하여 이용하였다.

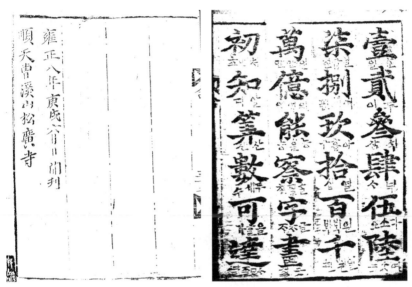

〈유합〉(송광사판)

8. 선암사판 유합(1777년)

전남 순천의 선암사(仙巖寺)에서 개간해 낸 유합으로 현재 그 판목이 그곳에 보존되어 있다. 선암사에서 간행해 냈다는 기록과 각수명(刻手名)만 나와 있다. 그리고 '歲在彊圉作噩黃鐘下浣新刊于仙巖寺(세재 강어작악황종하완 신간 우선암사'란 간기가 있다. 그 태세(太歲)는 '정유(丁酉)'년이므로 1717년이나, 1777년에 간행된 것으로 추정된다. 그러나 송광사판 유합이 1730년에 간행된 것이어서 1777년에 간행된 것으로 추정한다. 사주단변에 반엽광곽의 크기는 21.5×17.0cm이고 판심어미는 상하내향이엽화문어미이고 판심제는 '슴(합)'이다. 유계에 4행 6자이다. 판목 중 6, 26, 27, 28, 29, 30, 31장이 없다. 박상국 편저(1987, p.227)에서는 유실된 판목이 26-31이라고 기술되어 있는데, 실제로 이들 판목을 쇄출할 때에는 제6장도 보이지 않았던 것으로 보인다.

이 선암사판은 송광사판 유합과 반엽광곽의 크기가 동일하고 체재도 동일하다. 그 음과 석이 다른 곳이 많다. 언뜻 보아서 이 선암사판은 송광사판의 복각본처럼 보이나 순전한 복각본은 아니고 부분적으로는 수정하고 부분적으로는 복각을 한, 일종의 교정본으로 보이나, 그것도 틀린 곳이 많다. 이 두 가지 유합은 전남방언을 반영하고 있다. h 구개음화 등이 보인다. 그리고 어휘상에서도 전남방언이 반영되어 있다. 고 유탁일 교수 소장본이다.

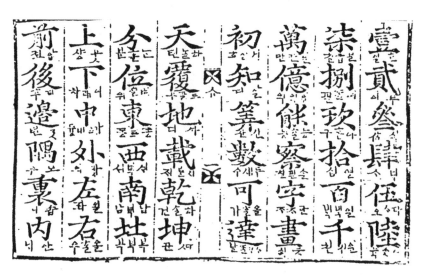

〈유합〉(선암사판)

542

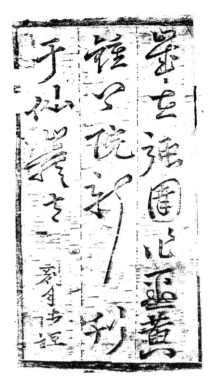

〈유합〉(선암사판 간기 부분)

9. 해인사판 유합(18세기)

해인사(海印寺)에 남아 있는 판목으로 쇄출한 것으로서, 17장~30장만 남아
있다. 19, 20, 21, 22, 27, 28장은 낙장이다. 반엽광곽의 크기는 20.7×17.0cm이고
판심제는 없다. 유계에 4행 6자인데, 판심어미는 여러 가지가 뒤섞여 있다. 예
컨대 17장은 상(上)은 내향4엽화문어미인데 비해 하(下)는 내향이엽화문어미
이고, 18장은 상하이엽화문어미이고 23장과 29, 30장은 어미가 없다. 25장은
상하대흑구이다. 필자가 본 자료는 고 유탁일 교수가 쇄출한 자료를 복사하
여 참고하였다. 한글 석음의 표기법으로 보아서 18세기의 자료로 보인다. 처

음의 17a와 마지막의 30b를 보이도록 한다. 이 해인사판 유합은 전국사찰소장 목판집에는 그 목록이 없다.

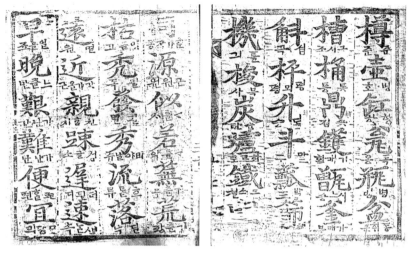

〈유합〉(해인사판)

10. 석왕사판 유합(1929년)

1929년에 석왕사(釋王寺)에서 쇄출한 유합이다. 일본의 동경대학 오구라문고(小倉文庫)에 소장되어 있다. 小倉進平이 1929년에 석왕사에서 쇄출했다는 기록을 하여놓았으나, 표기현상으로 보아서는 19세기의 간본으로 추정된다. 책의 뒷표지 속에 '釋王寺藏刷板 ㄱ ㅋ リ 複寫 昭和四年九月 進平(석왕사장쇄판 ㄱ ㅋ リ 복사 소화4년 9월 진평)'이란 기록을 볼 수 있다. 책의 크기는 26.1×19.4cm이고 반엽광곽의 크기는 21.3×15.4cm이며 판심어미는 매우 다양해서 상흑어미, 상하내향흑어미 등등 매우 다양하다. 어느 장은 판심어미가 없기도 하다. 사주단변에 계선이 없으며 4행 5자이다. 모두 38장이다.

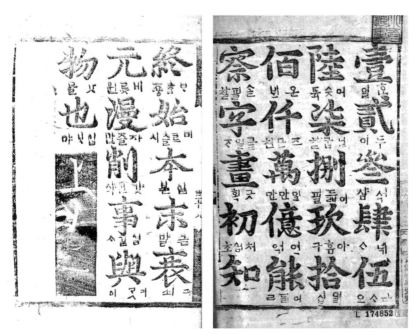

〈석왕사판 유합〉

이 외에도 영봉사판 유합이 있다는 정보는 들었으나 실제로 확인하지 못하였다.

제4장 방각본 유합

　책을 상업 목적으로 만들어 파는 서사에서 만든 유합이다. 그런데 방각본 유합이 틀림없는 것 같은데, 간행기록이 없거나 판권지가 없는 유합이 많아서 실제로 간기를 가지고 있는 유합은 몇 편에 불과한 편이다. 천자문과 비교해 보아도 이 점은 이해되지 않는 면이 있다.

	책명 및 판명	간행연대	판본사항
1	유합(무교신간판본)	1860년대	목판본
2	유합(호은재장판본)	19세기 중엽	목판본
3	유합(야동신판본)	19세기 말	목판본
4	유합(무신간판본)	1908년	목판본
5	유합(신구서림판)	1913년	목판본
6	유합(지물서책포)	1913년	목판본
7	유합(박문서관판)	1917년	목판본
8	유합(회동서관판)	1918년	목판본
9	일선문토 유합	1918년	목판본
10	유합(우주서림판)	1932년	목판본
11	유합	20세기 초	석인본
12	유합	20세기 초	목판본

1. 무교신간판 유합(1860년대)

　근대의 방각본으로 19세기 말의 문헌으로 보인다. 책의 말미에 '武橋新刊(무교신간)'이란 간기가 있어서 간행한 곳은 알 수 있으나 간행연도는 알 수 없다.

그러나 '무교신간(武橋新刊)'의 간기를 가지고 있는 문헌들이 주로 1865년~1866
년 사이에 간행되었으므로 이 유합도 1860년대에 간행된 것으로 추정할 수 있
다. 『고금역대표제주석십구사략통고(古今歷代標題註釋十九史略通攷)』(목판본)이
'동치병인무교신간(同治丙寅武橋新刊)'이란 간기를 가지고 있고(경희대도서관), 『당
음(唐音)』이란 책은 '을축중하무교신간(乙丑中夏武橋新刊)'이란 간기를 가지고 있
는데(원광대 도서관 소장), 이 을축년도 1865년으로 간주되고 있다.

책의 크기는 29.4×19.6cm이고 반엽광곽의 크기는 21.7×118.0cm이다. 사주
단변에 판심어미는 상하흑어미이고 판심제는 '類合(유합)'이다. 제첨제와 내
지제목이 모두 '類合(유합)'이고, 유계에 6행 6자이다. 모두 22장이다. 모두
1,512자가 등재되어 있다. 서울대 일사문고(일사 古 418.3-y95)에 소장되어 있고,
필자도 소장하고 있다. 간기가 없는 동일한 책이 파리 동양언어문화학교에도
소장되어 있다.

필자 소장의 또 한 책은 간기의 '武橋新刊(무교신간)'에서 '武橋(무교)'를 삭제
하고 단지 '新刊(신간)'으로만 되어 있다. '무교신간'판과 동일한 판목으로 만든
것이다. 간혹 탈획이 보이는 것으로 보아서 후대의 쇄출본으로 보인다. 예컨
대 '與'의 '더블 여'가 '더블 이'로 되어 있다.

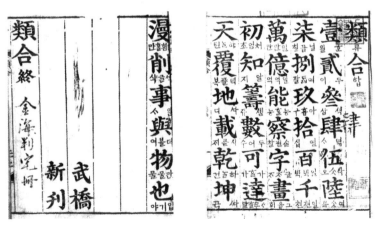

〈유합〉(무교신간판)

2. 호은재장판 유합(19세기 중엽)

이 유합은 19세기 중엽에 목판본으로 간행된 것이다. '유합'이란 책 제목 아래에 '호은재장판(予隱齋藏板)'이란 전서로 쓴 기록이 보인다. 그리고 동일한 책인 한국학중앙연구원 소장본에는 '庚午八月三一日(경오 8월 30일)'이란 기록이 보여서 최소한 경오년인 1870년 이전에 간행된 것으로 추정할 수 있다. 반엽 광곽의 크기는 22.7×17.6cm이다. 사주쌍변에 판심어미는 주로 상하이엽화문 어미이지만 매우 다양하다. 판심제는 '類合(유합)'인데, 계선이 있고 5행 6자이다. 한국학중앙연구원 소장본으로 구 안춘근 장서이다. 책의 내지에 '1870년 이전 刊(간), 坊刻本(방각본) 午隱齋藏板(호은재장판) 5행 6자 총 1,554자' 등의 필서가 있다.

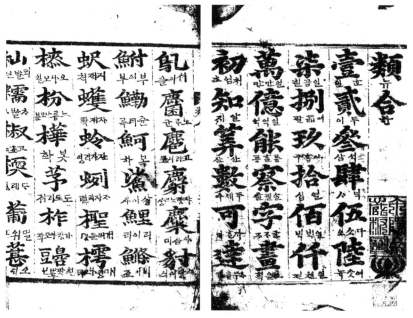

〈유합〉(호은재장판본)

3. 야동신판 유합(19세기 말)

야동(冶洞)에서 1책의 목판본으로 간행한 유합이다. 책의 말미에 '冶洞新板(야동신판)'이라는 간기가 있으나 간행년에 대한 언급은 없다. 그러나 '야동신판', 또는 '야동신간' 등의 간기를 가진 문헌들이 주로 1884년~1887년 사이에 간행된 것이어서 이 유합도 1880년도에 간행된 것으로 추정한다. 즉 야동신간의 간기를 가지고 있는 방약합편(方藥合編)이 1884년에, 징보언간독이 1886년에, 그리고 어정규장전운(御定奎章全韻)이 1887년에 간행되었다.

책의 원본을 볼 수 있는 기회가 없고 단지 복사물로만 접했기 때문에 책의 크기는 알 수 없다. 반엽광곽의 크기는 21.8×17.4cm이다. 사주단변에 판심어미는 상이엽화문어미이고, 상어미 위에 쓰이어 있는 판심제는 '類合'이다. 유계에 6행 6자이다. 모두 22장이다. 복사만 해 놓고 메모를 게을리 하여 소장처를 알 수가 없다.

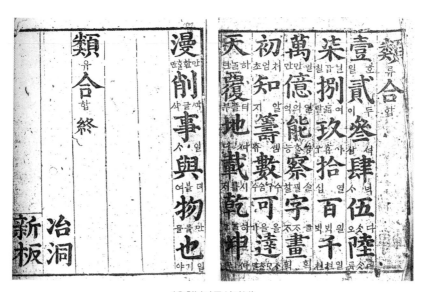

〈유합〉(야동신판본)

4. 무신간판 유합(1908년)

　1908년에 간행한 목판본의 유합이다. 책의 끝에 음각으로 된 '무신간판(戊申刊板)'이란 간기가 보인다. 1908년의 간본으로 추정된다. 책의 크기는 29.0×21.2㎝이고, 반엽광곽의 크기는 22.0×17.0㎝이지만, 장에 따라 반엽광곽의 크기가 다르다. 예컨대 2장의 뒷면의 크기가 다르다. 사주단변에 판심어미는 주로 상하내향흑어미이지만, 고르지 않다. 판심제는 '類'이다. 유계에 5행 6자이다. 모두 26장이다. 한자수는 1,512자이다. 서울대학교 일사문고 소장본이다(일사 古 418.3-y95h).

〈유합〉(무신간판본)

5. 신구서림 발행 유합(1913년)

　이 책은 1913년에 신구서림에서 1책의 목판본으로 간행한 유합이다. 앞에 붙어있는 판권지에 '大正二年 八月二十日 發行 / 印刷兼發行所 新舊書林(대정 2년 8월 20일 발행 / 인쇄겸발행소 신구서림)'이란 기록이 있다. 책의 크기는 26.7×18.8㎝이고 반엽광곽의 크기는 21.5×17.2㎝이다. 사주단변에 판심어미는 상이엽화문어미이고 판심제는 '類合'인데 이 판심제는 상어미 위에 쓰이어 있다. 유계에 6행 6자이다. 모두 22장으로 등재되어 있는 한자는 모두 1,512자이다. 필자의 소장본이다.

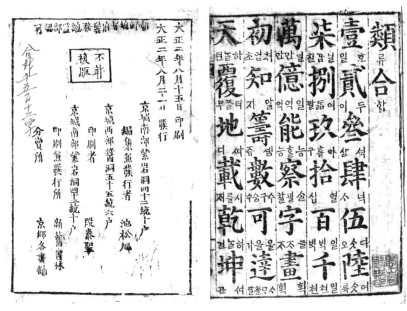

〈유합〉(신구서림판)

6. 지물서책포 발행 유합(1913년)

이 책은 1913년에 지물서책포(紙物書冊鋪)에서 1책의 목판본으로 간행한 유합이다. 책의 크기는 28.7×20.2㎝이고 반엽광곽의 크기는 19.7×16.9㎝이다.

판권지에 '大正二年十月二十五日 發行(대정 2년 10월 25일 발행), 印刷兼發行所 紙物書冊舖(인쇄겸발행소 지물서책포)'란 기록이 있다. 판심어미는 상하내향이엽화문어미이고 판심제는 '類合(유합)'이다. 유계에 6행 6자이다. 모두 22장이다. 책의 끝에 '新刊(신간)'이란 기록이 있을 뿐, 다른 기록은 없다. 모두 22장이다. 모두 1,512자가 등재되어 있다. 서울대 일사문고에 소장되어 있는 일사 古 418.3-G533y의 유합과 동일한 책으로 보인다. 고 유탁일 교수의 소장본이다.

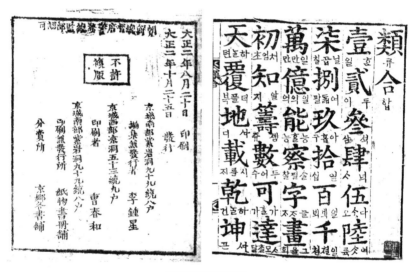

〈유합〉(지물서책포)

7. 박문서관 발행 유합(1917년)

1917년에 박문서관에서 1책의 목판본으로 간행한 유합이다. 책의 앞에 붙어 있는 판권지에 '大正六年八月三十日 發行(대정 6년 8월 30일 발행) / 發行所 博文書館(발행소 박문서관)'의 기록이 있다. 책의 크기는 26.7×19.3㎝.이고 반엽광곽의 크기는 20.7×17.0㎝이다. 사주단변에 판심어미는 상이엽화문어미이고 판심제는 '類合(유합)'인데, 상어미의 위에 쓰이어 있다. 계선이 있고 6행 6자이다. 모두 22장이다. 제첨제와 내지제, 판심제가 모두 '類合(유합)'이다.

내지 제목인 '類合(유합)'에는 한자음 '류합'만 적혀 있고 새김은 없다. 모두 21장이다. 한자 1,512자에 대한 한자의 석음이 달려 있다. 한자 중에 '旦'(2a)에는 ( ) 표시가 있고 '아츰 죠'란 석음이 있는데, 이것은 이 글자가 태조(太祖)의 어휘(御諱)이기 때문이다. 그래서 '아츰 단'이 아니라 '아츰 죠'로 되어 있는 것이다. 홍태운이 편찬한 주해천자문(1804년)에 '旦'의 주(註)에 '太祖御諱 當讀如朝죠(태조어휘 당독여조죠)'란 것에 기인한다. 필자 소장이다.

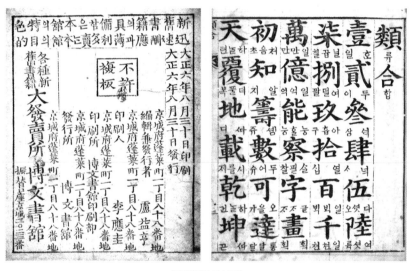

〈유합〉(박문서관)

8. 회동서관 발행 유합(1918년)

1918년에 회동서관에서 1책의 목판본으로 간행해 낸 책이다. 책의 앞에 붙어있는 판권지에 '大正七年 二月二十日 發行(대정 7년 2월 20일 발행) / 編輯兼發行

者 高裕相(편집겸발행자 고유상), 發行所 滙東書館(발행소 회동서관)'이라고 되어 있다. 책의 크기는 28.6×20.2cm이고 반엽광곽의 크기는 19.6×17.0cm이다. 사주단변에 판심어미는 상하이엽화문어미이고 판심제는 '類合'이다. 유계에 6행 6자이다. 책의 끝에 '新刊(신간)'이란 기록이 있을 뿐, 다른 기록은 없다. 모두 22장이다. 모두 1,512자가 등재되어 있다. 서울대 일사문고에 소장되어 있다(일사 古418.3-G533y).

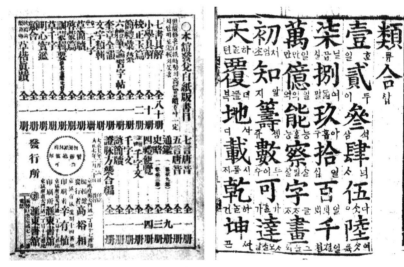

〈유합〉(회동서관)

9. 박원식서점 발행 일선문토유합(1918년)

이 책은 1918년에 박원식서점(朴元植書店)에서 1책의 목판본으로 간행한 유합이다. 뒤의 판권지에 '大正七年 十一月 十九日 發行(대정 7년 11월 19일 발행), 印刷兼發行所 朴元植書店(인쇄겸발행소 박원식서점)'이란 기록이 있다. 유합임에도 불구하고 여기에 '日鮮文吐(일선문토)'를 붙인 것은 이 유합에다가 일본어 석음을 붙였기 때문이다. 한자의 아래에는 한글로 석음을 달았고, 한자의 왼쪽에는 가타카나로 일본어 새김을 그리고 한글석음을 단 왼쪽에는 역시 가타카나로 일본어 음을 달아 놓았다. 그리하여 다음과 같은 구조를 보이고 있다.

일본어 새김	한자
일본 한자음	한글 석음

천자문에는 이처럼 일본어 석음을 단 것이 흔히 있지만, 유합에 이처럼 일본어 석음을 단 것은 이 책이 유일한 것으로 보인다. 그래서 유합의 끝 부분에는 가타카나의 50음표를 적어 놓고 그 가타카나의 각 글자의 왼쪽에 한글로 그 음을 달아 놓은 것이 있다. 특히 일본어 유성자음에는 'ㅇ'이나 'ㄴ'이나 'ㅁ'을 첨가하여 표시하고 있음이 특징이다. 예컨대 'ガ ギ グ ゲ ゴ'는 'ㅇ아, ㅇ이, ㅇ우, ㅇ예. ㅇ오'로, 'ダ ヂ ヅ デ ド'에는 'ㄴ다, ㄴ디, ㄴ쓰, ㄴ데, ㄴ도'로 표기하고, 'バ ビ ブ ベ ボ'는 'ㅁ바. ㅁ비, ㅁ부, ㅁ베, ㅁ보'로 표기하고 있다.

책의 크기는 25.9×18.4㎝이고 반엽광곽의 크기가 23.2×17.2㎝이다. 사주단변에 판심어미는 상이엽화문어미이다. 판심제는 '類合(유합)'인데, 상어미 위에 쓰이어 있다. 유계에 7행 8자이다. 모두 16장이다.

1918년에 간행된 책임에도 불구하고 ㅅ 계 합용병서가 활발하게 사용되고 있다.

깍글 샥(削)(16b)	쑤디즐 가(呵)(13b)	짜뷔 스(耜)(9b)
쌀 뎍(摘)(14b)	쏄 각(角)(5a)	쏠릴 쇄(洒)(11b)
쫙 쳑(隻)(15a)	짝 필(匹)(8b)	

필자 소장본이다.

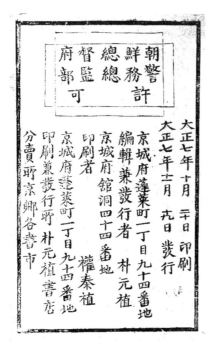

〈일선문토 유합〉

10. 우주서림 발행 유합(1932년)

이 책은 1932년에 우주서림에서 목판본으로 간행한 유합이다. 판권지에 '昭和七年十月五日 發行(소화 7년 10월 5일 발행) / 發行兼印刷所 宇宙書林(발행겸인쇄소 우주서림)'이란 기록이 있다. 책의 크기는 25.6×18.7㎝이고 반엽광곽의 크기는 22.3×16.4㎝이다. 사주단변에 판심어미는 상이엽화문어미이고 판심제는 '類合(유합)'인데, 상어미의 위에 쓰이어 있다. 7행 8자이어서 장수는 14장밖에 되지 않는다. 모두 1,512자가 등재되어 있다. 필자와 국립중앙도서관이 소장하고 있다.

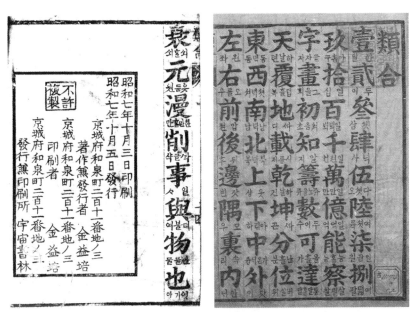

〈유합〉(우주서림판)

11. 20세기 초 간행 유합 1

20세기 초에 석인본으로 간행한 유합인데, 간기나 판권지가 없어서 간행자나 간행연도를 알 수 없다. 그러나 판식이나 한글 석음을 보면 20세기 10년대의 책임을 짐작케 한다. 책의 크기는 29.8×18.3㎝이고 반엽광곽의 크기는 21.7×15.5㎝이다. 사주단변에 판심어미는 상하내향이엽하문어미이고 판심제는 '類合'이다. 유계에 6행 6자인데, 계선이 세로만 있는 것이 아니고 가로로도 되어 있어서 한 행에 한자 6자의 칸이 있고 또 한글석음의 6칸이 있는 셈이다. 모두 22장이다. 'ㆍ'가 쓰이고 각자병서가 쓰이고 있다. ㅅ계 합용병서가 사용되고 있으며(根 뿔의 근), ㅂ계 합용병서도 사용되고 있다(霰 쁠눈 션). 국립중앙도서관 소장본이다(古.3134 18 C12).

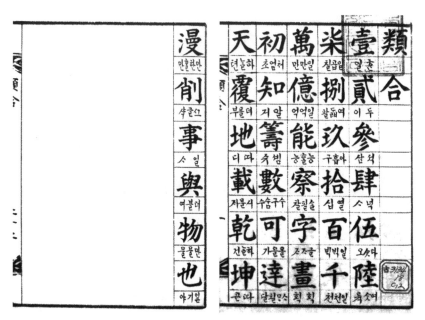

〈유합〉(20세기 초 간행)

12. 20세기 초 간행 유합 2

20세기 초에 간행된 또 다른 유합이 있는데, 목판본이다. 판식은 1917년에 간행된 박문서관판이나 1913년에 간행된 지물서책포의 유합과 유사한 책이다. 반엽광곽의 크기는 21.6×18.2㎝이고 사주단변에 유계로 6행 6자이다. 대체로 6행 6자의 유합은 방각본일 가능성이 높다.

판심어미는 상하내향이엽화문어미이고 판심제는 '類合(유합)'이다. 모두 22장으로 한자는 1,512자이다. 6행 6자의 판식이나 서체까지 그 당시에 간행된 방각본과 매우 유사하다. 그러나 곳곳에 한글 석음에서 차이를 보여서 이 책이 두 가지 유합과 다른 책임을 알 수 있다. 앞부분의 몇 개만 그 차이를 보이도록 한다.

한자	20세기 초 유합	박문서관판 유합	지물서책포판 유합
伍	다숫 오	다섯 오	다숫 오
陸	여슷 육	여섯 류	여슷 육
捌	여듧 팔	여덜 팔	여듧 팔
畫	그을 획	획 획	그을 획
可	가홀 가	오을 가	가홀 가
達	스모츨 달	통달 달	스모츨 달
位	벼슬 위	벼슬 위	베슬 위
節	마듸 뎌	마듸 졀	마듸 졀

이 표를 보면 이 유합은 박문서관판과 지물서책포판과 부분적으로 동일하고 부분적으로 다른 모습을 볼 수 있다. 따라서 이 유합은 박물서관판과 지물서책판과 마찬가지로 20세기 초, 특히 1910년대의 책으로 판단된다. 필자가 복사를 해 두었지만, 메모를 정확히 해 두지 않아 소장처를 적어 두지 못했다.

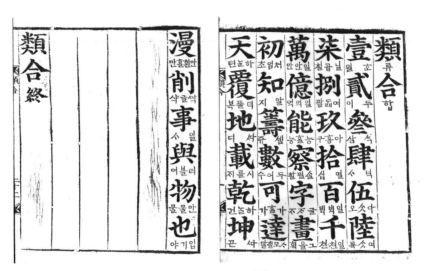

〈유합3〉(20세기 초 간행)

제5장 필사본 유합

필사본 유합은 꽤나 많아서 일일이 그것을 다 소개할 수는 없다. 단지 필사기가 분명하거나 또는 그 석음에 방언적 요소가 있는 자료를 소개하면 다음과 같다.

번호	책명	필사연도	소장처
1	유합(필사본)	1828년	미상
2	유합(일사문고본)	1856년	일사문고
3	유합(을유본)	1885년	이상규
4	유합(무술십일월십일필서)	1898년	홍윤표
5	유합	19세기	한밭도서관
6	유합	1901년	박형익
7	유합(신축십이월)	1901년	홍윤표
8	유합(갑진)	1904년	홍윤표
9	유합	1910년	홍윤표
10	유합(갑인)(경북영덕)	1914년	홍윤표
11	유합(전북 진안)	1928년	홍윤표
12	유합	20세기 초	홍윤표
13	유합	20세기 초	홍윤표

1. 1828년 필사 유합

책의 앞에 '道光八年十一月日書(도광8년 11월일서)'의 필사기가 있는 유합이다. 한자는 초서체로 되어 있고 그 한자의 아래에 한글로 석음을 달아 놓았다. '類合(유합)'이라는 책 제목 아래에 '學問在書字 筆興從此始(학문재서자 필흥종차시)'라는 글이 있다. '학문은 글을 쓰는데 있으며, 글씨 쓰는 흥은 이것에서부터 비롯된다'는 내용이어서 한문을 배우는 이유를 설명하고 있다.

계선은 없고 5행 6자이다. 모두 26장인데 16장까지만 한글 석음이 있고 그 뒤에는 한글 석음을 적지 않았다. 소장처 미상이지만 필자가 사진 촬영을 하여 놓은 것이 있다.

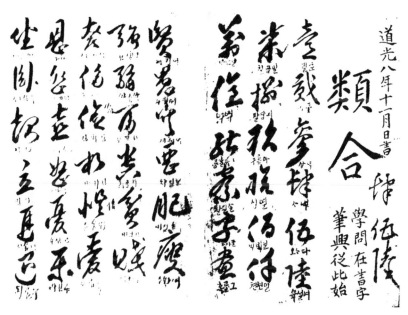

〈유합〉(1828년 필사)

2. 1856년 필사 유합

책의 말미에 '丙辰五月初四日 書贈鐵孫課讀(병진5월 초4일 서증철손과독)'이란 글이 있는 필사본 유합이다. 곧 손자에게 써 준 유합이다. 여기의 병진은 한글 표기 등으로 보아 1856년으로 추정된다. 책의 본문 앞에 '合凡一千五百六十八字 比千字文加五百六十八字(합범 1,568자 비천자문가 568자)'라고 기록되어 있어서 이 유합에 나오는 한자는 1,568자임을 알 수 있다. 책의 크기는 34.4×21.8cm이고 계선은 없다. 4행 8자이다. 한자의 오른쪽에 세필로 한글 석음을 달아 놓았다. 그리고 한문구이어서 4자마다 한글로 토를 달아 놓았다. 모두 25장이다. 표지 이면에 배접(褙接)된 문서에 '壬子七月二十七日 安東府使洪(임자 7월 27일 안동부사홍)'이란 내용이 있다는, 규장각 문헌 조사자의 기록이 있다. 1,512자의 한자가 있다. 서울대 일사문고 소장본이다(일사古418.3-y95ha).

〈유합〉(1916년 필사)

3. 1885년 필사 유합

유합의 말미에 '乙酉 二月 十五日畢書(을유 2월 15일 필서)'란 기록이 보이는 필사본 유합이다. 1885년에 필사된 유합인데, 경북대 이상규 교수 소장본이다. 한자 1,512자에 한글 석음을 달아 놓았다. 4행 6자로 되어 있다. 모두 23장이지만 유합은 20장으로 되어 있다.

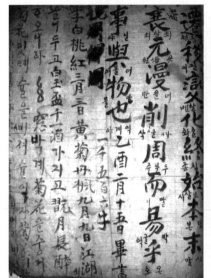

〈유합〉(1885년 필사본)

4. 1898년 필사 유합

책의 말미에 '戊戌十一月十日畢書(무술 11월 10일 필서)'란 기록이 있는 유합이다. 1898년에 필사한 유합이다. 책의 크기는 32.4×23.1㎝이고 무계에 5행 6자이다. 필자의 소장본이다. 모두 26장이다. 한자가 모두 1,518자이다. 제목의

'類合(유합)'에도 한글로 석음을 달아 놓았다.

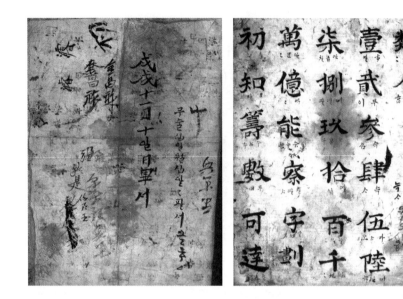

〈유합〉(1898년 필사본)

5. 19세기 필사본 한밭도서관 소장본 유합

19세기에 필사된 것으로 보이는 유합이다. 대전직할시 한밭도서관 소장본이다. 반엽광곽의 크기는 24.7×17.0㎝이고, 사주단변에 판심어미는 상하이엽화문어미이다. 판심제는 '類合(유합)'인데 계선이 있고 6행 6자로 되어 있다. 매우 정갈하게 필사한 책이다. 모두 22장이다. 한자 1,512자가 등록되어 있다.

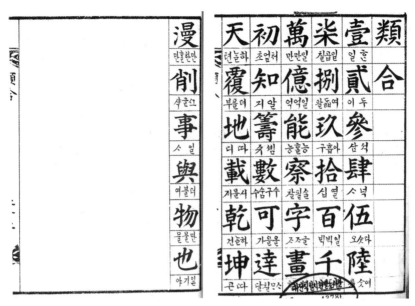

〈유합〉(19세기 필사본)

6. 1901년 필사 유합 1

책의 말미에 '光武五年辛丑六月十三日(광무5년 신축 6월 13일)'이란 필사기가 있어서 1901년에 필사한 유합인 것을 알 수 있다. 계선은 없고 4행 5자로 되어 있다. 유합의 말미에 '合三十八張 字名合一千五百十二字(합38장 자명합 1,512자)'로 기록되어 있듯이 38장에 한자는 1512자이다. 이 책은 필사기 다음에 '함경도 안변 석왕사(釋王寺) 내원암서(?)책(內院庵書(?)冊)'이라고 하여 함경도의 석왕사 내원암에서 소장하고 있던 책으로 보인다. 그런데 그 다음에 다시 '밀양 표충사(密陽 表忠寺)'라고 하는 기록도 보여서 아마도 절과 연관이 있음을 암시하는 책이다. 박형익 교수 소장본이다.

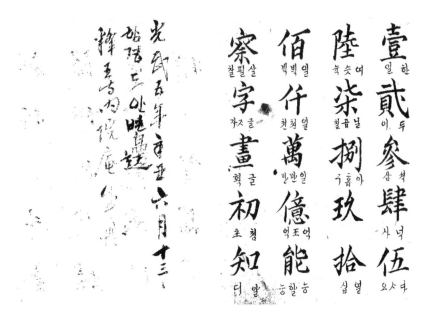

〈유합〉(1901년 필사)

7. 1901년 필사 유합 2

이 유합은 책의 말미에 '辛丑十二月二十五日 終(신축 12월 25오일 종)'이란 글이 있어서 이 책이 1901년에 이루어진 것으로 추정한다. 책의 크기는 22.0×20.0㎝ 이다. 계선은 없고 6행 6자로 되어 있다. 모두 21장이고 한자는 1,470자이다. 다른 유합에 비해 42자가 부족하다. 다른 유합에 비해 한자의 배열순서에도 차이가 있다. 필자의 소장본이다.

〈유합〉(1901년 필사)

8. 1904년 필사 유합

1904년에 필사한 유합이다. 유합의 끝부분에 '甲辰十二月初十日 終(갑진십이월초십일 종)흔이 一千四百九十字(1,490자)'란 기록이 보이고 뒷표지 내지에 '大韓光武八年甲辰十二月 鄭參書宅書冊(대한광무 8년 갑신 12월 정참서댁 서책)'이란 기록이 있어서 이 책이 1904년에 필사되었음을 알 수 있다. 책의 크기는 28.7×17.2㎝이고 모두 19장이다. 계선이 없이 5행 8자이다. 모두 1,510자에 한글로 석음을 달아 놓았다. 필자의 소장본이다.

〈유합〉(1904년 필사)

9. 1910년 필사 유합

1910년에 필사한 유합이다. 책의 표지에 '類合千字 終(유합천자 종)' 아래에 '경술'이란 간지가 표기되어 있어서 1910년의 필사본으로 본 것이다. 그리고 한자 석음의 한글 표기법으로도 이 시기로 추정할 수 있다.

책의 크기는 27.9×18.2㎝이고 4행 5자로 되어 있다. 내지 제목이 '類合'이고 모두 29장이다. 모두 1,198자이다. 다른 유합처럼 壹貳參肆伍로부터 시작하여 漫削事與物也로 끝나는데, 중간에 다른 한자들을 생략하였다. 그리고 뒤의 5장은 5행 6자로 되어 있는데, 상단에 쓴 한자는 1행 6자로 쓴 것이 아니라 1행

5자로 쓴 뒤에 나중에 다시 1자를 덧붙인 것이다. 이렇게 덧붙인 한자는 48자인데, 원래 유합에 등재되어 있지 않은 것이 많다. 그 목록을 보이면 다음과 같다.

泄 屑 龅 颱 揷 櫝 厄 稣 蜚 演 繹 廛 展 黎 貫

窖 蕎 課 腕 搕 慘 懿 灵 渾 訣 斟 析 治 做 叶

敞 尖 奄 窈 栅 濞 覬 蚕 酥 弘 巽 坎 完 礪 沃

寐 寤

필자의 소장본이다.

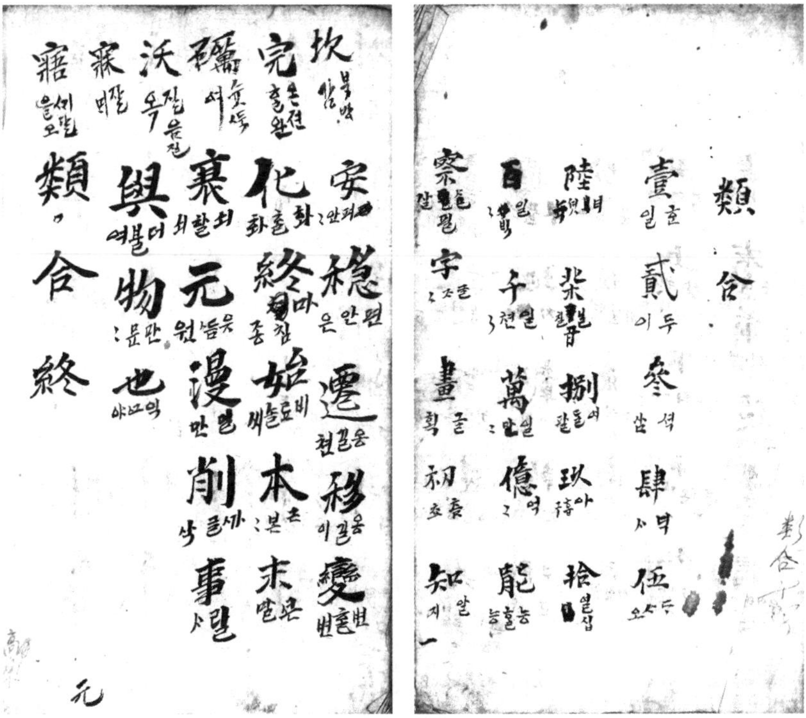

〈유합〉(1910년 필사)

10. 1914년 필사 유합

1914년에 필사한 유합이다. 책의 말미에 '甲寅十二月二十五日 終(갑인십이월이십오일 종)'이란 필사기가 있고 또한 책의 표지에 '甲寅拾貳月貳拾伍日成粧(갑인섭이월이십오일성장)'이란 기록이 있어서 1914년에 필사한 것임을 알 수 있다. 책의 크기는 30.3×19.7㎝이고 사주단변에 유계로 5행 6자이다. 판심은 없다. 모두 26장이다. 모두 1,516자에 한글로 석음을 달아 놓았다. 표지에 한글로 '경상북도 영덕군'이라는 기록이 있어서 이 유합이 영덕군에서 필사된 것으로 추정된다. 필자의 소장본이다.

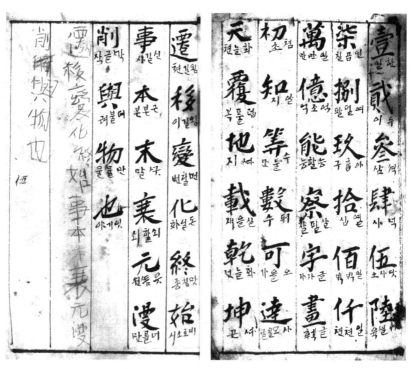

〈유합〉(1914년 필사)

11. 1928년 필사 유합

이 유합은 1928년에 전북 진안에서 필사된 것이다. 본문 앞쪽에 '戊辰二月二十五日始抄(무진 2월 25일 시초)'란 기록이 있고, 뒤에 '全北 鎭安郡 朱川面 雲峰(전북 진안군 주천면 운봉)'이란 기록이 있어서 그러한 추정을 할 수 있다. 그리고 1947년에 장정을 다시 했음을 알 수 있는데, 표지에 '丁亥年 四月 二十八日 袈(정해년 4월 28일 가)'란 기록이 있어서 그러한 사실을 알 수 있다. 책의 크기는 25.1×22.3㎝이다. 계선은 없고 5행 5자로 되어 있다. 모두 31장으로 되어 있다. 한자는 모두 1512자이다. 필자의 소장본이다.

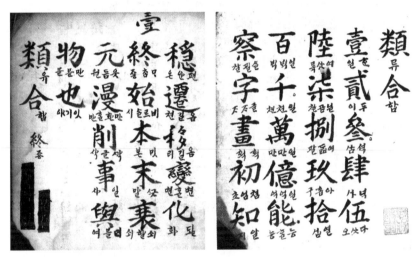

〈유합〉(1928년 필사)

12. 20세기 초 필사 유합 1

20세기 초에 필사된 것으로 보이는 유합이다. 책의 크기는 17.0×22.0㎝로 가로가 더 긴 책이다. 표지서명은 '類合(유합)'이지만 내지서명은 없다. 어떠한 필사기도 보이지 않지만 한자의 아래에 쓰이어 있는 한글 석음의 표기법으로 보아 20세기 초의 문헌으로 판단된다. 5행 5자의 특이한 편식으로 필사하여 놓았는데, 모두 31장이다. 다른 유합처럼 '壹貳參肆伍陸'으로부터 시작하여 '衰元漫削事與物也'로 끝난 뒤에 여기에 '亥厥攸漏者稱矣恒庸猥欠焉暇贊妙搜竄牋篇曷究源契牒牘勉閱詳覽由斯點釋督銘'의 35자가 더 추가되어 있다. 한자가 모두 1,549자이다. 그러면 1,512자에 35자가 덧붙여져서 1,547자일텐데 2자가 더 추가된 것이다. 필자의 소장본이다.

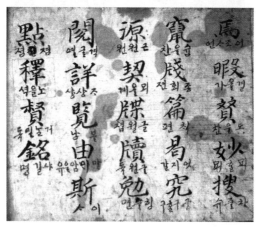

〈유합〉(20세기 초 필사)

13. 20세기 초 필사 유합 2

이 책은 20세기 초에 필사된 것으로 보이는 유합이다. 책의 크기는 23.5×22.3㎝로 거의 정사각형의 책이다. 표지서명과 내지서명은 모두 '類合(유합)'이다. 판심은 없고, 유계에 6행 65자이다. 필사에 관한 어떠한 기록도 보이지 않는다. 모두 13장이다. 한자 아래에 한글 석음이 달려 있는데, 'ㆍ'가 쓰이고 ㅅ계 합용병서도 보이며(啄 찍을 탁, 庭 쓸 뎡 汗 쌈 한 骨 쎠 골 등) 방언형도 보인다(力 심 력, 板 늘판 판 등). 대체로 20세기 초의 표기 현상으로 볼 수 있다. 한자가 모두 870자밖에 되지 않는다. 衣裘袍衫裙裳부터 終始本末衰元까지 모두 모두 8장, 즉 648자가 빠져 있는 셈이다. 아마도 이 유합은 모두 1,518자였던 것으로 보인다. 필자의 소장본이다.

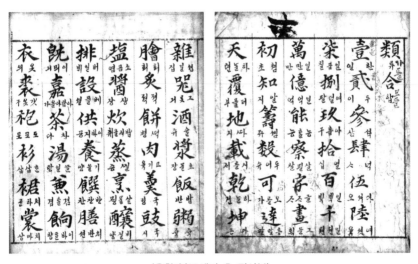

〈유합3〉(20세기 초 필사본)

이외에도 필사본 유합은 많은 편이다. 필자도 이 이외의 필사본 유합을 소장하고 있으나, 상태가 좋은 책만을 대상으로 하여서 나머지는 생략하였다.

제6부

신증유합

제1장 신증유합의 한자

　신증유합은 유희춘(柳希春)이 이전에 전해 오는 유합을 증보 수정하여 유합의 1,512자에 1,488자를 더 보태 3,000자로 만든 유합이다.

　이 신증유합은 한 문헌이 편찬되어 간행되기까지의 과정을 소상히 알 수 있는 문헌으로서 우리나라 출판사상 매우 귀중하고 희귀한 문헌이라고 할 수 있다. 유희춘이 그의 일기인 미암일기(眉巖日記)에 이 신증유합이 편찬되는 과정을 자세히 기록하여 두어서 신증유합이 편찬·간행되어 온 과정을 잘 알 수 있기 때문이다.

　유희춘이 신증유합의 편찬을 마음에 두게 된 동기는 신증유합의 서문과 발문에 기록되어 있어서 그 전말을 알 수 있다. 중종년간에 세자시강원(世子侍講院) 설사(說事)로 동궁인 인종의 보도(輔導)에 힘썼는데, 그때 동궁이 배우고 있는 『類合』이 요긴한 글자가 빠진 것이 많고 또한 불교를 숭상하는 내용이 있다고 생각하고 불교의 영향을 없애고 유학의 학습에 도움이 되고자 하여 이 책을 편찬하였다.

　유희춘이 신증유합을 편찬하게 된 동기를 신증유합의 서문에서 다음과 같이 밝히고 있다.

　　臣伏 觀類合一編 出於我東方 不知誰手 然選字精切 人多愛之 第規模不廣 至大至緊之字 遺漏尙多 臣不揆諛聞 修補增益 略成 完書 (신이 엎드려 아룁니다. 유합 한 편을 보니 우리 동방에서 나왔음에도 누구 손으로 지었는지 알지 못합니다. 그러나 선택된 글자가 정밀하고 적절하여 사람들이 많이 사랑하였습니다. 다만 규

모가 넓지 못하고, 지극히 크고 긴요한 글자가 새거나 빠진 것이 오히려 많습니다. 신이 얕은 견문을 헤아리지 못하고 수정하고 보충하고 더하여 대략 완성하였습니다.)

즉 종래의 유합이 정절하여(정밀하고 적절하여) 사랑을 많이 받아 왔지만 규모가 작고 요긴한 한자가 많이 빠져서 유합을 수정 보완하였다는 내용이다.

이 책의 발문에서도 유희춘은 이 책의 편찬 동기를 다음과 같이 밝히고 있다.

臣 昔在嘉靖壬寅 忝爲春坊僚屬 竊觀東宮進講類合 其中尊僧尼而黜儒聖 卽有修正之志(신이 지난 가정 임인년(1542년)에 황송하게도 춘방 소속의 관원이 되어 외람되이 동궁께 유합을 진강하는 것을 보건대, 그 중에 중을 높이고 유가의 성인을 내렸기에 바로 수정할 뜻을 가졌습니다.)

동궁(후에 仁宗)에게 가르치는 유합을 보니 불교를 숭상하고 유교를 낮추는 글이 있어서 이것을 수정할 뜻을 가졌다는 내용이다.

그래서 유합에 보이는 '僧'과 '尼'에 대한 내용도 신증유합에서 수정한 흔적이 보인다. 지금까지 발견된 유합의 최고본은 수다사판(1653년)이므로 이것을 신증유합과 비교해 보면 다음과 같다.

수다사판 유합 〈11a〉		신증유합 〈上:17b〉		비고
賓	손 빈	賓	손 빈	
客	손 긱	客	손 긱	
使	브릴 ᄉ	使	브린 시, ᄒ야곰 ᄉ(上聲)	
介	낫 개	宦	환쟈 환 벼슬 환	'介' 대신 '宦'으로 대치
朋	번 붕	朋	번 붕	
友	번 우	友	번 우	

師	스승 사	師	스승 ᄉᆞ	
傅	스승 부	傅	스승 부	
僧	즁 승	儒	션빅 유	'僧' 대신 '儒'로 대치
尼	즁 니	胥	아젼 셔, 서르 셔	'尼' 대신 '胥'로 대치
巫	무당 무	巫	무당 무	
醫	의원 의	醫	의원 의	
等	근틀 등	等	등뎨 등	
別	다룰 별	別	굴힐 별	
尊	노플 존	尊	노폴 존	
卑	ᄂᆞᆺ즐 비	卑	ᄂᆞ줄 비	

결국 유합에 보이던 '僧尼'를 없애고 대신 그 자리에 '儒胥'로 대치시켰다. 그리고 '僧'은 '神祠僧寺〈上,18b〉'의 위치로 보냈고, '尼'는 신증유합에서 빼어버렸다.

이 신증유합을 편찬한 과정을 간략히 보이면 다음과 같다.

① 신증유합 편찬 착수는 1542년(중종 37년)이다. 미암이 세자시강원 설사(說事)의 일을 맡았을 때이다.

② 완성될 무렵에 20여 년 간의 유배생활로 편찬이 중단되었다.

③ 1570년(선조 3년)에 상중하 3권본을 찾아내어 이임중(李任重)에게 상권과 중권을 받고 기뻐하였다. 하권은 손자 광문(光雯)에게 고향에서 찾아낼 것을 지시한다.

④ 1573년(선조 6년) 서사관인 宋忠祿에게 신증유합의 한글 부분을 쓰게 한다.

⑤ 1574년(선조 7년) 서사관(書寫官) 정치(鄭致)가 필사를 완료하였다.

⑥ 宋忠祿(송충록)에게 중초를 쓰게 하고, 조계옥(趙啓沃)에 중복글자를 찾게 하고 상성과 거성의 권점을 치도록 하였다.

⑦ 최언국(崔彦國)이 권상(卷上)의 언석(諺釋)을 썼다.

⑧ 1574년 4월에 황해감사 민기문(閔起文)에게 신증유합을 간행하도록 하고 박산(朴山)을 통해 신증유합을 해주로 보냈다.

⑨ 최언국(崔彦國)이 이정(李楨)이 쓴 대자(大字) 신증유합 2책을 가져왔다. 조계옥(趙啓沃)에게 상성과 거성의 권점을 하게 하고 이정에게 표제를 쓰게 하였다.

⑩ 1574년 8월에 황해감사 민기문(閔起文)이 신증유합 5부를 인출하여 보내왔는데, 필사자인 이응복(李應福)의 글씨가 아름답다고 하였다. 그러나 오각(誤刻)이나 가각(加刻) 부분이 있음도 알렸다.

⑪ 1576년(선조 9년)에 미암은 벼슬을 버리고 담양에서 저술에 힘썼는데, 이때 자신이 편찬한 신증유합으로 손자에게 가르쳐 보고 수정을 계속하였다.

⑫ 1576년 7월에 홍문관 부제학이 되어 입궐하면서 선조에게 다시 필사하고 장책한 신증유합을 진상하였다. 선조는 석음에 토리(土俚, 사투리)가 있고 "덕(德)"을 '어딜 덕'으로 한 것이 바람직하지 않다고 하였다.

⑬ 1576년에 한성부(礪城尉) 이암(李庵) 송인(宋寅)과 함께 토리(土俚)를 수정하였다.

⑭ 1576년 7월에 선조가 교서관에 인출할 것을 명하였다. 그리고 10월에 수정본을 임금에게 진상하였다.

이 신증유합이 간행된 기록은 조선왕조실록에 전한다.

備忘記曰 新增類合一書 乃柳希春所著 更得完本訂正 令善書人改書開刊事 言于弘文館〈태백산사고본 116책 220권 6장 B면〉
(비망기로 일렀다. 신증유합(新增類合) 한 책은 유희춘(柳希春)이 지은 것이다. 다시 완본(完本)을 찾아 정정(訂正)하고 글씨 잘 쓰는 사람으로 하여금 다시 써서 간행할 일로 홍문관에 이르라.)

물론 신증유합의 한자 하나하나에 대해 수정 보완하여 이 책을 완성하였는데, 여러 사람들의 의견을 들어 결정하였다. 그리고 제안자나 필사자나 또는 성조 표시를 한 사람 등의 이름이 알려져 있는 책이어서 한 책을 완성하기 위해 미암이 얼마나 많은 노력을 해 왔는지를 잘 알 수 있는 문헌이다.

이 신증유합에 수록된 한자는 유합에 수록된 1,512자의 거의 배에 이른다. 구체적으로 보면, 권상에 해당하는 부분에서는 116자, 권하에 해당하는 부분에서는 1,372자로 대폭적인 증가가 이루어졌다. 곧 추상적인 개념을 표시하는 한자가 많아진 것이다. 그 체계는 다음과 같다.

분류	항목수		가감
	유합	신증유합	
수목	24	24	0
천문	104	104	0
중색	16	16	0
지리	56	56	0
초훼	48	48	0
수목	16	24	+8
과실	24	24	0
화곡	16	16	0
채소	24	24	0
금조	48	56	+8
수축	48	48	0
인개	16	24	+8
충치	24	40	+16
인류	40	40	0
도읍	48	56	+8
권속	24	24	0
신체	56	72	+16
실옥	40	48	+8
포진	40	40	0
금백	24	24	0
자용	24	24	0
기계	64	88	+24
식찬	28	32	+4

의복	32	48	+16
심술	4	4	0
동지	476	1,492	+1016
사물	148	504	+356
총계	1512	3000	+1488

이렇게 수록된 한자에 권점(圈點)으로써 성조를 표시하고, 한글로써 새김
과 독음을 달았다. 새김과 독음은 한자 아래에 가로로 적는데, 한 한자에 새김
과 독음이 두 가지가 있으면 가로줄을 긋고서 아래위로 나란히 적었다. 이때
구절의 문맥에 맞는 새김이 위에 놓였다.

유합과 신증유합에서 겹치는 한자는 모두 1,379자이다.

加 可 嘉 嫁 家 架 歌 茄 各 脚 角 閣 幹 澗 看
肝 艱 間 慳 葛 感 柑 減 甘 監 强 江 薑 介 改
皆 芥 開 客 更 羹 去 居 巨 擧 渠 車 乾 乞 儉
擊 隔 堅 牽 犬 肩 見 結 缺 兼 謙 鎌 京 傾 卿
敬 磬 經 耕 莖 輕 鏡 驚 戒 桂 溪 繫 繼 階 古
固 姑 孤 庫 故 枯 羔 考 膏 苦 顧 高 鼓 斛 曲
穀 谷 鵠 困 坤 骨 供 公 功 恐 空 貢 寡 誇 課
過 裏 冠 官 貫 鶴 光 廣 狂 筐 掛 乖 怪 愧 槐
交 敎 橋 膠 郊 丘 久 具 區 口 廐 懼 救 求 溝
灸 狗 臼 舅 舊 鈎 駒 驅 鳩 鷗 裘 國 局 菊 麴
君 群 裙 屈 宮 弓 窮 倦 勸 卷 拳 眷 蕨 闕 櫃
跪 歸 貴 圭 窺 葵 菌 橘 展 勤 根 芹 近 今 琴
襟 錦 汲 矜 其 器 寄 旣 期 棄 機 氣 碁 祈 箕
肌 記 起 飢 麒 吉 金 喫 羅 落 亂 煖 蘭 難 鸞
南 男 藍 納 蠟 囊 乃 內 柰 耐 女 年 念 奴 祿

鹿 農 淚 累 綾 能 泥 多 丹 單 斷 旦 段 短 獺
達 擔 談 答 堂 代 大 對 帶 待 戴 臺 貸 德 倒
刀 到 圖 導 島 桃 渡 濤 稻 賭 逃 道 都 擣 犢
獨 禿 讀 冬 動 同 東 桐 棟 洞 童 銅 斗 頭 臀
得 燈 登 等 藤 騰 騾 樂 涼 糧 藜 閭 驢 力 歷
靂 憐 蓮 連 鍊 列 簾 獵 靈 領 例 禮 爐 賚 賴
耒 了 料 療 蓼 龍 柳 榴 流 留 類 鷚 輪 栗 梨
籬 裏 里 離 隣 鱗 麟 林 立 笠 磨 馬 麻 寞 幕
彎 晚 滿 萬 末 亡 忘 忙 望 網 妹 媒 寐 梅 罵
買 賣 麥 盟 眄 眠 綿 面 名 命 明 鳴 帽 慕 暮
某 母 毛 牡 茅 貌 木 沐 牧 目 苜 夢 蒙 猫 苗
巫 無 畝 舞 蕪 霧 墨 問 文 聞 蚊 門 捫 物 尾
微 眉 米 美 薇 憫 民 密 蜜 朴 薄 雹 半 反 攀
盤 般 返 飯 拔 發 鉢 髮 房 放 方 芳 訪 防 拜
排 杯 背 陪 伯 帛 栢 白 蕃 凡 帆 壁 璧 碧 霹
變 辨 邊 別 屛 幷 瓶 病 秉 餅 報 寶 步 補 伏
僕 卜 服 福 腹 覆 本 奉 封 峯 蓬 蜂 逢 鳳 付
俯 傅 夫 婦 富 扶 斧 浮 父 膚 負 賦 釜 分 奔
焚 盆 粉 紛 佛 拂 朋 備 卑 婢 悲 扉 榧 琵 肥
臂 非 飛 鼻 貧 賓 頻 蘋 鬢 憑 事 伺 似 使 司
士 奢 寺 射 師 思 捨 斜 斯 沙 祀 紗 絲 肆 賜
辭 笥 削 朔 山 散 産 酸 霰 參 森 蔘 衫 揷 鍤
上 嘗 床 想 桑 相 箱 裳 觴 象 霜 賽 色 生 笙
壻 庶 徐 書 栖 犀 薯 西 誓 鋤 黍 鼠 夕 席 惜
昔 石 錫 先 善 宣 扇 羨 膳 船 蘚 蟬 舌 設 雪
纖 蟾 涉 城 姓 性 成 星 省 聲 腥 誠 醒 世 歲

洗 稅 細 嘯 小 少 巢 掃 梳 消 燒 笑 蔬 屬 束
粟 續 速 孫 蟀 松 誦 送 碎 衰 修 受 壽 守 手
收 樹 殊 水 獸 瘦 睡 秀 繡 羞 藪 誰 輸 酬 首
鬚 叟 叔 熟 菽 句 屑 蕈 順 瑟 膝 蝨 濕 拾 習
僧 升 蠅 侍 匙 始 市 施 時 矢 視 試 息 食 飾
伸 新 晨 神 臣 身 辛 辰 失 室 實 蟋 審 尋 心
深 甚 雙 氏 兒 我 惡 安 岸 案 眼 鞍 顔 鴈 巖
暗 仰 哀 愛 艾 腋 額 也 夜 野 弱 藥 躍 楊 羊
讓 釀 陽 養 於 漁 禦 語 魚 億 憶 言 儼 掩 予
汝 與 餘 亦 易 逆 驛 宴 延 椽 涎 淵 硯 軟 悅
熱 厭 染 炎 髥 鹽 葉 影 映 榮 永 營 盈 詠 迎
刈 霓 吾 娛 梧 烏 屋 玉 穩 翁 瓦 臥 蛙 蝸 椀
緩 曰 往 王 外 畏 搖 腰 要 饒 浴 褥 勇 容 用
春 又 友 右 宇 愚 憂 牛 羽 芋 遇 隅 雨 云 雲
韻 熊 雄 元 原 圓 怨 源 猿 遠 院 願 月 越 位
僞 圍 慰 爲 葦 謂 違 熨 乳 幼 惟 有 柔 油 誘
踰 遺 肉 潤 恩 銀 隱 陰 音 飮 揖 泣 邑 應 鷹
依 倚 宜 意 疑 義 蟻 衣 醫 欹 爾 移 耳 貳 益
翌 翼 鷁 人 印 引 忍 茵 蚓 壹 日 溢 逸 入 孕
刺 子 字 玆 紫 自 雌 觜 作 嚼 昨 勺 酌 雀 鵲
殘 盞 暫 簪 雜 墻 帳 張 掌 杖 檣 漿 粧 腸 薔
醬 長 再 在 才 材 栽 裁 財 載 齋 爭 低 杵 渚
苧 寂 摘 炙 積 笛 赤 跡 前 專 戰 殿 田 箭 轉
錢 電 顚 切 折 節 絕 占 簟 接 蝶 井 亭 定 庭
情 正 汀 淨 頂 鼎 啼 帝 弟 提 梯 濟 祭 第 臍
諸 蹄 除 助 早 朝 條 棗 槽 潮 照 爪 祖 藻 蚤

造 釣 阻 鳥 竈 族 簇 足 存 尊 從 種 終 鐘 蹤
佐 坐 左 主 住 州 廚 晝 朱 柱 注 洲 珠 紬 舟
蛛 走 酒 竹 粥 樽 中 衆 重 卽 楫 增 憎 拯 甑
蒸 贈 之 地 志 持 指 支 智 枝 止 池 知 紙 脂
至 芝 遲 直 稷 職 塵 振 榛 珍 眞 進 鎭 叱 姪
疾 迭 斟 執 集 嗟 次 此 遮 錯 饌 察 慙 倉 創
唱 窓 菖 彩 採 菜 冊 妻 處 尺 擲 隻 躑 天 川
泉 淺 穿 薦 賤 踐 遷 鐵 添 妾 廳 晴 淸 聽 菁
請 靑 蜻 涕 體 砌 初 招 草 蕉 超 醮 綃 鞘 鷦
促 燭 躅 寸 村 叢 聰 催 最 抽 推 楸 秋 追 錐
雛 麤 祝 縮 逐 春 椿 出 蟲 取 吹 娶 炊 翠 聚
醉 側 侈 雉 馳 齒 鴟 親 漆 寢 枕 稱 他 打 拖
駝 啄 濁 濯 吞 彈 炭 奪 脫 探 湯 怠 苔 澤 吐
土 桶 通 堆 退 妬 投 鬪 波 琶 破 罷 芭 板 烹
便 片 鞭 平 吠 閉 布 抱 浦 蒲 袍 飽 瓢 豹 飄
縹 楓 豊 風 彼 皮 被 避 匹 畢 筆 乏 下 夏 荷
蝦 賀 霞 學 鶴 寒 恨 旱 汗 罕 閑 限 割 函 含
檻 緘 合 蛤 缸 項 害 海 蟹 解 薢 杏 行 向 響
餉 香 噓 虛 獻 軒 險 革 懸 玄 縣 賢 血 狹 兄
形 螢 惠 呼 壺 好 戶 湖 狐 虎 號 護 昏 忽 笏
紅 虹 鴻 化 火 畫 禾 花 華 鑊 丸 喚 患 換 歡
環 還 活 篁 荒 黃 廻 悔 懷 晦 會 檜 灰 膾 誨
橫 孝 曉 侯 厚 喉 後 猴 訓 喧 萱 揮 輝 休 携
畦 虧 鵂 恤 凶 胸 黑 欣 吸 喜 稀 柿 箒 筋 緲
耔 恥 腮 莧 褙 蓂 蜓 蠖 靸 頤 鷸 麨 黙

신증유합에만 실려 있는 한자는 모두 1,620자이다. 그 목록을 보이면 다음
과 같다(한자음의 가나다순).

轇 瑣 釵 衙 氈 虵 羷 免 佳 假 暇 稼 苛 賈 駕
刻 却 恪 愨 覺 刊 墾 姦 干 懇 揀 簡 諫 渴 竭
堪 憾 敢 瞰 鑑 撼 酣 甲 剛 康 慷 疆 綱 講 僵
慨 溉 蓋 豈 檠 鏗 拒 據 遽 鋸 袪 裾 件 健 巾
建 愆 虔 傑 劍 鈐 黔 怯 刼 憩 揭 格 激 骼
甄 絹 譴 遣 鵑 蠲 決 潔 慊 歉 勁 境 徑 慶 擎
景 梗 硬 竟 競 耿 警 頃 鯨 罄 鯁 啓 契 季 悸
械 界 稽 計 誡 雞 叩 告 槁 痼 股 藁 蠱 袴 詁
辜 錮 羖 哭 昆 袞 悃 閫 鵑 共 孔 工 恭 拱 控
攻 鞏 戈 果 瓜 科 夥 蝌 寬 慣 款 灌 管 觀 關
館 盥 刮 括 匡 曠 恇 誆 壞 魁 宏 肱 嬌 巧 攪
校 皎 矯 驕 九 仇 俱 咎 寇 拘 構 矩 究 苟 軀
龜 窶 覯 踞 窘 軍 郡 掘 窟 穹 芬 權 蹶 潰 詭
軌 饋 几 匱 晷 鬼 揆 竅 糾 規 闈 均 鈞 克 劇
戟 極 隙 僅 斤 筋 謹 靳 禁 衾 及 急 級 給 肯
亙 企 冀 嗜 基 奇 妓 岐 己 幾 忌 技 旗 欺 紀
耆 譏 饑 騎 羈 蟣 覬 緊 懦 螺 諾 卵 爛 柀 楠
濫 廊 朗 浪 狼 郎 來 冷 恬 拈 寧 佞 勞 怒 老
蘆 虜 路 露 駑 鷺 綠 錄 論 弄 濃 籠 磊 腦 賂
雷 餒 屢 漏 縷 陋 嫩 紐 勒 稜 陵 匿 昵 團 檀
端 鍛 椴 怛 闥 淡 湛 澹 膽 覃 韃 戀 撞 當 糖
黨 儻 瑠 褙 譚 袋 宅 塗 度 徒 悼 棹 盜 禱 覩
蹈 途 陶 韜 叨 饕 毒 瀆 督 篤 纛 櫝 黷 惇 敦

頓 突 凍 僮 杜 豆 抖 蚪 蠹 陡 遞 鈍 迤 懶 絡
覽 掠 略 亮 兩 粱 良 量 侶 勴 廬 慮 戾 礪 麗
厲 戀 練 聯 劣 洌 烈 裂 廉 斂 躐 令 逞 鱸 聾
牢 酹 僚 瞭 聊 遼 樓 鏤 六 戮 倫 淪 綸 掄 律
率 隆 凜 虜 利 吏 履 李 理 異 罹 贏 鯉 吝 臨
霖 摩 漠 邈 慢 挽 曼 蔓 蠻 謾 妄 罔 芒 茫 埋
昧 邁 魅 貊 脉 氓 猛 盲 萌 甍 覓 免 冕 勉 麪
滅 冥 溟 銘 侮 冒 模 耗 謀 謨 媚 旄 耄 睦 沒
墓 妙 廟 渺 眇 務 撫 武 繆 茂 誣 貿 鶩 廡 鶩
紊 味 媚 彌 迷 靡 弭 糜 悶 愍 敏 泯 謐 博 搏
泊 璞 粕 迫 駁 伴 叛 泮 蟠 頒 傍 防 滂 磅 蚌
謗 邦 倍 俳 北 培 輩 配 百 魄 煩 繁 藩 蹯 伐
罰 泛 犯 範 法 僻 癖 闢 鼊 兵 柄 炳 並 迸 保
普 輔 葡 輻 馥 蝠 捧 縫 鋒 剖 副 否 府 復 敷
溥 符 腐 賻 赴 部 附 哀 填 奮 忿 憤 不 崩 庇
儤 比 沸 秘 脾 裨 費 鄙 圮 羆 苻 彎 閟 擯 聘
騁 冰 乍 仕 俟 史 嗣 四 寫 徙 查 死 社 祠 私
舍 詐 詞 謝 赦 邪 虵 數 鑠 刪 鏟 殺 三 杉 澁
傷 償 商 喪 尚 常 庠 爽 祥 翔 詳 賞 塞 嗇 穡
眚 序 恕 瑞 笙 絮 胥 舒 逝 噬 紓 析 碩 仙
選 屑 泄 褻 說 齧 殲 贍 閃 憸 攝 惺 盛 聖 勢
貰 召 宵 昭 疏 素 紹 蕭 蘇 訴 逍 邂 銷 騷 泝
踈 俗 巽 損 遜 悚 訟 頌 辣 刷 灑 鎖 囚 垂 帥
愁 授 搜 穗 粹 綏 讐 遂 邃 銖 隨 須 髓 售 豎
宿 淑 肅 倏 巡 徇 循 盾 純 詢 醇 馴 術 述 崇
淬 襲 乘 勝 承 繩 恃 是 猜 示 著 詩 豺 式 拭

植 殖 熄 識 信 宸 愼 爐 申 紳 腎 薪 訊 迅 悉
沈 十 芽 蛾 茴 訝 阿 雅 餓 鵝 迓 嶽 愕 握 渥
諤 鶚 按 斡 謁 閼 訐 遏 晻 諳 頷 黯 壓 狎 鴨
央 快 殃 鴦 涯 隘 礙 藹 騃 厄 掖 液 櫻 鸚 冶
若 約 鑰 壤 恙 揚 攘 樣 洋 御 馭 飫 抑 彥 蘗
嚴 奄 淹 業 聿 暗 余 如 旅 茹 輿 域 役 繹 姸
捐 椽 沿 涓 演 然 煙 燕 硏 衍 閼 焰 驪 燁 嶸
泳 潁 纓 英 贏 嬰 縈 乂 睿 穢 藝 裔 詣 譽 豫
銳 預 翳 鯢 五 傲 奧 悟 污 誤 忤 襖 沃 獄 慍
蘊 醞 兀 壅 擁 甕 雍 訛 婉 完 玩 腕 頑 枉 汪
巍 煨 僥 夭 妖 拗 擾 曜 窈 繞 耀 謠 遙 邀 邈
欲 辱 庸 涌 聳 鎔 偶 優 寅 尤 祐 紆 迂 耘
運 隕 紜 蔚 鬱 園 垣 寃 愿 援 苑 鴛 鉞 偉 危
委 威 緯 胃 萎 煒 透 聞 儒 唯 孺 宥 幽 庚 愈
愉 游 濡 猶 由 維 裕 諛 諭 揉 牖 糅 鮪 育 允
胤 戎 融 殷 誾 吟 淫 廳 挹 凝 膺 儀 懿 擬 毅
議 二 夷 弛 怡 珥 眙 邇 餌 迤 溺 仁 咽 因 姻
寅 認 仞 一 鎰 洪 任 仍 滕 姿 恣 慈 滋 炙 疵
藉 諮 資 柘 籽 賣 勺 灼 爵 綽 孱 剗 潛 箋 蠶
丈 匠 場 壯 將 狀 章 臟 臧 莊 葬 藏 障 鏘 羼
宰 梓 滓 災 齋 纔 崢 儲 咀 底 抵 楮 沮 菹 著
詛 貯 柢 瀦 苴 蛆 詆 豬 吊 嫡 敵 滴 狄 的 籍
績 謫 賊 迪 適 覿 逖 傳 全 典 塡 奠 展 悛 煎
箋 纏 鐫 湔 痊 翦 鱣 鸇 氈 截 竊 漸 點 丁 停
偵 呈 廷 征 挺 政 整 旌 程 精 訂 貞 鉦 靖 靜
制 製 際 霽 齊 擠 躋 兆 凋 措 操 燥 眺 祚 稠

粗糟組肇詔調躁遭澡鵰卒拙宗綜縱
鐘罪周奏宙株湊籌註誅鑄儔拄肘蚯
賵俊埈峻浚準竣蠢逡遵蹲苗仲丐證
咫旨漬祉祇蜘痣織珍津盡繽臻診賑
陣震趁嫉帙秩窒蛭質緝輯戢徵懲澄
且借差磋茶捉窄鑿斲撰纂粲贊鑽釁
僭慘斬讒譖倡彰敞昌暢漲蒼悵債綵
蔡策責幀凄個剔戚斥滌瘠夯陟惕千
擅舛釧闡哲徹澈綴輟轍掇尖沾詔忝
簷帖捷牒疊滯締諦逮青椒焦稍醋杪
誚觸寵恩總蔥撮摧墜樞芻趨醜畜築
蓄軸朮黜斱充忠沖悴萃揣就臭驟勗
惻廁層厄值噠崎幟治熾癡稚緻置致
豸則筋救七侵浸砧鍼忱蟄叙快怫唾
墮妥惰詫鼉卓圻拓擢琢託踔嘆坦憚
誕耽貪蕩態殆泰胎擇撐攄討痛統頹
偸透慝特把播派怕判販辦八佩悖敗
沛貝愎偏篇編徧貶評嬖幣廢弊肺蔽
包哺圃怖抛捕褒逋鋪幅暴曝壺剽標
漂表品稟諷姊披疲必逼何廈河瑕遐
嚇礴堅虐悍瀚捍轄咸涵陷閤闔恒抗
降偕孩懈該諧邂駭醢劾薤倖幸亨鄉
許憲歇驗奕赫眩絃衒顯穴嫌協夾挾
浹脅愜亨刑炯瑩衡逈馨慧互毫浩灝
皓胡蝴豪沍篋惑酷婚混渾魂悟惚弘
泓洪和禍話貨廓擴確宦幻渙煥篆滑

猾 谿 闖 凰 惶 煌 璜 皇 悅 肓 睨 匯 回 徊 恢

賄 劃 獲 效 辇 候 后 嗅 朽 煦 逅 涸 勳 塤 薰

暄 毀 諱 麾 譌 痕 釁 屹 訖 欠 欽 歆 洽 輿 姬

希 戲 禧 詰 黠 睪 慼 懵 挈 撤 啓 梗 槀 沴 滲

爕 狃 狠 獎 畀 礑 秔 笋 檗 紝 翖 耇 拳 肧 荄

葎 薾 蚚 蚑 蟆 袤 裩 襦 覰 詈 豔 賒 賸 贗 跧

蹌 蹋 蹎 醶 鋌 鞥 韡 韯 鴮 鷞 鶮 黒 嚤

신증유합에는 없고 유합에만 있는 한자는 모두 132자이다.

呵 降 盖 鉅 鷄 苙 蛋 菓 玖 机 龜 豈 懶 樓 尼

茶 毯 踏 碓 苣 螺 駱 卵 浪 狼 來 冷 櫟 勞 怒

老 蘆 路 露 鷺 綠 籠 雷 屢 勒 狸 漫 襪 糆

목 鼻 竝 復 梟 不 北 噴 鵬 氷 娉 梭 篩 蛇 蒜

狀 塞 洒 厶 疎 霄 率 數 笱 豕 歧 蝨 拾 鶯 若

戀 烟 鶱 伍 瓮 踴 柚 遊 陸 倫 利 李 異 臨 剩

煮 獐 錚 猪 剪 氈 餞 霝 弔 瞋 着 攢 鴒 釵 嘖

仟 蚕 摠 蕙 鷟 廁 柒 沈 針 欵 宅 兎 捌 杯 娚

衘 現 鞋 靴 畫 梟 峤 舘 菜 釗 霍 鵰

  미암 유희춘이 공들여 편찬한 신증유합은 일반적인 한자 학습서로 쓰이던 천자문과는 어떠한 차이가 있을까? 그래서 석봉천자문과 신증유합을 비교해 보았다. 천자문과 신증유합이 공유하고 있는 한자는 모두 864자이다. 신증유합이 천자문을 많이 참조하였음을 알 수 있다. 그런데 864자 중에서 석봉천자문(초간본)과 비교하여 보면 한자의 석음이 동일한 것은 461자이고, 한자의 석음이 다른 것은 403자이다. 특히 신증유합의 복수 자석은 다른 자석으로 계산

하였다.

신증유합과 석봉천자문 초간본에 보이는 한자의 석음이 동일한 461 개를
보이면 다음과 같다.

한자	신증유합		석봉천자문	
	출전	석음	출전	석음
假	下,38a	빌 가	25a	빌 가
家	上,17a	집 가	22a	집 가
歌	下,6a	놀애 가	36b	놀애 가
甘	上,10a	둘 감	14a	둘 감
甲	上,29a	갑 갑	19b	갑 갑
康	下,44a	편안 강	37a	편안 강
薑	上,10b	싱강 강	3b	싱강 강
改	上,4b	고틸 기	8a	고틸 기
皆	上,20a	다 기	40a	다 기
芥	上,10b	계ᄌ 개	3b	계ᄌ 개
去	下,19a	갈 거	14a	갈 거
居	上,24a	살 거	31b	살 거
巨	下,48a	鉅 클 거	3a	클 거
擧	下,20a	들 거	36b	들 거
巾	上,31a	슈건 건	35b	슈건 건
建	下,13b	셸 건	9b	셸 건
堅	下,59a	구들 견	17b	구들 견
見	下,1b	볼 견	31a	볼 견
遣	下,19a	보낼 견	32a	보낼 견
潔	下,61b	조홀 결	35b	조홀 결
結	下,40b	밀 결	2b	밀 결
京	上,19a	셔울 경	18a	셔울 경
傾	下,12b	기울 경	24a	기울 경
慶	下,10a	경하 경	10b	경하 경
景	下,51a	볃 경	9b	볃 경
竟	下,29b	ᄆᆞᆾ 경	13b	ᄆᆞᆾ 경
輕	下,48b	가비야올 경	22b	가비야올 경

溪	上,5b	시내 계	23a	시내 계
雞	上,12a	鷄 돍 계	27a	돍 계
古	上,19b	녜 고	31b	녜 고
顧	上,25a	도라볼 고	38a	도라볼 고
高	下,48b	노폴 고	22a	노폴 고
鼓	上,29b	갓붑 고	20a	갓붑 고
曲	下,18a	고블 곡	23b	고블 곡
谷	上,5b	골 곡	10a	골 곡
功	下,42a	공 공	22b	공 공
孔	下,24b	구무 공	15b	구무 공
工	下,60a	바치 공	40a	바치 공
恐	下,15a	저흘 공	37b	저흘 공
空	下,49a	뷜 공	10a	뷜 공
貢	上,19a	바틸 공	28b	바틸 공
果	上,10a	여름 과	3b	여름 과
冠	上,30b	곳갈 관	22a	곳갈 관
官	上,18a	구의 관	4a	구의 관
光	上,32a	빗 광	3a	빗 광
匡	下,8b	고틸 광	23b	고틸 광
廣	下,47b	너블 광	20b	너블 광
交	上,3b	사괼 교	16a	사괼 교
九	上,1a	아홉 구	26b	아홉 구
口	上,20b	입 구	34b	입 구
懼	下,15a	두릴 구	37b	두릴 구
求	下,45a	구홀 구	31b	구홀 구
駒	上,13b	미야지 구	6b	미야지 구
驅	下,46a	몰 구	22a	몰 구
國	上,17a	나라 국	4b	나라 국
宮	上,18a	집 궁	18b	집 궁
勸	下,34b	권홀 권	29a	권홀 권
貴	下,2b	귀홀 귀	14b	귀홀 귀
根	上,8b	불휘 근	33a	불휘 근
琴	上,24b	거믄고 금	39a	거믄고 금
器	上,29b	그릇 긔	9a	그릇 긔

基	下,12a	터 긔	13b	터 긔
己	下,4a	몸 긔	8b	몸 긔
旣	上,30b	이믜 긔	20b	이믜 긔
氣	上,4b	긔운 긔	16a	긔운 긔
起	下,5a	닐 긔	25b	닐 긔
飢	下,7a	주릴 긔	35a	주릴 긔
金	上,25b	쇠 금	2b	쇠 금
蘭	上,7a	난초 난	12a	난초 난
難	下,57b	어려울 란	9a	어려울 란
男	上,17a	아들 남	8a	아들 남
藍	上,8a	족 남	36a	족 남
囊	上,31b	ㄴᄆᆺ 낭	34a	ㄴᄆᆺ 낭
來	下,19a	올 ᄅᆡ	1b	올 ᄅᆡ
內	上,2a	안 ᄂᆡ	20b	안 ᄂᆡ
女	上,17a	겨집 녀	7b	겨집 녀
年	上,4b	희 년	40b	희 년
老	上,17a	늘글 로	35a	늘글 로
路	上,18b	길 로	21b	길 로
農	下,24a	녀름지을 롱	28a	녀름지을 롱
勒	下,25a	굴에 륵	23a	굴에 륵
多	上,10a	할 다	24b	할 다
達	上,1b	ᄉᆞᄆᆞᆾ 달	20b	ᄉᆞᄆᆞᆾ 달
淡	下,52a	믈글 담	3b	믈글 담
談	下,1b	말ᄉᆞᆷ 담	8b	말ᄉᆞᆷ 담
答	下,40a	되답 답	38a	되답 답
大	下,47b	큰 대	7a	큰 대
對	下,40a	되답 ᄃᆡ	19b	되답 ᄃᆡ
帶	上,31b	ᄯᅴ ᄃᆡ	41b	ᄯᅴ ᄃᆡ
宅	上,23a	집 ᄐᆡᆨ	23b	집 ᄐᆡᆨ
圖	下,41b	그림 도	19a	그림 도
途	下,58a	塗 길 도	25a	길 도
道	上,18b	길 도	5b	길 도
獨	下,44a	홀 독	33b	홀 독
讀	下,8b	닐글 독	33b	닐글 독

敦	下,15b	두터울 돈	29a	두터울 돈
動	下,47b	뮐 동	17a	뮐 동
東	上,2a	동녁 동	18a	동녁 동
桐	上,9a	머귀 동	33a	머귀 동
洞	上,5b	골 동	27b	골 동
杜	下,15a	마글 두	21a	마글 두
得	下,57b	어들 득	8a	어들 득
登	下,5b	오룰 등	13b	오룰 등
騾	上,13b	로새 라	38b	로새 라
驢	上,13b	나귀 려	38b	나귀 려
麗	下,35b	빗날 려	2b	빗날 려
歷	上,4b	曆 디날 력	32b	디날 력
連	上,6b	니을 련	16a	니을 련
禮	下,1b	녜도 녜	14b	녜도 녜
賴	下,44a	힘니블 뢰	7a	힘니블 뢰
遼	下,54b	멀 료	39a	멀 료
倫	上,16b	물 륜	39b	물 륜
率	下,8a	드릴 솔	6a	드릴 솔
履	下,15b	블올 리	11b	블올 리
李	上,9b	오얏 니	3b	외얏 니
異	上,14a	다룰 이	35a	다룰 이
離	下,43b	여흴 리	16b	여흴 리
林	上,5b	수플 림	31a	수플 림
臨	上,2b	디늘 림	11b	디늘 림
立	下,5a	셜 립	9b	셜 닙
摩	下,9b	문질 마	33b	문질 마
磨	下,46b	글 마	16a	글 마
邈	下,16a	멀 막	27b	멀 막
晚	下,57a	느즐 만	32b	느즐 만
滿	下,49a	츨 만	17b	츨 만
萬	上,1a	일만 만	7a	일만 만
亡	下,57b	업슬 망	39a	업슬 망
寐	下,6a	잘 미	36a	잘 미
盟	下,14a	밍셔 밍	25a	밍셔 밍

勉	下,42a	힘쓸 면	30a	힘쓸 면
面	上,20b	놋 면	18b	놋 면
名	上,7a	일홈 명	9b	일홈 명
明	上,3b	볼글 명	20b	볼글 명
鳴	上,14b	울 명	6b	울 명
慕	下,11a	스모 모	7b	스모 모
母	上,19b	어미 모	15a	어미 모
毛	上,14b	터력 모	40a	터력 모
木	上,7a	나모 목	6b	나모 목
牧	上,19a	칠 목	25b	칠 목
目	上,20b	눈 목	34a	눈 목
蒙	下,46a	니블 몽	42a	니블 몽
廟	下,9a	종묘 묘	41b	종묘 묘
務	下,10a	힘쓸 무	28a	힘쓸 무
武	下,3b	미올 무	24a	미올 무
無	下,58b	업슬 무	13b	업슬 무
墨	上,25a	먹 믁	9a	먹 믁
黙	下,17a	嘿 줌줌 믁	31b	줌줌 믁
文	上,25a	글월 문	4b	글월 문
聞	下,1b	드롤 문	42a	드롤 문
微	下,51a	쟈글 미	23b	쟈글 미
民	上,17a	빅셩 민	5a	빅셩 민
薄	下,48b	열울 박	11b	열울 박
飯	上,29b	밥 반	34b	밥 반
發	下,55a	베플 발	5a	베플 발
傍	下,53b	겯 방	19b	겯 방
房	上,22b	방 방	35b	방 방
拜	下,5b	절 빈	37b	절 빈
杯	上,27a	盃 잔 빈	36b	잔 빈
背	上,21a	등 빈	18b	등 빈
陪	下,14b	뫼실 빈	22a	뫼실 빈
白	上,5a	흰 빅	6b	흰 빅
煩	下,20a	어즈러울 번	25b	어즈러울 번
辨	下,18a	굴힐 변	30a	굴힐 변

594

幷	下,48a	아올 병	26b	아올 병
寶	上,26a	보비 보	10b	보비 보
福	下,2a	복 복	10b	복 복
本	下,63a	밑 본	28a	밑 본
封	下,40b	봉홀 봉	21b	봉홀 봉
俯	下,5b	구블 부	41b	구블 부
傅	上,17b	스승 부	15a	스승 부
夫	上,19b	짓아비 부	15a	짓아비 부
府	上,18a	마을 부	21b	마을 부
扶	下,11a	븓들 부	24a	븓들 부
浮	下,62a	뜰 부	18b	뜰 부
父	上,19b	아비 부	11a	아비 부
紛	下,49a	어즈러울 분	39b	어즈러울 분
不	下,13a	아닐 블	12b	아닐 블
卑	上,17b	느줄 비	14b	느줄 비
肥	下,2a	슬질 비	22b	슬질 비
非	上,26b	아닐 비	10b	아닐 비
飛	上,13a	늘 비	19a	늘 비
賓	上,17b	손 빈	6a	손 빈
似	下,49a	フ틀 ᄉ	12a	フ틀 ᄉ
史	下,39a	ᄉ긔 ᄉ	29a	ᄉ긔 ᄉ
嗣	下,23b	니을 ᄉ	37a	니을 ᄉ
四	上,1a	넉 ᄉ	7a	넉 ᄉ
寫	下,39b	슬 샤	19a	슬 샤
師	上,17b	스승 ᄉ	4a	스승 ᄉ
斯	上,22b	이 ᄉ	12a	이 ᄉ
沙	上,6a	몰애 사	26a	몰애 사
祀	下,14a	졔ᄉ ᄉ	37a	졔ᄉ ᄉ
絲	上,26a	실 ᄉ	9a	실 ᄉ
舍	上,23a	집 샤	19b	집 샤
謝	下,43b	샤례 샤	32a	샤례 샤
辭	下,9b	말ᄉᆞᆷ ᄉ	13a	말ᄉᆞᆷ ᄉ
散	下,43b	흐틀 산	32a	흐틀 산
上	上,2a	웃 샹	14b	웃 샹

嘗	下,11b	맛볼 샹	37a	맛볼 샹
相	上,4b	서르 샹	21b	서르 샹
箱	上,28a	샹ᄌ 샹	34a	샹ᄌ 샹
裳	上,31a	치마 샹	4b	치마 샹
觴	上,27a	잔 샹	36b	잔 샹
詳	下,60a	ᄌ세 샹	38a	ᄌ세 샹
霜	上,4a	서리 상	2b	서리 상
塞	下,62b	마글 싁	27a	마글 싁
色	上,5a	빗 싁	30a	빗 싁
生	上,14a	날 싱	2b	날 싱
笙	上,24b	뎌 싱	20a	뎌 싱
書	上,25a	글월 셔	21a	글월 셔
西	上,2a	셔녁 셔	18a	셔녁 셔
黍	上,10a	기장 셔	28b	기장 셔
席	上,24a	돗 셕	19b	돗 셕
石	上,6a	돌 셕	27b	돌 셕
仙	下,24a	僊 션인 션	19a	션인 션
善	下,2a	어딜 션	10b	어딜 션
宣	上,3b	베플 션	26a	베플 션
扇	上,25a	부체 션	35b	부체 션
膳	上,30b	차반 션	34b	차반 션
設	上,30a	베플 셜	19b	베플 셜
城	上,18b	잣 셩	27a	잣 셩
性	下,1a	셩 셩	17a	셩 셩
星	上,2b	별 셩	20a	별 셩
盛	下,62b	셩홀 셩	12a	셩홀 셩
聖	下,2b	셩인 셩	9b	셩인 셩
聲	下,1a	소리 셩	10a	소리 셩
誠	下,13a	정셩 셩	13a	정셩 셩
世	下,47b	인간 셰	22b	인간 셰
逍	下,28b	노닐 쇼	32a	노닐 쇼
俗	下,20b	풍쇽 쇽	39b	풍쇽 쇽
續	下,12b	니을 쇽	37a	니을 쇽
松	上,8b	솔 숑	12a	솔 숑

垂	下,26a	드리울 슈	5b	드리울 슈
守	下,43b	디킬 슈	17b	디킬 슈
手	上,21a	손 슈	36b	손 슈
收	下,26b	거둘 슈	2a	거둘 슈
水	上,6a	믈 슈	2b	믈 슈
隨	下,31b	조츨 슈	15a	조츨 슈
叔	上,20a	아자비 슉	15b	아자비 슉
熟	上,10b	니글 슉	28b	니글 슉
習	下,8b	니길 습	10a	니길 습
侍	下,14b	뫼실 시	35b	뫼실 시
始	下,63a	비르슬 시	4b	비르슬 시
施	下,20a	베플 시	40a	베플 시
時	上,3a	시졀 시	23a	시졀 시
矢	上,28b	살 시	40b	살 시
植	下,41b	시믈 식	30a	시믈 식
愼	下,3a	삼갈 신	13a	삼갈 신
新	上,11a	새 신	28b	새 신
神	上,18b	신령 신	17a	신령 신
臣	上,17a	신하 신	6a	신하 신
薪	下,28a	섭 신	41a	섭 신
身	上,22b	몸 신	7a	몸 신
甚	下,58b	심홀 심	13b	심홀 심
我	上,22b	나 아	28b	나 아
安	下,63a	편안 안	13a	편안 안
巖	上,5b	바회 암	28a	바회 암
仰	下,5b	울얼 앙	41b	울얼 앙
愛	下,3a	亽랑 이	5b	亽랑 이
夜	上,3a	밤 야	3a	밤 야
弱	下,2a	약홀 약	24a	약홀 약
羊	上,14a	양 양	9a	양 양
陽	上,4b	볃 양	2a	볃 양
養	上,30a	칠 양	7b	칠 양
於	上,16b	늘 어	28a	늘 어
語	下,1b	말솜 어	42b	말솜 어

魚	上,14b	고기 어	29a	고기 어
言	下,1b	말슴 언	13a	말슴 언
餘	下,58b	나믈 여	2a	나믈 여
妍	下,52a	고올 연	40a	고올 연
緣	下,29a	말미 연	10b	말미 연
熱	上,2b	더울 열	38a	더울 열
染	下,48b	믈들 염	9a	믈들 염
葉	上,8b	닙 엽	33a	닙 엽
榮	上,8b	영화 영	13b	영화 영
盈	下,49a	츨 영	1b	츨 영
譽	下,45a	기릴 예	26a	기릴 예
五	上,1a	다슷 오	7a	다슷 오
梧	上,9a	머귀 오	33a	머귀 오
溫	上,2b	드슬 온	12a	드슬 온
曰	上,14b	굴 왈	11a	굴 왈
往	下,19a	갈 왕	1b	갈 왕
外	上,2a	밧 외	15a	밧 외
畏	下,26b	저흘 외	34a	저흘 외
要	上,26b	종요 요	37b	종요 요
容	下,1a	즛 용	12b	즛 용
用	上,9a	뻐 용	26a	뻐 용
友	上,17b	번 우	16a	번 우
宇	上,18a	집 우	1a	집 우
愚	下,2a	어릴 우	42a	어릴 우
羽	上,13a	짓 우	4a	짓 우
雨	上,4a	비 우	2b	비 우
運	下,13b	옴길 운	33b	옴길 운
雲	上,4a	구룸 운	2b	구룸 운
垣	下,28b	담 원	34a	담 원
遠	下,57a	멀 원	27b	멀 원
願	下,13a	원홀 원	38a	원홀 원
月	上,2b	둘 월	1b	둘 월
位	上,1b	벼슬 위	4b	벼슬 위
威	下,21b	위엄 위	26a	위엄 위

煒	下,24b	빗날 위	36a	빗날 위
有	上,7a	이실 유	5a	이실 유
維	下,16a	얼글 유	9b	얼글 유
育	下,22a	칠 육	5b	칠 육
銀	上,25b	은 은	36a	은 은
隱	下,62a	수믈 은	16b	수믈 은
陰	上,4b	그늘 음	11a	그늘 음
音	下,1a	소릭 음	29b	소릭 음
邑	上,19b	고올 읍	18a	고올 읍
儀	下,23b	거동 의	15a	거동 의
意	下,1a	쁜 의	17b	쁜 의
疑	下,42b	의심 의	20a	의심 의
衣	上,30b	옷 의	4b	옷 의
二	上,1a	두 이	18a	두 이
耳	上,20b	귀 이	34a	귀 이
貽	下,26a	줄 이	30a	줄 이
益	下,45b	더을 익	14a	더을 익
人	上,16b	사름 인	4a	사름 인
日	上,2b	날 일	1b	날 일
入	下,5a	들 입	15a	들 입
姿	下,44b	양즈 즈	40a	양즈 즈
子	上,10a	아둘 즈	15b	아둘 즈
慈	下,47b	이 즈	28a	이 즈
作	上,3b	지을 작	9b	지을 작
潛	下,4b	줌길 줌	4a	줌길 줌
箴	下,27b	경계 줌	16a	경계 줌
墻	上,24a	담 쟝	34a	담 쟝
帳	上,24a	댱 댱	19b	댱 댱
張	上,16b	베플 댱	1b	베플 댱
章	下,39a	글월 쟝	5b	글월 쟝
藏	下,37a	갈몰 장	2a	갈몰 장
在	上,25a	이실 직	6b	이실 직
才	下,1b	지조 직	8a	지조 직
嫡	下,35b	덕실 덕	37a	덕실 덕

籍	下,24b	글월 적	13b	글월 적
赤	上,5a	블글 적	27a	블글 적
跡	下,1a	迹 자최 적	26b	자최 적
典	下,42b	법 뎐	20b	법 뎐
田	上,6a	받 뎐	27a	받 뎐
顚	下,17a	업더딜 뎐	17a	업더딜 뎐
節	上,3a	ᄆᆞᄃᆡ 졀	16b	ᄆᆞᄃᆡ 졀
接	上,6b	브틀 졉	36b	브틀 졉
亭	上,22b	뎡ᄌᆞ 뎡	27a	뎡ᄌᆞ 뎡
庭	上,23b	뜰 뎡	27b	뜰 뎡
情	下,1a	뜯 졍	17a	뜯 졍
正	下,63a	졍홀 졍	10a	졍홀 졍
精	下,4b	졍홀 졍	26a	졍홀 졍
貞	下,3a	고둘 뎡	7b	고둘 뎡
濟	下,11a	건넬 졔	24a	건널 졔
祭	下,24a	졔ᄉᆞ 졔	37a	졔ᄉᆞ 졔
諸	上,16b	모들 졔	15b	모들 졔
助	下,11a	도울 조	42b	도울 조
操	下,20a	자블 조	17b	자블 조
朝	上,3a	아춤 됴	5b	아춤 됴
調	下,60a	고를 됴	2a	고를 됴
鳥	上,7a	새 됴	4a	새 됴
足	上,21b	발 족	36b	발 족
存	下,57b	이실 존	14a	이실 존
尊	上,17b	노폴 존	14b	노폴 존
宗	下,59b	ᄆᆞᄅ 종	26b	ᄆᆞᄅ 종
從	下,19b	조출 종	14a	조출 종
終	下,63a	ᄆᆞ춤 종	13a	ᄆᆞ춤 종
佐	下,11a	도울 좌	23a	도울 자
坐	下,5a	안줄 좌	5b	안줄 좌
主	上,16b	님 쥬	27a	님 쥬
周	下,22b	두루 쥬	5a	두루 쥬
晝	上,3a	낫 듀	36a	낫 듀
酒	上,29b	술 쥬	36b	술 쥬

遵	下,20a	조츨 준	25b	조츨 준
增	下,45b	더을 증	30b	더을 증
蒸	上,30a	뻘 증	37a	뻘 증
之	上,10b	갈 지	12a	갈 지
地	上,1b	싸 디	1a	싸 디
枝	下,59b	가지 지	16a	가지 지
止	下,47b	그칠 지	12b	그칠 지
池	上,5b	못 디	27b	못 디
知	上,1b	알 디	8a	알 디
紙	上,25a	죠히 지	39b	죠히 지
稷	上,10a	피 직	28b	피 직
眞	下,18a	춤 진	17b	춤 진
執	下,47a	자블 집	38a	자블 집
集	上,19a	모들 집	20b	모들 집
此	上,19b	이 츠	7a	이 츠
察	上,1a	슬필 찰	29b	슬필 찰
斬	下,21a	버힐 참	38b	버힐 참
唱	下,6b	브를 챵	15a	브를 챵
菜	上,11a	ᄂᆞ믈 치	3b	ᄂᆞ믈 치
處	上,24a	곧 쳐	31b	곧 쳐
尺	上,28a	자 쳑	10b	자 쳑
陟	下,45a	오를 텩	29a	오를 텩
千	上,1a	일쳔 쳔	22a	일쳔 쳔
天	上,1b	하늘 텬	1a	하늘 텬
川	上,5b	내 쳔	12b	내 쳔
賤	下,2b	쳔훌 쳔	14b	쳔훌 쳔
瞻	下,23a	볼 쳠	42a	볼 쳠
妾	上,20a	쳡 쳡	35b	쳡 쳡
牒	下,39a	글월 텹	37b	글월 텹
聽	下,1b	드를 텽	10a	드를 텽
靑	上,5a	프를 쳥	26a	프를 쳥
招	下,34b	브를 툐	32a	브를 툐
草	上,7a	플 초	6b	플 초
燭	上,24b	쵸 쵹	36a	쵸 쵹

寸	下,48a	ᄆ디촌	11a	ᄆ디촌
寵	下,22b	괼 통	30b	괼 통
最	下,61a	ᄀ장 최	26a	ᄀ장 최
抽	上,10b	ᄲ일 튜	32b	ᄲ일 튜
秋	上,2b	ᄀᅟᅳᆯ 츄	2a	ᄀᅟᅳᆯ 츄
逐	下,5b	ᄹ츌 튝	17b	ᄹ츌 튝
出	下,5a	날 츌	3a	날 츌
充	下,56a	츨 츙	34b	츨 츙
吹	下,6b	불 취	20a	불 츄
聚	下,43b	모들 취	21a	모들 취
侈	下,2b	샤치 치	22b	샤치 치
致	下,38b	닐월 티	2b	닐월 티
則	下,23b	법측 측,一音즉	11b	법측 측
親	下,57a	친흘 친	35a	친흘 친
漆	上,26b	옷 칠	21a	옷 칠
稱	上,13a	일ᄏᆯ 칭	3a	일ᄏᆯ 칭
土	上,6a	흙 토	25a	흙 토
通	下,62b	ᄉᄆ츌 통	20b	ᄉᄆ츌 통
退	下,5a	므를 퇴	16b	므를 퇴
投	下,47a	더딜 투	16a	더딜 투
八	上,1a	여듧 팔	21b	여듧 팔
烹	上,30a	술믈 핑	34b	술믈 핑
布	上,26a	뵈 포	39a	뵈 포
彼	下,6b	뎌 피	8b	뎌 피
疲	下,44a	좃블 피	17a	좃블 피
被	下,46a	니블 피	6b	니블 피
筆	上,25a	붇 필	39b	붇 필
下	上,2a	아래 하	14b	아래 하
夏	上,2b	녀름 하	18a	녀름 하
遐	下,14b	멀 하	6a	멀 하
學	下,8b	비홀 혹	13b	비홀 혹
寒	上,2b	츨 한	1b	츨 한
合	下,48a	모들 합	23b	모들 합
抗	下,25b	결울 항	30b	결울 항

解	下,46a	그를 히	31a	그를 히
駭	下,27a	놀랄 히	38b	놀랄 히
幸	下,35a	힝혀 힝	31a	힝혀 힝
虛	下,49a	빌 허	10a	빌 허
懸	下,46b	둘 현	40b	둘 현
絃	下,33a	시울 현	36b	시울 현
賢	下,2a	어딜 현	9b	어딜 현
兄	上,19b	몬 형	15b	몬 형
刑	下,10a	형벌 형	25b	형벌 형
形	下,1a	얼굴 형	10a	얼굴 형
好	上,26a	됴홀 호	18a	됴홀 호
和	下,49b	고를 화	14b	고를 화
火	上,6a	블 화	4a	블 화
禍	下,13a	지화 화	10b	지화 화
歡	下,13a	즐길 환	32a	즐길 환
環	上,3a	골회 환	41a	골회 환
荒	下,55a	거츨 황	1a	거츨 황
黃	上,5a	누를 황	1a	누를 황
晦	上,3b	그몸 회	41a	그몸 회
會	下,35a	모들 회	25a	모들 회
獲	下,12a	어들 획	39a	어들 획
孝	下,1b	효도 효	11b	효도 효
後	上,2a	뒤 후	37a	뒤 후
訓	下,42b	ᄀᆞᄅ칠 훈	15a	ᄀᆞᄅ칠 훈
毁	下,45a	헐 훼	7b	헐 훼
興	下,45a	닐 흥	12a	닐 흥

이와 같은 방식으로 한자에 대한 석음이 다른 403자를 보이면 다음과 같다.

佳	下,61b	됴홀 가	40a	아름다올 가
可	上,1b	ᄒᆞ얌직 가	8b	올홀 가
嘉	上,30b	됴홀 가	30a	아름다올 가
稼	下,32a	녀름지을 가	28a	곡식시믈 가

駕	下,14b	멍에씰 가	22b	멍에 가
刻	下,37b	시굴 굵, 굵훌 굵	23a	사길 굵
簡	下,61a	간략 간, 대똑 간	37b	갈략 간
竭	下,58b	보쇨 갈	11b	다울 갈
感	下,11a	감동훌 감	24a	늣길 감
敢	下,29b	구틔여 감	7b	구틸 감
鑑	下,15b	거으로 감	30a	거우루 감
豈	上,26b	엇디 긔	7b	엇쎠 긔
更	下,45b	고틸 깅, 다시 깅(去聲)	24b	고틸 깅
據	下,18b	의것 거	18b	루를 거
渠	上,18b	돌 거	32b	기쳔 거
車	上,29a	술위 거, 술위 챠	22b	술위 거
劍	上,28b	한도 검	3a	갈 검
謙	下,16a	겸스 겸	29b	겸손 겸
卿	上,17a	큰벼슬 경	21b	벼슬 경
敬	下,1b	고마 경, 일심 경	11a	공경 경
競	下,36a	결울 경	11a	드톨 경
經	上,28b	늘 경	21a	글월 경
驚	下,11a	롤랄 경	19a	놀날 경
啓	下,8b	열 계, 엳즈올 계	19b	열 계
稽	下,15b	샹고 계	37b	조을 계
誡	下,13b	경계 계	30b	경곗 계
階	上,23b	섬 계	20a	드리 계
姑	上,20a	싀어미 고, 아즈미 고	15b	할미 고
孤	下,44a	외로올 고	42a	외로올 고
故	下,17a	무글 고, 연고 고	35a	늘글 고
羔	上,14a	샀기양 고	9a	염 고
藁	下,25a	글초 고, 딥 고	21a	딥 고
困	下,46a	곤훌 곤	25a	잇블 곤
昆	下,16b	형 곤	27b	믇 곤
公	上,17a	공후 공, 구의 공	23b	구의 공
恭	下,3b	존훌 공	7b	온공 공
拱	下,16a	풀덩고줄 공	5b	고줄 공
寡	下,44a	홀어미 과	42a	쟈글 과

過	下,19a	디날 과, 러믈 과(平聲)	8a	디날 과
曠	下,31a	훤홀 광	27b	너를 광
槐	上,8b	회화 회	21b	괴화 괴
巧	下,4b	공교 교	39b	공꼿 교
具	上,9a	ᄀ줄 구	34b	ᄀ출 구
矩	上,28b	고븐자 구	41b	모날 구
舊	下,17a	무글 구	35a	녜 구
君	上,17a	님굼 군	11a	님금 군
軍	下,13b	군ᄉ 군	26a	군 군
郡	下,10b	고을 군	26b	고을 군
闕	上,18a	대궐 궐	3a	집 궐
歸	下,8a	도라갈 귀, 도라올 귀	6a	도라갈 귀
規	上,28b	도래 규	16a	법식 규
鈞	下,23a	셜흔근 균	39b	므거울 균
極	下,62b	막다ᄃ롤 극	30b	ᄀ재 극
謹	下,3a	조심 근	29b	삼갈 근
近	下,57a	갓가올 근	30b	갓까올 근
及	下,42a	미츨 급	7a	미츨 급
給	下,30b	ᄌ랄 급	22a	줄 급
矜	下,16a	쟈랑 긍, 이긍 긍	41b	쟈랑 긍
其	上,19b	저 기, 그 기	30a	그 기
幾	下,58a	긔미 긔, 언마 긔(上聲)	29b	거의 긔
機	上,27b	뵈틀 긔	31a	틀 긔
譏	下,34a	외다홀 긔	30b	긔롱 긔
吉	下,57b	됴홀 길	41a	길홀 길
羅	上,25b	로 라, 벌 라	21b	벌 라
落	下,55a	뻐러딜 락	33a	딜 낙
南	上,2a	남녁 남, 앏 남	28b	앏 남
納	下,14b	드릴 납	20a	드릴 랍
廊	下,9a	힝랑 랑	41b	힝낭 낭
朗	下,9a	븕글 랑	40b	묽글 랑
乃	上,16b	흥야사 내	4b	사 내
念	下,17a	싱각 념	9b	념홀 념
恬	下,29b	안심 념	39b	안졍 념

寧	下,50b	편안 령	24b	편홀 령
勞	下,7a	굿블 로	29b	잇쓸 로
露	上,4a	이슬 로	2b	이슬 로
祿	下,2a	록 록	22b	녹 녹
論	下,42b	의론 론, 又去聲	31b	의논 논
累	下,48a	여러 류	32a	더러일 류
陋	下,4b	조블 루	42a	더러울 루
能	上,1a	릉홀 릉	8a	잘홀 능
丹	上,7b	모란 단, 블글 단	26a	블글 단
旦	上,3b	아춤 단(今音 됴)	23b	아춤 됴
短	下,48a	뎌를 단	8b	뎌를 단
端	下,16b	단정 단	10a	근 단
堂	上,23b	듕당 당	10a	집 당
當	下,9b	맛당 당, 又平聲	11b	맛쌍 당
德	下,1b	어딜 덕	9b	큰 덕
盜	下,21a	도적 도	38b	도죽 도
都	上,19b	모들 도	18a	모돌 도
陶	下,7b	훍셩녕 도	5a	딜것 도
犢	上,13b	쇼야지 독	38b	쇠야지 독
篤	下,15b	두터울 독	13a	도타올 독
頓	下,43a	노홀 돈	36b	구를 돈
冬	上,2b	겨을 동	2a	겨ᄋ 동
同	下,49a	혼가지 동	16a	오힌 동
等	上,17b	등뎨 등	42a	굴올 등
騰	下,5b	ᄲᅥ오롤 등	2b	늘 등
樂	下,3a	즐길 락, 음악 악	14b	풍뉴 악
兩	下,58a	스믈네슈 량, 두 량	31a	두 냥
凉	上,2b	서늘 량	38a	서늘 냥
糧	上,26b	粮 량식 량	35a	냥식 냥
良	下,5a	어딜 량	8a	어딜 냥
量	下,13b	혜아릴 량, 되ᄂᆞ그릇 량(去聲)	9a	혜아릴 량
慮	下,26b	분별 려	32a	스념 녀
力	下,32a	힘쓸 녁, 힘 녁	11b	힘 녁
列	上,2b	벌 녈	1b	벌 렬

烈	下,55b	블미올 녈	7b	미올 렬
廉	下,4a	청렴 렴	16b	청념 넘
令	下,9b	령 령, 호야곰 령(平聲)	13a	어딜 령
靈	下,47b	령홀 령	19a	녕홀 녕
領	下,8a	드릴 령	41b	깃 녕
龍	上,14b	룡 룡	4a	미르 룡
樓	上,22b	다락 루	19a	다락 누
流	下,50a	흐를 류	12b	흐를 류
律	下,20a	법률 률, 류려 률	2a	법측 뉼
利	下,57b	니홀 니	39b	니홀 리
理	下,4a	스리 리	29b	다스릴 리
鱗	上,15a	비늘 린	4a	비늘 린
漠	下,55a	가마니 막, 그망업슬 막	26a	아득홀 막
忘	下,13a	니즐 망	8a	니즐 망
罔	下,9b	업슬 망, 두룰 망	8b	업슬 망
眠	下,6a	조오롬 면	36a	조을 면
滅	下,62b	블뻐딜 멸	25a	뻘 멸
冥	下,55a	어두을 명	28a	아득홀 명
命	下,2a	목숨 명, 시길 명	11b	목숨 명
銘	下,40a	긕홀 명	23a	조을 명
貌	下,1a	즛 모	30a	양준 모
睦	下,44b	화동 목	14b	화목 목
妙	下,12a	신묘 묘	40a	묘홀 묘
畝	上,6a	이렁 모, 두듥골예지 모	28b	이럼 묘
茂	下,56b	셩홀 무	22b	거츨 무
問	下,18a	무를 문	5b	무를 문
門	上,23b	문 문	27a	오래 문
物	下,63a	만믈 믈	17b	것 믈
美	上,26a	됴홀 미	13a	아름다올 미
靡	下,54b	쓰러딜 미	8b	아닐 미
密	下,28b	칙칙 밀	24b	븩븩홀 밀
叛	下,15a	빈반홀 반	39a	빈반 반
盤	上,27a	반 반	18b	서릴 반
髮	上,21a	머리털 발	7a	터럭 발

方	下,48a	모날 방	7a	모 방
伯	下,16b	몯형 빅	15b	몯 빅
百	上,1a	일빅 빅	26b	온 빅
魄	下,24a	졍긔 빅	41a	넉 빅
伐	下,15a	버힐 벌	5a	베힐 벌
法	下,19b	법뎐 법	25b	법 법
壁	上,23a	브람 벽	21a	브름 벽
璧	上,25b	도려온옥 벽	10b	구슬 벽
別	上,17b	글힐 별	14b	다늘 별
兵	下,24a	군연장 병	22a	병마 병
秉	下,47a	자블 병	29a	자블 병
步	下,5b	거롬 보	41b	거름 보
伏	下,5b	굿블 복	6a	굿쓸 복
服	上,32a	의장 복	4b	니블 복
覆	上,1b	더플 부	8b	다시 복
奉	下,14b	위와돌 봉	15a	받들 봉
鳳	上,11b	수봉 봉	6b	봉황 봉
婦	上,20a	며느리 부, 겨집 부	15a	며느리 부
富	下,2b	가ᅀᅵ멸 부	22b	가ᅀᅳ멸 부
分	上,1b	눈홀 분	16a	눈홀 분
墳	下,24a	분묘 분	20b	무덤 분
悲	下,6a	슬홀 비	9a	슬홀 비
比	下,27a	견홀 비	15b	견줄 비
事	下,63a	일 ᄉ	11a	셤길 ᄉ
仕	下,22a	ᄉ관 ᄉ	13b	벼슬 ᄉ
使	上,17b	브린 시, 하야곰ᄉ(上聲)	8b	브릴 ᄉ
士	上,17a	됴ᄉ ᄉ, 션빅 ᄉ	24b	션빅 ᄉ
射	下,7a	활쏠 샤, 마칠 셕	39a	쏠 샤
思	下,11a	싱각 ᄉ, 뜰 ᄉ(去聲)	12b	싱각 ᄉ
肆	上,13a	드듸여 ᄉ, 베플 ᄉ	19b	베플 ᄉ
傷	下,10a	샹홀 샹	7b	헐 샹
常	下,61b	평샹 샹	7a	샹녯 샹
床	上,24b	牀 평상 상	36a	상 상
想	下,11a	녀길 샹	38a	스칠 샹

翔	下,39a	늘애틸 샹	4a	늘 샹
象	下,51a	얼굴 샹, 고키리 샹	36a	고키리 샹
賞	下,10a	샹 샹	29a	샹훌 샹
穡	下,32a	츄슈 식	28a	곡식거둘 식
庶	上,16b	뭇 셔	29b	물 셔
夕	上,3a	나죄 셕	36a	나조 셕
釋	下,60b	그를 셕	39b	그를 셕
說	下,1b	니를 셜, 달앨 셰(去聲)	24a	니늘 셜
攝	下,24a	모도자블 셥	14a	자블 셥
成	上,4b	일울 셩	2a	이룰 셩
歲	上,4b	힛 셰	2a	힛 셰
稅	上,19a	뎐셰 셰	28b	낙 셰
嘯	下,6a	프람 쇼	39a	프랍 쇼
少	下,60a	져글 쇼	35a	져믈 쇼
笑	下,7a	우음 쇼	40a	우움 쇼
素	下,29b	힐 소, 아릭 소	29a	힐 소
屬	上,20a	브틀 쇽, 브틀 쵹	34a	브틸 쇽
束	下,7b	뭇 속	41b	뭇슬 속
悚	下,15a	숫그러 숑	37b	두릴 숑
受	上,14a	틀 슈	15a	바돌 슈
樹	上,5b	큰나모 슈	6b	나모 슈
殊	下,61b	다룰 슈, 아조 슈	14b	다늘 슈
獸	上,7a	즘싱 슈	19a	즘승 슈
綏	下,22a	안녕 유	41a	편안 유
誰	下,6b	뉘 슈	31a	누구 슈
首	上,20b	마리 슈	5b	머리 슈
宿	下,23a	잘 슉, 별 슈(去聲)	1b	잘 슉
淑	下,30a	어딜 슉	40a	물글 슉
瑟	上,24b	슬 슬	20a	비화 슬
承	下,9a	니슬 승	20b	니욜 승
市	上,18b	져재 시	33b	져제 시
恃	下,29b	미들 시	8b	미들 시
是	上,16b	이 시, 올홀 시	11a	잇 시
詩	下,39b	시 시	9a	글 시

息	下,50b	쉴 식, 부러날 식	12b	쉴 식
食	上,11a	머글 식, 밥 ᄉ(去聲)	6b	머글 식
信	下,3b	미더울 신, 미들 신	8b	미들 신
實	上,10a	여믈 실	22b	염글 실
審	下,21b	샹찰 심	38a	슬필 씸
尋	下,61b	심샹 심, 추즐 심	31b	추즐 심
心	下,1a	ᄆᆞ음 심, 령통 심	17a	ᄆᆞ음 심
沈	下,62a	둠길 팀	31b	ᄃᆞᄆᆞᆯ 팀
深	下,48b	기플 심	11b	기플 심
兒	上,17a	아히 ᅀᆞ	15b	아히 ᄋᆞ
阿	下,44b	아당 아	23a	두던 아
雅	下,35b	졍홀 아	17b	ᄆᆞᆯ글 아
嶽	下,32a	큰뫼 악	26b	묏부리 악
惡	下,2a	모딜 악, 아쳐 오(去聲)	10b	모딜 악
鴈	上,11b	그려기 안	27a	그려기 안
斡	下,13b	두루혈 알	40b	돌 알
也	下,63a	입겻 야	42b	입계 야
若	下,49b	ᄀᆞ틀 약, 마치 약	12b	ᄀᆞ틀 약
野	上,6a	들 야	27b	드르 야
約	下,4a	조리혈 약, 긔약 약	25b	언약 약
躍	下,16a	봅노솔 약	38b	ᄠᅱᆯ 약
御	下,14b	졔어홀 어	35b	뫼실 어
飫	下,17b	빈브를 어	34b	슬밀 어
嚴	下,17a	싁싁 엄	11a	싁싁홀 엄
奄	下,27a	믈룩 엄	23b	믄득 엄
業	下,20a	소업 업	13b	업 업
如	下,49a	ᄀᆞ틀 여, 만일 여	12a	ᄀᆞ틀 여
與	下,63a	다뭇 여, 더브러 여	11a	더블 여
亦	上,14b	도 역	21a	ᄯᅩ 역
易	上,4b	밧골 역, 쉬울 이(去聲)	34a	밧골 역
淵	上,5b	소 연	12b	못 연
悅	下,13b	깃글 열	37a	깃쓸 열
厭	下,17b	슬밀 염	35a	슬홀 염
永	下,59a	기리 영	41a	길 영

營	下,10b	밍굴 영	23b	지을 영
纓	上,31a	곳갈긴 영	22a	긴 영
英	下,4a	쌔여날 영	21a	곳색리 영
詠	下,6a	읍플 영	14a	으플 영
乂	下,21a	쌔여날 예	24b	어딜 예
藝	下,39a	지조 예	28b	시믈 예
豫	下,27a	미리 예, 猶豫 결몯ㅎ미라	37a	즐길 예
玉	上,25b	옥 옥	3a	구슬 옥
王	上,19b	님굼 왕	6a	님금 왕
曜	下,12a	히둘별 요	40b	비췰 요
遙	下,28b	노닐 요, 멀 요	32a	노닐 요
欲	下,4a	ᄒ고쟈 욕, 一作慾 욕심 욕	9a	ᄒ고져홀 욕
浴	下,8a	몸시슬 욕	38a	목욕 욕
辱	下,32b	욕 욕	30b	욕홀 욕
庸	下,2b	용샹 용	29b	샹녜 용
優	下,9b	디투 우, 유여 우	13b	나을 우
右	上,2a	올흔녁 우	20b	올홀 우
寓	下,19a	브틀 우	34a	브틸 우
祐	下,29a	신도을 우	41a	복 우
云	上,29b	니를 운	27a	니늘 운
鬱	下,14a	답답 울	18b	덥써츨 울
圓	下,48a	두려울 원	35b	두련 원
園	下,28b	뒤안 원	32b	동산 원
委	下,21a	맛딜 위, 더뎌둘 위	33a	ᄇ릴 위
爲	上,24a	ᄒ 위	2b	홀 위
謂	上,10b	니를 위	42b	니늘 위
惟	下,17a	싱각 유, 오직 유	7b	오직 유
猶	下,27a	그려도 유, ᄀ틀 유	15b	ᄀ틀 유
戎	下,22a	셔녁되 융	6a	되 융
宜	下,57b	맛당 의	13a	맛쌍 의
義	下,1b	ᄆᄅ 의	16b	올홀 의
移	下,63a	올믈 이	17b	옴길 이
邇	下,14b	갓가올 이	6a	갓싸올 이
仁	下,2b	인ᄌ 인	16b	클 인

因	下,29a	인홀 인	10b	지즐 인
引	下,49a	혈당 인, 혈 인	41b	혈 인
壹	下,59b	젼일홀 일	6a	흔 일
逸	下,7a	놀 일	17a	편안홀 일
任	下,9b	맛딜 임, 감당 임	39b	맛들 임
字	上,1b	글즈 즈	4b	글월 즈
慈	下,3a	어엿비너길 즈	16b	즈빈 즈
紫	上,5a	즈디 즈	27a	블글 즈
自	下,6b	스스로 즈	18a	스스리 즈
資	下,28a	구슴 즈	11a	즈뢰 즈
爵	下,22a	벼슬 쟉	18a	벼슬 쟉
場	下,39a	바탕 댱	6b	맏 댱
將	下,10b	쟝슈 쟝, 쟝촛 쟝(平聲)	21b	쟝슈 쟝
腸	上,22a	챵즈 댱	34b	애 댱
莊	下,3b	춤다올 장	41b	춤될 장
長	下,48a	긴 댱, 길 댱(上聲)	8b	긴 댱
再	下,45b	두번 지	37b	두 지
宰	下,10b	므릭서홀 지	34b	버힐 지
載	上,1b	시를 지	28b	시를 지
寂	下,49a	괴외 젹	31b	괴오 젹
的	下,60b	뎍실 뎍	32b	마줄 뎍
積	下,58b	사홀 젹, 누리 자(去聲)	10b	사홀 젹
績	下,42a	공젹 젹, 삼사믈 젹	35b	질삼 젹
賊	下,21a	도적 적	38b	도죽 적
適	下,23b	마줄 뎍, 갈 뎍	34b	마줄 뎍
傳	下,25a	뎐할 뎐, 경주 뎐(去聲)	10a	옴길 뎐
殿	上,18a	뎐 뎐	18b	집 뎐
轉	上,3a	구울 뎐	20a	구을 뎐
翦	下,41b	剪 므룰 젼	25b	굴길 젼
切	上,26b	졀홀 졀	16a	그츨 졀
丁	下,22b	당홀 뎡	24a	쟝뎡 뎡
定	下,10b	뎡홀 뎡	13a	일뎡 뎡
政	下,10a	공亽 졍	14a	졍亽 졍
靜	下,4b	マ마니 졍	17a	고요홀 졍

制	下,19b	법졔 졔	4b	지을 졔
帝	上,19b	황뎨 뎨	4a	님금 뎨
弟	上,19b	아ᅀᆞ 뎨	15b	아ᇫ 뎨
早	下,57a	이를 조	33a	이늘 조
條	下,56b	쇼됴 됴, 가지 됴	32b	올 됴
照	上,2b	비ᄡᅵᆯ 죠	41a	비칠 죠
眺	下,32a	머리볼 됴	42a	볼 됴
糟	下,61a	술즈의 조	35a	즈강 조
組	上,31b	인긴 조	31a	인ᄭᅵᆫ 조
造	下,12a	밍글 조	16b	지을 조
釣	下,7a	낫글 됴	39b	랏실 됴
鍾	下,58a	여슌말너되 죵, 모들 죵	21a	죵즈 죵
左	上,2a	왼녁 좌	20b	욀 자
罪	下,21b	죄 죄	5a	허믈 죄
奏	下,9a	엳즈올 주	32a	슬올 주
宙	下,37b	고금 듀	1a	집 듀
州	上,19a	큰고올 쥬	26b	고을 쥬
珠	上,25b	진쥬 쥬	3a	구슬 쥬
誅	下,15a	주길 듀	38b	버힐 듀
俊	下,21a	ᄲᅢ여날 쥰	24b	미을 쥰
中	上,2a	가온댓 듕	29b	가온대 듕
重	下,48b	므거울 듕, 여러볼 듕	3b	므거울 듕
卽	下,47b	곧 즉	31a	즉졔 즉
志	下,1a	큰ᄠᅳᆮ 지	17b	ᄠᅳᆮ 지
持	下,8a	자블 디	17b	가질 디
指	上,21a	손가락 지	41a	ᄀᆞ르칠 지
祗	下,23b	고마홀 지	30a	공경 지
直	下,18a	고들 딕	29a	고든 딕
職	下,2a	소임 직	14a	벼슬 직
振	下,18b	들틸 진	22a	ᄠᅥᆯ 진
盡	下,4b	다 진	11b	다을 진
且	下,29b	ᄯᅩ 챠, 아직 챠	37a	ᄯᅩ 챠
次	上,3a	ᄎᆞ례 ᄎᆞ, ᄀᆞ음 ᄎᆞ	16b	ᄀᆞ음 ᄎᆞ
綵	下,41b	비단 치	19a	치식 치

策	下,25a	모칙 칙, 믈채 칙	22b	막대 칙
戚	下,16a	권당 척	35a	아음 척
慼	下,23a	셜울 척	32a	슬플 척
踐	下,5b	블올 쳔	25a	블을 쳔
淸	下,48b	믈굴 쳥	12a	시글 졍
體	上,22b	얼굴 톄	6a	몸 톄
初	上,1b	처엄 초, 원간 초	13a	처엄 초
超	下,5b	뿌여날 툐	38b	뛸 툐
誚	下,27b	외다홀 쵸	42a	구지즐 쵸
催	下,42a	최촉 최	40b	뵈알 최
推	下,38b	츄심 츄, 밀 퇴	4b	밀 츄
黜	下,45a	내틸 츌	29a	내틸 튤
忠	下,2b	졍셩 튱	11b	튱셩 튱
取	下,40a	가질 취	12b	아올 취
翠	上,5a	프를 취	32b	프늘 취
惻	下,18b	에엿비너길 측	16b	슬홀 측
治	下,10a	다스릴 티, 다슨것 티(去聲)	28a	다스리 티
馳	上,14b	믈드롤 티	26a	둘일 티
耽	下,39a	호딜 탐	33b	즐길 탐
湯	上,30b	글홀 탕	5a	쓸홀 탕
殆	下,53a	위티 티	30b	바드라올 티
特	下,61b	각별 특	38b	쇼 특
沛	下,53a	플너비갈 패	17a	젓싸딜 패
平	下,63a	편홀 평	5b	평홀 평
弊	下,14a	ᄒ여딜 폐	25b	히여딜 폐
捕	下,21a	자블 보	39a	자블 포
飽	下,7a	비브를 포	34b	비브룰 포
表	下,60a	밧 표	10a	받 표
飄	下,17a	나븟길 표	33a	부칠 표
必	下,9b	반돗 필, 구틔여 필	8a	반득 필
逼	下,27a	偪 다ᄃ를 핍, 又音벽	31a	갓까올 핍
何	下,26b	엇뎨 하	25b	엇디 하
河	下,32a	하슈 하	3b	ᄀ롬 하
荷	上,8a	년닙 하, 멜 하(上聲)	32b	년 하

閑	下,7a	겨를 한, 부질업슬 한	31b	겨를 한
恒	下,53b	딛딛홀 흥	26b	샹녜 흥
海	上,6b	바다 히	3b	바라 히
行	下,1a	힝실 힝, 녈 힝(平聲)	9b	녈 힝
玄	上,5a	가물 현	1a	가믈 현
縣	上,19a	쇼읍 현	21b	고을 현
衡	上,27b	저울대 형	23a	저울째 형
馨	下,55b	향긔 형	12a	곳따올 형
惠	下,11b	줄 혜	24a	은혜 혜
戶	上,23a	빡문 호	21b	지게 호
號	上,7a	별명 호	3a	일홈 호
洪	下,51a	클 홍, 너블 홍	1a	너블 홍
化	下,63a	도욀 화	6b	될 화
華	上,32a	빗날 화	18a	빋날 화
丸	下,48a	무작 환	39a	탄즈 환
惶	下,15a	두릴 황	37b	저흘 황
煌	下,54a	블빗 황	36a	빗날 황
皇	下,53a	클 황	4a	님금 황
回	下,44b	도로헐 회	24a	도라올 회
徊	下,36b	두루거를 회	42a	머믈 회
懷	下,32b	품 회	15b	푸믈 회
橫	下,62a	ㄱ른 횡	25a	빗낄 횡
效	下,60a	효 효험 효, 본볼 효	8a	본볼 효
觿	下,58b	이저딜 휴	17a	이즐 휴
欣	下,13a	깃글 흔	32a	깃쓸 흔

신증유합에는 하나의 한자에 대해 통용되는 한자를 제시하고 있는 예들이 모두 109개가 보인다. 이 통용자들이 속자인지는 알 수 없으나 이 한자들은 아직도 동일한 한자로 사용되고 있는 것들이다. 이제 그 목록을 보이면 다음과 같다(출현 순서로 배열하였다).

煙 烟 닉 연 〈上,4a〉　　　　霓 蜺 므지게 예 〈上,4b〉

歷曆 디날 력〈上,4b〉 溪谿 시내 계〈上,5b〉

峯峰 묏봉 봉〈上,5b〉 楠柟 남목 남〈上,9a〉

笋筍 듁슌 슌〈上,11a〉 鸎鶯 굇고리 잉〈上,11b〉

雞鷄 둙 계〈上,12a〉 栖棲 깃 셔〈上,12b〉

猿猨 납 원〈上,13b〉 �獐 노로 쟝〈上,13b〉

駝駞 약대 타〈上,13b〉 豬猪 돋 뎌〈上,14a〉

蟹蠏 게 히〈上,14b〉 怪恠 괴특 괴〈上,15a〉

蟻螘 개아미 의〈上,15b〉 蛇虵 비얌 샤〈上,15b〉

蛙鼃 개고리 와〈上,15b〉 蠶蚕 누에 줌〈上,16a〉

隣鄰 이웃 닌〈上,18b〉 窓牕 창 창〈上,23a〉

床牀 평상 상〈上,24b〉 碁棊 바독 긔〈上,24b〉

珍珎 보빈 딘〈上,26a〉 匹疋 필 필〈上,26a〉

綿緜 소옴 면〈上,26a〉 氈氊 시욱 젼〈上,26a〉

蜜蜜 꿀 밀〈上,26b〉 麪麵 ᄀᆞᆯ 면〈上,26b〉

糧粮 량식 량〈上,26b〉 杯盃 잔 비〈上,27a〉

椀盌 사발 완〈上,27a〉 筯箸 져 뎌〈上,27a〉

樽罇 준 준〈上,27a〉 篩籭 체 ᄉ〈上,27b〉

鍼針 바ᄂᆞᆯ 침〈上,28a〉 鋤鉏 호미 서〈上,28b〉

棹櫂 빗 도〈上,29a〉 膾鱠 회 회〈上,29b〉

鹽塩 소곰 염〈上,30a〉 褌裩 듕의 곤〈上,31a〉

韈襪 보션 말〈上,31b〉 鞵鞋 신 혀〈上,31b〉

鞾靴 휘 화〈上,31b〉 跡迹 자최 젹〈下,1a〉

銜啣 벼슬 함〈下,2a〉 强彊 셀 강, 힘쓸 강〈下,2a〉

欲慾 ᄒᆞ고쟈 욕, 욕심 욕〈下,4a〉 蹋踏 ᄇᆞᆯ올 답〈下,5b〉

他佗 녀너 타〈下,6b〉 澣浣 옷셜 한, 又音 완〈下,7b〉

灑洒 믈ᄲᅳ릴 쇄〈下,8a〉 創刱 첫암밍글 창〈下,10b〉

嘆歎 차탄 탄 〈下,11a〉 嗅齅 내마틀 후 〈下,12a〉

怳恍 어즐 황 〈下,12b〉 懵懜 아득 몽 〈下,12b〉

憐怜 에엿비너길 년 〈下,13a〉 鬱鬱 답답 울 〈下,14a〉

蘇甦 다시살 소 〈下,14a〉 救勅 틱셔 틱 〈下,14b〉

塡壎 훈 훈 〈下,16b〉 黙嘿 줌줌 믁 〈下,17a〉

諭喩 알욀 유 〈下,19b〉 勳勛 공 훈 〈下,20a〉

檢撿 검거 검 〈下,21a〉 恤卹 근심홀 휼 〈下,21b〉

罪辠 죄 죄 〈下,21b〉 仙僊 션인 션 〈下,24a〉

訴愬 할 소 〈下,25b〉 踰逾 너믈 유 〈下,26a〉

豫 猶豫 미리예, 결몯흐미라〈下,27a〉

逼偪 다ᄃᆞ롤 핍, 又音벽〈下,27a〉 警儆 경계 경 〈下,27b〉

刧刼 겁저릴 겁 〈下,28a〉 庇芘 그늘울 비 〈下,28a〉

廕蔭 그늘울 음 〈下,28a〉 秔粳 벼 깅 〈下,28a〉

企跂 고초드딀 기 〈下,30a〉 俟竢 기드릴 ᄉᆞ 〈下,30b〉

輩軰 흐층 비 〈下,36a〉 佩珮 출 패 〈下,36b〉

參叅 참예 참 〈下,38a〉 爾尒 늘큰홀 날 〈下,38b〉

嗜耆 즐길 기 〈下,39a〉 韜鞱 감출 도 〈下,39b〉

慷忼 강갯 강 〈下,40a〉 浚濬 믈깁게홀 쥰 〈下,41a〉

煮煑 슬믈 쟈 〈下,41a〉 翦剪 므롤 젼 〈下,41b〉

畫畵 그릴 하 〈下,41b〉 遯遁 도핏 돈 〈下,42b〉

憑凭 비길 빙 〈下,44a〉 掛挂 걸 괘 〈下,46b〉

携攜 자볼 휴 〈下,47a〉 棄弃 ᄇᆞ릴 기 〈下,47a〉

麤粗 굴글 추 〈下,47b〉 巨鉅 클 거 〈下,47b〉

煖暖 더울 란 〈下,48b〉 泛汎 ᄠᅳᆯ 범 〈下,50b〉

然燃 블브틀 연, 그러 연〈下,52b〉 豓艶 양ᄌᆞ됴홀 염 〈下,54a〉

豎竪 셰울 슈 〈下,54a〉 礙碍 ᄀᆞ리올 애 〈下,55a〉

제2장 신증유합의 이본

신증유합도 여러 이본이 있다.

	이본	간행연도	판종	소장처
1	신증유합(나손본)	1576년	목활자본	미상
2	신증유합	16세기	목활자본	일사문고
3	신증유합(하권)	16세기	목판본	남권희
4	신증유합	16세기	목판본	동양문고
5	신증유합(이수륜가)	1605년	목판본	계명대
6	신증유합	1698년	목판본	고려대
7	신증유합	16세기	필사본	일사문고

1. 나손본(羅孫本) 신증유합(1576년)

고 김동욱 교수의 소장본으로 1576년에 2권 1책의 목활자본으로 간행된 책이다. 책의 크기는 35.6×20.0㎝이고 반엽광곽의 크기는 24.6×18.8㎝이다. 사주쌍변에 유계로, 본문은 4행 4자이다. 서문과 발문 그리고 목록은 8행 13자 또는 8행 14자이고 판심어미는 상하백구 삼엽화문어미이다. 내지 서명은 '新增類合(신증유합)'이고 판심제는 '類合(유합)'이다.

앞에 '新增類合序(신증유합서)'가 있고, 이어서 '新增類合上卷目錄(신증유합상권목록)'이 나온다. 하권의 앞에는 新增類合下卷目錄(신증유합 하권 목록)이 나온다. 책의 말미에는 유희춘이 쓴 발문이 있다. 발문에 '萬曆四年十月初四日 嘉善大夫行僉知中樞府事兼同知成均館事臣柳希春校進(만력4년 10월 초4일 가선대부 행첨지중추부사겸동지성균관사 신유희춘 교진)'이란 글이 있어서 이 책이 1576년에 간행되었음을 알 수 있다. 그리고 상단 천두(天頭) 부분에 의미분류를 한 '수목(數目)' 등의 분류목록이 있다.

각 한자에 상단 좌우로 ○를 쳐 놓아 성조를 표시하여 놓았고, 그 한자의 아래에 한글로 그 석음을 달아 놓았다. 서문에서 언급한 바와 같이 좌상의 ○는 상성을, 우상의 ○는 거성을 표시한다. 표시가 없는 것은 평성과 입성 중 하나인데, 입성은 운미가 p t k 인 것이므로 평성과 입성은 자동적으로 구분된다.

한자의 석음에 복수로 써 놓은 것이 있다. 한 한자에 새김과 독음이 두 가지가 있으면 가로줄을 긋고서 아래위로 나란히 적었다. 이때 구절의 문맥에 맞는 새김이 위에 놓였다. 예컨대 '南'과 '北'은 각각 '남녁 남 / 앒남' 그리고 '븍녁 븍 / 뒤 븍'으로 되어 있는데, 4자로 된 성구가 '동서남북'이어서 '남녁 남'과 '븍녁 븍'이 앞에 쓰인 것이다. 마찬가지로 '森'은 '벌 슴 / 살찔 삼'인데, 4자 성구가 '星辰森列'이어서 '벌 슴'을 앞에 놓은 것이다.

이 책은 원래 나손 김동욱 교수 소장본이었는데, 김동욱 소장본을 소장하고 있는 단국대율곡기념도서관에는 이 책이 없다.

〈신증유합〉(나손본)

2. 일사문고본 목활자본 신증유합(16세기)

서울대 일사문고 소장본인데 나손본과 마찬가지로 목활자본이다(一簑古 418.3-Y95a). 아쉽게도 상권만 있고 그것도 19장 뒷면부터 있다. 모두 12장뿐이다. 책의 크기는 37.5×25.1㎝이며 반엽광곽의 크기는 24.7×19.4㎝이다. 사주 쌍변에 유계로 4행 8자이다. 판심어미는 대흑구상하세화문어미이다. 도서번호는 일사 418.3-195a이다. 나손본과 일사문고본은 몇 곳에서 한자 석음의 차이를 보인다. 그 차이를 보이면 다음과 같다.

출전	한자	나손본	일사문고본
상20b	鼻	고 비	코 비
상22a	胃	양 위	비위 위
상22b	淚	눈물 뉴	눈물 누

상23a	軒	헌함 헌	난간 헌
상23a	檻	헌함 함	난간 함
상26b	糵	보리기름 얼	보리기름 얼

　그런데 이 차이가 나는 부분들은 나손본에서 붓으로 써 넣은 보사(補寫)와 인쇄하여 오려붙인 보정(補正)이 있는 부분으로 알려져 있다. 안병희 교수의 해제에 이처럼 보사와 보정한 부분이 제시되어 있는데, '鼻'의 '고 비'와 '胃'의 '양 위'를 제외한 '눈물 뉴, 헌함 헌, 헌함 함'이 그러한 부분이다. 직접 실물을 보지 못한 필자로서는 판단하기 어렵지만, 이 부분은 후대에 보사 또는 보정이 이루어져서 일사문고본과 차이를 보이는 것으로 추정된다. '코 비'와 '보리기름 얼'의 '얻'은 '얼'의 탈획에 의한 것으로 보인다. 16세기 간본으로 보인다.

〈신증유합〉(일사문고본)

3. 남권희 교수 소장 신증유합(16세기)

남권희 교수 소장본인 신증유합은 상하권 중 하권만 남아 있는 1책의 목판본이다. 책의 크기는 37.0×24.0㎝이고 반엽광곽의 크기는 25.6×19.9㎝이다. 사주쌍변에 유계로 4행 4자이다. 판심어미는 상하대흑구 상하흑어미이다. 모두 63장인데, 판심제는 '類合下(유합하)'이다. 5침 선장이다., 개장한 책인데, 앞의 1, 2, 3, 4장과 뒤의 59, 60, 61, 62, 63장은 배접한 것이다. 초간본은 아니고 지금까지 알려져 있는 다른 신증유합과도 다른 책이다.[1]

다음에 나손본 신증유합과 비교하여 보면 다음과 같은 곳에 차이가 보인다. 일사문고본과는 비교할 수가 없었다. 일사문고본은 상권만, 남권희 교수 소장본은 하권만 남아 있기 때문이다. 16세기 간본이다.

출전(下卷)	신증유합 (나손본)	신증유합 (남권희교수 소장본)	비고
1a	意	意⁰	성점
2b	賤 쳔홀 쳔	賤 쳔홀 쳔	탈획
3a	謹	⁰謹	성점
3b	吝	吝⁰	성점
5a	退	退⁰	성점
5b	踐	⁰踐	성점
6a	詠⁰	詠	성점
9a	紀 므르실 긔	紀 므릇실 긔	ㅅ 첨가
10a	殃 지화 앙	殃 지화 잉	탈획
12a	灸 쓜쓸 구	灸 쓜쓸 나	오각
13a	聰 귀불글 총	聰 귀불갈 총	획 수정
13a	患 근심 환	患 근심 훤	탈획
15a	叛⁰	叛	성점
15b	慊 못둙 혐	慊 못둙 협	탈획

---

1 이 책을 흔쾌히 볼 수 있고 조사할 수 있도록 대여해 주신 배려에 남권희 교수께 감사를 드린다.

16a	避	避⁰	성점
16a	踊 봄노솔 용	踊 봄노손 용	탈획
16b	畜 칠 튝	畜 칠 휵	한자음
16b	季 말자 계	季 말지 계	탈획
18a	痼	痼⁰	성점
19a	過 디날 과, 러믈 과	過 디날 과, 기버블 과	새김
22b	敷 베플 부	敷 베들 부	새김
23b	鄕 ᄆᆞᆯ 향	鄕 ᄆᆞ술 향	△
23b	嗣 니을 ᄉ	嗣 니슬 ᄉ	△
23b	黨 ᄆᆞᆯ 당	黨 ᄆᆞ술 당	△
35b	財 지믈 지	財 지들 지	탈획
36a	儔 벋 뉴	儔 벋 듀	탈획
39b	製	製⁰	성점
39b	揭	揭⁰	성점
40b	寄	寄⁰	성점
41a	爨 밥지을 찬	爨 밥지슬 찬	△
44b	偸	偸 일위슬 투	釋 빠짐
46a	憩	憩⁰	성점
49a	如 ᄀᆞ틀 여	如 ᄀᆞ들 여	탈획
51a	界	界⁰	성점
52b	渙	渙⁰	성점
52b	釁 금므을 흔	釁 금므슬 흔	ㅅ
54a	煌 블빗 황	煌 븟빗 황	ㅅ
58b	積 사롤 적, 누리 자	積 사홀 적, 누리 ᄌ	·

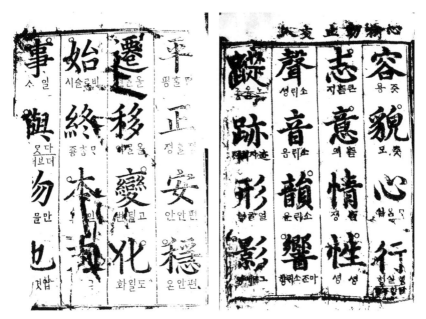

〈신증유합〉(남권희 교수 소장본)

4. 일본 동양문고 소장 신증유합(16세기)

일본의 동양문고 소장본으로 임진란 이전의 목판본인데, 지방 복각본이다.
일사문고본의 복각본으로 추정하고 있다. 나손본과 비교해 보면 다음과 같은
차이들이 보인다.

출전	한자	나손본	동양문고본
상 1b	數	수고슴 수	수그숨 수
2a	隅	모 우	도 우
2a	前	앒 전	앒 전
2a	內	안 닉	안 니
2a	外	밧 외	밧 피

2b	凉	서늘 랑	서늘 량
3a	晴	갤 쳥	갤 졍
3b	暗	어두을 암	어두을 맘
4a	相	서르 샹	시르 샹
5a	綠	프를 록	구를 록
5b	樹	큰나모 슈	믄나모 슈
6a	沙	몰애 사	올애 사
6a	澤	웅덩이 틱	웅덩이 틱
7a	獸	즘싱 슈	츔싱 슈
8a	藻	말왐 조	밀왐 조
8b	桂	계슈 계	겨슈 계
9b	椒	쳔쵸 쵸	쳔쵸 쵸
10b	菁	쉿무수 쳥	쉿우무 쳥
11a	柔	부드러올 유	부드러올 유
11a	嫩	보다라올 논	보드라올 논
10a	着	브틀 턕	브를 략
11a	菌	버슷 균	버솟 균
12a	雉	쒱 티	쒱 리
12b	卵	알 란	알 탄
13a	獺	너구리 달	머구리 달
15b	豺	승랑이 싀	승랑이 싀
14b	奔	드를 분	드를 복
15a	⁰鯉		◑鯉
15a	◯鮪		◑鮪
18a	司	마을 ᄉ	마슬 ᄉ
18a	府	마을 부	마슬 부
19a	縣	쇼읍 현	쇼으 현
19b	妻	겨집 쳐	겨질 쳐
20a	眷	귀쇽 권	권쇽 권
20b	眉	눈썹 미	눈서 미

차이가 나는 것의 상당수는 탈획이다. 그러나 오각도 흔히 보인다. 뿐만 아
니라 원간본의 잘못을 교정한 부분도 보인다.

'嫩'을 나손본에서는 '보다라올 논'이라고 하였는데, 이것을 '보드라올 논'으로 수정한 것은 의도적인 수정으로 보인다. '마을'을 '마슬'로 수정한 부분, 司(18a)의 '마을 ᄉ'가 '마슬 ᄉ'로 수정된 부분, 府(18a)의 '마을 부'가 '마슬 부'로 바뀐 것도 마찬가지이다. 역시 16세기의 간본이다.

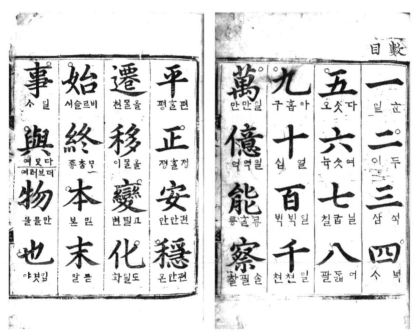

〈신증유합〉(동양문고본)

5. 이수륜가판(계명대 소장) 신증유합(1605년)

이 책은 계명대학교 소장본으로 1605년에 이수륜가(李壽崙家)에서 2권 1책의 목판본으로 간행한 것이다. 사주단변에 책의 크기는 31.4×21.5㎝이고 반엽광곽의 크기는 23.9×18.8㎝이다. 유계에 6행 8자이며, 판심어미는 내향이엽화문어미이다. 판심제는 '類合(유합)'이다. 내지서명은 '新增類合(신증유합)'이다.

책의 끝에 '萬曆乙巳仲春前主簿李壽崙家刊(만력 을사 중춘 전주부 이수륜가간)'이란 간기가 있어서 이 책이 1605년에 간행되었음을 알 수 있다.

발문에

上曰此書固好第諺釋中多土俚　尒眉菴退典玉堂商確刪改又從礪城君宋寅議定差誤
卽令刊行 壬辰兵火蕩失無餘 恐其泯滅書一本 倩工入梓

라고 하여 임금(선조)이 유희춘이 편찬한 신증유합에 토리(土俚), 즉 사투리가 많다는 지적에 수정하여 보완하였다는 사실과 임진란의 병화로 이 책이 소실되어 남아 있는 여분이 없어서 그것이 인멸될까 보아 간행한다는 내용이다.

이수륜은 미암이 책의 필사 등에 조력한 사람으로 동문선(東文選), 고문선(古文選) 서전(書傳)의 제목을 필사하였고 속몽구(續蒙求)와 연수서(延壽書)를 선사(繕寫)하였으며, 표해록(漂海錄)의 지문(識文)도 필사한 서사관이었다. 그래서 이수륜은 신증유합과 깊은 관계에 있는 사람이기 때문에, 이 책을 소장하고 있다가 다시 개간한 것으로 보인다. 이수륜이 서사관이었기 때문에 계명대 소장의 신증유합의 판하는 이수륜이 직접 썼을 가능성이 높다.

이수륜가 각본은 4행 4자의 이전, 이후의 신증유합과는 전혀 다른 판식을 보인다. 6행 8자이어서 그러하다.

뿐만 아니라 한자 3,000자의 목록은 동일하지만 그 배열순서를 바꾸었다. 그 순서가 바뀐 것을 초간본(나손본)을 중심으로 살펴 보면 다음과 같다.

초간본의 위치			이수륜가 각본의 위치		
장차	글자수	한자	장차	글자수	한자
下16a-下16b	32자	矜 - 孩	下23a-23b	32자	愍 - 式
下23a	16자	愍 - 宿	下30a	16자	遡 - 綽
下24a	16자	祭 - 佛	下24b	16자	袤 - 漏

下24b	16자	袞 - 漏	下30b	16자	迅 - 翼
下30a- 下30b	32자	逾 - 翼	下16a-16b	32자	矜 - 孩

한자는 동일한데, 그 위치를 바꾸어 결과적으로는 배열을 바꾼 것인데, 그 이유는 알 수 없다.

이수륜가 신증유합과 초간본 신증유합(나손본)을 비교하여 보면 다음과 같은 한글 석음의 차이가 있다.

	초간본 신증유합(나손본)	중간본 신증유합(계명대본)
創	첫암밍글 창 (下10b)	처엄밍글 창(14b)
勇	늘랄 용 (下1b)	늘날 용(11b)
匝	에울 잡 (下52b)	匝 에윌 잡 (28b)
司	마을 ᄉ (上18a)	마슬 ᄉ (6b)
各	제굼 각(上7a)	제곰 각 (3a)
名	일훔 명(上7a)	일홈 명 (3a)
咽	식구무 연, 목멜 열 (上20b)	밥구무 연, 목몔 열 (7b)
啄	딕조슬 탁 (上13a)	딕조올 탁 (5a)
妹	아ᅀ누의 ᄆᆡ (上19b)	아ᄋᆞ누의 ᄆᆡ (7a)
妻	겨집 쳐 (上19b)	겨집 쳐, 안해 쳐 (7a)
嬌	아릿다올 교 (下31a)	아리싸올 교 (21b)
宦	환쟈 환, 벼슬 환 (上17b)	벼슬 환, 고자 환 (6b)
將	쟝슈 쟝, 쟝ᄎᆞ 쟝 (下10b)	쟝슈 쟝, 쟝ᄎᆞ 쟝 (14b)
少	져글 쇼 (下60a)	져믈 쇼 (31a)
州	큰고올 쥬 (上19a)	큰고올 쥬 (7a)
府	마을 부 (上18a)	마슬 부 (6b)
庶	뭇 셔 (上16b)	믈 셔 (22a)
廁	뒷간 ᄎ, ᄢᅵ일 칙 (上23b)	뒷간 ᄎ, 일 칙, 매일 칙 (8b)
忙	밧블 망 (下7a)	밧블 망 (13b)
戎	셔녁되 융 (下22a)	션녁되 융 (18b)
拘	먹자볼 구 (下27a)	먹자블 구 (20a)
拭	스슬 식 (下32b)	쓰슬 식 (22a)
指	손가락 지 (上21a)	손까락 지 (7b)

掌	손바닥 쟝 (上21a)	손째닥 쟝 (7b)	
映	ㅂ욀 영 (上5a)	ㅂ일 영 (2b)	
曰	ᄀᆞᆯ 왈 (上14b)	ᄀᆞ른 왈 (5b)	
柰	먼 내 (上9b)	믿 내 (4a)	
棗	대초 조 (上9b)	대쵸 조 (4a)	
槽	구슈 조 (上27a)	구유 조 (9b)	
毛	터럭 모 (上14b)	터럭 므 (5b)	
泳	ᄆᆞᆺ믈 영 (下15b)	믈ᄌᆞ믈 영 (16a)	
爲	ᄒᆞ 위 (上24a)	홀 위 8b	
犢	쇼야지 독 (上13b)	쇠야지 독 5a	
畝	이렁 모, 두듥골예지 모 (上6a)	이렁 므, 두듥골예자 모 (2b)	
眉	눈섭 미 (上20b)	눈셥 미 (7b)	
矩	고븐자 구 (上28b)	고븐자 구 (10a)	
砌	기슭섬 췌 (上23b)	기슬섬 취 (8b)	
砧	방핫돌 팀 (上24a)	방하돌 팀 (8b)	
稱	일ᄏᆞᆯ 칭 (上13a)	일ᄃᆞᆯ 칭 (5a)	
穀	곡식 곡 (上10b)	곡셕 곡 (4a)	
笋	筍 죽슌 슌 (上11a)	듁슌 슌 (4a)	
簪	빈혀 줌 (上31a)	빈히 줌 (11a)	
粗	잠깐 조 (下28a)	잠간 조 (20b)	
翊	이튼날 익 (上3a)	이튼날 익 1b	
聰	귀ᄇᆞᆯ글 총 (下13a)	귀ᄇᆞ글 총 (15b)	
胥	아젼 셔, 서르 셔 (上17b)	아젼 셔, 셔르 셔 (6b)	
臭	내 취 (下12a)	내 취 15a	
臼	호왁 구 (上27b)	확 구 (10a)	
菁	쉿무수 쳥 (上10b)	쉿무우 쳥 (4a)	
萱	넙ᄂᆞ믈 훤 (上7a)	넘ᄂᆞ믈 훤 (3a)	
蓿	게유목 슉 (上7a)	게유목 삭 (3a)	
葍	댓무수 복 (上10b)	닷무우 복 (4a)	
蔘	인슴 슴, 더덕 슴 (上8a)	인슴 슴 (3b)	
蘋	말왐 빈 (上8a)	말왐 빙 (3a)	
蝸	들판이 와 (上16a)	들팡이 와 (6a)	
融	노ᄀᆞᆯ 륭 (下60b)	노글 륭 (31a)	
裘	갓옷 구 (上30b)	갇옷 구 (11a)	

豹	표범 표 (上13a)	표엄 표 (5a)
豺	승량이 싀 (上13b)	승냥이 싀 (5a)
躑	텩튝 텩 (上7b)	텩튝 독 (3a)
輝	빗날 휘 (上5a)	빈날 휘 (2b)
道	길 도 (下58a)	길 도, 도리 도 (30b)
醜	더러술 취 (下52a)	더러울 취 (28b)
錐	송곳 츄 (上28a)	송곳 쵸 (10a)
雲	구룸 운 (上4a)	구룸 운 (2a)
鞍	기ᄅ마 안 (上31b)	길마 안 (11a)
顔	ᄂ 안 (上20b)	ᄂ 산 (7b)
馳	믈ᄃ룰 티 (上14b)	믈들릴 티 (5b)
驚	롤랄 경 (下11a)	놀랄 경 (14b)
鮪	유어 유 (上15a)	유이 유 (5b)
鴈	그려기 안 (上11b)	기러기 안 (4b)
鴞	부훵이 효 (上12b)	부헝이 효 4b
鴟	쇼로기 치 (上12b)	쇼로개 치 (4b)
鴻	그려기 홍 (上11b)	기러기 홍 (4b)
麞	獐 노로 쟝 (上13b)	노로 쟝 (5a)
瑣	흑ᄇᄉ 쇄 (下61a)	흑ᄇᄉᄉ 쇄 (31b)
鸞	난됴 난 (上11b)	난됫 난 (4b)
廊	힝랑 랑 (下9a)	힝낭 낭 (14a)
虜	되 로, 사ᄅ자블 로 (下33b)	되 로 (22a)
雷	울에 뢰 (上4a)	울레 뢰 (2a)
拓	널울 탁 (下32b)	널올 탁 (22a)

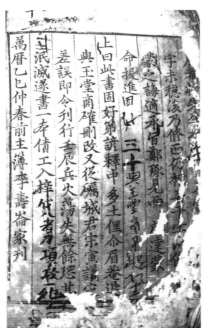

〈신증유합〉(계명대본)

6. 해인사판 신증유합(1698년)

고려대학교 소장본으로 1698년에 해인사에서 목판본으로 간행한 책이다. 책의 크기는 32.4×24.5㎝이고 반엽광곽의 크기는 24.4×19.0㎝이다. 사주단변에 유계로 4행 4자이다. 상하흑구에 판심어미는 내향흑어미와 2엽화문어미가 섞여 있다. 2권 1책인데, 상권의 말미에 '戊寅三月日 海印寺開刊(무인3월일 해인사개간)'이란 간기가 있고, 하권 목록의 다음에 '戊寅春重刊(무인춘중간)'이란 간기가 있다. 무인년이 어느 해인가에 대해서는 여러 이견이 있으나 표기법이나 또한 해인사에서 간행한 유합이 있어서 그것과의 상관성을 고려한다면 1698년이 가장 정확한 추정이 아닌가 생각한다.

권상의 말미에 '乾隆十二年丁卯六月初九日(건륭 12년정묘 6월 초9일)'이란 묵서가 있고, '洛驛成哨官冊七錢拾買(낙역성초관책 7전 10매)'란 묵서가 있으나, 이것은 책을 구입한 것과 연관이 있을 뿐, 간행과는 연관이 없는 것으로 보인다. 마찬가지로 권하의 유희춘의 발문 뒤에 있는 '丁卯六月十二日(정묘 6월 12일)' 등의 묵서도 마찬가지이다.

이 책은 초간본인 나손본에 비해 여러 가지 점에서 차이를 보인다.

나손본이 신증유합서와 신증유합상권목록이 있으나 고대본에는 신증유합서만 있을 뿐, 신증유합상권목록이 없다. 나손본은 책의 천두 부분에 신증유합의 분류항목인 '수목(數目), 천문(天文), 중색(衆色)' 등이 인쇄되어 있으나, 고대본에는 이러한 분류항목의 모습이 보이지 않는다. 나손본에는 발문이 권하의 말미에 있는데, 고대본은 권하의 앞 부분에 있다. 하권목록은 두 책이 동일하게 하권의 앞 부분에 있다.

나손본에 있는 한자에 대한 복수 주석은 고대본에서는 상당수가 단수 주석으로 바뀌었다. 그러나 어느 한자는 복수주석을 그대로 두고, 어느한자는 단수주석으로 바꾸었는지는 알 수 없다. 복수주석을 단수주석으로 바꾼 한자는 다음과 같다.

한자	출전	초간본(나손본)	중간본(고려대본)
刻	下,37b	시극 극, 극흘 극	시극 극
簡	下,61a	간략 간, 대쪽 간	간략 간
槩	下,61a	대개 개, 평목 개	대개 개
膏	下,37a	고황 고, 기름 고	고황 고
公	上,17a	공후 공, 구의 공	공후 공
舅	上,20a	싀아비 구, 외삼촌 구	싀아비 구
苟	下,61a	얼혀니 구, 간대로 구	얼혀니 구
其	上,19b	저 기, 그 기	저 기
聊	下,35a	견딜 료, 잠깐 료	견딜 료
命	下,2a	목숨 명, 시길 명	목숨 명

婦	上,20a	며느리 부, 겨집 부	며느리 부
肆	上,13a	드듸여 스, 베플 스	드듸여 스
士	上,17a	됴스 스, 션비 스	됴스 스
寺	上,18b	뎔 스, 마술 시	뎔 스
使	上,17b	부린 시, ᄒ야곰 스	브린 시
象	下,51a	얼굴 샹, 고키리 샹	얼굴 샹
胥	上,17b	아젼 셔, 서르 셔	아젼 셔
序	上,18a	흑당 셔, ᄎ셔 셔	흑당 셔
殊	下,61b	다를 슈, 아조 슈	다를 슈
宿	下,23a	잘 슉, 별 슈(去聲)	잘 슉
巡	下,37a	므르거를 슌, 두루드닐 슌	므르거를 슌
勝	下,39b	이길 승, 견딜 승(平聲)	이길 승
是	上,16b	이 시, 올홀 시	이 시
息	下,50b	쉴 식, 부러날 식	쉴 식
食	上,11a	머글 식, 밥 스(去聲)	머글 식
如	下,49a	ᄀ툴 여, 만일 여	ᄀ툴 여
延	下,62a	너븨 연, 긴댱 연	너븨 연
尤	下,61b	더욱 우, 허믈 우	더욱 우
應	下,40a	디답 응, 일뎡 응(平聲)	디답 응
咽	上,20b	식구무 연, 목멜 열	식구무 연
引	下,49a	열댱 인, 혈 인	열댱 인
長	下,48a	긴 댱, 길 댱(上聲)	긴 댱
績	下,42a	공젹 젹, 삼사물 젹	공젹 젹
適	下,23b	마줄 뎍, 갈 뎍	마줄 뎍
專	下,29b	독젼 젼, 젼일 젼	독젼 젼
濟	下,11a	건넬 졔, 건널 졔	건넬 졔
津	下,51b	진 진, 느ᄅ 진	진 진
鑽	下,46b	비븨질 찬, 비븨 찬	비븨질 찬
推	下,38b	츄심 츄, 밀 퇴	츄심 츄
側	下,62a	기울 측, 겯 측	기울 측
墮	下,54b	ᄂ려딜 타, 헐 휴(平聲)	ᄂ려딜 타
琢	下,38a	옥지질 탁, 옥굴 탁	옥지질 탁
蝦	上,15b	머구리 하, 사유 하	머구리 하
行	下,1a	힝실 힝, 녈 힝(平聲)	힝실 힝

洪	下,51a	클 홍, 너블 홍	클 홍
后	下,32a	님굼 후, 듕궁 후	님굼 후
橐	上,13b	약대 탁, 휘대 박	약대 탁
耻	下,15a	붓그릴 티, 핀잔히너길 티	붓그릴 티

이 표에서 볼 수 있듯이 초간본에 보이던 복수 주석들이 중간본(고려대본)에서 단수 주석으로 바뀌었지만, 중간본의 단수 주석은 초간본 복수 주석의 첫 번째 주석을 남겨 두고 뒤의 주석을 삭제한 것으로 보아, 판각 과정에서 간편하게 하기 위하여 두 번째 주석을 제외한 것인지, 아니면 한자 학습에서 복수 주석이 오히려 번거로워서 기본적인 석음만 남겨 두고 삭제한 것인지는 판단하기 어렵다. 이러한 사정은 뒤에 설명할 한글로 쓴 주석의 길이를 생략한 곳에서도 보인다. 그런데 초간본의 복수주석을 그대로 판각한 곳도 많아서 이러한 설명이 구차하기도 한다. 이러한 모습을 보면, 복수 주석을 단수 주석으로 바꾸거나 또는 새김의 길이를 줄인 것이 한자 학습의 문제라기보다는 판각 과정에서 일어난 문제점으로 해석되기도 한다. 한글로 쓴 주석을 길이를 줄인 것이 많이 들어난다. 이제 그 목록을 보이면 다음과 같다.

		초간본(나손본)	중간본(고려대본)
皎	下,50a	히들힐 교	히 교
潰	下,52b	믈헤여딜 궤	믈여 궤
寞	下,49a	괴외 막	괴 막
泮	下,52b	어름노글 빈	어노 빈
滂	下,53a	믈러비갈 방	믈비 방
繁	下,52b	번셩 번	번 번
僻	下,54b	최두룰 벽	최 벽
泄	下,51b	믈실 셜	믈 셜
熄	下,51b	블쩌딜 식	블 식
燼	下,52b	블그트렁이 신	블 신
渥	下,52a	흐욱홀 악	흐 악
儼	下,51a	엄연홀 엄	엄 엄

演	下,53b	믈퍼딜 연	믈딜 연
炎	下,51b	블더슬 염	울 염
汪	下,53b	믈너블 앙	믈블 왕
煨	下,52b	블그트렁이 외	블 외
涌	下,51b	믈소슬 용	믈 용
紜	下,49a	어즈러울 운	어 운
源	下,50a	믈불휘 원	믈휘 원
柢	下,50a	불휘 뎌	불 뎌
咫	下,49a	자여듧치 지	자 지
仞	下,49a	여듧자 인	여자 인
漲	下,51b	믈넘씰 턍	믈 턍
衝	下,50b	다디를 츙	다 츙
沛	下,53a	믈너비갈 패	믈비 패
浹	下,50b	흐웍홀 힙	흐 협
渾	下,49b	오록홀 혼	오홀 혼
泓	下,53b	믈기플 횡	믈푼 횡
渙	下,52b	믈훤훤 환	믈 환
滑	下,53b	믿그러울 활	믿극 활
煌	下,54a	블빗 황	빗 황
涸	下,50b	믈여월 확	믈 확
洽	下,50b	흐웍홀 흡	흐 흡
匯	下,50b	믈모들 회	들 회
灩	下,54a	양ᄌ됴홀 염	양 염

한자의 석음 중에서 새김에 해당하는 부분을 줄여서 쓴 것이어서 이 새김만
으로는 그 의미를 전혀 알 수가 없다. '灩'을 '양ᄌ됴홀 염'인데 이것을 '양 염'으
로 해 놓았으니, 그 의미를 알 수가 없을 것이다. 그런데 글자를 빼어 놓았지만
한자음은 반드시 써 놓았다.

흥미로운 사실은 이러한 현상은 下卷의 49장부터 54장까지에서만 나타난
다는 점이다. 이것은 각수의 문제인 것으로 보인다. 이 부분의 刻을 담당한 각
수가 한 두 글자만 각을 하고 글자를 빼어 버린 것으로 추정된다.

새김이 달라진 것들도 보인다. 새김이 달라진 것은 표기법의 변화로 인한

것이 있고, 어휘상으로 달라진 것이 있다. 특히 △ 표기가 ㅇ 표기로 된 것들이 눈에 많이 뜨인다.

兒	上,17a	아히 ᅀᆞ	아히 ᅌᆞ
府	上,18a	마을 부	마슬 부
絹	下,24b	니슬 즙	니을 즙
胤	下,23b	니슬 윤	니을 윤
菁	上,10b	쉿무수 청	쉿무우 청
蔔	上,10b	댓무수 복	댓무우 복
供	上,30a	겻기 공	격기 공
八	上,1a	여듦 팔	려듦 팔(補寫부분)
映	上,5a	ᄇᆞ윌 영	ᄇᆞ일 영
筮	下,12a	졈좌 셔	졈쇄 셔

새김이 전혀 달라진 것들도 보인다.

한자	출전	초간본(나손본)	중간본(고려대본)
遂	下,29b	쇠올 슈, 드듸여 슈	쇠올 슈, 조츨 슈
然	下,52b	블브틀 연, 그러 연	블 연
位	上,1b	벼슬 위	항렬 위
宦	上,17b	환쟈 환, 벼슬 환	고쟈 환
園	下,28b	뒤안 원	뒤간 원
想	下,11a	녀길 샹	녜길 샹
敢	下,29b	구틔여 감	니디이 감
債	下,45b	빋 채	비 채

〈신증유합〉(고려대본)

　고려대 소장 중간본 신증유합과 동일한 판본을 대구 모 개인이 소장하고 있는 것도 있다. 목판본으로 하권만 남아 있으나 그나마도 3장부터 있다. 뿐만 아니라 하9장, 하13장, 하23장, 하24장이 낙장이다. 그리고 마지막 장의 하63b가 낙장이다. 실사할 기회는 없었고, 백두현 교수가 제공해 준 이미지 파일만 입수할 수밖에 없어서 이 책의 서지사항 중 책의 크기나 반엽광곽의 크기 등은 알 수 없다.[2] 이 신증유합이 고려대본과 동일하다는 사실은 한자 밑에 쓰인 모든 새김이 동일할 뿐만 아니라 판식과 자형이 동일하다는 데에서 찾을 수 있다. 단지 차이가 있는 부분은 하4a의 '理'가 고려대본에서는 '스리 리'인데, 이 책에서는 '다스릴 리'로 되어 있다는 점이다. 그러나 자세히 살펴 보면, '스리 리'의 'ㅅ'자 앞 부분에 붓으로 '다'를 써 놓고 '스리'의 '리'에 붓으로 'ㄹ'을 가

---

2 이 자료를 제공해 주신 백두현 교수께 감사를 드린다. 이 자료는 대구의 모 고문헌 판매상으로부터 복사를 해 놓은 자료라고 한다. 현재의 소장처는 알 수 없다.

필하여 넣어 '다스릴 리'로 수정하였음을 볼 수 있다. 후대에 붓으로 가필한 것이다. 이 책은 고려대본을 붓으로 가필한 흔적이 많이 보인다. 후대에 이 책으로 학습하면서 석음이 변화한 부분을 붓으로 고쳐 놓은 것이다.

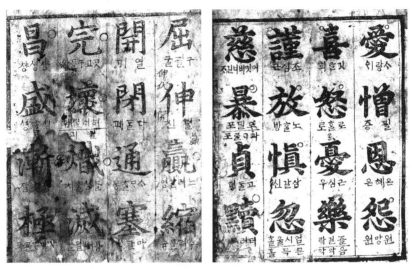

〈신증유합〉(대구 개인 소장)

7. 일사문고 소장 필사본 신증유합(16세기)

유합은 필사본이 많이 전해지고 있지만, 신증유합은 필사본으로 전하는 경우가 거의 없는 편이다. 서울대 일사문고에 전하는 필사본 신증유합(一簑古 418.3-Y91s)은 책의 크기가 28.8×20.4㎝이고 계선이 없으며 4행 4자로 되어 있다. 모두 98장이다. 앞에 유희춘이 쓴 '新增類合序(신증유합서)'가 있고, 이어서 성점에 대한 설명(圈上去聲, 平聲入聲不圈)이 있다. 그 뒤에 신증유합 상권목록(新增類合上卷目錄)이 있고, 그 뒤에 본문이 있다. 성점을 표시하는 권점이 보이고 있지만, 초간본에 보이는 이형(異形)의 한자를 표시한 부분은 많이 생략되었다. 상권의 뒤에 新增類合 卷下(신증유합 권하)가 이어진다.

이 필사본 신증유합은 초간본인 나손본과 비교하여 보면 다음과 같은 차이를 보인다.

① 한자의 배열순서 및 한자에 몇 곳에서 차이를 보인다.

상7b에서 원간본은 '躑躅'의 순서인데 필사본에서는 '躅躑'이다.

상13b에서 원간본은 '牛馬橐駝'인데 필사본에서는 '牛馬駱駝'이다. '橐'이 '駱'으로 변화한 것이다.

② 표기법 차이가 많고, 새김의 차이도 많다. 권상에서 몇 개씩을 보이면 다음과 같다.

출전	한자	초간본(나손본)	동양문고본	필사본 (일사문고본)
상1b	初	처엄초/원간 초	처엄초/원간 초	처음초/원간 초
상1b	數	수고슴 수	수그슴 수	수그슴 수
상1b	載	시를 지	시를 지	시를 지
상2a	西	션녁 셔	션녁 셔	셔녁 셔
상4a	露	이슬 로	이슬 로	이슬 로
상4a	雹	무뤼 박	무뤼 박	무리 박
상4a	霞	노을 하	노올 하	노을 하
상4a	雷	울에 뢰	울에 뢰	울에 뢰
상4b	陰	그늘 음	그늘 음	그늘 음
상4b	相	서르 샹	시르 샹	서르 샹
상5a	映	비일 영	비일 영	비쇨 영
상5b	丘	두던 구	두던 구	두덕 구
상5b	樹	큰나모 슈	믄나모 슈	믄나모 슈
상6b	汀	믈곳 뎡	믈곳 뎡	믓곳 뎡
상6b	浦	개 보	개 보	개 포
상6b	接	브틀 졉	브틀 졉	브틀 졉
상7a	蘭	난초 난	난초 난	란초 찬
상8b	槐	회화 회	회화 회	괴화 괴
상9b	橘	귤 귤	귤 귤	유ᄌ 귤

상9b	棗	대초 조	대초 조	대초 초
상10b	萄	댓무수 복	댓무우 복	우대무우 복
상11a	嫩	보다라올 논	보드라올 논	보드라올 논
상11a	豊	풍성 풍	풍성 풍	풍년 풍
상11b	鴻	긔려기 홍	긔려기 홍	기려기 홍
상11b	雁	긔려기 안	긔려기 안	기려기 안
상13a	稱	일ᄏᆞᄅᆞᆯ 칭	일ᄏᆞᄅᆞᆯ 칭	일ᄀᆞᄅᆞᆯ 칭
상14b	亦	도 역	도 역	ᄯᅩ 역
상14b	曰	ᄀᆞᆯ 왈	ᄀᆞᆯ 왈	ᄀᆞᄅᆞ 왈
상16b	諸	모들 제	모든 제	모든 져
상18a	廈	큰집 하	큰집 하	큰집 하
상18a	府	마을 부	마ᄉᆞᆯ 부	마ᄉᆞᆯ 부
상18a	司	마ᄉᆞᆯ ᄉᆞ	마ᄉᆞᆯ ᄉᆞ	마ᄉᆞᆯ ᄉᆞ
상19b	父	아비 부	아비 부	아븨 부
상20b	鼻	고 비	고 비	코 비
상22a	痣	긔믜 지	거믜 지	기미 지
상22a	胃	양 위	양 위	비위 위
상22b	淚	눈믈 뉴	눈믈 뉴	눈믈 누
상23a	檻	헌함 함	헌함 함	난간 함
상24a	褥	요 욕	요 욕	요 요
상30a	排	버릴 빈	버릴 빈	버린 빈

   이 필사본은 나손본이나 동양문고본과도 다르다. 대개 나손본과 동양문고본의 잘못을 수정한 인상을 준다. 따라서 이 필사본은 이들보다는 후대의 것으로 보이지만, 임진란 이전의 것으로 추정된다.

   이 필사본은 대야진본(大野晋本), 즉 백조고길(白鳥庫吉) 구장본의 필사본으로 알려져 있다. 대야진본은 임진란 이전에 전라도 남평현에서 복각한 것으로 알려져 있다.

〈신증유합 필사본〉(일사문고본)

제7부

훈
몽
자
회

제1장 훈몽자회의 편찬 동기

　훈몽자회는 최세진(崔世珍)이 지은 한자 학습서로서 1527년(중종 22년)에 3권 1책의 활자본으로 간행한 책이다. 훈몽자회 서문의 말미에 '嘉靖六年 四月 日 折衝將軍 行忠武衛副護軍臣崔世珍謹題(가정6년 4월 일 절충장군 행충무위부호군 신 최세진 근제)'라고 되어 있어서 이 책이 최세진이 편찬하여 1527년에 간행하였음을 알 수 있다.

　이 책은 천자문과 유합이 추상적인 개념을 나타내는 한자가 많아 이를 지양하고 구체적인 사물을 나타내는 한자 3,360자를 수록하고 한글 석음과 한문 주석을 달아 만든 책이다. 이와 같은 내용은 훈몽자회 서문에서 볼 수 있다.

　　孔子曰 不學詩無以言 釋之者曰 多識於鳥獸草木之名 今之敎童稚者 雖習千字類合 以至讀遍經史諸書 只解其字不解其物 遂使字與物二而鳥獸草木之名 不能融貫通會者 多矣 蓋由誦習文字而已不務實見之致也

　　臣愚慮切及此鈔取全實之字 編成上中兩篇 又取半實半虛者 續補下篇 四字類聚諸韻 作書 總三千三百六十字 名之曰訓蒙字會要使世之爲父兄者 首治此書施敎於家政總丱 之習 則其在蒙幼者 亦可識於鳥獸草木之名 而終不至於字 與物二之差矣 以臣博識敢爲 此擧固知難逃僭越之罪也 至於訓誨小子 蓋亦不無少補云爾時

　　(공자께서 말씀하시기를 "시를 공부하지 않으면 말할 것이 없다"고 하셨는데, 이를 해석하는 이가 새와 짐승과 초목의 이름을 많이 아는 것이라고 하니, 오늘날 어린이를 가르치는 이들이, 비록 천자문과 유합을 배워서 경서와 역사책을 두루 읽게 되더라도, 다만 그 글자만 알고 그 글자가 나타내는 실체를 몰라

드디어 사물을 나타내는 글자와 사물이 둘이 되어 맞지가 않고, 조수와 초목의 이름을 꿰뚫어 알 수 없는 사람이 많으니, 대개 글자란 외울 뿐 실체를 보기에 이르도록 힘쓰지 않은 탓입니다.

신의 생각이 이에 절실히 미치어 모두 실체를 나타내는 글자를 취하여 상·중 2권을 꾸미고 또 반실반허자(半實半虛字)를 취하여 하권을 엮었습니다. 네 글자씩 무리로 모으고 운을 맞추어 책을 지으니, 모두 3,360자입니다. 책 이름을 훈몽자회라고 한 것은, 세상의 부형 되는 사람들로 하여금 먼저 이 책을 익히고 가정의 어린이들을 가르치게 하고자 함이오며, 그렇게 하면 어린이들도 역시 새·짐승·초목의 이름을 알 수 있게 되어, 마침내 물건의 이름을 나타내는 글자와 물건이 서로 부합되지 않는 일이 없을 것입니다. 신이 천박한 학식으로 감히 이런 책을 지은 것은 진실로 분수에 넘치는 죄를 지었음을 알고 있습니다만, 어린이들을 가르치는데 있어서는 대개 또한 조금이나 도움 안됨이 없겠습니다.)[1]

결국 사물의 실체 이름을 나타내는 한자를 중심으로 편찬하였음을 주장하고 있는 셈이다. 그래서 훈몽자회의 의미부류를 보면 주로 추상적인 개념을 나타내는 부류는 '천륜(天倫), 유학(儒學), 서식(書式)(이상 상권), 인류(人類), 채색(彩色), 음악(音樂), 질병(疾病), 상장(喪葬)(중권) 정도에 그칠 뿐이다. 즉 33개 부류 중 8개 정도의 부류에 그칠 뿐이다. 훈몽자회의 유별 부류는 다음과 같다.

상권(上卷)은 천문(天文), 지리(地理), 화품(花品), 초훼(草卉), 수목(樹木), 과실(菓實), 화곡(禾穀), 소채(蔬菜), 금조(禽鳥), 수축(獸畜), 인개(鱗介), 곤충(蜫蟲), 신체(身體), 천륜(天倫), 유학(儒學), 서식(書式)의 16부류로, 그리고 중권(中卷)은 인류(人類), 궁택(宮宅), 관아(官衙), 기명(器皿), 식찬(食饌), 복식(服飾), 주선(舟舩), 거여(車輿), 안구(鞍具), 군장(軍裝), 채색(彩色), 포백(布帛), 금보(金寶), 음악(音樂), 질병(疾

1 번역은 姜信沆(1994), 訓民正音 硏究(增補板), 성균관대학교출판부, pp.212-213에서 가져 온 것이다.

病), 상장(喪葬)의 16부류로, 그리고 하권(下卷)은 잡어(雜語)의 1개 부류, 도합 33 개의 부류로 나누고 있다.

이러한 의미 분류는 유희춘의 신증유합에 보이는 의미부류와는 사뭇 다르다. 신증유합에서는 추상적인 개념을 표시하는 한자가 많아진 데 비하여 훈몽자회에서는 구체적인 사물 이름을 나타내는 한자가 대폭 증가한 것이다.

훈몽자회와 신증유합의 의미부류 중에서 공통된 것은 '금조(禽鳥), 수목(樹木), 수축(獸畜), 식찬(食饌), 신체(身體), 인개(鱗介), 지리(地理), 천문(天文), 초훼(草卉), 화곡(禾穀)'이고 유사한 이름을 가진 것으로는 소채(蔬菜), 채소(菜蔬), 과실(菓實), 과실(果實), 금보(金寶), 금백(金帛) 등이다. 주로 구체적인 사물 이름을 보이는 항목들이 공통 내용인 셈이다.

훈몽자회는 맨 앞에 서문격인 '훈몽자회인(訓蒙字會引)'이 있고, 이어서 한글 자모에 대한 내용인 '凡例'가 나오고 훈몽자회목록이 이어진다. 그리고 본문이 시작된다.

본문에는 한자를 쓰고 그 아래에 한글로 석음을 달고 이어서 이 한자에 대한 한문 설명이 있다. 한글 석음에는 방점이 찍혀 있다.

훈몽자회에는 최세진이 직접 언급한 것처럼 3,360자의 한자에 대한 학습서이다. 그러나 면밀히 검토해 보면 3,360자가 아니고 8자가 빠진 3,352자이다. 왜냐하면 자형은 동일한데, 그 새김과 한자음이 다른 한자 7자('行'이 3자)가 포함되어 있기 때문이다. 그 목록을 보이면 다음과 같다.

朝 아춤 됴 又見中卷 〈상1b〉

朝 됴횟 됴 俗稱朝見朝廷又上卷 〈중4b〉

柚 유즈 유 〈상6b〉

柚 믈슙 튝 俗呼軸音抽 〈중9b〉

沙 몰애 사 又水旁曰沙又汰也又下卷 〈상2b〉

沙 일 사 又與砂同見上卷 〈하5b〉

646

炙 구을 쟈 〈하6a〉

炙 적 적 〈중10b〉

葵 규홧 규 亦呼수又見下 〈상4a〉

葵 아옥 규 葵菜又花名見上 〈상8a〉

行 져재 항 俗呼座主曰 行頭又見下卷 〈중5a〉

行 녈 힝 又見下及中卷

行 힝뎍 힝 又見上及中卷

觀 집 관 道宮又平聲볼 관 見下卷

觀 볼 관 又見中卷

최세진은 훈몽자회 범례에서

一字有兩三名者 今亦兩三收之如葵字 (葵菜 葵花) 朝字 (朝夕 朝廷) 行 (德行 市行 行步)之類是也 (한 글자에 두세 개의 이름이 있는 것은 또한 두세 개의 이름으로 수록하였는데, '규(葵)'자는 '규채(葵菜)' '규화(葵花)', '조(朝)'자는 '조석(朝夕)' '조정(朝廷)', '행(行)' 자는 '덕행(德行)' 시행(市行) '행보(行步)'와 같은 것이 이것이다.)

라고 하여 '葵'자가 '규채(葵菜), 규화(葵花)'로 쓰일 때, 그리고 '朝'자가 조석(朝夕), 조정(朝廷)으로 쓰일 때, '行'자가 '덕행(德行) 시행(市行) 행보(行步)'로 쓰일 때를 예를 들어 한 글자가 여러 가지로 쓰이고 있음을 지적하고 있다. 그래서 '葵'에서 '규채(葵菜)'로 쓰일 때에는 '아옥 규'로, '규화(葵花)'로 쓰일 때에는 '규홧 규'로 별도로 한자를 등록하였고, '朝'도 '조석(朝夕)'으로 쓰일 때에는 '아춤 됴'로, '조정(朝廷)'으로 쓰일 때에는 '됴횟 됴'로, 그리고 '行'이 '덕행(德行)'으로 쓰일 때에는 '힝뎍 힝', '시행(市行)'으로 쓰일 때에는 '져재 힝'으로 '행보(行步)'로 쓰일 때에는 '녈 힝'으로 따로 구분하여 한자 항목을 설정하고 있다. 범례에 제시한 이 3글자 이외에도 '柚, 沙, 炙, 觀'의 4자가 더 있어서 중출자가 모두 7자인 셈이

다. 최세진은 훈몽자회를 편찬하면서도 이 사실을 표시하기 위해 '우견(又見)'
이라 하여서 상중하권(上中下卷) 어디를 가 보라고 언급하고 있다.

훈몽자회를 편찬하면서 참고한 문헌이 여럿 있다.

〈역어지남(譯語指南)〉

杼 북 뎌 譯語指南云ᄇ딕집 〈예산본 中9A〉

〈초학자회(初學字會)〉

傭 삭바돌 용 役賃謂雇作者初學字會云다므사리 용 〈예산본 中1b〉

雇 삭바돌 고 客作者初學字會云다므사리 고 〈예산본 中1b〉

〈문종어석(文宗語釋)〉

藻 ᄆᆞᆯ 조 海藻又水草文宗語釋 말왕 조 初學字會同〈예산본 上5a〉

蘋 머기리밥 빙 大萍也 沈曰蘋浮曰藻文宗語釋及字會말왐 빈 〈예산본 上5a〉

〈의방(醫方)〉

髏 머릭디골 루 醫方云天靈盖俗稱髑髏首骨 〈예산본 上14b〉

膈 발셜 흔 腫起亦作瘒又音希搗醫方作臋 〈예산본 中17a〉

〈방문(方文)〉

梣 므프레 줌 方文云秦皮俗呼苦裏木 〈예산본 上6a〉

痊 등고돌 딜 方文云強痊 〈예산본 中16b〉

瞳 귀헐 뎨 又音質聰不聰方文作底 〈예산본 中16b〉

〈방서(方書)〉

櫯 다목 소 方書稱蘇枋木俗呼櫯木 〈예산본 上6a〉

蒢 올미 제 俗呼地栗方書蒢蒢亦作荸薺 〈예산본 上8a〉

鵂 부헝이 류 方書鵂鶹一名訓狐 〈예산본 上8b〉

銈 쇠보밀 싱 方書鐵銈鐵衣厚而墮落者 〈예산본 下7b〉

이처럼 역어지남(譯語指南), 초학자회(初學字會), 문종어석(文宗語釋), 의방(醫

方), 방문(方文), 방서(方書) 등의 문헌이 인용되고 있지만, 이 중에서 오늘날까지 그 실물이 발견된 것은 『초학자회』밖에 없다. 그것도 필사본 몇 장만 남아 있는 실정이다.[2]

---

2 국립한글박물관 소장이다.

제2장 훈몽자회의 한자

1. 훈몽자회의 한자

훈몽자회는 주흥사천자문에 나타나는 한자도 매우 많이 포함시키고 있다. 즉 천자문의 한자 560개를 포함하고 있어서 기존의 한자 학습서를 전혀 도외시했다고는 할 수 없다. 그 560자를 보이면 다음과 같다.

假家歌稼駕刻簡碣甘鑑甲絳薑芥居渠距巾劍見京傾卿敬
景經啓溪稽階古姑孤羔顧鼓曲谷轂昆公功孔工恭拱貢寡
冠官觀光槐交九口垢駒驪國鞠君軍郡宮躬闕貴葵極根謹
近琴禽給矜器基機氣璣綺譏起南男納囊內女年老祿農柚
能丹旦淡談堂棠對帶德圖盜途道都陶牘獨讀頓冬動東桐
騰騾攬涼梁驪廉令聆領禮龍樓流履理鱗林立磨晚萬寐每
盟眠面縣滅名命明鳴母毛貌木牧目廟務武畝墨問文聞門
物民盤飯髮房紡拜杯背陪伯白百魄法壁璧弁寶步服福鳳
俯傅夫婦富府父皇分墳卑碑肥非飛賓事史四士寫射師沙
祀絲舍上嘗相箱翔裳觴象賞霜顙塞稽生笙暑書西黍夕席
石仙善扇禪說攝城性星盛聖聲誠世歲稅嘯所笑素霄松受
手收樹水獸誰首叔夙孰淑熟瑟習市是時矢詩息植食信神
臣薪身心兒我阿嶽惡鷹斡巖仰愛夜野弱躍羊讓陽養驤御
語魚飫言嚴業妍淵筵染葉暎楹榮營纓英乂藝譽隸五梧玉

王 外 曜 浴 容 優 友 右 宇 愚 祐 羽 雨 雲 園 垣 遠 月 位 威 柚 帷 育 閏
戎 銀 陰 音 邑 儀 意 義 衣 二 伊 耳 眙 遘 人 仁 引 壹 日 任 姿 子 字 慈
炙 紫 自 資 潛 場 墻 將 帳 張 章 宰 才 載 嫡 籍 績 賊 赤 跡 典 殿 田 轉
節 丁 亭 庭 情 政 精 貞 帝 弟 濟 祭 早 朝 條 照 眺 糟 造 釣 鳥 足 尊 宗
終 鍾 坐 左 罪 主 奏 宙 州 晝 珠 酒 俊 中 地 志 指 枝 池 紙 直 稷 職 辰
集 澄 讚 唱 綵 菜 策 處 尺 戚 千 天 川 賤 踐 瞻 妾 牒 淸 聽 靑 體 草 誚
燭 寸 寵 秋 逐 黜 忠 吹 翠 昃 馳 勅 親 漆 湯 土 退 杷 八 烹 陛 布 捕 飽
表 彼 疲 被 筆 下 夏 河 荷 退 學 寒 閑 鹹 海 骸 行 玄 縣 賢 兄 刑 形 衡
馨 惠 好 戶 號 化 火 畫 華 環 紈 皇 黃 晦 橫 孝 後 訓 毀 暉 煇 萑

훈몽자회는 신증유합과 겹치는 한자가 매우 많은 편이다. 3,360자 중, 1,531
자가 겹치는 한자이다. 그 목록을 보이면 다음과 같다.

欛 家 假 嫁 架 歌 稼 茄 賈 駕 覺 刻 脚 角 閣 幹 澗 看 簡 肝 諫 間 慳 渴
葛 瞰 鑑 柑 甘 撼 甲 剛 强 江 疆 綱 薑 講 介 芥 蓋 開 檠 客 羹 渠 居 距
鋸 袪 巾 乾 乞 傑 儉 檢 骼 犬 絹 肩 見 譴 鵑 鎌 歉 景 京 傾 卿 境 徑 敬
梗 磬 竟 經 耕 莖 鏡 鯨 界 啓 契 桂 溪 稽 階 古 告 姑 孤 庫 枯 槁 羔 考
股 膏 苦 蠱 袴 誥 皋 鋼 顧 鼓 羖 哭 斛 曲 穀 谷 鵠 昆 坤 閫 骨 鶻 公 功
孔 工 恭 拱 貢 寡 戈 科 課 蝌 罌 冠 官 管 觀 關 鸛 括 光 狂 筐 槐 肱 交
嬌 敎 校 橋 膠 郊 丘 九 仇 口 寇 廐 構 溝 狗 臼 舅 軀 鉤 駒 驅 鳩 鷗 裘
觀 國 局 菊 麴 君 裙 軍 郡 窟 穹 宮 弓 卷 拳 權 眷 蕨 蹶 闕 跪 碣 貴 鬼
窺 葵 閨 菌 橘 戟 極 隙 斤 根 筋 芹 謹 近 靳 今 琴 衾 襟 錦 汲 給 級 矜
基 嗜 器 妓 技 旗 機 氣 祈 箕 耆 肌 譏 起 騎 麒 蟣 喫 懦 南 男 納 囊 狼
內 冷 女 年 拈 佞 奴 老 祿 農 腦 餒 淚 漏 杻 紐 能 陵 泥 丹 旦 段 鍛 獺
闥 擔 淡 膽 談 璫 堂 糖 襠 戴 代 對 帶 臺 袋 貸 德 刀 徒 圖 島 度 桃 棹
濤 盜 禱 稻 覩 賭 途 道 都 陶 擣 饕 瀆 犢 獨 禿 纛 讀 櫝 頓 桐 棟 冬 凍

動 東 童 銅 僮 斗 頭 抖 蚪 蠹 臀 燈 藤 騰 騾 絡 攬 覽 涼 梁 藜 侶 廬 礪
閭 驢 靂 憐 蓮 簾 廉 斂 獵 令 領 例 禮 爐 鱸 聾 牢 賚 耒 僚 蓼 龍 樓 鏤
柳 榴 流 鶹 淪 輪 栗 廩 吏 履 梨 理 籬 贏 裏 里 鯉 鱗 麟 林 霖 立 笠 馬
磨 麻 幕 晚 萬 蔓 蠻 望 網 媒 罵 妹 寐 梅 買 賣 麥 脉 氓 猛 盲 盟 萌 薨
面 冕 眠 滅 名 命 明 鳴 帽 母 暮 某 模 毛 牡 茅 貌 木 沐 牧 目 首 夢 墓
廟 苗 務 舞 巫 撫 武 畝 誣 貿 霧 鶩 廡 墨 問 文 聞 蚊 門 物 味 尾 眉 米
薇 迷 弭 糜 民 泯 蜜 黽 博 粕 伴 盤 蟠 飯 鉢 髮 房 蚌 邦 拜 培 排 杯 背
輩 陪 伯 帛 栢 白 百 魄 藩 罰 帆 法 壁 璧 碧 闢 霹 邊 鼈 屛 柄 瓶 病 餅
寶 步 輔 僕 卜 服 福 腹 葡 輻 蝠 鋒 峯 捧 縫 蓬 蜂 鳳 父 俯 傅 副 否 夫
婦 富 府 斧 符 腐 膚 負 賦 部 釜 分 墳 焚 盆 粉 佛 拂 朋 崩 鄙 卑 婢 儽
扉 榧 沸 琶 肥 脾 臂 非 飛 鼻 圮 羆 轡 貧 賓 蘋 鬢 祀 事 史 司 四 士 寫
寺 射 師 斜 死 沙 祠 紗 絲 舍 蛇 詐 詞 賜 笥 朔 山 産 酸 霰 鑱 殺 蔘 三
衫 揷 鍤 象 上 償 商 嘗 庠 桑 相 箱 翔 裳 觴 賞 霜 塞 賽 嗇 穡 笙 生 壻
序 恕 書 犀 筮 絮 薯 西 誓 鋤 黍 鼠 噬 夕 席 昔 石 錫 仙 善 扇 旋 船 蘚
蟬 舌 說 雪 蟾 攝 城 姓 性 星 盛 聖 聲 誠 世 歲 洗 稅 貰 嘯 宵 巢 梳 燒
疏 笑 素 蔬 蘇 訴 粟 孫 蟀 誦 松 訟 頌 刷 鎖 樹 叟 受 壽 帥 手 搜 收 水
獸 瘦 睡 穗 繡 藪 誰 輸 酬 首 髓 鬚 售 讎 叔 淑 熟 菽 旬 盾 脣 尊 醇 術
瑟 膝 슳 習 蠅 乘 僧 勝 升 繩 匙 市 是 時 矢 視 詩 豺 息 式 拭 植 殖 食
飾 腎 伸 信 宸 晨 燼 神 紳 臣 薪 訊 身 辛 室 蟋 心 十 雙 氏 兒 我 芽 蛾
衙 阿 餓 鵝 嶽 惡 岸 案 眼 鞍 顏 鴈 斡 訐 巖 暗 頷 壓 鴨 鴦 仰 隘 愛 涯
艾 騃 液 腋 額 櫻 鸚 冶 夜 野 躍 弱 藥 鑰 壤 釀 攘 楊 洋 羊 讓 陽 養 漁
魚 御 語 馭 飫 億 言 蘗 嚴 淹 業 晻 輿 予 汝 域 役 繹 驛 涎 妍 宴 椽 淵
研 硯 染 炎 髯 鹽 葉 影 榮 泳 營 纓 英 乂 刈 藝 譽 霓 鯢 五 吾 梧 烏 襖
屋 沃 獄 玉 醞 兀 翁 蝸 瓦 臥 蛙 腕 枉 汪 王 外 煨 夭 曜 腰 謠 浴 褥 勇
容 涌 鎔 春 優 友 右 宇 愚 牛 祐 羽 芋 雨 耘 雲 蔚 熊 雄 原 園 垣 冤 猿
苑 遠 院 月 鉞 葦 闈 位 威 緯 胃 衛 尉 乳 儒 孺 幼 油 游 誘 諛 諭 牖 育

肉 戎 恩 銀 吟 陰 音 飮 揖 泣 邑 挹 膺 鷹 儀 衣 欸 意 義 蟻 醫 弛 二 夷
爾 珥 耳 貽 貳 邇 餌 鴯 翌 翼 咽 人 仁 印 姻 引 茵 蚓 一 壹 日 溢 任 孕
姊 柘 妾 子 字 慈 滋 灸 疵 紫 自 資 雌 秄 勺 嚼 昨 芍 酌 雀 鵲 盞 潛 簪
丈 匠 場 墻 將 帳 張 掌 杖 漿 狀 粧 葬 薔 醬 宰 才 栽 梓 滓 裁 財 載 儲
杵 楮 沮 渚 苧 瀦 蛆 狄 謫 嫡 敵 笛 籍 績 賊 赤 跡 覿 箋 典 前 奠 戰 殿
煎 田 箭 轉 錢 電 鸇 竊 節 占 簞 蝶 亭 庭 丁 井 呈 廷 情 政 汀 精 貞 鉦
頂 鼎 啼 帝 弟 梯 濟 祭 第 臍 蹄 霽 擠 踶 照 糟 早 朝 條 棗 槽 潮 爪 眺
祖 祚 藻 蚤 詔 造 釣 鳥 澡 竈 鵰 族 足 尊 卒 宗 種 終 綜 鍾 鐘 蹤 坐 左
罪 注 主 奏 宙 州 廚 晝 朱 柱 株 洲 珠 籌 紬 舟 蛛 酒 躊 挂 肘 蛀 竹 粥
俊 樽 準 蠢 蹲 中 楫 甌 證 贈 怎 地 志 指 旨 智 枝 池 紙 脂 芝 蜘 痣 直
稷 織 職 賑 進 塵 榛 津 珍 姪 袟 疾 蛭 斟 緝 集 徵 澄 借 錯 鑿 鑽 饌 爨
讒 譖 倉 唱 漲 窓 菖 債 綵 菜 冊 策 幘 妻 處 瘠 尺 戚 擲 斥 脊 隻 躑 千
天 川 泉 穿 薦 賤 踐 釧 哲 鐵 添 瞻 諂 簷 妾 帖 牒 菁 廳 晴 淸 聽 靑 蜻
涕 體 砌 胄 椒 焦 草 蕉 醋 絹 誚 鞘 鷦 燭 觸 寸 村 聰 叢 寵 蔥 楸 秋 樞
醜 錐 雛 築 軸 逐 春 椿 黜 忠 蟲 冲 悴 翠 吹 娶 炊 臭 醉 齒 癡 稚 雉 馳
鴟 親 七 漆 鍼 寢 枕 砧 蟄 他 惰 打 駝 卓 啄 坼 濁 吞 彈 炭 奪 探 貪 湯
蕩 苔 怠 態 澤 撑 吐 土 桶 痛 統 退 頹 偸 鬪 慝 波 派 琶 芭 販 板 八 佩
敗 貝 烹 便 篇 鞭 吠 嬖 幣 肺 飽 哺 圃 布 捕 浦 蒲 袍 鋪 幅 瓢 表 豹 品
楓 諷 豊 風 彼 疲 皮 被 匹 筆 下 廈 夏 河 瑕 荷 蝦 遐 霞 罅 學 壑 鶴 寒
悍 旱 汗 閑 割 轄 函 含 檻 陷 蛤 閣 缸 項 孩 懈 海 蟹 薤 醢 薥 杏 行 鄕
餉 香 獻 軒 革 玄 縣 街 賢 穴 血 兄 刑 形 螢 衡 馨 慧 惠 號 呼 壺 好 戶
湖 狐 虎 豪 婚 昏 混 渾 魂 笏 紅 虹 鴻 化 火 畵 禾 花 華 話 貨 鑊 換 宦
環 豢 猾 凰 皇 篁 黃 晦 檜 灰 膾 誨 賄 橫 孝 曉 喉 侯 候 后 後 猴 勳 訓
暄 萱 毁 畦 鵂 恤 胸 黑 痕 釁 欠 歆 吸 姬 戲 撒 柿 楎 箅 筋 翶 耔 莧 萑
蓿 虮 蜓 蟆 蠖 裩 罿 賖 贗 鋜 鏵 韄 頥 骳 鴞 鵒 鸂 鬵 麩

훈몽자회에만 출현하는 한자는 다음과 같은 1,811개의 한자이다.

鷄 煨 鸏 吟 鞿 鵁 蘚 鵃 秭 犩 靵 鶴 徵 鞞 脵 驤 蘼 瘶 鶍 欞 膠 枏 樓 笯
怔 麤 蒔 鵐 畚 賊 輾 濄 鷄 鱉 街 哥 枷 柯 珂 痂 袈 斝 笳 耞 葭 椵 奸 干
瘤 稈 竿 齦 碣 羯 蠍 坎 嵌 紺 龕 坩 憨 泔 醶 匣 胛 韁 姜 崗 絳 腔 襁 扛
矼 穅 羌 豇 疥 鎧 揩 坑 粳 炬 苣 筥 藸 宴 鍵 犍 鞬 劍 瞼 芡 刦 膈 覡 繭
畎 筧 縑 鉗 蒹 瓊 脛 頸 局 檠 緪 黥 督 系 雞 薊 尻 拷 沽 皋 稿 苽 雇 橐
牯 瞀 箍 篙 罟 胯 梏 榍 穀 觳 棍 滾 楛 蚣 蚕 菓 鍋 堝 窠 踝 銙 騍 槨 郭
瘑 鞹 輠 棺 罐 菅 涫 顴 筈 壙 胱 繢 詿 傀 塊 拐 鹹 紘 觥 咬 敫 狡 蕎 轎
磽 窖 鉸 斠 句 嘔 垢 柩 氍 衢 謳 購 菁 嫗 彀 摳 漚 甌 瘻 篝 糗 蚯 釦 構
韮 穀 鞫 掬 韃 躬 圈 机 橫 龜 逵 跬 筠 困 棘 屐 權 跟 妗 檎 禽 金 萁 芰
璣 畿 綺 錡 鎮 皮 歧 桔 挪 糯 暖 柟 臈 袽 娘 曩 喃 碾 捻 弩 璐 臑 膿
醲 尿 訥 溺 荼 爹 壇 湍 簞 袒 担 撻 疸 韃 坍 潭 痰 噉 壜 後 踏 幢 塘
棠 螳 鐺 餳 撑 黛 碓 淘 屠 萄 跳 鍍 搯 菟 臛 暾 豚 敦 沌 墩 疼 瞳 峒 彤
涷 蝀 痘 荳 肚 朘 屯 窀 橙 凳 滕 籐 鐙 鑼 癩 羅 蘿 螺 裸 瘰 珞 落 酩 卵
欄 瀾 蘭 鸞 孄 辣 嵐 濫 籃 纜 藍 襤 婪 蠟 鑞 廊 浪 螂 稂 蜋 梁 樑 粮 輛
儱 旅 濾 蠣 糲 膂 鑢 櫟 曆 礫 櫪 癧 䕚 鏈 殮 奩 蠡 伶 囹 嶺 翎 聆 鈴 零
欞 蛉 鴒 醴 鱧 虜 撈 櫓 蘆 路 輅 露 鷺 澇 鑪 轤 顱 鸕 麓 綠 鹿 漉 簏 轆
罍 瀧 籠 瀨 儡 賂 雷 罍 醪 燎 鬧 潦 鐐 疊 樓 髏 瘻 縷 褸 褸 螻 旒 溜 琉
瘤 陸 窿 勒 肋 綾 菱 凌 狸 璃 痢 蔆 蜊 鯏 恪 鄈 粒 魔 瑪 媽 螞 膜 娩 彎
漫 饅 鰻 幔 鏝 帕 抹 沫 輞 蟒 每 煤 昧 苺 莓 酶 陌 虻 緜 蔑 暝 皿 瞑 茗
袂 姆 矛 眸 姥 蝥 朦 描 貓 拇 楙 吻 紋 湄 瀰 獼 糜 旻 黽 拍 珀 箔 膊 舶
牌 潘 癍 攀 蠻 醶 脖 鈸 鵓 胮 榜 紡 舫 蒡 謗 庬 蟒 鲂 坏 焙 燔 薠 筏 藗
覽 襞 辮 弁 軿 堡 褓 鰒 幞 蝮 鵬 棒 烽 丰 篷 缶 埠 簿 芙 苻 阜 駙 梟 俘
抔 莩 苤 蜉 跗 鮒 麩 北 糞 蹩 噴 扮 坌 粉 漬 棚 繃 堋 匕 妃 批 毗 碑 秕
緋 翡 荊 妣 屁 箆 腓 髀 蠯 嬪 殯 牝 牝 氷 裘 梭 渣 瀉 獅 飼 髒 卸 姒 皷

鯊 槼 蒜 傘 珊 疝 狻 訕 糝 釤 欨 孀 庤 橡 林 晌 緗 顙 璽 索 甥 銼 墅 署

嶼 抒 暑 曙 棲 撕 芋 汐 浙 潟 腊 舄 鉊 跣 癬 禪 線 饍 驫 楔 薛 燕 鑷 猩

筬 悅 蛻 塑 所 搔 沼 簫 嗦 繰 艘 蛸 酥 霄 贖 蒜 殘 嗽 銹 嫂 岫 漱 燹 狩

蒐 袖 泅 溲 瞍 饍 墊 夙 孰 楯 瞬 筍 舜 胨 鶉 菘 焠 豩 嘶 屍 柴 翅 蒔 埘

廝 攱 釃 鍉 顋 蝕 娠 蜃 潘 桴 燖 葚 牙 鴉 砑 腫 楃 樂 鍔 蕚 晏 鶘 庵 秧

盎 埃 崖 挨 磑 爺 燫 掠 篸 孃 兩 禳 烊 蠹 驤 圂 臆 堰 俺 罨 醃 閹 疫 閾

嚥 撚 烟 筵 鳶 蠕 鷰 劣 烈 屄 艶 閣 栗 釅 黶 靈 瘞 唉 楹 瓔 穎 蠑 蠃 濊

猊 藥 隸 窩 蜺 伍 熬 爇 捂 鰲 齯 瘟 緼 媼 壅 瓮 癰 饗 窩 渦 窪 薍 莞 豌

盌 倭 歪 矮 偎 聵 坳 瑤 薆 橈 徼 傭 埇 蛹 踴 盂 藕 疣 穰 麈 旭 燠 暈

員 轅 芫 黿 刖 蝟 韋 幃 楡 鏽 囿 壝 帷 斿 綏 莠 蚰 六 毓 閏 斳 涇 癭 釚

湦 椅 薏 劓 饐 伊 姨 易 李 苢 黃 飴 枱 弋 刀 姅 恁 稔 荏 賃 紝 楮 鐙 煮

瓷 摯 牸 莿 髭 鮓 鷲 炸 柞 棧 涔 檣 獐 裝 臓 嬙 嶂 箏 諍 姐 楈 猪 疽 邸

杼 置 羝 舐 勘 荻 鏑 磧 糴 芍 剪 塵 澱 甸 癲 餞 吮 巓 甌 敁 癓 癉 瘌 店

鮎 苦 齟 梭 楪 樫 淀 晴 碇 窄 艇 釘 疔 鋥 娣 堤 悌 薺 僑 稊 噪 嘲 曹 租

笮 糙 耀 臊 艚 蜩 銚 鏃 腫 踵 螽 膡 呪 炷 疇 翰 儔 皴 鐏 隼 餕 櫛 戴 炚

繒 嬙 晝 埠 址 枳 沚 砥 肢 趾 舐 畛 辰 桎 跌 埕 你 車 叉 笘 岔 槎 着 讚

儥 刹 拶 站 饞 脹 廠 槍 娼 瘡 搶 鶴 寨 柵 蚱 坼 刺 拶 蜴 喘 轗 蒨 蠶 啜

饕 呫 籤 睫 貼 鯖 圊 毚 棣 蔕 汴 憔 梢 樵 炒 礁 礎 貂 輖 鈔 鏨 餡 髑 塚

銑 橡 錘 捶 椎 湫 皺 鎚 鰍 傲 氂 箒 篕 綯 蒭 佳 鞦 鷲 軸 妯 秌 夷 贅 嘴

鷟 勘 厠 戻 仄 匜 痔 鯔 梔 蚩 輜 卮 痊 絺 勅 攡 齔 椹 秤 廠 吭 叫 啞 咀

晒 舵 馱 跥 托 鐸 橐 撢 灘 綻 攤 塔 搭 榻 塌 帑 汰 笞 宅 嘲 嗓 嚓 嘁 兔

嚔 嚨 腿 褪 囔 団 囤 囪 套 骰 圿 坡 婆 杷 爬 笆 簸 菠 葩 瓣 阪 粺 牌 埆

墩 騙 萹 蝙 墈 萍 坪 枰 陛 庖 皰 咆 暴 泡 疱 砲 脯 苞 葡 哺 炮 鉋 墼 壩

杓 鑣 鰾 妁 陂 辟 鞁 髮 鬃 娌 鰕 癟 确 鴛 翰 鼾 瞎 艦 銜 鹹 楷 肛 港 伉

巷 桁 航 炕 咳 麝 痎 頦 翮 核 饕 弈 峴 弦 骸 子 篋 脇 莢 鋏 頰 型 荊 蹊

醯 鞋 弧 壕 槁 昊 琥 瑚 瓠 糊 蒿 嘷 猢 鬍 園 闠 汞 烘 簧 閧 樺 靴 穫 紈

鳏寰鬓蛞幌潢蝗隍燨繪苗哮枭酵鮪獋吼帿埈酗繡堇麂喙
卉燨旭彙暉鶒昕吃齕噫燹豨屁帟帵弝弨弨弪彊彍猗尿屡
屃抄捼揑搭搓揸搣搇搩挎捆搖撒攄攘妓旛旰瞞杈杕枕柳
栢枒枏枏拙柲栩柿桅栜桯桴柷柭稼根椴桃楨榨榰槳槵橁
榰槶橄橨檪橚檾檟橪槿歹殕毲汊沛泽泇泻浘浑漱涝滦瀍
炗焨煏煤煻煿燄燦爁爄牖牵犂犄猖猻獼獖獧坴瓤瓴匷畈
畹疤疕疿痁瘔瘵痞瘚癞皂灺螯眹皷矬砷磈砐磭磟碣碥碩
秈秷稈稭稯罗窨竉笄筝笱笴笷笿筴筼筸箬筲箈篇筿箽箮
筻篊篒籢箓篠籫栚糊橄糧紬絼紌絅絲縞緻縺繼炱罨犰
胡橐覂聤肐胖映胳胻胇脝脍脤胴腿腖腸膕膛臁臉臁臽
舔舘舠舥艣茋苙苣茋荄荔荽荑萫菇苞烖琶苴荸菉葷紅
蒱萙蒈摧蓑婆蓴黌蕡蘓蕵嫛蘿蕍薄蕈蔽蘸薑蘽蘸屹蚖
蚺蚍蛄蛐蚓蚑蛺蛑蜓蛲蚔蜫蝳蜎蠆蝲蝣蜖蠍蟃蝼蜳蟵蟞
蟥蟄蟈蟢蟥蟫蟶螫蠤蠐蠓蟻蠕蠛蠜衍衕衚衪袂裎褐襀
襀襧襪繦襀觿訐訛詤讀讟猭逈狢賺楨趕趬跰趾跑跼踠踣
踦躇蹺軶輴轑轓邡醂醅醳釖鉖鈚鈦鈹鈌銈銲銼鎏鋴鐯鋅
鋼鐭鎏鏃鎎鍼錫鐘饡鬮雊朣霆赵靪靶靾輊鞔鞓牸轎幾襜
鞿鞲韃頏釘飥魨飥飬飽餛餫餲餵餺餳餾餡饁饐饙駚騑驐
肝骱骺髦髮鬻鬵魨魲鲝鰹鰻鯽鰀鱌鰵鱔鱴鱺鸟鳰鴎鴛鴿
鴩鵜鶄鵰鵃鶻鶵鷟鷙鷥鷚鷹鴜麑麣麜乁麨麩肃麳魕鱸軆窬
匏咙圣屡屦屴幡彣弩搛捶搧搧攔皷斟柸秉棚欄猝縠毼濊
濱燐犈甗甌癁癄皷盜眶穬寬笭筑簿篿粘籾糛聅眭脞肭茉
蒿舐薕蕑蒵蟕蛭蛬蠹蠺衼襺鸧肥臉赥絪輼愈醿鑄鏻竂閵
陉軷韓頖鼺駬驒驪髍犚驟膌鵪哝毃挛价幱廅弤榔栍梜栜
槡迷滴瓲齕癍笔褒糩甕唔矬胅帀菩荍荧蔨衏袯裼鉶鵊鐗
閤靳翰韄頤毁鬐鳶鵓鵠麰

그리고 훈몽자회에는 보이지 않고 신증유합에만 보이는 한자는 모두 1,471
자이다.

佳 加 可 嘉 暇 却 各 恪 慤 刊 墾 姦 懇 揀 艱 竭 堪 感 憾 敢 減 監 酣 康
慷 僵 慨 改 漑 皆 豈 更 鏗 去 巨 拒 據 擧 車 遽 裾 件 健 建 愆 虔 劍 鈐
黔 怯 刼 憩 揭 擊 格 激 隔 堅 牽 甄 遣 蠲 決 潔 結 缺 兼 慊 謙 勁 慶 擎
硬 競 耿 警 輕 頃 驚 磬 鯁 季 悸 戒 械 繫 繼 計 誡 雞 叩 固 故 痼 藁 高
困 衰 悃 供 共 恐 控 攻 空 鞏 果 瓜 誇 過 夥 寡 寬 慣 款 灌 貫 館 刮 匡
廣 曠 恇 誆 掛 乖 壞 怪 愧 魁 宏 巧 攪 皎 矯 驕 久 俱 具 區 咎 懼 拘 救
求 灸 矩 究 舊 苟 龜 窶 踽 窘 群 屈 掘 窮 倦 劵 勸 櫃 潰 詭 軌 饋 几 匱
歸 圭 揆 竅 糾 規 均 鈞 克 劇 屐 僅 勤 禁 及 急 肯 亙 企 其 冀 奇 寄 岐
己 幾 忌 旣 期 棄 欺 碁 紀 記 飢 饑 羈 覬 緊 吉 金 羅 螺 落 諾 亂 卵 煖
爛 蘭 難 鸞 柤 楠 濫 藍 蠟 廊 朗 浪 郎 乃 來 柰 耐 念 恬 寧 勞 怒 蘆 虜
路 露 駑 鷺 綠 錄 鹿 論 弄 濃 籠 磊 略 雷 屢 累 縷 陋 嫩 勒 稜 綾 匿 昵
多 單 團 斷 檀 短 端 椴 達 怛 湛 澹 覃 驒 答 戀 撞 當 黨 儻 讜 大 待 宅
倒 到 塗 導 悼 渡 蹈 逃 韜 叨 毒 督 篤 黷 惇 敦 突 同 洞 杜 豆 陡 遁 鈍
迍 得 登 等 懶 樂 掠 略 亮 兩 梁 糧 良 量 勵 慮 戾 麗 厲 力 歷 戀 聯 連
列 劣 洌 烈 裂 躐 逞 靈 賴 酹 了 料 療 瞭 聊 遼 留 類 六 戮 倫 綸 掄 律
率 隆 凜 利 李 異 罹 離 吝 隣 臨 摩 寞 漠 邈 彎 慢 挽 曼 滿 謾 末 亡 妄
忘 忙 罔 芒 茫 埋 昧 邁 魅 貊 覓 免 勉 昒 綿 冥 溟 銘 侮 冒 慕 耗 謀 謨
媚 厖 耄 睦 沒 蒙 妙 渺 猫 眇 無 繆 茂 蕪 鶩 紊 捫 媚 彌 微 美 靡 悶 懣
憫 敏 密 謐 搏 朴 泊 璞 薄 迫 駁 半 反 叛 攀 泮 般 返 頒 拔 發 傍 放 方
防 滂 磅 芳 訪 謗 防 倍 俳 北 配 煩 繁 蕃 飜 伐 凡 泛 犯 範 僻 癖 變 辨
別 兵 幷 炳 秉 並 迸 保 報 普 補 伏 覆 馥 本 奉 封 逢 付 剖 復 扶 敷 浮
溥 賻 赴 附 裒 奔 奮 忿 憤 紛 不 備 庇 悲 比 秘 裨 費 苐 閟 頻 擯 憑 聘
騁 冰 乍 仕 伺 似 使 俟 嗣 奢 徙 思 捨 斯 查 社 私 肆 謝 赦 辭 邪 削 數

鑠刪散參杉森澁傷喪尙常床想爽祥詳色眚庶徐栖瑞緒胥
舒逝紓惜析碩釋先宣羨膳選屑泄藝設翳殲纖贍閃憸涉悝
成省腥醒勢細召小少掃昭消紹蕭逍遡銷騷洆踈俗屬束續
速巽損遜悚送竦灑碎衰修囟垂守愁授殊秀粹綏綬羞逐邃
銖隨須豎宿肅倏巡徇循純詢順馴述崇淬濕拾襲承侍始恃
施猜示著試熄識愼新申辰迅失實悉審尋沈深甚訝雅迓愕
握渥諤鶚安按謁閼遏晻諳黯狎央快殃哀礙藹厄掖也若約
恙揚樣於禦憶抑彦儼奄掩恚余如旅與茹餘亦易逆延捐沿
涓演然煙燕緣練衍軟悅熱閱厭焰黶燁嶸映永潁盈詠迎贏
要縈睿穢裔詣豫銳預翳傲奧娛悟污誤忤溫穩蘊罋雍
訛婉完椀玩緩頑曰往巍畏僥妖拗搖擾窈繞耀要遙邀饒遠
欲辱庸用聳踊偶又寅尤憂紆迂遇隅云運隕韻紜鬱元圓怨
願援源願駕越偉僞危圍委慰爲萎謂違煒逶唯宥幽庾惟愈
愉有柔濡猶由維裕踰遺揉粿鮪允潤胤融殷誾隱淫廕凝應
依倚宜懿擬毅疑議怡移迤溺益因寅忍認仞逸鎰泆入仍媵
刺忒姿者藉詥觜作灼爵綽屛殘劋暫箴蠶雜壯櫬章腸臟臧
莊藏長障鏘齎再在災齋纔爭崢低咀底抵菹著詛貯牴苴詆
豬弔寂摘滴炙的積迪適逑傳全塡專展悛纏鑴顚湔痊翦鱣
切截折絕漸點接停偵定征挺整旌正淨程訂靖靜制提製諸
除際齊兆凋助措操燥稠粗組肇調躁遭簇存拙從縱佐住周
湊註誅走儔賙埈峻浚竣逡遵苗仲衆重丐卽增憎拯蒸之持
支止漬知祉祇至遲振殄盡眞績臻診鎭陣震趁叱嫉秩窒質
迭執輯戢懲且嗟差次此磋茶遮捉窄睚撰纂粲贊察僭慘憯
斬倡創敞昌暢蒼悵彩採蔡責凄倜剔滌陟惕擅淺舛遷闡
徹澈綴輟轍掇尖沾忝捷疊請滯締諦逮初招稍超醮杪促躑
村恩總撮最摧墜抽推芻趨追麤畜祝縮蓄出朮制充衝萃

揣取就聚驟晜側惻測廁層匝侈値嗤峙幟熾緻置致夛治) 則
飭敕侵浸忱稱叙快咈唾墮妥拖詫罿拓擢濯琢託踔嘆坦憚
誕脫耽殆泰胎擇攄討通堆妒投透特把播破罷怕判辦悖沛
愎偏片編徧貶平評廢弊蔽閉包怖抛抱褒逋暴曝壺剽標漂
飄縹稟披避必畢乏逼何賀嚇虐恨澣罕限捍咸涵緘合闔恒
抗降偕害解該諧邂駭劾倖幸享向響噓虛許憲歇險驗奕赫
懸眩絃顯嫌協夾挾浹狹脅悏亨炯瑩逈互毫浩灝皓胡蝴護
沍箆惑酷惛忽惚弘泓洪和禍廓擴確丸喚幻患歡渙煥還活
滑豁闊惶煌璜荒悅肓䁵匯回廻徊恢悔懷會劃獲效孝厚嗅
朽煦逅洄塤薰喧揮諱輝麾休携虧譎凶欣屹訖欽洽興喜希
禧稀詰點崒感憓挈啓梗槀渗渗燹狉狠奬畀礑秔笋槩紅緇
耉耇恥肧腮荄莜蒿黃蚊豕襦覷黶賣媵詮蹲躕躋醢鞁鞻鞾
鷓黙瑣釵嗃衚

2. 미만본(瀰漫本)과 낙예본(洛汭本)

훈몽자회는 '미만본(瀰漫本)'과 '낙예본(洛汭本)'으로 대별된다. 권하(卷下)의 마지막장에 있는 '浲水瀰漫'과 '浲水洛汭'으로 되어 있는 두 종류의 훈몽자회가 있기 때문이다. '浲水瀰漫'으로 되어 있는 훈몽자회를 '미만본(瀰漫本)'이라고 하고 '浲水洛汭'으로 되어 있는 훈몽자회를 '낙예본(洛汭本)'이라고 한다. 후술 하겠지만, 원간본으로 보이는 예산본은 미만본이다. 이제 그 이본들을 미만 본과 낙예본으로 구분하면 다음과 같다.

	이본	간행, 필사연도	미만본, 낙예본
1	예산본	1527년	미만본
2	고성판	1532년	미만본
3	내각문고본	1559년	미만본
4	존경각본	1559년(?)	미만본
5	동경대학 중앙도서관본	1559년(?)	미만본
6	한계본	16, 7세기	미만본
7	규장각본	1613년	미만본
8	일사문고 필사본	1782년	미만본
9	국립중앙도서관본	18세기	낙예본
10	조선 광문회판	1913년	낙예본

이를 통하여 보면 처음부터는 '미만본'었다가, 후대의 문헌에서 '낙예본'이 등장하는 것임을 알 수 있다.

제3장 훈몽자회의 이본

훈몽자회는 최세진이 처음 간행한 후에 여러 차례 중간되었다. 훈몽자회의 이본과 그 계보에 대해서는 방종현(1954), 이기문(1971), 김근수(1971), 최범훈(1985)에서 소개된 바 있다.

방종현(1954)에 의하면 15종의 훈몽자회를 검토하였다고 하는데, 이 15종을 구분하여 8종으로 구분하고 이 책들의 계통을 다음과 같이 제시하고 있다.

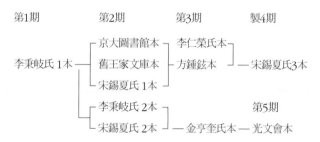

이처럼 5기까지 설정하여 그 계보도를 그렸다. 이 중에서 오늘날 우리가 볼 수 있는 훈몽자회는 몇 가지 되지 않는다. 그리고 그 이후에 발견된 훈몽자회도 많이 있다.

이 이본들 중에서 원간본은 일본 교오토(京都)의 예산문고(叡山文庫)의 을해자본으로 알려져 있고, 임진란 이전의 간본으로는 서재극(徐在克) 교수 소장본, 동경대 중앙도서관본, 일본 동경의 존경각문고의 소장본이 알려져 있다. 이들 중 예산문고본, 동경대중앙도서관본은 1971년 단국대 동양학연구총서에, 그리고 존경각본은 1966년~1967년에 한글 138-140호에 영인·소개된 바 있다. 그 이외에도 임진란 이후의 간본으로서 1948년에 동국서림에서 동국서림본을, 그리고 이 동국서림본(이것은 金益煥 씨 구장본인데 현재는 범문사의 유익형 (柳益衡) 씨가 소장하고 있다)을 다시 1969년에 범문사에서 영인하였다.

임진란 이후의 간본도 많이 알려져 있으나 그중 가장 많이 알려진 것이 내사기(內賜記)가 있는 규장각본이 있고 광문회판이 있다. 또한 故 최범훈 교수가 소장하고 있던 한 간본이 알려져 있고 임진란 이전의 간본으로서 일본의 내각문고 소장본이 있음이 밝혀졌다.

1. 예산문고본 훈몽자회(1527년)

일본의 교오토(京都) 비예산(比叡山) 연력사(延曆寺)의 예산문고(叡山文庫)에 소장되어 있는 훈몽자회로 3권 1책의 을해자 활자본이다. 1527년 간행의 원간본으로 보인다. 책의 크기는 29.1×20.5㎝이고 반엽광곽의 크기는 23.3×16.9㎝이다. 사주단변에 판심어미는 상하내향대흑구에 상하세화문어미이다. 표지제와 내지제, 그리고 판심제가 모두 '訓蒙字會(훈몽자회)'이다. 유계에 10행 18자인데, 매행에는 글자가 쌍행으로 되어 있다. 다른 훈몽자회들과는 전혀 다른 판식이다. 앞에 최세진이 쓴 '訓蒙字會引(훈몽자회인)'이 2장에 걸쳐 있고, 범례가 5장으로 되어 있다. 그리고 이어서 '訓蒙字會目錄(훈몽자회목록)'이 1장이 있다. 그리고 이어서 '訓蒙字會上(훈몽자회상)'이란 제목이 있고 그 다음 행부터 한자에 대한 주석이 나온다. 천두(天頭) 부분에 의미분류를 한 '천문(天文)' 등이 쓰이어 있고 그 아래에 각 한자에 대한 주석이 나온다. 한자는 한 행에 맞는 글자로 쓰고 주석은 협주를 달 듯 한 행에 두 줄로 썼는데, 먼저 한자의 새김과 음을 쓰고, 이어서 그 한자에 대한 주석이 한문으로 쓰이어 있다. 예컨대 첫 글자인 '天'은 '하늘 텬'이란 한글로 새김과 음을 쓰고, 이어서 '天道尙左日月右旋(천도상좌일월우선)'이란 설명이 있다. 한글에는 오른쪽에 방점이 찍혀 있다. 의미부류가 바뀔 때에는 행을 바구어 기술하는 방식을 취하고 있다. 소위 '미만본'에 속한다.

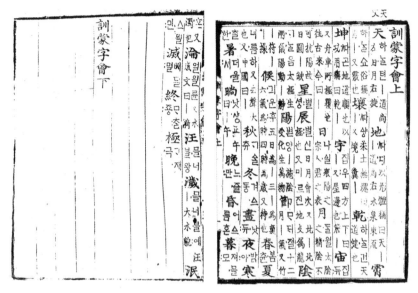

〈훈몽자회〉(예산문고본)

2. 고성판 훈몽자회(1532년)

일본 대마도의 엄원(嚴原)에 있는 장기현립 대마도 역사민속자료관(長崎縣立 對馬島歷史民俗資料館) 소장 한국 전적 중 대마도 주가(對馬島 主家)인 종씨가(宗氏 家)의 소장 종가문고본(宗家文庫本)으로 3권 3책의 목판본이다. 이 책의 訓蒙字 會引(훈몽자회인)의 끝에 '崔世珍 謹題(최세진 근제)'의 다음 행에 '嘉靖十一年壬辰 十月日通訓大夫行固城縣令金銖(가정11년임진 10월 일통훈대부행 고성현령 김수)'란 기록이 있어서 1532년에 고성에서 고성의 현령인 김수(金銖)가 이 책을 간행하 였음을 알 수 있다.

이 책의 크기는 38.1×24.3cm이며 반엽광곽의 크기는 29.6×19.4cm이고 사주
쌍변에 유계로 본문은 4행 4자이다. 訓蒙字會引(훈몽자회인)은 9행 19자, 凡例는
10행 19자로 되어 있다. 판심어미는 상하흑구, 상하내향삼엽화문어미이다.
표지제목과 내지제목, 그리고 판심제가 모두 '訓蒙字會(훈몽자회)'이다.

이 책의 훈몽자회인에서는 1532년에 고성에서 간행하였다는 기록이 있지
만, 이 책을 소개한 최세화(1987, p.115)에서는 1585년 이전일 것이라는 견해를
밝히고 있다. 藤本幸夫(1981, p.222)에서는 17세기 전반기의 앞 시기로 추정하고
있다.

이 책은 존경각본과 동경대학 중앙도서관본과 매우 흡사하다고 한다. 최세
화 교수는 "그 인과 범례의 판식이나 서법(서풍, 필획 등)·표기 등이 동경대학 중
앙도서관본과 존경각본에 거의 일치할 뿐 아니라, 한자의 사성 표시 권표도 역
시 이들에 가깝고, 성조와 日母(△)의 사용에서는 오히려 존경각본보다 예산문
고본과 동경대학 중앙도서관본에 더 가깝다"(최세화, 1987, pp. 118-119)고 하였는
데, 실제로 비교해 보면 동경대학 중앙도서관본에 훨씬 가깝고 존경각본과는
거리가 멀다. 이제 한자 석음을 몇 개 대비해 보면 그러한 사실을 알 수 있다.

한자	고성판	東中本	존경각본	규장각본	내각문고본	출전
冬	겨으 동	겨으 동	겨으 동	겨을 동	겨으 동	上1b
霹	벼락 벽	벼락 벽	비락 벽	벼락 벽	비락 벽	上2b
舐	하ㄴㄷ래 괄	하ㄴㄷ래 괄	하ㄴㄷ래 괄	하늘래 괄	하ㄴㄷ래 괄	上9a
甌	하ㄴㄷ래 루	하ㄴㄷ래 루	하ㄴㄷ래 루	하늘래 루	하ㄴㄷ래 루	上9a
蒜	마늘 쉰	마늘 쉰	마늘 쉰	만늘 쉰	마늘 쉰	上13a
莧	비를 현	비를 현	비름 현	비름 현	비름 현	上13b
麒	긔린 긔	긔린 긔	긔린 긔	긔린 긔	긔린 긔	上18a
頭	머리 두	머리 두	머리 두	마리 두	머리 두	上24b
眉	눈섭 미	눈섭 미	눈섭 미	눈섭 미	눈섭 미	上25a
膈	손금 과	손금 과	손씀 과	손씀 과	손씀 과	上25b
汗	쑴 한	쑴 한	쏨 한	쏨 한	쏨 한	上30a
仙	션신 션	션신 션	션인 션	션인 션	션인 션	中2b

窨	왜웃 요	왜웃 요	왜웃 요	왜웃 요	왜웃 요	中9b
磨	매 마	매 마	마 마	매 마	매 마	中11a
碫	붓돌 단	붓돌 단	숫돌 단	숫돌 단	숫돌 단	中19a
杓	나므쥭 삭	나므쥭 삭	나모쥭 쟉	나모쥭 쟉	나모쥭 쟉	中19a
甕	츳썩 즈	츳썩 즈	츳썩 즈	츳썩 즈	츳썩 즈	中20b
糝	쥭심 슴	쥭심 슴	쥭임 심	쥭임 슴	쥭임 심	中22a
崩	믈어딜 붕	믈어딜 붕	믈허딜 붕	믈허딜 붕	믈허딜 붕	中35a
甋	어월 샹	어월 샹	어월 양	어월 양	어월 양	下5b
收	거둘 슈	가둘 슈	거둘 슈	거둘 슈	거둘 슈	下5b
炙	구울 적	구을 자	구울 쟈	구울 쟈	구울 쟈	下13a
聾	귀버글 롱	귀버글 롱	귀머글 롱	귀머글 롱	귀머글 롱	下28a

위의 대비표를 보면 고성판이 동경대학 중앙도서관본과 거의 같다고 할 수 있다. 그러나 부분적으로는 차이가 있지만, 극히 적은 예이다. 예컨대 '炙'의 새김이 고성판은 '구울 적'이지만 동중본은 '구을 자'이다. 얼핏 보면 고성판이 동경대학 중앙도서관본의 복각본이 아닐까 하는 의심이 들 정도로 유사하지만 복각본은 아니다. 왜냐하면 고성판은 한글로 써 놓은 한자 석음 부분에 음각으로 되어 있는 부분이 여러 곳에 보이기 때문이다. 예컨대 상9a, 상9b, 상12a에 부분적으로 그러하다.

〈고성판〉　〈동중본〉　〈고성판〉　〈동중본〉

계선이 없는 곳도 보이는데, 상16장과 상19장이 그러하다.

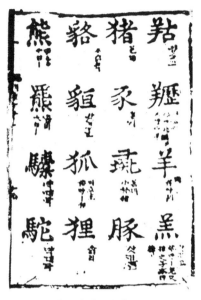

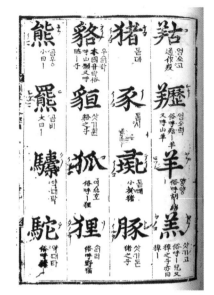

〈훈몽자회(고성판) 19a〉　　　　　　〈훈몽자회(동중본) 19a〉

　　이것은 판목을 다시 간행하면서 이 부분은 다시 만든 것이라는 증거로 볼
수 있다.[3]

　　선조 18년(1585년)에 간행된 목판본의 고사촬요(攷事撮要)의 책판목록에 고
성(固城)에 '訓蒙字會(훈몽자회), 壽親養老書(수친양로서), 玉壺氷(옥호빙)'의 책판
이 있었다는 기록이 있어서 이 고성판 훈몽자회는 최소한 1585년 이전에 간행
된 것임이 확인되었고, 이 책의 훈몽자회인(訓蒙字會引)의 기록으로 보아 1532
년에 간행된 것임이 틀림없다.

---

3 고성판 훈몽자회에 대한 자세한 논의는 崔世和(1985)와 崔世和(1987)를 참조할 것.

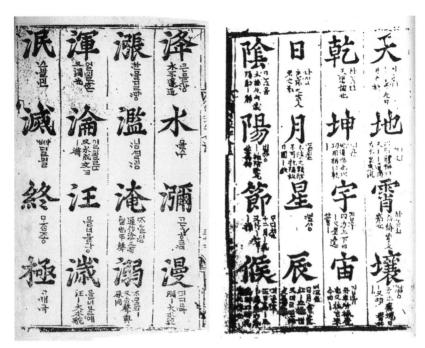

〈훈몽자회〉(고성판)

3. 내각문고본 훈몽자회(1559년)

내각문고본은 안병희(1979)에서 처음 언급된 책이지만 아직까지 구체적으로 소개된 적이 없었다.

이 내각문고본은 현재 일본 내각문고 소장인데 반환문화재로 국립중앙도서관과 한국학중앙연구원에 그 마이크로필름이 소장되어 있다. 이 책은 1559년(가정 38년, 명종 14년)에 평안도 상원군(祥原郡)에서 목판으로 간행한 책이다. 책의 말미에 신호(申護)의 후서(後序)가 4장이 붙어 있는데 그 끝에

皇明嘉靖三十八年陽月上浣　通訓大夫祥原郡守成川鎭管兵馬同僉節制使臨皐申護

라 되어 있어서 이 책이 상원군에서 1559년에 나온 것임을 알 수 있다. 고사촬요(攷事撮要)에도 평안도 상원(祥原)에 '훈몽자(訓蒙字)'(이것은 훈몽자회의 '會'를 빠뜨린 것이다)의 판목이 있었다는 기록에서도 확인된다.

祥原, 二十一息二十里 別號土山令達食達 册板訓蒙子

이 책을 직접 실사하지 못하고 마이크로필름만 볼 수 있었기 때문에 책광이나 반엽광곽의 크기는 알 수 없다. 마이크로필름에 의하면 이 책은 사주쌍변에 판심어미 대흑구상하내향흑어미이고 간혹 대흑구상하내향화문어미도 보인다. 상중하 3권 1책으로 되어 있다.

표지 제목은 '訓蒙字會(훈몽자회)'라 묵서가 되어 있으며 凡例(범례)가 4장, 訓蒙字會引(훈몽자회인)이 2장, 訓蒙字會目錄(훈몽자회 목록)이 1장, 그리고 상중하 3권이 각각 35장, 후서가 4장, 도합 116장이지만 이 마이크로필름에는 범례의 첫째장 뒷면과 둘째장의 앞면이 빠져 있다. 이것은 원책에서 낙장이 된 것이 아니고 마이크로필름을 촬영할 때 한 장을 잘못하여 넘겨 버리고 촬영한 결과로 보인다. 왜냐 하면 낙장인 경우에는 어느 한 장이 빠질텐데, 앞장의 뒷면과 다음 장이 앞면이 빠져 있기 때문이다. 그리고 상중하 3권이 끝과 처음이 분명치 않고 단지 상중하 각권 끝장의 판심에 '三十五終(35종)'이라 되어 있을 뿐이다.

이 책의 앞 범례 첫 장에는 하단에 '淺草文庫(천초문고)'라는 인장과 상단에 '日本政○圖書(일본정○도서)'라는 인장이 찍혀 있고 신호의 발문 끝에는 '望月氏藏弁(망월씨장기)'라는 인장이 찍혀 있다.

이 책은 동경대학 중앙도서관본(약칭 東中本)이나 존경각본과 매우 유사한 것으로 보인다. 그러나 동중본(東中本)이 훈몽자회인(訓蒙字會引), 범례(凡例), 훈몽자회목록(訓蒙字會目錄)의 순으로 실려 있다.

유사하다고 생각되는 이 3가지 이본을 비교하여 보면 이 내각문고본은 존경각본과 매우 같다. 그러나 표기 등에 있어서 완전히 일치하는 것은 아니다. 그러나 동중본과는 많은 차이를 보인다. 다음에 이들의 차이를 살펴보도록 한다. 편의상 방점은 무시하도록 한다. 출전은 모두 앞의 것이 예산본이다.

한자	예산본	東中本	존경각본	규장각본	내각문고본	출전
冬	겨ᅀ 동	겨으 동	겨으 동	겨을 동	겨으 동	上1a,1b
霹	벼락 벽	벼락 벽	비락 벽	벼락 벽	비락 벽	上1b,2b
菰	하ᄎᄃ래 괄	하ᄎᄃ래 괄	하ᄎᄃ래 괄	하늘래 괄	하ᄎᄃ래 괄	上4b,9a
蓏	하ᄎᄃ래 루	하ᄎᄃ래 루	하ᄎᄃ래 루	하늘래 루	하ᄎᄃ래 루	上4b,9a
蕎	곡도손 쳔	곡도숑 쳔	곡도숑 쳔	곡도숑 쳔	곡도숑 쳔	上5a,9b
楸	ᄀ래 츄	기래 츄	기래 츄	기래 츄	기래 츄	上6a,11a
橘	귨 귤	귨 귤	귨 귤	귨 귤	귨 귤	上6b,11b
芡	가시렸 감	가시렸 감	가시렸 감	가시렸 감	가시렸 감	上6b,12a
蒜	마늘 쉰	마늘 쉰	마늘 쉰	만늘 쉰	마늘 쉰	上7a,13a
莧	비를 현	비를 현	비름 현	비름 현	비름 현	上7a,13b
薑	싱양 쌍	싱양 쌍	싱양 쌍	싱양 쌍	싱양 쌍	上7b,14a
鴿	집비두리 합	집비두리 합	집비두리 합	지비두리 합	집비두리 합	上8b,16a
麒	긔릿 긔	긔릿 긔	긔린 긔	긔린 긔	긔린 긔	上9b,18a
豹	표엄 표	표웜 표	표웜 표	표웜 표	표웜 표	上9b,18a
豺	승량이 싀	승량이 싀	승량이 싀	승량이 싀	승량이 싀	上10a,18b
貙	염쇼 력	염쇼 력	염쇼 력	엄쇼 력	염쇼 력	上10a,18b
狐	여으 호	여스 호	여스 호	여스 호	여스 호	上10a,19a
蠐	굼벙이 조	굼벙이 조	굼벙이 조	굼벙이 조	굼벙이 조	上11b,21b
頭	머리 두	머리 두	머리 두	마리 두	머리 두	上13a,24b
睛	눈ᄌᅀᅴ 쳥	눈ᄌᅀ 쳥	눈ᄌᅀ 쳥	눈ᄌᅀ 졍	눈ᄌᅀ 쳥	上13a,25a
眸	눈망올 모	눈마올 모	눈마올 모	눈마올 모	눈마올 모	上13a,25a
眉	눈섭 미	눈섭 미	눈섭 미	눈섭 미	눈섭 미	上13a,25a
頰	특 히	특 히	톡 히	특 히	특 히	上13a,25a
胴	손금 과	손금 과	손솜 과	손솜 과	손솜 과	上13b,25b
齈	콧물 농	곳물 농	곳믈 농	곳믈 농	곳믈 농	上15a,29b
汗	씀 한	씀 한	씀 한	씀 한	씀 한	上15b,30a

姪	키쟐글 좌	키쟐글 촤	키쟈글 좌	키쟈글 좌	키쟈글 촤	上15b,30a
姪	아츤아들 딜	아츤나들 딜	아츤나들 딜	아츤나들 딜	아츤나들 딜	上16b,32a
甥	아츤아들 싱	아츤나들 싱	아츤나들 싱	아츤나들 싱	아츤나들 싱	上16b,32a
仙	션신 션	션신 션	션인 션	션인 션	션인 션	中2a,2b
商	흥졍홀 샹	흥졍홀 샹	흥졍홀 샹	흥졍홀 샹	흥졍홀 샹	中2a,3b
桷	셔 각	셔 각	서 각	셔 각	셔 각	中4a,6b
閨	문전 광	문션 광	문션 광	문션 광	문션 광	中4a,7a
窨	왜옷 요	왜옷 요	왜옷 요	왜옷 요	왜옷 요	中5b,9b
廚	브석 듀	브석 듀	브석 듀	브석 듀	브석 듀	中5b,9b
磨	매 마	매 마	마 마	매 마	매 마	中6b,11a
碫	븟돌 단	븟돌 단	숫돌 단	숫돌 단	숫돌 단	中9b,19a
杓	나므쥭 쟉	나므쥭 삭	나므쥭 쟉	나모쥭 쟉	나모쥭 쟉	中9b,19a
櫪	구싀 력	구싀 력	구싀 력	구유 력	구싀 력	中10a,19b
鬵	츳쩍 즛	츳쩍 즛	춧쩍 즛	춧쩍 즛	춧쩍 즛	中10b,20a
羹	깄 깅	깄 깅	깄 깅	깄 깅	깄 깅	中10b,21a
糝	죽심 참	죽심 슴	죽임 심	죽임 심	죽임 심	中11a,22a
巾	곳갈 건, 슈겄 건	곳갈 건, 슈것 건	곳갈 건, 슈것 건	곳갈 건, 슈것 건	곳갈 건, 슈것 건	中11a,22b
珥	귀엿골회 싀	귀엿골회 싀	귀엿골회 싀	귀엿골 이	귀엿골회 싀	中12a,24b
瘠	어월 쳑	여월 쳑	여월 쳑	어월 쳑	여월 쳑	中16a,33a
癜	어루러지 던	어르러지 던	어르려지 던	어르러지 던	어르려지 던	中16a,33a
癭	믈혹 영	믈혹 영	블혹 영	믈혹 영	블혹 영	中16b,33b
痎	고곰 히	고봄 히	고봄 히	고곰 히	고곰 히	中16b,34b
瘧	고곰 학	고봄 학	고봄 학	고곰 학	고곰 학	中16b,34b
痁	고곰 졈	고봄 졈	고봄 졈	고봄 졈	고봄 졈	中16b,34b
皸	들 군	돍 군	돍 군	돍 군	돍 군	中16b,34b
崩	믈허딜 붕	믈어딜 붕	믈허딜 붕	믈허딜 붕	믈허딜 붕	中17a,35a
槨	밧집 곽	밧집 곽	밧짐 곽	밧집 곽	밧집 곽	中17a,35b
壙	구모 광	군 광	구모 광	구모 광	구모 광	中17a,35b
暎	브싈 영	브싈 영	브싈 영	브슬 영	브슬 영	下1a,1b
蔕	고고리 톄	고그리 톄	고그리 톄	고그리 톄	고그리 톄	下2b,4a
瓤	어월 양	어월 샹	어월 양	어월 양	어월 양	下3a,5b
收	거둘 슈	가둘 슈	거둘 슈	거둘 슈	거둘 슈	下3a,5b
騍	아믈 과	아믈 과	아믈 과	암믈 과	아믈 과	下4a,7b

670

鳴	우룸 명	우룸 명	우룸 명	우룸 명	우룸 명	下4a,8a
炙	구울 쟈	구울 자	구울 쟈	구울 쟈	구울 쟈	下6a,13a
騙	소겨아올 편	소겨아슬 편	소겨아슬 편	소겨아슬 편	소겨아슬 편	下9b,20a
撓	슷 뎌	슷 뎌	슷 뎌	슷 뎌	슷 뎌	下10a,22a
捕	슷 포	슷 포	슷 포	슷 포	슷 포	下10a,22a
攤	슷놀 탄	슷놀 탄	슷놀 탄	슷놀 탄	슷놀 탄	下10a,22b
搵	쓰슬 온	스슬 온	스슬 온	스슬 온	스슬 온	下10b,23b
揩	쓰슬 기	스슬 기	스슬 기	스슬 기	스슬 기	下10b,23b
儕	번 졔	번 졔	번 졔	번 졔	번 졔	下11a,24b
誠	졍셨 셩	졍셨 셩	졍셨 셩	졍셨 셩	졍셨 셩	下11b,25b
蹲	줏그릴 준	줏그릴 준	줏그릴 준	줏그릴 준	줏구릴 준	下12a,28a
聾	귀머글 롱	귀버글 롱	귀머글 롱	귀머글 롱	귀머글 롱	下12a,28a
謊	거줏말 황	거즈말 황	거즈말 황	거즈말 황	거즈말 황	下12b,28b
謠	놀애 요	눌애 요	놀애 요	놀애 요	놀애 요	下14a,32b
勣	공노 젹	공로 젹	공로 젹	공로 젹	공로 젹	下13b,31b
勳	공노 훈	공로 훈	공로 훈	공로 훈	공로 훈	下13b,31b

이상의 표에서 보면 내각문고본은 존경각본과 동궤의 것이다. 그렇다면 이 내각문고본과 존경각본은 어떠한 관계에 있을 것인가가 문제다. 이 두 책의 반엽광곽의 크기를 알 수 없어 단언하기는 어렵지만 내각문고본은 존경각본의 복각일 가능성이 높다. 이 내각문고본은 마이크로필름의 상태로 보아서는 초쇄본은 아니고 후쇄본이다. 그 책판이 상원군에 남아 있었다고 하니 그 가능성이 높다. 그리고 지방판에 복각이 많으므로 내각문고본을 복각본으로 보려 하는 것이다. 그렇다면 존경각본은 1559년 또는 바로 그 이전에 간행된 책이 된다. 지금까지의 연구결과에 의하면 미만본(瀰漫本)은 그 계보가

예산본 - 동중본 - 존경각본 - 내각문고본 - 규장각본

과 같이 될 것인데, 1527년 원간 때부터 1559년 내각문고본이 나오기 이전까지 2가지(동중본, 존경각본) 이본이 나오게 된 셈이다. 동중본을 복각한 존경각본

을 다시 복각한 것이 내각문고본인 셈이 되는 것이다. 앞으로 이 문헌의 방점 표기 등에 대한 정밀한 검토가 요구된다. 방점 표기가 사라지는 시기에 나온 문헌이라는 점에서 이 문헌은 성조 연구에도 큰 도움을 주는 자료가 될 것이다.

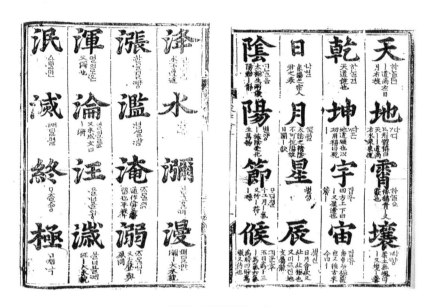

〈훈몽자회〉〈내각문고본〉

4. 존경각본 훈몽자회(1559년?)

존경각본은 한글 138-140호에 김지용(金智勇) 교수의 해제를 붙여 영인되어 국어학계에 소개되었다.

이 책은 일본 동경에 있는 '前田家 尊經閣文庫(전전가 존경각문고)'에 소장되어 있는 책이다. 이 존경각본은 이기문(1971,39-42)에 의하면 동중본의 복각으로 보인다. 이 책의 크기는 세로 30.3㎝, 가로 20㎝라 하나 동중본의 반엽광곽의

크기와 비교하여 볼 때 동일한 반엽광곽의 크기로 보인다(이기문, 1971, 39). 목
판본으로서 표지에 '訓蒙字會全部(훈몽자회 전부)'라 되어 있다. 그리고 훈몽자
회인(訓蒙字會引), 훈몽자회목록(訓蒙字會目錄), 범례(凡例), 상권(上卷), 중권(中卷),
하권(下卷)의 순으로 되어 있어 동중본, 내각문고본과 다르다. 판심어미는 대
흑구상하내향세화문어미이고 사주쌍변에 판심제는 '訓蒙字會(훈몽자회)'이며
상중하 각권 마지막 장의 판심에 '三十五終'이라 되어 있어 동중본이나 내각문
고본과 거의 동일하다. 내각문고본이 이 존경각본의 복각본이라고 한다면 내
각문고본의 간기에 있는 1559년 이전 또는 같은 해에 중앙에서 간행된 것이 존
경각본이 될 것이다. 이 존경각본에 대해서는 한글 138호에 실린 김지용 교수
의 해제와 이기문 교수의 저서에 자세한 언급이 있으므로 약한다.

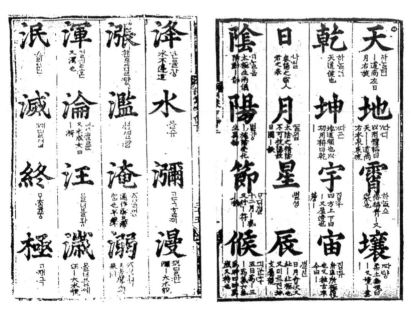

〈훈몽자회〉(존경각본)

5. 동경대학 중앙도서관본 훈몽자회(1559년?)

일본의 동경대학 중앙도서관에 소장되어 있는 3권 1책의 목판본이다. 책의 크기는 36.6×24.6cm이고 반엽광곽의 크기는 30.9×19.8cm이다. 사주쌍변에 유계로 4행 4자로 되어 있다. 판심어미는 대흑구에 상하내향세화문어미이다. 내지제목과 판심제 모두 '訓蒙字會(훈몽자회)'이다. 훈몽자회인(訓蒙字會引), 범례(凡例), 훈몽자회 목록(訓蒙字會目錄)이 있고 이어서 본문이 시작된다. 본문 속에는 일본인이 묵서로 쓴, 가타카나로 쓴 한자에 대한 일본어 석음이 보인다. '미만본'이다.

몇 가지 한글로 쓴 석음을 비교해 보면 이 동중본은 존경각본이나 내각문고본과 유사하다. 예컨대 '冬, 昏, 刻' 석음이 각각 '겨으 동, 어스름 혼'이어서 '겨을 동, 어ᄉ름 혼, 사길 극'으로 되어 있는 규장각본이나 범문사본과 달리 존경각본과 내각문고본과 동일하다. 이러한 현상으로 보아서 이 동중본은 존경각본이나 내각문고본과 동궤의 책이라고 할 수 있다.

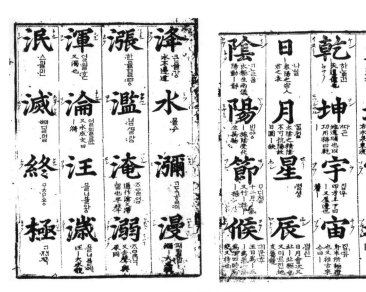

〈훈몽자회〉(동중본)

6. 한계본(최범훈 교수 소장본) 훈몽자회(16~17세기)

고 최범훈 교수가 소장하고 있었던 이 책은 최 교수가 잠정적으로 '오자본 (五字本)'이라 하였으나 오히려 '한계본(閑溪本)'이라 하는 것이 나을 것 같아 이 책에서는 '한계본'이라 한다(한계는 최범훈 교수의 호임). 왜냐하면 1행에 한자가 5자인 훈몽자회는 일사문고에도 필사본으로 존재하기 때문이다.

한계본은 책의 크기가 29.1×21.9㎝인 불분권 1책의 목판본이다. 앞 표지에 는 아무것도 쓰이어 있지 않고 뒷 표지의 오른쪽 상단에 큰 묵서로 '訓蒙字會 (훈몽자회)'라 되어 있고 그 중간 하단에 '麻洞(마동)'이란 묵서가 보인다. 사주단 변에 반엽광곽의 크기가 22.3×17.5㎝이고 판심어미는 주로 상하이엽화문어 미(5, 6, 7, 9, 11, 14, 17, 20, 24, 27, 30, 34, 37, 40, 46, 47, 48, 49, 52장)이지만 다양하고 특이한 어미들이 보인다. 상하일엽화문어미(15, 18, 19, 23, 25, 26, 28, 31, 33, 36, 39, 44장), 상 삼엽하일엽화문어미(41, 45장), 상흑어미하이엽화문어미(10장)들이 나타나고 특이한 어미의 모양도 보인다(마치 향로와 같은 모양의 이 어미는 과문한 필자로서는 아직 접해 본 적이 없다). 따라서 명칭을 알 수 없다. 잠정적으로 특수어미라 한다. 상하특수어미(3, 4, 8, 12장), 상특수어미하이엽화문어미(13, 16, 21, 22, 27, 32, 35, 38, 42, 43, 50장), 상특수어미하일엽화문어미(29, 53장) 상특수어미하흑어미(51, 54장) 등이 다양하게 나타난다. 판심제는 '字會(자회)'인데, 이 판심제와 하어미(下魚 尾) 사이에 장차가 있다. 그러나 제29장은 '二十九'의 '二十'과 '九'가 어미들 사 이에 두고 쓰이어 있다. 1면이 6행인데 표제어인 한자가 1행에 5자씩 있다. 훈 몽자회인과 목록은 10행 22자이다.

앞에 훈몽자회인이 1장, 훈몽자회목록이 1장, 그리고 본문이 57장, 도합 59 장으로 되어 있다. 다른 훈몽자회에 비하면 범례가 빠져 있는 셈이 된다. 목록 에는 상권, 중권, 하권으로 분류되어 있으나 본문은 불분권으로 되어 있다. 단 지 본문의 분문류명(分門類名)(천문 지리 등) 중 '천문'의 바로 뒤에 '상편', '인류'의 뒤에 '중편', '잡어'의 뒤에 '하편'이라 하여 구분하고 있다. 그리고 분문류명은 다른 훈몽자회 이본들처럼 천두에 쓰이어 있지 않고 본문 속에 들어 있는데 그것도 음각으로 되어 있다. 이것은 거제판(巨濟板) 낙예본(洛汭本)에서만 볼 수 있는 일이라 한다(최범훈, 1985, 25). 그러나 거제판의 실상을 알 수 없어서 확인할 수 없다.

위와 같은 사실은 즉 정제되지 않은 조잡한 판식은 이 문헌이 지방판이거나 방각본일 가능성을 추정케 한다. 이 문헌이 지방판이라는 암시는 이 책에 쓰인 표기에서도 나타난다. 즉 ᄉ코 비(鼻)(15a) ᄒᆞᆫ ᄇᄑᆞᆯ엄슬 혈(孑)(56a)에서 보이는 ㅅㅋ, ㅂㅍ 등의 표기는 주로 지방판, 특히 남부(경남 전남 등)의 지방판에서 흔히 나타나는 것들이다. 지방의 방언형을 보이는 것도 있다.

구 이(耳)(15a) cf. 귀ᄇᆞᆯ글 총(聰)(53a)

이 문헌에는 방점이 표시되어 있지 않다. 그리고 △도 보이지 않는다. △의 모습이 보이나 이것은 ㅇ을 조잡하게 판각한 것에 지나지 않는다. 그래서 이 문헌은 우선 16, 7세기 이후에 지방에서 나온 것으로 보인다. 어두의 경음 표기에서 이 책은 다른 훈몽자회와 차이를 보인다. 즉 ㅴ ㅵ 의 ㅄ 계 합용병서는 보이지 않고 ㅅ 계의 ㅺ ㅼ ㅽ ㅆ 그리고 ㅂ 계의 ㅲ ㅳ ㅄ ㅶ 만 보인다.

ㅺ : ᄭᅮᆯ 밀(蜜)(31a) ᄭᆡᄃᆞᄅᆞᆰ 각(覺)(17a)

ㅼ : ᄯᅡ 디(地)(1a) ᄯᅡ 곤(坤)(1a)

ㅽ : ᄲᅣᆷ 싀(顋)(14a) ᄲᅧ 골(骨)(16a)

ㅆ : ᄊᆞᆯ 튝(築)(47b) 싸홀 젼(戰)(46b)

ㅲ : ᄢᅵ울 감(嵌)(49a)

ㅳ : ᄣᅥᆯ기 포(苞)(40b) ᄣᅳᆺ 졍(情)(16a)

ㅄ : ᄡᅳᆯ 고(苦)(45b) ᄡᅵᆼ긜 추(皺)(56a)

ㅶ : ᄧᅩᆨ 린(鱗)(41a) ᄧᅡᆨ ᄃᆡ(對)(56a)

그리고 ㅆ과 ㅲ이 보이지 않는다. ㅲ 이었던 것들은 이 문헌에서는 ㅌ으로 되어 버렸다.

틀 탄(彈)(28b) cf. ᄩᆞᆯ 탄(彈)(東中本 中17a) 터덜 분(幡)(47a) cf. ᄩᅥ덜 분(東中本 下16b)

그리고 동중본 등에 나타나는 ㅴ은 ㅺ으로, ㅵ은 ㅼ 또는 ㅳ으로 변하였다.

ᄺᅥ덜 함(陷)(47b) cf. ᄢᅥ덜 함(東中本 하 17b) ᄺᅱ일 ᄃᆡ cf. ᄢᅱ일 ᄃᆡ(東中本 下 22a) ᄼᅳ릴 위(衛)(23b) cf. ᄢᅳ릴 위(東中本 中8a) ᄽᅳᆯ 착(鑿)(28a) cf. ᄣᅳᆯ 착(東中本 중 16b) ᄯᅳ리 포(疱)(37a) cf. ᄣᅳ리 포(疱)(東中本 中)33a) ᄠᅵ놀 뎨(觝)(42b) ᄠᅵ놀 쵹(觸)(42b) cf. ᄠᅵ를 뎨(東中本 下8b)

ㅴ ㅵ이 정양(鄭瀁)의 어록해(語錄解)(1657년)에 마지막으로 보이고(정양의 어록해에 'ᄢᅢ여'(1b)가 보인다. 이것을 중간한 남이성 발문의 어록해(1669년)에는 'ᄣᅢ여'로 바뀌었다), ㅲ 이 17세기 중기 이후에 나타나지 않으며, ㅆ 이 첩해신어(1676년)에 처음으로 보인다는 사실로 보아 이 문헌의 표기는 17세기 중기와 말기의 중간(1670년경)에 간행된 문헌의 표기로 보인다. ㅴ이 ㅲ이 아닌 ㅺ으로 나타나고 ㅵ이 ㅳ과 ㅼ으로 나타나는 현상도 대개 이 시기에 흔히 보이는 것이다. ㅵ이 ㅳ이 아니고 ㅼ으로 나타나는 것은 17세기 말 18세기 초의 일이다.

한편 어말자음 ㅅ과 ㄷ이 ㅅ으로 통일되지 않고 혼기되어 있다. 그러나 그 혼기는 그리 심한 것이 아니다.

뭇 곤(昆)(17b) cf. ᄆᆞᆮ아자비 ᄇᆡᆨ(伯)(17b) ᄠᅳᆺ 지(志)(16a) 돋 시(豕))(10b) 벋 우(友)(21a) ᄇᆞᆺ 필(筆)(19a)

이러한 현상은 16세기 이후에 보이는 현상이다. 또한 중철 표기 현상이 보이는데, 이것은 주로 ㄹ 음인 경우에 한한다.

놀래 가(歌)(46b) cf. 놀애 구(謳)(55b) 결리 족(族)(17b) 들리 량(梁)(3a) 글리 츄(鞦)(29b) 글리 천(韉)(29b)

위와 같은 여러 표기현상 등으로 보아 이 문헌은 일찍 잡으면 1670년대, 늦게 잡으면 1700년대, 대개 17세기 말기에 지방(특히 남부)에서 간행된 것으로 보인다. 閑溪本에 대한 자세한 내용은 소장자의 논문인 최범훈(1985)을 참조하면 된다.

이 책의 서영을 보이면 다음과 같다. 책 중에 온전한 부분을 보이도록 한다. 그런데 이 책은 국내의 유일본으로 알고 있었지만, 현재 프랑스 파리의 동양언어문화학교에도 동일한 책이 소장되어 있다. 이 소장본은 3b부터 37a까지만 있는 책이다. 충남대 도서관에도 소장되어 있다. 낙장본이다.

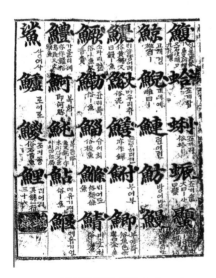
〈훈몽자회(한계본) 11b〉

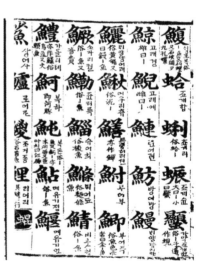
〈동양언어문화학교 소장본 11b〉

7. 규장각본 훈몽자회(1613년)

규장각본 훈몽자회는 서울대학교 규장각에 소장되어 있는 3권 1책의 목판
본이다. 간기는 없으나 표지 뒷면에 '萬曆四十一年九月日 內賜訓蒙字會一件太
白山上 左承旨臣李(手訣)(만력 41년 9월일 내사 훈몽자회 일건 태백산상 좌승지신이(수
결))'이라는 내사기가 있어 1613년(광해군 5년)에 간행된 것임을 알 수 있다. 임진
란 이후에 나온 훈몽자회 중 간기를 알 수 있는 것으로는 가장 이른 것이다.

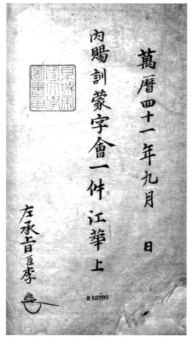

〈훈몽자회(규장각본) 내사기〉

이 책은 그 크기가 39.9×24.7㎝이고 반엽광곽의 크기는 29.4×19.5㎝이다. 사
주쌍변에 판심어미는 상하삼엽화문어미이고 판심제는 '訓蒙字會(훈몽자회)'
이다. 표지에 '訓蒙字會全(훈몽자회전)'이라 되어 있고 훈몽자회인, 범례, 훈몽

자회목록, 상중하권의 순으로 실려 있다. 동중본, 존경각본, 내각문고본과 마찬가지로 각권의 마지막 판심에 '三十五終(35종)'이라 되어 있고 판심제에 '訓蒙字會(훈몽자회)上(中, 下)'라 되어 있어 권을 알 수 있다.

이 규장각본은 예산본, 동중본, 내각문고본, 존경각본과 그 새김, 한자음, 방점에서 큰 차이를 보인다. 특히 이 규장각본은 예산문고본에 비해 각 한자의 석 밑에 나타나는 주를 많이 삭제하였고(동중본도 마찬가지이다) 다른 이본에 비해 방점에 많은 차이가 있다. 그래서 이 책은 방점상의 큰 혼란을 보이고 있다. 이 책이 국어의 성조가 소멸된 뒤에 간행된 것이기 때문이다.

이 책의 새김 중 달라진 것의 대표로 '刻사길 극'(상2a)을 든다. 이것은 다른 이번에서는 '외플 극'으로 되어 있는 것이다.

이 책과 동일한 연도의 내사기를 가진 훈몽자회가 국립중앙도서관에도 소장되어 있다(도서번호 古.3111-4). 내사기가 '萬曆四十一年九月日 內賜蓬萊府院君 鄭昌衍訓蒙字會一件 命除謝恩(만력41년9월일 내사봉래부원군 정창연훈몽자회 1건 명제사은)'이란 내사기가 있어서 규장각본과 같이 내사된 것이다.

〈국립중앙도서관
소장본의 내사기〉

1613년에 간행한 규장각본과 동일한 책이 일사문고에도 소장되어 있다(一
簑貴418.3-C456ha). 내사기는 없지만, 내용은 동일하다. 1책의 목판본인데, 곳곳
에 훼손된 부분이 보이고 이 부분을 보완한 곳이 많다. 또 낙장을 필사로 보완
한 부분도 보인다.

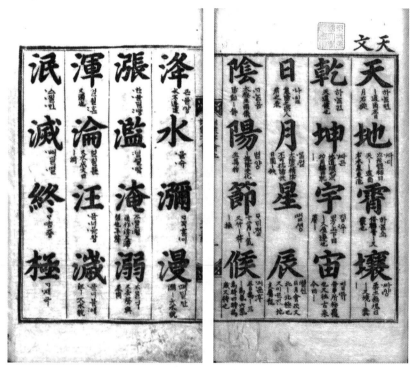

〈훈몽자회〉〈규장각 소장본(귀중본)〉

마찬가지로 지금까지 '범문사본(汎文社本)'이라고 일컬었던 훈몽자회는 이
규장각본과 동일한 판임이 이미 밝혀져 있다. 범문사본이 규장각본을 붓으로
변개시킨 점이 이기문(1971), p.44에서 지적되고 있다. 따라서 여기에서는 범
문사본은 언급하지 않는다.

8. 국립중앙도서관 소장본 훈몽자회(18세기)

　국립중앙도서관에 소장되어 있는 훈몽자회 중에서 지금까지 한번도 언급
되지 않았던 훈몽자회 이본이 소장되어 있다. 이 훈몽자회의 특징은 한글로
쓴 한자 석음 부분을 음각으로 만든 점이다. 문헌의 모두가 그런 것이 아니고
부분적으로 그러한데, 상1a, 1b 2b 3a 3b 등이 그러하다. 아래 그림에서 보듯이
모든 내용은 다른 훈몽자회와 같은데, 한글 석음을 쓴 부분이 음각으로 되어
있다.

〈국중도 소장본〉

〈규장각본〉

　이 목판본은 책의 크기가 33.4×24.1㎝이고 반엽광곽의 크기가 26.0×18.8㎝
이다. 사주단변에 판심어미는 상하내향이엽화문어미이고 판심제는 '訓蒙字
會(훈몽자회)'이다. 유계에 4행 4자이다. 거의 모든 내용이 규장각본과 동일하
다. 그러나 반엽광곽의 크기가 전혀 달라서 규장각본의 복각은 아니다. 규장
각본을 모본으로 하여 다시 판각한 것인데, 판식이나 정밀성으로 보아 지방
판으로 보인다. 대체로 18세기의 문헌으로 보이는데, 이 책은 후쇄본이다. 아
마도 원판을 찍은 초쇄본이 존재할 가능성이 높다. 국립중앙도서관(도서번호
BC古朝41-9) 소장본이다.

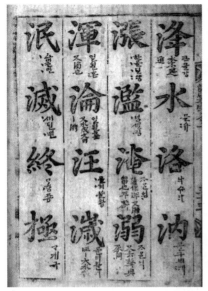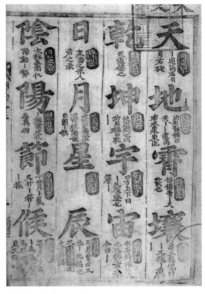

〈국립중앙도서관 소장본〉

9. 조선광문회판 훈몽자회(1913년)

1913년에 조선광문회(朝鮮光文會)에서 석인본으로 재간한 훈몽자회이다. 책의 크기는 21.7×15.1cm의 작은 책으로 석인본이다. 반엽광곽의 크기는 17.9×12.2cm이다. 내지에 '朝鮮光文會 重刊 訓蒙字會(조선광문회 중간 훈몽자회)'라고 되어 있다. 책의 말미에 판권지가 있는데, '大正二年十一月二十日 印刷 同 二十五日 發行(대정 2년 11월 20일 인쇄 동 25일 발행)'이어서 1913년에 간행되었음을 알 수 있다. 발행소는 조선광문회이다. 사주쌍변으로 판심어미는 상흑어미이고 판심제는 '訓蒙字會(훈몽자회)'이다. 유계에 4행 4자로 되어 있다. 앞에 최세진이 쓴 훈몽자회인이 있고 이어서 범례와 훈몽자회목록이 있다.

책의 뒤에 1912년에 주시경(周時經)이 쓴 '訓蒙字會再刊例(훈몽자회재간례)'가 붙어 있다. 특히 '本書再刊의 言(본서 중간의 언)'에서는 훈민정음 창제 이후, 훈몽자회 간행 이후에 우리글을 사용한 모든 문헌이 이 훈몽자회의 예를 따라 쓰게 되어 이 책이 매우 중요하므로 재간한다고 하였다.

訓民正音이 成하여 龍飛御天歌와 月印千江之曲 等書에 우리말을 記하매 此에 一例가 有하더니 本書에 至하여 큰 變革이 起한지라 其槪를 擧하건대 訓民正音에는 二十八字의 音을 다 漢字의 初中聲으로 表證할 뿐이로되 本書에는 名稱을 制하고 訓民正音例에는 終聲復用初聲이라 함이 有할 뿐이로되 本書에는 ㅋ ㅌ ㅍ ㅈ ㅊ ㅿ ㅇ ㅎ는 初聲獨用이라 하여 終聲으로 不用하매 여러 가지 變革이 起하엿으며 또 本書 以後로는 우리 글을 用한 諸籍이 거진 다 本書의 例를 從하여 今日에 至하니 訓民正音 以後에 變革이 此書에 最大한지라 是以로 우리 글을 硏究하자 하는 이는 本書를 舍하고 不能할지라 이에 그 求하는 바를 應하고자 하여 再刊의 擧를 決行함이로다

이 책은 주로 1613년에 간행한 규장각본을 따라 간행된 것인데, 부분적으로는 수정을 가하였다. 예컨대 규장각본에서 '하늘래 괄'(舐)〈上9a〉을 '하늘ㄷ래 괄'로 바로잡았지만 규장각본에서 '만늘 쉰'으로 썼던 蒜을 '만뇬 쉰'(上13a)으로 잘못 쓰기도 하였다. 이것은 오히려 내각문고본처럼 '마늘 쉰'으로 바로잡았어야 했다.

한자	조선광문회판	규장각본	내각문고본	출전
冬	겨을 동	겨을 동	겨으 동	上1b
曙	실 셔	샐 셔	샐 셔	上,1b
曉	재배 효	새배 효	새배 효	上,1b
嵐	인애 남	연애 남	연애 남	上,2b
霹	벼락 벽	벼락 벽	비락 벽	上2b
舐	하늘ㄷ래 괄	하늘래 괄	하ㅅㄷ래 괄	上9a
甗	하늘ㄷ래 루	하늘래 루	하ㅅㄷ래 루	上9a
蒜	만뇬 쉰	만늘 쉰	마늘 쉰	上13a

莧	비름 현	비름 현	비름 현	上13b
麒	긔린 긔	긔린 긔	긔린 긔	上18a
頭	마리 두	마리 두	머리 두	上24b

조선광문회판 훈몽자회를 이용할 때에는 주의를 요하는 것이 많다. 왜냐하면 잘못 옮겨 쓴 부분이 많기 때문이다.

(1) 잘못 쓴 경우 (괄호 안은 규장각본)

　　淵 믓 연 (못 연) 〈상4b〉
　　渟 자괴믄 즘 (자괴믈 즘) 〈상5b〉
　　蹊 갈 계 (걸 계) 〈상6a〉
　　域 몡엇 역 (엥엇 역) 〈상6b〉
　　栩 가람나모 우 (가랍나모 우) 〈상10b〉
　　柞 가람나모 작 (가랍나모 작) 〈상10b〉
　　麳 보리 러 (보리 릭) 〈상12b〉
　　菽 공 슉 (콩 슉) 〈상13a〉
　　蒜 만놀 원 (만늘 원) 〈상13a〉

(2) 바로잡아 고친 예

　　畎 고랑 견 (고랑 경) 〈상7a〉
　　䒷 하늘ᄃ래 괄 (하늘래 괄) 〈상9a〉
　　蔞 하늘ᄃ래 루 (하늘래 루) 상9a〉
　　橋 개좀나모 뎌 (개듬나모 뎌) 〈상10b〉
　　㮤 다믁 소 (다믁 둥) 〈상11a〉

椺 드래 연(드래 션) 〈상12a〉

이러한 현상으로 보아서 이 조선광문회판은 규장각본을 저본으로 하였지
만 잘못 수정한 곳도 많아서 이용에 조심하여야 할 것으로 생각된다. 필자 이
외에 여러 곳에 소장되어 있다.

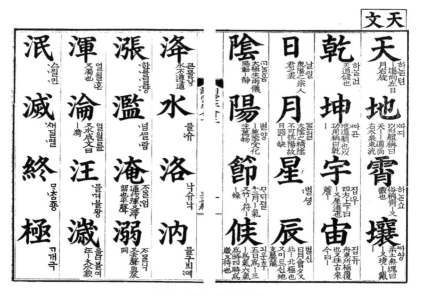

〈훈몽자회〉(조선광문회판)

제4장 필사본 훈몽자회

훈몽자회의 필사본도 많이 전하고 있지만, 천자문이나 유합의 필사본에 비해 훨씬 적은 편이다. 아마도 훈몽자회는 한자 학습서로서 처음 이용한 것이 아니라 천자문과 유합을 학습하고 나서 훈몽자회를 가지고 다시 학습하였기 때문인 것으로 생각된다. 몇 가지 필사본을 보이도록 한다.

1. 국립중앙도서관본 훈몽자회(16세기)

국립중앙도서관 소장본(古3111.3)인 필사본 훈몽자회는 책의 크기가 28.9× 22.7cm인데, 제첨제는 '訓蒙字會(훈몽자회)'이다. 모두 28장이다.

앞에 훈몽자회인(訓蒙字會引)은 없다. 범례도 마지막 부분인 '凡字音高低 皆以字傍點之有無多少(범자음고저 개이자방점지유무다소)' 부분부터 있다. 그리고 이의 언해문이 있다. 이어서 '平上去入正位之圖(평상거입정위지도)'가 있고 곧 본문이 시작된다.

전문이 다 없고 하권의 '豢養飼饌'까지만 있고 그 뒤는 낙장으로 보인다. 동경대학중앙도서관본의 하8b까지 있는 셈이다.

본문은 다른 필사본과는 확연히 다르다. 다른 점은 한글 석음에 방점이 쓰이어 있다는 점이다. 필사본으로서 방점까지 가지고 있는 것은 매우 드문 일인데, 이의 한글 석음과 방점을 보면 동경대학 중앙도서관본에 거의 일치한다. 심지어 'ㅿ'까지도 그대로 필사하였다.

日 나실 秋 マ을 츄 昏 어스름 혼 閽 부를 슌 泇 즌퍼리 셔

따라서 이 책은 16세기 자료로 추정된다.

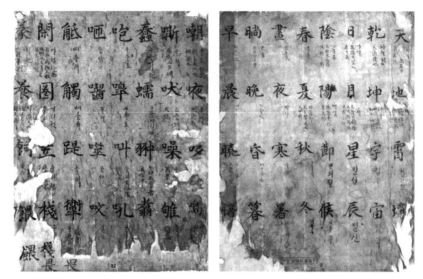

〈필사본 훈몽자회〉(국립중앙도서관본)

2. 일사문고본 훈몽자회(1782년)

서울대학교 일사문고에 소장되어 있는 필사본 훈몽자회이다. 책의 크기는
31.8×22.0㎝이고 반엽광곽의 크기는 23.3×17.3㎝이다. 표지제목과 내제 모두
'훈몽자회'이고 판심제는 '字會'이다. 판심어미는 상하내향삼엽화문어미이다.
유계에 6행 5자로 되어 있다. 앞에 '訓蒙字會引(훈몽자회인)', '訓蒙字會 目錄(훈몽
자회 목록)'이 있다. 범례는 보이지 않는다. 의미분류 부분은 음각으로 그렸다.
그리고 성조 표시가 없으며 모두 57장이다. 상중하권으로 분류하지 않았다.
책의 끝에 '黑虎孟夏旣望土靜畢書于直中(흑호맹하기망사정필서우직중)'이란 필

사기가 있다. '직중(直中)'에서 썼다고 하니 관아(官衙)에서 쓴 것인데 '사정(土靜)'이 누구인지는 알 수 없다. '흑호(黑虎)'에 썼다고 하니 '임인년(壬寅年)'인데 그 임인년이 어느 해인지는 알기 어렵지만, 표기법 등으로 보아 18세기 말 같아서 1782년으로 추정된다.

다음에 이 문헌의 표기법상 특징을 보이면 다음과 같다. 괄호 안은 훈몽자회 초간본의 표기이다.

① △과 ㅇ이 보이지 않아서 17세기 초 이후의 문헌으로 추정된다.

壤 따 양 (싸 샹) 〈상1a〉　　　日 나 일 (나 실) 〈상1a〉

昏 어으름 혼 (어스름 혼) 〈상1a〉

②'드르'(野)가 '들'로 변화하였는데, 이 시기는 18세기 이후이다.

郊 들 교 (드르 교) 〈상2b〉　　旬 들 뎐 (드르 뎐) 〈상2b〉

坪 들 평 (드르 평) 〈상2b〉　　野 들 야(미 야) 〈상2b〉

③사이시옷 표기가 생략된 곳이 많이 보인다. 이러한 현상은 대체로 18세기의 현상이다.

汀 믈곳 뎡 (믓곳 뎡) 〈상3a〉　洲 믈곳 쥬(믓곳 쥬) 〈상3a〉

渚 믈곳 져 (믓곳 져) 〈상3a〉　沚 믈곳 지(믓곳 지) 〈상3a〉

濤 믈결 도 (믓결 도) 〈상3a〉　浪 믈결 랑(믓결 랑) 〈상3a〉

瀾 믈결 란 (믓결 란) 〈상3a〉　波 믈결 파(믓결 파) 〈상3a〉

④구개음화 현상이 두드러지다. 이러한 현상은 18세기 현상이다.

垤 무덕이 질 〈상2b〉(무들기 딜) 〈상2b〉

漫 펴질 만 〈상57b〉(펴딜 만)

⑤역구개음화 표기가 보인다. 즉 구개음화의 과도교정이다. 이러한 현상은 18세기 말로부터 일반화되었다.

榛 개옴 딘 (개옴 진) 〈상6b〉, 前 압 뎐 (앏 젼) 〈상56b〉

이러한 현상으로 보아서 이 문헌은 18세기 후반의 필사본으로 보인다. 그래서 이 문헌은 1782년의 필사본으로 추정된다.

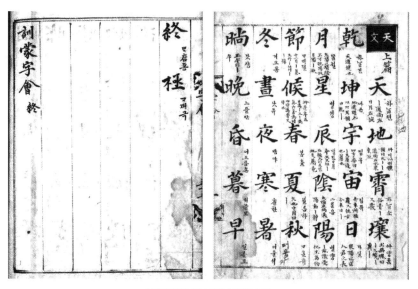

〈훈몽자회 필사본〉(일사문고)

3. 박재연 교수 소장본 훈몽자회(18세기)

선문대 박재연 교수의 소장인 필사본 훈몽자회는 책의 크기가 20.2×12.1㎝
인 작은 책이다. 5행 8자로 모두 47장이다. 책의 말미에 '訓蒙字會 三千三百六
十字(훈몽자회 3,360자)'란 기록이 있다. 뒷 부분에는 한자가 있고 그 음만 달아 놓
은 곳도 간혹 보인다.

의미분류 항목도 같이 써 놓아서 '천문(天文)' 등의 분류항목도 보이며, 표기
상으로는 △은 보이지 않으며 · 가 보이고 ㅅ 계 합용병서도 보인다. 어말자
음으로 ㄷ 도 사용되고 있다. '時'는 '삐니 시'가 안 보이고 '시절 시'로 바뀌었으
며, '梧桐'의 '머귀 오 머귀 동'은 '梧 머구 오 桐 머귀 동'으로. '刻'은 '사길 극'으로
되어 있다. 구개음화가 보이는(宙 집 쥬 등) 등으로 보아 대체로 18세기의 필사
본으로 추정된다.

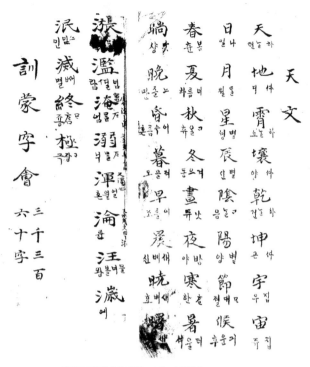

〈훈몽자회〉(박재연 교수 소장본)

훈몽자회는 판본으로 여러 번 간행되었다. 그 현황을 보이면 대체로 다음과 같다. 물론 간행시기가 알려지지 않은 판본들이 여럿 있겠지만, 이것을 간략히 정리하면 다음과 같다.

16세기	훈몽자회(고성판)	16세기 말	목판
	훈몽자회(내각문고본)	1559년	목판
	훈몽자회(동중본)	16세기	목판
	훈몽자회(예산본)	1527년	활자
	훈몽자회(존경각본)	1527년	목판
17세기	훈몽자회(규장각본)	1613년	목판
	훈몽자회(범문사본)	1613년	목판

18세기	훈몽자회(최범훈교수본)	18세기	목판
20세기	훈몽자회(조선광문회본)	1913년	석인

이외에도 유탁일(2001, pp.13-34)에서 거제읍지(巨濟邑誌)에서 언급한 거체판(巨濟板) 훈몽자회(부산대 소장)를 소개하고 있는데, 필자는 이 책을 확인할 기회가 없어서 여기에서는 논하지 못하였다. 정승철(1997)과 정승철(2000)에서 언급한 제주본 필사본 훈몽자회의 복사 자료를 정승철 교수로부터 받았으나, 자료의 상태가 좋지 않아 여기에서는 다루지 못하였다.

위의 표를 보면 훈몽자회는 16세기에 만들어져서 주로 16세기에 유행하였음을 알 수 있다. 특히 흥미로운 사실은 16세기 간본들은 현재 거의 대부분이 일본에 소장되어 있다는 점이다. 일본인들이 임진왜란 때 가져간 것으로 보이는데, 특히 훈몽자회에 관심이 많은 것으로 추정되기도 한다. 그러나 훈몽자회는 다른 한자 학습서인 '천자문'이나 '유합'처럼 크게 인기를 얻지 못하고 있었음을 볼 수 있다. 뿐만 아니라 천자문이나 유합은 사찰에서도 여러 번 간행되었지만, 훈몽자회에 대해서는 사찰에서는 완전히 도외시하고 있음을 볼 수 있는데, 이것이 훈몽자회의 내용 때문인지, 아니면 훈몽자회의 한자수가 너무 많아서 간행에 부담을 가지게 되어서인지는 판단하기 어렵다. 그리고 19세기 말이나 20세기 초에는 일반 사서들에서 한자 학습서를 방각본으로 출판하는 대유행을 보였지만, 유독 훈몽자회에 대해서는 거의 무관심이어서 방각본으로 간행된 적이 없었던 것이 흥미로운 특징이라고 할 수 있다. 아마도 독자들의 관심이 적은 것에 기인하는 것으로 보인다.

제8부

아
학
편

제1장 아학편의 편찬 동기와 한자

아학편(兒學編)은 다산(茶山) 정약용(丁若鏞)이 아동의 한자 학습을 위하여 만든 문자교육용 교재이다. 2권 1책. 상하 두 권으로 나누어 각각 1,000자의 문자를 수합하여 도합 2,000자로 이루어져 있다. 천자문의 문제점을 지적하고 그러한 내용과 체계의 문제점을 극복하기 위하여 이 책을 지었다.

다산은 아동의 문자 학습에 많은 관심을 가지고 있었다. 그래서 처음에는 아동들을 위해 먼저 소학주관(小學珠串)을 편찬하고 이어서 아학편을 편찬하였다. 소학주관에 보이는 '주관(珠串)'의 의미는 '소학주관서(小學珠串序)'에 잘 나타나 있다. 곧 구슬로 꿴다는 의미인데, 그 꿰는 대상이 명물수목(名物數目)이라고 하였다. 즉 아무리 구경(九經)과 구류백가(九流百家)의 서적을 다 읽었다고 해도 그것을 구슬처럼 꿰지 않으면 다 잃어 버릴 것이니 그 문헌에 나오는 명물수목(名物數目)을 꿰미로 꿰는 것이 필요하다고 하여 소학관주와 아학편을 편찬한다는 의미를 함축하고 있다.

곧 학문은 기억하는 것이 아니라 만사를 하나로 관통하는 것이란 말을 소학관주의 서문으로 쓴 것이다.

小學珠串序

蜀之童 得瑟瑟之珠數千 見而悅之 或懷之 或襁之 或含之以口 或握之以手 東適洛 以求其售 既行 勞而披則懷者落 涉而俯則襁者迸 見可喜而笑 可言而言 則含者出 猝遇蜂蠆虺蝎害身之物 欲有以衛其患 則握者釋 未至半而瑟瑟盡矣 悵然而反 以告其老賈 賈曰："嗟乎 惜哉！盍蚤來 夫致瑟瑟有法? 園客之絲以爲線 幺貓之毛以爲篴 碧者串之爲

碧串 赤者串之爲赤串 紺玄紫黃 色色而串之 吳犀之革 櫝而藏之 此致瑟瑟之法也 今子
雖得瑟瑟萬斛 無串以串之 何適不失?' 今夫學問之法猶是也 凡九經九流百家之書 其名
物數目 皆瑟瑟也 不有串以串之 無亦隨得而隨失乎? 謫居無事 有童子數人 從而問業 患
不能強志 余老賈也 談瑟瑟珠以喩之 於是蒐輯古經以來名物數目 選其有補於實學者 共
得三百條 名之曰 小學珠串, 以予之 有一童子 躍然喜曰 : "先生之書 有本矣 昔者孔子
謂子貢曰 : '賜 爾以吾爲多學而識之者與? 非也 予一以貫之者也' 先生之書 有本矣" 是
爲序

(소학주관 서(小學珠串序))

축(蜀) 땅의 남자아이가 슬슬주(瑟瑟珠 구슬 이름) 수천 개를 얻었는데, 이를
보고는 사랑스러워서 가슴에 품기도 하고, 옷깃에 차기도 하며, 입에 물기도 하
고 손에 움켜쥐기도 하다가, 동쪽으로 낙양(洛陽)에 가서 이를 팔려고 하였다.

그런데 길을 떠나서는, 피로하여 앞가슴을 헤치면 품은 것이 떨어지고, 물을
건널 적에 구부리면 옷깃에 찬 것이 흩어지며, 기뻐할 일이 있어 웃거나 말할 일
이 있어 말을 하면 입에 문 것이 나오고, 갑자기 벌·전갈·살무사 등 사람을 해
치는 동물을 만나서 그 환난을 벗어나려 하면 손에 잡은 것을 놓치게 되었다. 그
래서 낙양을 절반도 못 가서 슬슬주가 다 없어졌다.

그는 실망하여 돌아와서 늙은 장수[賈]에게 그 사실을 말하니, 늙은 장수는 다
음과 같이 말하였다.

"아, 애석하다. 왜 진작 오지 않았느냐? 대체로 슬슬주를 간수하는 데에는 방
법이 있다. 원객(園客)의 실을 끈으로 삼고 요온(幺貖 최후에 난 돼지 새끼)의 털
을 바늘로 삼아서, 푸른 것은 꿰어서 푸른 꿰미로 만들고, 붉은 것은 꿰어서 붉
은 꿰미로 만들어 검푸른 것·검은 것·붉은 것·누른 것 등을 같은 색끼리 꿰
고서 오서(吳犀 오(吳) 지방에서 생산되는 무소)의 가죽으로 상자를 만들어서
간직한다. 이것이 슬슬주를 간수하는 방법이다. 지금 그대가 슬슬주 만 섬을 얻
었더라도 꿰미로 꿰지 않았으니, 어디선들 잃어버리지 않겠는가."

지금 학문하는 법도 이와 같다. 무릇 구경(九經)과 구류백가(九流百家)의 서

적에 있어 그 명물 수목(名物數目)이 모두 슬슬주이다. 꿰미로 꿰는 것을 본받지 않으면 또한 얻는 대로 곧 잃어버리지 않겠는가.

내가 귀양살이하면서 일이 없을 적에 동자(童子) 몇이 나에게서 수업을 받았는데, 기억을 잘 하지 못함을 근심하였다. 나는 위에서 말한 늙은 장수처럼 슬슬주의 이야기를 하여 그들을 일깨워 주었다.

이에 고경(古經) 이래 여러 서적의 명물 수목을 수집하고 그 중에 실학(實學)에 도움이 되는 것을 뽑아서 모두 3백 조목을 얻었는데, 이를 《소학주관(小學珠串)》이라 이름하여 그들에게 주었다. 그러자 한 동자가 매우 기뻐하면서 말하기를,

"선생의 글은 근본이 있습니다. 공자(孔子)가 자공(子貢)에게 이르기를 '사(賜)야, 너는 내가 많이 배우고 그것을 기억하는 사람이라고 여기는가? 아니다. 나는 하나로 만사를 관통한 것이다.' 하였으니, 선생의 글은 근본이 있습니다."

한다. 이것을 서문으로 한다.)

아학편은 다산이 주흥사(周興嗣)의 '천자문'을 비판적인 시각으로 바라보게 되면서 편찬한 것이다. 즉 천자문은 4언 250구 모두 1,000자로 이루어진 詩일 뿐이지 아동용 자학서(字學書)가 아니라는 것이다. 그래서 그 폐해를 막기 위해 편찬한 것이 아학편이다.

다산은 한자 학습의 효과를 볼 수 있게 하는 방법으로, 문자를 만물을 유별(類別)로 분류하는 것이라고 생각하고 천자문보다는 유합이 더 효과적이라고 생각하였다. 그래서 아학편이 유형과 무형으로 구분되어 있는 것이다.

아학편에서는 2,000자를 유형자(有形字)와 무형자(無形字)로 구분하여, 유형천자 1,000자와 무형천자 1,000자로 나누어 편찬하였다. 아학편은 『명물소학(名物小學)』이란 책으로 간행된 적도 있지만 이것은 후대에 간행된 것이고 주로 필사본으로만 전하고 있다. 아학편은 다산 정약용이 편찬한 19세기에는 많은 필사본들이 있었지만, 그 이후에는 많이 이용되지 않은 것으로 보인다.

아학편에 등재되어 있는 한자는 모두 2,000자이지만, 겹치는 한자가 1개가 있어서 정확히 계산한다면 1,999개라고 할 수 있다. '簡'자가 하나는 '대쪽 간'으로, 또 하나는 '간략할 간'으로 두 번 등재되어 있다. 명물소학에는 '簡 딕쪽 간 〈10b〉' '簡 간략홀 간〈22a〉'이 있다.

아학편에는 천자문과 겹치는 한자가 모두 597개가 있다. 그 목록을 보이면 다음과 같다.

假可家歌稼簡竭甘甲岡羌薑芥去居巨擧渠車巾劒堅見潔結謙京卿慶
敬經輕驚溪階古姑孤羔藁顧高曲谷功孔工恐恭拱空貢寡冠官觀光廣
槐交九口懼求矩舊駒國君軍郡宮勸闕歸貴規根謹近琴禽金器幾機氣
譏起飢吉難南男囊內女恬農能多丹短端達淡談答堂棠大對帶德圖盜
道都犢獨讀敦冬動同東桐洞得登騰凉糧良慮驢麗列廉令禮龍樓流倫
律利李理離鱗林立磨晚滿萬亡寐孟盟勉面滅名命明鳴慕母毛木目睦
廟武無舞茂墨默問文聞門物微美民密薄盤飯發髮傍房方紡拜杯背伯
白百煩伐法壁璧辨別兵寶步伏服福覆本鳳夫婦富府扶浮分奮紛卑悲
碑肥非飛賓事史四士射師思沙祀絲舍辭散上想相箱裳詳象賞霜穡色
生暑書西黍夕席石善扇說城性成星盛聖聲誠歲稅嘯少所笑素續悚松
受垂守岀手樹水獸隨首叔淑舜瑟習始市恃是時矢詩息食信愼新臣薪
身實尋心沈深我雅嶽惡安巖仰愛夜野弱約躍羊陽養御語魚言嚴妍緣
輦悅熱染葉榮營盈縈英詠藝譽隷五梧玉溫往王外畏浴辱用優友右宇
愚禹羽雨運雲鬱圓園垣遠月位威有育銀隱陰音邑意疑義衣二耳益人
仁日逸入子字慈紫作爵潛將帳張章腸莊藏長才積賊赤傳殿田轉顚節
接亭庭情政正精貞靜制帝弟祭弔早朝眺糟鳥足存尊宗從終鍾坐左罪
主周州晝珠酒俊中重增蒸地志持指枝止池知紙直稷盡眞陳執此察唱
綵菜策處尺戚陟千天川賤踐瞻妾淸聽靑體招草超燭寸寵催秋出黜充
忠吹翠聚侈恥治馳奪湯土通退投八烹平布捕飽表彼筆下夏河荷學寒

漢鹹合海解行虛玄縣賢俠兄刑形衡惠好戶號洪化和火畫禍丸歡荒黃
回晦會橫孝後訓毀虧欣雞嗀䡇臝㒲帷觧

　현재 전하고 있는 아학편에 등재되어 있는 한자 2,000자의 목록은 모두 동
일하다. 그러나 그 배열에는 차이가 있다. 현재 전하고 있는 아학편 중에서 어
느 것이 다산 정약용이 처음 편찬한 아학편에 해당되는지는 알 수 없다. 판본
으로 전하는 명물소학과 지석영이 다시 간행한 아학편도 그 한자 배열은 차이
가 있다. 한자 배열의 차이가 나는 부분은 下卷 부분인데,

　　功罪黜陟寵辱賞罰人物性情古今事理治亂得失可否成毀生死禍福
　　安危存亡盛衰窮達利害災祥尊卑貴賤壽夭貧富愚慧邪正老少壯幼廉
　　貪奢儉姸媼强弱까지의 64자와
　　抑揚殺活勝敗順逆大小長短輕重厚薄淸濁高低方圓曲直廣狹銳鈍
　　硬輭肥瘠有無虛實疏密斷續剛柔屈伸冷熱燥濕淺深濃淡融凍滑澀精
　　粗汗潔完缺純雜까지의 64자의 위치가 바뀌어 있다.

제2장 판본 아학편의 이본

아학편은 주로 필사본으로 전하고 있다. 그래서 필사본에 대한 관심이 판본에 비해 적은 편이어서 필사본 아학편들을 조사해서 보고해 놓은 것이 거의 없는 편이다. 유일한 것이 정재영(2002)이다. 필자가 조사한 자료는 다음과 같다.

19세기	아학편(강경훈소장본)	1813년	필사
	아학편(홍윤표본 A)	1856년	필사
	아학편(남평문씨소장본)	1896년	필사
	아학편(율곡기념도서관본)	1884년	필사
	아학편(임형택소장본)	1891년	필사
	아학편(홍윤표본 B)	1894년	필사
	아학편(율곡기념도서관 소장본)	1897년	필사
	아학편(규장각본)(고도서)	19세기	필사
	아학편(정문연본)	19세기	필사
	아학편(홍윤표본C)	19세기	필사
	아학편(홍윤표본D)	19세기	필사
	아학편(정재영 소장본)	19세기 말	필사
20세기	아학편(지석영)	1908년	석인
	아학편(국립중앙도서관본)	1910년	필사
	아학편(국립한글박물관 소장본)	1924년	필사
	아학편(김영진 소장본)	1929년	필사
	아학편(오형균 소장본)	1939년	필사
	아학편(홍윤표본E)	20세기	필사
	명물소학	20세기	목판

아학편 중에서 필사본이 아니고 판본으로 전하는 책은 목판으로 간행한 명물소학과 지석영이 연활자로 간행한 아학편의 두 가지가 있을 뿐이다.

1. 지석영 편 아학편(1908년)

이 책은 1908년에 태원(太原) 지석영(池錫永)이 전용규(田龍圭)의 도움을 받아 편찬하여 광학서포(廣學書鋪)에서 연활자본으로 간행한 책이다. 뒤의 판권지에 '隆熙二年 三月日 發行(융희 2년 3월일 발행)'이라는 발행일자가 있고, '著作者 洌水 丁若鏞(저작자 열수 정약용) 註釋兼發行者 太原 池錫永(주석겸발행자 태원 지석영) 印刷所 龍山印刷局(인쇄소 용산인쇄국) 發賣所 廣學書鋪 大東書市(발매소 광학서포 대동서시)'라는 기록이 있어서 그 출판사항을 자세히 알 수 있다. 그러나 안표지에는 '隆熙元年九月 兒學編 印刷局點石(융희 원년 9월 아학편 인쇄국점석)'으로 되어 있다.

앞에 1906년에 민병석(閔丙奭)이 쓴 서(序)가 있고 이어서 지석영이 1905년에 쓴 서(序)가 있다. 이어서 大韓國文(대한국문)과 日本國文(일본국문)이 나오고 그 뒤에 '做聲하난標(주성하난 표)'라고 하고 그 아래에 알파벳을 한글로 표기하는 방안을 제시하였다. 마지막에 英國文(영국문)이 있다. 지석영의 서문에 의하면

此書是丁茶山先生之小著也 字凡二千分有形無形 於人間之日用者 迨無所遺 洵童釋

入學敎科之津筏 頤今海門大闢 歐亞互市欲以我寡陋取彼優長爭衡於列强語學爲要擬

於此書釋中西及東洋音義 使國人在釋學 有所方向志而未遂有年

僚友田君龍圭才學志士也 兼通東西言文 一日訴志君欣然許之 因相與較檢閱 數月而

甫完 一字之下古今東西如觀掌文 噫茶山先生之纂輯也 田君之釋義也 相湊於百年之後

得以圓就 始信萬事之成皆有其時也 是爲序

光武九年夏四月松村居士池錫永書于醫學校之三選堂

(이 책은 정다산 선생이 지은 것이다. 글자는 무릇 2천자인데 유형과 무형으로 구분하였다. 인간 세상에 일용하는 것은 거의 빠뜨리지 않았으니 참으로 아동이 학문에 들어가는 교과의 펫목이다. 돌아보면 지금 해문이 크게 열려 서구와 아세아가 교역하여 우리의 적고 비루함으로 저들의 우수하고 뛰어난 점을 취하여 열강과 겨루려면 어학이 필요하다. 이 책에 견주어 중서와 동양 음의를 풀이하면 우리나라 사람들로 하여금 어린아이들이 배우는 데에 있어서 방향이 있게 되었다. 뜻을 두었으나 이루지 못한 것이 몇 년이 지났다.

동료 벗인 전용규 군은 재학지사(재주와 학문이 있는 선비)이다. 겸하여 동서의 언어와 문자를 통했다. 하루는 뜻을 호소하니 군이 흔연히 허락하였다. 인하여 서로 교정하고 검열하였다. 몇 개월 만에 완성하니 한 글자 아래 고금과 동서가 손바닥의 글을 보는 것과 같았다. 아, 다산 선생의 찬집과 전군의 (한자의) 뜻풀이가 서로 백년 뒤에 모여 원만하게 성취되었으니 비로소 모든 일이 이루어지는 것에 모두 시기가 있다는 것을 믿겠다. 이에 서문을 적는다. 광무 9년 여름 4월 송촌거사 지석영은 의학교의 삼선당에서 씀)

한자 한 글자에 대해 '한자의 형태, 한자의 전자(篆字), 한자의 성조, 석음, 중국 발음, 일본 문자, 일본음의 한글 표기, 알파벳, 영어 발음의 한글 표기' 등을 적어 편찬한 책이다. 한자에 영어로 표기한 최초의 책이기도 하다.

여기에서는 한자 1개에 다음과 같은 12개의 정보를 담고 있다.

① 한자 : 地　　　② 새김 : 땅　　　③ 한자음 : 지

④ 중국음 : 디　　⑤ 성조 :　　　　⑥ 일본어 새김 : 쓰지 ッチ

⑦ 일본어 한자음 : 지 チ　⑧ 고음 : 디　⑨ 영어 의미 : earth

⑩ 영어 발음 : 이어쯔　⑪ 동계운 : (圜)　⑫ 전서체 : 墀

그 구조를 그림으로 보이면 다음과 같다.

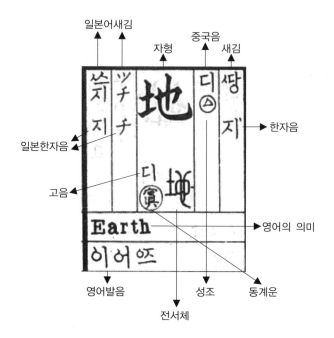

일본어새김   중국음   새김

자형

한자음

일본한자음

고음

영어의 의미

영어발음   성조   동계운

전서체

한자 '地'에 대한 주석을 하기 위하여 그 한자의 아래에 보이는 글자 坤는 '地' 자의 전서자이다. 맨 오른쪽에 한글로 '쌍 지'라고 쓴 것은 이 한자에 대한 한국어 석음이고, 두 번째 줄의 '디'는 중국음이며 동그라미 속에 있는 'ㅿ'는 성조를 나타낸다. 'ㅜ'는 상평(上平), 'ㅗ'는 하평(下平), 'ㅏ'는 상성(上聲), 'ㅿ'는 거성(去聲)을 나타낸다. 한자의 아래에 있는 '디'는 고음(古音), 즉 우리나라에서 이전에 '地'를 '디'로 발음했다는 정보를 제공하고 있는 것이다. 그리고 그 아래에 있는 '實'는 '妻'와 동일한 계열에 있는 운(韻), 즉 동계운(同系韻)을 적어 넣은 것이다.

왼쪽 상단에 있는 'ツ チ'는 일본어 새김을, 그리고 '쓰지'는 일본어 새김을 한글로 표기한 것이며 'チ'는 일본어 한자음을, 그리고 '지'는 일본어 한자음의 우리말 표기를 써 놓은 것이다.

아래에 영어로 'Earth'를 써 놓고 그 발음을 한글로 '이어쯔'라고 써 놓았는데, 이러한 영어를 천자문에서 볼 수 있었던 것은 지석영이 편찬한 '아학편(兒學編)'으로부터 보이기 시작하여 별도로 영어천자문을 발행하게 된다. 이러한 영어 천자문은 훨씬 뒤에 등장하였다.

이처럼 지석영의 아학편은 각종 다양한 정보를 제공해 주는 한자 학습서로서 큰 반향을 일으켰다고 할 수 있다.

이 아학편에 보이는 특이한 석음을 몇 개 보이면 다음과 같다.

籧 대차면 격〈23a〉　　菮 가라지 랑〈16a〉　　羌 서녁되 강〈3b〉

蓋 일산 개〈24a〉　　決 물터노을 결〈55a〉　　磬 돌풍뉴 경〈32a〉

季 말재 계〈2a〉　　廊 위랑 랑〈21b〉　　氓 농민 맹〈3a〉

尋 여닯자 심〈61b〉　　沿 물싸러갈 연〈62b〉　　貳 휴이할 이〈53b〉

跛 저기드딜 피〈43b〉　　霾 토우 매〈6a〉　　甍 집대마루 맹〈22a〉

이 연활자본 아학편은 필자를 비롯하여 여러 곳에 소장되어 있다.

〈지석영 편 아학편〉

2. 명물소학(20세기 초)

명물소학(名物小學)은 다산 정약용(丁若鏞)이 한자를 배우려는 초학자들을 위해 기존 천자문 및 유합과 아학편의 내용과 체계상의 결점을 보완하고 학습의 관계성과 난이도를 조절하여 글자를 체계적으로 배열하여 지은 이천자문(二千字文)이다.

명물소학은 책의 크기가 28.5×18.0㎝이고 반엽광곽의 크기는 22.9×15.0㎝이다. 사주쌍변에 판심어미는 상흑어미인데, 판심제는 없다. 내지 제목은 '名物小學'이고 이어서 '洌水先生原本 豫堂外史訂定(열수선생 원본 예당외사정정)'이라는 기록이 있다. '열수(洌水)'는 다산 정약용의 다른 호이다. '예당외사(豫堂外史)'의 의미는 알 수 없다. 앞에 유형천자(有形千字) 13장이 있고 이어서 무형천자(無形千字) 13장이 있다. 유계에 5행 8자이다. 유형천자의 한자 1,000자와 무형천자의 한자 1,000자에 한글로 석음을 달아 놓았다. 그러나 석음이 달려 있는 한자는 모두 2,008자이다. 왜냐 하면 '有形千字(유형천자)', '無形千字(무형천자)'의 8자에도 한글로 석음을 달아 놓았기 때문이다.

명물소학은 1,000자가 아닌 2,000자를 모아서 한자 학습서를 만들되, 그것이 이전의 천자문과 연관을 가지고 있음을 보이기 위하여 그 천자를 두 개로 분류해서 유형천자와 무형천자로 나눈 것이다. 그러나 책명은 『名物小學(명물소학)』으로 되어 있다.

여기에 '소학(小學)'이란 이름을 붙인 것은 다산(茶山) 편찬한 '호학주관(小學珠串)'과도 연관이 있을 것이며, '명물(名物)'이란 명칭도 다산(茶山)이 중요하게 생각한 '명물수목(名物數目)'의 '명물(名物)'과 연관이 있을 것이다. 그래서 내용은 '명물소학(名物小學)'이고 책명은 그 효용성을 중시한 '아학편(兒學編)'으로 하였을 것으로 생각한다.

이 책은 처음에 유형천자와 무형천자로 구분하여 편찬하였던 것으로 보인다. 아마도 아학편을 20세기에 와서 이러한 이름의 목판으로 간행한 것으로 보인다.

'천지부모(天地父母) 군신부부(君臣夫婦)'로부터 시작되어 '요순우탕(堯舜禹湯) 공맹안증(孔孟顔曾)'으로 끝이 난다. 한 행에 8자씩 253구로 되어 있다. 천자문 형식을 띠고 있어서 각운을 다 맞추고 있다.

구체적인 내용은 다음과 같다.

① 1. 부모, 부부, 남녀, 자손, 처첩(妻妾), 친척(親戚) 제왕(帝王), 장상(將相) 등 인류 명칭 (80자)

② 이목구비, 치아순설(齒牙脣舌), 심폐간비(心肺肝脾), 근맥골수(筋脈骨髓) 수면신체(首面身體) 등 신체 명칭 (80자)

③ 일월성신(日月星辰), 뇌전하무(雷電霞霧) 등 천문 명칭(32자).

④ 수화토석(水火土石) 산천해륙(山川海陸), 호택진애(湖澤津涯), 국읍향경(國邑鄕京), 도로교역(道路橋驛) 등 지리 명칭 (96자)

⑤ 금은동철(金銀銅鐵) 표염연매(熛焰涸煤) 등 광물 명칭 (32자)

⑥ 초목화곡(草木禾穀), 포애봉호(蒲艾蓬蒿), 파초남천(芭蕉藍茜) 등 식물 명칭 (64자)

⑦ 송백회삼(松柏檜杉), 귤유감지(橘柚柑枳) 등 수목 명칭 (64자)

⑧ 서직도량(黍稷稻粱), 숙두모맥(菽豆牟麥) 등 곡물 명칭 (32자)

⑨ 난봉관학(鸞鳳鸛鶴), 계치연작(鷄雉燕雀) 등 조류 명칭 (32자)

⑩ 린이균록(麟麋麏鹿) 토달초오(兎獺貂䑕) 시랑호리(豺狼狐狸), 묘서웅원(貓鼠熊猿) 등 동물 명칭 (32자)

⑪ 교룡경악(蛟龍鯨鰐) 방리조시(魴鯉鰷鰣), 사로부창(鯊鱸鮒鯧), 와라호합(蝸螺蠔蛤) 등 물고기 및 어패류 명칭 (32자)

⑫ 봉의호접(蜂蟻蝴蝶), 주승문헐(蛛蠅蚊蠍) 등 곤충 명칭 (16자)

⑬ 와섬사복(蛙蟾蛇蝮) 시로소각(塒牢巢殼) 등 수족 명칭 (48자)

⑭ 궁실전각(宮室殿閣) 사원누각(寺院樓閣) 등 건축 명칭(80자).

⑮ 주박선벌(舟舶船筏) 안비기적(鞍轡羈靮) 등 교통 명칭(32자)

⑯ 지필묵연(紙筆墨硯) 등 문구류 명칭 (24자)

기타 탐적옹협(探摘擁挾), 용약천답(踊躍踐踏), 좌와기거(坐臥起居), 언어문답(言語問答) 등 동작 명칭이나 질병통양(疾病痛瘍), 담수해천(痰嗽咳喘) 등 질명 명칭 그리고 기타 농사, 방직(紡織), 문학, 학문, 군사, 재정, 상벌, 성상(性狀), 감정(感情), 수목(數目), 법규, 인물 등에 대한 의미적 분류를 바탕으로 하고 있는 것으로 보인다.

이 책에는 ㅅ계 합용병서가 '匹 짝 필⟨25b⟩' 등의 몇 개밖에 보이지 않으며, 어두에 '刪 깍글 산⟨22b⟩, 刺 찔을 ᄌ⟨19b⟩, 噴 뿜을 분⟨16a⟩, 奮 떨칠 분⟨26a⟩'처럼 ㄲ ㄸ ㅃ ㅆ ㅉ의 각자병서들이 사용되고 있다.

필자와 국립한글박물관에서 소장하고 있다.

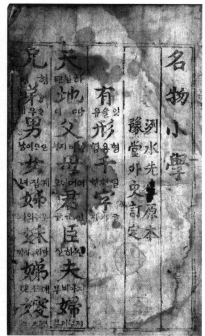

⟨명물소학⟩

제3장 필사본 아학편의 이본

1. 장서각본 아학편(18세기)

　장서각 소장 아학편은 상하 2권 1책의 필사본으로 책의 크기가 47.0×28.6㎝
이고 반엽광곽의 크기가 31.6×18.4㎝이다. 사주단변에 유계로 5행 8자이다.
판심어미도 없고 장차도 쓰이어 있지 않다. 내제가 '兒學編(아학편)'이고 아무
런 필사기도 보이지 않는다.

　권상이 13장이고 권하 역시 13장, 모두 26장이다. 한자가 모두 2,000자인데,
한자 아래에 한글로 석음을 달아 놓았다. 모두 단수 주석이지만, 어느 한자는
한자의 오른쪽과 왼쪽에 한글로 주석을 부가하여서 복수 주석을 한 곳도 있
다. 그러한 복수주석을 한 부분을 보이면 다음과 같이 51개이다.

　　　女 쌀 녀, 계집 녀 〈상,1a〉

　　　姑 싀어미 고, 고모 고 〈상,1a〉

　　　舅 싀아비 구, 외삼촌 구 〈상,1a〉

　　　叔 셋짓 슉, 아젹비 슉 〈상,1b〉

　　　相 뎡승 샹, 셜웃 샹 〈상,1b〉

　　　辰 별 신, 찍 신 〈상,3a〉

　　　薇 회춈이 미, 어사리 미 〈상,5a〉

　　　鵠 곤이 혹, 관혁 곡 〈상,7a〉

　　　獺 슈달 달, 물기 달 〈사,7b〉

寺 관ᄉ 스, 뎔 스, 고즈 시 〈상,9a〉

策 칙 칙, 역글 칙, 막디 칙 〈상,10b〉

案 칙상 안, 안험할 안 〈상,10b〉

籮 어러미 라, 고리뿍 라 〈상,11a〉

服 옷 복, 닙을 복, 항복 복 〈상,12a〉

冠 관 관, 웃듬 관 〈상,12a〉

食 먹을 식, 밧ᄉ억을 스, 음식 식 〈상,13a〉

糵 엿기름 얼, 숫밋 얼 〈상,13a〉

和 화할 화, 골을 화 〈상,13b〉

惡 몹슬 악, 뮈울 오 〈하,1a〉

英 영웅 영, 곳부리 영 〈하,1a〉

降 나릴 강, 항복 항 〈하,2a〉

行 당길 힝, 힝실 힝, 향렬 향 〈하,2a〉

碧 옥풀을 벽, 옥싁 벽 〈하,2a〉

省 살팔 셩, 마을 싱 〈하,2b〉

說 말슴 셜, 깃불 열, 달닐 셰 〈하,4a〉

樂 직길 락, 풍류 악 〈하,5a〉

會 모두일 회, 알 회 〈하,5a〉

約 언약 약, 갈약할 약 〈하,5a〉

應 응할 응, 딕답 응, 썍썍 응 〈하,5a〉

種 심을 죵, 씨 죵 〈하,5a〉

濯 쌜 착, 뻐칠 착 〈하,5b〉

數 혬노흘 수, 두어 수, 자쥬 삭 〈하,5b〉

畵 그림 화, 그릴 획 〈하,5b〉

陣 진칠 진, 묵일 진 〈하,6b〉

制 지을 졔, 법졔 졔 〈하,7a〉

令 히여금 령, 령할 령 〈하,7a〉

倫 인륜 륜, 추례 륜 〈하,7a〉

列 반렬 렬, 벌 렬 〈하,7a〉

事 일 ᄉᆞ, 셤길 ᄉᆞ 〈하,7b〉

壽 슈할 슈, 목숨 슈 〈하,7b〉

假 거짓 가, 빌릴 가 〈하,9a〉

覆 업칠 복, 덥흘 부 〈하,9b〉

巨 클 거, 굴글 거 〈하,9b〉

沃 기름질 옥, 물ᄃᆡ일 옥 〈하,12a〉

獺 슈달 달, 물기 달 〈상,7b〉

寺 관ᄉᆞ ᄉᆞ, 뎔 ᄉᆞ, 고ᄌᆞ 시 〈상,15a〉

策 칙 칙, 역글 칙, 막ᄃᆡ 칙 〈상,10b〉

案 칙 안, 안험할 안 〈상,10b〉

策 칙 칙, 역글 칙, 막ᄃᆡ 칙 〈상,10b〉

案 칙상 안, 안험할 안 〈상,11a〉

籮 어러미 라, 고리쯕 라 〈상,11a〉

장서각본 아학편은 한글 석음에서 다른 아학편에 비해 차이나는 부분이 많이 있는 셈이다. 그 차이나는 것들을 몇 개만 골라 제시하면 다음과 같다.

한자	석음					
	장서각본 (18세기)	강경훈 본 (1813년)	홍윤표본A (1856년)	서울대본 (19세기)	홍윤표본B (19세기)	명물소학 (20세기)
傑	쥰걸 걸 〈下1a〉	호걸 걸 〈下1b〉	호걸 걸 〈下1b〉	영걸 걸 〈33a〉	호걸 걸 〈下2a〉	호걸 걸 〈14a〉
億	십만 억 〈下12b〉	일억 억 〈下20a〉	일억 억 〈下16b〉	억 억 〈61b〉	일억 억 〈下30b〉	일억 억 〈25b〉
剖	혈 부 〈下,5b〉	쪅월 부 〈下8b〉	짝월 부 〈下7a〉	쪼갤 부 〈46a〉	짝의 부 〈下13a〉	짝월 부 〈18b〉

匱	다할 궤 〈下10b〉	마를 궤 〈下16b〉	마를 궤 〈下13b〉	업슬 궤 〈56b〉	마를 궤 〈下21a〉	마를 궤 〈23b〉
原	두던 원 〈上3b〉	언덕 원 〈上,5a〉	언덕 원 〈上4a〉	언덕 원 〈7a〉	언덕 원 〈上7b〉	두던 원 〈3b〉
反	반할 반 〈下10b〉	도라올 반 〈下16b〉	도라올 반 〈下14a〉	도라올 반 〈56b〉	도라올 반 〈下21b〉	도라올 반 〈23b〉
吸	쌀 흡 〈下3a〉	ᄆ실 흡 〈下4a〉	마실 흡 〈下3b〉	드리쉴 흡 〈37a〉	마실 흡 〈下6a〉	마실 흡 〈16a〉
呻	하픠음 신 〈下3a〉	읍죠릴 신 〈下4b〉	읍쥬어릴 신 〈下4a〉	읊쥐릴 신 〈38a〉	읍주어일 신 〈下7a〉	읍조릴 신 〈16a〉
啗	씨불 담 〈下2b〉	먹을 담 〈下3b〉	먹을 담 〈下3a〉	씹을 담 〈36a〉	먹을 담 〈下5a〉	먹을 담 〈15b〉
喉	숨통 후 〈上2b〉	목구먹 후 〈上3b〉	목구멍 후 〈上3a〉	목구멍 후 〈5a〉	숨통 후 〈上5a〉	목구멍 후 〈2b〉
嗉	산먹 소 〈上9a〉	숨통 쇼 〈上13b〉	모이통 소 〈上11b〉	새목구멍 소 〈20b〉	메통 쇼 〈上21a〉	싀숨통 소 〈9a〉
嘲	비우슬 조 〈下4b〉	죠롱흘 죠 〈下6b〉	조롱할 죠 〈下5b〉	조롱할 종 〈41a〉	조롱흘 조 〈下10a〉	조롱할 조 〈17b〉
坦	널을 탄 〈下12b〉	평흘 탄 〈下19b〉	평탄흘 탄 〈下16b〉	평탄할 탄 〈61a〉	평흘 탄 〈下30a〉	평탄할 탄 〈25b〉
壯	건장흘 장 〈下8a〉	쟝흘 쟝 〈下13b〉	쟝흘 쟝 〈下11a〉	장대할 장 〈49b〉	쟝흘 쟝 〈下20b〉	쟝할 쟝 〈21b〉
夭	일즉일 요 〈下7b〉	요흘 요 〈13a〉	요흘 요 〈下11a〉	요ᄉ할 요 〈49b〉	요흘 요 〈下20a〉	요할 요 〈21b〉

이러한 여러 가지 특징으로 보아 이 필사본 아학편은 18세기의 필사본으로 추정된다. 여유당전서에 아학편을 영인하면서 이 책을 영인하였는데, 아마도 이 아학편은 다산의 아학편과는 괴리가 있는 것으로 보인다. 왜냐 하면 다른 아학편에 비해서 새김에 많은 차이가 있기 때문이다. 이 점에 대해서는 더 깊은 연구가 필요할 것이다.

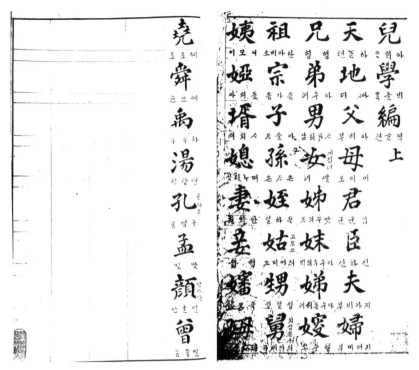

〈아학편〉(장서각본)

2. 강경훈 소장본 아학편(1813년)

이 책은 1813년에 필사된 아학편이다. 원래 강경훈 소장본으로 알려져 왔지만, 현재는 실학박물관 소장이다. 책의 말미에 '歲在癸酉榴夏芸堂居士書于鐵馬山房(세재계유류하운당거사서우철마산방)'이라는 필사기가 있는데, 여기의 계유(癸酉)는 1813년으로 추정된다. 운당거사(雲堂居士)가 鐵馬山房(철마산방)에서 썼다고 하는데, 운당거사와 철마산방의 구체적인 이름과 지명은 알 수 없다. 책의 크기는 29.7×20.9㎝이다. 표지는 개장되었는데, 제첨에 '茶山先生親筆本兒學編(다산선생 친필본 아학편)'이라고 쓰이어 있다. 이 제첨은 '壬午仲春松泉敬

題(임오중춘송천경제)'라고 되어 있는 것으로 보아서 2002년에 개장된 것으로 보인다. 그러나 이 책은 다산의 친필본이 아니다. 뒤에 이 글을 쓴 필사자 이름이 운당거사로 되어 있기 때문이다. 아마도 다산 선생이 직접 지었다는 사실을 '친필'로 쓴 것으로 보인다.

책의 맨 앞에 1804년에 다산이 썼다는 '兒學編訓義自序(아학편훈의자서)'가 있다. 책의 끝에 '茶山先生 兒學編訓義自序二十九行補寫 戊寅菊秋 松泉 鄭夏建(다산선생 아학편훈의자서이십구행보사 무인국추 송천 정하건)'이란 글이 있어서 1998년에 제첨을 쓴 사람이 제첨을 쓰기 이전에 써 넣은 것인데 이 부분이 아학편의 원래의 서문인지는 논란이 있어 왔다. 정재영(2002)에서는 이 부분을 원래 아학편의 서문이 아니고 소위 '천문평(千文評)'(천자불가독설千字不可讀說)일 뿐이라고 한다. 그 이유로 다음과 같은 세 가지 점을 제시하고 있다. 즉 아학편훈의자서가 천자불가독설(千字不可讀說)과 천문평(千文評)의 글과 동일하며 또한 책 이름이 '兒學編(아학편)'이지 '兒學編訓義(아학편훈의)'가 아니며 그 序에 '嘉慶九年春分翼日洌水丁若鏞書(가경9년춘분익일열수정약용서)'라고 되어 있는데, 다산이 직접 '정약용서(丁若鏞序)'라고 쓰지 않는다는 점을 들고 있다. 그래서 이 책의 영인본을 붙이면서 이 부분은 넣지 않았다. 필자도 정재영 교수의 이 판단에 동의한다. 이 서문에는 '아학편'이란 서명이 전혀 보이지 않으며, 아학편에 대한 소개나 설명이 전혀 없기 때문이다. 즉 내용에 아학편을 편찬하게 된 직접적인 동기를 언급하지 않고 종래의 한자 학습에서 발생하는 문제점을 제시하고 있을 뿐이기 때문이다.

이 책의 필사기와 필사 현상을 보면 본문은 1813년에 운당거사가 철마산방에서 쓴 책이 전해져 있었는데, 후대에 정하건(鄭夏建)이란 사람이 1998년에 아학편훈의자서를 마지막 장에 필사해 넣고 다시 2002년에 개장을 하면서 제첨에 글을 써 놓은 것으로 추정된다. 이 책은 정재영(2002)에 영인되어 있다.

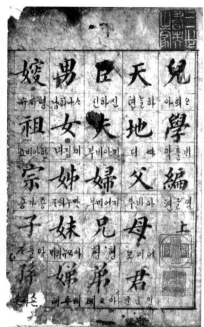

〈아학편〉(강경훈 소장본)

3. 홍윤표 소장본 아학편 A(1856년)

필자 소장의 아학편은 여러 종이 있는데, 그 중의 하나이다. 이 아학편의 이름을 홍윤표 소장 아학편A라고 하도록 한다.

이 책은 1856년에 필사한 상하 2권 1책의 필사본이다. 책의 크기는 34.9×25.0cm이고 반엽광곽의 크기는 27.0×19.7cm이다. 표지제와 내지제는 '兒學編(아학편)'이다. 본문이 시작되는 부분의 앞 장에 '丙辰三月(병진3월)'이란 기록이 있고, 또한 한글 표기의 특징으로 보아 1856년에 필사한 것으로 추정한다.

사주단변에 5행 6자이다. 판심어미나 장차는 표시되어 있지 않다. 상권이 17장, 하권이 17장이고 그 뒤에 육십갑자인 甲乙丙丁 - 辛酉戊亥 의 글자가 쓰이어 있다.

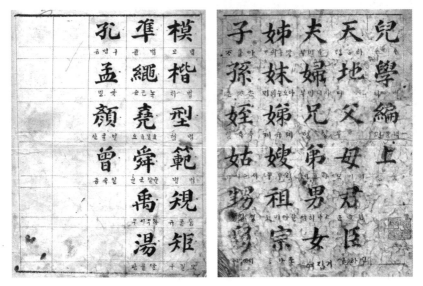

〈아학편〉(홍윤표본A)

4. 율곡기념도서관 소장본 아학편 A(1884년)

단국대학교 율곡기념도서관 소장본으로 1884년에 필사한 권상만 있는 아학편이다. 책의 말미에 '申壽慶冊(신수경책)'이란 기록이 있고 이어서 붉은 글씨로 '茶山丁公 纂集二千字 松塢書于甲申至(다산정공 찬집이천자 송오서우갑신지)'라고 쓰이어 있어서 '송오(松塢)'란 호를 가진 사람이 갑신년에 썼음을 알 수 있다. 곧 1884년에 쓴 것이다.

책의 크기는 25.6×23.0㎝이고 반엽광곽의 크기는 19.9×16.2㎝이다. 사주단변으로 유계에 4행 4자로 되어 있다. 모두 32장이다. 판심어미나 판심제는 없다.

〈아학편〉(율곡기념도서관본A)

5. 임형택 교수 소장본 아학편(1891년)

임형택 교수가 소장하고 있는 아학편은 상권만 있는 영본이다. 1891년에 금촌자(琴村子)라고 하는 사람이 필사한 것이다. 제첨제는 '茶山先生選 有形千字(다산선생선 유형천자)'이다. 이 책은 임형택(2016)에서 처음 소개된 책이다.

이 책은 책 말미에 필사기가 있는데, '白兔小春下浣 榮寓嘉陰書寄晶侄秀才(백토소춘하완 영우가음서기정질수재)'란 필사기가 있어서, '백토(白兔)'가 '신묘년(辛卯年)'을 의미하므로 필사년을 1891년으로 잡은 것이다. 책의 끝에 금촌자(琴村子)가 쓴 발문이 있는데, 이 발문에 의하면 손자의 한자 학습을 위해 만들었다고 한다.

此書乃丁茶山所著有形千字 而於幼稚名物之敎甚緊 吾族君琴村子有兒曾昱年獎學矣 間示紙本 請余騰送

이 발문과 제첨을 보면 '무형천자'까지도 썼는데, 일실된 것인지, 아니면 유형천자만 쓰고 그만 둔 것인지는 알 수 없다. 유형천자의 뒤에 발문을 쓴 것을 보면 무형천자는 쓰지 않은 것으로 추정된다.

책의 크기가 30.3×23.3㎝이고 무계에 4행 4자로 되어 있다. 모두 32장이다.[1]

 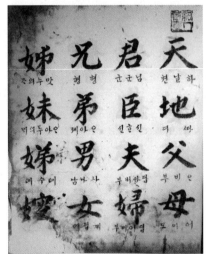

〈아학편〉(임형택 교수 소장본)

6. 홍윤표 소장본 아학편 B(1894년)

이 아학편은 1894년에 필사한 것으로, 상권(上卷)만 전하는 1권 1책의 아학편이다. 책의 크기는 28.8×19.5㎝이다. 계선이 없이 4행 4자로 되어 있다. 책의 표지에 '兒學編 上(아학편 상)'이라 되어 있고 표지의 가운데에 '丁茶山 著(정다산 저)'라고 쓰이어 있으며 첫장에는 '甲午三月初七日書以爲始(갑오 3월 초7일서이위

---

1 자료를 제공해 주신 임형택 교수께 감사를 드린다.

시)'라고 쓰이어 있다. 그리고 그 왼쪽에는 '無形千字 下 有形千字 上 合二千字 (무형천자 하 유형천자 상 합이천자)'라고 쓰이어 있다. 그래서 필사를 시작한 해가 갑오년이어서 그 해에 필사를 끝낸 것으로 해석하고 필사연도를 1894년으로 추정하였다. 본문부터 장차가 쓰이어 있는데, 마지막 장이 32장으로 되어 있다. ㅅ계 합용병서가 사용되고 있고(頰 뺨 협, 腦 장짠지 쳔 등), 'ㆍ'가 사용되고 있는데(胸 가슴 흉, 腹 비 복 등), [l]에는 'ㅔ'를 쓰지만, [ɛ]일 때에는 주로 'ㅐ'를 사용하고 있어서 전형적인 19세기 말의 표기법을 보여 주고 있다.

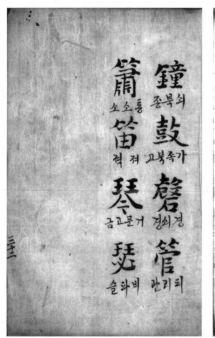

〈아학편〉(홍윤표본B)

7. 남평문씨 도서관 소장본 아학편(1896년)

이 아학편은 전남 보성군 화천면 영천길 43-1에 있는 보성 남평문씨 도서관 소장본이다. 1896년에 필사한 2권 1책의 책이다. 앞표지에 '丙申十月日(병신십월일)'이란 기록이 있고 뒷표지에도 '병신십월일'이란 동일한 기록이 있어서 1896년에 필사한 것으로 추정한다. 첫장에는 '甲午十月日(갑오십월일)'이란 기록이 있는데, 이것은 '有形千字文(유형천자문)'을 쓴 해인 것으로 보인다. 갑오년(甲午年)은 1894년인데 아학편을 '유형천자'와 '무형천자'로 구분하여 천자문을 쓰는 것으로 표현한 것으로 보인다. 그래서 '천자문'이란 표지만 있고 곧바로 아학편의 본문이 시작되는 것으로 보인다.

첫 장에는 '兒學編上(아학편상)'이란 책제목이 나오고 그 아래에 '茶山丁若鏞 輯(다산정약용 집)'이라고 쓰이어 있고 이어서 본문이 시작된다. 계선은 없고 2단으로 나뉘어 6행 8자로 되어 있다. 11장으로 상권이 끝나는데, 상권의 마지막에 '有形篇千字 上(유형편천자 상)'이라 되어 있다. 또한 '海南郡 海南(해남군 해남)'이란 낙서와 연필로 '全南 寶城郡(전남 보성군)'이란 낙서가 있는 것으로 보아 전남에서 필사된 것이 틀림없다. 소장처도 보성이어서 더욱 그러하다. 이어서 '兒學編下(아학편 하)'가 이어진다. 여기에는 '丁茶山輯(정다산 집)'이라고 되어 있어서 상권의 '茶山丁若鏞 輯(다산정약용 집)'과 차이가 있다. 하권도 11장이다.

전남 보성이나 해남에서 필사된 것이어서 그곳의 방언이 곳곳에 나타난다.

'女 제집 녀⟨1a⟩ 族 결네 족⟨1b⟩ 筋 슴줄 근⟨2b⟩'와 같은 'ㄱ 구개음화의 예가 대표적이다.

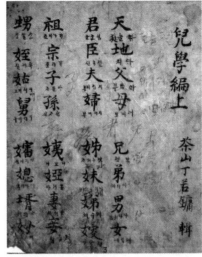
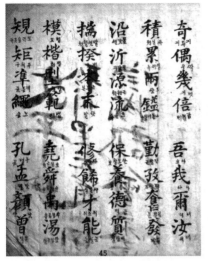

〈아학편〉(남평문씨 도서관 소장)

8. 율곡기념도서관 소장본 아학편 B(1897년)

단국대 율곡기념도서관 소장본의 아학편으로 1897년에 화남정사(華南精舍)에서 필사한 책으로 1책이다. 상하권 구분없이 2,000자를 배열하였다. 책의 말미에 '丁酉小春八日 書于華南精舍(정유소춘8일 서우화남정사)'의 필사기가 있다. 정유년은 1897년으로 추정된다. 화남정사의 정보는 알 수 없다. 이 아학편은 책의 크기가 30.6×24.0㎝이고 반엽광곽의 크기가 22.9×19.1㎝이다. 사주쌍변에 판심어미는 상하내향이엽화문어미로 그려져 있다. 판심제도 없고 장차도 쓰이어 있지 않다. 유계에 7행 8자이다. 본문 첫행에 '兒學編(아학편)'이란 책제목이 있고 다음 행에 '茶山丁若鏞撰(다산정약용찬)'이란 글이 있다. 그리고 각한자의 아래에 한글로 석음을 달았는데, 5장까지만 한글 석음이 달려 있고, 그이후는 한자만 있을 뿐 한글 석음이 없다. 한자를 먼저 필사해 놓고 한글 석음을 달다가 중단한 것으로 보인다.

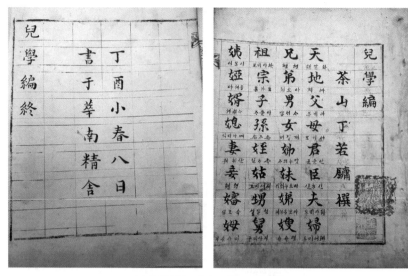

〈아학편〉(율곡기념도서관 소장본B)

9. 서울대 고도서 소장본 아학편(19세기)

서울대 고도서 소장 아학편(古2410-18)은 2권 1책의 필사본이다. 책의 크기는
33.5×27.2㎝이고 반엽광곽의 크기는 24.0×20.0㎝이다. 내지 제목은 '兒學編(아
학편)'이지만 판심이 없어서 판심제는 없다. 유계에 4행 4자로 되어 있고 모두
63장이다. 필사기 등의 기록은 없다. 그러나 한글 표기 등으로 보아 19세기의
필사본으로 추정된다.

서울대 고도서본도 다른 아학편에 비해 특이한 한자 석음이 있다. 몇 개를
제시하면 다음과 같다.

한자	자석					
	서울대본	강경훈 본 (1813년)	홍윤표본A (1856년)	장서각본 (18세기)	홍윤표본B (19세기)	명물소학 (20세기)
一	하나 일 〈61a〉	흔 일 〈下19b〉	흔 일 〈下16b〉	한 일 〈下12b〉	한 일 〈下30a〉	한 일 〈25b〉
丈	열자 장 〈61b〉	발 쟝 〈下20a〉	발 쟝 〈下16b〉	길 쟝 〈下12b〉	발 쟝 〈下30b〉	한발 장 〈25b〉
三	셋 삼 〈61a〉	석 삼 〈下19b〉	석 삼 〈下16b〉	셕 삼 〈下12b〉	셕 슴 〈下30a〉	슴 셕 〈25b〉
二	둘 이 〈61a〉	두 이 〈下19b〉	두 니 〈下16b〉	두 니 〈下12b〉	두 니 〈下30a〉	두 이 〈25b〉
仄	기우러질 측 〈53b〉	기울 측 〈下14b〉	기울 측 〈下12a〉	기울 칙 〈下9b〉	기울 측 〈下23a〉	기울 측 〈22b〉
位	작위 위 〈47a〉	위 위 〈下10b〉	위 위 〈下9a〉	쟈리 위 〈下7a〉	위 위 〈下16a〉	벼슬즈리 위 〈20a〉
俠	협객 협 〈3a〉	한양 협 〈上,2a〉	협긱 협 〈上2a〉	한량 협 〈上1b〉	한랑 협 〈上3a〉	협기 협 〈2a〉
倍	갑절 배 〈62a〉	비 비 〈下20a〉	곱절 비 〈下17a〉	곱절 비 〈下13a〉	비 비 〈下31a〉	갑절 비 〈26a〉
偶	짝마즐 우 〈62a〉	우연흘 우 〈下20a〉	우연흘 우 〈下16b〉	짝 우 〈下13a〉	우연흘 우 〈下31a〉	우여흘 우 〈26a〉
傳	글 전 〈39b〉	견흘 전 〈下9b〉	견흘 전 〈下8a〉	견할 전 〈下6a〉	전흘 전 〈下14b〉	견흘 전 〈19a〉
債	빗질 채 〈47a〉	빗 치 〈下10b〉	빗 치 〈下8b〉	빗 치 〈下6b〉	빗 치 〈下15b〉	비 치 〈19b〉
兵	병긔 병 〈40b〉	군ᄉ 병 〈下10a〉	군ᄉ 병 〈下8b〉	군ᄉ 병 〈下6b〉	군샤 병 〈下15b〉	군ᄉ 병 〈19b〉
冶	쇠불닐 야 〈45a〉	풀무 야 〈下8a〉	풀무 야 〈下7a〉	쑤르무 야 〈下5b〉	풀무 야 〈下12a〉	불무 야 〈18b〉
几	기댈상 궤 〈25a〉	궤 궤 〈上16a〉	궤 궤 〈上13b〉	안식 궤 〈上10b〉	안식 궤 〈上25a〉	칙상 궤 〈10b〉
分	푼 분 〈61b〉	난울 분 〈下20a〉	난을 분 〈下16b〉	난흘 분 〈下12b〉	나늘 분 〈下30b〉	난을 분 〈25b〉
刪	제할 산 〈54a〉	싹글 산 〈下15a〉	싹글 샨 〈下12b〉	싹글 산 〈下9b〉	싸글 샨 〈下24a〉	깍글 산 〈22b〉

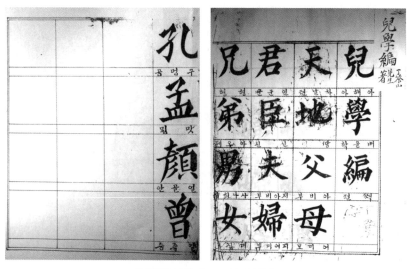

〈아학편〉(서울대 고도서 소장본)

10. 홍윤표 소장본 아학편 C(19세기)

이 책은 상하 2권 2책으로 되어 있는 필사본인데, 19세기에 쓰인 것으로 추정된다. 책의 크기는 31.8×21.5㎝이고 반엽광곽의 크기는 23.7×17.1㎝이다. 표지서명과 내지서명 모두 '兒學編(아학편)'이다. 판심은 없어서 판심제도 없고 장차 표시도 없다. 상권과 하권의 표지색이 다르다. 상권은 보통의 한적 표지 색깔이지만 하권은 청색 표지로 물들였다. 사주단변으로 유계에 4행 4자이다. 본문의 첫장에 '兒學編(아학편)'이라는 책 제목 다음 행에 '洌水 丁 鏞著(열수 정 용저)'라고 기록되어 있다. 권상이 32장, 권하가 32장이다.

〈아학편〉(홍윤표본C)

11. 홍윤표 소장본 아학편 D(19세기)

이 아학편은 19세기에 필사된 1권 1책의 책이다. 권상만 있어서 영본이다. 책의 크기는 24.6×19.3㎝이고 반엽광곽의 크기는 20.0×15.5㎝이다. 사주단변에 유계로 4행 4자로 되어 있다. 판심이 없어서 판심제도 없다. 장차도 표시되어 있지 않다. 필사기 등의 다른 기록이 보이지 않는다. 그러나 표기법 등으로 보아 19세기에 간행된 것임을 알 수 있다.

내지제는 '兒學編(아학편)'인데, 그 다음 행에 '有形字(유형자)'라고 되어 있어서 아학편의 유형천자에 해당함을 알 수 있다. 모두 32장이다. 한자 1,000자에 대한 한글 석음이 쓰이어 있지만, 실제로는 '兒學編上(아학편상)'의 4글자와 '有形字(유형자)'의 3자에 대한 한글 석음도 있어서 모두 1,007자가 실려 있는 셈이다.

이 아학편은 다른 아학편의 석음과 비교하여 보면 특별히 다른 모습은 크게 보이지 않는다. 대체로 보편적인 한자 석음을 보이고 있다. 몇몇 한자에서 다음과 같은 차이를 보이고 있다.

한자	석음						
	홍윤표본D	서울대본	강경훈본	홍윤표본A	장서각본	홍윤표본B	명물소학
主	임 주 〈2b〉	님 쥬 〈上1b〉	임금 쥬 〈上1b〉	주인 주 〈2a〉	쥬인 쥬 〈上,1b〉	임 쥬 〈上2b〉	주인 주 〈1b〉
俠	활냥 협 〈3a〉	한양 협 〈上2a〉	협긱 협 〈上2a〉	협객 협 〈3a〉	한량 협 〈上1b〉	한량 협 〈上3a〉	협기 협 〈2a〉
冠	갓 관 〈29a〉	관 관 〈上19a〉	관 관 〈上16a〉	관 관 〈29a〉	관 관, 웃듬 관 〈上12a〉	관 관 〈上29a〉	관 관 〈12b〉
几	궤 궤 〈25a〉	궤 궤 〈上16a〉	궤 궤 〈上13b〉	기댈상 궤 〈25a〉	안식 궤 〈上10b〉	안식 궤 〈上25a〉	칙상 궤 〈10b〉
勺	국즈 작 〈26a〉	자 쟉 〈上16b〉	쟌 작 〈上14a〉	구기 작 〈25b〉	구기 쟉 〈上11a〉	쟌 작 〈上26a〉	쟌 작 〈11a〉
卿	판셔 경 〈2b〉	판셔 경 〈上2a〉	지상 경 〈上2a〉	재상 경 〈2b〉	판셔 경 〈上1b〉	판셔 경 〈上2b〉	지상 경 〈1b〉
嗉	숨통 소 〈21a〉	숨통 쇼 〈上13b〉	모이통 소 〈上11b〉	새목구멍 소 〈20b〉	산멱 소 〈上9a〉	메통 쇼 〈上21a〉	싀숨통 소 〈9a〉
地	따 지 〈1a〉	싸 디 〈上1a〉	쓴 디 〈上1a〉	쌍 디 〈1a〉	싸 디 〈上1a〉	싸 디 〈上1a〉	따 디 〈1a〉
夷	동오랑킈 이 〈3b〉	오랑킈 이 〈上2b〉	되 이 〈上2a〉	동녁되 이 〈3b〉	동녁되 니 〈上2a〉	동녁되 이 〈上3b〉	동부스름 니 〈2a〉

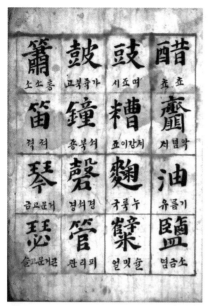

〈아학편〉(홍윤표본D)

12. 정재영 교수 소장본 아학편(19세기 말)

정재영 교수가 소장하고 있는 아학편은 대체로 19세기 말에 필사된 것으로 보인다. 2권 1책의 필사본으로 상권에는 '兒學上篇(아학상편)', 하권에는 '兒學下篇(아학하편)'의 제목을 붙여서 편집하였다. 무계에 7행 6자로 되어 있고 모두 22장이다. 책의 끝에는 '兒學編終(아학편종)'이라 해 놓고 그 아래에 '茶山 集字 合一千七百九十八字(다산 집자 합 1,798자)'라고 하여 이 아학편에 실린 한자가 1,798자임을 밝히고 있다. 그러나 필자가 계산해 본 바로는 상권에 1,112자, 그리고 하권에 672자가 있어서 모두 1,784자로 되어 있다. 14자 차이가 나는데, 아마도 필사자가 잘못 계산한 것으로 보인다. 다른 아학편에서는 상권이 簫笛琴瑟로 끝나는데, 이 아학편에서는 磬管簫笛로 끝난다. 하권은 다른 아학편과 마찬가지로 시작과 끝이 동일하지만 중간에 한자를 많이 빠뜨렸다.

한글로 석음을 달았는데 곳곳에 방언형이 보인다.

니망 졍(頂), 니망 익(額), 쎠 셜(舌), 젼트랑 익(腋), 질겅(俓), 질 도(道), 실썰 쇼(繰)

어두에 ㅅㅓ, ㅅㅏㅌ도 보인다. 쪽 니(頤), 셸 치(採)

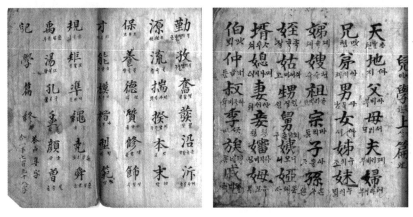

〈아학편〉(정재영 교수 소장본)

13. 국립중앙도서관 소장본 아학편(1910년)

국립중앙도서관 소장의 필사본 아학편은 표지에 '隆熙四年五月日 謄(융희 4년 5월 일 등)'이라는 필사기가 있어서 이 아학편이 1910년에 필사되었음을 알 수 있다.

이 아학편은 지석영이 편찬하여 연활자로 간행한 아학편을 그대로 필사한 것이다. 표지의 제목부터 대한국문 신정초중종삼성변(大韓國文 新訂初中終三聲 辨), 序(서)까지 그대로 복제한 것이다. 단 서문과 대한국문의 순서를 바꾸었을 뿐이다.

책의 크기는 35.5×25.0cm이다. 지석영의 아학편은 4행 4자인데, 이 필사본은 5행 8자이다. 한자 한 글자에 한 칸씩 배당하였는데, 이것은 원본에서 볼 수 있는 모든 정보들을 분리시켜 적은 것을 그대로 따라 적기가 어려웠을 것이기 때문이다. 그래서 이 필사본은 영어와 알파벳 정보, 그리고 전서체 글자, 고음(古音) 등은 빼어 버렸다. 결국 한자의 형태와 한국어 석음, 일본어 석음과 그 문자, 그리고 동계운만 표기하였다. 다음에 비교 사진을 확인하면 알 수 있다.

아마도 영어는 알지 못하고 일본어는 이해하는 사람이 필사한 것으로 해석된다.

한글 석음 표기는 단지 표기법상의 차이만 보일 뿐 어휘상의 차이는 많이 보이지 않는다. 주로 'ɛ'의 표기를 'ㅐ' 대신 'ㅓ'를 사용하고 있는 것이 특징이다. 몇 예만 보이도록 한다.

한자	지석영의 아학편	필사본 아학편
妻	안해 처	안히 처
伯	맛 백	맛 빅
客	손 객	손 긱
童	아해 동	아히 동
士	선배 사	선비 사
妓	기생 기	기상 기

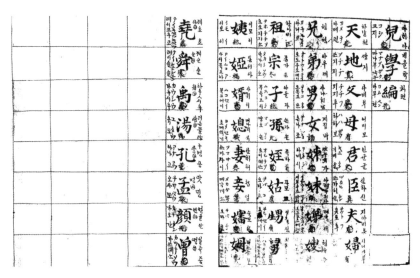

<아학편>(국립중앙도서관 소장본)

14. 국립한글박물관 소장본 아학편(1924년)

국립한글박물관 소장의 아학편은 1책의 필사본이다. 표제서명은 '有形千字文'이고 내지서명은 '文'이 빠진 '有形千字(유형천자)'이다. 아학편이 '유형천자(有形千字)'와 '무형천자(無形千字)'로 이루어지는 것이어서 이 책은 '아학편'의 앞 부분, 즉 상권에 해당하는 책임을 알 수 있다. 이 책은 안타깝게도 뒷 부분의 하권인 '무형천자'가 없는 책이다. 아학편이 유형천자 1,000자와 무형천자 1,000자, 모두 2,000자로 구성되어 있어서 이 책도 한자 1,000자가 한글 석음과 함께 쓰이어 있다. 표지의 오른쪽에 '甲子二月初三日月谷精寫(갑자 2월 초3일 월곡정사)'라고 되어 있으나, 이 책을 쓴 '월곡(月谷)'이 누구인지는 알 수 없다. 한글 표기법 등으로 보아 이 책은 1924년에 필사된 것으로 판단된다. 4행 4자로 되어 있으며 행과 행 사이에는 계선이 있으나, 한자와 한자 사이에는 계선이 없다. 마찬가지로 한자와 그 한자의 석음을 한글로 써 놓은 부분과도 계선이 없다. 판심은 그려져 있는데, 판심제는 없고, 장차도 표시되어 있지 않다. 판심어미는 상하백구이다.

'天地父母 君臣夫婦'로부터 시작하여 '鐘鼓磬管 簫笛琴瑟'로 끝난다. 유형천자의 한자 1,000자와 제목인 有形千字의 4글자, 모두 1,004자에 한글로 석음을 달아 놓았다.

방언을 반영한 듯한 한글 석음이 보인다.

妃 앙비 비 夷 동오낭캐 이 狄 북오낭캐 적 尼 암즁 니

'父'와 '母'의 한글 석음이 각각 '애비 부, 에미 모'이다. 역시 '夫'와 '婦'도 '제애비 부, 제에미 부'이다. 그러나 '姑'와 '舅'는 '시에미 고, 시애비 구'가 아니라 '시어미 고, 시아비 구'이다. 시어머니와 시아버지에게는 움라우트형을 쓰지 않은 것이 특이하다. i 움라우트형이 낮춤의 의미를 가지고 있음을 보이는 자료이다. '그 사람 버렸어'와 '그 사람 베렸어'의 의미 차이와 같은 것이다.

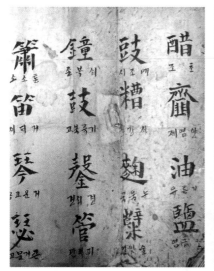

〈아학편〉(국립한글박물관 소장본)

15. 김영진 교수 소장본 아학편(1929년)

고 김영진 교수 소장 아학편은 복사본으로 받아서 책의 크기 등은 알 수 없다. 책의 표지에 '己巳午月端陽日書(기사오월단양일서)'라는 기록이 있어서 여기에 보이는 한글 표기와 연관시켜 기사년(己巳年)을 1929년으로 추정한다. 계선은 없고 4행 4자로 쓰이어 있다. 책제목과 내지제목은 모두 '啓蒙編(계몽편)'이지만 내용은 '아학편(兒學編)'이다. '啓蒙編(계몽편)'이란 제목 다음 행에 '丁若鏞 編輯 河順達 精寫(정약용 편집 하순규 정사)'란 글이 있고 본문이 시작된다. 모두 44장이다. 상하권(上下卷) 구분 없이 배열하였는데, 상권에 속하는 내용이 30장 반에 968자를, 그리고 하권에 속하는 내용은 13장 반에 한자 432자, 모두 1,400자이다. 상권에서는 뒷부분에서 32자를 쓰지 않았고, 하권에서는 뒷부분에서 상당수 한자를 쓰지 않았다. 끝부분도 '沿沼源流 揣揆 本末'로 끝나 버려 뒤의 '保養德質 修飾才能' 등 한자 24자를 빼어 놓았다. 한글 석음에서 방언형들을 쉽게 볼 수 있다(똇 딩킹이 딩, 舌 쎄 셜, 茄 까지 가, 芥 제자 기, 糠 찌깅이 강 架 실경 가 등).

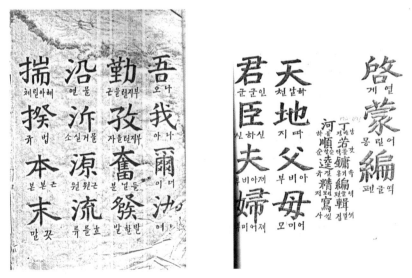

〈아학편〉(김영진 교수 소장본)

16. 오형균 씨 소장본 아학편(1939년)

이 아학편은 대전시 동구 중리동의 오형균(吳炯均) 씨 소장본으로 2권 2책의 필사본이다. 책의 크기는 26.5×22.0cm이고 계선이 없이 4행 4자로 되어 있다. 표지제목과 내지제목 모두 '兒學編'이다. 표지 뒷면에 '己卯榴夏黔湖茅亭稿(기묘류하검호모정고)'라고 되어 있어서 1939년에 현재의 세종특별자치시 부강면 검호리(黔湖里)(이전의 충북 청주군 부용면 검호리)에서 있는 정자에서 쓴 것임을 알 수 있다.

건권(乾卷)이 29장, 곤권(坤卷)이 27장이다. 건권에는 책 제목을 兒學編乾(아학편 건)이라 하였고 곤권에는 兒學編坤(아학편 곤)이라 하였다. 건권에는 한자 1,000자가 배열되어 있는데, 배열 순서는 다른 아학편과 차이가 있다. 곤권에는 748자가 수록되어 있다. 곤권에 252자가 빠진 것이다.

〈아학편〉(오형곤 소장본)

17. 홍윤표 소장본 아학편 E(20세기 초)

필자 소장의 필사본 아학편E는 책의 크기가 20.5×16.2㎝이고 모두 61장이다. 앞의 1장 반이 낙장이어서 '吏文工商'으로부터 시작하여 '孔孟顔曾이'으로 끝난다. 필사기는 없다. 뒷표지에 '冊主 金世龍(책주 김세룡)'이란 기록만 보일 뿐이다. 계선이 없이 4행 4자로 되어 있다. 그래서 한자는 모두 1,952자이어서 48자가 없는 셈이다. 1장 반이 낙장이다.

한자의 아래에 한글 석음이 쓰이어 있는데, 'ㆍ' 표기가 전혀 보이지 않는다. '藥 곳술 예〈13a〉, 桑 쏭나무 상〈12b〉, 藍 쪽 남〈11a〉, 茅 씌 모〈9b〉'에서 보듯이 ㅅ계 합용병서가 쓰이고 있다. 표기법 등으로 보아 20세기 초의 자료로 추정된다.

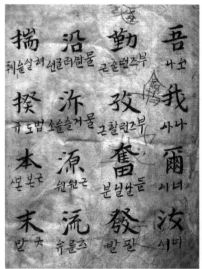

〈아학편〉(홍윤표본E)

제9부

이천자문

한자 학습서의 한자의 양은 천자문의 1,000자로부터 출발하여 유합의 1,512 자, 그리고 훈몽자회의 3,360자, 신증유합의 3,000자, 그리고 아학편의 2,000자 처럼 많은 변화를 겪어 왔다. 그러나 한자 수록의 수가 많은 훈몽자회와 신증 유합이 후대에 점차 한자 교습서로서의 기능을 잃어 가고 있는 것으로 보아서 아무래도 한자 학습의 양은 한자 학습서의 사용에 큰 영향을 주는 것으로 이 해된다. 1,000자로서는 부족하고 3,000자는 너무 많다고 생각한 나머지 2,000 자로 된 한자 학습서를 별도로 편찬하게 된다. 기존의 아학편이 비록 2,000자 이지만, 이보다는 더 나은 이천자문을 만들기 위한 노력이 1910년대부터 등장 하여 1950년대까지 등장하게 된다.

한자 1,000자로서는 부족하여 2,000자로 확장해 편찬한 책이 여럿 간행되었 다. 그 일부를 보이면 다음과 같다.

	문헌명	간행연도	판본	출판사
1	몽학이천자	1914년	목판본	회동서관
2	신정체법일선이천자	1925년	목판본	영창서관
3	일선사체이천자문	1925년	석인본	세창서관
4	한일선이천자	1926년	석인본	대창서원
5	훈몽일선이천자문	1926년	목판본	신구서림
6	이천자문	1940년	석인본	덕흥서림
7	사체도상명문이천자문	1955년	석인본	명문당
8	도상사체주해세창이천자문	1955년	석인본	세창서관

1. 회동서관 발행 몽학이천자(1914년)

『몽학이천자(蒙學二千字)』는 1914년에 봉산(鳳山) 이종린(李鍾麟)이 청소년들 에게 한자를 교육시키기 위하여 편찬해서 회동서관(滙東書館)에서 불분권 1책의 목판본으로 간행한 한자 교습서다.

책의 크기는 26.2×18.1cm이고 반엽광곽의 크기가 17.2×15.2cm이다. 사주쌍변에 판심어미는 상이엽화문어미이다. 판심제는 없고 판심의 하단에 장차만 쓰이어 있다. 유계에 5행 4자인데 표지제와 내지제는 '蒙學二千字(몽학이천자)'이지만 판심제는 없다. 모두 50장으로 되어 있다. 내지제 오른쪽에 '甲寅季秋日新刊發行(갑인계추일 신간 발행)'이라는 기록이 있어서 이 책이 1914년에 간행되었음을 알 수 있다.

면지에 '錦城丁大有題(금성 정대유제)'가 쓰이어 있고 그 아래에 정대유의 낙관이 찍혀 있어서 면지(面紙)에 쓰인 '몽학이천자(蒙學二千字)'라는 글씨는 당시의 명필이었던 정대유(丁大有)가 썼으나, 한자 2,000자의 글씨는 누가 썼는지 알 수 없다. 판권지에 '大正三年十二月二十九日 發行'이라고 쓰이어 있고 저작자는 '李鐘麟(이종린)'으로 되어 있다. 발행소는 회동서관(滙東書館)이다.

4구로 된 한자성어 500수가 실려 있어 한자가 모두 2,000자인데, 각 한자의 아래에 한글로 그 석음을 달아 놓았다. '一二三四 五六七八'로부터 시작하여 '謄寫剞劂 記載炳朗'으로 끝난다.

이 책에는 이본이 몇 개 있다.

그 하나는 국립중앙도서관 소장본으로(도서번호 한-41-43-2) 양진태(梁珍泰)가 저자로 되어 있는 것으로서, 전주 다가서포(多佳書鋪)에서 1916년에 목판본으로 간행한 것이다. 책의 크기가 25.4×183cm인데, 사주쌍변에 반엽광곽의 크기가 16.7×15.5cm이다. 판심어미는 내향흑어미다. 5행 6자로 되어 있다.

또 하나도 역시 국립중앙도서관 소장본으로(도서번호 한-41-89) 양승곤(梁承坤)이 편찬한 것으로 되어 있는 목판본 1책이다. 완주(完州) 양책방(梁冊房)에서 1937년에 간행해 낸 것이다. 책의 크기는 26.1×17.5cm이고, 판심어미는 내향흑어미로 역시 판심제는 없다. 사주쌍변에 반엽광곽의 크기가 16.4×14.7cm이고 5행 4자로 되어 있다.

원래 이 책은 이종린(李鍾麟)이 편찬한 것이지만, 이를 지방의 서포(書鋪)에서 중간하면서 그 저자명을 서포의 주인으로 하였던 것으로 보인다. 중간본 중 1937년도판은 초간을 복각한 것으로서, 한글의 표기법까지도 동일하다. 단지 한글의 'ㅇ'자가 복각에서 흔히 볼 수 있는 것처럼 약간 모나게 그려져 있을 뿐이다. 판광이 조금 작아진 것은 사주단변을 사주쌍변으로 하였기 때문이다.

또 하나의 중간본은 각 한자의 아래에 한글로 석음을 달고 그 아래에 일본어 석음을 단 것도 있다. 필자의 소장본인데 판권지가 없어서 그 발행사항은 알 수 없지만, 초간본은 판심제가 없었는데, 중간본에는 제첨제가 '日鮮蒙學二千字(일선몽학이천자)'로 되어 있다. 각 한자의 오른쪽 상단에 네모칸을 두고 그 네모칸에 한글로 일본어음을 써 놓았다. 그리고 한자의 아래에 한글 석음을 달고 그 아래에 일본 가타카나로 일본어 석음을 달아 놓은 것이다. 그 차이를 보이면 다음과 같다.

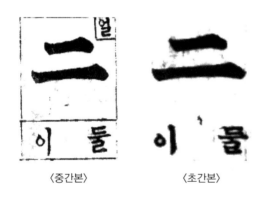

〈중간본〉   〈초간본〉

그런데 한글 석음을 달아 놓은 것은 초간본의 몽학이천자와 차이가 나는 곳이 보인다. 앞의 10장만 비교를 해 보도록 한다.

한자	초간본	중간본	출전
千	텬 쳔	텬 텬	1a
山	산 산	맴 산	1b
去	갈ㅅ 거	갈 거	2a
來	올 리	올 내	2a
籬	울 리	울 이	5b
啼	울 데	울 제	6a
正	바를 졍	바를 증	7b
嵐	아지랑이 람	아지랑이 남	8b
怒	셩닐 노	승닐 노	10a
發	필ㅅ발	필 발	10a

이 책의 편찬자인 이종린(李鍾麟)은 1882년에 충남 서산(瑞山)에서 출생하여 한문을 수학하였고 독립신문 주필, 천도교 장로, 성균관 박사, 대한민보 주필을 역임하였다. 독립신문 발행으로 옥고를 치루었고, 신간회(新幹會) 본부 선전부장이었다. 1848년에 제헌국회의원(忠南 瑞山甲區), 1952년에 제2대 민의원으로 당선되어 외무국방위원장, 교통체신위원장 등을 역임하였다. 그러다가 6.25 중 북한군에 체포되어 옥중에서 발병하자 가출옥했으나 곧 병사하였다.[1] 국문 단편소설인 '몰한봉', '해당화하몽천웅', '가련홍', '감추풍월정우' '일성천계'을 지었고, '사촌몽', '홍류지', '영산홍' 등의 국문장편소설을 지었다. 한문 장편소설집 '만강홍'과 이론서인 '문장체법'도 지었다.

이종린의 출생지가 서산이므로 이 책에는 이 당시의 충남 서산 지역어가 반영되어 있다고 할 수 있다.

이 책의 한글로 표기된 한자의 석과 음에 나타난 국어학적 특징을 들면 다음과 같다.

---

1 이러한 사실은 다음 문헌에 의거한 것이다.
大韓民國功勳史發刊委員會 編(1987), 大韓民國 歷代三府要人叢鑑, 光復出版社. 韓國國會人物史 編纂會 編(1983), 歷代國會議員叢覽, 租稅公論社.

① 어두된소리의 표기에는 ㅅ계 합용병서만 사용하고 있다.

ᄭᅡ다를 가(苛, 15a) ᄶᅡ 쥬(宙, 47a) ᄶᅡᆯ 조(組, 24a) ᄯᅳᆯ칠 불(拂, 3a) ᄭᅩᆺ 화(花)(3a) ᄶᅡᆨ 비(配, 24b)

② 어말자음의 ㅅ과 ㄷ은 모두 ㅅ으로 통일하여 표기하고 있다.

밋 본(本, 1b) 맛 형(兄, 2b) 밧들 봉(奉, 3a) 싯츨 텩(滌, 20a) 것을 슈(收, 19b)

③ /e/에는 '에'를, /ɛ /에는 'ᄋᆡ'를 사용하고 있다.

ᄉᆡ이 간(間, 7b) ᄆᆡ즐 결(結, 10b) 흑뎅이 양(壤, 9b)

④ 어간말자음군 중 ㄺ, ㄼ 등은 모음이 오더라도 분철표기한다.

얽을 구(搆, 27a) 붉을 자(紫, 7b) 붉을 홍(紅, 7b) 엷을 박(薄, 15b) 삶을 팽(烹, 21a)

⑤ 치찰음 아래에서 구개모음화가 일어난다.

느질 만(晩, 8a), 차질 심(尋, 35a)

⑥ /e/와 /ɛ /가 중화된 모습을 보인다.

아레목 오(胃, 40a)

⑦ 어중의 된소리는 가운데에 ㅅ을 쓰거나 후행음절에 ㅅ을 붙여 쓰거나 하여 표기한다

갈ㅅ거(去, 2a) 점 ᄭᅫ(卦, 37b)

⑧ k의 역구개음화의 표기가 보이는데 이것은 k 구개음화가 일어나고 있음을 말해 준다.

길그릇 도(陶, 48b)

⑨ ㅎ 아래의 이중모음 '의'가 단모음화되어 '이'로 나타난다.

히미ᄒᆞᆯ 미(迷, 50a)

⑩ i 움라우트 현상이 보인다.

ᄉᆡᆨ일 됴(彫, 28b) ᄉᆡᆨ일 루(鏤, 28b) 흑뎅이 양(壤, 9b)

⑪ 장모음을 다음과 같이 표기한 경우도 보인다.

외인편 우(右, 1b)

⑫ 충남 서산 지역어의 방언어휘가 보인다.

골 려(麗, 39b) 당가비 당(螳, 31b) 당가비 랑(螂, 31b) 딜일 울(熨, 25b) 여달 팔(八, 1a) 아번이 부(父, 2a) 어먼이 모(母, 2a) 도살박 단(簞, 27b) 싀이 간(間, 7b) 늠칠 람(濫, 14b) 두지 궤(櫃, 27b) 지두리 츄(樞, 24b) 너벅이 폭(幅, 29b) 부딕칠 박(撲, 31b) 두릿 셜 반(反, 39b) 싀암 쳔(泉, 44b) 부일 허(虛, 49b) 거이 해(蟹, 22b) 두레 샤(社, 23b)

이 책은 19세기 말 내지 20세기 초의 충남 서산 지역어를 연구하는데 매우 중요한 자료를 제공하여 주고 있다. 19세기 말 내지 20세기 초 충남지역어를 연구하는데 충남 서천지역어를 반영한『초학요선(初學要選)』『한자용법(漢字用 法)』등과 함께 중부 방언사를 연구하는데 중요한 자료를 제공하여 준다. 아울 러 이 당시의 천도교 사상을 암시적으로 보여 주고 있어서 이 방면의 연구에 도움을 준다.

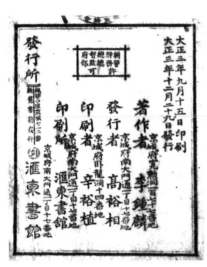

〈몽학이천자〉(초판)

〈몽학이천자(중간본)〉

몽학이천자의 초간본을 회동서관에서 간행한 2년 뒤인 1916년에 전주의 다가서포에서 목판본으로 다시 간행하였다. 복각한 것이 아니고 책판을 그대로 사용하여 간행한 것이다. 단지 판권지만 다르다. 이 판권지에는 '大正五年十月八日(대정 5년 10월 8일), 著作兼發行者 梁珍泰(저작겸발행자 양진태), 發行所 多佳書鋪(발행소 다가서포)'로 되어 있다.

2. 영창서관 발행 신정체법일선이천자(1925년)

신정체법일선이천자(新訂體法日鮮二千字)는 1925년에 영창서관(永昌書館)에서 1책의 목판본으로 간행한 책이다. 판권지에 '大正十四年 七月 二十日 發行(대정 14년 7월 20일 발행)'이라는 발행기록이 있다.

책광은 26.1×19.3cm이고 반엽광곽의 크기는 20.5×16.8cm이다. 편집 겸 발행인은 영창서관 대표인 강의영(姜義永)이다. 모두 51장인데, 5행 4자로 되어 있고 사주단변에 판심어미는 상흑어미이다. 제첨과 내지 제목은 '新訂體法日鮮二千字(신정체법일선이천자)'라 되어 있고 판심제는 '日鮮二千字(일선이천자)'이다. 이 이천자문(二千字文)은 한자의 글자수가 2,000자이다. 판권지가 앞에 붙어 있고 이 판권지도 목판으로 찍은 것이다.

맨 앞의 제목 아래에 '永昌書館 編纂(영창서관 편집)'이라 되어 있고 한자 큰 글자 아래에 한글 석음이 달려 있으며 그 아래에 일본어석(日本語釋)이 가타카나로 적혀 있다. 그리고 한자의 왼편에 일본어 한자음이 가타카나로 적혀 있다. 책의 말미에 일본문, 조선문, 합음법(合音法)이 일본문은 가타카나로, 조선문은 한글로, 합음법은 가타카나와 한글로 적혀 있다. 표기상에서 'ㆍ'는 한 예도 보이지 않으며 ㅅ 계 합용병서가 사용되고 있다. 또한 사이시옷이 음절글자와 음절글자의 사이에 쓰이기도 하였다(예: 院 원ㅅ집 원). '天地父母 忠臣夫婦 兄弟男女 姉妹娣嫂'로 시작하여 '模楷型範 規矩準繩 堯舜禹湯 孔孟顔曾'으로 끝난다. 국립중앙도서관 소장본이다(朝 41-63).

〈新訂體法日鮮二千字〉

3. 영창서관 발행 일선사체이천자문(1925년)

일선사체이천자문(日鮮四體二千字文)은 1925년 영창서관에서 1책의 석인본으로 간행한 한자 학습서이다. 판권지에 '大正十四年十二月五日 發行(대정 14년 12월 5일 발행)'이라는 발행일자가 적혀 있고 '發行所 永昌書館(발행소 영창서관)'라는 기록도 있다. 편집겸발행자는 강의영(姜義永)인데 세창서관 주인이다. 책의 크기는 25.6×18.5cm이고 반엽광곽의 크기는 21.3×17.1cm이다. 제첨제와 내지제 모두 '日鮮四體二千字文(일선사체이천자문)'이다. 판심어미는 상흑어미이고 판심제는 '四體二千字(사체이천자)'이다. 사주단변이고 유계에 6행 4자이다. 상단과 하단으로 구분되어 있는데, 상단에는 4자로 된 한자의 예서체와 전서체가 쓰이어 있다. 그리고 하단에는 4구로 된 성구가 쓰이어 있는데, 각 한자마다 그 아래에 한글로 된 석음과 일본어 석음이 가타카나로 적혀 있다. 그리고 일본어 석과 음 사이에는 선으로 경계를 만들어 놓고 있다.

'天地初闢 陰陽始分'으로 시작하여 '贍附剞劂 持贈童蒙'으로 끝난다. 모두 42장이다. 판권지의 상단에는 다른 일본어 석음을 달아 놓은 천자문과 마찬가지로 일본의 가타카나의 50음표가 있다. 필자가 소장하고 있다.

이 이천자문은 그 당시에 독자들에게 좋은 호응을 받았는지, 여러 출판사에서 재간행하였다.

동일한 책을 광한서림(廣韓書林)에서 1937년에 재간행했는데, 판권지만 다르고 내용은 동일하다. 동일한 판을 사용하여 간행하면서 판권지만 바꾼 것이다. '昭和十年九月五日 發行(소화 10년 9월 5일 발행), 發行所 廣韓書林(발행소 광한서림)'이라고 되어 있다. 마찬가지로 동일한 책을 1937년에 영창서관에서 다시 간행하였는데, 내용은 모두 동일하고 단지 판권지에 있는 발행의 날짜만 '大正十四年十二月五日(대정 14년 12월 5일)'을 '昭和十二年十一月 二十日(소화 12년 11월 20일)'로 바꾸어 놓았을 뿐이다. 판권지에 있는 다른 내용도 동일하다. 1940년에는 덕흥서림에서 재간행하였다. 발행일이 昭和十五年 十一月 十五日(소화15년 11월 15일)로 되어 있고 발행소가 덕흥서림(德興書林)으로 되어 있다. 이들도 모두 필자가 소장하고 있다.

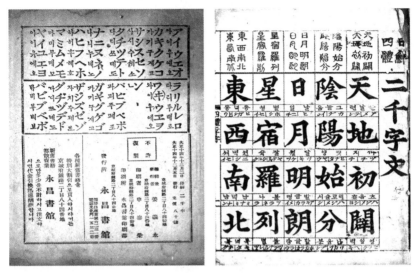

〈일선사체이천자문〉

4. 대창서원 발행 한일선이천자(1926년)

한일선이천자(漢日鮮二千字)는 1926년에 대창서원에서 석인본으로 간행한 1책의 한자 학습서이다. 판권지에 '大正十五年十一月三十日 初版 發行(대정 15년 11월 30일 초판 발행)라고 되어 있고 '發行及發賣所 大昌書院(발행급발매소 대창서원)으로 되어 있다. 저작겸발행자는 현공렴(玄公廉)인데 대창서원 주인이다.

책의 크기는 26.5×19.4cm이다. 제첨에 쓰인 책제목과 내지에 쓰인 책제목, 그리고 판심제 모두 '漢日鮮二千字(한일선이천자)'이다. 판심어미는 상흑어미이고 사주단변에 유계로 5행 4자로 편집되어 있다. 한자 아래에 한글로 그 석음을 달고 그 아래에 가타카나로 일본어 석음을 달았다. 일본어 석과 음 사이에는 세로선을 그어 구별하고 있다. 모두 51장으로 '一二三四 五六七八'로 시작하여 '奇偶幾倍 積累兩鎰'로 끝난다. 모두 2,000자인데, 대개 4자로 된 성구를 의미영역별로 배분하여 배열한 것으로 보인다. 앞 부분에는 수(數), 방향(方向), 시절(時節), 기상(氣象) 등등으로 출발한다. 국립중앙도서관 소장본이다(BC古朝 41-102-4).

〈한일선이천자〉

5. 신구서림 발행 훈몽일선이천자(1926년)

훈몽일선이천자(訓蒙日鮮二千字)는 1926년에 신구서림(新舊書林)에서 1책의 목판본으로 간행한 책이다. 판권지에 '大正十五年 六月 一日 發行(대정 15년 6월 1일 발행)'이라는 발행기록이 있다. 책광은 26.5×18.8cm이고 반엽광곽의 크기는 21.2×16.7cm이다. 앞 표지 뒷면에 '寓松 金文演 著 錦城 丁大有 書 訓蒙日鮮二

千字 新舊書林 新刊(우송 김문연 저 금성 정대유 서 훈몽일선이천자 신구서림 신간)'이라고 써 놓은 것으로 보아서 저자는 김문연이고 판하의 한자를 쓴 사람은 이 당시의 유명한 서예가였던 정대유임을 알 수 있다. 그러나 판권지에는 저작 겸 발행자를 노익환(盧益煥)으로 하였는데, 노익환은 신구서림 대표이다.

모두 51장인데, 5행 4자로 되어 있고 사주단변에 판심어미는 상흑어미이다. 제첨과 내지에는 책제목이 '訓蒙日鮮二千字(훈몽일선이천자)'이고 판심제는 '日鮮二千字(일선이천자)'이다. 판권지의 상단에 일본 가타카나를 쓰고 음역하여 한글로 표시한 50음표가 있다.

각 한자의 아래에 한글로 석음을 달아 놓았고 그 바로 아래에 일본어의 석과 음을 가타카나로 표기하여 놓았는데, 일본어의 석과 음 사이에는 세로선을 그어놓아 구별하여 놓았다.

'一二三四五六七八九十百千萬億兆京'으로부터 시작하여 '非我耄焉 嗟爾勉哉'로 끝난다. 모두 한자가 2,000자이다. 'ㆍ'가 전혀 쓰이지 않았으며 ㅅ 계 합용병서가 사용되었다. 남부 방언이 반영되어 있는 것으로 보인다. 頰을 '쌤 협'이라 하고 '近'을 '각가를 근'으로 표기하여 놓은 것으로 이러한 추정을 할 수 있다. 국립중앙도서관 소장본이다(古 3134-12).

이 훈몽일선이천자의 한자 목록을 보이면 다음과 같다(한자음의 가나다순).

佳 假 價 加 可 嫁 家 暇 架 歌 稼 街 賈 駕 葭 各 慤 殼 脚 覺 閣 刊 墾 姦
干 澗 竿 簡 肝 諫 間 渴 葛 褐 蝎 勘 堪 敢 減 監 鑑 甲 剛 崗 强 江 疆 綱
薑 介 溉 皆 盖 芥 開 客 坑 去 居 巨 拒 擧 渠 乾 健 巾 建 乞 傑 儉 劍 劫
擊 格 堅 犬 絹 肩 見 決 潔 結 缺 兼 謙 蒹 京 傾 勁 卿 境 慶 敬 景 更 硬
競 經 耕 警 輕 逕 鏡 頃 頸 驚 鯨 係 契 季 桂 桂 溪 界 繼 計 階 鷄 古 告
固 姑 孤 庫 故 稿 羔 股 苦 袴 誥 雇 顧 高 鼓 罟 曲 穀 谷 鵠 困 坤 褌 骨
公 共 功 孔 工 恐 恭 攻 空 寡 戈 果 課 過 郭 冠 官 寬 棺 款 灌 管 觀 關
館 光 匡 廣 狂 怪 愧 槐 肱 交 巧 敎 校 橋 狡 皎 矯 郊 驕 久 九 仇 俱 具

口 句 拘 救 構 歐 求 溝 狗 矩 舅 邱 驅 國 局 菊 君 群 裙 軍 郡 屈 掘 窟
宮 弓 窮 倦 勸 拳 權 闕 几 歸 鬼 龜 叫 圭 窺 規 勻 菌 困 橘 劇 戟 極 隙
僅 勤 斤 根 謹 近 饉 今 琴 禁 禽 錦 及 級 給 矜 肯 企 其 器 奇 妓 寄 己
幾 忌 技 旗 既 期 杞 棄 機 欺 氣 基 紀 綺 記 豈 起 飢 騎 驥 吉 金 喫 洛
亂 暖 難 鸞 南 男 納 囊 娘 朗 狼 乃 內 冷 女 年 念 寧 奴 怒 蘆 綠 鹿 弄
濃 農 雷 綾 能 陵 尼 多 丹 但 壇 斷 短 端 達 擔 淡 潭 談 畓 答 唐 堂 塘
棠 當 代 大 對 帶 待 戴 臺 貸 隊 德 倒 刀 到 圖 塗 導 島 度 徒 桃 棹 渡
濤 盜 稻 跳 蹈 逃 道 陶 犢 獨 督 篤 讀 頓 突 冬 凍 動 同 東 桐 棟 洞 童
董 銅 斗 杜 竇 頭 肚 遁 得 燈 登 等 藤 騰 羅 樂 絡 落 諾 卵 欄 蘭 纜 覽
郎 來 萊 略 涼 梁 樑 諒 量 勱 廬 慮 麗 力 憐 鍊 烈 廉 簾 獵 令 鈴 領 齡
例 勞 爐 老 路 露 祿 錄 麓 論 籠 聾 隴 賴 耒 了 僚 聊 鬧 潦 樓 淚 褸 流
倫 綸 輪 廩 利 吏 履 梨 理 籬 羅 裏 里 釐 鯉 林 磨 馬 莫 巒 慢 晚 滿 灣
萬 蔓 抹 末 亡 妄 忘 忙 望 望 網 罔 埋 妹 昧 梅 每 罵 買 賣 麥 脉 孟 氓
猛 盲 萌 覓 免 勉 眠 面 名 命 明 皿 銘 鳴 袂 侮 冒 慕 暮 模 母 毛 眸 矛
茅 謀 貌 耄 木 沐 牧 目 睦 沒 蒙 墓 妙 廟 苗 務 撫 武 無 畝 茂 誣 貿 霧
鶩 墨 刎 問 文 紋 聞 蚊 門 捫 勿 物 味 尾 彌 微 未 眉 米 美 靡 民 泯 密
撲 樸 泊 舶 薄 伴 半 反 叛 搬 攀 班 畔 瘢 盤 飯 拔 發 跋 髮 放 方 紡 訪
謗 邦 防 培 拜 排 盃 背 配 伯 帛 栢 白 百 煩 番 繁 伐 罰 凡 帆 汎 範 法
僻 壁 璧 碧 闢 變 辨 別 鱉 丙 兵 幷 柄 病 秉 保 報 寶 普 補 輔 伏 卜 復
服 福 腹 複 覆 本 奉 封 峯 縫 蜂 逢 鋒 鳳 不 夫 婦 富 府 扶 敷 斧 浮
父 符 簿 腐 腑 負 賦 赴 部 釜 附 北 分 墳 奔 奮 忿 憤 焚 盆 粉 紛 氛 佛
拂 卑 扉 斐 比 碑 秘 肥 臂 費 非 飛 鼻 濱 貧 賓 頻 蘋 憑 氷 騁 事 仕 伺
似 使 史 司 嗣 四 士 奢 寫 寺 射 師 徙 思 斜 斯 查 死 沙 社 祀 私 絲 肆
舍 蛇 詐 詞 賜 辭 邪 麝 樹 削 朔 山 散 產 算 酸 殺 三 森 蔘 衫 衫 上 傷
像 償 商 喪 尙 常 床 想 爽 相 祥 箱 翔 裳 詳 賞 霜 塞 穡 索 色 牲 生 笙
壻 嶼 序 庶 徐 恕 書 棲 笙 絮 署 舒 西 逝 鋤 黍 鼠 夕 席 惜 昔 析 石 釋

仙 先 善 扇 旋 船 蟬 選 鮮 設 說 躇 城 姓 性 成 星 盛 聖 聲 誠 醒 世 勢
歲 洗 稅 召 宵 小 少 所 掃 沼 消 疏 笑 素 紹 蔬 蕭 蘇 訴 逍 邵 騷 疎 俗
屬 束 續 速 孫 損 殞 蟀 宋 松 訟 誦 送 頌 碎 鎖 衰 修 受 囚 垂 壽 守 峀
帥 手 授 搜 收 數 殊 水 獸 睡 秀 繡 羞 誰 輸 邃 酬 銖 隨 雖 須 首 鬚
讎 叔 孰 淑 熟 肅 菽 循 旬 淳 瞬 脣 舜 順 術 崇 瑟 膝 虱 拾 習 襲 乘 僧
勝 升 承 繩 蠅 陞 始 尸 市 恃 施 是 時 柿 柴 猜 矢 蒔 視 試 詩 豕 寔 式
息 植 殖 食 飾 伸 信 新 晨 神 腎 臣 薪 訊 身 辛 迅 失 室 實 蟋 審 尋 心
深 甚 十 雙 氏 兒 我 牙 雅 餓 岳 惡 安 岸 案 眼 鞍 顏 鴈 幹 嚴 庵 暗 頷
壓 殃 秧 鴦 哀 崖 愛 厄 掖 額 櫻 鶯 鸚 也 夜 惹 爺 野 弱 約 若 藥 孃 揚
揚 攘 楊 洋 糧 羊 良 讓 釀 陽 養 癢 攘 御 於 禦 魚 億 抑 焉 言 葉 嚴 掩
業 余 如 旅 汝 與 興 閭 餘 亦 域 役 易 歷 繹 逆 驛 宴 延 椽 演 然 煙 硯
緣 聯 蓮 連 鉛 鳶 列 劣 悅 熱 噎 炎 琰 艷 閻 髯 鹽 葉 嶺 影 映 榮 永 營
盈 纓 英 零 靈 詠 影 刈 叡 禮 譽 銳 五 傲 午 吾 奧 娛 悟 梧 污 烏 誤 屋
獄 玉 溫 蘊 甕 瓦 臥 蛙 婉 完 琬 碗 腕 頑 曰 往 旺 枉 王 外 畏 堯 夭
搖 料 繞 腰 遙 邀 饒 慾 欲 浴 辱 傭 勇 容 庸 湧 用 鏞 龍 于 佑 偶 優
又 友 右 宇 寓 尤 愚 憂 牛 禹 紆 羽 芋 迂 遇 郵 隅 雨 竽 勖 旭 運 雲 蔚
鬱 熊 雄 元 原 圓 園 垣 寃 怨 遠 院 願 鴛 月 越 位 危 威 慰 爲 胃 衛 謂
魏 闈 乳 孺 幼 幽 惟 愈 攸 有 柔 柚 柳 油 猶 猷 由 留 維 裕 諭 踰 遊 遺
類 帷 六 肉 育 陸 胤 律 栗 戎 隆 恩 殷 銀 乙 吟 蔭 陰 音 飲 揖 泣 凝 應
鷹 依 倚 儀 宜 意 疑 矣 義 蟻 衣 議 醫 二 以 夷 已 彛 李 爾 異 移 而 耳
邇 匿 溺 益 翊 翼 人 仁 刃 印 因 姻 引 忍 認 隣 鱗 仞 一 日 溢 逸 任 臨
賃 入 孕 刺 姊 子 字 恣 慈 滋 玆 疵 者 自 藉 資 作 昨 爵 酌 殘 岑 暫 潛
箴 蠶 雜 丈 場 墻 將 帳 張 掌 杖 狀 章 粧 腸 臟 莊 葬 藏 裝 醬 長 哉 在
宰 才 材 栽 梓 裁 財 載 灾 爭 箏 低 儲 底 杵 楮 沮 渚 勣 嫡 摘 積 笛 績
赤 傳 全 典 前 專 戰 殿 田 箋 轉 錢 電 顚 切 折 竊 節 絕 占 店 漸 接 蝶
楪 丁 井 亭 定 庭 廷 情 政 整 正 汀 淨 程 精 鄭 靜 頂 鼎 制 劑 帝 弟 悌

提梯濟祭製諸除霽擠凋助弔措操早朝條棗潮照爪祖租詔
調趙造釣鳥兆族足存尊卒拙猝宗從種終縱踵鍾坐左座罪
主住做周奏州廚晝朱株洲珠疇舟走酒儔肘竹粥俊樽蠢遵
蹲中仲衆重卽櫛楫增憎曾甑症證贈之只地志持指支旨智
枝止池知紙肢脂至芝誌遲直織塵振晉津珍盡眞秦臻賑辰
進鎭陣陳震叱姪嫉疾秩室質斟執集戢懲佚且借嗟此車捉
着錯鑿窄讚贊餐察札參塹讒驂倉唱娼昌槍漲窓蒼債彩採
菜冊策責妻處萋尺滌瘠隻千天川擅泉穿賤遷哲綴鐵沽諂
簷妾帖疊輒廳晴淸聽請靑逮體棣況初憔招椒楚樵礎稍草
貂超醋促囑燭蜀觸寸村塚寵蔥催推樞秋趨醜畜祝築逐春
椿出朮充衝冲悴萃娶就炊翠聚臭趣醉側測層侈峙幟治痴
稚緇置致馳齒絺則勅親親七漆侵枕沈砧針稱快他墮妥惰
打卓拓擢濯託吞坦彈歎炭綻誕耽貪湯太怠態殆泰胎迨駄
擇澤兎土討統通退頹偸妬投鬪播波破罷簸判板販辦八悖
敗貝烹便編鞭騙平萍吠幣幣廢肺蔽包圃布抛抱捕暴浦砲
袍逋哺炮漂表飄品諷豊風彼披皮被避陂四必筆逼下何夏
河荷賀遐霞堅學虐鶴寒汗閒限韓割艦陷合巷恒港航降項
奚害海解邂駭骸礙幸杏行享向鄕響香墟虛許獻軒歇險驗
懸絃縣賢顯穴血俠協峽挾脅煩兄刑形螢衡逈兮慧蕙乎呼
好戶浩湖狐皓虎號護豪豪或婚昏洪鴻化和火畫禍禾花華
話貨確丸喚宦患換還活猾慌皇荒黃回懷晦會檜劃獲橫孝
曉看侯候厚喉後煦逅訓萱喙毁虫携兇凶洶黑欣痕掀屹洽
興喜希戲犧稀詰袷帘懼槀槳潤狠睆瘓礦笋笳耊耟恥氎襦
誶鹹釅頤鰥瑣軤軀

〈훈몽일선이천자〉

6. 덕흥서림 발행 이천자문(1940년)

이 '이천자문(二千字文)'은 1940년에 덕흥서림에서 1책의 석인본으로 간행한 한자 학습서이다. 책의 크기는 21.5×17.2㎝이고 반엽광곽의 크기는 15.4×18.5㎝이다. 사주단변에 판심어미와 판심제도 없고 장차도 적혀 있지 않다. 판권지에 '檀紀四二七三年十一月十五日 發行(단기4273년 11월 15일 발행), 檀紀四二八二年四月五日 再版發行(단기4282년 4월 5일 재판발행)'이라는 발행일 기록이 있고 발행소는 덕흥서림(德興書林)으로 되어 있다. 그리고 표지 제첨의 제목은 '四體二千字文(사체이천자문)'이고, 내지의 제목은 '二千字文(이천자문)'이다.

유계에 6행 4자로 되어 있다. 상단과 하단으로 구분되어 있는데, 상단에는 4자로 된 한자의 예서체와 전서체가 쓰이어 있다. 12장까지는 이처럼 '삼체(三體)'의 서체가 쓰이어 있지만, 제13장부터는 상단을 3행으로 써서 초서까지 쓰이어 있다. 따라서 제첨에 쓰이어 있는 '사체(四體)'는 이 13장 이후의 내용에 따라 쓴 것이다.

그리고 하단에는 4구로 된 성구가 쓰이어 있는데, 각 한자마다 그 아래에 한글로 된 석음이 적혀 있다. '天地初闢 陰陽始分'으로 시작하여 '膽附剞劂 持贈童蒙'으로 끝난다. 모두 42장이다.

이 책은 1925년에 영창서관에서 간행한 '일선사체이천자문(日鮮四體二千字文)'의 한자를 그대로 가져 온 것일 뿐만 아니라 한글 석음도 그대로 사용한 것이다. 단지 일본어 석음을 빼어 버린 것이다.

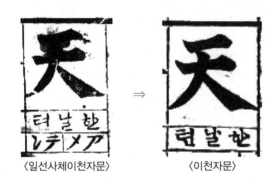

〈일선사체이천자문〉   〈이천자문〉

이 이천자문은 1952년에 대지사(大志社)에서 그대로 다시 간행하였다. 판권지만 다른데, 판권지에는 '檀紀四二八五年 一月十五日 發行(단기4285년 1월 15일 발행)'이란 발행기록과 '著作兼發行者 白吉順(저작겸발행자 백길순) / 發行所 大志社(발행소 대지사)'라는 내용이 있다. 책의 크기는 25.5×19.0cm이고 반엽광곽의 크기는 21.4×16.9cm이다. 표지의 제첨제와 판권지의 책제목은 '四體二千字文(사체이천자문)'이다. 모두 필자 소장본이다.

〈이천자문〉

〈4체로 되어 있는 부분〉

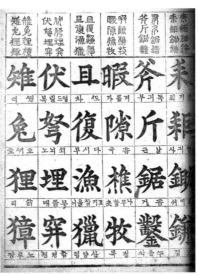

〈3체로 되어 있는 부분〉

7. 명문당 발행 사체도상명문이천자문(1955년)

사체도상명문이천자문(四體圖像明文二千字文)은 1955년에 명문당에서 1책의 석인본으로 간행한 한자 학습서이다. 뒤의 판권지에 '檀紀四二八八年 12月 15日 初版發行(단기4288년 12월 15일 초판발행)'이란 기록이 있고 '著作兼發行者 金赫濟(저작겸발행자 김혁제)'이고 '發行所 明文堂(발행소 명문당)'이란 기록이 적혀 있다. 김혁제는 명문당 주인이다.

책의 크기는 25.8×19.3cm이고, 계선이 있는데 8행 4자로 구성되어 있다. 표지의 제목은 '四體圖像二千字文(사체도상이천자문)'이고 내지 제목은 '四體圖像明文二千字文(사체도상명문이천자문)'이다. 이 책은 상중하로 3단으로 구분되어 있다. 상단에는 아래에 쓰인 4자의 한자에 대한 예서체와 전서체의 글씨가 쓰이어 있고, 중단에는 한자와 이에 대한 한글 석음이 쓰이어 있다. 그리고 하단에는 4자성구로 이루어진 내용에 대한 그림이 있다. 책의 첫 페이지에는 '二百七十六姓 姓氏 一覽表(276성 성씨 일람표)(一)'이 있고 본문이 끝난 뒤에는 '二百七十六姓 姓氏 一覽表(276성 성씨 일람표)(二)'가 있다.

이 책의 한자 2,000자는 1925년에 영창서관에서 간행한 '일선사체이천자문(日鮮四體二千字文)'의 한자를 그대로 가져 온 것이다. 그러나 한자에 대한 한글 석음은 1950년대의 표기법으로 바뀌었다. 1925년판에서는 한글 석음을 왼쪽에서 오른쪽 방향으로 썼지만, 여기에서는 왼쪽에서 오른쪽으로 썼다. 이 중 몇 예를 들어 보이면 다음과 같다.

한자	1925년판	1950년판
天	한날 텬	하늘 천
地	싸 지	따 지
初	츠음 쵸	처음 초
闢	열일 벽	열릴 벽
陰	그늘 음	그늘 음

陽	볏 양	볕 양
始	난을 분	나눌 분
分	난을 분	나눌 분
日	날 일	날 일
月	달 월	달 월
明	발글 명	밝을 명
朗	발글 랑	밝을 랑

하단에는 그림을 넣었는데, 4자 성구 모두를 대상으로 한 것이 아니라 그 중에서 선택하여 그린 것이다.

〈사체도상 명문이천자문〉

국립중앙도서관에 소장되어 있다(BA3111-9).

〈사체도상명문이천자문〉

이 책은 1974년에 명문당에서 다시 찍어냈는데, 3판이다. 판권지에 '西紀一
九六〇年 12月 10日 初版印刷(서기1960년 12월 10일 초판인쇄), 西紀一九七四年 三月
五日 參版發行(서기1974년 3월 5일 삼판발행)'이란 기록이 있다. 그러나 1955년에
간행한 책과 동일하다. 차이가 있는 점은 표지의 오른쪽에 '金赫濟 著 校註(김
혁제 저 교주)'라는 글이 쓰이어 있고, 표지 뒷면에 1955년판은 '二百七十六姓氏
一覽表(276성씨일람표)'가 있는데 비해, 1974년판은 이 부분이 책의 마지막에 있
고, 앞표지 뒤에는 '한글 자모표'와 '永字八法'이 있다는 점이다. 판권지도 발
행연도만 다르고 다른 부분은 모두 동일하다. 1974년판은은 필자가 소장하
고 있다.

이들 이천자문들은 한자 이천자의 목록이 다르다. 몽학이천자(1914), 신정
체법일선이천자(1925), 일선사체이천자문(1926), 한일이천자(1926), 훈몽일선
이천자(1926)은 2,000자의 목록이 다르고, 이천자문(1940)과 사체도상명문이천
자문(1950)은 일선사체이천자문(1925)과 그 목록이 동일하다. 목록이 다른 5개
의 이천자문에 모두 등재되어 있는 한자는 753개이고, 이 중 4개의 문헌에 등
재되어 있는 한자는 448개이다. 이천자문 5개의 문헌에 모두 등재되어 있는
한자 목록을 보이면 다음과 같다.

假可嫁家架歌街殼干竿簡肝間葛甲江開去居巨擧渠巾乞傑犬肩見潔
結謙京卿境慶敬經耕輕鏡驚季桂界計古告固姑孤股袴顧高鼓穀谷骨
功孔工恐恭空寡冠官棺灌管觀光廣狂槐肱交敎橋驕九口溝舅國菊君
軍郡屈宮弓窮勸闕几歸橘戟勤根近今琴禽錦器奇妓技旗期機記騎吉
金難南男囊內奴濃農能尼多丹短達潭談堂大對帶臺貸德倒圖島度桃
盜稻逃道獨讀冬動東桐棟洞童銅斗頭得燈登藤騰來梁麗力鍊獵令爐
路論耒樓淚輪籬里釐林磨馬晚萬蔓亡妄望網埋妹梅買賣麥勉面名命
明皿慕母毛茅謀木目睦墓廟武無茂貿霧墨文聞門捫物味微眉米美民

薄班盤飯發方紡謗背伯帛白百煩伐罰法壁璧碧變兵病保報寶伏卜服
福腹覆本縫逢鳳夫婦富府扶斧浮父符簿腐負賦釜北分奔忿焚紛碑肥
臂非飛鼻貧賓事史四士射師思死沙祀絲蛇辭邪榭朔山散産三衫上償
商相裳詳賞霜生嶼序恕書西黍夕席石善扇蟬城性成聖聲誠醒勢歲稅
小所疏蔬速孫損松鎖衰修受垂壽守手數水獸睡秀隨叔菽旬淳舜順習
乘僧升蠅市恃時息飾伸信新晨臣身辛失室實尋心深十牙雅安岸案顔
暗崖愛鸚夜野弱藥揚羊釀陽養癢御魚億抑言逆驛硯鳶葉影榮盈英譽
銳五傲吾娛悟梧烏屋玉溫翁瓦臥頑王外畏夭腰辱勇用偶優友右宇愚
憂牛羽遇雨運熊雄原圓園怨遠院月威慰乳儒幼有柔油裕帷襦肉育恩
銀吟陰音飲揖應鷹意疑義蟻衣醫二爾異耳頤益翌翼人仁印姻一日入
孕子慈作昨爵潛蠶雜丈將張掌章莊葬醬長才材梓裁低杵楮積笛赤傳
前專田箋轉電顚折節蝶亭庭情政整正精靜鼎帝弟提祭製早朝棗照爪
祖鳥族足種終縱坐左罪主周畫柱洲珠舟走酒竹俊中仲衆重憎贈地志
持指智池知紙芝遲直織塵盡眞進叱姪疾鑿察倉娼蒼債彩妻尺千天川
泉賤鐵晴淸聽請靑體招樵礎草醋寸寵催秋春出娶翠醉馳齒親七枕砧
惰濯呑彈歎炭怠胎兎土退投簸八敗烹鞭平幣圃布浦表風披皮筆下夏
河賀霞壑學鶴寒閒合項害海解杏行鄕香虛軒賢血頰兄刑衡呼好戶狐
虎豪昏鴻化和火畫禍禾花貨活荒黃回晦會檜橫孝厚喉後毁喜

8. 세창서관 발행 도상사체주해세창이천자문(1956년)

도상사체주해세창이천자문(圖像四體註解世昌二千字文)은 1956년에 세창서관
에서 석인본으로 간행한 책이다. 책의 본문이 끝난 곳에 있는 판권지에 '檀紀
四二八九年 七月二五日 發行(단기4289년 7월 25일 발행), 著作兼發行者 申泰三(저작
겸발행자 신태삼), 發行所 世昌書館(발행소 세창서관)'으로 되어 있다. 반엽광곽의

크기는 25.1×18.7㎝이다. 표지의 제첨제와 내지의 책 제목이 모두 '圖像四體註解世昌二千字文(도상사체주해세창이천자문)'이다. 같이 간행한 천자문은 '四體圖像註解世昌千字文(사체도상주해세창천자문)'인데 이천자문(二千字文)에서는 '사체(四體)'와 '도상(圖像)'의 위치가 바뀌었다. 판심은 없다.

앞의 내지에 상단에는 언문반절표가, 그리고 하단에는 '永字八法'이 있어서 이 책이 서예 교재로 쓰일 것임을 예고하고 있다. 책의 끝에는 '二百七十六姓氏一覽表(276성씨일람표)'가 있다.

본문은 9행 7단으로 구성되어 있다. 첫단에는 그림이, 둘째단에는 아래에 쓰이어 있는 사자성구(四字成句)의 초서체, 전서체, 예서체가 작은 글씨로 쓰이어 있고, 셋째단에는 그 4자 성구의 뜻풀이가 한글로 쓰이어 있다. 그리고 네 번째 단에서 7단까지는 사자성구(四字成句)가 한글 석음과 함께 쓰이어 있다. 각 한자의 아래에 쓰이어 있는 한글 석음은 왼쪽에서 오른쪽으로 쓴 것이고 그 표기법은 현대 한글맞춤법에 따른 것이다. 첫 단에 있는 그림은 어느 것은 8자 성구에 대한 그림이, 어느 것은 4자 성구에 대한 그림이다.

이 이천자문(二千字文)은 '天地初壁 陰陽始分 日月明朗 星宿羅列'로부터 시작하여 '年齡每促 作品雖劣 騰附剖剛 持贈童蒙'으로 끝난다. 모두 56쪽으로 국립중앙도서관 소장본이다(BA3111-8).

이 이천자문(二千字文)의 판본 이외에 필사본 이천자문도 있다. 대개 '天地初闢'으로 시작하여 '持贈童蒙'으로 끝나는 이천자문을 전사한 것들이다. 필자가 여럿 소장하고 있으나 필사기가 없고, 또 책의 상태가 험하여 여기에서는 소개하지 않는다. 다만 20세기에 들어서 많은 사람들이 이 이천자문(二千字文)을 학습하려는 노력을 하였다는 사실을 알릴 뿐이다.

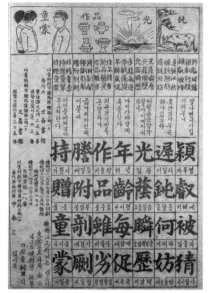

〈도상사체주해세창이천자문〉

특정 분야 이해용

한자 학습 문헌

어떤 한자 학습서는 특정한 분야의 문헌에 등장하는 한자를 습득하기 위해 편찬되기도 한다. 특정한 분야의 문헌들은 그 원문이 대부분 한문으로 되어 있는 것들이어서 이 한문을 해독하기 위해 그 문헌에 등장하는 한자를 제시하고 그 한자에 한글로 석음을 달아 놓는 방식을 취한다. 물론 국한혼용문의 문헌에서 그 문헌 속의 한자를 학습시키기 위해 편찬된 것들도 있다.

1. 명심보감

명심보감(明心寶鑑)은 고려시대부터 현대에 이르기까지 어린이들이 읽던 한문 교양서로서, 어린이들이 천자문 등을 학습한 뒤에 배우는 한문 교재이다. 중국 고전에 나오는 선현들의 금언이나 명구를 모아 편집한 것이다. 명심보감에 있는 한자를 학습하기 위해 편찬된 자료들이 있다.

(1) 현토구해 교정증보 신무쌍 명심보감(1926년)

현토구해 교정증보 신무쌍 명심보감(懸吐具解 校正增補 新無雙 明心寶鑑)은 명심보감을 학습하기 위해 편찬된 책이지만, 공부하면서 이 책에 나오는 한자를 학습하기 위해 상단에 한자의 석음을 한글로 표기해 놓은 책이다. 1926년 영창서관에서 1책의 연활자본으로 간행한 책이다. 판권지에 '大正十五年六月二十五日 初版發行(대정 15년 6월 25일 초판 발행), 昭和八年三月十七日 三版發行(소화 8년 3월 17일 3판 발행), 著作兼發行人 姜義永(저작겸발행인 강의영), 發行所 永昌書館 (발행소 영창서관)'의 기록이 있다.

본문은 한글토가 달린 한문이 있고 그 한문의 한자 오른쪽에는 그 한자의 음이 한글로 쓰이어 있다. 그리고 상단에 그 중에서 선택된 한자에 대한 한글 석음이 달려 있다. 여기에 한글로 석음을 달아 놓은 한자는 모두 557자이다.

그러나 중복되는 한자를 제외하면 모두 525자이다.

상단에 실려 있는 한자는 그 성격이 분명하지 않다. 선택된 기준을 알 수
없다. 명심보감이 천자문을 익히고 난 후에 읽는 문헌이어서 천자문에 등장
하지 않는 한자에 대한 석음을 달아 놓아야 할 듯 한데, 천자문에 포함되어
있는 한자도 그대로 목록화되어 있기 때문이다. 예컨대 이 책의 상단에 처음
에 나오는 한자를 순서대로 10개만 제시한다면 '繼, 善, 篇, 烈, 勅, 渴, 讐, 援,
冥, 讐'인데 이 중에서 주흥사 천자문에 없는 한자는 '繼, 篇, 渴, 讐, 援, 讐'의
6자뿐이다. 4자는 중복해서 학습하는 것이라고 할 수 있다.

이 책은 1951년에 세창서관에서 다시 간행하였는데, 표지의 책제목은 '增
補吐解 無雙明心寶鑑(증보토해 무쌍명심보감)'이라고 되어 있다. 그러나 내용은
하나도 변한 것이 없다. 두 종류 다 필자의 소장본이다.

이 책에 보이는 한자 석음은 이 당시에 쓰이던 일반적인 석음으로 보인다.

繼 이을 계(1)	善 착할 선(1)	篇 책 편(1)	烈 애을 렬(1)
勅 신칙할 칙(1)	渴 목마를 갈(2)	援 구원할 원(2)	冥 어두을 명(2)
讐 원수 수(3)	狹 좁을 협(3)	避 피할 피(3)	岳 뫼쑤리 악(4)
訓 가르칠 훈(4)	園 동산 원(4)	磨 갈 마(4)	損 덜닐 손(4)
虧 이질어질 휴(4)	探 시험할 탐(4)	逆 거사릴 역(5)	邵 놉흘 소(5)
尋 차즐 심(5)	欺 속일 긔(5)	電 번개 뎐(5)	鑵 차관 관(6)
戮 죽일 륙(6)	恢 너를 회(6)	踈 성귈 소(6)	漏 셸 루(6)
獲 어들 획(6)	禱 빌 도(6)	忙 쌜를 망(7)	轟 울닐 굉(7)
痴 어리석을 치(8)	瘂 벙어리아(8)	痼 고질 고(8)	慧 밝을 혜(8)

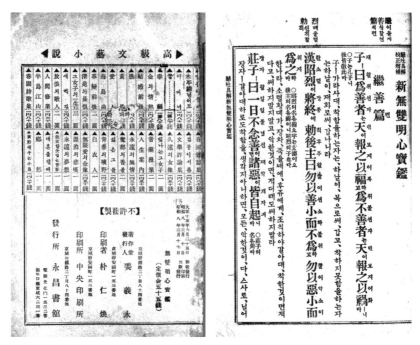

〈현토구해교정증보 신무쌍명심보감〉

(2) 증보상해 무쌍명심보감(1927년)

증보상해 무쌍명심보감(增補詳解 無雙明心寶鑑)은 명심보감을 학습하기 위해 편찬된 책으로 이 명심보감에 등장하는 한자를 학습하기 위해 상단에 한자의 석음을 한글로 표기해 놓은 책이다. 1927년에 영창서관에서 1책의 연활자본으로 간행한 책이다. 판권지에 '大正十五年 六月二十五日 初版發行(대정 15년 6월 25일 초판 발행), 昭和二年 十月二十五日 再版發行(소화 2년 10월 25일 재판 발행)'이란 기록이 있다. 초판은 1926년에 간행되었고 재판은 다음해인 1927년에 간행되었다. 필자가 소장하고 있는 책은 1927년의 재판본이라서 이 책을 중심으로 기술한다. 이 책은 겉표지와 속표지에 모두 '增補詳解 無雙明心寶鑑(증보상해 무쌍명심보감)'이라고 되어 있다.

앞에 목차가 있고 뒤이어 본문이 시작된다. 명심보감의 한문 원문을 한글 구결을 달아 싣고 그 한자의 오른쪽에 한글로 음을 달아 놓은 후, 이어서 한글로 언해를 하여 놓았으며 상단에는 그중의 한자를 선택하여 한글로 석음을 달아 놓았다. 모두 110쪽이다. 필자 소장본이다.

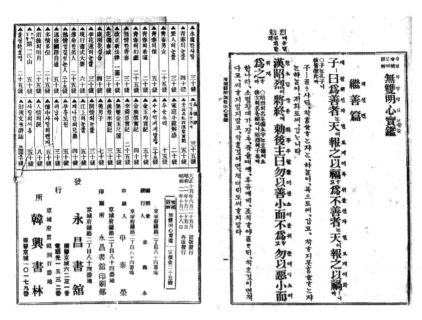

〈증보상해 무쌍명심보감〉

이 책은 1946년에 같은 출판사에서 제목을 바꾸어 간행한 적이 있다. 제목을 '현토구해 증보명심보감(懸吐具解 增補明心寶鑑)'이란 책으로 간행해 낸 것이다. 판권지에 '西紀一九四六年 十月三十日 發行(서기 1946년 10월 30일 발행), 著作兼發行者 姜南馨(저작겸발행자 강남형), 發行所 永昌書館(발행소 영창서관)'이라고 되어 있다. 이 책은 겉표지와 속표지에는 책제목이 '大增補釋字具解 無雙明心寶鑑(대증보석자구해 무쌍명심보감)', 속표지에는 '大增補釋字具解 無雙한글明心寶鑑(대증보석자구해 무쌍한글명심보감)', 내지제목은 '懸吐具解增補明心寶鑑(현토구해

증보명심보감)', 미제(尾題), 즉 책의 끝에 있는 책제목은 '增補詳解無雙明心寶鑑
(증보상해무쌍명심보감)'어서 네 곳의 제목이 모두 다르다. 책의 끝에 있는 제목이
원제목인 셈이다. 이 책도 필자 소장본이다.

(3) 증보구해 명심보감(1954년)

증보구해 명심보감(增補具解 明心寶鑑)은 1954년에 대지사(大志社)에서 1책의
연활자본으로 간행한 명심보감 학습서인데, 다른 명심보감 학습서와 마찬가
지로 상단에 명심보감에 나오는 한자에 대한 한글 주석이 달려 있다. 판권지
에 '檀紀四二八七年一月一日 發行(단기4287년 1월 1일 발행), 發行者 白吉順(발행자
백길순), 發行所 大志社(발행소 대지사)'로 되어 있다. 표지에는 '懸吐具解增補無雙
新明心寶鑑(현토구해증보무쌍신명심보감)'이란 제목이 제첨으로 되어 있지만 내
지서명은 '增補具解明心寶鑑(증보구해명심보감)'이다. 그리고 책의 말미에 있는
미제(尾題)는 '增補註解無雙明心寶鑑(증보주해무쌍명심보감)'이다. 모두 112쪽이
다. 한글 구결을 단 한문 원문이 있고 이것을 한글로 표기한 언해문이 있는
데, 상단에는 등장하는 한자에 대한 한글 석음이 붙어 있다. 다른 명심보감
학습서에 비해 상단에 있는 한자의 수가 극히 적은 편이다. 필자가 소장하고
있다.

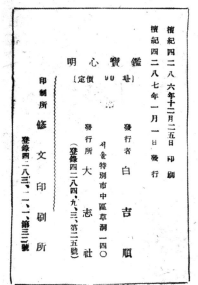
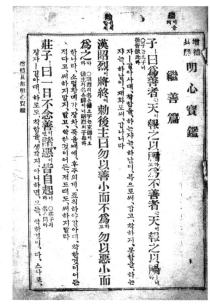

〈증보구해 명심보감〉

연활자본 명심보감 한자 학습서들은 이 당시의 출판 현상을 그대로 반영하고 있어서 어느 책이 판매량이 많으면 서로 유사한 책을 출판하게 되는 양상을 그대로 보여 주고 있다. 이 명심보감의 상단에 있는 한자의 석음을 보면 그러한 현상을 잘 알 수 있다. 위의 세 가지 책의 한자 선택의 경향과 그 한자의 석음을 비교해 보도록 한다.

현토구해교정증보 신무쌍명심보감 (1926년)	현토구해 증보명심보감 (1946년)	현토구해 명심보감 (1954년)
	烈 매울 렬	
繼 이을 계		繼 이을 계
善 착할 선		
篇 책 편		
烈 매울 렬		
勅 신칙할 칙	勅 신칙할 칙	勅 신칙할 칙

渴 목마를 갈	渴 목마를 갈	渴 목말을 갈
聾 귀먹을 롱	聾 귀먹을 롱	
援 구원할 원	援 구원할 원	援 구원할 원
冥 어두울 명	冥 어두울 명	冥 어두을 명
讐 원수 수	讐 원수 수	讐 원수 수
狹 좁을 협	狹 좁을 협	狹 좁을 협
避 피할 피	避 피할 피	避 피할 피
岳 뫼쌕리 악	岳 뫼쌕리 악	岳 메쑤리 악
訓 가르칠 훈	訓 가르칠 훈	訓 가라칠 훈
園 동산 원	園 동산 원	
磨 갈 마	磨 갈 마	磨 갈 마
損 덜닐 손	損 덜닐 손	損 덜 손
虧 이질어질 휴	虧 이질어질 휴	虧 어즈러질 휴
探 시험할 탈	探 잡을 탐	探 만질 탐
逆 거사릴 역	逆 거사릴 역	逆 거사릴 역
		邵 놉흘 소
		尋 차즐 심
		欺 소길 긔
		電 번개 전
		鑵 차관 관

(4) 명심보감 자해(1961년)

명심보감 자해(明心寶鑑 字解)는 전북 임실군 신덕면 금정리에 사는 김영기가 필사해 놓은 것으로 명심보감에 나오는 한자를 나열해 놓고 한글로 그 석음을 달아 놓은 것이다. 1961년의 필사본으로 추정된다.

책의 크기는 17.4×23.5㎝이고 무계에 13행 4자이다. 계선편(繼善篇) 천명편(天命篇) 순명편(順命篇) 효행편(孝行篇) 정기편(正己篇) 안분편(安分篇) 존심편(存心篇) 계성편(戒性篇) 권학편(勸學篇) 훈자편(訓子篇) 성심편(省心篇) 입교편(立教篇) 치정편(治政篇) 치가편(治家篇) 안의편(安義篇) 준례편(遵禮篇) 언어편(言語篇) 교우편(交友篇) 부행편(婦行篇) 증보편(增補篇)의 20부류로 나누고 각 부류에 등장하는 한자 중에서 필요하다고 보는 한자를 쓰고 그 아래에 한글로 석음을 달아 놓았다.

표지에 '明心寶鑑 字解(명심보갑자해)'라고 쓰이어 있고 가운데에는 '辛丑十月 二十一日(신축 10월 21일)'이란 필사기가 있다. 한글로 쓰인 자석의 한글 표기법으로 보아 이 신축년은 1961년일 것으로 추정한다. 그리고 뒷면에 '全羅北道 任實郡 新德面(전라북도 임실군 신덕면)'이라 쓰이어 있고, '金亭里 金永基(금정리 김영기)'란 이름이 있다. 그리고 '김영기'라는 이름이 곳곳에 쓰이어 있어서 김영기가 필사한 주인임을 알 수 있다. 1960년대까지도 명심보감을 읽으면서 한자를 습득했음을 알 수 있는 자료이다. 모두 8장으로 한자는 780자가 있다. 필자의 소장본이다. (책 그림은 768쪽에 있음.)

곳곳에 방언형이 보인다.

轟 뿌술 겡 〈1a〉	薦 엥길 천 〈1a〉	痼 맹갱이 고 〈1a〉
輕 개바울 경 〈1b〉	旣 이무 기 〈1b〉	膽 씨래 담 〈3a〉
煖 다술 난 〈3a〉	泉 시암 천 〈4a〉	棟 지동 동 〈4b〉

(5) 명심보감 옥편(1980년대)

명심보감 옥편(明心寶鑑 玉篇)은 명심보감에 등장하는 한자를 학습하기 위하여 편찬된 것으로서 '소학옥편(小學玉篇)'을 편찬한 인천의 이재완이 1980년대에 편찬한 것으로 보이는 책이다. 국립중앙도서관 소장이다(BA1259-44 C.2), 필사본으로. '남택수' 씨가 1998년에 기증한 도서이다. 책의 크기는 27.7×19.0 cm이고 有界에 각면은 9행으로 되어 있으나 한 행의 자수는 일정치 않다. 모두 12장이다.

표지에 '明心寶鑑 玉篇(명심보감 옥편)'이라 되어 있다. 앞에 '筆者序頭(필자서두)에서부터'라고 하고 여기에 쓰인 한자들을 쓰고 각 한자의 아래에 한글로

〈명심보감 자해1〉

〈명심보감자해2〉

복수의 석음을 달아 놓았다. '册, 句, 抄, 完'에서부터 '矣, 期, 歐, 賦'까지 각 한자마다 한글로 석음을 달아 놓았다. 그리고 상하 2단으로 나누었는데, 상단에는 '빠진 글자 기재난'이 있어서 여기에도 마찬가지로 한자 석음을 달아 놓은 한자들이 적혀 있다.

동일한 방식으로 '明心寶鑑序(명심보감서)'가 있고 이어서 명심보감의 내용의 순서대로 '계선편(繼善篇), 천명편(天命篇), 순명편(順命篇), 효행편(孝行篇), 정기편(正己篇), 안분편(安分篇), 존심편(存心篇), 권학편(勤學篇), 훈자편(訓子篇), 하권의 성심편(省心篇), 입교편(立敎篇), 치정편(治政篇), 치가편(治家篇), 안의편(安義篇), 준례편(遵禮篇), 언어편(言語篇), 교우편(交友篇), 부행편(婦行篇), 효행편(孝行篇), 염의편(廉義篇)으로 나누고 그에 해당하는 한자와 한자 석음을 달아 놓았다. 그 석음을 몇 개 들어보도록 한다.

稟 품할 품, 아뢸 품, 성품 품〈1a〉   照 비칠 조 〈1a〉

雖 비록 수, 벌네이름 수 〈1a〉   遺 끼칠 유, 줄 유 〈1a〉

奇 기이할 기, 짝안맞을 기, 때못만날 기〈1a〉

稀 드물 희, 성길 희, 적을 희 〈1a〉   只 다만 지, 말그칠지 〈1a〉

然 그럴 연, 그렇다할 연, 그러나 연 〈1a〉   氷 어름 빙 〈1a〉

況 하물며 황, 찬물 황, 비유할 황 〈1a〉   覩 볼 도 〈1a〉

凡 무릇 범, 대강 범, 법상할 범 〈1a〉   誨 가르칠회 〈1a〉

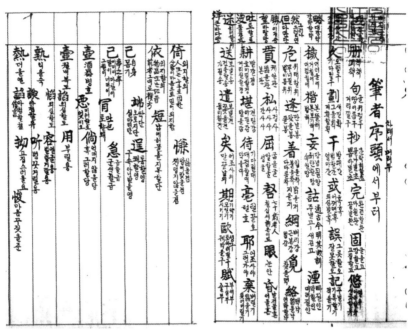

〈명심보감 옥편〉

2. 동몽선습

동몽선습(童蒙先習)은 조선 중종 때 박세무(朴世茂)가 지은 책으로 어린이들
이 천자문을 학습한 후에 배우는 초급 한문 교양서이다. 대체로 명심보감(明心
寶鑑), 동몽선습(童蒙先習), 계몽편(啓蒙篇), 격몽요결(擊蒙要訣) 등이 그러한 종류
에 속하는 책인데, 동몽선습은 오륜과 중국의 역대 사실과 우리나라의 단군
때부터 조선시대까지의 역사를 약술한 책이다. 여기에 등재되어 있는 한자
를 학습하기 위해 편찬된 자료가 있다.

(1) 동몽선습 옥편(1980년대)

동몽선습 옥편(童蒙先習 玉篇)은 동몽선습에 나오는 한자를 학습하기 위하여 편찬된 것으로서 '소학옥편'과 '명심보감옥편'을 편찬한 인천의 이재완이 1980년대에 편찬한 것으로 보이는 책이다. 국립중앙도서관 소장이다(古B 5409-13). 필사본으로. '남택수'씨가 1998년에 기증한 도서이다. 책의 크기는 25.6×18.1㎝이고 有界에 각면은 9행으로 되어 있으나 한 행의 자수는 일정치 않다. 모두 3장이다.

표지에 '童蒙先習 玉篇(동몽선습 옥편)'이라 되어 있는데, 내지 서명도 마찬가지이다. 제1항(第一頁), 총론(總論)으로 분류하고 각 항목에 한자를 쓰고 그 아래에 한글로 석음을 달아 놓았다. 모두 3장인데, 한자는 말미에 적혀 있는 바와 같이 '總二百七十八字(총 278자)'이다.

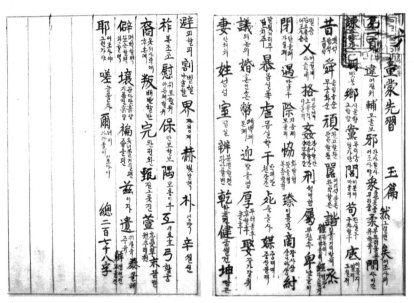

〈동몽선습 옥편〉

(2) 동몽선습(20세기 초)

이 책은 아무런 필사기가 없는 필사본 책으로, 표지와 내지의 책제목은 '童蒙先習(동몽선습)'이다. 반엽광곽의 크기는 23.5×18.6cm이고 판심어미는 상이엽화문어미이며 사주쌍변에 7행 15자로 모두 17장인데, 한 행은 다시 오른쪽에 좁은 한 행을 덧붙여, 큰 행에는 한글 구결을 단 한문 원문을, 그리고 좁은 행에는 세필로 그 한자의 석음을 한글로 적어 놓았다.

'ㆍ'도 보이며 합용병서도 보인다(天하늘 텬, 地ㄸ 지 등). 표기법이나 등재되어 있는 한글 어휘로 보아 20세기 초의 자료로 추정된다.

동몽선습에 나오는 모든 한자에 한글로 석음을 달아 놓았는데, 동일한 한자가 중첩되어도 계속해서 동일한 한글 석음을 달고 있다. 예컨대 '부자유친(父子有親)'에 '苟或父而不子其子(구혹부이부자기자)ㅎ며 子而不父其父(자이부부기부)ㅎ면'에는 '父'가 3번, '子'가 3번, '而'가 2번, '其'가 2번 출현하는데 모두 한결같이 '아븨 부, 아들 즈, 마리 이, 그 기'로 동일한 표기를 사용하고 있다. 이것은 이 책의 전편에서 보인다.

이 책은 구조가 '한자(한글 석음)'의 방식으로 이어지되 한문구를 이해할 수 있도록 한 것이다. 그리하여 본문은 '天地之間 萬物之衆(천지지간만물지중)애 唯人(유인)이 最貴(최귀)ㅎ니'로 되어 있지만 각 한자의 오른쪽에 한글로 석음을 달아 놓아서 '天(하늘 텬)地(ㄸ지)之(갈지)間(샤이간) 萬(일만만)物(만물물)之(갈지)衆(무리중)애 唯(오작유)人(스롬인)이 最(가장최)貴(귀흘귀)ㅎ니'와 같은 구조로 되어 있는 셈이다. 한문으로도 읽을 수 있게 하고 또한 그 한문구의 한자도 익힐 수 있도록 편찬된 것이다. 책 제목인 '童蒙先習(동몽선습)'에도 각각 '童(아희동) 蒙(열인몽) 先(먼져션) 習(익일습)'으로 되어 있어서 한자 학습의 초기모습을 보인다.

필자가 오래 전에 복사해 놓은 자료인데, 기록해 놓지 않아 출처가 분명하지 않다.

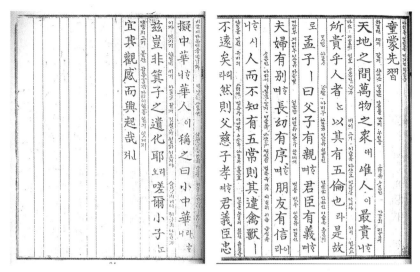

〈동몽선습〉

3. 통감

통감(通鑑)은 중국 송나라 휘종 때 강지(江贄)가 사마광(司馬光)의 '자치통감(資治通鑑)' 중 중요한 부분만 뽑아 편찬한 중국의 역사책이다. 대개 강지의 호인 '소미(少微)'를 붙여 '소미통감(少微通鑑)'이라고도 한다. 이 책은 주자학을 신봉하던 조선시대에 초학자들의 한문 학습 교재로 널리 읽혔었다.

(1) 현토주해 통감언해(1920년)

현토주해 통감언해(懸吐註解 通鑑諺解)는 통감을 언해하면서 통감에 등장하는 한자를 학습하기 위해 상단에 한자의 석음을 한글로 표기한 책이다. 1926년 대창서원에서 1책의 연활자본으로 간행한 책이다. 판권지에 '著作兼發行者 玄公廉(저작겸발행자 현공렴), 大正十五年二月二十五日 初版 發行(대정 15년 2월

25일 초판 발행), 發行及發賣所 大昌書院 / 普及書院(발행급발매소 대창서원 / 보급서원)'으로 되어 있다. 책의 앞에 '自治通鑑總要通論(자치통감총요통론)'이 있고 이어서 본론이 시작되는데, 주기(周紀)부터 시작된다. 한문 본문에 한글로 구결을 달고 이에 대해 협주로 한문 주석을 달아 놓았으며 이어서 언해가 되어 있다. 그리고 상단에 여기에 등장하는 한자 중에서 학습이 필요한 한자에 대해 한글로 석음을 달아 놓았다. 한 예만 들어 보인다.

(본문) 初에 趙簡子ㅣ 使尹鐸으로 爲晋陽ᄒ되 請曰以爲繭絲乎잇가 抑爲保障乎잇가

(상단) 繭 고치 견 障 막을 쟝

필자가 소장하고 있다.

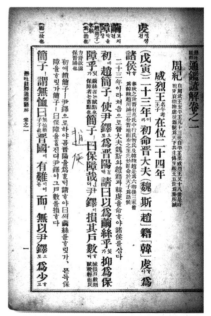

〈통감언해〉

774

4. 동몽초학

(1) 현토부음 석자주해 동몽초학(1933년)

현토부음 석자주해 동몽초학(懸吐附音 釋字註解 童蒙初學)은 어린이들이 배우는 한문 교양서인 동몽초학의 한문 원문에 한글로 토를 단 후, 각 한자에 한자음을 붙이고 한글로 언해를 하여 놓은 책으로 난상에 본문 중에 나오는 한자를 선택하여 한글로 석음을 달아 놓은 책이다. 1933년에 태화서관에서 간행한 1책의 연활자본이다.

판권지에 '昭和八年八月十五日 發行(소화 8년 8월 15일 발행), 著作兼發行人 姜夏馨(저작겸발행인 강하형), 發行兼總發賣所 泰華書館(발행겸총발매소 태화서관)'이라고 되어 있다. 표지서명과 내지서명 모두 '懸吐附音 釋字註解 童蒙初學(현토부음 석자주해 동몽초학)'이다. 10행에 한문 본문은 16자이고 언해문은 18자이다.

이 책이 원문인 '동몽초학'은 1915년에 태화서관에서 1책의 목판본으로 편찬해 낸 책으로, 20세기 초에 어린이 학습서로 널리 읽혀졌던 책으로 보인다. 그래서 후대에 '언해동상동몽초학(諺解圖像童蒙初學)' 등의 책도 간행된 적이 있다. 오륜행실과 총론으로 되어 있다.

이 동몽초학에 대해 쉽게 풀이한 학습서가 이 책이다. 한글 석음 자료가 많은 편은 아니다.

여기에 실려 있는 한자 자석들을 몇 개 소개한다.

唯 오직 유〈1a〉　　倫 차례 륜〈1a〉　　序 차례 서〈1a〉　　違 어길 위〈1a〉

輔 도을 보〈1b〉　　閭 집 려〈1b〉　　底 밋 저〈2a〉　　頑 완악할 완〈2a〉

罷 어릴 은〈2a〉　　蒸 찔 증〈2a〉　　姦 간사 간〈2b〉　　經 글 경〈2b〉

際 지음 제〈3a〉　　協 화할 협〈3a〉　　臻 니를 진〈3a〉　　紂 인금 쥬〈3b〉

暴 사나울 폭〈3b〉　　媒 중매 매〈3b〉　　柔 부드러울 유〈4a〉

국립중앙도서관 소장이다(古朝41-70).

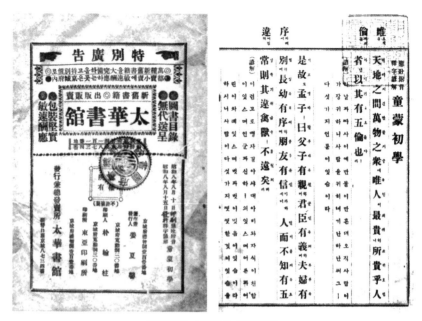

〈현토부음 석자주해 동몽초학〉

5. 소학

소학(小學)은 주지하는 바와 같이 유자징(劉子澄)이 그의 스승인 주자(朱子)의 지시에 따라 편찬한 책인데, 일상생활의 예의범절, 수양하기 위해 필요한 격언과 충신, 효자의 사적들을 모아놓은 것이다. 조선시대부터 유학 교육의 입문서로서 어린이들에게 많이 읽혔던 책이다.

(1) 소학옥편(1980년대)

소학옥편(小學玉篇)은 소학에 나오는 한자를 학습하기 위하여 편찬된 것으로서 1980년대에 편찬된 것으로 보인다. 국립중앙도서관에 소장되어 있는데

(BA1256-42), 인천의 이재완(李在完)이 편찬한 1책의 필사본이다. '남택수' 씨가 1998년에 기증한 도서로 책의 크기는 26×18.3㎝이고 각면은 6행으로 되어 있으나 한 행의 자수는 일정치 않다. 모두 20장이다.

표지에 '小學 玉篇(소학 옥편)'이라 되어 있고 앞에 일종의 서문이 붙어 있는데, 그 일부를 보이면 다음과 같다.

> 六義法則이라 함은 指事, 象形, 會意, 形聲, 轉注, 假借이나 說明 記載에 많은 紙面을 消耗하게 됨으로 于先 明心寶鑑이나 小學 等 書冊을 學習하는 學生들을 爲하여 千字文에 없는 文字와 語助辭字와 한 글자가 十字 以上 名稱되는 字를 選集 記錄하여 初學者의 便宜를 제공하는 바이다.

결국 소학을 배우는 사람들에게 필요한 한자 학습서임을 알 수 있다.

소학은 원래 학동들이 읽어야 할 내용을 경서(經書)와 제사(諸史)와 가훈(家訓) 등에서 추출한 것으로 내편(內篇)과 외편(外篇)으로 구성되어 있으며 내편은 다시 입교(立敎), 명륜(明倫), 경신(敬身), 계고(稽古)의 4항으로 되어 있고 외편은 가언(嘉言)과 선행(善行)의 2항으로 되어 있다.

이 소학옥편은 다음과 같은 순서로 되어 있다.

맨 앞에 1장으로 된 서문이 있고 이어서 夫, 況, 抑, 慶으로부터 시작하여 那, 却, 幾, 休로 끝나는 한자 32자에 대한 한글 석음이 달려 있다. 각 한자의 아래에 주석을 붙였는데, 모두 복수 주석울 붙였다. 예컨대 첫 글자인 '夫'에 대해서 '어조사(語助辭) 발어사(發語辭) 지아비 부, 어조사 부, 배필 부, 대저 부, 선생 부, 지 부, 벼슬이름 부'로 되어 있다. 모두 복수 주석을 달아 놓은 셈이다.

이러한 방식으로 한자에 대한 복수 석음을 단 후에 '삼사(三思)'라고 하여 '少而不學(소이불학)은 長無能也(장무능야)오 老而不敎(노이불교)는 死無思也(사무사야)오' 등의 한문구가 실려 있고, 이어서 '삼락(三樂)'의 내용 즉 '父母俱存(부모구존)하고 兄弟無故(형제무고) ㅣ 一樂也(일락야)오' 등의 한문구가 실려 있다. 이어서 다시 '天, 一, 丁 上'으로 시작하여 '驥, 驫, 麤'로 끝나는 한자에 대한 한글 석음이 있고, 그 뒤에 '御製小學序(어제소학서)'가 있는데, 여기에 등재되어 있는 한자를 석음을 달아 놓았다. 이와 같은 방식으로 小學書題(소학서제), 小學題辭(소학제사)가 이어진다.

그 다음에 이어지는 내용은 본문에 등장하는 대로, 입교제일(立敎第一), 명륜제이(明倫 第二), 우명부자지친(右明父子之親), 우명군신지의(右明君臣之義), 우명부부지별(右明夫婦之別), 우명장유지서(右明長幼之序), 우명우지교(右明友之交), 경신 제삼(敬身 第三), 우명심술지요(右明心術之要), 우명위의지칙(右明威儀之則), 우명의복지제(右明衣服之制), 우명음지절(右明飮之節), 우입교(右立敎), 우명륜(右明倫), 우경신(右敬身), 가언 제오(嘉言 第五), 우광입교(右廣立敎), 우광명륜(右廣明倫), 우광경신(右廣敬身), 선행 제육(善行 第六), 우실립교(右實立敎), 우실명륜(右實明倫)으로 끝난다. (책 그림은 779쪽에 있음.)

(2) 여소학(1882년)

여소학(女小學)은 호산(壺山) 박문호(朴文鎬, 1846~1918)가 1882年(고종 19年)에 부녀자들에게 필요한 글을 모아 언해한 6권 6책의 필사본이다.

이 여소학이 1882년에 이루어졌음은 그의 문집인 호산집(壺山集)의 부록 권지1에 나오는 연병(年柄)의 임오년(壬午年)(호산의 나이 37세 때) 사월조(四月條)에 '女小學成(여소학성)'이라 되어 있는 점으로 보아 알 수 있다.

이 책은 필사본이지만 호산 박문호 자신이 직접 청서(淸書)한 여소학은 현존하지 않는 것으로 생각된다. 단지 그의 후손이 필사한 것으로 보이는 두 질만이 남아 있는 것으로 추측된다. 원래 이 책은 같은 내용을 최소한 네 번 이상 필사한 것으로 생각된다. 이처럼 생각되는 이유는 첫째, 이본이 두 질이 현존하고 있으며, 둘째, 호산이 직접 두 번을 썼기 때문이다. 호산이 직접 쓴 처음 책은 화재로 소실되었으므로 호산 자신이 또 한 번 쓴다는 기록이 남아 있다.

〈소학옥편〉

즉 '여소학 제사'에 "집 미데ㄱ 칠팔세예 언문을 디강 통ㅎ야 익히넌 거시 허탄 흔 쇼셜이라 쓰움과 괴이흔 닐이 규문에 하관이냐 ㅎ고 이전 셩현의 말심얼 뫼와 조고마치 칙얼 만드러 ㄱ리치고 출가할 제 롱의 너허 보닛더니 근친시에 그 칙을 ㅊ즈니 화지예 틱와더라"라고 기록하고 있는 것이다.

현존하고 있는 이본은 두 가지이다. 하나는 1897年 아세아문화사에서 출판한 호산집(壺山集)의 제 4책에 영인되어 있는 여소학의 저본이 그것인데 호산의 후손이 소장하고 있는 것으로 보인다(이를 아세아문화사 영인본이라고 부르기로한다). 또 하나는 충남 천안시의 태화산방(泰華山房)에서 필자가 발견하여 소장한 女小學(여소학)이다(이를 홍문각 영인본이라고 부르기로 한다).

이 두 이본은 거의 차이가 없다. 필체까지도 동일하다. 단지 차이점이 있다면, 홍문각 영인본은 한문 원문에 좌서(左書)로 점을 찍어 놓고, 그 난상에 한글로 구결을 써 놓았는데 비하여 아세아문화사 영인본은 그러한 좌점(左點)과 구결(口訣)이 없다. 이 두 가지 이본은 그 필사년이 각각 다르다. 아세아문화사 영인본은 1915年에 필사한 것으로 보이고, 홍문각 영인본은 1932年에 필사한 것으로 보인다. 아세아문화사 영인본의 끝부분에 '允謀 暮春 楓山 七十翁寫(윤모 모춘 풍산 70옹사)'이라 하고 있는 것으로 보아서, 그리고 홍문각 영인본의 말미에는 '壬申 孟秋 魯峯 六十四歲翁 謄寫(임신 맹추 노봉 64세옹 등사)'로 되어 있는 것으로 보아서 알 수 있다. 풍산(楓山)은 박문호(朴文鎬)의 또 한 가지 호이기 때문에 아세아문화사 영인본은 호산 박문호가 직접 필사한 것으로 보이고 홍문각 영인본은 그의 후손 중에 노봉(魯峯)이라는 호를 가진 사람이 필사한 것으로 보일지 모른다.

그러나 이 두 가지 본이 다 호산이 직접 쓴 것으로는 보이지 않는다. 왜냐하면 이 두 책이 필체가 동일하기 때문이다. 홍문각 영인본을 필사한 연도가 1932년이라면 호산의 사후(死後)가 되므로 호산이 직접 필사할 수가 없을 것이며, 또한 1915년에 필사한 책과 그 필체가 동일할 수가 없는 것이다. 따라서 아세아문화사 영인본의 책 말미에 '윤모 모춘 풍산 칠십옹사'라 한 것도 그대로 옮겨 베낀 것으로 볼 수밖에 없다. 아마도 노봉이라는 호를 가진 그의 후손이 베껴 쓴 것으로 해석된다. 그러나 여기에 쓰인 글씨뿐만이 아니고 표기까지도 동일한 것을 보면 호산이 직접 쓴 것과 거의 차이가 없을 것으로 생각되지만, 호산이 처음에 쓴 것과는 조금 내용상의 차이가 있을 수 있다. 그가 쓴 여소학발(女小學跋)에 '칙이 된 후 이십여 년 만의 드시 일통얼 정셔ᄒ되 대강 곤츤 거시 잇쓰니 …… 병오 모츈 길일에 긔록ᄒ노라'라 되어 있어서 처음 책을 쓴지 20여년만인 1906年에 발문을 쓰면서, 다시 쓰되 고친 부분이 있음을 밝히고 있기 때문이다. 그리고 후발(後跋)에는

이 칙얼 츰으로 정셔ᄒ 때예 ᄌ음과 ᄌ톄에만 살피고 …… 무신 밍하 망죠에 또 긔록ᄒ노라

라 기록하고 있어서 이 후발(後跋)은 또 발문(跋文)을 쓴지 2년 만인 1908년에 썼음을 밝히고 있다. 그러니까 이 여소학은 단번에 이루어진 것이 아니라 여러 해를 두고 편찬된 것임을 알 수 있다. 곳곳에 간지(干支)가 출현하는데 거의가 다른 해가 되는 것으로 보아서 이러한 점을 알 수 있다. 따라서 이 문헌에 쓰인 한글표기는 19세기 말 당시의 표기로 해석하는 것이 타당할 것으로 보인다.

다음에 홍문각 영인본을 중심으로 하여 그 서지사항을 살펴 보도록 한다. 冊의 크기는 30.4×20.4㎝이다. 그러나 제3책은 그 크기가 약간 달라서 29.4×20.7㎝이다. 그리고 반엽광곽의 크기는 25×16.2㎝이다. 판심어미는 없고 판심제도 없다. 단지 판심에는 장차만이 적혀 있다.

표지의 제목은 '女小學(여소학)'이며 내지의 제목도 역시 '女小學(여소학)'이다. 무계에 10행 22자이다. 전술한 바와 같이 모두 6권 6책으로 되어 있는데, 제1책에는 여소학제사(女小學題辭) 4장, 여소학 목록(女小學 目錄) 5장, 여소학(女小學) 권지일(卷之一) 40장으로 모두 49장으로 되어 있고 제2책에는 여소학(女小學) 권지이(卷之二) 50장, 제3책에는 여소학(女小學) 권지삼(卷之三) 52장, 제4책에는 여소학(女小學) 권지사(卷之四) 60장, 제5책에는 여소학(女小學) 권지오(卷之五) 59장, 제6책에는 여소학(女小學) 권지육(卷之六) 59장으로 되어 있는데, 이 제6책의 뒷부분에 여소학발(女小學跋)과 후발(後跋), 그리고 자훈방언동이고(字訓方言同異考)가 들어 있다.

그 편찬형식은 매우 특이하여 앞에 원문인 한자를 쓰고 그 한자 하나하나의 아래에 일일이 모두 한글로 석음을 달고 그 원문의 다음에 한글로 언해를 하였다. 원문에는 한자와 그 석음을 달았지만, 언해문은 순수히 한글로만 썼다. 이와 같은 형식은 동경대학본 백련초해와 거의 동일한 형식이 되는 셈이다. 이와 같은 형식의 언해방식은 대개 부녀자를 대상으로 한 문헌에서 흔히 발견된다. 그러나 대개의 경우에는 한자음만을 달아 놓는 것이 일반적인데(예컨대 女訓諺解 등), 이 책은 한자 하나하나에 모두 석음을 달고 있어서 매우 특징적이다. 그런데 그 석음도 규범적인 석음을 달고 있는 것이 아니라, 그 文脈에 따라 다르게 달고 있는 점이 특히 주목된다.

壺山이 이 책을 편찬하게 된 동기는 그의 여소학제사(女小學題辭)에 잘 들어 나 있다. 이제 그 제사의 언해문 전부를 인용하면 다음과 같다.

흔을이 스람의 성픔을 주실 쩍의 남녀의 후박이 업쓰ᄂ 그리츠지 ᄋ니ᄒ면 엇지 착ᄒ며 글이 ᄋ니면 무어슬 의거ᄒ리요 그런고로 이젼 착흔 부인덜이 글에 잠심ᄒ야 ᄂ치에 유조ᄒ고 스칙의 일음을 끼쳔ᄂ니라 그러허ᄂ 이 덕얼 익이면 또흔 맘을 방스케 ᄒᄂ고로 한ᄂ른 채염과 진ᄂ른 샤도온은 ᄋ년 거시 만키로 좀스람 한틔도 조롱함을 바닷너니라 우리 ᄂ른에 언문이 잇스니 그 글 지ᄋ시니ᄂ 성인이라 부인과 어린ᄋ희도 비울만 ᄒ니 ᄒ로ᄋ침에도 가히 통할 거시라 그 글로 경셔를 번역ᄒ야 부인덜노 비우게 ᄒ엿더니 셰상이 ᄂ리고 시속이 무너져셔 이젼 법이 츠츠 어둡더라 부귀가 부인덜언 너머 편ᄒ야 샤치ᄒᄂ 풍쇽만 날노 셩ᄒ고 간난ᄒ니ᄂ 치산에 골몰ᄒ야 언문얼 겨를치 못ᄒ더라 집 믹데ᄀ 칠팔셰예 언문을 듸강 통ᄒ야 익히년 거시 허탄흔 쇼셜이라 쓰움과 괴이흔 닐이 규문에 하관이냐 ᄒ고 이젼 셩현의 말심얼 뫼와 조고마치 칙얼 만드러 ᄀ리치고 출가할 졔 롱의 너허 보닛더니 근친시에 그 칙을 츠즈니 화직예 틱와더라 집 ᄋ희년 십오셰예 칠셔럴 듯 일것더니 녀식과 질녀ᄂ 츠츠 그 ᄂ희 되믹 경구ᄂ ᄀ장 능히 ᄒ나 쇽에 든 거슬 무를진딕 한말도 비온 거시 업도듯 대녀 ᄋ덜에 비우지 못흔 거슨 부모ᄀ 용셔ᄂ ᄒ련이와 쫄언 남의 집에 틱인 스람이라 만일 비우지 못ᄒ면 외정과 구고의게 이우ᄒᄂ니 스덕을 닥지 ᄋ니ᄒ면 엇지 남의 며느리ᄀ 되리요 닉ᄀ 편발 쩍부텀 놀며 비우기럴 조와 ᄒ야 칙얼 만권을 비와쓰ᄂ ᄒᄂ도 몸의 잇지 ᄋ니ᄒ니 즁야의 혼ᄌ 싱각ᄒ믹 놀닌 뚬이 그치지 ᄋ니ᄒ도듯 대녀 드른 거시 잇거던 그 말딕로 힝ᄒ미 귀ᄒ니 그 말과 그 닐이 경셔에 잇고 스긔예 잇넌지라 두루 뫼와셔 이 칙얼 만드러 녀스의게 주노라
임오 츈삼월에 호산은 쓰노라

이 여소학에 인용된 문헌은 주역(周易), 좌전(左傳), 국어(國語), 사기(史記), 내훈(內訓), 예기(禮記), 여계(女誡), 소학집주(小學集解), 모시(母詩), 동국문헌비고(東國文獻備考), 소학언해(小學諺解), 오륜행실(五倫行實), 안씨가훈(安氏家訓), 논어(論語) 등 고거제서(考據諸書)가 대단히 많다.

이 책을 지은 박문호(朴文鎬)는 본관이 영해(寧海)로서, 자(字)가 경모(景模)이며 호는 호산(壺山) 또는 풍산(楓山)이다. 그의 원계(原系)는 박혁거세(朴赫居世)의 7세손(七世孫)으로서 박제상(朴堤上)으로부터 시발된다. 박문호의 선계(先系)가 충북 지역에 정착한 것은 고려 고종조 때부터이다. 조선조에 와서는 그의 선조가 임진란 때 회인(懷仁)으로 이거(移居)하였다.

호산은 1848年(헌종 12년) 3월 1일에 회인군(懷仁郡) 눌곡리(訥谷里)에서 탄생하였다. 서울을 비롯한 여러 곳에 다닌 적은 있지만 주로 생활은 충북 회인군 눌곡리에서 생활하였다. 따라서 이 여소학에 쓰인 한글표기는 19세기 말의 충북 회인군 지역어를 반영하고 있다고 할 수 있다.

이 여소학에 한글로 표기되어 있는 한자의 석음과 언해문은 19세기 말의 충북 방언을 반영하고 있어서, 국어사적인 면에서 중요한 가치를 지닌다. 방언사 자료를 찾아 보기 힘든 현실에서 이와 같이 방언을 상당 부분 반영하고 있는 자료의 출현은 국어학계를 위해서는 매우 고무적인 일이라 아니할 수 없다.

이 여소학에 쓰인 한자는 겹치는 한자를 모두 포함하여 25,078자이다. 그리고 한자의 석음이 동일한 것을 제외하고 다른 석음을 보인 것만 계산한다면 모두 3,880자이다.

〈여소학〉

6. 사서

사서(四書)란 주지하는 바와 같이 대학(大學), 논어(論語), 맹자(孟子), 중용(中庸)의 4가지 경서를 말한다. 이 유교 경전은 우리나라에서는 중국의 대표적인 고전으로 인식되었고, 또한 중국문화의 상징으로 알려져 있어서 일반인들의 필독서였다. 이러한 이유로 이 사서는 조선시대에 많은 언해본이 출간되었다. 그러나 여기에 등장하는 한자를 학습하기 위해 만든 책은 후대에 등장한다.

(1) 언해사서(1932년)

언해사서(言解四書)는 1932년에 문언사(文言社)에서 대학, 논어, 맹자, 중용의 사서를 언해하여 연활자본으로 간행한 책이다. 언해대학(言解大學) 1책, 언해 논어(言解論語) 上下 2책, 언어중용(言解中庸) 1책, 언해맹자(言解孟子) 상중하 3책, 모두 7책으로 간행하였다.

언해자는 알려져 있지 않고 문언사 편집진이 편찬한 것으로 보인다. 사서 (四書)는 널리 알려져 있으나 아는 사람이 적음을 개탄하여 조선문으로 번역함으로써 경전의 뜻을 알게 하여 덕성(德性)의 근본을 세우고 문화의 정신을 기르게 하기 위한 목적으로 문언사에서 사서를 번역하게 된 것이다.

책의 크기는 22.0×15.0cm이고 판권지에 '昭和七年八月十日(소화 7년 8월 10일) 발행', 저작겸발행자는 '文言社代表 李範圭(문언사 대표 이범규)'로 되어 있고, 발행소는 '文言社(문언사)'로 되어 있다.

권수책이 언해대학이어서 이 책에만 앞에 '언해사셔례언(言解四書例言)'이 나온다. 그리고 각 책에 따라 언해대학에는 언해대학쟝구셔(言解大學章句序), 대학장구서(大學章句序)가 나온 후에 본문인 '언해대학장구'가 이어진다.

언해논어에는 '언해사셔례언(言解四書例言)이 없다. 그리고 언해론어셔셜(言解論語序說)과 션셩셰가략록(先聖世家略錄)이 있고 본문인 언해론어권지1(言解論語卷之一)이 나온다.

언해중용에는 언해즁용쟝구셔(言解中庸章句序)가 있고 이어서 즁용쟝구셔 (中庸章句序)가 있고 본문인 언해즁용쟝구대젼(言解中庸章句大全)이 이어진다.

언해맹자에는 언해맹자셔셜(言解孟子序說)이 앞에 있고 곧바로 본문인 언해 맹자권지1(言解孟子卷之一)이 나온다.

언해사서는 문언사 편집부에서 주도하여 언해하고 편찬해낸 것으로 보인다. 언해대학의 앞부분에 '언해사서예언(言解四書例言)'이 있는데, 이중에 다음과 같은 내용이 있어서 그러한 사실을 알 수 있다.

이 사셔는 한문에 슉공(熟工)이 적으면 경전(經傳)의 대지(大旨)와 집쥬(集註)의 해셕(解釋)을 능히 다 알지 못하며 또 한문을 전연히 알지 못하는 사람은 경전의 대지는 고사하고 글자의 의미(意味)부터 망연(茫然)한지라. 이러함으로 오날에 일으러셔 사셔(四書)난 잇셔도 아는 사람이 적음을 개탄(慨歎)하야 보통(普通)으로 아는 죠션문(朝鮮文)으로 우선 사셔(四書)를 해셕하난대 될 수 잇는 대로 통쇽뎍(通俗的)으로 해셕하야 무론 누구던지 죠션문만 통달하면 능히 경전의 쯧을 알게 하야 덕셩의 근본을 셰우고 문화(文化)의 정신(精神)을 길으기로 이를 본사(本社)의 목뎍(目的)으로 함

이 책을 읽는 방식도 언해대학에 있는 '언해사서예언'에 자세히 기록되어 있다.

이 사셔를 쳐음 배호는 사람의 읽난 방법(方法)은 먼져 대문을 읽을 째에 한문 글자의 몰으난 것을 슉독(熟讀)한 후에 대문 푼 것을 읽고 그 다음에 글자 푼 것을 보고 그 다음에 글쯧 푼 것을 보되 쳐음 한 번 보고는 알에와 우를 자셔히 몰을 터이니 다시 한 번 보아서 뜻을 알만 하거던 여러 번 읽어서 그 쯧을 알게 되도록 읽으면 션생 업시 자습(自習)하야 한문(漢文)의 문리(文理)도 이로 좃차셔 확실히 어들 터이니 이져 버리지 아니하도록 읽을 것이오

이 사서를 배우는 사람들이 이 사서를 읽는 방법은 먼저 대문을 읽을 때에 한문 글자의 모르는 것을 숙독한 후에 대문을 푼 것을 읽고 그 다음에 글자 푼 것을 보고 그 다음에 글뜻 푼것을 보도록 하였는데, 이때에 대문을 읽을 때에 한자 중에서 모르는 것을 숙독시키기 위해 대문의 상단에 한자와 한자의 석음을 한글로 달아 놓아 익히게 한 것이다.

대문이 나오고 이어서 '대문 푼 것', 이어서 '글자 푼 것'과 '글뜻 푼 것'이 나온다. 이러한 구조가 계속된다.

예컨대 대학의 첫 구를 보면

대학지도　재명명덕　재신민[1]　재지어지션
大學之道난 在明明德하며 在親民하며 在止於至善이니라

처럼 한글 토를 단 한문구를 써 놓고 그 왼쪽에는 그 한자음을 써 놓은 후에
상단에

大 큰 대	學 배홀 학	之 어조사 지	道 길 도
在 잇슬 재	明 밝을 명	德 큰 덕	親 친할 친
民 백성 민	止 그칠 지	於 어조사 어	至 지극할 지
善 착할 션			

와 같은 형식을 갖추고 있다.
언해논어의 첫 구를 보면

자ㅣ 왈 학이시습지　블역열호　유붕　자원방래면 블역락호
子ㅣ 曰 學而時習之면 不亦說乎아 有朋이 自遠方來면 不亦樂乎아

인블지이블온　블역군자호
人不知而不慍이면 不亦君子乎아

처럼 한글 토를 단 한문구를 써 놓고 그 왼쪽에는 그 한자음을 써 놓은 후에
상단에

---

1 '재친민'이 아니라 '재신민'으로 되어 있는데, 이는 분명한 오자이다.

子 아들 자	曰 가로 왈	學 배홀 학	而 말이을 이
時 째 시	習 익힐 습	之 갈 지	不 아니 블
亦 坯 역	說 깃블 열	乎 어조사 호	有 잇슬 유
朋 벗 붕	自 븟흘 자	遠 멀 원	方 모 방
來 올 래	樂 즐길 락	人 사람 인	知 알 지
慍 셩낼 온	君 임금 군		

와 같은 형식을 갖추고 있다.

‘대문 푼 것’이란 이 대문을 언해한 것이다. 즉 ‘대학의 도난 밝은 덕을 밝힘에 잇스며 백성을 새롭게 함에 잇스며 지극히 착함에 그치난대 잇나니라’라고 되어 있다.

‘글자 푼 것’은 그 구에 나오는 글자들을 풀이한 것으로 예컨대 ‘친(親)은 정자(程子)ㅣ 갈아샤대 맛당히 새신(新)ㅅ자를 지을지니라. 대학은 대인의 학이오 명은 밝힘이오’ 등으로 되어 있다.

‘글쯧 푼 것’은 그 대문에 대한 주석문이다. 예컨대 ‘하날의 도가 흘너 행하야 만물을 발육할 때에 그 조화되난 것은 음양과 오행이나 음양과 오행이라 하는 것은 또 반다시 이 리치가 잇슨 연후에 이 긔운이 잇고’ 등으로 되어 있다.

따라서 이 책은 사서에 나오는 모든 한자가 다 포함되어 있는 셈이 된다. 중복되는 한자는 다시 쓰지 않아서 뒷면으로 갈 수록 자석을 단 한자 수가 적어진다. 예컨대 언해대학의 마지막 구인 ‘長國家而務財用者난 必自小人矣니 彼爲善之小人之使爲國家ㅣ면 菑害ㅣ 並至라 雖有善者ㅣ나 亦無如之何矣니 此謂國은 不以利爲利오 以義爲利也ㅣ니라’란 긴 문장에도 한자 풀이는 ‘長 어른 장, 務 함쓸 무 害 해할 해, 並 아우를 병’의 4자에 불과하다.

책의 마지막에 ‘언해사서자류변의(言解四書字類辨義)’가 실려 있다. 이것은 한문구를 풀이한 것이어서, 예컨대 ‘天之明命은 통히 샹텬을 말함이오’ 등으로 설명을 하고 있다. 필자를 비롯해 곳곳에서 소장하고 있다.

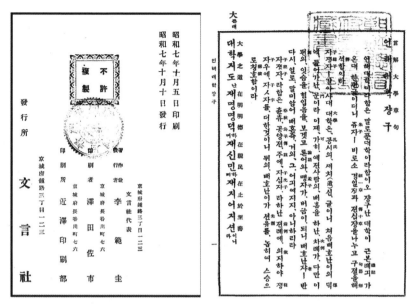

〈언해대학〉

學乙 道之 在밝 明큰 德친 親백 民지 止어 於사 主착 晉쳔
배학 어사 길도 잇재 밝명 큰덕 친친 백민 어사 지지 할착 쳔
홈 조지 도어 슬을 올덕 할성 칠 조어 국지 할

〈상단에 있는 한자 자석의 모양〉

7. 시전

　시전(詩傳)은 고대의 중요 시가를 모아 놓은 중국 오경(五經)의 하나이다. 본래는 3,000여 편이었으나 공자가 305편으로 간추렸다.

　시전 305편은 풍(風), 아(雅), 송(頌)의 세 부분으로 되어 있다. 이 풍, 아, 송에 해당하는 시전에는 해독하기 어려운 한자와 물명(物名)이 많이 등장한다. 그래서 『시경언해』에는 각권의 앞에 거기에 등장하는 물명에 대한 주석을 달아 놓고 있다. 이른바 '시경물명(詩經物名)'이 그것이다. 또한 난해한 한자 또는 시를 읽을 때 그 문구에서 해석될 때의 의미를 파악하기 어려운 한자들이 있다. 이들 서전에 등장하는 한자들을 학습시키기 위해 편찬된 책이 바로『시전자음의(詩傳字音義)』와『시전자문의초(詩傳字文疑抄)』이다. 책 제목에서 그대로 알 수 있듯이 시전에 나오는 한자의 음의, 곧 석음을 달아 놓은 것이다.

(1) 시전자음의(1925년)

시전자음의(詩傳字音義)는 1925년에 필사된 책이다. 편찬자는 알 수 없다. 필자 소장본이다. 표지에 '詩傳字音義(시전자음의)'라는 책제목이 있고 그 오른쪽에 '乙丑八月 日(을축8월일)'이라는 필사기가 있다. 을축년은 1925년이다. 그 이전의 1865년으로 볼 근거가 없다. 우선 지질이 양지이어서 그렇다. 특히 한글 표기법도 그러하다. 무계에 4행으로 되어 있는데, 한 행에 한자가 4자씩 배열되어 있고, 한 글자에 대하여 각 한자의 아래에 협주 방식으로 주석을 달아 놓았는데, 그 주석은 대부분 그 한자의 석음에 해당하는 것이다. 모두 34장이어서 여기에 쓰인 한자는 모두 1,058이다. 그 예를 들어 보면 다음과 같다.

關關 비둘기울 관 鳩鳴關關	雎 증경시 져 匹鳥鳴鳩
窈 요됴할 요 㽱閒窈窕	窕 요됴할 됴 㽱閒窈窕
逑 싹 구 匹也	鷖 갈마기 예 鷗也

'關雎窈窕逑'로부터 시작하여 마지막으로 '封丸虔梜'으로 끝난다. 곧 서전 권1의 '국풍(國風)'의 '주남(周南)'의 첫 시인 '關關雎鳩在河之洲 窈窕淑女 君子好逑(관관저구재하지주 요조숙녀 군자호구)'에서 5 글자를 선택하였고 권20의 '진송(晉頌)'의 장발칠장(長發七章)의 끝시 '涉彼景山松栢丸丸 是斷是遷方斲是虔 松桷有梜 旅楹有閑 寢成公安(섭피경산송백환환 시단시천방착시건 송각유천 여영유한 침성공안)'에서 위의 예들을 선택하여 주석을 단 것이다. 그러나 시전에 나오는 소제

목들을 제시하여 분류하지는 않았다. 시전의 시에 의미를 맞춘 것이어서 한 자에 대한 석음이, 특히 새김이 독특한 것이 많은 편이다.

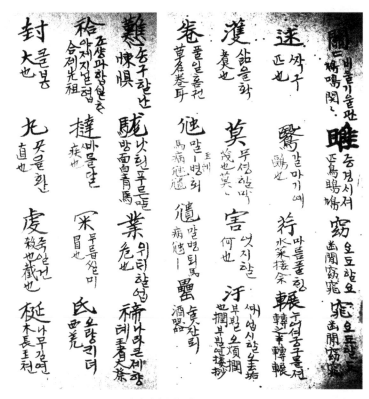

〈시전자문음의〉

(2) 시전자문의초(20세기 초)

시전자문의초(詩傳字文疑抄)도 필자 소장의 필사본이다. 책의 크기는 18.3× 13.5㎝로 일종의 수진본이다. 책의 표지에 '詩傳字文疑抄(시전자뭉의초)'라는 제 목이 있을 뿐, 내제(內題)는 없다. 시전에 나오는 한자에 대해 학습하기 위해 만 들어 놓은 것인데, 앞의 『시전자음의(詩傳字音義)』보다 그 주석이 많은 편이다.

대체로 7행인데, 한 행에 한자 6자~8자씩 배열하고 각 한자의 아래에 주석을 달았다. 한문으로 주석을 단 것은 드물고 주로 한글로 그 한자의 석음을 써 놓았다. 그리고 『시전자문음의』와는 달리 시전의 분류에 따라 국풍(國風)에 '주남(周南)' 등에 '주남편(周南篇)' 등으로 소제목을 붙이고 있다. '주남편(周南篇), 소남(召南), 패용위(邶鄘衛)' 등으로 그 출전을 표시하고 있다.

모두 25장인데 여기에 등재되어 있는 한자는 2,230자 정도가 된다. 정성들여 만든 흔적이 곳곳에 보인다. 보완하여야 할 곳은 종이를 덧붙여 써 놓았고, 수정할 곳은 한지를 붙여 이전의 잘못된 부분을 가리고 그 위에 세필로 다시 써 놓은 곳이 곳곳에 보인다.

이 문헌에 소개되어 있는 한자 자석들을 보면 다음과 같다.

關 소리화할 관⟨1a⟩	鷖 갈믹이 예⟨1a⟩	窈 요조할 요⟨1a⟩
窕 요조할 조⟨1a⟩	逑 짝 구⟨1a⟩	荇 마람 힝⟨1a⟩
輾 모로눌 전⟨1a⟩	芼 익혜의릴 묘⟨1a⟩	覃 뻗을 담⟨1a⟩
萋 성할 처⟨1a⟩	灌 떨기남우 관⟨1a⟩	喈 화한소리 기⟨1a⟩
刈 볠 예⟨1a⟩	濩 삶을 확⟨1a⟩	樛 굽은남우규⟨1a⟩
虆 츩넝출류⟨1a⟩	綏 펜안유⟨1a⟩	纍 밀류⟨1a⟩

편찬자는 누구인지 알 수 없으나 시전을 공부한 사람인 것은 틀림없다. 필사기가 없어서 필사연도는 알 수 없으나 한글 표기로 보아서 20세기 초로 보인다.

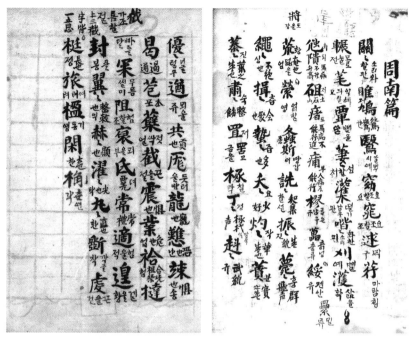

〈시전자문의초〉

8. 자훈

(1) 자훈언해(1574년)

자훈언해(字訓諺解)는 중국 남송(南宋)의 정단몽(程端蒙)이 편찬한『자훈(字訓)』을 소재(穌齋) 노수신(盧守愼, 1515년~1590년)이 1555년에 언해하여 1574년에 불분권(不分卷) 1책의 목판본으로 간행해낸 책이다.

자훈은 성리자훈(性理字訓)으로 널리 알려져 있는데, 정단몽이 사서(四書) 및 주희(朱熹)의 사서장구집주(四書章句集注)에 근거하여 명(命), 성(性), 심(心), 정(情), 재(才), 지(志), 인(仁), 의(義), 예(禮), 지(智), 도(道), 덕(德), 계(誠), 신(信), 충(忠),

서(恕), 중(中), 화(和), 경(敬), 일(一), 효(孝), 제(悌), 천리(天理), 인욕(人欲), 의(誼), 이(利), 선(善), 악(惡), 공(公), 사(私)의 총 30개 범주의 성리학 개념을 정리하여 아동의 교육을 목적으로 저술한 책이다. 자훈언해도 노수신이 두 조카의 교육을 위해 언해한 것이다. 자훈언해의 앞에 붙어 있는, '書字訓童蒙須知後(서자훈동몽수지후)'의 글에 두 조카의 이야기가 나온다.

書字訓童蒙須知後

余有二從子 年幾入學 愛而見迺 取程先生字訓 飜以諺文仍附小說 復謄童蒙須知 略見疏義 將寄之久矣 其父之來 擧以相授 噫 朱夫子曰 童蒙貴養正寄二子二書 況可已乎 子不負書 光前啓後 子志不虛 枯死無憾 嘉靖乙卯四月五日 叔父書于沃州之穌齋

(나에게 조카가 둘이 있는데 나이가 거의 공부를 시작할 때가 되었다. 사랑하나 볼 수 없어 정선생의 자훈을 취하여 언문으로 번역하고 소설을 붙였다. 다시 동몽수지를 베끼고 간략하게 소의를 보여 장차 주려고 한 것이 오래 되었다. 그 아이 아버지가 와서 주었다. 슬프다 주부자가 말하기를 아이는 바르게 키우는 것이 귀하다고 하였으니 두 아이에게 두 책을 부치는 일을 항차 그만둘 수 있는가? 아이가 책을 저버리지 않고 가르침으로 삼는다면 내 뜻이 헛되지 않을 것이다. 죽는다 해도 유감이 없을 것이다.)

이 내용을 보아도 조카를 사랑해서 그 조카의 교육을 위해 쓴 것임을 알 수 있다.

자훈은 중국은 물론이고 우리나라에도 아동의 교육에 많은 영향을 준 책이다. 그래서 자훈언해도 역시 아동 교육의 중요한 지침서가 되어 온 것으로 보인다. 이러한 점은 자훈을 알기 쉽게 풀이해서 간행해낸 초학자훈증집(初學字訓增輯)이란 책의 발문인 '자훈서발(字訓書跋)'에서 『자훈언해』를 언급한 것으로도 잘 알 수 있다.

晦庵先生門人程正思端蒙 初輯字訓 先生稱以爲一部大爾雅 許之之辭也 少時見其書
不過數十字 一字註各一句 甚簡略 蘇齋公爲諺解 或刻板而傳之 今亦不存矣

(회암 선생(晦菴先生)의 문인인 정정사 단몽(程正思端蒙)이 처음『자훈』(字訓)
을 편집했을 때, 선생이 일부(一部)의 위대한『이아(爾雅)』라고 칭찬을 하였으
니, 이는 그 노력을 인정해 준 말씀이었다. 나도 소싯적에 그 책을 얻어 보았는
데, 겨우 수십 자에 불과하였고, 한 글자마다 각각 한 구절씩 주해를 하는 등 간
략하기가 이를 데 없었다. 그런데 소재공(蘇齋公)이 이를 언해(諺解)한 뒤로 더
러 판각(板刻)을 해서 세상에 전해지기도 하였으나, 지금은 이것마저도 찾아볼
수가 없는 실정이다.) 〈한국고전번역원 이상현 번역〉

이 자훈언해는 이미 다음의 글에서 여러 번 소개된 적이 있다.[2]

(1) 이재욱(1936) (2) 제홍규(1969) (3) 황문환(1998)

(1)과 (2)는 국립중앙도서관에 소장되어 있었던『자훈언해』에 대한 소개이
고, (3)은 경북 상주시 화서면 서산리 거주 노응구(盧應九) 씨 소장의『선조소재
선생대학집록(先祖蘇齋先生大學集錄)』에 수록되어 있는 자훈언해에 대한 해제
이다. 이 두 종류의 책은 분명히 다른 책이다.

국립중앙도서관에 소장되어 있던 자훈언해는 도서번호 '古朝-93-44'의 책
인데 현재 국립중앙도서관에서 볼 수 없는 책이 되었다(현재는 古貴1574-8로 되어
있다).

이재욱(1936)에 의하면 국립중앙도서관 소장본은 여암(順菴) 안정복(安鼎福,
1712년~1791년)의 수택본(手澤本)으로 알려져 있다. 앞부분에는『자훈언해』를,
뒷부분에는『동몽수지』를 수록하였는데,『자훈언해』가 16장,『동몽수지』가
11장이어서 모두 27장으로 되어 있고, 권말에 '嘉靖乙卯四月(가정을묘사월)'에

---

2 앞의 두 글은 諸洪圭(1987)에서 볼 수 있었던 목록으로 홍윤표(1993)에서도 이미 소개한 적
  이 있었다. 단 (2)에서 필자가 李在秀로 되어 있으나 실제로는 李在旭이 옳다. 제홍규(1969)
  의 글은 책을 구하지 못해 확인하지 못하였다.

쓴 저자의 발문이 붙어 있다고 한다. 그리고 발문의 뒤에 순암의 필적으로 보이는 다음과 같은 입수전말기(入手顚末記)가 붙어 있다고 한다.

此書世無所傳 歲己酉秋 余遊茂朱之圓通寺(時居茂朱) 有佛尊名敬和者有此書 余以 此無劫於爲佛者 遂請而得之 要無復布于世云爾 (敬和後還俗云)

즉 안정복이 기유년(1729년) 가을 무주에 살고 있을 때에 무주 원통사(圓通寺)에 놀러 가서 경화(敬和)라는 사람으로부터 구득하였다는 기록이다. 안정복의 집안이 1726년부터 1735년까지 무주에 살았으니 안정복의 나이 겨우 17살 때의 일이다.

이재욱(1936년)에 의하면 이 책은 책의 크기가 세로 1척 9푼, 가로가 7촌, 광곽의 크기가 세로 8촌2푼 가로 6촌이다.

1969년에 국회도서관에서 간행한 『한국고서종합목록』에도 다음과 같은 기록이 남아 있다.

字訓諺解 宋 程端夢[3] 撰 盧守愼 諺解 및 註 木版本 1책 27장

제홍규(1969년)에서 국립중앙도서관 귀중본으로 소개한 적이 있으니 1969년까지는 이 문헌이 국립중앙도서관에 소장되어 있었음을 알 수 있다.

이재욱(1936년)에 소개되어 있는 서영(書影)을 보이면 다음과 같다. 비록 명확하지는 않지만 그 윤곽은 알 수 있다.

(3)은 (1)의 중간본이다. 초간본과의 차이는 뒤에 기술될 것이다.

---

3 '夢'은 '蒙'의 잘못이다.

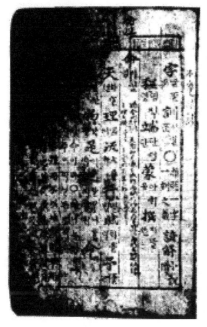
〈자훈언해 1a〉

〈권말의 안정복의 입수전말기〉

여기에 기술하는 자훈언해는 경북대학교 남권희(南權熙) 교수의 소장본이다. 책의 크기는 33.5×22.7cm이고 반엽광곽의 크기는 24.1×17.6cm로 표제는 '童蒙須知 字訓附(동몽수지 자훈부)'로 되어 있다. 8행 16자이며 사주단변에 판심어미는 상하내향흑어미(또는 상하 이엽- 삼엽 화문어미도 있다)이고 상하대흑구이다.

이 책은 앞에 童蒙須知(동몽수지) 11장, 그 뒤에 '書字訓童蒙須知後(서자훈동몽수지후)' 1장, 허충길(許忠吉)의 발문 1장이 있고 이어서 字訓諺解(자훈언해) 16장이 있어서 모두 29장으로 되어 있다.

이 발문은 1574년에 쓰인 것이다. 그 끝에 '萬曆甲戌通訓大夫榮州郡守許忠吉書示書院養正堂童蒙(만력갑술 통훈대부 영주군수 허충길서시 서원양정당 동몽)'이라고 되어 있어서 그러한 사실을 알 수 있다.

영주 군수였던 허충길은 소재 노수신의 친구로서 서로 도와 학문과 품성을 닦아 온 사이로 보인다. 그래서 이 책의 발문을 쓴 것이다.

噫 我蘇齋吾友也 平昔相觀 麗澤之益 生死不二之操 有補於初學 取友之方 跋於跋而
附會云爾

따라서 이 책은 1574년에 간행된 것으로 보아도 무방할 것으로 생각한다.
자훈언해 부분은 자훈의 원문 한문의 각 한자 아래에 한글로 석음을 달아
놓았다. 모두 180개의 한자에 석음을 달아 놓았다. 그러나 동일한 한자가 6개
가 있어서 실제의 한자 수는 174개이다.

그리고 그 자석이 붙은 한문구 다음에 국한 혼용으로 언해를 하였는데 언해
문에 쓰인 한자에는 한자음을 달지 않았다. 이미 앞의 한문 원문에 석음이 달
려 있기 때문일 것이다. 그리고 언해문이 끝난 뒤에는 다시 한문으로 그 문구
에 대한 주석을 달아 놓았다. 이것을 노수신은 '소설(小說)'이라고 하였다. 30개
의 범주에 속하는 모든 한문구를 다 언해한 것은 아니다. 의(義), 예(禮), 지(智)
의 세 부분에는 언해문이 없다.

한자 자석에는 방점까지 달아 놓았는데, 아마도 한자 석음에 방점을 단 문
헌으로는 『훈몽자회』 이후에 이 책이 유일한 것이 아닌가 한다. 평성은 무점,
거성은 1점, 상성은 2점으로 한 방식은 다른 방점 표기 문헌의 표기방식과 동
일하다. 물론 언해문에는 방점을 표시하지 않았다.

남권희 교수 소장본과 노응구 씨 소장본의 차이를 단지 한자 석음만 비교해
보이면 다음과 같다.

한자	남권희 교수 소장본		노응구씨 소장본	
	석음	출전	석음	출전
賦	틔올 부	〈1a〉	더올 부	〈1a〉
身	몸 신	〈2a〉	몸 심	〈1b〉
焉	닙계 언	〈3a〉	임계 언	〈2b〉

志	뜯 지	〈3b〉	뜻 지	〈3a〉
必	반득 필	〈3b〉	반득 필	〈3a〉
皆	다 가	〈4a〉	다 기	〈3a〉
其	저 기	〈4b〉	적 기	〈3b〉
發	내드롤 발	〈4b〉	내드를 발	〈3b〉
羞	붂그러울 슈	〈5a〉	붓그러울 슈	〈4a〉
當	반득 당	〈6a〉	반득 당	〈4b〉
信	믿블 신	〈7b〉	밋블 신	〈6a〉
偏	최드늘 편	〈9a〉	최드를 편	〈6b〉
純	고을 슌	〈12b〉	고믈 슌	〈9b〉

자훈언해에는 전술한 바와 같이 모두 180개의 한자에 석음을 달아 놓았지만 동일한 한자가 6개가 있어서 실제의 한자 수는 174개이다. 2개씩 등재되어 있는 한자 6개는 而, 事, 中, 情, 是, 爲이다.

이 중에서 而와 情은 모두 '마리 이'와 '뜯 정'으로 되어 있으나 나머지 4자는 그 새김이 다름을 볼 수 있다. 이것은 곧 한자의 새김을 통일시킨 것이 아니라 문맥에 따라 새김을 달리하였기 때문이다.

而 마리 이 〈2b〉   而 마리 이 〈12a〉

情 뜯 정 〈2a〉   情 뜯 정 〈2b〉

事 일 ᄉ 〈6a〉   事 셤길 ᄉ 〈10b〉

中 가온대 듕 〈9a〉   中 마즐 듕 〈9a〉

是 이 시 〈1a〉   是 올홀 시 〈5b〉

爲 ᄒ 위 〈3a〉   爲 위홀 위 〈12a〉

자훈언해에 보이는 한자 174자는 아동의 한자 교육과도 연관된다고 생각한다. 아동의 한자 학습서인 주흥사의 천자문과 비교해 보면 그 관계를 어느 정도 알 수 있을 것이다. 이 한자 174자 중에서 주흥사 천자문에 같이 보이는 한자는 다음의 124자이다.

可 感 皆 敬 公 恭 曠 具 口 舊 及 其 己 金 能 端 達 當 德 道 篤 動 得 禮
倫 利 莫 萬 勉 名 命 明 母 木 目 蒙 無 問 聞 物 發 辨 別 父 分 匪 非 事
思 斯 辭 善 性 聖 誠 所 受 水 始 是 信 神 身 實 審 心 深 我 惡 愛 弱 於
焉 五 日 欲 爲 謂 惟 有 隱 宜 義 二 而 耳 人 仁 子 字 自 長 在 才 適 節
情 精 照 終 主 中 之 志 盡 眞 此 天 推 忠 惻 致 則 必 學 行 賢 兄 乎 和
火 會 孝 訓

　　자훈언해에 나타나는 한자 자석과 언해문에 보이는 문장과 한자 자석에 붙인 방점은 16세기 국어 연구를 위해 여러 가지 정보를 제공해 준다. 여기에 보이는 한자 자석은 동시대의 한자 자석 문헌들, 예컨대, 훈몽자회(예산본, 1527년), 광주천자문(1575년), 신증유합(초간본, 1576년), 백련초해(동경대본, 1576년), 석봉천자문(내각문고본, 1583년), 이해룡천자문(1601년) 등과 비교하여 자석의 변이를 밝힐 수 있을 것이다.

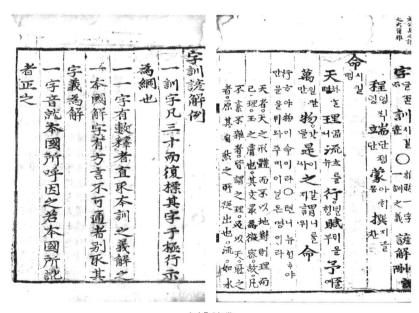

〈자훈언해〉

800

9. 백련초해

백련초해(百聯抄解)는 초학자들에게 한시를 가르치기 위하여 칠언고시 중에서 연구(聯句) 100개를 뽑아서 한글로 언해하여 1권 1책의 목판본으로 간행한 책이다. 김인후(金麟厚)가 편찬한 책으로 알려져 있다.

이 백련초해는 여러 이본이 전한다. 우선 크게 세 가지로 분류할 수 있는데, 하나는 칠언고시 100개에 쓰인 한자 1,400개('百聯抄解'라는 제목의 한자 포함하면 1,404자)의 한자에 각각 한글로 그 한자의 석음을 달아 놓고 이를 언해하여 놓은 책이고, 또 하나는 칠언고시 100개에 보이는 한자 1,400개에 한자음만 달아 놓고 언해를 하여 놓은 책이며 또 하나는 한자에 직접 새김이나 음을 달지 않고 난상에 한자음 표시를 하고 언해한 놓은 책이다.

① 한자의 석음을 표시한 백련초해

花(곳 화) 笑(우움 쇼) 檻(란간 함) 前(앏 젼) 聲(소리 셩) 未(아틀 미) 聽(드를 텽) 鳥(새 됴) 啼(울 뎨) 林(숨플 림) 下(아래 하) 淚(눈믈 루) 難(어려울 난) 看(볼 간) (고지 란간 앏픠셔 우오듸 소리를 듣디 온흐고 새 수플 아래셔 우루듸 눈믈 보미 어렵도다) 〈동경대본 백련초해〉

② 한자음을 달고 언해한 백련초해

花(화) 笑(쇼) 檻(함) 前(젼) 聲(셩) 未(미) 聽(텽) 鳥(됴) 啼(뎨) 林(림) 下(하) 淚(루) 難(란) 看(간) (고지 난간 앏픠셔 우으듸 소리를 듣디 온흐고 새 숨플 아래셔 우로듸 눈므를 봄이 어렵도다) 〈가람문고 소장(가람 古 811.03.g42b)백련초해〉

③ 난상에 한자음을 쓰고 언해문을 붙인 백련초해

花笑檻前聲未聽 鳥啼林下淚難看 (화소함젼셩미텽이요 됴뎨님하누난간이라 고지 난간 압희셔 우으듸 소리 듣디 못흐고 새 수플 아래셔 울오듸 눈믈 보기 어렵쏘다) 〈일사문고 소장(일사古 495.1824.D717) 백련초해〉

이 세 가지 이본들은 각각 그 한자 학습에서 그 목적을 달리하였다고 생각

한다.

한자 석음을 다 써 놓은 것은 한자의 형음의(形音義)를 학습시키기 위한 한자 학습의 기본적인 것이고, 한자음만 써 놓은 것은 형음의(形音義) 중 형음(形音)을 중점으로 학습하기 위한 중간 단계의 것이며, 난상에 음(音)을 써 놓고 언해한 것은 주로 한문을 학습하기 위한 고급 단계의 것으로 보인다. 따라서 백련초해를 익히기 위해서는 학습자의 대상에 따라 달리 선택하였다고 할 수 있다.

각 한자에 한글로 새김과 음을 써 놓은 책은 현재까지 알려진 책으로는 두 종류가 있고, 한자음만 달아 놓은 책은 두 종류가 보인다. 그리고 한자음을 난상에 써 놓고 언해를 해 놓은 책은 1 종류가 보인다.

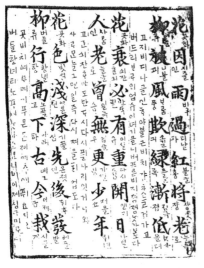

〈백련초해〉(한자석음 있는 것)

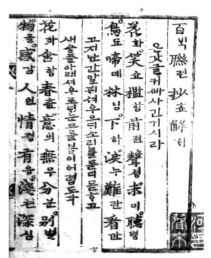

〈백련초해〉(한자음만 있는 것)

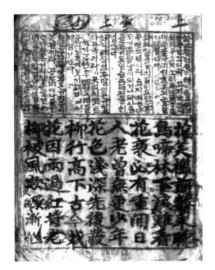

〈백련초해〉(난상에 한자음과 언해문이 있는 것)

한자음만 있는 것도 한자 학습자료이지만, 한자 학습에서 의미가 더 중요하
므로 여기에서는 한자 석음이 달려 있는 백련초해만 다루기로 한다.

(1) 동경대 소장 백련초해

한자에 한글로 석음을 달아 놓은 백련초해는 일본 동경대학교 소장본이 가
장 오래된 문헌으로 알려져 있다.

이 동경대 소장 백련초해는 반엽광곽의 크기가 26.0×20.2cm이고 유계에 9
행인데, 한 행에 한자는 7자, 그리고 한글은 한자 크기보다 반으로 줄여 써서
한자 한 글자에 2자가 대응되도록 썼다. 판심어미는 상하 내향흑어미이고 판
심제는 '百聯抄解(백련초해)'이다. 모든 한자에 가는 글씨로 한자에 대한 석음을
한글로 써 놓았는데, 한자가 7언으로 된 시 100편으로 되어 있으니 모두 1,400
자가 된다고 할 수 있다. 한 연이 7언절구가 2행으로 되어 있기 때문이다. 그러
나 책제목인 '百聯抄解(백련초해)'에도 한자 석음이 달려 있으니 한자가 모두

1,404자가 될 것이다. 그러나 겹치는 한자가 많으므로 이들을 제외하면 모두 540개가 된다. 빈도가 10개 이상인 한자를 보면 다음과 같다.

빈도수	한자
10	色, 落, 靑,
11	雨, 上, 水, 鶯
12	前, 雲, 柳, 無
13	葉, 人, 松
14	紅
15	白
16	風
17	竹
18	春
28	山
31	月
33	花

　이 책에는 간기가 없다. 방점이 없으나, △과 ㅇ이 쓰이고 있고 한자의 석음이 광주천자문과 공통되는 것이 많아서 전라도 장성 출신인 김인후가 장흥에서 간행해 낸 것이 아닌가 추정하고 있다. 특히 고사촬요(故事撮要)의 책판목록(冊板目錄)에 의하면 평양과 장흥(長興)에 백련초해의 책판이 있었다는 기록이 있어서, 이 동경대학본이 장흥판일 것이라는 추정을 할 수 있다. 그래서 이 동경대 소장의 백련초해는 16세기 후반의 책으로 인정하여도 무리는 아닐 것이다.

　특히 이 백련초해에 보이는 한자 석음 중에 광주천자문에 특징적으로 보이는 '안득'이란 새김을 가진 한자 석음이 이 백련초해에 보이는 현상으로 그러한 추정을 가능케 한다.

한자	백련초해	광주천자문
非	안득 비 〈3a〉	안득 비 〈10b〉
不	안득 블 〈2a〉	안득 블 〈12b〉

微	아출 미 〈17a〉 아들 미 〈14a〉	아츨 미 〈23b〉
未	아틀 미 〈1a〉 아들 미 〈5a〉	
靡		안등 미 〈8b〉

뿐만 아니라 '上'의 한자음이 '향'으로 표기된 부분이 있어서 '샹'이 역구개음화 표기현상을 보이고 있는 것도 ㅎ 구개음화의 역표기로 보고 전남방언을 반영한 것이라는 견해도 있다.

上 마딕 향 〈14b〉 cf. 上 마딕 샹〈14b〉, 〈2a〉 마딕 샹 〈3b〉

그러나 백련초해에 보이는 한자 석음이 광주천자문의 석음과 백련초해의 석음이 일치하는 것은 아니다. 다음에 광주천자문과 백련초해 동경대본과 차이가 나는 몇몇 예를 들어 보도록 한다.

한자	백련초해	광주천자문
感	늣길 감 〈1a〉	깃글 감 〈24a〉
階	섬 계 〈14b〉	버텅 계 〈20a〉
公	구의 공〈12a〉	공정 공 〈23b〉
琴	고 금〈17a〉	거믄고 금〈39a〉
羅	모스 라〈3a〉 그믈 라〈3b〉	쇠룡 라〈21b〉
對	딕홀 딕〈6a〉	샹딧 딕〈19b〉
道	길 도〈4a〉	도릿 도〈5b〉
樂	즐길 락〈4b〉	낙홀 락〈14b〉
眠	조을 면〈2b〉	조스름 면〈36a〉
床	평상 상〈17a〉	나모 상〈36a〉
仙	신신 션〈9a〉	션간 션〈19a〉
少	저믈 쇼〈1b〉	아히 쇼〈35a〉
愛	스랑홀 익〈2b〉	둣을 익〈5b〉
野	드르 야〈10b〉	뫼 야〈27b〉

縷	긴 영〈9b〉		갇긴 영〈22a〉
將	쟝츳 쟝〈1b〉		쟝슈 쟝〈21b〉
釣	낛 됴〈3b〉		낙슬 됴〈39b〉
鍾	쇠붑 죵〈17b〉		붑 죵〈21a〉
重	다시 듕〈1b〉		므거울 듕〈3b〉
形	얼굴 형〈13b〉		즛 형〈10a〉

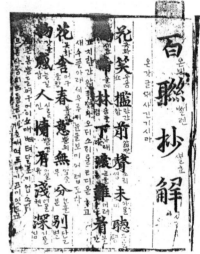

〈백련초해〉(동경대본)

(2) 홍윤표 소장 백련초해

동경대학 소장 백련초해처럼 하나하나의 한자에 석음을 달고 언해한 백련
초해가 중간된 적도 있다. 필자의 소장본인데, 역시 한자의 석음이 달려 있다.
매우 낡은 책인데, 마지막 2장이 낙장이다. △이 쓰이고 역시 ㅇ도 쓰이고
있는데, 글자도 동경대학본과 거의 유사하여서 동경대학본의 복각본으로 보
이지만 복각본은 아니다. 왜냐하면 한자 석음이 달리 되어 있는 곳이 많기 때
문이다. 다음에 동경대학본과 필자 소장본의 차이 나는 석음을 몇 개 보이면

다음과 같다.

한자	출전	동경대학 소장본	홍윤표 소장본
歌	8b	놀애 가	놀개 가
江	3b	ᄀᆞᄅᆞᆷ 강	믈 강
更	1b	가ᄉᆡᆯ ᄀᆡᆼ	다시 ᄀᆡᆼ
經	14a	디날 경	디낼 경
公	12a	구의 공	귀의 공
空	7a	뷜 공	뷘 공
掛	4a	걸 과	걸 괘
交	6a	사ᄀᆞᆯ 교	사괼 교
窮	5a	댜ᄒᆞᆯ 궁	다ᄋᆞᆯ 궁
拳	6b	주머귀 권	주먹 권
羅	3b	그믈 라	솔기 라
納	11a	드닐 납	드릴 랍
嫩	11b	녹녹ᄒᆞᆯ 룬	고ᄋᆞᆯ 룬
戴	4b	일 ᄃᆡ	일 듸
刀	13b	갈 도	칼 도
倒	4b	가ᄭᅮᆯ 도	것굴 도
讀	8b	닐글 독	외올 독
涼	6b	긴더올 량	서를ᄒᆞᆯ 량
聯	1a	ᄢᅵᆯ 련	니ᄋᆞᆯ 련
鬧	2b	들엘 뇨	들엘 료
輪	4b	술위ᄠᅵ 륜	바회 륜
林	1a	숨플 림	수풀 림
每	8a	니슬 ᄆᆡ	ᄆᆡ일 ᄆᆡ
茂	14a	덤써ᄎᆞᆯ 무	셩ᄒᆞᆯ 무
墨	15b	먹 믁	멍 믁
仙	9a	신ᄉᆡᆫ 션	션간 션
素	10a	흴 소	흴 소
碎	15a	ᄃᆞ술 쇄	ᄆᆞ술 새
柴	15a	셥 ᅀᅵ	셥 싀
時	5b	ᄢᅵ니 시	시졀 시
心	5a	ᄆᆞᅀᆞᆷ 심	ᄆᆞᄋᆞᆷ 심

兒	4a	아히 ᅀᆞ	아히 ᄋᆞ
影	11a	그름에 영	그름재 영
穩	7b	편안 온	편안홀 은
遇	10b	맛날 우	만날 우
乳	12b	졋 슈	졋 유
幽	13a	깁플 유	기플 유
攲	10b	기울 기	기울 긔
倚	7a	비길 의	의거홀 의
引	17b	혈 인	혈 신
日	9a	나 실	랄 일
入	12a	들 십	들 입
殘	7a	쇠잔홀 잔	쇠잔 잔
帳	3b	댯 댱	댱 댱
薔	6a	쟝밋 쟝	쟝미 쟝
前	12b	알 젼	앒 젼
囀	7b	울 뎐	울 뎡
征	11b	길녈 졍	길녤 졍
靜	7b	괴외 졍	괴외홀 졍
蹄	15a	굽 뎨	바톱 뎨
釣	3b	낫 됴	낫 됴
千	5a	즈믄 쳔	일쳔 쳔
村	7a	ᄆᆞᅀᆞᆯ 촌	ᄆᆞ을 촌
秋	7b	ᄀᆞᅀᆞᆯ 츄	ᄀᆞ을 츄
鄉	5a	ᄉᆞᄀᆞᆯ 향	고향 향
軒	10b	딕누리 헌	난간 헌
虫	14b	벌에 튱	벌어지 튱

이처럼 원간본을 수정하였음에도 불구하고 어두 합용병서에 'ㅄ' 등이 사용된 것을 고려한다면 이 책은 17세기 중반 이전에 간행된 것이라고 할 수 있다.

俠 ᄢᅵᆯ 협 〈4a〉　　　　滅 ᄢᅳᆯ 멸 〈3b〉

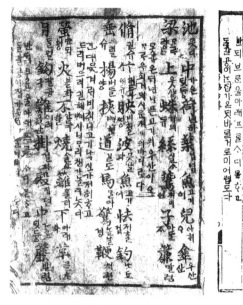

〈중간본 4a〉 　　　　　　〈초간본 4a〉

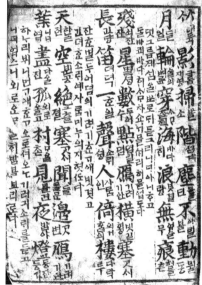

〈백련초해〉(홍윤표 소장본)

10. 우주두율

우주두율(虞註杜律)은 원나라 때의 학자인 우집(虞集)이 두보(杜甫)의 시집에서 칠언율시(七言律詩)만을 뽑아 풀이한 책인데, 두보의 시를 읽는 선비들에게는 매우 중요한 문헌이었다. 여기에 나오는 한자를 학습하기 위한 자료도 보인다.

(1) 우주두율자류

우주두율자류(虞註杜律字類)는 우주두율을 읽기 위해 필요한 한자를 학습하기 위해 편찬된 편찬자 미상의 접책 1책의 필사본이다. 책의 크기는 17.0×11.0㎝이다. 27절56면이라고 서지사항이 되어 있으나 공개된 자료에는 31면밖에 보이지 않는다.

책의 앞에 '虞註杜律字類(우주두율자류)'라고 되어 있고 그 아래에 '金州 美和(김주 미화)'란 묵서가 있는데, 내용을 알 수 없다. 한 면에 10행 4자인데, 각 한자의 아래에 한글로 석음을 써 놓았다. 상하권 2권 1책인데, 下卷이란 제목은 보이나, 상권이란 제목은 보이지 않는다. 상권은 24면이고 하권은 7면이다. 모두 31면이다. 필사연대는 한글 표기법으로 보아서 대체로 20세기 초로 보인다.

'卷紀恨宵 憶看眠徒 窅搖隔錦'으로부터 시작하여 '迂坊霑縷 涵盼翰潭 仍娟箔啖委'로 끝난다. 칠언율시도 아니고 4자 성구도 아니고 특별한 의미를 가지고 있는 성구도 아닌 것으로 보아 우주두율에 등장하는 한자 중에서 선정하여 이를 학습하기 위해 만든 것으로 해석된다. 한자가 모두 1,119자이다.

한문본 우주두율은 1470년(성종 1년)에 당시 청주목사(淸州牧使) 권지(權至)가 청주목에서 간행한 책이 있고 그 이후에도 여러 번 간행되었으며 필사본으로도 많이 전해 오고 있어서 특히 두보의 칠언율시를 공부하는 사람들이 흔히 읽던 책이다.

우주두율은 이러한 구조로 되어 있다. 즉 두보의 칠언율시를 제시하고 주석을 단 것인데, 예컨대 '한별(恨別)'의 '洛城一別四千里 胡騎長驅五六年(낙성일별사천리 호기장구오륙년) (이하 생략)'에 대해 '洛城卽洛陽在河南府 胡騎指祿山之亂(낙성즉낙양재하남부 호기지록산지란)' 등으로 주석을 단 것이다. 이 우주두율자해는 이 중에서 주석에 해당하는 부분에 등장하는 한자에 대한 자해를 한 것이다. 국립중앙도서관 소장본이다(한古朝41-117).

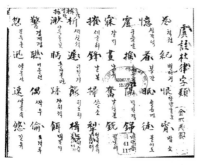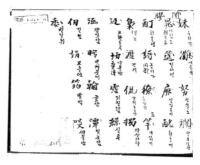

〈우주두율자해〉

11. 한의서

의방서에 별도로 한자를 익히기 위한 한자 자해가 붙어 있는 경우는 여러 가지가 있다. 원래 한의서는 한문으로 되어 있을 뿐만 아니라 각종 病名이나 약초명이나 약명이 거의 한자나 한자어가 대부분이기 때문에 치료에 혼선을 피하기 위해 한자나 한자어에 대한 주석이 흔히 달려 있다. 그러나 대부분은 한자어에 대한 주석이어서 한자어에 대응되는 우리말을 한글로 표기하는 것이 대부분이다. 동의보감(東醫寶鑑)의 탕액편(湯液篇)에 나오는 한글로 표기된 향약명(鄕藥名)이나 제중신편(濟衆新編)이나 의종손익(醫宗損益)의 약성가(藥性歌)에 나오는 향약명(鄕藥名)이 대표적이다. 의방서에 등장하는 한자를 익히기 위해서 별도의 자해를 만들거나 하는 경우는 그리 많은 편이 아니다. 그러나 이렇게 의학 관련 한자에 한자음과 그 뜻을 밝히는 일은 일찍부터 있어 왔다. 대표적인 것이 조선시대에 의학 교과서로 널리 읽혔던 '의학입문(醫學入門)'에 보이는 '음자(音字)'가 대표적이다. 의학입문 권1의 마지막에는 '用藥檢方總目 (용약검방총목)', '釋方(석방)'과 함께 '音字(음자)'란 항목이 있는데, 이것은 의학학습에서 어려운 한자에 대한 음과 뜻을 간략히 적어 놓은 것이다. 예를 들어 보면 다음과 같다.

癲 音殿 去聲　　　　　　瘜 音食 惡肉

痄 音茶 病甚　　　　　　疛 音朽 腹中絞痛

癩 音頹 陰腫也 與癀同　　瘍 音羊 頭瘡

疣 音尤 結病　　　　　　瘭 音標 瘭疽病也

　비록 한자로 표기하였지만, 한자음과 그 의미를 제시하고 있는 것이 439자나 된다.

〈의학입문의 '音字' 부분〉

(1) 신정 의서옥편(1921년)

신정 의서옥편(新訂醫書玉篇)은 김홍제(金弘濟)가 편찬하여 1921년에 광동서국에서 1책의 연활자본으로 간행한 의서 관련 한자에 대한 학습서이다. '옥편(玉篇)'이란 이름을 붙였지만, 한자의 양으로 볼 때, 자전이라기보다는 학습서에 더 가깝다고 할 것이다. 판권지에 의하면 저작 겸 발행자는 이종정(李鍾禎)인데, 광동서국의 대표이다. 발행소는 광동서국(廣東書局)이다. 그러나 내지 제목인 '신정 의서옥편'의 아래에는 '김홍제 저작(金弘濟 著作)'이라고 되어 있어서 저작자는 김홍제라고 할 것이다.

상하 2권으로 나뉘어 있는데, 1획부터 4획까지는 상권으로, 그리고 5획부터 17획까지는 하권으로 분권되어 있다. 모두 82쪽이다.

속표지가 있고 목록이 있으며, 이어서 본문이 나오는데, 모두 매면마다 상중하 3단으로 나누어 한자를 배열하였다. 표제어를 배열하기 이전에 음각으로 부수를 써 놓고 그 왼쪽부터 한자를 쓰고 그 아래에 한글 석음과 한문으로 된 주석을 붙였다. 여기에 등재되어 있는 부수는 모두 151개 부수이며 수록된 한자는 모두 2,020자이다.

이 책은 여러 번 간행되었는데, 1929년에 동양대학당(東洋大學堂)에서 간행한 것, 그리고 1944년에 명문당(明文堂)에서 간행한 것, 그리고 1963년 동양의약대학서관(東洋醫藥大學書館)에서 간행한 것이 있는데, 이 중에서 1963년판은 수정증보 의서옥편이어서 수정 증보된 것이다. 1921년판이 초판인지는 분명하지 않다. 왜냐하면 '신정(新訂)'이란 말이 '의서옥편'의 앞에 붙어 있어서 원래 '의서옥편'이 있었는데, 이것을 수정하여 '신정 의서옥편'이라고 했을 가능성이 있기 때문이다. 그러나 현재까지 이전 판은 발견되지 않아서 1921년판이 초판본인 것으로 추정된다.

1921년판과 1929년판은 책의 크기가 동일하지만 1944년판은 크기가 이보다 크다. 1921년판과 1929년판은 14.9×10.8㎝로 작은 수진본이다. 이에 비해

1944년판은 17.6×12.9㎝이다. 그러나 판형의 크기는 동일하다. 체재도 모두 동일하다. 따라서 새로 조판을 한 것이 아니라 같은 판을 이용하여 인쇄한 것임을 알 수 있다. 이에 비해 1963년판은 등사본으로 크기도 19.4×13.0㎝로 커진 상태이다.[4] 필자는 1963년판을 접할 수 없어서 김경영(2016, p.276)의 서영을 보고 그 책의 형태를 파악할 수 있을 뿐이다. 이 서영을 보면 하권의 앞 부분인데 내용상의 큰 차이는 없고 주로 표기법에서 'ㆍ' 표기를 바꾼 것이고 새김에서도 차이를 보이고 있다.

다음에 그 서영과 내용상의 차이를 보이도록 한다.

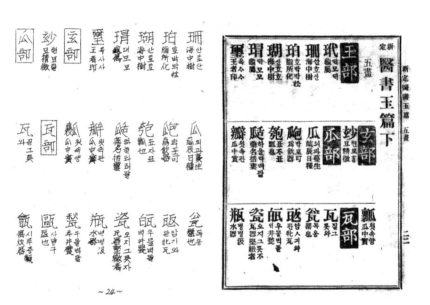

〈의서옥편(1963년판)〉[5]　　　　　　　의서옥편(1921년판)

---

4 신정의서옥편에 대해서는 박형익(2012), pp.448-451에 해제가 있고, 김영경(2016)에 자세한 연구가 있다.
5 수정증보 의서옥편 서영은 김영경(2016)에서 가져 온 것이다.

	1921년판	1963년판	비고
1	珊 산호 산 海中樹	珊 산호 산 海中樹	
2	珀 호박 박 松脂所化	珀 호박 박 松脂所化	
3	瑚 산호 호 海中樹	瑚 산호 호 海中樹	
4	瑁 딕모 모 龜屬	瑁 대모 모 龜屬	표기차이
5	璽 옥ᄉ ᄉ 王者印	璽 옥사 사 王者印	표기차이
6	玅 현묘흘 묘 精微	玅 현묘할 묘 精微	표기차이
7	瓜 외 과 蔓生苽, 辰日種	瓜 외 과 蔓生苽, 辰日種	
8	瓟 박 포 可爲飮器	瓟 박 포 可爲飮器	
9	匏 표ᄌ 표 瓠也	匏 표자 표 瓠也	표기차이
10	栝 하울타러 괄 藥名, 括蔞	栝 하울타러 괄 藥名, 括蔞	
11	瓣 욋속 판 瓜中實	瓣 욋속 판 瓜中實	
12	瓤 욋속 양 瓜中實	瓤 욋속 양 瓜中實	
13	瓦 질그릇 와	瓦 질그릇 와	
14	瓮 독 옹 罌也	瓮 독 옹 罌也	
15	瓪 암ᄉ긔와 판 牝瓦	瓪 암기와 판 牝瓦	표기차이
16	甋 우물벽돌 빅 井甓	甋 우물벽돌 벽 井甓	표기차이
17	瓷 오지그릇 ᄌ 瓦器堅緻者	瓷 오지그릇 자 瓦器堅緻者	표기차이
18	瓶 병 병 汲水器	瓶 병 병 汲水器	
19	甃 우물벽돌 추 井甓	甃 우물벽돌 추 井甓	
20	甌 보시긔 구 盆也	甌 사발 구 盆也	새김차이
21	甑 서루 증 甗屬, 炊器	甑 서루 증 甗屬, 炊器	

'신정의서옥편'에는 한자가 일정한 부수에 속해 있는 것이 많은 편이다. 이것은 '병(病)'이나 치료에 관련된 한자와 연관된 한자가 많기 때문일 것이다. 예컨대 '疒' 부수에 속한 한자가 154자나 된다는 것이 그것을 증명한다. '疒' 부수에 속한 한자들을 출현순서대로 배열하면 다음과 같다.

疔疠疙疝疚疛疕疘疤疜疙底疥疢疤疣疡疲疕痺疫疵疳疲疽痀痀疹疸痂疼疳疿痐痁痸痤钺疱疢疛痁痁症痫瘣痔痎痕痒痊痤痨痛痦痢痣痟痟痘痒痤瘳瘀痔瘖痺痱瘀瘀痫痼瘝痰阤痕瘊痳痹瘁痷瘇瘖瘊瘚瘓瘟瘊瘍瘕瘀癒贈瘥瘟赓瘡瘤癋瘕瘠癥瘦瘢瘩瘑瘫瘭瘼瘴瘭瘬瘵瘴瘳瘅

瘭㿗瘀瘙瘖瘦癉癇瘮瘑癆瘝瘩癖癀癥瘒癙瘡瘭癟癢癥癩癟瘰瘻癬瘲癮癰癲癱癵癲

다음에 가장 많이 보이는 한자는 '수(水)'부의 한자인데 모두 68개의 한자가 있다. 그 목록을 보이도록 한다.

汁汐次汽沸泄泡泔沫泝洟洩津涕涔淤涸淬淋淹液淅淘渾浚渥渴滓準溷溺溲滌漀漬滯溉漫㴲漂漿漲漚漱漾漏滲滴漐漐澷澈潰潠潛潑潦濡澹澀澮澱濳濾濺瀉瀋瀹

다음에 57개의 한자를 보이는 것은 '目' 부의 것인데, 대부분 눈 부위의 질병과 연관되는 것들이다. 다음에 그 한자를 배열순서대로 보이되, 그 한자가 어느 의미를 가지는 것인지를 보이기 위해 그 석음까지도 제시해 보기로 한다.

䀏 눈쌍써풀질 교	盲 판슈 밍	眊 눈에정태적을 모
眇 적을 묘	眄 빗겨볼 면	販 눈에횐ㅈ위만홀 판
盻 눈흘게보난모양 혜	眥 누ㅅ가 자	眛 눈어두을 미
眈 엿볼 점	眩 현긔병 현	眪 눈밝을 병
眐 홀로보난모양 정	眗 좌우로볼 구	眣 눈볼그러진모양 질
眵 눈꼽 치	眴 눈으로사름부릴슌	眷 도라볼 권
眮 눈굴릴 동	睆 눈어두울 황	
眯 여러이셔로보난모양기	眶 눈ㅅ가 광	睊 셩ᄂᆡ여볼 괄
眯 눈에틔들 미	眸 눈동ㅈ 모	睞 눈ㅅ섭 첩
眶 눈물그렁그렁홀 왕	眚 겻눈질ᄒ야볼 사	睥 겻눈질ᄒᄂᆞᆫ모양비
眭 눈ㅅ가 이	睘 놀라볼 경	睛 눈동자 정
睧 눈에두을 혼	睫 속눈섭 첩	瞀 눈어드을 무

睪 볼알 고 　　　　 睃 판수 수 　　　　 睫 한눈감을 섭

睺 반판수 후 　　　 瞑 눈감을 명 　　 瞳 눈쎌일 각

瞍 판수 수 　　　　 瞰 안져조을 감 　 瞖 눈ㅅ병 예

瞙 예막 막 　　　　 瞘 아리아리ᄒᆞᆯ 깅 　 瞳 눈동자 동

瞤 눈쑴젹일 순 　　 瞭 눈밝을 료 　　 瞰 구부려볼 감

瞥 잠ㅅ간볼 별 　　 瞻 우러러볼 첨 　 瞼 눈아릭웃시옭 검

瞼 갓난아히눈에예막잇슬 편 　　　　　　 瓣 아히흰눈 판

曠 눈동ㅈ업슬 광 　 瞠 눈정신업시바로볼 당

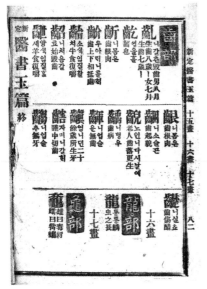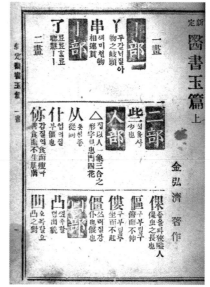

〈신정 의서옥편〉

　　신정의서옥편의 1921년판과 1963년판을 제외한 나머지 판본은 필자가 소장하고 있다. 이 신정 의서옥편은 2017년에 경성대학교 한국한자연구소에서 간행한 한국역대자전총서(도서출판 3)의 하나로 표점 교감하여 다시 출판하였다.

(2) 상교현토 동의수세보원(1894년)

상교현토 동의수세보원(詳校懸吐 東醫壽世保元)은 1894년에 이제마(李濟馬)가 사상의학(四象醫學)에 관한 이론과 치료법들을 적은 한의서인 한문본 동의수세보원을 교정하고 생획토로 구결을 달아 1941년에 김중서방(金重瑞方)에서 1책의 연활자본으로 간행하여낸 책이다. 이 책의 끝에 각권에 등장하는 한자에 대해 자해(字解)를 붙이고 역시 현토에 사용된 생획토를 한글로 표기한 吐解를 붙여서 의서를 학습하는데 필요한 한자를 학습하도록 만든 것이다.

주지하는 바와 같이 동의수세보원은 이제마의 대표적인 의학서이다. 동의는 중국의 한의(漢醫)와 구별하기 위해 붙인 것이고, '수세(壽世)'란 '세상의 수명을 연장시킨다'는 의미를 가지고 있으며, '보원(保元)'이란 만수(萬殊: 세상 모든 것은 여러 가지로 다름) 일원(一元)의 도(道)를 보전함을 뜻하는 말이다.

이 동의수세보원은 우리나라에서 여러 번 간행되었다. 1901년(연활자본, 咸興郡 栗洞契(함흥군 율동계)), 1907년(연활자본, 咸興郡 栗洞契(함흥군 율동계)), 1911년(연활자본, 崔冕甲商店(최면갑상점)), 1914년(연활자본, 普及書院(보급서원)), 1921년(연활자본, 박문서관), 1941년(석인본, 함흥 金重瑞方(김중서방)), 1963년(석인본, 杏村書院(행촌서원)), 1972년(석인본, 大韓四象醫學會(대한사상의학회))에 간행되었다. 이 중에서 1941년에 함흥 김중서방에서 간행한 책에만 자해(字解)와 토해(吐解)가 붙어 있다.

초판본이 간행된 이후, 『동의수세보원』은 1911년(재판), 1913(3판), 1914년(4판), 1921(5판), 1936(6판), 1941년(7판) 등 여러 차례에 걸쳐 목활자본과 연인본(鉛印本), 그리고 석인본(石印本)으로 거듭 출판되었다.

현재 서책으로 간행되어 있는 『동의수세보원』은 주로 1914년 서문을 상재(上梓)해 간행된 4판본과 1941년 상교현토(詳校懸吐)하여 간행된 7판본 계열의 판본이다.

7판본은 보원계(保元契)가 1941년 간행한 것으로, 이 7판본에는 이제마의 수제자이면서 함흥에 있는 향교의 간부였고 보원계의 일원인 한두정(韓斗正)이

전문(全文)에 걸쳐 한자의 해자(解字)와 해토자(解吐字)를 달고 보유방(補遺方)을 넣었다.

1941년판은 판권지에 '昭和十六年四月十日 發行(소화 16년 4월 10일 발행), 編輯 兼發行者 韓斗正(편집겸발행자 한두정), 發行所 金重瑞方(발행소 김중서방)'이란 기록이 있다. 책의 크기는 24.5×18.0㎝이고 반엽광곽의 크기는 21.2×14.9㎝이며 판심어미는 상이엽화문어미이고 사주쌍변에 유계에 12행 25자로 되어 있다. 한글 석음이 달려 있는 한자가 모두 232자가 실려 있다. 하버드대학 소장본이다.

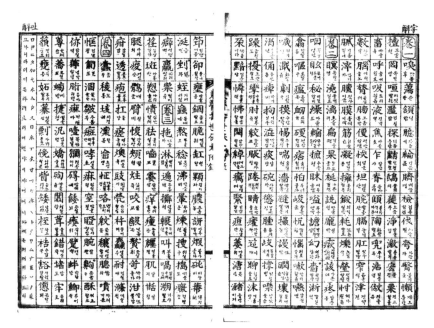

〈동의수세보원의 '자해' 부분과 '토해' 부분〉

(3) 홍가정진비전(1955년)

홍가정진비전(洪家定診秘傳)은 소석(小石) 홍순승(洪淳昇)이 30여년간 경험해 얻은 의약방문을 간략히 기재하여 1955년에 보문출판사(寶文出版社)에서 1책의 연활자본으로 간행해낸 의서이다. 이 의서의 부록으로 '의서자전(醫書字典)'이 붙어 있어서 이 책이 의서를 익히기 위해 한자를 학습하는 학습서로도 이용될 수가 있다.

판권지에 '檀紀四二八八年 十二月 十五日 發行(단기4288년 12월 15일 발행), 著作者 洪淳昇(저작자 홍순승), 發行所 寶文出版社(발행소 보문출판사)'로 되어 있다. 표지의 제첨에 '洪家定診秘傳附醫書字典(홍가정진비전 부의서자전)'이라고 되어 있고, 내지 제목도 마찬가지이다. 맨 앞에 홍순승이 쓴 서문이 있는데, 여기에 이 책을 편찬하게 된 동기를 제시하고 있다.

> 醫藥이 能히 壽를 延長식이며 죽을 사람을 살님이 않이요 重病을 輕減식이며 오래 辛苦할 것을 速히 낫게 함이 原則이나 治療機關이 充分한 都市에도 不及의 歎이 없지 못하거던 醫療가 未備한 鄕村에서는 輕한 病을 痼疾에 至케 되며 長壽할 者를 夭催케 할 憂가 있음으로 보편적 治療法을 大衆에게 普及식여 사람마다 普通의 常識이 있기를 願望하였으나 若干의 經驗方이 있을 분 執症法의 明瞭치 못한 則 熟工이 있는 醫家 以外에는 活用키 不能한지라 不侫이 淺薄한 識見으로 擅斷키 不敢하나 病이란 虛함을 乘하여 邪氣가 入하며 輕함으로 重한데 至하나니 흔히 있는 感氣 滯症 몸살 等을 잘못하여 卽時 풀지 못하면 重症에 罹케 되나니 三十餘年 勞神經驗한 方文 中 簡略히 記載하는 同時에 病名과 藥名에 漢字를 全廢함도 不可하고 義音에 疑訝함이 있을가 하여 醫書字典을 添附하여 大衆家庭用에 조고만 도움이 있기를 바라노라 小石 洪淳昇 識

즉 일반인들이 쉽게 고칠 수 있는 병을 치료법을 몰라 방치해 두었다가 큰 병에 이르는 것 등을 안타까워 해서 30여 년의 경험한 方文 중에서 선택하여 간략히 기재한다는 내용과 또 병명과 약명에서 한자를 쓰지 않을 수 없어서 한자를 쓰고 그 한자의 뜻과 음에 의아해 하는 일이 있어서 의서자전을 첨부한다는 내용이다.

서문 뒤에 목록이 있고 이어서 본문이 시작된다. 본문은 한문에 한글로 토를 달아 놓은 형식을 취하고 있다. 예를 첫 문장에서 보도록 한다.

五運 十干이 配爲五運이니 甲乙이 爲木이오 戊己가 爲土요 庚辛이 爲金이오 任癸가 爲水요 丙丁이 爲火 〈1〉

본문이 52장이고 본문이 끝나면 '醫書字解目錄(의서자해목록)'이 있는데, 그 아래에 '醫書의 普通 알기 疑惑되던 字만 蒐集하엿고 國文左肩에 小○을 加하야 늣은 發音을 表함(의서의 보통 알기 의혹되던 자만 수집하엿고 국문좌견에 소○을 가하야 늣은 발음을 표함)'이라고 설명되어 있다. 목록에는 획수대로 분류하였는데, 2획의 亠人冂冫力匚厂又刀로부터 시작하여 15획의 齒까지 모두 142개의 부수가 나열되어 있다.

의서자해에서는 목록에 따라 각 부수에 해당되는 한자를 제시하고 먼저 ( ) 안에 한글로 한자음을 적고 이어서 한자의 뜻인 새김을 쓴 후에 한문으로 주석을 달아 놓았는데, 주로 그 한자와 동일한 의미를 가진 다른 한자로 대치시켜 놓았다. 그리고 그 뜻을 쓰면서 복수로 그 의미를 써 놓기도 하였다. 대부분의 특수 문헌을 이해하기 위한 한자 학습서에서는 그 문헌에 해당하는 한자의 의미만을 적는 것이 일반적인데 비하여 복수의 주석을 써 놓은 것이 매우 이례적이라고 할 수 있다.

이러한 주석 방식을 예로 보이면 다음과 같다. 예컨대 亠 부에서는 亢芇亳亶亹가 목록화되어 있는데, 그 주석은 다음과 같다.

亢 (항) 목굼엉 咽也 높을 高也 갈이울 蔽也 대적헐
芇 (요) 분요헐 紛撓
乘 乘古字
亳 (우) 날 飛也

亶 (단) 믿을 信也 돈하울 篤也 정성 誠也 大也 多也

亹 (미) 힘쓸 勉也 문채날 文貌斐亹 아름다울 美也 산어귀 山門也

이러한 방식으로 의서에 등장하는 한자에 대한 자해를 32장에 걸쳐 기술하여 놓았다.

저자인 홍순승(1889년~1961년)은 호가 소석(小石)으로 1898년에 처음 결성된 한의사단체인 대한의사총합소(大韓醫士總合所)와 1917년에 설립된 초창기 한의사단체인 동서의학연구회(東西醫學硏究會)에서 간부로 활약한 한의사로서 일제강점기에는 경성부 통의동에 살면서 '행림의원(杏林醫院)'이란 한의원을 운영하였던 것으로 알려져 있다.

이 책은 후대에도 계속 중간되었다. 필자의 소장본이다.

〈홍가정진비전의 '의서자해' 부분〉

12. 기독교서

기독교가 우리나라에 들어온 후에, 선교의 목적으로 한문으로 된 기독교 교리서(敎理書)를 간행하면서 그 한문 문헌에 있는 한자를 학습하여야 그 의미를 파악할 수 있기에, 여기에 한자 학습을 함께 도모하는 일까지도 일어나게 되었다.

기독교가 우리나라에 전래될 때 두 가지 방향으로 이루어지는데, 하나는 중국에 있던 서양 선교사들을 통한 길이요, 또 하나는 미국 선교사들을 통한 길이었다. 중국에 와 있던 서양 선교사들은 한자와 한문을 알고 있어서 한자 문화권인 한국에 기독교를 전파하면서 한문으로 된 기독교서를 통해 선교활동을 했다. 미국 선교사들은 한자 한문을 잘 모르기 때문에 한글 전용 문헌을 통해 선교 활동을 하게 되었다.

이러한 이유로 기독교 관련 한자 학습서들은 주로 중국을 통해 들어오는 기독교 관련 문헌에 국한되는 특징이 있다. 카나다의 선교사였던 게일 목사가 유몽천자를 만든 것은 다른 계통이라고 할 수 있다.

(1) 삼자경(1893년)

『삼자경(三字經)』은 1893년에 목활자본으로 간행된 기독교 관련 문헌이다. 한문을 3자로 된 어구로 만들어 기독교의 원리를 설명한 책인데, 책의 말미 부분에 '主一千八百九十三年 聖上 卽祚三十年癸巳(주1893년 성상 즉조30년계사)'란 간기만 있어서 그 간행연도만 알 수 있을 뿐, 저자나 간행자 또는 간행지 등의 정보는 알 수 없다. 프랑스 파리 동양언어문화학교(Institut National des Langues et Civilisations Orientales) 소장본이다. 이 자료를 국립중앙도서관에서 마이크로필름으로 소장하고 있어서 우리나라에서는 이 책을 사진으로만 볼 수 있다.

한자 3자로 된 한문구 320구(한자는 모두 960자)를 1행에 2구씩 나열하여 놓았는데 각 한자 아래에 한글로 석음(釋音)을 달아 놓았다. 모두 17장으로 되어 있는 책이어서 비록 책자 형식으로는 되어 있지만, 기독교를 전파하기 위해 만든 팜플렛 형식의 문서 종류로 보인다. 19세기 말과 20세기 초의 기독교 관련 문헌에서 흔히 볼 수 있는 책자 형식이다.

책광이나 판광은 알 수 없다. 한자는 5행 6자로 나열하였고 각 한자의 아래에 한글로 그 석음을 달아 놓았다. 판심제는 '三字經(삼자경)'인데 판심어미인 상흑어미(上黑魚尾)의 위에 쓰이어 있다. 내지(內紙) 서명도 '三字經'인데 표지서명은 전서체로 '貳字經(이자경)'이라 되어 있다. 표지서명이 잘못된 것이다. 표지서명이 '三字經(삼자경)'이 아니라 '貳字經(이자경)'이 된 것은 표지서명을 전서체(篆書體)로 쓰면서 '參字經(삼자경)'으로 써야 할 것을 '貳字經(이자경)'으로 잘못 쓴 것으로 이해된다. 해서체와 전서체를 잘 이해하지 못한 사람이 혼동하여 실수를 한 것으로 해석된다. 이것으로 보아 이 『삼자경』은 외국인이 편찬했을 가능성이 크다.

'自太初 有上帝'로 시작하여 '及老死 不可廢'로 끝나는데, '自(스슬이즈)太(클태)初(처음쵸) 有(잇쓸유)上(웃샹)帝(님금뎨)', '及(밋칠급)老(늙을로) 死(죽을亽)不(아닐불)可(올을가)廢(폐할폐)'식으로 되어 있다. 그러나 기독교 교리서로 만든 그리피스(Griffith, J.)의 『진리편독삼자경(眞理便讀三字經)』에 보이는 것과 같은 한문구를 잇는 토(吐)나 별도의 언해문은 없다.

책의 끝에 '諺文反切式(언문반절식)', 즉 '언문반절표(諺文反切表)'가 붙어 있다. 한자 석음을 표기한 한글을 읽기 위해 필요한 조치인 셈인데, 이러한 경우에는 책의 앞에 붙이는 것이 일반적이지만 뒤에 붙여 놓았다. 고소설(예컨대 목판본인 『언삼국지』)에서도 언문반절표를 뒤에 붙인 것이 있어서 그리 특이한 것은 아니라고도 할 수 있다.

한문 3자로 된 어구인 '삼자경'은 한국에서는 그리 널리 쓰이지 않는 형식이다. 한국에서는 『천자문(千字文)』이나 초기의 『훈몽자회(訓蒙字會)』처럼 4자로 된 한문구를 쓰거나 『유합(類合)』처럼 6자로 된 한문구가 이용되는 것이 일반적이다.

『삼자경』이라고 하면 중국 송나라 때의 왕응린(王應麟)이 인간의 도리 등 일상생활에서 알아 두어야 할 내용을 3구의 한문구로 써서 편찬하였다고 하는 책을 연상한다. '人之初性本善'으로 시작되는 책이다. 이 책은 중국과 일본에서는 널리 보급되어 있었다. 그러나 한국에서는 『신간삼자경(新刊三字經)』이 1643년에 교서관에서 간행된 적은 있으나 중국이나 일본만큼은 보급되어 있지는 않았던 것으로 보인다. 여기 소개하는 『삼자경』은 이 『삼자경』이 아니다.

중국에 와 있던 서양 선교사들이 중국인들에게 기독교 교리를 알리려고 이 삼자경의 형식을 빌어 만든 문헌이 있었는데, 이 문헌을 한국에서 한글로 주석이나 언해를 붙여 간행한 적이 있다. 『진리편독삼자경(眞理便讀三字經)』이 그 예이다.

이 『진리편독삼자경』은 중국 한구(漢口)에 와서 선교활동을 하던 그리피스(Griffith, J.)가 중국인들에게 기독교의 교리를 알리기 위해 만든 기독교 입문서인데, 기독교의 교리를 16개 항목으로 구분하여 한자 3자씩의 어구(語句)로 만들어 간행한 책이다. 이것을 모페(Moffe, S. A.)가 여기에 각 한자에 한글로 석음을 달고 언해를 붙여 1895년에 야소교서국(耶蘇教書局)에서 목판본 1책으로 간행해 내었다.

여기에 『진리편독삼자경』을 소개하는 것은 『삼자경』의 저자와 언해자를 찾아보자는 의도에서이다.

『삼자경』과 『진리편독삼자경』은 여러 가지로 서로 닮아 있다.

① 기독교를 전파하기 위한 목적으로 편찬되었다.

② 모두 한자 3자로 된 한문구를 이용하여 기독교의 원리를 설명하고 있다.

③ 이 두 문헌 모두 각 한자에 한글로 석음을 달아 놓았다.

④ 거의 비슷한 시기에 간행되었다. 삼자경이 1893년에, 그리고 진리편독삼자경은 1895년에 간행된 것이어서 그 간격은 2년에 지나지 않는다.

⑤ 『삼자경』과 『진리편독삼자경』에 보이는 각 한자의 석음이 거의 동일하다.

그 몇 예를 보이도록 한다.

한자	삼자경		진리편독삼자경	
	석음	출전	석음	출전
久	오릴 구	5a	오랠 구	8b
難	어려올 난	9a	어려올 난	24a
乃	이에 닉	10a	이에 내	9a
賴	힘니믈 뢰	16a	힘닙을 뢰	21b
離	써늘 리	15a	써날 리	20b
迷	희미헐 미	3a	아득홀 미	22a
不	아닐 불	10a	아닐 불	10b
事	일 ᄉ	16b	일 ᄉ	8b
赦	노을 샤	10a	샤홀 샤	31a
三	셕 삼	12a	석 삼	10b
上	웃 샹	11a	웃 샹	6a
世	인간 셰	10b	인간 셰	8b
二	두 이	12b	두 이	7b
一	흔 일	10a	흔 일	1b
造	지을 죠	12b	지을 조	10a
足	발 죡	15a	죡홀 죡	43b
主	님금 쥬	14a	님금 쥬	1a
中	가온ᄃᆡ 즁	2b	가온ᄃᆡ 즁	20a
之	갈 지	3a	갈 지	4b
遷	옴길 쳔	10b	옴갈 쳔	10b
下	아릭 하	15b	아래 하	12a
享	누릴 향	14a	누릴 향	32a

물론 차이가 나는 석음도 있지만 대부분이 표기법과 새김과 음이 동일하다. 이러한 현상으로 보아서 『진리편독삼자경』의 편찬자가 곧 『삼자경』을 편찬한 것으로 추정할 수 있다.

『삼자경』의 편찬자를 추정할 수 있는 또 한 가지 가능성은 Walter Henry Medhurst가 편찬하여 중국에서 석판본(石板本, 청판본)으로 만들어 간행한 『신증 삼자경(新增 三字經)』을 한국에서 각 한자에 석음을 달아 간행한 것으로 볼 수도 있다. 그러나 이 두 가지의『삼자경』을 비교하여 보면 그러한 책도 아님을 알 수 있다. 이『신증삼자경』은 Medhurst가 편찬한 책인데, 표지에 '尚德 纂(상덕 찬)'이라 쓰이어 있어서 Medhurst가 편찬한 책임을 알 수 있지만, 간행연도 등의 정보는 알 수 없다. '化天地 造萬有 及造人 眞神主'로부터 시작하여 '有恒心 常畏神 至於死 福無盡'으로 끝나는 책이다. Medhurst가『왜어유해(倭語類解)』를 참고하여『조선위국자휘(朝鮮偉國字彙)』를 편찬하여 자카르타에서 1835년에 간행한 사실을 보면『신증 삼자경』도 중국에서 전해 오던 삼자경의 형식을 본떠서 기독교를 전파할 목적으로 만든 것이라고 할 수 있다.

이『신증삼자경』은 3자로 된 한문구 316개가 있어서 여기에 쓰인 한자는 모두 948개이다. 그러나 이『삼자경』은 Medhurst의『신증삼자경』을 참고했으되, 그대로 한자석음만 붙여 간행한 것은 아니다.

『삼자경』이『신증삼자경』을 참고했다고 하는 것은『신증삼자경』에 등장하는 몇 개의 어구가 삼자경에 그대로 쓰이어 있음을 볼 수 있기 때문이다. 첫장에 나오는 '無不知 無不在 無不能(무부지 무부재 무불능)'이 두 책에 공통으로 나오는 3구로 된 한문구이다. 그러나 나머지 부분들은 공통되는 어귀가 거의 없다. 두 책의 1장 앞면을 보이면 다음과 같다.

이러한 여러 가지 사실을 종합하면,『삼자경』은 중국에서 기독교 교리를 전파하기 위해 Medhurst가 만든『신증삼자경』을 한국에 들여와 이를 모방하여 다시 한국판『삼자경』을 만들고 여기에 나오는 한자 한 자 한 자에 석음을 달아 편찬한 책이라고 할 수 있다.『진리편독삼자경』과 연관시키면 그 당시 미국 북장로교 선교사로 한국에 와 있던 모페(Moffe, S. A.)가 한자에 한글로 석음을 달아 출판한 것으로 추정할 수 있으나 어디까지나 이것은 추정일 뿐이다.

이『삼자경』은 한자 자석이 달린 문헌 중에서 몇 가지 특징을 지닌다.

첫째는 외국인이 한글로 한자의 석음을 붙였다는 점이다.

 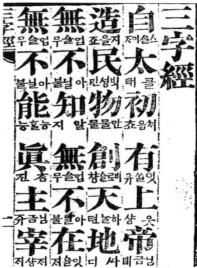

〈신증삼자경〉　　　　　　　　　〈삼자경〉

　외국인이 한자에 한글로 석음을 단 최초의 문헌으로 알려진 것은 W. M. Medhurst가 편찬하여 1835년에 간행한 『조선위국자휘』가 최초이지만 이 책은 『왜어유해』를 그대로 쓴 것이어서 큰 의미는 없다고 할 수 있다. 그 이후에 나온 책이 Siebold가 편찬하여 1838년에 서양에서 간행한 『유합(類合)』이다. 그리고 그 이후에는 James Scarth Gale이 편찬한 유몽천자(牖蒙千字)(4책, 1903년~1909년)이다. 물론 Gale이 편찬한 『한영자전』에도 한자어에는 각 한자에 석음이 달려 있어서 유몽천자를 간행할 수 있었던 것으로 보인다. 이 『삼자경』은 1893년에 서양인인 한자 석음을 달아놓은 것으로 추정된다. 『朝鮮千字文』이 일본에서 간행된 적이 있으나 이 책 역시 『석봉천자문(石峰千字文)』을 옮긴 것으로 보인다(허인영(2017) 참조).

　둘째는 19세기 말의 현실 한자 석음을 볼 수 있다는 점이다.

　『천자문』이나 『유합』 등의 한자 석음은 여러 혼란을 겪으면서 오늘날의 한자 석음으로 굳어져 왔다. 그러나 어느 시기에 오늘날의 한자 석음으로 굳어졌는지에 대해 자세한 과정은 알 수 없지만, 필자는 대체로 19세기 말에서 20세기 초에 이루어졌을 가능성이 크다고 생각하며, 또한 이전부터 전해 오던 한자 석음에 보이던 방언적 요소가 사라지고 중부 지역어 중심의 한자 석음으로 굳어지는 과정에서도 19세기 말과 20세기 초가 중요하다고 생각한다. 그런데 19세기 말과 20세기 초에 나온 대부분의 『천자문』 등의 한자 석음 자료들은 대부분이 이전의 보수적인 석음을 그대로 답습하고 있는데 반해 이 『삼자경』은 그 당시의 현실 한자 석음을 반영한 것으로 보인다. 예컨대 'ᄒ다'를 '허다'로 표기한 예가 그러한 증거라고 할 수 있다.

전술한 바와 같이 한자 960자를 사용하여 설명하였지만, 동일한 한자를 사용한 것이 많아서, 실제로 『삼자경』에 사용된 한자는 겹치는 것을 제외하고 모두 468개이며 하나의 한자 석음에 표기 등의 차이가 나는 한자는 모두 21개이다.

468개의 한자 목록을 보이면 다음과 같다.

可家干艱感講降改皆更去居建㥛犬潔缺微敬經驚季雞故
考苦顧高公功恐恭菓誇過貫光敎久俱口救求苟劬國鞠宮
窮躬倦權厥歸貴鬼勤今禁禽及矜其己旣棄機祈飢難乃來
內能端堂當大隊懟德禱踏途道督篤同得樂攬嫠畧良來戾
厲憐靈禮勞老賴陋謬律凜理離馬魔萬亡妄忘望妹昧邁免
命明謀沒蒙薎務毋無黙物美迷悶民反方輩配百罰凡犯法
變辨報普補葆復福覆不傅夫婦富府父分盆弗卑非貧事使
四師思斯死私賜赦三上象像喪嘗常想相詳賞色生庶夕石
先善設性成盛聖聲誠世洗小少所蘇贖訟誦頌受壽手授數
樹殊獸綏雖叔熟循順狗習升侍始施是時示豕息食信神身
失實審心深甚亞我惡暗艾耶若藥躍羊養颺於億言如與歷
宴戀然悅榮永靈裔獄曰畏療要慾欲容用踊于偶宇尤憂牛

旭 園 怨 願 位 威 爲 衛 有 幼 惟 有 由 維 遺 牖 籲 隆 恩 音 應 儀 宜 意
疑 義 二 以 已 怡 爾 而 益 人 仁 因 寅 一 日 軼 任 臨 入 立 仍 姉 子 者
自 藉 作 將 長 獎 再 在 宰 財 著 籍 續 跡 適 傳 前 展 絶 定 整 正 帝 弟
濟 諸 儕 躋 兆 曹 朝 祖 糟 造 足 存 尊 從 終 罪 主 宙 胄 遵 中 衆 之 地
志 指 知 祉 至 塵 眞 疾 質 差 此 讚 餐 參 創 冊 處 天 遷 輆 清 聽 體 初
超 燭 隥 衷 取 熾 置 則 親 誕 耽 貪 太 土 統 通 敗 偏 平 廢 飽 表 彼 必
下 何 齪 合 恒 核 行 行 享 向 赫 眩 兄 形 惠 慧 或 魂 鴻 禍 貨 患 寶 活
悔 懷 獲 傚 後 勳 訓 休 恤 迄 興 希

〈삼자경〉

830

한자 석음에 차이가 나는 한자는 다음의 21자이다.

可 難 乃 來 老 悶 非 訟 苦 億 如 維 仍 者 祖 造 則 恒 行 向 矜

(2) 진리편독삼자경(1895년)

중국 한구(漢口)에 있던 존 그리피스(John Griffith)가 중국인을 위하여 기독교의 교리를 16개 항목으로 구분하여 3자씩 어구(語句)로 만들어 편찬한 기독교입문서인 『진리편독삼자경(眞理便讀三字經)』을 Samual A. Moffett가 한국어로 번역하여 1895년에 야소교서국(耶蘇敎書局)에서 간행한 기독교 입문서이다. 1 책의 목활자본인데, 원래의 서명은 The Christian Three Character Classic이다.

책의 크기는 27.0×19.2㎝이고 사주쌍변에 반곽의 크기는 21.0×15.5㎝이다. 유계로 5행 6자로 되어 있다. 제첨제와 내지제는 '眞理便讀三字經(진리편독삼자경)'이고 판심제는 '三字經(삼자경)'이다. 판심어미는 상하내향 삼엽화문어미이다.

내지의 중앙에 '眞理便讀三字經(진리편독삼자경)'이란 책제목이 있고, 오른쪽에 '西曆一千八百九十五年(서력1895년)'이란 간행년도가, 그리고 왼쪽에는 '朝鮮開國五百四年乙未京耶蘇敎書局印發(조선개국504년 을미경 야소교서국인발)'이란 발행연도와 발행기관이 기록되어 있다.

이 책은 16개의 항목, 즉 一 獨一上帝(1 독일상제), 二 封神之謬(2 봉신지류), 三 萬有眞理(3 만유진리), 四 聖賢敬帝(4 성현경제), 五 人之本源(5 인지본원), 六 鬼神之別(6 귀신지별), 七 歌頌上主(7 가송상주), 八 救世眞主(8 구세진주), 九 聖神感化(9 성신감화), 十 福音聖敎(10 복음성교), 十一 去假歸眞(11 거가귀진), 十二 詳論禱告(12 상론도고), 十三 審判善惡(13 심판선악), 十四 聖敎經典(14 성교경전), 十五 畧引聖經(15 략인성경), 十六 警醒幼童(16 경성유동)'으로 구분하고 이 각 항목에 한자 3자를 한 성구(成句)로 하여 기독교의 교리를 설명하고 있다. 한 성구를 이루는 한

자의 각각에는 그 밑에 한글로 그 한자의 석음(釋音)을 달고, 각 성구의 아래에는 한글로 토를 달아 놓아 한문으로도 읽을 수 있도록 하였다. 이러한 성구가 끝난 뒤에는 이에 대한 언해문을 달아 놓고, 이 언해문이 끝나면 다시 다른 항목으로 이어지는 방법을 택하고 있다. 모두 76장이다.

이를 예로 보이면 다음과 같다.

> 大(큰 대) 造(지을 조) 主(임금 쥬)는 卽(곳 즉) 上(웃 샹) 帝(님금 뎨)시니(1a)
> (대개 크게 조셩ᄒ신 쥬는 곳 하ᄂᆞ님이시니)(2b)

이 문헌에 쓰인 한자로 한글 석음을 가지고 있는 한자는 모두 3,372자이다. 그러나 동일한 한자가 많아서 한자 종류로만은 778자가 있는 셈이다. 한 한자가 4곳에 출현하기도 하고 (要, 惡), 3곳에 출현하기도 하고(行, 夏, 眞, 載, 至, 相, 俱, 極, 像, 使), 다음 88자의 한자처럼 두 곳에 등재되어 있기도 하다.

> 架可感各講神垂合成善最重衆墳腸張者格美與迷訓敬吃上地常做主
> 山終從苦諸第獨未供公然徒母後施命化魂護形當洗敎立親總初理類
> 盡救肉由應竝別女邊男涯養難數翰必帝事死記得及埃木盤聽天領譬
> 偶

그러나 각 한자는 한문구의 한 글자이어서 그 문장을 해석하기 위한 새김을 가지고 있기 때문에, 그 새김이 다르기도 하고 동일하기도 하다. 몇 예를 보이도록 한다.

> 要: 모롬즉이 요〈37a〉 요구 요〈70a〉 요구홀 요〈39b〉 요긴 요〈30a〉
> 惡: 모질 악〈13b〉 몹슬 악〈18a〉 몹쓸 악〈20b〉 악홀 악〈61a〉
> 夏: 녀룸 하〈63b〉 녀름 하〈17b〉 녀름 하〈12a〉

行 : 든닐 힝⟨48b⟩ 힝실 힝⟨28b⟩ 힝홀 힝⟨12a⟩

載 : 시를 지⟨53a⟩ 시룰 지⟨58b⟩ 실을 지⟨10b⟩

    이 책은 고려대 신암문고에 소장되어 있는 것으로, 이 책의 특대자(特大字)와 한글 소자(小字)는 모두 목활자이다. 이 책이 지니고 있는, 다른 이본과의 차이는 권수제(卷首題)와 항목제(項目題)에는 석음을 달지 않았다는 점이다.

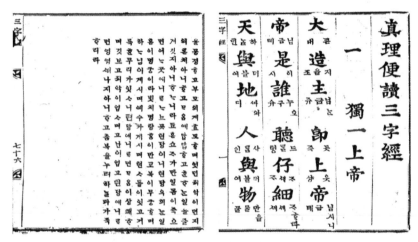

⟨진리편독삼자경⟩(1895년판)

    이 책은 1908년에 간행된 이본이 있다. 내지의 가운데에는 '眞理便讀三字經(진리편독삼자경)'이란 책제목이 쓰이어 있는데, 흥미롭게도 책의 제목으로 쓰인 각 한자 아래에 한글로 그 석음을 달아 놓았다. 그리하여 책의 모습이 세로로 '眞 춤 진 理 리치 리 編 믄득 변 讀 닑을 독 三 석 삼 字 글주 자 經 글 경'으로 되어 있다. 그리고 오른쪽에 '西曆一千九百八年(서력1908년)'이란 간기가 있다. 왼쪽에는 '大韓隆熙二年戊申(대한 융희 2년 무신) 예수교셔회간인'이란 출판사항이 적혀 있다. 책의 뒤에 판권지는 없다. 대신 내지서명의 뒷면에 영어로 간행사항이 인쇄되어 있다.

THE CHRISTIAN THREE CHARACTER CLASSIC BY Rev. GRIFFITH JOHN,D.D. Hankow, China. ADAPTED FOR USE AS A KOREAN TEXT BOOK. and TRANSLATED by rev. SAMUAL.A.MOFFETT,D.D. KOREAN RELIGIOUS TRACK SOCIETY. HULBERT EDUCATIONAL SERIES, NO.9. 1908. Price 30 sen

이 책은 1895년에 간행된 목활자본과는 달리 연활자본(鉛活字本)이다. 책의 크기는 26.0×19.2㎝이고 5침장정이지만, 양지에 연활자로 인쇄된 책이다. 5행 6자이어서, 1895년판의 형식을 그대로 따랐다.

이 책도 1895년판과 마찬가지로 16개의 항목, 즉 一獨一上帝(1 독일상제), 二封神之謬(2 봉신지류), 三萬有眞理(3 만유진리), 四聖賢敬帝(4 성현경제) 등으로 구분하고 이 각 항목에 한자 3자를 한 성구(成句)로 하여 기독교의 교리를 설명하고 있다. 이 16개의 항목인, 一獨一上帝, 二封神之謬, 三萬有眞理, 四聖賢敬帝 등에는 목활자본에서는 한글 석음이 달려 있지 않았는데, 연활자본에서는 일일이 한자 석음을 달아 놓았다.

이 16개의 항목인 한 성구를 이루는 각각의 한자 아래에 한글로 그 한자의 석음(釋音)을 달고, 각 성구 아래의 오른쪽에 한글로 토를 달아 놓아 한문으로도 읽을 수 있도록 하였다. 이러한 성구가 끝난 뒤에는 이에 대한 언해문을 달아 놓고, 이 언해문이 끝나면 다시 다른 항목으로 이어지는 방법을 택하고 있다. 언해문은 목활자본이 띄어쓰기를 하지 않았는데 비해 연활자본은 띄어쓰기가 되어 있다. 그리고 언해문에서도 조금 다른 부분이 있다. 예컨대 첫 언해문은 '대개 크게 조셩ᄒ신 쥬ᄂᆞᆫ 곳 하ᄂᆞ님이시니'가 '크게 조셩ᄒ신 쥬ᄂᆞᆫ 곳 하ᄂᆞ님이시니'로 되어 있다. 모두 152쪽이다. 이 책은 필자의 소장본이다.

〈진리편독삼자경〉(1908년판)

1895년판과는 몇 군데에서 한자 자석에 차이를 보이기도 한다. 특히 다음의 한자들은 등재되어 있는 모든 한자 석음을 모두 수정하였다.

한자	1895년판		1908년판	
	석음	출전	석음	출전
空	빌 공	5a	뷔일 공	9
禮	례돈 례	8b	례도 례	16
未	아닐 미	6b	못홀 미	12
房	구들 방	8a	방 방	15
不	아닐 불	8b	아니 불	16
譬	비흘 비	8a	비유 비	15
非	아닐 비	7a	아니 비	13
爲	ㅎ 위	4a	흘 위	7
逐	쪼칠 축	17a	쫏츨 축	34
虛	빌 허	5a	뷔일 허	9
毫	털쯧 호	3b	터럭 호	6

제10부 특정 분야 이해용 한자 학습 문헌 835

그리고 다음과 같은 한자의 석음을 바꾸어 놓고 있다. 그 일부만 보이도록 한다.

한자	1895년판		1908년판	
	석음	출전	석음	출전
可	가흘 가	8b	올흘 가	16
敢	굿히 감	12b	엇지 감	25
更	더옥 깅	10a	다시 깅	19
空	븰 공	3b	뷔일 공	6
極	다흘 극	23b	극진 극	47
根	쌜희 근	18a	쌜리 근	36
捏	모흘 날	9a	모들 날	17
男	사내 남	15b	사나히 남	31
獨	홀 독	1b	홀노 독	2
類	굿흘 류	12a	졔ᄉ 류	24
母	어미 무	8b	어미 모	16
木	나모 목	24b	나무 목	49
盤	쇼반 반	10b	소반 반	20
邊	갓 변	24a	가 변	48
普	넓을 보	15b	너을 보	31
分	는흘 분	8b	분슈 분	16
常	흥샹 샹	20a	씻씻 샹	40
裳	치마 샹	25b	침하 샹	51
速	속흘 속	14a	샌롤 속	18
樹	나모 슈	24b	나무 슈	49
惡	몸쓸 악	20b	모질 악	41
惡	몸슬 악	18a	모질 악	36
涯	가 익	5b	가 애	1
由	말믹암 유	2a	말믹암을 유	3
誘	쇠을 유	20b	쇠일 유	41
而	말이 이	6b	말닐 이	12
哉	잇기 지	10a	어조 지	19
宰	지샹 지	14a	주직 지	28

836

趙	나라 죠	4b	나라 조	8
族	겨레 족	24b	족속 족	49
從	좃칠 종	6b	좃츨 종	12
走	다랄 쥬	25a	다라날 주	50
讚	기릴 찬	23b	기를 찬	47
創	비로솔 창	6b	비로소 창	12
夏	녀름 하	12a	나라 하	24
漢	한슈 한	3a	나라 한	7
該	맛당 히	23b	그 히	47
幻	밧고일 환	10a	변환 환	19
黃	누르 황	4a	누루 황	7

또 다른 이본도 있다. 연활자본인데, 간기가 없는 구(舊) 김양선(金良善) 씨 장서본이다. 고려대학교 소장본으로(C16 A20), 표지의 제첨에는 '家寶 三字經(가보 삼자경)'이라 되어 있고 또한 표지의 첩지(貼紙)에 '父親遺物, 一八九五年 耶蘇敎書會刊(부친유물, 1895년 야소교서회간)'이란 글이 있다. 첫장에는 '第36號 金良善藏書, 家寶(제36호 김양선장서, 가보)'라는 방형(方形) 고무인이 찍혀 있다. 여기에 필사되어 있는 내용이 1895년에 목활자본으로 간행된 책을 보고서 1895년에 간행된 것이라고 써 놓은 것인지, 아니면 원래 1895년에 목활자본과 연활자본을 동시에 간행한 것인지는 알 수 없으나 후자의 경우는 거의 없는 경우이어서 초간본을 보고 후대에 써 놓은 것으로 생각할 수 있다. 마지막 한 장이 낙장이다.

앞의 두 이본에 비해 그 활자가 달라서, 이 책에 사용된 활자는 1900년에 간행된 '찬미가'의 본문에 사용된 한글 활자와 같다.

1908년에 간행된 책의 체재와는 얼핏 보기에는 동일한 것 같지만, 전혀 다르다. 그 차이를 보이면 다음과 같다.

① 내용 분류 내용인 16개의 항목인, 一 獨一上帝(1 독일상제), 二 封神之謬(2 봉신지류), 三 萬有眞理(3 만유진리), 四 聖賢敬帝(4 성현경제) 등에는 목활자본에서는 한글 석음이 달려 있지 않고, 1908년의 연활자본에서는 일일이 한자 석음을

달아 놓았는데, 이 김양선 구장본에는 석음이 달려 있지 않다.

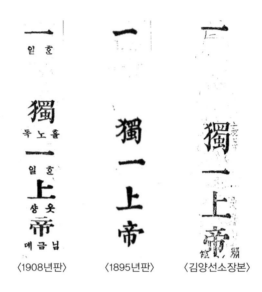

〈1908년판〉　　〈1895년판〉　　〈김양선소장본〉

　②언해문은 목활자본이 띄어쓰기를 하지 않았고, 1908년판은 띄어쓰기가 되어 있으나, 김양선 구장본은 띄어쓰기가 되어 있지 않다.

　③한자 석음은 김양선 구장본이 1895년판과 동일한 것도 있고, 1908년판과 동일한 것도 있어서, 어느 판을 그대로 따랐다고 하기 어렵다.

한자	1895년판		김양선 구장본		1908년판	
	석음	출전	석음	출전	석음	출전
空	뷜 공	5a	뷜 공	5a	뷔일 공	9
禮	례돈 례	8b	례도 례	8b	례도 례	16
未	아닐 미	6b	아닐 미	6b	못홀 미	12
房	구들 방	8a	방 방	8a	방 방	15
不	아닐 불	8b	아닐 불	8b	아니 불	16
譬	비홀 비	8a	비유 비	8b	비유 비	15
非	아닐 비	7a	아닐 비	7a	아니 비	13
爲	흥 위	4a	흥 위	4a	홀 위	7

838

逐	쫏칠 축	17a	쫏칠 축	4a	쫏츨 축	34
虛	빌 허	5a	빌 허	5a	뷔일 허	9
毫	털긋 호	3b	터럭 호	3b	터럭 호	6

이러한 점으로 보아서 김양선 구장본이 1895년의 목활자본을 수정하여 연
활자본으로 간행한 책이라는 추정을 가능케 한다. 따라서 목활자본이 제일
먼저 간행되고 이어서 김양선 구장본이 간행된 뒤에 1908년에 연활자본이 다
시 간행된 것으로 보인다.

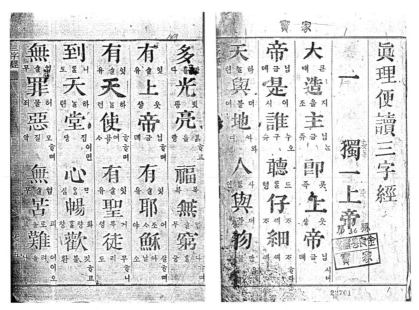

〈진리편독삼자경〉(김양선 구장본)

13. 불교서

원래 불교 경전은 중국을 통해서 들어 온 것일 뿐만 아니라, 불교가 동양문

화권의 종교이어서, 모든 경전이 한문으로 되어 있다. 그래서 불교계에서는 한자 교육이 필수적이었다고 할 수 있다. 사찰에서 천자문과 유합과 같은 한자 학습서를 직접 간행해 낸 것이 그러한 이유일 것이다.

　그러나 경전을 읽고 이해하기 위해 별도로 한자 학습서를 만든 적은 없는 것으로 보인다. 그러나 최근에 불경에 나오는 한자를 학습하기 위해 별도의 학습서가 등장하였다.

(1) 불교천자문(1995년)

　불교천자문(佛敎千字文)은 한문 공부와 불교 공부 및 쓰기 공부를 하기 위해 덕진(德眞) 스님, 속명 김현수(金鉉洙)가 편찬하여 1995년에 우리문화사에서 연활자본으로 간행한 한자 학습서이다. 판권지에 '불기 2539년 3월 29일 초판'이라는 간행 기록이 있고, '편저자 덕진, 감수 백운, 쓰기 박한숙'이라고 되어 있다.

　앞에 대한불교조계종 종정 노천월하(老天月下)가 쓴 서문(序文)이 있고, 이어서 덕진이 쓴 자서(自緖)가 나온다. 이 자서에 의하면 불교 경전을 통해 부처님의 교훈과 진리의 말씀을 접할 수 있는데, 불교 경전이 한문으로 되어 있어서 경전의 뜻을 쉽게 알고 한문 공부를 같이 할 수 있도록 천자문을 만들었다고 한다. 그래서 8가지 경전에 나오는 한자 중에서 뽑아 불교천자문을 만들었다고 한다.

　이에 의하면 1,000자라고 하였지만, '千字文'이 한자 학습서의 대명사처럼 되어 있어서 '千字文'이란 용어를 쓴 것이지 한자가 1,000자이어서 쓴 것은 아니다. 왜냐 하면 여기에 등재되어 있는 한자는 1,000자가 넘기 때문이다. 그 한자 수를 보이면 다음과 같다.

	경전	한자수
1	禮佛文部(예불문부)	138
2	般若心經部(반야심경부)	74
3	千手經部(천수경부)	197
4	金剛經部(금강경부)	177
5	阿彌陀經部(아미타경부)	63
6	父母恩重經部(부모은중경부)	320
7	觀世音菩薩普門品部(관세음보살보문품부)	68
8	普賢行願品部(보현행원품부)	53
	계	1,090

각 경전에는 '자전'과 '용어해설'로 되어 있다. '자전' 부분에서는 한자를 큰 글자로 쓰고 한자의 석음과 뜻을 한글로 썼다. 그 예를 몇 개만 들면 다음과 같다.

歸 돌아갈 귀 　 돌아가다. 돌려보내다. 시집가다

依 의지할 의 　 따르다. 좇다. 편암함. 비유. 머릿병풍.

佛 부처 불 　 (범어) 붓다. 불타의 준말. 깨달으신 분. 석
　　　　　　가모니 부처님이 근본불이다. 불교

法 법 법 　 법. 형벌. 제도. 방법. 본받다. 법을지키다.

僧 중 승 　 불도를 닦는 사람. 승려. 스님.

勤 부지런할 근 　 은근하다. 괴롭다. 일. 근심하다. 위로하다.

修 닦을 수 　 배우고 연구하여 잘 알도록 해다. 닦다. 익히다.

戒 경계할 계 　 경계하다. 조심하다. 주의하다. 막아 지키다. 경계. 경비.
　　　　　　스님들이 지켜야 할 행동규범.

용어해설에는 여기에 등장하는 용어들을 해설한 것이다.

계정혜(戒定慧) 계율·선정·지혜의 준말. 이를 총칭하여 삼학(三學)이라 함.

해탈(解脫) 번뇌의 속박을 벗어나 자유로운 경계에 이르는 것.

여기에 등재되어 있는 한자의 배열 순서는 알 수 없으나 각 경전에 등장하는 순서대로 한 것으로 보인다.

부록으로 상단예불, 반야심경, 불교의 정의, 매일기도문, 불교 중요 법수 및 간지, 보왕삼매론(寶王三昧論)이 있고 맨 뒤에 '자음색인'이 있다.

뒤에 참고문헌이 있는데, 한자와 연관된 문헌은 동아한한대사전(東亞漢韓大辭典), 한한대자전(漢韓大字典)(민중서림), 강희자전(康熙字典)이 있다.

〈불교천자문〉

14. 척독서

척독(尺牘)은 오늘날의 편지를 일컫는다. 19세기 말에 연활자와 양지가 도
입되었고, 많은 사람들이 한글과 한자를 학습하면서 문자를 알게 되는 계기
가 되어, 개인간의 연락을 주고받는 편지가 유행하게 되었는데, 이 당시에는
이 편지를 '척독'이라고 하였다.

이 척독은 일정한 형식과 격식이 있어서 한문이나 국한문으로 된 편지투가
유행하게 되었고, 이러한 척독에 대한 참고서적이 상당히 많이 간행되게 되
었다. 이 척독에 나오는 한자에 대한 학습이 필요해서 각 척독의 책에는 상단
에 한자에 대한 정보를 제공해 주는 것이 일반적이었다.

(1) 증보자전척독완편(1905년)

증보자전척독완편(增補字典尺牘完編)은 김우균(金雨均)이 척독, 즉 편지에서
사용되는 각종 문구들을 모아 예시하고 그 문구에 등장하는 한자들에 대한 석
음을 난상에 적어 동문서림(同文書林)에서 1905년에 연활자로 간행해낸 책이
다. 모두 3권 3책이다. 뒤의 판권지에 '光武九年九月日 初版發行(광무 9년 9월 일
초판 발행)', '著作兼發行者 金雨均(저작겸발행자 김우균)' '發行所 同文書林(발행소
동문서림)'이라는 기록이 있다. 책의 앞에 김우균이 한문으로 쓴 '自序(자서)'가
있다.

책명에 '증보'라고 되어 있으니 증보 이전의 책명은 당연히 '자전척독완편'
이겠으나, 실제로는 '척독완편(尺牘完編)'이다. 왜냐하면 초판본인 '척독완편'
에는 '자전'이 붙어 있지 않기 때문이다. '척독완편'은 초판이 1899년에 간행되
었다. 여기에는 소위 한자의 석음을 달아 놓은 '자전'이 없었다. 이것에 '자전'
을 붙여 간행한 것이 '증보자전척독완편'으로, 1912년에 동문사(同文社)에서 3
권 3책의 연활자본으로 간행되었다. 이 책에는 소위 '자해(字解)'를 증보하면서

그 문장의 문맥에 등장하는 한자의 석음을 상단에 붙이게 되어 '증보자전'이란 말을 앞에 덧붙인 것이다.

1912년에 간행된 3권 3책의 '증보자전척독완편'은 매우 많은 책이 판매된 것으로 보인다. 그리하여 1918년에 간행된 제7판부터(1920년에 9판)는 3권 3책을 3권 1책으로 합본하여 간행하였다. 그러나 내용에는 차이가 없고 판권지의 '인쇄자'가 최성우(崔誠愚)에서 김중환(金重煥)으로, 그리고 인쇄소가 신문관(新文館)에서 조선복음인쇄소(朝鮮福音印刷所)(8판)나 대동인쇄주식회사(大同印刷所株式會社)(9판)로 비뀌었을 뿐이다. 저작겸발행자인 '김우균'은 변함이 없다.

이 중간본인 증보자전척독완편에는 이용식(李容稙)이 쓴 '척독중간서(尺牘重刊序)'가 있고 이어서 김우균이 쓴 '자서(自序)'가 있다. 임자년에 쓴 것이니 1912년의 증보자전척독완편의 서문인 셈이다.

김우균의 자서에 의하면

余自弱冠 熏炙乎經籍之藪 埋沒於蠹魚之叢 始焉不知量而貪多務得 末乃望洋知醜而會神於約

이라고 하여 젊었을 때부터 책 속에 파묻혀 지냈으며 책의 좀벌레와 묻혀 지낼 정도로 경전과 한학을 오랜 동안 공부하였음을 언급하고

顧今宇內形勢 日趨於變 不得不有增刪於其間者 不揣固陋 苦心歲餘 擧凡四禮之相問 騈字之釋義 以及唐宋名人章草之可爲典型者

라고 하여서 한자에 석의를 붙이는 것이 시대의 형세임을 밝히고 이에 따라 오랜동안 고심했던 내용을 적고 있다.

증보자전척독완편의 권1의 첫 예를 보이면 다음과 같다.

844

본문

(正月) 椒花가 獻瑞에 梅萼이 呈祥이로다 風暄日麗에 燕舞鶯啼로다 杏林이 絢錦
ᄒ고 柳岸이 垂絲로다 三陽이 復始에 萬象이 更新이로다 春風이 艶冶에 韶光이 嬋
娟이로다

자해

椒 산쵸 (쵸) 似茱萸而實辛香烈
萼 꼿밧침 (악) 花跗
絢 문치날 (현) 采成文
冶 풀무 (야) 鎔也

결국 이 책은 척독의 양식에 쓰이는 내용을 배우면서 동시에 여기에 등장하
는 한자를 학습하기 위해 편찬된 것이라고 할 수 있다.

다른 척독 자료가 이 당시에 많이 간행되었지만, 대부분의 척독 자료들은
상단에 한자어에 대한 뜻풀이를 하는 것이 일반적인데, 이 증보자전척독이
유독 한자 석음을 달아 교육시킨 것이 매우 특이하다고 할 수 있다. 필자 및 국
립중앙도서관 등이 소장하고 있다.

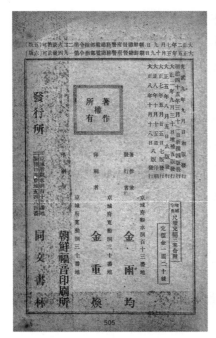

〈자전척독완편〉

〈상단의 한자 자해 모습〉

(2) 최신척독대관(1923년)

최신 척독대관(最新尺牘大觀)은 1923년에 회동서관에서 1책의 연활자본으로
간행한 책이다. 판권지에 '大正十二年 十二月 八日 發行(대정 12년 12월 8일 발행),
發行所 滙東書館(발행소 회동서관)'으로 되어 있고, 저작겸발행자는 회동서관 주

인인 고유상(高裕相)이다. 책의 표지제목은 '新編尺牘大方(최신척독대방)'이라 되어 있으나 내지의 제목은 '最新尺牘大觀(최신척독대관)'이다. 앞에 무정(茂亭) 정만조(鄭萬朝)가 쓴 한문으로 되어 있는 '最新尺牘大觀序(최신척독대관서)'가 있고, 이어서 목록이 나온다. 모두 11편으로 되어 있는데, 第一編 札套要言(제1편 찰투요언) 第二編 各黨稱號로(제2편 각당칭호)로부터 시작하여 第十編 尊卑(제10편 존비) 第十一編 地方(제11편 지방)까지 있다.

본문은 한글로 토를 단 한문구가 제시되어 있는데, 여기에 등장하는 한자 중에서 선정하여 상단에 한자와 한글 석음을 달아놓은 책이다. 예컨대 본문에 '염차(奩次)'가 나오는데 상단에는 '奩 경디 (렴)'이라고 한자 석음이 쓰이어 있다. 이러한 방식은 제10편까지 이어지고 제11편에서는 이러한 한자석음을 상단에 달아 놓은 것이 없다. 제11편 뒤에는 '시운학(詩韻學)'과 '조선명인수찰(朝鮮名人手札)'이 있다.

한글 석음이 있는 제10편까지는 모두 320쪽이고 '시운학(詩韻學)'이 모두 368쪽이어서 모두 726쪽이다. 그래서 상단에 있는 한자수도 꽤나 많은 편이다. 그 한자 석음 중 몇 개를 소개하면 다음과 같다.

奩 경디 렴(1)	籤 씨부칠 쳠(1)	飫 비브를 어(2)	襜 압치마 쳠(2)
袵 옷셥 임(2)	睽 어그러질 규(2)	丰 고을 봉 2)	逖 멀 뎍(2)
倏 쌔를 슉(3)	奇 싯슈 긔	稔 히 임(3)	籥 피리 약(3)
疇 지난번 쥬(3)	嘲 싀지져귈 조	袂 소믹 메(3)	渥 져즐 악(4)
麈 쇼리긴스슴 주(2)	拳 근간헐 권(4)	葑 슛무우 봉(4)	

필자가 소장하고 있는 책이다.

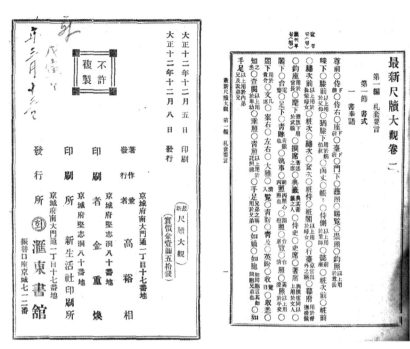

〈최신척독대관〉

이 책은 1957년에 세창서관에서 역시 1책의 연활자본으로 재간행하였다. 판권지에 '檀紀 四二九〇年 十二月三〇日 發行(단기 4290년 12월 30일 발행), 發行所 世昌書館(발행소 세창서관)'으로 되어 있고 저작겸발행자는 세창서관 주인인 신태삼(申泰三)이다. 1923년에 회동서관에서 간행한 것을 1955년에 판권지만 바꾸어 그대로 다시 간행한 것이다. 역시 필자가 소장하고 있다.

(3) 석자부음 최신금옥척독(1925년)

석자부음 최신금옥척독(釋字附音 最新金玉尺牘)은 1925년에 광동서국편집부에서 척독, 즉 편지를 쓰는 방식을 익히기 위해 편찬하여 광동서국에서 1책의 연활자본으로 간행한 책이다. 이 중에 상단에 척독에서 사용하는 한자에 대

848

한 한글 석음을 달아 한자 학습에 도움을 주는 책이다.

　1900년대부터 1950년대까지 우리나라 각 출판사에서 앞다투어 간행하였던 척독 관련 자료들은 대부분 한문편지의 교본 역할을 하는 것들이어서 모범적인 척독이라고 보이는 자료들을 제시하는 것이 일반적이었다. 그런데 한문편지이어서 여기에 등장하는 한자와 한자어에 대한 이해를 하지 않으면 이 책을 이해하기 어렵기 때문에 대부분의 척독집들에는 상단에 한자에 대한 한글 석음을 달아 놓았거나, 또는 한자어에 대한 뜻풀이를 해 놓은 것이 많다. 그러나 대부분의 척독집은 한자어에 대한 뜻풀이가 주를 이룬다. 그러나 몇몇은 한자에 대한 한글 석음을 제시하여 한자 학습에 이용할 수 있도록 하였다.

　석자부음최신금옥척독은 판권지에 '大正十四年十二月二十五日 初版發行 (대정 14년 12월 25일 초판 발행), 著作兼發行者 李鍾楨(저작겸발행자 이종정), 總發行所 光東書局(총발행소 광동서국)'으로 되어 있다. 속표지에 '광동서국편집부 편찬'이라고 되어 있다. '저작겸발행자 이종정'이라고 되어 있는 것은 이종정이 광동서국 대표이기 때문이다. 앞에 목차가 나오고 이어서 본문이 시작되는데, 상단에 한자에 대한 한글 석음이 붙어 있다. 책 제목에 '釋字附音(석자부음)', 즉 석음이 붙어 있다는 것은 이 상단에 있는 내용을 일컫는 것이다.

　모두 165쪽인데, 각 면의 상단에 작게는 2개에서 많게는 10개 정도의 한자에 대한 한글 석음이 붙어 있다. 여기에 보이는 한자는 평이한 한자는 아니다. 앞에서부터 몇 개를 보이면 다음과 같다.

㲚 적음 삼 〈1〉	噬 씹을 셜 〈1〉
孜 부즈런홀 자 〈2〉	仡 날닐 흘 〈2〉
諳 알 압 〈2〉	啖 먹을 담 〈2〉
暄 짯쯧할 훤 〈3〉	羈 나그네 기 〈3〉
煦 더울 후 〈4〉	瑣 작을 쇄 〈4〉
刮 글글 괄 〈4〉	缺 이지러질 결 〈4〉

여기에서 보듯이 현대의 한자음이나 새김과도 차이가 나는 것을 볼 수 있다. 한자가 모두 725자가 실려 있다. 필자의 소장본이다.

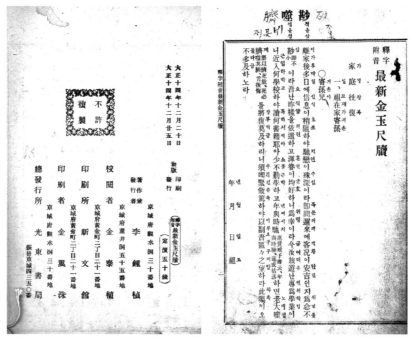

〈석자부음 최신금옥척독〉

15. 교양서

한자 학습서 중에는 어느 한 문헌을 해독하는데 필요한 한자들을 학습하기 위한 문헌도 있지만 본문이 있는 문헌에 참고로 그 한자 학습을 위한 자료를 싣는 경우가 많다. 특히 19세기 말부터 이러한 문헌이 집중적으로 등장하는데, 그러한 문헌들은 주로 연활자로 간행된 것들이 많다. 이것은 이 당시에 한자 학습에 대한 열정이 많았음을 증명하는 것이라고 할 수 있다.

(1) 녀즈독본(1908년)

녀즈독본(女子讀本)은 1908년에 장지연(張志淵)이 편찬하여 2권 1책의 연활자
본으로 광학서포(廣學書鋪)에서 간행해 낸 여자 교육용 교과서이다. 책의 끝에
있는 판권지에 '隆熙二年 四月五日 發行(융희 2년 4월 5일 발행)'의 발행일이 적혀
있고 '編輯者 張志淵(편집자 장지연)'이란 편집자 이름이 적혀 있다. 책의 속표지
에도 '녀즈독본'이란 책제목이 가운데에 있고 오른쪽에 '남숭산인 쟝지연 급',
왼쪽에 '광학셔포 발힝'이라고 적혀 있다. '남숭산인(南嵩山人)'은 장지연의 호
이다. 상권이 모두 5장 64과로 되어 있고 하권은 장을 구분하지 않고 모두 56과
로 되어 있다. 이 책은 여자교육을 위하여 여자 전용으로 편찬된 국어 교과서
의 일종이어서, 한말(韓末)이라고 해도 여자 전용 교과서를 만든 것은 꽤나 의
미 있는 일이라고 생각한다.

상권의 제1장 총론에 다음과 같은 글이 있어서 이 책의 편찬 의도를 알 수
있다.

> 녀즈는 나라 빅셩된 쟈의 어머니 될 사름이라 녀즈의 교육이 발달된 후에 그
> 즈녀로 ㅎ여곰 착흔 사름을 일울지라 그런 고로 녀즈를 ᄀᄅ침이 곳 가뎡교육
> 을 발달ㅎ야 국민의 지식을 인도ㅎᄂ 모범이 되ᄂ니라

이러한 목표 하에 편찬된 것이어서 한글로 본문을 쓰고 한자어에는 오른쪽
에 작은 글씨로 한자를 써 놓았다. 그리고 그 과가 끝난 곳에 그 한자들을 모아
한글로 석음을 달아 모아 놓았다. 상권에 874개의 한자가, 하권에 523개의 한
자가 있어서 모두 1,397개의 한자에 석음이 달려 있는 셈이다. 그러나 중복되
는 한자를 제외하면 모두 1,332개의 한자가 등록되어 있다. 한국학중앙연구
원에 소장되어 있다.

〈녀주독본〉

(2) 부유독습(1908년)

부유독습(婦幼獨習)은 강화석(姜華錫)이 편찬하여 상하 2권 1책으로 이준구(李駿求)가 1908년에 연활자본으로 간행한 여성 교육용 자습서이다. 판권지에 '隆熙二年 七月 日'이란 연월만 표시되어 있고 또한 발행자만 있을 뿐 발행한 서포 이름은 보이지 않는다. 단지 발매소만 해성서회(海星書會), 중앙서관(中央書館) 등이 등재되어 있다.

이 책을 편찬한 동기는 그 첫면에 설명되어 있다.

대뎌 텬디만물 즁에 マ장 귀흔 사름은 남녀가 일반인디 엇지ᄒ야 남ᄌ만 학문을 공부ᄒ고 녀ᄌ는 학문을 모로리로 우리나라 녀ᄌ들을 구미 각국 녀ᄌ의게 비ᄒ면 령혼육신이 잇ᄂᆞᆫ ᄀᆞ흔 사름이라고 ᄒ기가 붓그럽도다 그러므로 혹 가도가 빈한ᄒ야 학교에서 공부홀 수 업거나 혹 나히 이삼십 되어 가ᄉᆞ에 얽미

852

여 공부ᄒ기 어려운 어린ᄋ히들이 집안혜 잇서서 혼자 공부ᄒ기 위ᄒ야 이 칙
을 내여 부인네와 동몽의게 일반분이라도 유조ᄒ기를 ᄇ라읍

결국 여건이 맞지 않아 공부를 할 수 없는 부녀자와 어린아이들의 독습을
돕기 위하여 편찬한 교과서라고 할 수 있다.

이러한 목적에 부합하기 위하여 한자를 배열하고 한 한자의 오른쪽에는 한
글로 그 석음을 달고 그 한자의 아래에는 괄호를 쳐서 그 한자가 쓰이는 어휘
를 제시하여 놓았다. 예컨대 '婦'에는 오른쪽에 '지어미 부', 그리고 아래 괄호
안에는 '婦人'이라고 표시하여 놓았다. 그리고 한자 배열이 끝나면 줄을 바꾸
어서 작은 글씨로 한글로 그 한자를 풀이하기 위한 글을 써 놓았다. 예를 들어
보면 다음과 같다.

  天(하늘 텬) 地(싸 디) 日(날 일) 月(둘 월) 星(별 셩)
  하늘노 덥고 싸흐로 싯고 날과 둘노 비최이ᄂ 것은 다 사름을 위홈이오

이에 대한 설명도 붙여 놓았다.

  한문 흔 글ᄌ에 토를 흔번식만 둘앗스니 만일 즁간에셔 보시든지 혹 뒤에
  ᄉᄌ를 니셔 ᄇ리고 보면 뒤에 ᄉᄌ의 토를 춫노라고 골몰홀 터이니 그리 아시
  고 뒤에 ᄉᄌ를 닉이 안 후에 또 압혜 ᄉᄌ를 빈호게 ᄒ시압

상하권에 등재되어 있는 한자는 모두 2,185자이다. 이 책은 미국 클레어몬
트대학 도서관에 소장되어 있다.

〈부유독습〉

(3) 초목필지(1909년)

초목필지(樵牧必知)는 1909년에 정윤수(鄭崙秀)가 편찬하여 광덕서관(廣德書館)에서 간행한 연활자본이다. 교열한 사람은 남궁억(南宮檍)이다. 판권지에 '隆熙三年六月二十日 發行(융희 3년 6월 20일 발행), 發兌所 廣德書館(발태소 광덕서관), 著作者 鄭崙秀(저작자 정륜수) 校閱 南宮檍(교열 남궁억)' 등의 기록이 있다.

양장본으로 본문은 한글로 되어 있는데, 한자어에는 오른쪽에 한자를 달았다. 상권이 모두 63장, 하권이 60장으로 되어 있다. 한 장이 끝날 때마다 그 장에 나온 한자를 모두 순서대로 나열해 놓고 각 한자의 아래에 한글로 석음을 달아 놓았다. 모두 1,199자의 한자에 한글로 한자 석음을 달아 놓았다. 그 몇 예를 보이면 다음과 같다.

樵 나무홀 쵸 牧 칠 목   必 반드 필   知 알 지

第 ᄎ례 뎨 一 혼 일   章 글쟝 쟝   父 아비 부

子 아들 ᄌ 之 갈 지   恩 은혜 은   天 하늘 텬

地 싸 디   萬 일만 만   物 만물 물

〈초목필지〉

16. 교과서 학습서

우리나라에서 서양식 정규교육이 시작되면서 각과의 교과서가 편찬되었다. 그리고 이 학습을 뒷받침하기 위해 참고서들이 나오게 되었는데, 교과서에 들어 있는 한자에 대한 학습을 위한 학습서들이 등장한다. 이러한 학습서들은 오늘날까지도 지속되지만, 초기의 한자 학습서들을 보이도록 한다.

(1) 중등교육 여자조선어독본 학습서(1936년)

중등교육 여자조선어독본(中等敎育 女子朝鮮語讀本) 학습서는 1936년에 박문 서관에서 연활자로 간행한 책이다. 판권지에 '昭和十一年四月十八日(소화 11년 4월 18일) 발행, 著作兼發行者 盧益亨(저작겸발행자 노익형), 發行所 博文書館(발행 소 박문서관)'으로 되어 있다. 여성용 조선어독본의 자습서인 이 책은 모두 38과 까지 있는데, 각과는 上下 3단으로 나뉘어져 있고 첫째단에는 字解, 둘째단과 셋째단에는 '어구해(語句解)'가 있다. '자해(字解)'에는 다시 두 단으로 나뉘어 있 다. 교과서에 출현하는 순서대로 한자에 대한 자해를 한 것으로 보인다. 자해 와 어구해가 끝나면 통해(通解)가 있다. 그 과의 전체에 대한 해석이 통해이다. 이것이 끝나면 다시 다음 과로 넘어간다. 자해의 한자에는 숫자가 표시되어 있는 것이 있는데, 이것은 교과서의 페이지를 뜻한다. 마지막 한자에 147이라 는 숫자가 있는 것을 보면 이 교과서는 147쪽까지 있는 것으로 보인다. 필자의 소장본이다.

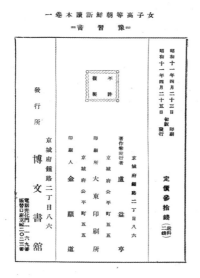
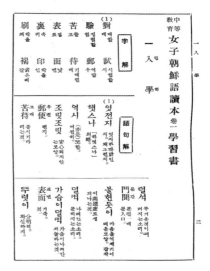

〈중등교육 여자조선어독본 학습서〉

(2) 보통학교 조선어급한문독본 한자해(1917년)

이 책은 1917년에 창신공립보통학교(昌信公立普通學校)에서 편찬하여 중전보성사(中田普成社)에서 연활자본으로 간행한 한자자습서이다. 판권지에 '大正六年九月十五日 初版發行(대정 6년 9월 15일 초판 발행), 大正七年四月四日 三版 發行(대정 7년 4월 4일 3판 발행) 編著者 昌信公立普通學校(편저자 창신공립보통학교), 發行所 中田普成社(발행소 중전보성사)'로 되어 있다. 창신공립보통학교 대표는 木佐貫喜代助로 일본인이다. 권1부터 권4까지 모두 4책이다. 권1은 1학년용, 권2는 2학년용, 권3은 3학년용, 권4는 4학년용이다. 모두 18쪽 이내의, 분량이 작은 책이다.

보통학교 조선어독본에 나오는 한자에 대한 자습서이다. 앞에 일본어로 된 서언(緖言)이 있는데 이 책이 보통학교 아동의 자학 학습용으로 편찬되었다는 사실과 여기에 쓰인 한글표기법과 음운(音訓)에 대한 설명 등이 있다.

8행 8칸으로 되어있고, 한 칸에 한자와 이의 한글 석음을 써놓았다. 그리고 뒤에는 일본어와 한국어의 한자 사용상의 차이를 부록으로 제시하였다. 김상석 씨 소장본이다.

(3) 고등 조선어급한문독본 석자주해(1921년)

고등 조선어급한문독본 석자주해(高等 朝鮮語及漢文讀本 釋字註解)는 1921년에 여규형(呂圭亨)과 김원우(金元祐)가 공저하여 동창서옥(東昌書屋)에서 간행한 연활자본이다. 속표지에 '現京城高等普通學校 敎諭 呂圭亨(현 경성고등보통학교 교유 여규형) 前京城高等普通學校 敎諭 金元祐(전 경성고등보통학교 교유 김원우)'라고 되어 있고 또한 '京城 東昌書屋 藏板(경성 동창서옥 장판)'이라고 되어 있다. 판권지에는 '大正七年二月二十七日 初版發行(대정 7년 2월 27일 초판 발행) 大正十年四月日 再版發行(대정 10년 4월 일 재판 발행)'이라 되어 있다.

〈보통학교 조선어급한문독본 한자해〉

앞에 조선총독부 편집과장 小田省吾가 쓴 서(序)가 있고 끝에는 김원우가 쓴 발문이 있다. 서문의 뒤에 범례(凡例)가 있다. 그 일부를 소개하면 다음과 같다.

一. 本書는 高等普通學校及同程度 諸學校用 高等朝鮮語及漢文讀本에 대하야 教師의 參考와 學生의 自習에 供하기 爲하야 編述홈.

一. 編述次序는 先以字解로 難字의 音義를 示하며 次以句解로 難句의 意義를 釋하며 終以總旨로 全課의 主旨를 說明하야 此三種으로 區分하고 或未盡處가 有흔 時는 補解로 說明홈.

一. 數種의 音義가 有한 字는 其汗漫浩繁함을 避하기 爲하야 該課에 適한 一種의 音義를 示홈.

이것을 보면 이 책이 교사와 학생을 위하여 편찬된 것이며, 자해(字解)와 구해(句解)와 총지(總旨)로 이루어지는데, 그 중 자해(字解)는 난해한 글자의 음의

(音義)를 보인 것이라는 점을 밝혔고, 여러 음의(音義)가 있을 때에는 이 과에 적합한 음의 하나만을 택하였다는 점을 보이고 있다. 이것은 이 당시의 한자 학습서의 일반적인 편집 방식이었다.

본문은 범례에서 언급한 바와 같이 각 과(課)가 자해(字解)와 구해(句解)와 총지(總旨)로 되어 있다. 자해(字解)에는 한자와 한글석음이 있다. 한자에 대한 자해는 한글 석음과 함께 동일한 의미를 가진 한자도 같이 제시하였다. 그리고 하나의 한자에 대해 하나의 음의를 써 놓았다는 범례와도 달리 복수의 석음을 달아 놓은 곳도 여럿 있다.

猶 갓흘 유 如也	煦 따뜻한날빗 후 溫暖之日色也
潑 물샐릴 발 散水也	暢 길 창, 질 창 長也 達也
凋 마를 됴 枯也	環 고리 환 體圓而無端也

구해(句解)는 한자어에 대한 주석인데, 한문으로 쓰이어 있다. 총지(總旨)도 한문으로 되어 있다. 모두 몇 권으로 되어 있는지는 알 수 없다. 필자가 소장하고 있는 책은 권1이다.

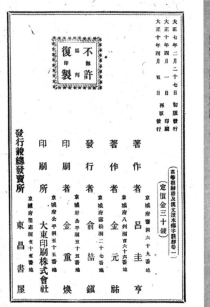

〈고등 조선어급한문독본 석자주해〉

제11부

기타 한자
학습자료

천자문, 유합, 신증유합, 훈몽자회, 아학편, 이천자문과 기타 특정 문헌 이해용 한자학습자료 이외에도 매우 다양한 한자 학습서가 존재한다. 그 문헌들을 여기 소개한다. 아마도 여기에 소개하는 문헌자료들 중에는 처음 소개하는 것도 꽤나 있을 것이다. 그 문헌자료들에 대해서 일일이 하나씩 정밀하게 검토하는 일은 이 연구에서 해야 할 일은 아니다. 필자는 이미 이 문헌들을 거의 전부 입력을 해 놓은 상태이어서 각 문헌들의 국어학적 특징을 밝히는 일이 수월한 편이지만, 그러한 일은 여기에서는 생략한다.

1. 초학자회(1458년~16세기)

『초학자회』는 1458년에 세조가 중추(中樞) 김구(金鉤)와 참의(參議) 이승소(李承召)에게 명하여 우보덕(右輔德) 최선복(崔善復) 등 12인을 거느리고 편찬하게 하여 만든 한자 자서(字書)이다. 『동국정운』의 각 운목(韻目)에 해당하는 자모에 속한 한자 중에서 취사선택하여 그 한자의 아래에 한글로 석음을 달아 놓는 방식으로 편찬되었다. 현존하는 문헌 중에서 한자 석음을 한글로 표기한 최초의 문헌이다.

세조실록에 다음과 같은 내용이 전하고 있어서 그 편찬과정을 알 수 있다.

己巳 傳于承政院曰: "頃者, 判書崔恒, 參議韓繼禧以諺文註 《初學字會》, 事未就而二人俱丁憂. 今欲聚文臣等, 一日內訖功, 其速選文臣, 聽予親敎." 同副承旨李克堪啓: "凡事欲速則必不精. 臣意擇解諺文者十餘輩, 刻期爲之, 則功易就而事亦精矣." 命中樞金鉤, 參議李承召, 率右輔德崔善復等十二人撰之. 〈조선왕조실록 세조 4년 10월 15일조〉

(승정원(承政院)에 전교하기를, "지난번에 판서(判書) 최항(崔恒)과 참의(參議) 한계희(韓繼禧)가 언문(諺文)으로 《초학자회(初學字會)》의 주(註)를 달다가,

일이 끝나기 전에 두 사람이 모두 부모(父母)의 상(喪)을 당하였다. 지금 문신(文臣)들을 모아 하루 안에 그 일을 마치려고 하니, 문신을 속히 뽑아 나의 친교(親敎)를 듣게 하라." 하니, 동부승지(同副承旨) 이극감(李克堪)이 아뢰기를, "무릇 일을 속히 하고자 하면 반드시 정(精)하지가 못합니다. 신의 생각으로는 언문(諺文)을 해득한 자 10여 명을 택하여 기일(期日)을 정하고 이를 시키면, 공력(功力)을 쉬 이룰 수 있고, 일도 또한 정(精)할 것입니다." 하니, 중추(中樞) 김구(金鉤)와 참의(參議) 이승소(李承召)에게 명하여 우보덕(右輔德) 최선복(崔善復) 등 12인을 거느리고 찬(撰)하게 하였다〈국사편찬위원회 번역〉

이 기록에 의하면 세조가 원래 판서 최항(崔恒)과 참의 한계희(韓繼禧)에게 명령하여 『초학자회』를 언문으로 주(註)를 달도록 하였었는데, 두 사람이 모두 부모 상(喪)을 당하여 그 일을 끝내지 못하자 김구(金鉤)와 이승소(李承召)에게 다시 명령하여 편찬하게 하였다는 것이다. 이러한 사실은 이미 오래 전에 이 기문(1971, pp.22-26)과 최현배(1971, p.105)에서도 밝힌 적이 있다.

그러나 이 일이 완성되었는지, 또는 간행되었는지에 대한 기록이 없어서 책의 출간을 확인할 수 없었다. 특히 이 책이 현전(現傳)하지 않기 때문에 그 정체를 알 수가 없었다.

최세진의 『훈몽자회』(1527년)에 다음과 같은 인용문이 있어서 이 책이 간행되었다는 사실을 확인할 수 있었다.

藻 믈 조 海ㅣ 又水草 文宗語釋말왐조 初學字會同〈훈몽자회 예산본, 上 5a〉

蘋 머구리밥 빙 大萍也 沉曰ㅣ 浮曰藻 文宗語釋又字會 말왐 빈〈훈몽자회 예산본, 上 5a-5b〉

傭 삭바둘 용 役賃謂雇作者 初學字會云 다므사리 용〈훈몽자회 예산본, 中 1b〉

捕 슷 포 初學字會樗ㅣ 슷 〈훈몽자회 예산본, 下 10a〉

이 인용문에 접한 이기문(1971, pp. 22~26)에서도 '초학자회와 훈몽자회'란 제목으로 이를 자세히 다루어 왔으나 여전히 이 책의 존재에 대하여 매우 궁금히 여겨 왔을 뿐이다.

그런데 선조 36년(1603년) 8월 3일조의 조선왕조실록에 의하면 『초학자회』 1건을 대내(大內), 즉 대전에 들이라고 한 내용이 있어서 17세기 초까지는 이 책이 전래되어 왔을 것으로 추정된다.

傳于政院 : "史庫上 兵將說一件 易學啓蒙二件 初學字會一件 陣法一件 高麗史節要
一件 歷代兵要三件 東國通鑑一件 東文選一件 入內" 政院啓曰: "史庫書冊 輸來江華 實
錄百卷 爲先上來 其餘 留在本府 下敎書冊 遣史官取來乎?" 傳曰: "江華有守直史官 上送
事下諭" 〈선조실록 선조 36년 8월 3일조〉

(정원에 전교하기를, "사고(史庫)에서 올린 병장설(兵將說) 1건, 역학계몽(易學啓蒙) 2건, 초학자회(初學字會) 1건, 진법(陣法) 1건, 고려사절요(高麗史節要) 1건, 역대병요(歷代兵要) 3건, 동국통감(東國通鑑) 1건, 동문선(東文選) 1건을 대내(大內)에 들이라." 하였는데, 정원이 아뢰기를, "사고의 서책은 강화(江華)에서 운반하여 오는데, 실록(實錄) 1백 권이 먼저 올라왔고 그 나머지는 본부(本府)에 남아 있습니다. 하교하신 서책은 사관(史官)을 보내어 가져오게 합니까?" 하니, 전교하기를, "강화에 수직(守直)하는 사관이 있으니, 올려 보내라고 하유하라." 하였다.) 〈국사편찬위원회 번역〉

그런데 이번에 국립한글박물관에서 필사본으로 전하는 『초학자회』의 일부가 발견되게 되어 이 책의 실체를 확인할 수 있게 되었다.

국립한글박물관 소장본인 필사본 『초학자회』는 2015년 6월경에 경상북도 봉화군의 琴氏 집안에서 소장하고 있었던 것을 매수한 것으로 알려져 있다.

이 필사본 『초학자회』는 표지에 표제가 없으며, 권수제는 '初學字會(초학자회)'이다. 책의 크기는 28.3×20.9cm이며, 사주쌍변(四周雙邊)에 반엽광곽의 크기는 21.7× 16.5㎝이다. 판심어미는 상하이엽화문어미이지만 판심제는 없다. 10행 19자이다.

서문과 발문 등 편찬과 관련된 기록은 보이지 않으며, 표지를 포함하여 전체 7장만이 남아 있다. 표지와 내지(內紙) 등을 제외하면 내용은 전체 5장만이 남아 있을 뿐이다. 맨 마지막 장의 끝은 '錯월'로 되어 있어서 그 뒷면부터 낙장임을 알 수 있다. 전체 분량이 몇 장인지조차도 알 수 없다. 그래서 1458년에 간행되었을 것으로 추정되는 『초학자회』의 전체적인 구성을 파악하기는 쉽지 않다.

한자 아래에 그 한자의 새김이 한글로 달려 있는데 방점은 없다. 『동국정운』의 26 운목(韻目) 중에서 3개의 운목만을 대상으로 하여 각 운목에 속한 한자의 새김을 주석한 것으로 보인다. 26 운목 중 '1. 公拱貢穀', '2. 弓重仲匊', '3. 江講絳覺'만 대상으로 하여 여기에 해당하는 한자 417자에 대해 새김을 달고 있다. '公拱貢穀'은 동국정운 4번째 운목(권1)이고, '弓重仲匊'는 6번째(권2), 그리고 '江講絳覺'는 5번째 운목(권1)인데, 이 책에서는 1, 2, 3번째로 바뀌었다. 그리고 '弓重仲匊'는 『동국정운』에서는 "弓重謩匊'인데 '謩'이 '仲'으로 바뀌었다. 이로써 『초학자회』는 『동국정운』의 운목 전체를 대상으로 주석한 것이 아니며 부분적으로는 수정하여 주석을 한 것임도 알 수 있다.

동일한 운목(韻目)에 포함되는 한자의 음은 '동국정운' 23 자모의 순서로 배열하고 있는데, 자모 가운데 빠진 것도 있고, 자모 표시가 잘못된 곳도 눈에 띈다. 예컨대 입성 자리의 '똥'과 '뽕'은 '똑'과 '뽁'이 되어야 하고 자모도 '쫑'이라 해야 할 것을 '총'으로 하고 있는 것도 보인다.

이 책의 첫 번째 나오는 운목 '公拱貢穀'은 동국정운에서 음각으로 표기한 字母, 즉 '君, 快, 虯, 業, 斗, 呑, 覃, 那, 彆, 漂, 步, 彌, 卽, 侵, 慈, 戌, 挹, 虛, 洪, 閭, 斗, 呑, 覃, (卽), 侵, (慈), 戌, 邪, 欲, 閭, 穰'자를 각 행의 위에 나열하고(이 중에서 괄호 친 자모는 『초학자회』에서는 보이지 않는다), 각 자모 바로 아래에는 평성, 상성, 거성, 입성의 순서로 그 자모에 속하는 한자들을 배열하였는데, 『동국정운』에 보이는 한자 중에서 선별하여 싣고 있다. 예컨대『동국정운』에서는 '君' 자모의 평성에는 '公, 工, 功, 紅, 紘, 攻, 玑, 釭, 玒, 珙, 恭, 供, 椌, 共'의 14자가 있는데, 『초학자회』에서는 이 중에서 '公, 工, 功, 恭, 供'의 5자만을 선택하여 각 한자의 아래에 한글로 석음을 달아 놓았다. 물론 그 한자의 선택 기준은 알 수 없다. 그리고『동국정운』에서는 각 자모의 아래에 평성, 상성, 거성에는 한글로 그 음을 적고 왼쪽에 방점을 표기하였는데, 이『초학자회』에서는 한글로 음을 달아 놓았지만, 방점은 표기하지 않았다. 한글음을 달아 놓은 것을 보면 1458년에 간행된 것으로 추정되는 원간본에는 방점이 있었을 확률이 높다고 할 수 있다. 왜냐하면 이 책은 초간본이 아니고 초간본을 17세기 초경에 필사해 놓은 책으로 보이기 때문이다.

이러한 현상으로 보아서 이 필사본『초학자회』는 동국정운의 26 운목 중에서도 별도의 운목을 선택하였고, 그 운목에 해당하는 자모도 별도로 선택하였으며, 그 자모에 해당하는 한자들도 대폭 줄여서 한글 석음을 달았을 가능성이 높다. 결국 초략(抄略)한『동국정운』의 한자에 한글로 석음을 달아 놓은 것이다.

이러한 추정을 한다면 이 필사본『초학자회』는『초학자회』의 첫째 권일 가능성이 높다. 왜냐하면 동국정운의 卷之一의 첫 번째 운목인 '揭肯亘亞'과 두 번째 운목인 '觥礦橫蝗', 그리고 세 번째 운목인 '肱國'이 있는 부분만으로 한 권을 구성할 수 있는 양이 되지 못하기 때문이다.

그러나 한 책의 분량을 전혀 알 길이 없어서 이 책의 전체 편차는 알 수 없다. 몇 권으로 되어 있는지, 아니면 단책으로 편찬된 것인지도 알 수 없다.『동국정운』전체를 대상으로 하였지만, 모두 선택하여 한글 주석을 하지 않고, 부분만을 대상으로 하였기 때문이다.

이 책의 한글 표기에 보이는 다음과 같은 현상은 이 책이 처음 편찬된 1458년의 표기 모습을 어느 정도 반영하고 있다고 할 수 있다.

① ㅸ이 쓰이고 있다.

더론믈 탕(湯) 〈5a〉　　ᄀᄅ비 몽(濛) 〈2a〉　　더울 훅(燠) 〈3b〉

시드러볼 류(瘻) 〈4a〉　블볼 쥭(踧) 〈3b〉　　므거울 뜜(重) 〈3b〉

② △이 쓰이고 있다.

ᄆ술 방(坊) 〈5a〉　　믈솟솔소리 훙(洶) 〈4a〉 아ᅀ라홀 망(茫) 〈5b〉

쇼 욕(褥) 〈3a〉　　　아ᅀ라홀 막(邈) 〈5b〉

③ ꥤ이 쓰이고 있다.

봀텽고줄 공(拱) 〈1a〉 삷집 용(筩) 〈3a〉　　뭀셕 강(䪪) 〈4b〉

핧집 독(韣) 〈1b〉

그런데 'ꥤ'은 고유어의 관형형 표기에서는 거의 보이지 않고 주로 '- ㅅ'이 쓰일 자리에서 보인다.

④ ㅱ이 쓰이고 있다.

굴룰 캉(抗) 〈4b〉

⑤ ㅴ 합용병서가 사용되고 있다. 그러나 ㅵ은 보이지 않는다. 아마도 우연일 것이다.

ᄢ릴 홍(攤) 〈2a〉 ᄢ릴 장(裝) 〈5b〉

⑥ 한자음 표기에 ㆆ이 사용되고 있다.

집 옥(屋) 〈2b〉

⑦ 한자음 표기에 ㆅ이 쓰이고 있다.

열말 훡(斛) 〈2b〉

⑧ 한자음은 대체적으로 동국정운식 한자음을 달고 있다.

그러나 다음과 같은 표기가 보여서 이 문헌은 17세기 초에 필사된 것으로 판단된다.

① ㆁ과 ㅇ이 구분되지 않고 있다.

② △이 ㅇ으로 변화한 모습이 보인다.

겨을 동(冬) 〈1a〉 마을 국(局) 〈3b〉 눈쪼ᅌ 똥(瞳) 〈1b〉 아ᅌ아자비 슉(叔)

〈4a〉 cf. 아ᅀᅳ아자비 슉(叔) 〈1527, 訓蒙예산본上, 16b〉

이처럼 '겨슬'이 '겨을'로, '마슬'이 '마을'로 '눈쯔ᅀᅳ'가 '눈쯔ᅌᅳ' 등으로 변화하는 시기는 대체로 16세기 이후 17세기 초이다.

cf. 겨을 동(冬) 〈1576유합초, 上2b〉 겨을와 녀름에ᄂᆞᆫ 〈1588소학언해(도산서원본)1:13a〉 마을 부(府) 〈1575천자문(대동급기념문고본), 21b〉 눈ᄌᆞᅀᅵ 프르고 〈1608언해두창집요上:57b〉 눈ᄌᆞᅀᅵ예 ᄀᆞ리씬 거슬 〈1632중간두시언해9:19a〉

③받침의 ㄷ이 후행 ㄴ음으로 인하여 자음동화가 되어 ㄴ으로 변화는 현상이 보인다.

히돋ᄂᆞᆫ양ᄌᆞ 혹(旭) 〈2b〉 cf. 히돋ᄂᆞᆫ양ᄌᆞ 홍(曨) 〈2b〉 들돋ᄂᆞᆫ양ᄌᆞ 롱(朧) 〈2b〉

이와 같은 현상은 주로 16세기 중반에서 17세기 초에 나타나기 시작한다.

모매 인ᄂᆞᆫ 광명도 ᄀᆞᆺ 돋ᄂᆞᆫ 히 ᄀᆞᇀ여 〈1569육자선정, 10b〉

④ ㅉ 이 사용되고 있다.

짝 캉(伉) 〈4b〉

어중에서 'ㄹ 적'이 'ㄹ 쩍' 등으로 표기되지 않고 어두에 ㅉ 이 나타나는 시기는 대체로 17세기 초이다.

⑤ 속격 '-ㅅ'이 탈락하는 현상도 보인다.

뫼부리 퐁(峯) 〈1b〉 cf. 묏ᄆᆞᄅ 강(岡) 〈4b〉

'집'의 속격형 '짓'에서 'ㅅ'이 탈락하는 현상도 보인다.

지ᄆᆞᄅ 동(棟) 〈1a〉

'지ᄆᆞᄅ'는 '집ᄆᆞᄅ〉짓ᄆᆞᄅ〉지ᄆᆞᄅ'의 변화를 겪은 것인데, 이처럼 '짓'이 '지'로 나타나는 시기는 대체로 17세기 초이다.

지아비 브(夫) 〈1601이해룡·천자문, 15a〉

이러한 몇 가지 현상으로 보아서 필사본『초학자회』는 17세기 초에 필사된 것으로 추정할 수 있다.

그러나 필사본에서 흔히 발견되는 오자도 간혹 눈에 띈다.

숨 몽(夢) 〈2a〉 : '숨 몽'의 오자

묏이홈 망(邙) 〈5b〉 : '묏일홈 망'의 오자

이 필사본 『초학자회』는 그렇지 않아도 그 총량이 부족한 15세기의 언어자료를 확충시키는데 도움을 주는 자료일 뿐만 아니라, 훈몽자회(1427년), 광주천자문(1575년), 석봉천자문(1583년)과 같은 16세기의 한자 자석 문헌에 앞서 편찬된 자서(字書)이어서 국어사적 가치가 무척 높다. 초학자회와 훈몽자회 초간본과 몇 개를 비교해 보면 다음과 같다.

漢字	초학자회		훈몽자회(예산본)	
	자석	출전	자석	출전
脚	허튀 각	4b	발 각	上,15a
覺	알 각	4b	씰 교	上,15b
姜	강가 강	4b	겨집 강	下,14a
江	강 강	4b	ᄀᆞᄅᆞᆷ 강	上,2b
綱	그믈벼리 강	4b	벼리 강	中,8a

물론 각 언해본의 협주로 달려 있는 한자에 대한 주석을 통해서 15세기의 한자 자석에 대한 정보를 어느 정도 파악할 수 있으나, 한 문헌에 이들을 집대성하여 편찬된 책이라는 점에서도 특별한 가치를 지닌다고 할 수 있다. 『동국정운』(1448년)이 15세기의 한자음에 대한 정보를 제공해 주고 『초학자회』가 그 한자의 석음 정보를 제공해 주고 있다는 점을 통해서 세종, 세조 시대의 한자 정책이 매우 각별하였다는 사실도 우리에게 시사하는 바가 매우 크다고 할 수 있다.

비록 후대의 필사본이지만, 이 『초학자회』의 발견은 이 책의 판본이 존재했을 가능성을 높여서 우리에게 그 판본도 세상에 모습을 드러낼 수 있다는 희망을 높여 주었다. 아울러서 이 책과 함께 아직 그 정체를 보이지 않는, 『초학자회』보다 앞서 편찬된 것으로 추정되는 『문종어석(文宗語釋)』도 세상에 나타나기를 기대하는 마음도 크다.

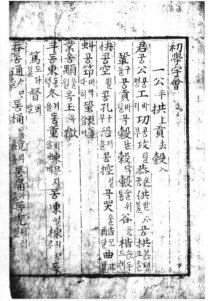

〈초학자회〉

2. 자훈(1786년)

자훈(字訓)은 1786년에 만산(晚山) 김사주(金師柱)가 아이들에게 한자를 학습
시키기 위해 유합에서 한자를 취사선택하여 편찬하고 직접 글씨를 써서 남겨
놓은 자필본 필사본이다.

책의 크기는 22.5×15.5cm이고 무계에 3행 3자이다. 모두 27장인데, 한자는
모두 616자이다. 책의 말미에 '歲丙午春謝官閑居集字類合給命兒晚山老父書
(세병오춘 사관한거 집자유합 급명아만산노부서)'란 필사기가 있다. 이로써 이 책이
1786년에 만산(晚山)이란 호를 가진 사람, 곧 김사주가 편찬하여 직접 쓴 글임
을 알 수 있다.

책의 표지 제첨에 '字訓(자훈)'이란 책제가 가운데 큰 글씨로 쓰이어 있고 그

좌우로 작은 글씨로 쓴 글이 있는데, 이 글은 김사주의 증손인 김상덕(金商憙)이 쓴 것이다. 여기에도 동일한 내용이 적혀 있다.

曾王考靈公職官 閑居集字親書肇鎬伯從祖鴻山公而淸之敎讀屢世手撑 曾孫商憙敬識

이 책의 끝에 원책주(原冊主)였던 남애(南涯) 안춘근 선생이 1978년 4월 19일에 쓴 메모가 있는데, 김사주가 홍산(鴻山) 현감을 지낸 사실도 밝혀 놓았다. 즉 만성대동보(萬姓大同譜) 1권 303면에 '師柱(慶州金氏) 魯謙 進鴻山縣監(사주(경주김씨) 로겸 진홍산현감)'이란 기록과 마찬가지로 동일한 책 만성대동보(萬姓大同譜) 1권 306면에 '最高端 子商憙 文閣承旨(최고단 자상혜 문각승지)'란 기록이 있는 것으로 지적하여 '이상을 종합하건대, 이 책은 1786년(正祖 10年)에 고령(高靈) 현감(縣監)을 지낸 만산(晩山) 김사주(金師柱)가 유합에서 집자(集字)해서 아이들에게 준 것임. 그리고 제첨(題簽) 필적(筆跡)은 승지(承旨) 김상덕(金商憙)의 것'이라고 하여 놓았다.

이 자훈은 다른 한자 자석과는 달리, 각 한자에 대한 한글 석음은 4자의 한자 상단에 세로로 써 놓았다. 이러한 방식은 우선 한자의 자형을 익히는데 더 주목하여 편찬한 것으로 이해된다.

'天覆地載, 上下分位 東西南北'으로부터 시작하여 마지막에 '始終本末'로 끝난다.

이 자훈에 쓰인 한자들은 유합에서 선택한 것이지만 4자 성구를 선택한 것도 있고 또 4자 성구 중에 2자만을 선택한 것도 있다. 예를 들어서 '天覆地載'는 유합의 4자를 그대로, 그리고 '上下分位'는 '上下'는 유합의 '上下中外'에서 앞의 2자를, 그리고 '東西南北'은 유합의 4자를 그대로 취한 것이다. '前後左右'는 유합의 '左右前後'를 순서를 바꾼 것이고, '日月照臨'은 4자를 그대로 취한 것이다. 어떠한 근거에서 이렇게 취한 것인지는 판단하기 어렵다.

이 책은 한국학중앙연구원의 구 안춘근 장서에 소장되어 있다.

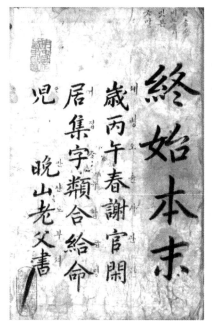

〈字訓〉

3. 자회집(1830년)

『자회집(字會集)』은 1830년에 편찬된 것으로 필자 소장의 1책의 필사본이다. 모두 136개의 부수로 분류하고 그 부수에 해당하는 한자를 배열하였는데, 각 한자의 아래에 한글로 그 석음을 달아 놓았다. 그리고 한문으로 그 의미를 간략히 기술하여 놓은 책이다. 예컨대 '土'의 부수에는 '塤壎壑, 塡坏坍塌坎坳堷址坌塲圻坨堛塑坪堀埕堤' 등 215자가 배열되어 있고 각 한자에 대해 '塤 훈 樂器土音', '壎 동塤', '壑 굴헝학 谷也坑也', '塡 붐소릭젼 皷音 메올젼', '坏 터질탁', '坍 믈허질단', '塌 믈허질 탑 地低', '坎 굴헝감 陷也 북방 감 正北又坳卦名' 등으로 되어 있다. 모두 약 10,700여 개 정도의 한자가 등재되어 있다.[1]

각 부수는 부수의 명칭이나 각각의 형태는 보이지 않고 단지 숫자로만 표시하여 놓았다. 1부터 136까지의 숫자 표시가 있고 각 숫자의 아래에 한자가 나열되어 있는데, 그 나열된 한자들은 모두 하나의 부수에 해당하는 것이다. 현대 한자의 부수가 214개인 것을 보면 모든 부수를 나열한 것으로는 보이지 않는다. 그리고 각 부수의 아래에 배열된 한자들의 배열순서는 획수와는 상관이 없다. 그렇다고 성조와 연관 있는 것으로도 보이지 않는다. 마찬가지로 부수의 배열도 현대의 한자 자전에서는 부수의 획수에 따라 나누어지지만, 이 『자회집』의 부수의 배열은 숫자로서만 표시하여 놓았는데, 그 배열순서의 기준이 무엇인지는 알 수 없다. 아래에 예시한 부수배열표에서 103부터 119까지는 대체로 동물들을 의미하는 부수로 배열되어 있는 것 같아, 혹시 이 부수의 배열이 부수의 의미별 분류가 아닐까 하는 생각을 가질 수 있지만, 다른 부수들에 대한 분류에 다 적용되는 것 같지 않아 그러한 결론을 내리는 것은 무리인 것 같다.

아래에 그 숫자와 그 숫자에 대응되는 부수를 보이도록 한다. 여기에 보이는 숫자는 이 문헌에서 제시한 번호이고 그 숫자에 해당하는 부수는 필자가 배열된 한자들을 보고 그 한자들에 공통된 부수를 적어 놓은 것이다.

(001) 一　(002) 玉　(003) 土　(004) 阝(右)　(005) 阝(左)

(006) 田　(007) 耳　(008) 彡　(009) 亻　(010) 冖

(011) 女　(012) 身　(013) 香　(014) 面　(015) 頁

(016) 目　(017) 自　(018) 黃　(019) 鼻　(020) 口

(021) 見　(022) 齒　(023) 扌　(024) 木　(025) 骨

(026) 血　(027) 足　(028) 艹　(029) 走　(030) 老

(031) 竹　(032) 几　(033) 彡　(034) 戈　(035) 冫

(036) 金　(037) 火　(038) 米　(039) 方　(040) 月

(041) 肉　(042) 力　(043) 心　(044) 忄　(045) 艹(下)

---

1 전운옥편이 10,840자, 규장전운이 13,345자, 자류주석이 10,800여자이다.

(046) 言　(047) 日　(048) 音　(049) 欠　(050) 食

(051) 辶　(052) 立　(053) 尸　(054) ⺳　(055) 門

(056) 戶　(057) 歹　(058) 疒　(059) 穴　(060) 瓜

(061) 麥　(062) 耒　(063) 皿　(064) 西　(065) 鹵

(066) 皿　(067) 鼓　(068) 豆　(069) 瓦　(070) 鬲

(071) 斗　(072) 匚　(073) 弓　(074) 矢　(075) 斤

(076) 刂　(077) 禾　(078) 衤　(079) 示　(080) 矛

(081) 殳　(082) 父　(083) 車　(084) 舟　(085) 雨

(086) 雲　(087) 風　(088) 气　(089) 鬼　(090) 白

(091) 日　(092) 灬　(093) 大　(094) 黑　(095) 赤

(096) 山　(097) 高　(098) 广　(099) 厂　(100) 石

(101) 行　(102) 彳　(103) 馬　(104) 牛　(105) 羊

(106) 犭　(107) 豕　(108) 鹿　(109) 彡　(110) 鳥

(111) 魚　(112) 鼠　(113) 羽　(114) 毛　(115) 角

(116) 革　(117) 虫　(118) 黽　(119) 貝　(120) 皮

(121) 韋　(122) 糸　(123) 巾　(124) 勹　(125) 口

(126) 八　(127) 酉　(128) 亠　(129) 髟　(130) 隹

(131) 片　(132) 舌　(133) 又　(134) 缶　(135) 辛

(136) 合部

　책의 말미에 '歲在道光拾季庚寅閏四月 日謄書(세재도광10년경인윤4월일등서)'라
는 필사기가 있어서 1830년에 이루어진 것임을 알 수 있다. 정윤용의 『자류주
석(字類註釋)』이 1856년에 이루어진 것이니 이보다 26년이 앞선 문헌이어서 그
가치가 높다고 할 수 있다. 필자는 알려져 있지 않고 면지에 '讀者勤勤歷覽 千
萬字·在此(독자근근력람 천만자재차)'란 기록이 보인다.
　책의 크기는 24.0×22.0cm이며 사주단변에 판심어미는 없고 판심의 아래에

장차가 적혀 있다. 모두 85장이다. 표제제목은 없고 내지서명이 '字會集(자회집)'이다. 9행 17자로 되어 있다.

　그 서영을 몇 개 보이면 다음과 같다.

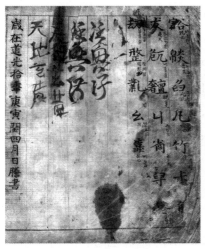

〈자회집 마지막장〉

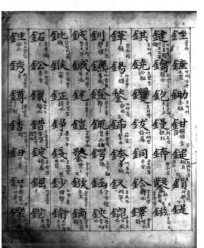

〈자회집 첫장〉

〈자회집 48a〉

〈자회집 37a〉

이『자회집』은 몇 가지 점에서 매우 귀중한 자료라고 할 수 있다.

① 최초로 부수에 따라 한자를 배열한 부수 한자 자전이라는 점이다. 이 시기와 근접한 시기에 이루어진『자류주석(字類註釋)』은 의미별로 분류되어 있다.

② 부수의 배열이 다른 한자자전과는 전혀 다른 모습을 보인다. 현대의 거의 모든 한자 자전의 부수배열은 운서인『전운옥편(全韻玉篇)』의 부수배열을 그대로 따른 것인데, 이『자회집』은 그러한 부수배열과는 전혀 다른 방법을 이용하고 있다. 그러나 안타깝게도 그 원칙을 알 수 없다.

③ 등재되어 있는 한자의 숫자가 매우 많은 한자 자전이다. 약 10,700개 정도의 한자가 등재되어 있는데, 정윤용의『자류주석』이 10,800여 자이다.

④ 우리나라 최초의 한자 석음이 한글로 달려 있는 한자 자전이다.

4. 언음첩고(1846년)

언음첩고(諺音捷考)는 1846년(헌종 12년)에 조정순(趙鼎淳)이 지은 책으로, 우리말의 소리나 한자음을 구별하기 위한 편람으로 만든 2권 2책의 필사본이다.

표지에는 '諺音捷考(언음첩고)'라 되어 있고 내제(內題)에도 '언음첩고(諺音捷考)'라 되어 있으며, 상권의 앞에 「崇禎四丙午夏五月詩谷病夫(숭정4병오하5월 시곡병부)」라 되어 있다.

상권의 앞에 서문이 있고, 이어서 '凡例略(범례략)'이 있다. 이어서 '諺文源流(언문원류)(俗稱 反切)', '引據諸書(인거제서)'가 있고 그 뒤에 '諺音捷考目次(언음첩고 목차)'가 나온다. 그 뒤에 '諺音捷考卷上(언음첩고 권상)'이 나오면서 비로소 본문이 시작된다. 본문은 'ㄱ, ㄴ, ㄷ, ㄹ, ㅁ, ㅂ, ㅅ, ㅇ, ㅈ, ㅊ, ㅋ, ㅌ, ㅍ, ㅎ, 녀, 뎌, 텨, 혀, 니, 디, 티, 히, 됴, 듀, 르'의 순서로 기술되어 있다. 그리고 그 뒤에 'ㄷ終聲考(ㄷ종성고), 別收(별수)'의 순으로 되어 있다.

본문은 한자를 위에 쓰고 그 아래에 한글로 한자의 석음을 달아 놓거나 부수설명을 붙이거나 하는 형식으로 되어 있다. 예컨대 '陰'은 'ᄀᄂᆯ음 今稱그늘', '鋥'은 'ᄀ다듬을 뎡 又屬今訓소'의 형식을 취하고 있다. 그리고 'ᄀ ᄂ · · ·' 등의 항목에는 한자의 새김이 'ᄀ, ᄂ · · ·' 등으로 시작되거나 또는 그 음이 포함되어 있는 한자를 모아 배열하고 있다. 즉 그 배열순서는 표제항인 한자의 부수나 한자음의 순서에 따른 것이 아니라 새김의 한글 초성에 따른 것이다. 'ᄀ'항의 한자를 보면 다음과 같다.

陰 ᄀᄂᆯ 음	鋥 ᄀ다듬을 뎡	嬴 ᄀ득홀 영	稂 ᄀ랏 랑
翳 ᄀ릴 예	屑 ᄀᄅ 셜	訓 ᄀᄅ칠 훈	指 ᄀᄅ칠 지
代 ᄀᄅ츨 딕	楦 ᄀᄆ 훤	旱 ᄀᄆᆯ 한	剪 ᄀ애 젼
秋 ᄀ을 츄	最 ᄀ장 최	等 ᄀ즉 등	具 ᄀ츌 구
似 ᄀᄐᆯ ᄉ	鹵 ᄀᆫ슈 로	磨 ᄀᆯ 마	葦 ᄀᆯ 위
曰 ᄀᆯ 월	鸒 ᄀᆯ가마괴 여	翦 ᄀᆯ길 젼	鷗 ᄀ머기 구
更 ᄀᄆᆯ들일 경	攀 ᄀᆯ오기 산	竝 ᄀᆯ올 병	辨 ᄀᆯ힐 변
藏 ᄀᆷ츨 장	邊 ᄀᆺ 변	困 ᄀᆺ블 곤	渠 ᄀᆯ쳔 거
覺 씰 교, 씨ᄃ룰 각			

하권은 앞에 '諺音捷考 卷下(언음첩고 권하)'라 한 뒤에는 조선한자음(朝鮮漢字音)에 대한 저자의 견해가 있고 이어서 '諺音捷考卷下 目次(언음첩고 권하 목차)'가 나온다. 그 뒤에 본문이 나오는데 그 순서는 목차에 보이는 바와 같이 '下字類(하자류), 上ㅣ類(상ㅣ류), 나類(나류), 뎌類(뎌류), 텨類(텨류), 사자차諸音類(사자차제음류)'로 되어 있다. 그 뒤에 '古舌音考(고설음고)'와 '補遺(보유)'가 있다, 그 뒤에는 '漢語他字訓說(한어타자훈설)'이 있고 마지막에는 '洪武正韻字母之圖(홍무정운자모지도)'기 있다.

'下字類(하자류)'에는 다시 'ᄀ, ᄇ, ᄉ, ᄉᆷ, ᄉᆸ, ᄋ, ᄌ, ᄎ, ᄎᆷ, ᄐ, ᄒ, ᄒᆼ'으로 분류되어 있는데, 이 분류의 각 항목에는 이 음을 가지고 있는 한자를 나열하여 놓았다. 예컨대 'ᄀ'에는 '懇, 墾, 齦, 艮'이 배열되어 있고, '블'에는 '浡, 誖, 孛, 餑, 桲, 埻, 浡, 艴, 渤, 鵓'이 배열되어 있다.

이 권하(卷下)는 한자음에 관한 것으로 권상과는 다른 것이다. 그리하여 구녀 상(卷上)의 '諺' 중심의 기술과 구녀하(卷下)의 '音' 중심의 기술을 합쳐 '언음(諺音)' 이라 하고 또한 쉽고 빨리 검색할 수 있어서 '언음첩고'라고 한 것으로 생각된다.

저자 조정순에 대해서는 양주조씨족보(楊州趙氏族譜)에 다음과 같이 기록되 어 있다(박철상, 2010, p.93 참조).

字 汝鈺號石炊 辛亥五月二十五日生 有碩學累徵不就 著禮說蒙求諺音捷考等 多 有文集而失於庚寅動亂 戊辰十二月十五日終 壽七十八(자는 여옥, 호는 석범이며 1791 년 5월 25일생이다. 학문이 뛰어나 임금께서 여러 번 불렀지만 나가지 않았다. 예설, 몽구, 언음첩 고 등 문집이 많았으나 6.25동란 때 잃어버렸다. 1868년 12월 15일에 돌아가셨다. 향년 78세였다.)

원본은 국립중앙박물관 소장의 2권 2책의 필사본인데, 한국학중앙연구원 에 이의 전사본이 전한다.[2]

한국학중앙연구원본은 上, 下 2권 1책으로 되어 있는데 뒤에 '西銘集解(서 명집해)'가 합철되어 있다. 책의 크기는 24.2×17.4cm이고 무계로서 10행 20자 로 되어 있다. 판심과 사주변은 없다.

책의 면지에는 이 책의 구장자인 안춘근(安春根) 씨가 1969년 6월 2일에 잉크 글씨로 기록해 놓은 글이 있다. 그곳에는 '석범(石帆)'이란 호를 가진 사람으로 서 이건필(李建弼, 1830~?)을 들고 있다. 그리고 이 책이 원래 최현배 선생의 『한 글갈』(402쪽)에 특기했다는 사실과, 『한글갈』에 보이는 서영(書影)과 이 책이 동 일함을 말하고 있다. 이 책은 원래 가람 이병기(李秉岐) 선생의 소장본이었었 는데, 이 책이 가람문고에 소장되어 있지 않음도 밝히고 있다.

---

2 이 책은 구 가람문고본인데, 유출되어 안춘근 선생을 거쳐 한국학중앙연구원에 소장되게 되었다.

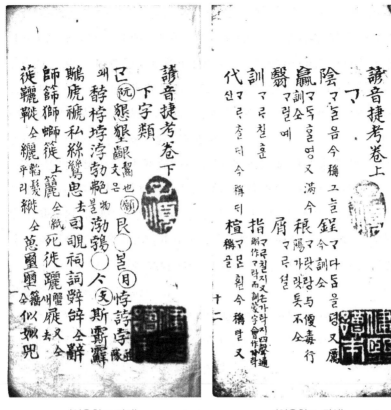

〈언음첩고 권하〉 〈언음첩고 권상〉

5. 초학문(1877년)

초학문(初學文)은 성재(性齋) 허전(許傳, 1797~1886)이 한자 학습에 필요한 한자 4,544자를 모아 17개의 의미부류로 분류하여 배열하고 각 한자에 한글로 석음을 달고 또한 한문으로 주석을 달아 1877년에 편찬한 한자 자료이다.

초학문은 판본으로 간행되었는지에 대해서는 알 수 없다. 허전의 문집인 '성재선생문집(性齋先生文集)'에는 초학문의 서문만 실려 있고, 본문은 실려 있지 않다. 간행되었다는 기록도 보이지 않는다. 현재 판본으로는 전하지 않고,

필사본으로만 전한다.

초학문의 필사본은 3종이 전한다. 하나는 국립중앙도서관 소장본이고, 또 하나는 부산대학교 도서관 소장본이며, 또 하나는 화봉책박물관 소장본이다. 국립중앙도서관 소장본은 필사 상태가 매우 좋은 편이지만, 상권만 전할 뿐이다. 부산대학교 소장본은 하권까지 전하지만, 한글 석음이 없는 부분이 많은데, 특히 하권이 그러하다. 화봉책박물관 소장본은 필사 상태가 양호한 편이지만, 국립중앙도서관 소장본과 마찬가지로 상권만 전하며, 그것도 상권의 마지막 부분이 낙장이다. 따라서 이 3종을 다 모아 정리를 하여도 허전이 1877년에 편찬한 초학문의 전체 모습은 재구하기 어렵다. 또한 이 3종의 책 중에 허전이 직접 쓴 초학문은 없는 것으로 보인다. 모두 전사본일 것으로 추정된다.

국립중앙도서관 소장본인 초학문은 책의 크기가 27.7×20.6cm이고 제첨제와 판심제가 모두 '初學文(초학문)'이다. 앞에 초학문서 1장이 있는데 8행 16자이고 본문은 4행 4자이다. 각 한자마다 한 칸의 사각형틀 안에 한자와 한글 석음과 주석이 붙어 있다.

초학문서의 끝에 '統天隆肇極敦倫聖上十四年十月甲午性齋 八十一歲翁書(통천융조극돈륜성상14년10월갑오 성재 81세옹서)'라고 되어 있어서 고종 14년, 즉 1877년에 성재(性齋) 허전(許傳)이 81세 때에 쓴 것임을 알 수 있다.

教小兒。當於能言之時。知覺始開。凡有見聞。遇物輒問。人慾未生。外至不蔽。先入者主於心。習於善則爲善 故禮曰幼子常視母誑 賈誼曰自爲赤子 教固已行 盖早導則無捍格之謂也 夫文字者。形容言語之所不能模畫者。以名萬事萬物者也。詳其音義辨其點畫。然後乃可分別。否則豕亥魚魯。伏獵杕杜。終亦爲沒字碑而已。余爲是抄出字書中四千五百四十四字。彙分成編。爲目一十有七。散之則各有字義。合之則自成文理。循序而敎之。則由是而可進於孝經小大學論孟云爾。統天隆肇極敦倫聖上十四年十月甲午 性齋八十一歲翁書[3]

여기에서 이 초학문을 저술한 경위에 대해 쓴 내용은 '부분자음(夫文字者)' 이후인데, 이들을 보면 다음과 같다.

문자란 언어가 그려낼 수 없는 것을 형용하여 만사만물의 이름을 붙인 것이다. 그 음과 의미를 상세히 하고, 그 점과 획을 구별한 연후에야 분별할 수 있으니, 그렇지 않으면 豕와 亥, 魚와 魯, 그리고 伏獵과 杖杜처럼 끝내는 沒字碑처럼 되고 말 것이다. 내가 이를 위하여 字書 중에서 4,544자를 뽑아 어휘를 분류하고 편을 만들어 17조목으로 하였는데, 흩어 놓으면 각각의 글자 뜻이 되고, 합하면 자연히 문리를 이루어, 순서를 따라 가르치면 이로부터 시작해 가히 효경, 소학, 대학, 논어, 맹자에까지 나아갈 수 있을 것이다.

결국 초학문을 편찬한 이유는 한자의 음과 의미를 자세히 가르쳐야 하고 또한 점과 획을 구분하도록 가르쳐야 후에 혼돈이 없을 것이어서 이를 위해 편찬하였다는 내용이다.

이 초학문은 내용상으로 17개의 부류로 분류하였지만, 국립중앙도서관 소장본에서는 '인도(人道), 천도(天道), 음식(飮食), 의복(衣服), 농업(農業), 궁실(宮室), 인도(人道)'의 7개 부분만 보이는데, '인도(人道)'가 처음과 끝의 두 곳에 있다. 부산대학교 소장본에서는 상권에 '인도(人道), 형모(形貌), 천도(天道), 음식(飮食), 의복(衣服), 농업(農業), 궁실(宮室), 인성(人性)'의 8개 부문이 보인다. 이 분류 부문은 책의 상단, 즉 천두(天頭) 부분에 쓰이어 있다.

각 한자에 대해서는 모두 4가지 정보를 보여 주고 있다. 즉 한자, 운속(韻屬), 한글로 쓰인 석음, 석의(釋義)의 네 부분으로 되어 있다. 한자는 상단에 해서체의 큰 글씨로 써 놓았고, 그 아래에 한글로 석음을 써 놓았으며, 한자의 오른쪽 상단에 운속을 써 놓았으며 한자의 하단에 주석을 달아 놓았다. 이제 그 예를

---

3 이 초학문서(初學文序)는 성재선생문집(性齋先生文集) 권지12(卷之十二)에도 게재되어 있는데, '위목일십칠(爲目一十有七)'이 '위목일십유육(爲目一十有六)'으로 되어 있다.

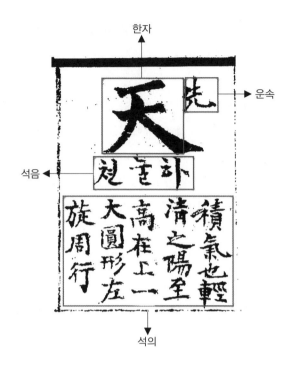

사진을 통해 보도록 한다.

한자 2,272자를 이러한 방식으로 하여 편찬한 것인데, 배열은 4자 성구 방식으로 배열하였다. 그래서 '太極陰陽, 天地人物, 父母生子, 一體氣血' 등으로 나열하여서 2자로도 학습할 수 있고, 4자로도 학습할 수 있도록 하였다. 즉 '太極陰陽'으로도, 그리고 '太極'과 '陰陽'으로도 학습할 수 있도록 한 것이다.

한자 2,272자 중에는 겹치는 글자가 3글자가 있다. 따라서 한자는 2,169자이다.

한자	석음	출전
預	미리 예	22b
	미리 예	54a
癰	벽옹 옹	56a
	종긔 옹	21b
妏	이 즈	14a
	풀즈리 즈	45b

882

한자 한 자에 복수의 자석을 달아 놓은 것도 보인다.

屠 휴져왕 져, 다릴 도 〈43b〉   樽 동즈기동 박, 듕깃 박 〈53a〉

蘇 소복 소, 차조기 소 〈25b〉   訣 방법 걸, 영걸 걸 〈69a〉

鑿 구무 조, 뚜울 착 〈71b〉

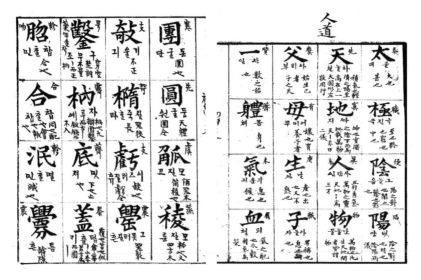

〈초학문〉(국립중앙도서관 소장본)

부산대학교 소장본은 국립중앙도서관 소장본과 그 방식은 마찬가지이지만, 대부분의 한자에 석의 부분이 빠져 있다. 국립중앙도서관 소장본이 4행 4자인데 비하여 부산대학교 소장본은 6행 8자이다. 책의 크기는 29.3×17.5cm이고 무계에 어미도 없다. 앞에 初學文序(초학문서)가 있는 것은 국립중앙도서관 소장본과 동일하다. 그러나 처음의 '太極陰陽'의 네 글자에만 하단에 석의(釋義)가 있을 뿐 나머지에는 그 석의가 빠져 있다. 전사본이 틀림없다. 전사하면서 석의 부분을 필사하려다가 필사자의 의중에 불필요하다고 생각하여 빼어 버리고 필사를 한 것으로 추정된다. 책의 말미에 '庚辰十月十七日抄畢(경진 10

월 17일 초필)'이란 필사기가 있어서 1880년에 필사한 것으로 보인다.

　한자의 의미분류 항목이 '인도(人道), 형모(形貌), 천도(天道), 음식(飮食), 의복(衣服), 농업(農業), 궁실(宮室)'이 보인다.

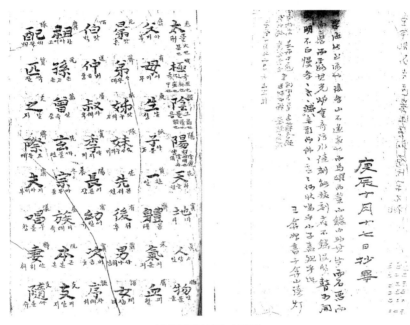

〈초학문〉(부산대 소장본)

　화봉책박물관 소장본은 국립중앙도서관 소장본과 체재를 같이 한다. 부산대 소장본이 '석의' 부분이 빠져 있는 데 비해, 이 '석의' 부분이 그대로 있는 책이다. 4행 4자이다. 표지제목도 '初學文(초학문)'이고 내지제목도 '初學文(초학문)'이지만, 판심이 없어서 판심제는 없다. '初學文序(초학문서)'의 앞, 즉 표지의 내지면에 '壬午八月十九日始 二十九日畢于果川麥溪(임오8월19일시 29일필우과천맥계)' '許性齋 寓舍 三元堂水墨(허성재 우사 삼원당수묵)"이란 기록이 있어서 이 책을 현재의 과천시 막계동에 있었던 성재 허전의 집에서 삼원당(三元堂)의 호를 가진 사람이 1882년 8월에 그곳에 머물면서 열흘 만에 필사를 마친 것임을 알

884

수 있다. 1882년 7월에 성재 허전은 아들 허익(許杙)의 임지(任地)인 과천으로 거처를 옮겼을 때이다. 삼원당(三元堂)의 호를 가진 사람은 허원식(許元栻, 1828~1891)이다. 그가 성재(性齋) 허전(許傳)의 집에 머물렀던 것은 그가 허전의 문인이었기 때문이다. 아마도 허전이 7월에 거처를 옮긴 후 8월에 그곳에 머물렀던 것으로 보인다. 허전이 초학문을 1877년에 편찬하고 1882년에 허원식이 필사하였으니, 이 초학문은 간행되지 않은 것으로 추정된다. 왜냐하면 책으로 간행되었다면, 허전의 문인인 허원식이 이 책을 필사했을 리가 없다. 책으로 받았을 것이기 때문이다.

이러한 점을 고려해 볼 때, 초학문의 저자 친필본은 찾기 어렵겠지만, 이 친필본을 보고 직접 전사한 책, 즉 허원식이 필사한 화봉책박물관 소장본이 초학문의 원본에 가장 가깝다고 할 것이다.

허원식(許元栻)은 초명은 식(栻), 자는 순필(舜弼), 호는 삼원(三元)·백암거사(白巖居士)이다. 본관은 하양(河陽)이며 경남 함양군 지곡면 정추(井楸)에서 살았다. 성재(性齋) 허전(許傳, 1797~1886)의 문인이다. 고종 즉위 원년인 1864년에 정시(庭試)에 장원을 하여 고종으로부터 삼원이란 호를 받았다. 성균관전적·정언·지평·이조좌랑, 사헌부 장령 등을 역임하였다. 저서로는 『삼원당집』이 있다.

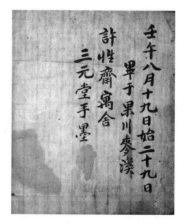

〈초학문〉(화봉책박물관 소장본)

화봉책박물관 소장본 초학문과 국립중앙도서관 소장본 초학문은 한글 자석에서 차이를 보이는 것이 있지만, 대부분 표기의 차이이고 어휘의 차이는 많이 보이지 않는다. 그 차이를 몇 개씩만 보이면 다음과 같다.

① 한자음 표기의 차이

한자	화봉책박물관 소장본		국립중앙도서관 소장본	
	석음	출전	석음	출전
私	ᄉᆞᆺ ᄉ	68b	사ᄉ 샤	68b
搜	뒤질 수	71a	뒤질 슈	71a
恣	방ᄌ홀 자	66a	방ᄌ홀 ᄌ	66a
顚	걱굴 뎐	60b	걱굴 전	60b
提	잇슬 뎨	59b	잇슬 제	59b
第	차례 뎨	11b	차례 제	11b
罪	죄 죄	54a	되 되	54a
軆	몸 톄	1a	몸 체	1a
波	물갈늬 패	69a	물갈늬 픠	69a
餉	먹일 샹	32a	먹일 상	32a

② 새김의 표기법 차이

한자	화봉책박물관 소장본		국립중앙도서관 소장본	
	석음	출전	석음	출전
瘃	어러헌데 탁	22a	어러턴데 탁	22a
乃	이에 내	47b	이예 내	47b
令	착홀 령	6b	착홀 령	6b
使	해여곰 ᄉ	8a	히여곰 ᄉ	8a
伸	기지게 신	14b	기지기 신	14b
五	다ᄉᆞᆺ 오	06b	다셧 오	6b
于	어조ᄉ 우	61a	어조사 우	61a
以	써 이	51a	써 이	51a
人	ᄉᆞ람 인	1a	사람 인	1a
亭	뎡ᄌ 뎡	51b	정ᄌ 정	51b
乎	어죠ᄉ 호	13a	어조ᄉ 호	13a

廒	뒤를 투	57a	듸를 투	57a
㤼	겁낼 겁	58b	겁닐 겁	58b
穊	비예상흔벼 미	49a	비예상흔벼 미	49a
闈	문년 위	52a	문닐 위	52a

③ 한자음의 차이

한자	화봉책박물관 소장본		국립중앙도서관 소장본	
	석음	출전	석음	출전
醵	되로리 갹	34b	되로리 겨	34b
校	학고 고	56a	학교 교	56a
罵	꾸지즐 마	5a	꾸지즐 매	5a
泗	슷수 슷	69a	사슈 샤	69a
除	덜 져	65b	덜 졔	65b
取	가질 츄	46a	가질 취	46a
笞	매 틱	5a	매 치	5a
膾	회 괴	29b	회 회	29b
昒	새벽 문	24b	새벽 물	24b

④ 새김의 차이

한자	화봉책박물관 소장본		국립중앙도서관 소장본	
	석음	출전	석음	출전
稼	여름지이 가	46a	여름지 가	46a
襘	깃머리 회	43a	옷미질 회	43a
魖	독각이 치	70b	독가비 치	70b
魅	독각이 미	70b	독가비 미	70b
迷	미혹 미	62b	미혹홀 미	62b
密	셱셱 밀	51a	셱셱홀 밀	51a
苐	슈츄마 블	38a	슈추 블	38a
霰	쓸악눈 션	25b	싸락문 션	25b
裳	츄마 샹	37a	치마 샹	37a
象	고키리 샹	23a	코키리 샹	23a
恕	용셔홀 셔	6a	졉어볼 셔	6a
巢	새깃 쇼	51a	새깃드릴 쇼	51a

粹	슌슈 슈	62a	슌젼 슈	62a
淵	소 연	60b	몬 연	60b
屛	잔렬 잔	66b	잔렬홀 잔	66b
迪	쥰홀 덕	65b	슌홀 덕	65b
誕	큰 탄	46a	클 탄	46a
禾	벼 화	46b	볘 화	46b
毁	헐 훼	10b	허을 회	10b
飣	실과괴일 뎡	34a	괴일 뎡	34a
飳	실과고일 두	34a	고일 두	34a
顲	슘구무 신	10b	슛구먹 신	10b

6. 휘략(1881년)

휘략(彙略)은 1881년이나 1891년에 청려(青儷)라는 호를 가진 사람이 편찬하고 필사한 것으로 보이는 1책의 한자 학습서이다. 책의 크기는 24.8×17.7㎝이다. 표지의 제첨에 쓰이어 있는 서명과 내지 서명이 모두 '휘략(彙略)'이다. 천도(天道), 지리(地理), 가색(稼穡), 인민(人民), 신체(身體), 유행(儒行), 의관(衣冠), 주식(酒食), 제사(祭祀), 연향(燕饗), 화훼(花卉), 수목(樹木), 과실(果實), 비금(飛禽), 주수(走獸), 충치(虫豸), 어별(魚鼈), 고금성씨(古今氏姓)의 18개 부류로 나누고 이에 해당하는 한자를 쓰고 그 아래에 한글로 석음을 달아 놓았다. 반엽광곽의 크기는 17.7×14.5㎝인데 계선은 없이 4행 4자이다. 모두 33장이다.

책의 말미에 '歲重光暮春上弦 後二日 青儷書(세중광모춘상현 후2일 청려서)'라는 필사기가 있는데, 중광(重光)은 '신(辛)'을 의미하므로 '辛○'년에 필사했지만, 간지의 뒷부분이 없어서 정확한 필사년을 알 수 없다. 한글 표기로 보아 19세기 말로 보인다. 즉 'ㆍ'가 대체로 지켜지나 가끔 'ㅏ'와 혼기되고 'e'가 '에'로 그리고 'ɛ'가 '익'로 표기되는 것으로 보아 19세기 말로 보인다. 그래서 1881년의 신사(辛巳)년이거나 1891년의 신묘(辛卯)년에 필사된 것으로 추정된다. 그리고 이 책을 지은 '청려'가 누구인지는 알 수 없다. 한자는 모두 924자이다. 필자의 소장본이다.

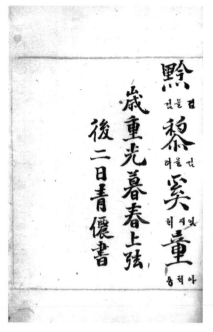

〈휘략 마지막부분〉

〈휘략 앞부분〉

7. 정몽유어(1884년)

정몽유어(正蒙類語)는 대계(大溪) 이승희(李承熙)가 천자문의 사자운어법(四字韻語法)과 다산(茶山)의 아학편(兒學編)에 보이는 유집지법(類輯之法)을 본떠서 한자 1,008자를 목(目)과 유(類)로 분류하고 각 한자의 한글로 그 음(音)과 석(釋)을 써 놓은 책으로 1884년(고종 21년)에 불분권 1책의 목판본으로 간행해 낸 책이다. 앞에 이 책의 편찬동기를 적은 서문이 있다.

正蒙類語序

蒙幼字學 實關啓發之機 古人有敎 以韻書爾雅等文者 恐有汗漫不勝之患 近世中國

有所謂三字經 我邦多用周興嗣千字文 則簡矣 然引古綴辭 非蒙幼所易領 茶山丁公 類輯

三千餘字 曰兒學 頗易推通 然尙恐汗漫 且全無句義 乏啓發之用 余爲兒子初受 倣周編

四字韻語 用丁篇類輯之法 凡千八字 分類立目 又有大節五 以分統之 名曰正蒙類語 俾

讀者 粗知天地之間 有若干物事 若干道理 庶有補於啓규-1抽端之方云爾 朝鮮開國四百

九十三年甲申冬至 大溪書

그 끝에 "朝鮮開國四百九十三年甲申冬至大溪書(조선개국493년갑신동지대계서)"
란 글이 있어서 이 책의 편찬연도와 편찬자를 알 수 있다. 이 서는 이승희의 문
집인『대계선생문집(大溪先生文集)』의 권31에도 그대로 실려 있다.

그러나 본문을 보면 1884년 간행으로 볼 수 없는 표기법이 나타나고 있어서,
과연 이 책이 19세기 말의 언어를 반영하고 있는지는 의심스럽다. 예컨대 19
세기 말에서는 거의 볼 수 없는 표기로서 받침에 ㄷ이나 ㅈ을 쓰고 있는 점 등
이 그것인데, 이 책이 서문은 그대로 둔 채, 20세기에 와서 본문을 수정하여 간
행한 것이 아닌가 하는 의구심을 갖게 한다. 그런데 이 정몽유어의 이본이 존
재하여서 더욱 그러한 생각을 갖게 한다. 국립중앙도서관에는 1936년에 성주
(星州)의 삼봉서당(三峯書堂)에서 간행된 목판본이 있어서 그러한 의심을 더욱
강하게 한다. 그래서 일부 석음은 1884년의 모습을, 일부는 1936년의 모습을
보이는 것으로 생각된다.

이 책의 크기는 26.3×19.2cm이고 사주쌍변에 유계에, 서 부분은 10행 18자,
본문 부분은 4행 4자로 되어 있다. 반엽광곽의 크기는 序의 부분은 18.9×15.8cm
이고, 본문 부분은 17.6×15.4cm이다. 판심어미는 상일엽화문어미이며 내지제
와 판심제 모두 '正蒙類語(정몽유어)'이다.

서 1장, 본문 32장, 모두 33장으로 되어 있다. 각 한자의 아래에 계선을 달리
하여 해당 한자의 석과 음을 달아 놓았다.

본문은 5개의 目으로 분류하고 각 目을 또 여러 유(類)로 분류하였는데 그 분류를 보면 다음과 같다.

(1) 일리생생(一理生生) 제일(第一)

대본류(大本類)	인륜대류(人倫大類)	인신대류(人身大類)
수대류(數大類)	방대류(方大類)	시대류(時大類)
대화류(大化類)	천상대류(天象大類)	지질대류(地質大類)
식물대류(植物大類)	식물요류(植物要類)	식물미류(植物美類)
동물대류(動物大類)	동물근류(動物近類)	동물원류(動物遠類)

(2) 동물원류(動物遠類) 제이(第二)

품생류(稟生類)	품성류(稟性類)	품기류(稟氣類)
물화류(物化類)	인도류(人道類)	인사류(人事類)
이분류(理分類)	기분류(氣分類)	형분류(形分類)
도분류(道分類)	사분류(事分類)	명분류(命分類)

(3) 명기착종(名器錯綜) 제삼(第三)

인생명류(人生名類)	음식명류(飮食名類)	의복명류(衣服名類)
재산명류(財産名類)	제택명류(第宅名類)	전원명류(田園名類)
음식기류(飮食器類)	복식기류(服飾器類)	자용기류(資用器類)
업작기류(業作器類)	법도기류(法度器類)	의장기류(儀章器類)

(4) 제왕입정(帝王立政) 제사(第四)

수직류(授職類)	분강류(分疆類)	건위류(建位類)
서민류(序民類)	입교류(立敎類)	집업류(執業類)
흥속류(興俗類)	정제류(定制類)	정별류(旌別類)
평장류(平章類)	찬화류(賛化類)	전통류(傳統類)

(5) 성학명도(聖學明道) 제오(第五)

심체류(心體類)	심법류(心法類)	입과류(立科類)

치지류(致知類)	역행류(力行類)	소학류(小學類)
입계류(立戒類)	대학류(大學類)	택술류(擇術類)
조도류(造道類)	전도류(傳道類)	재도류(載道類)

그리하여 모두 5목(目) 63류(類)로 분류하였다. 각 유(類)에 16개의 한자가 있으므로 모두 1,008자가 있는 셈이다.

이 책의 한자음과 한자석에 나타나는 국어학적 특징을 들면 다음과 같다.

①어두된소리의 표기에는 ㅅ계 합용병서만 사용하고 있다. ㅆ도 ㅅ계 합용병서로 간주하여 예를 들도록 한다.

ㅺ : 깨다를 각(覺, 26b) 깨울 경(警, 27a) 깰 셩(醒, 27a) 깰 오(寤, 11a) 썩글 억(抑, 25a) 썩글 위(委, 32a) 썩글 졀(折, 29a) 꼬지 관(串, 19b) 꼿 화(花, 5b) 꾸지슬 견(譴, 24a) 꾸지슬 매(罵, 11a) 꿀안즐 괴(跪, 29a) 뀡 젹(翟, 30b) 쓰릴 탕(湯, 31b) 끈 영(纓, 15b)

ㅼ : 따갤 셕(析, 28a) 따 디(地, 1a) 따위 뇌(耒, 19a) 딱 져(楮, 6a) 째 시(時, 25b) 떡 병(餠, 15a) 뗴 벌(筏, 25b) 쮜 모(茅, 6b) 뛸 약(躍, 7ㅁ) 쓰거울 혹(熇, 4a) 쓷 지(志, 8b) 쯰 대(帶, 15b) 쯰릴 타(打, 29b)

ㅽ : 쌔아슬 탈(奪, 25a) 빽빽할 밀(密, 28b) 쌔겹지 대(介, 7a) 뼈 골(骨, 8b) 뽕 상(桑, 6a) 쎄아슬 창(搶, 29b)

ㅆ : 싸울 투(鬪, 29b) 쌀드릴 젹(糴, 25b) 썰뫼 류(橋, 18b) 쏘 연(淵, 5a) 쏠 사(射, 23a) 쑥 애(艾, 6b)) 쓸 용(用, 26b) 씨울 고(苦, 10a) 씨 핵(核, 5b) 각씨 씨(氏, 14b) 글씨 셔(書, 23a) 힘쓸 시(偲, 10b) 힘쓸 욱(勖, 27a)

ㅆ : 짜울 함(鹹, 10a) 짝 우(偶, 32a) 짤직(織, 23a). 뙤쪽 기(奇, 32a)

②받침에 이 당시의 표기에서는 거의 볼 수 없는 ㄷ과 ㅈ이 쓰이고 있다.

믿을 신(信, 10b), 낮을 저(低, 12b), 맞을 빙(聘, 23b), 낮을 비(卑, 24b), 찾을 색(索, 28a)

③ 'ㆍ'는 단독으로는 사용되지 않고 단지 /ɛ/를 표기하는 'ㆎ'로서만 쓰이고

892

있다.

안 닉(內, 3a) 썰릴 타(打, 29b) 쎅아슬 창(搶, 29b)

④ 명사에 접미사 '-이'가 통합된 형태가 보인다.

터리 모(毛, 7a) 버리 봉(蜂, 7b).

⑤ 치찰음 뒤에서 전부고모음화가 나타난다

다실 온(溫, 4a) 씨울 고(苦, 10a) 씰 소(掃, 29a)

⑥ 어간말자음군의 단순화가 보인다.

여덜 팔(八, 2b) 측 갈(葛, 6b) 흑손 만(鏝, 23a)

⑦ 방언형들이 많이 보인다.

나우리 하(霞, 4b) 정지 쥬(廚, 16b) 짜울 함(鹹, 10a) 쏘 연(淵, 5a)

⑧ ㅊ 앞에서 ㄴ이 첨가되는 현상이 보인다.

곤칠 개(改, 27a)

〈정몽유어〉

이 책의 저자인 이승희(李承熙)는 그 고향이 경북 성주군 월항면 한계(寒溪)이어서 이 지역의 언어가 많이 반영되어 있다. 한국정신문화연구원 등에 소장되어 있다.

8. 초학문(1898년)

허전이 편찬한 초학문(初學文) 이외의 다른 초학문이 있다. 편찬자 미상의 1책의 목판본으로 경북대 도서관 북재문고(남권희 교수 소장본)에 소장되어 있다. 책의 크기는 28.4×19.4㎝이고, 사주쌍변에 유계로 4행 4자이다. 반엽광곽의 크기는 17.8×14.9㎝이며 판심어미는 상하내향이엽화문어미이다. 내지제와 판심제 모두 '初學文(초학문)'이다. 앞에 '初學文序(초학문서)'가 있는데, 서문에도 저자의 이름이 없다. 그 내용을 보이면 다음과 같다.

余於戊戌春 選不重字千以童蒙易○之言述○○ 五常之道兼鳥獸草木之名以爲初學之文

즉 무술년 봄에 겹치지 않는 글자 1,000자를 뽑아 어린이들이 쉽게 오상지도(五常之道)와 조수(鳥獸)와 초목명(草木名)을 뽑아 초학지문(初學之文)이라고 하였다는 내용인데, 필자가 없다. 무술년에 쓰인 것이어서 그 해를 대체로 1898년으로 추정한다.

원래 이 책은 한글 석음이 달려 있지 않다. 그런데 목판본에다가 한글 석음을 필사해 넣었다. 이 한글 석음은 누가 써 놓은 것인지는 알 수 없다. 그리고 1898년 이후의 어느 때인지도 알기 어렵다. 그러나 한글 표기법으로 보아 1898년 바로 직후의 표기, 즉 20세기 초의 표기로 보인다. 'ᄒᆞ-(爲)'가 '하-'로도 나타나지만 다른 곳에서는 'ㆍ'가 다양하게 쓰이고 있고, [e]에는 'ㅔ'로 [ɛ]에는

'ㆍ'로 표기한 것이라든가, ㅅ계 합용병서가 쓰이고, 모음과 모음 사이에서 'ㄹ'이 탈락하는 현상 등이 20세기 초의 표기로 보인다.

본문만 모두 29장이어서 한자가 모두 928자가 실려 있다. 그러니 72자가 없는 셈이어서 뒤에 2장 정도가 낙장인 것으로 보인다. 앞의 3장에는 한글 석음을 필사해 놓지 않았다. 책의 앞부분에 '慶尙北道 尙州郡 內西面 西灣里 ○栗 姜生員宅 家藏 初學文(경상북도 상주군 내서면 서만리 ○률 강생원댁 가장 초학문)'이란 글이 있다. 여기에 쓰인 한글 석음에는 이 지역의 언어가 반영된 것으로 보인다.

八 여들 팔　敎 펠 셔　青 푸릴 청　改 곤칠 기
稻 나낙 도　梁 나낙 양　肯 질길 긍　用 쎌 룡

'太極運化 天尊地卑 晝夜長短 陰陽旺衰'로부터 시작하여 '詩廢我蔘 泣守奈搖 蓍衍置閏 賞抽記句'으로 끝난다.

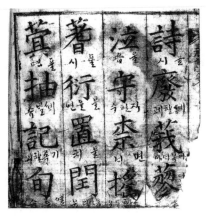

〈초학문〉(경북대 소장본)

9. 자해(1899년)

자해(字解)는 1899년에 편찬된 한자 학습서인데 편찬자를 알 수 없는 1책의 필사본이다. 책의 크기는 24.0×19.6cm이고 5침장정이다. 표지에 '字解'라는 책 제목이 있고 내지에는 '同音抄(동음 초)'라고 쓰이어 있다. 책의 말미에 '己亥秀 葽月初三日始書(기해수요월초3일시서)'라고 쓰이어 있고, 뒷표지에는 '黃豚食苶 月下瀚念二日 畢書(황돈식고월하한념2일 필서)'라고 쓰이어 있다. 기해년 秀葽月 (수요월)(4월) 3일에 시작하여 역시 황돈(黃豚)(기해년) 食苶月(식고월)(7월) 2일에 끝냈다는 내용이다. 판심은 없고 10행 7자로 되어 있다. 모두 85장이다.

앞에 '목차'라는 표시가 없이 여기에 등장하는 한자 목록이 나온다. '東 동一' '公공一, 通통一', '宗종二', '衷튱三', '唐당四' 등으로 시작하여 마지막에 '斂념八 十五', '儳렴八十五' '胠협八十五', '業업八十四', '慊겸八十四'로 끝난다. '八十五' 다음에 '八十四'가 배열된 것은 보완한 것으로 보인다. 모두 1행에 7자의 목록 이 있다. 그러니 모두 538개의 대표 한자가 있는 셈이다. '東公通籠農封蒙'으로 시작하여 '曄斂儳胠業慊'으로 끝난다. 성조 중심으로 배열한 것인데, '평상거 입성(平上去入聲)' 순으로 배열한 것이다.

여기에 보이는 한자들은 삼운성휘나 화동정음통석운고 등에 배열되어 있 는 한자의 배열순서와 동일한데, 배열된 한자는 이들보다도 더욱 많은 편이 다. 예를 화동정음통석운고와 비교해 보도록 한다.

	자해	화동정음통석운고
東	東涷蝀冬同仝銅峒桐蟲鮦童 僮潼漳曈瞳犝形疼憧穜藭菄 動胴洞渾涷棟腫 (31자)	東涷蝀同仝童僮銅桐峒筒瞳 罿犝犝箽潼曈酮侗鮦 (21자)

처음에 '동'의 음을 가진 한자가 나오는데, '東, 涷, 蝀, 冬, 同, 仝, 銅, 峒, 桐' 등 이 배열되어 있고, 그 각 한자에는 한글로 새김을 달아 놓았다. 예컨대 '東'에

는 '동역', '涷'에는 '소나기', 그리고 '棘'에는 '무디게'라는 새김이 있다.

모두 10,106자의 한자에 한글로 석음을 달아 놓았다. 필자의 소장본이다.

〈字解〉

이 자해에는 CJK에서 제정한 한자 목록에도 없는 한자가 꽤나 많이 등장하고 있다. 그 예를 들어 보이면 다음과 같다. 모두 128자가 있다.

褖 갓옷 구〈29a〉	䟡 강낭콩 완〈51b〉	靹 거믈 유〈34b〉
鬱 거츨 울〈78b〉	祊 곁제 방〈5a〉	㴲 고기깃 습〈62b〉
嗛 골워할 함〈64a〉	騡 괴욕 위〈24a〉	鉗 구레쇠 겸〈65a〉
巇 구무 암〈64a〉	鑿 구무 조〈37a〉	䰞 귀버힐 괵〈71a〉
聉 귓구무 타〈57a〉	羂 그물 뇨〈43a〉	翢 깃다듬을 촬〈80b〉
顚 나누를 운〈47a〉	䶍 날웃 염〈66a〉	鵗 너시 부〈30b〉
酈 녁가 력〈73b〉	縧 노 도〈36a〉	鑯 노고 무〈31b〉
稬 누릴 타〈57b〉	侞 니글 뉴〈35a〉	㠯 니흘 고〈35b〉

樓 닙급 파⟨58a⟩	摮 다자비 튜⟨33b⟩	蔫 달 오⟨38b⟩
魑 독가비 량⟨8a⟩	魔 독가비 마⟨58b⟩	蟯 말곱비 됴⟨40b⟩
譸 말소리 횡⟨13b⟩	鬤 머리저을 직⟨70a⟩	闑 모흘 단⟨49a⟩
躬 몸구불 궁⟨3a⟩	鬽 묏쥐 혜⟨21a⟩	潷 물소리 필⟨77a⟩
扤 믠믠 올⟨78a⟩	籧 바구리 쳔⟨54b⟩	輲 박회 거⟨27a⟩
莉 발관풀 괄⟨80b⟩	睳 발글 혜⟨21b⟩	餫 밥즐을 원⟨53a⟩
躅 버힐 촉⟨68a⟩	楩 변나모 변⟨55a⟩	籩 변두 변⟨55a⟩
廑 병 차⟨57b⟩	瘵 병들 쇠⟨25a⟩	旾 봄 츈⟨48a⟩
鸔 비들기 암⟨64a⟩	鷈 비오리 틱⟨70a⟩	匭 빌닐 긔⟨18a⟩
覡 빗볼 혁⟨73a⟩	曄 빗늘 렵⟨85b⟩	嶼 셤 셔⟨28b⟩
噴 소리 찰⟨79b⟩	袂 소민 메⟨22a⟩	蹯 솔옷 뎌⟨20a⟩
軖 슈리 광⟨6a⟩	私 슈리쓴 홍⟨2b⟩	董 심ᄂᆞᆫ흘 동⟨1a⟩
捽 쓸 날⟨80a⟩	嬣 아동 녕⟨11a⟩	敓 아슬 탈⟨79b⟩
薆 어즐흘 등⟨11b⟩	臯 언덕 고⟨35b⟩	韇 연좌아 담⟨63a⟩
厲 염병 례⟨22a⟩	裏 옷길 아⟨58b⟩	褸 옷깃 류⟨35a⟩
�40 울 셕⟨72b⟩	羆 읏듬 파⟨58b⟩	觿 이저질 휴35a⟩
釴 익짜 익⟨70b⟩	攫 잡을 촬⟨80b⟩	麃 졈할 표⟨41a⟩
腅 젓 탐⟨63b⟩	浸 져즐 침⟨61b⟩	壁 졀 벽⟨72b⟩
虈 졀독알 살⟨79b⟩	袡 졔 려⟨29a⟩	欽 족쇄 체⟨20a⟩
劂 지쳠돌 텰⟨81b⟩	膚 집 지⟨22b⟩	楄 집풍챠 변⟨55a⟩
箈 쳐 츄⟨33a⟩	覥 쳥듸 뎐⟨54a⟩	躅 촉국 촉⟨68a⟩
蠆 츌쳑 텩⟨72a⟩	漆 칠할 칠⟨76b⟩	箛 큰피리 날⟨80a⟩
枰 탈 평⟨10a⟩	堥 토산 도⟨36a⟩	軸 투긔 듀⟨32b⟩
窡 팔 왈⟨80b⟩	廢 폐흘 폐⟨21b⟩	焄 향긔 훈⟨47b⟩
衈 혈믹 믹⟨71a⟩	袗 황후옷 젼⟨54a⟩	檽 홋틀 살⟨79b⟩
叉 긔 차⟨57b⟩	牌 ᄂᆞᆫ흘 피⟨16b⟩	鏡 늘 경⟨8b⟩

窴 늘 휼〈79a〉　　罃 늘랄 직〈70a〉　　崩 디별산 별〈82a〉

窫 빅빅홀 밀〈77a〉　　鷖 수ᄆ고 예〈21a〉　　瀙 싀홀 궐〈81a〉

噴 싱킬 찰〈79b〉　　滅 쩌질 멸〈82a〉　　懿 ㅇ람ᄃ올 의〈18b〉

驥 진말 찬〈49b〉　　韠 출 위〈24a〉　　薺 치 졔〈20b〉

篇 칙 편〈55b〉

10. 음운반절휘편

음운반절휘편(音韻反切彙編)은 한자 학습을 위해 한자 검색을 편리하도록 한 책인데, 현재까지 발견된 문헌 중에 판본은 하나도 없고, 모두 필사본으로만 전해 온다. 이 책은 한자 약 10,000여 글자를 한자음별로 분류하여 나열하고 각각의 한자에 그 석을 달아 놓은 한자 자전의 일종이다. 필사본으로서 작자나 편자를 알 수 없다. 단지 한글 자모의 가나다순 배열이나 한글표기법으로 보아서 대개 19세기 말이나 20세기 초에 이루어진 것으로 보인다. 각 장의 윗부분에 한글로 한자음을 써 놓고 그 아래에 그 한자음에 해당하는 漢字를 하나씩 쓴 후 그 한자의 바로 아래쪽에 다시 한글로 그 석을 달아 놓았다. 한자음은 맨 위에 표시하여서, 각 한자의 음을 일일이 써 놓지 않고 단순히 동일하다는 의미인 '] '로 표시하여 놓았다. 가끔 한자로 풀이한 예도 보인다.

이 책은 필사본에 따라 그 문헌명도 각각 다르지만, 일반적인 명칭은『음운반절휘편』과『음운첩고』와『음운편휘』가 가장 대표적인 명칭으로 보인다.

(1) 음운반절휘편(홍윤표 소장, 1876년)

이 책은 필자의 소장본으로 책의 말미에 '歲在丙子十月二十日奇灵書(세재병자10월20일기령서)'란 필사기를 보이는 1책의 필사본이다. 책의 크기는 18.6×

20.1㎝이고 10행이지만 각 행의 글자수는 20자로부터 26자까지 다양하다. 필사기의 '병자(丙子)'는 1876년으로 추정한다. 그 다음의 병자년인 1936년의 한글 표기로는 볼 수 없고, 또 이 책이 19세기부터 보이므로 1876년이 맞는 필사년으로 볼 수밖에 없다. 모두 47장이다.

표지의 제목은 '音部(음부)'이지만 내지 서명은 '音韻反切彙編(음운반절휘편)'이다. 다른 문헌들처럼 상단에 한자음을 적고 그 아래에 그 한자음에 해당하는 한자를 나열해 놓았는데, 각 한자에는 한글로 그 석음이 달려 있다. 이 책의 특색은 다른 음운반절휘편에서는 각 한자에 새김만 쓰고 있는데 비해 이 책은 새김과 음을 동시에 쓰고 있다는 점이다.

음운반절휘편에서 한자의 새김과 음을 다는 방식이 조금씩 다르다. 어느 문헌은 한자음이 상단에 있기 때문에 한자음을 쓰지 않아도 알 수 있어서 그 한자음 표기를 빼어버리는 것이 일반적이다. 그래서 '佳'를 '아름다울'로 표기하고 한자음을 표기하지 않기도 하고(국립중앙도서관 소장 음운반절휘편), 새김을 한글로 쓰고 한자음은 상단에 있기 때문에 그 상단에 있는 음과 같다는 의미로 '佳 아름다울ㅣ'처럼 표기하기도 하고, 한자음을 같이 동시에 쓰기도 하는 것들이 있고, 어느 것은 이러한 방식을 절충하여 어느 한자는 새김과 음을 다 쓰기도 하고 어느 것은 한자음 표기를 하지 않기도 한다. 이 문헌에서는 일일이 다 한자음까지 쓰고 있다.

한자음은 '가'로부터 시작하여 마지막에 '훙, 흥, 획, 힝'으로 끝나서 처음 시작하는 한자는 '佳, 嘉, 假, 歌'이고 마지막 글자는 '婞 悻 淬 倖'이다. 한자음의 수는

　ㄱ (62개)

　가 각 간 갈 감 갑 강 개 걍 거 건 걸 검 겹 게 격 견 결 겸 겹 경 계 고 곡 곤 골 공 괴 픽 굉 과 곽 관 괘 광 교 구 국 군 굴 궁 귀 권 궐 궤 규 균 귤 극 근 금 급 긍 긔 기 긱 긴 길 ㄹ 기 긱 깅

ㄴ (42개)

나 낙 난 날 남 납 낭 닉 냥 녀 녁 년 넘 넙 녕 네 노 녹 논 농 뇌 뇨
농 누 눈 눌 뉴 뉵 뉸 뉼 늉 늑 늠 능 니 닉 닌 닐 님 닙 닉 닝

ㄷ (35개)

다 단 달 담 답 당 대 댱 덕 뎌 덕 던 덤 덥 뎡 데 도 독 돈 돌 동 됴 두 둔 듀 둑
듕 득 등 디 딕 딘 딜 딩 딕

ㄹ (3개)

략 련 리

ㅁ (26개)

마 막 만 말 망 매 멱 면 멸 명 며 모 목 몰 몽 묘 무 문 믁 믈 미 민 밀 믹 믹 밍

ㅂ (28개)

박 반 발 방 번 벌 법 벽 변 별 범 병 보 복 본 봉 부 분 북 불 븡 븨 비 빈 빙 비
블 빅

ㅅ (57개)

사 삭 산 살 삼 삽 상 쌍 쇄 샤 샹 샥 서 선 셔 셕 션 셜 셤 셥 성 셰 소 속 손 솔
송 쇠 솨 솬 쇄 쇼셕 숑 수 쉰 슈 슉 슌 슐 슝 슬 습 승 싀 시 식 신 실 심 십 ᄉ 슴
습 싀 싀 싱

ㅇ (69개)

아 악 안 알 암 압 앙 애 야 약 양 어 억 언 얼 엄 업 에 여 역 연 열 염 엽 영 예
오 옥 온 올 옹 외 와 완 왈 왕 왜 요 욕 용 우 욱 운 울 웅 위 원 월 유 육 윤 융 은
을 음 읍 응 의 이 익 인 일 임 입 잉 ᄋ 이 익 잉

ㅈ (50개)

자 작 잔 잠 잡 장 쟈 쟉 쟝 적 져 적 전 절 점 접 정 졔 조 족 존 졸 종 죄 좌 챵
죠 쪽 종 주 준 줄 쥬 쥭 쥰 즁 즉 즐 즙 증 지 직 진 질 짐 집 ᄌ 즘 지 징

ㅊ (45개)

차 착 찬 찰 참 창 채 챠 챵 쳐 척 천 첨 첩 청 초 촉 촌 총 최 촤 촬 쵸 쵹 추 츄

축춛츌츙췌쾌 측츤충칙치친칠침칭츠츰치칙

ㅋ (1개)

쾌

ㅌ (40개)

타탁탄탈탐탑탕태탁탕터턱턴털텀텁텹텽톄토톤통퇴툐통투
튜특튤튱특틈티틱팀팁튼틱틱팅

ㅍ (17개)

파판팔패퍅폄평폐포폭표품풍피필핍핑

ㅎ (64개)

하학한할함합항해햐향허헌헐험협혜혁현혈험협형혜호혹혼
홀홍회획횡화확환활황홰효후훈훌홍휘훤훼휴휵휼흉흑흔흘흠
흥흡희히힐흑흔흥히힉힝

총 539개이다.

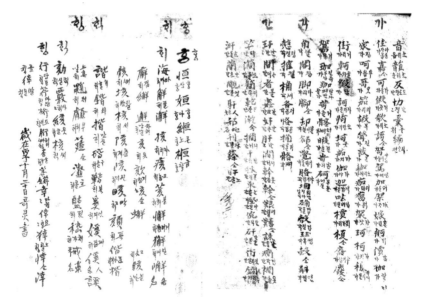

〈음운반절휘편〉(홍윤표 소장본)

902

(2) 자회음운반절휘편(충남대 도서관 소장, 1887년)

자회음운반절휘편(字會音韻反切彙編)은 충남대학교 도서관 소장본으로 1887년에 필사한 책이다. 책의 크기는 31.0×19.8cm이고 무계에 10행이다. 각 행의 글자수는 일정하지 않으나 22자에서 25자 내외이다. 표지 제목과 내지 제목 모두 '字會音韻反切彙編(자회음운반절휘편)'이다. 상단에 한글로 한자음을 써 놓고 그 아래에 그 한자음에 속하는 한자들을 나열해 놓았다. 그리고 각 한자의 아래에는 한글로 새김을 써 놓았다. 한자음은 '가 각 간'으로부터 시작하여 '징, 징'까지 321음이 있다. 다른 문헌들이 '힝'까지 있는 사실에 비하면 이 책은 뒷부분이 낙장이거나 아니면 필사를 완성하지 못한 것으로 보인다. 표지 다음에 '丁亥寅月念捌日 松石題(정해인월념팔일 송석제)'라는 묵서가 있다. 여기의 정해년은 한글 표기 등으로 보아 1887년으로 추정된다.

'가'의 한자음 밑에는 '가'음을 가진 한자 44자가 배열되어 있고, '각' 밑에는 16자가 있다. 각 한자에는 어느 것에는 한자음까지 표기하였고, 어느 것은 새김만 써 놓았다. 예컨대 '假'는 '거짓 가'로 되어 있지만, 그 바로 뒤에 배열된 '謌'에는 '쑤지즐'로 되어 있다. 한자에 대한 새김이 동일하면 '同'을 써서 표시하였다. 예를 들면 '舸'에는 '可同'이라 하여 놓았다. 그러나 정작 '可'는 '가'음에서 찾을 수 없다. (책 그림은 904쪽에 있음.)

(3) 음운반절휘편(박재연 교수 소장, 1889년)

박재연 교수 소장 필사본 음운반절휘편은 책의 크기가 22.7×21.7cm인데, 계선이 없이 12행 21자이다. 뒷표지에 '己丑元月上出吉(기축원월상출길)'이란 글이 보인다. 이 '己丑(기축)'이 이 책의 필사 연도와 연관되어 있을 것으로 보이고 또 한글 표기 현상과도 합치되어 1889년에 필사한 것으로 추정된다.

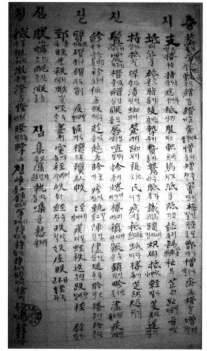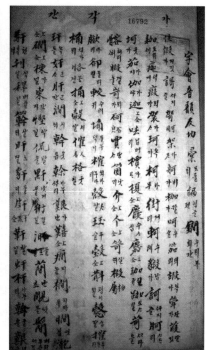

〈자회음운반절휘편〉

　표지 책제목은 '音韻編(음운편)'이고 내지의 책제목은 '音韻反切彙編(음운반절휘편)'이다. 상단에 한글로 한자음을 써놓고 그 아래에 그 한자음에 해당하는 한자를 나열하고, 각 한자에 한글로 석음을 써 놓았다. 다른 음운반절휘편에서는 대개 새김만 써 놓았는데, 이 책은 음까지도 쓰이어 있다. '가, 각, 간'으로부터 시작하여 '흥, 희, 획, 힝'에서 끝난다. 모두 39장이다.

〈음운반절휘편〉(박재연 교수 소장본)

(4) 음운편휘(동양문고 소장, 1898년)

음운편휘(音韻編彙)는 일본 동양문고 소장본으로 1책의 필사본이다. 책의 크기는 30.4×19.0cm이고 무계에 10행 10자로 되어 있다. 모두 64장이다. 책의 표지 제목과 내지 제목 모두 '音韻編彙(음운편휘)'이다. 다른 음운반절휘편과 마찬가지로 한자음 '가'로부터 '힝'까지 상단에 한글로 써 놓고 각 한자음 아래에 그 한자음에 해당하는 한자를 배열하였다. 각 한자의 아래에는 그 한자의 새김이 한글로 쓰이어 있다. 한자음은 모두 540음이고 배열된 한자수는 모두 10,403 개이다.

책의 말미에 '戊戌季冬新安飜謄(무술계동신안번등)'이란 기록이 있다. 이 '戊戌(무술)'은 1898년으로 추정된다.

각 한자 아래에는 한글로 석음을 달아 놓고 부분적으로는 한문으로 그 의미를 주석해 놓은 곳도 보인다(街 거리 通四道). 한자음이 두 가지일 때에는 '又'라고 표기하고 그 한자음을 써 놓기도 하였다. '賈 장사 又고'로 한 것은 '賈 가' 음에 속해 있는데, '고' 음도 가지고 있음을 나타낸 것이다. 마찬가지로 '乾 마를 又건'으로 한 것은 '乾'이 '간' 음 아래에 있기 때문이다. 어느 한자는 그 석음을 달지 않고 주석만 써 놓은 것도 보인다. 예컨대 '催'은 '각' 음 아래에 배열되어 있는데, '催 人名'이라고만 되어 있다.

이 음운편휘에도 다음과 같이 컴퓨터로 처리하기 힘든 한자들이 등장하고 있다.

灉 서로 감 〈01b〉	笽 하늘투리 괄 〈06a〉
朐 굽힐 궁 〈07b〉	誇 말만니할 궁 〈07b〉
躬 몸굽힐 궁 〈07b〉	顚 북소리 전 〈14a〉
逞 바를 졍 〈14b〉	蓮 북소리 동 〈16a〉
資 발글 료 〈20a〉	䅹 돗 루 〈20a〉
縢 오를 룽 〈21a〉	鉾 노고 모 〈22b〉
懞 꿈 몽 〈23a〉	磌 드를 문 〈23b〉
岬 슬흘 벌 〈25b〉	珷 전동 복 〈26b〉
鰒 전복 복 〈26b〉	奔 슬에길 분 〈27b〉
巤 졀 셜 〈30b〉	庍 바 소 〈31a〉
痿 쇠할 쇠 〈31b〉	屣 신 ᄉ 〈34b〉
禑 보션 옹 〈38b〉	䪩 누를 운 〈40b〉
橌 섬나모 유 〈41b〉	拔 도을 융 〈42a〉
輈 투구 쥬 〈46n〉	嶵 뫼 준 〈46b〉
穧 극식뫼오날 즐 〈47a〉	趁 조츨 진 〈47b〉
珎 보빅 진 〈47a〉	中 닉밀 질 〈47b〉
獒 삿기칠 ᄌ 〈47b〉	磋 슬흘 차 〈48a〉
聅 픠예살겨을 쳘 〈50a〉	諜 반간 쳡 〈50b〉
穚 쥬러질 쵸 〈51b〉	曯 빗칠 쵹 〈51b〉
忱 놀날 춤 〈52a〉	慝 비얌 특 〈55a〉

閲 쓰홈 혁 〈59a〉　　櫎 즈로 희 〈63b〉

箟 고리 고 〈04b〉　　礜 아감조을 경 〈04a〉

朐 굽힐 궁 〈07b〉　　梘 덕게묵을 견 〈03a〉

緪 돈끈 강 〈02a〉　　鐀 쇠 고 〈04b〉

蒯 썰 괴 〈05b〉　　睽 밧이룽 규 〈08a〉

极 나모그릇 급 〈09a〉　　襀 옷가힐 젹 〈13b〉

隮 굽 데 〈15a〉　　瘩 병 뎨 〈15a〉

䬅 북소릭 랑 〈18a〉　　艃 비 령 〈19a〉

瓃 옥 뢰 〈19b〉　　泐 믈혀여질 륵 〈21a〉

灋 법 법 〈25b〉　　塚 외만히열일 봉 〈27a〉

瓺 숭슈 상 〈29b〉　　省 머리 슈 〈32b〉

壿 무덤길 슈 〈32b〉　　桀 탈 승 〈33a〉

逴 멀리갈 왕 〈39a〉　　娃 요스 요 〈39b〉

輶 수릭 요 〈39b〉　　穅 셕길 유 〈42a〉

畺 됴헌 증 〈47a〉　　桶 쵸 추 〈42a〉

桼 닐곱 칠 〈53a〉　　儇 총할 현〈59a〉

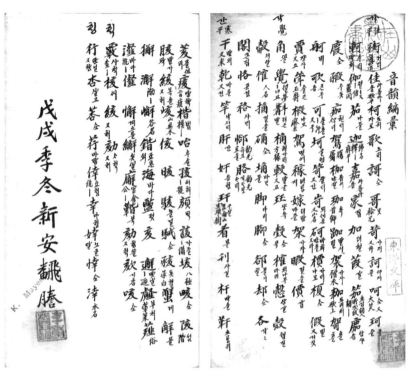

〈음운편휘〉(동양문고본)

(5) 음운편휘(심악문고 소장, 19세기 말)

음운편휘(音韻編彙)는 서울대 중앙도서관 소장의 이숭녕 선생님 소장본인 심악문고(심악411.5 Eu59hp)에 소장되어 있는 1책의 필사본인데, 표지서명과 내지서명 모두 '音韻編彙(음운편휘)'이다. 필사기가 없어서 편자와 필사 연도는 알 수 없다. 한글표기로 보면 이 책은 19세기 말의 표기를 보인다. 따라서 이 책은 19세기 말에 필사된 자료로 추정한다.

서명이 비록 '음운편휘'이지만 일반적인 서명인 '음운반절휘편'과 동일한 책이다. '가 각 간'부터 '획 힝'까지 있다. 모두 70장이다.

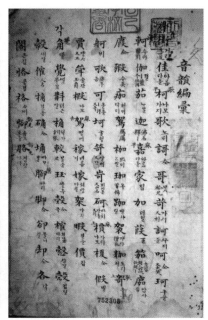

〈음운편휘〉(심악문고)

(6) 음운첩고(홍윤표 소장, 19세기)

필자가 소장하고 있는 음운첩고는 책의 크기가 33.6×21.8㎝이고 표지서명
과 내지서명 모두 '音韻捷考(음운첩고)'이다. 12행 16자인데 상단에 한글로 한
자음을 쓰고 그 아래에 한자를 배열하고 각 한자에 한글로 새김을 써 놓았다.
한자음에는 'ㅣ' 표시를 해 놓았다. 그래서 '가' 부분의 '佳'는 '아름다울 ㅣ'로
표시해 놓았다. '가, 각, 간'으로부터 시작하여 마지막에 '훙, 흭, 힝'으로 끝난
다. 아무런 필사기가 없다. 모두 37장이다. 표기법 등으로 보아 19세기의 문
헌이다.

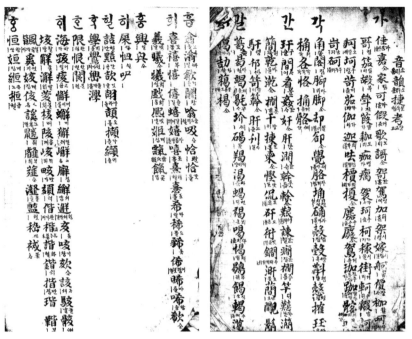

〈음운첩고〉(홍윤표 소장본)

(7) 음운첩고(일사문고 소장, 19세기 말)

서울대 일사문고본(一簑古413.1-Eu59a)으로 책명은 '音韻捷考(음운첩고)'이다. 목록에는 '음운서고'로 되어 있는데, 이것은 책의 앞에 한자 '音韻捷考(음운첩고)'의 '捷'을 '棲'로 잘못 썼기 때문이다. 그러나 '棲'자 아래에는 '문득 첩'이라는 석음이 달려 있기 때문에 '음운서고'라고 책제목을 바꾼 것은 무리다. 해제에도 그 점을 제시하여 놓았다. 이 책은 크기가 37.8×29.2㎝이고 표지 제목은 '會音'이다. '음'을 모아 놓았다는 의미인데, 내지 제목은 '音韻捷考(음운첩고)'이다.

'음운반절휘편(音韻反切彙編)'과 마찬가지로 위에 한글로 한자음을 쓰고 그 아래에 그 音에 해당하는 한자를 기록한 후에 각 한자의 아래에 한글로 그 글자의 새김을 써 놓았다. 다른 필사기가 없어서 편찬자와 필사연도는 알 수 없

910

다. 그러나 한글 표기와 어휘로 보아 19세기 말에 필사한 것으로 추정된다.

'가, 각, 간'으로부터 시작하여 마지막에 '종, 죄, 좌, 죠, 죵'으로 끝난다. 원래 'ㅎ'까지 있어야 하는데, 'ㅈ'의 중간 정도까지 있는 것으로 보아서 필사를 다 하지 못한 것으로 보인다. 책의 형태로 보아 낙장은 아니다. 한자음은 352개, 한자는 모두 8,087개가 실려 있다.

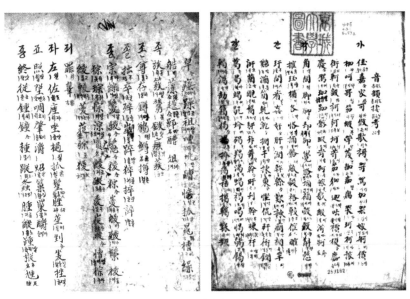

〈음운첩고〉(일사문고본)

(8) 음운반절휘편(상백문고 소장, 19세기 말)

서울대 상백문고(상백문고 古411.5-Eu59)에 소장되어 있는 음운반절휘편은 1책의 필사본으로 책의 크기가 31×20.5㎝이다. 모두 32장으로 되어 있는데, 대체로 12행 17자이다. 표제제목은 '音韻反切彙編(음운반절휘편)'이다. 첫 장의 앞부분이 낙장이어서 내지제목은 보이지 않는다. 그래서 한자음은 '감'의 부분부터 시작한다. 마지막은 '흘, 흠, 흡, 흥, 희'로 끝난다. 하단의 한쪽이 많이 부식되어 있다. 아무런 필사기가 없어서 필사연도를 알 수 없지만, 표기법 등으로 보아 19세기 말로 보인다. 한자음 수는 522개이고 한자 수는 8,635개이지만 한글 석음이 달려 있는 한자는 8,576개이다.

〈음문반절휘편〉(상백문고)

(9) 음운회(손희하 교수 소장, 19세기 말)

손희하 교수 소장의 음운회(音韻會)는 내지 책명이 '音韻會(음운회)'인 일종의 음운반절휘편이다. 다른 음운반절휘편처럼 상단에 한글로 한자음을 써 놓고 그 아래에 한자를 나열한 후 각각의 한자에 한글로 새김을 달아 놓은 책이다. 모두 66장인데, '가, 각'부터 '지, 직, 진'까지는 각 한자에 새김을 써 놓았지만, 그 이후는 한자만 있을 뿐 한글 새김이 쓰이어 있지 않다. 한자를 먼저 다 쓰고 후에 한글 새김을 다는 방식으로 필사했음을 알 수 있다. '흥다'가 '하다'로 거의 쓰이지 않았고, [ㅐ]는 '에'로, [ㅔ]는 '이'로 표기하는 사실 등으로 보아 19세기 말의 책으로 판단된다.

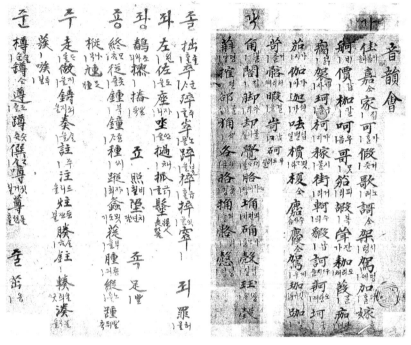

〈음운회〉

(10) 음운첩고(장서각 소장, 19세기 말~20세기 초)

『음운첩고(音韻捷考)』는 한자 11,419개를 한자음별로 분류하여 나열하고 각각의 한자에 그 석을 달아 놓은 한자 자전의 일종이다. 1책 56장의 필사본으로서, 서문이나 발문도 없고 필사기도 없다. 그래서 작자나 편자를 알 수 없고 필사연대도 알 수 없다. 단지 한글 자모의 가나다순 배열이나 한글 표기법으로 보아서 19세기 말이나 20세기 초에 이루어진 것으로 보인다. 특히 이 한자의 음이나 석의 표기로 보아 중부방언을 사용하는 사람이 필사했을 가능성이 높은 것으로 보인다. 각 장의 윗부분에 한글로 한자음을 써 놓고 그 아래에 그 한자음에 해당하는 한자를 하나씩 쓴 후 그 한자의 바로 아래쪽에 다시 한글로 그 석을 달아 놓았다. 한자음은 맨 위에 표시하여서, 각 한자의 음을 일일이 써 놓지 않고 단순히 동일하다는 의미인 'ㅣ'로 표시하여 놓았다. 가끔 한자로 풀이한 예도 보인다.

이 책은 『諺音捷考(언음첩고)』와 함께 19세기 말에서 20세기 초에 한자나 국어에 대해 어떠한 관심을 가지고 있었는가를 잘 보여주는 책이다. 『諺音捷考(언음첩고)』는 '언(諺)'과 '음(音)'에 대한 것인데, 이때의 '언(諺)'은 한글을 의미하는 것이고 '음(音)'은 한자를 나타내는 것으로 쓰인 것으로 볼 수 있다. 따라서 『언음첩고(諺音捷考)』는 한글 내지 국어에 대한 것과 한자음에 대한 것을 설명한 문헌인데 비해『음운첩고(音韻捷考)』는 한자, 특히 그 석과 음을 풀이한 문헌인 것이다.

이 책은 한국학중앙연구원(구 장서각) 소장본인데, 책의 크기는 세로 30.9㎝, 가로 19.1㎝이다. 무곽, 무판심, 무어미로서, 반엽의 11행 25자로 되어 있다.

한자음을 표시의 표제항에 따라 분류하여 놓은 한자음의 가나다순에 따른 한자의 수를 보이면 다음과 같다.

자모	한자수	자모	한자수	자모	한자수	자모	한자수
ㄱ	1574	ㅁ	428	ㅈ	985	ㅍ	363
ㄴ	838	ㅂ	692	ㅊ	821	ㅎ	1191
ㄷ	887	ㅅ	1224	ㅋ	4	총계	11,419
ㄹ	68	ㅇ	1854	ㅌ	490		

이들의 자모 배열순서를 보면 다음과 같다. 자음은 'ㄱ, ㄴ, ㄷ, ㄹ, ㅁ, ㅂ, ㅅ, ㅇ, ㅈ, ㅊ, ㅋ, ㅌ, ㅍ, ㅎ'의 순서이고, 된소리는 각 平音 子母 속에 포함시켰을 뿐 별도로 맨 뒤에 배열시키거나 별도의 항목을 만들지 않고 있다. 이러한 점

은 19세기 말에 이루어진 『국한회어(國漢會語)』와는 그 배열에 있어서 차이가 나는 점이다. 그리고 모음은 'ㅏ, ㅐ, ㅑ, ㅓ, ㅔ, ㅕ, ㅖ, ㅗ, ㅚ, ㅘ, ㅙ, ㅛ, ㅜ, ㅟ, ㅝ, ㅞ, ㅠ, ㅡ, ㅢ, ㅣ, ·, ㅓ' 등의 순서로 되어 있어서 현대의 자모 배열순서와 매우 유사하다. 단지 「·」자가 맨 뒤에 배열되어 있을 뿐이다. 종성의 배열순서도 초성의 배열순서와 동일하다.

이 책에 나타나는 한글 표기의 특징을 보이면 다음과 같다.

① 어두된소리의 표기에는 합용병서와 각자병서가 다 사용되고 있다. 합용병서는 주로 ㅅ 계 합용병서를 사용하고 있다. 그리고 ㅳ 도 사용되고 있다.

ㅅㄱ : 씩ᄃᆞ를 각(覺, 1a) 꾸 감(坎, 1b) 꾸지즐 가(呵, 1a) 씩갓 결(潔, 2b) 꾸밀 구(構, 5b) 씩글 취(45b)

ㅅㄷ : 쁘믈 감 (泔, 1b) 씌 곤(緄, 4a) 써러질 타(墮, 46a)

ㅅㅂ : 쌔 각 (骼, 1a) 쓜 각(角, 1a) 쌔야슬 갈(詰, 1b) 쌱리 근(根, 6b) 쌤 구(5b)

ㅅㅈ : 대쪽 관(管, 4b) 쓰즐 취(55b) 불쫄 홍(烘, 54a) 쩰 환(撰, 54b) 씨져쥭일 칙(磔, 46b)

ㄲ : 꺼플 갑(匣, 1b)

ㅆ : 힘쓸 갈(1b) 쓰슬 근(7b) 힘쓸 근(劤, 7b)

ㅅㅌ : 잘씰 한(駻, 51b) 씰 관(撌, 5b)

② 동사 '하다'(爲)의 어간 '하-'가 '허-'로 표기된 예들이 흔히 보인다. 또한 '흥-'로 표기되기도 한다.

가ᄂᆞ헐 구(5b) 방즛헐 교(5a) 가득헐 권(6a) 심헐 극(6b) 탐헐 탐(貪, 47a) 슬허헐 측(惻, 45b) 토홀 토(吐, 48a) 통홀 통(通, 8a) cf. 다할 갈(曷, 1b)

③ 어간말자음 ㅅ과 ㄷ은 ㅅ으로 통일하여 표기하였다.

밧갈 균(6b) 붓들 익(37a) 밋칠 티(49b) 밧고랑 티(49a)

④ '아'와 'ᄋ', 그리고 '애'와 '익'를 구별하여 한자음을 설정하였다.

아희 아(兒, 37a) ᄉᆞ랑 익(愛, 37a) 물가 애(涯, 29b)

⑤ t 구개음화는 물론 k 구개음화도 보인다.

제11부 기타 한자 학습자료 **915**

곤칠 기(改, 8b) 문어질 궤(潰, 7a) 제집 훙(57a) cf. 계집 녀(女, 10a) 심줄 미칠 나(9a)

⑥ 원순모음화 현상은 매우 일반적으로 나타난다.

　　뫼노풀 죠(44b) 슬풀 츄(45a) 슬풀 츙(45b) 자불 연(10a)

⑦ 유성적 환경에서 ㅎ이 탈락하는 예가 보인다.

　　만이먹을 탑(47a) 담싸을 업(30b)

이 책은『언음첩고(諺音捷考)』와 함께 국어와 한자음에 대한 연구에 중요한 자료를 제공하여 준다. 특히 한자를 한자음별로 분류한 한자 자전이 이『음운첩고(音韻捷考)』라면 한자 새김의 가나다순으로 배열한 책이『언음첩고(諺音捷考)』이기 때문이다.

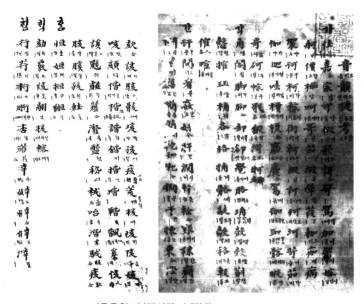

〈음운첩고〉(장서각 소장본)

916

(11) 자음류(국립한글박물관 소장, 19세기 말~20세기 초)

자음류(字音類)는 국립한글박물관 소장본으로 표지에 제목은 없고 내지에 '字音類(자음류)'라는 책제목이 있다. 다른 필사기가 없어서 필사연대는 알 수 없으나 한글표기법 등으로 보아 19세기 말에서 20세기 초에 필사된 것으로 추정된다. 책의 크기는 조사하지 못했다. 한자음을 윗부분에 한글로 써 놓고 그 아래에 한자를 배열하였는데, 각 한자에는 한글로 그 새김을 한글로 써 놓았다. 계선이 없으며 8행으로, 한 행에 한자는 8자씩 써 놓았다. 모두 105장이다. 한자음이 '가, 각, 간'으로부터 '항, 히, 획, 힝'까지 있는 것은 다른 음운반절휘편과 동일하다. 새김을 한글로 써 놓기도 하였지만, 가끔 한글로 새김을 달지 않고 한자로 주석을 달아 놓은 것도 많이 보인다. 그 예를 몇 예만 보이도록 한다.

```
㑤 陰中日色        蕡 草名
赶 趕通          佪 剛直
撨 撬也          靬 面黑也黖仝又ㅎ
```

' · '가 쓰이고 ㅅ 계 합용병서도 쓰이었으나, 'ㅎ다'가 주로 'ㅎ다'와 '하다'가 혼용되어 있어서 19세기 말에서 20세기 초에 필사된 것으로 보인다.

〈자음류〉(국립한글박물관 소장)

(12) 음운첩고(일석문고 소장, 19세기 말~20세기 초)

서울대 중앙도서관 소장의 일석 이희승 선생님의 소장본(일석 413.1 Eu59cp)인 음운첩고는 표지서명과 내지서명이 '音韻捷考(음운첩고)'이고, 유계에 10행 8자인 1책의 필사본이다. 청색의 괘선이 있는 종이를 사용하였는데, 이 용지는 주로 19세기 말과 20세기 초에 흔히 사용하였던 종이이므로 이 음운첩고도 이르면 19세기 말, 늦으면 20세기 초에 쓴 필사본이다. 모두 79장이다.

판의 상단에 한자음을 쓰고 아래에 그 한자음에 대당되는 한자를 쓰고 각 한자에 한자 새김을 한글로 썼다. 한자음에 해당되는 음절에는 'ㅣ' 표시를 하였다. 그래서 '가'음에 해당되는 '佳'는 '아름다울 ㅣ'처럼 표기하였다. 그런데 흥미로운 내용은 상단에 있는 한자음의 아래에 숫자를 써 놓았는데, 이 숫자는 이 한자음에 해당되는 한자의 숫자를 써 놓은 것이다.

가 51　각 27　간 41　갈 26　감 41　갑 10　강 52

긔 27　갹 5　거 41　건 27　결 9　검 13　겁 7

게 12　격 27　견 41　결 25 등

그러나 이 숫자는 실제로 여기에 등재되어 있는 한자 숫자와 맞지 않는 경우가 많다. 앞의 몇 예를 보이면 다음과 같다. 앞의 숫자가 표시된 숫자이고 뒤의 숫자가 실제의 한자수이다.

가 51 46　　각 27 27　　간 41 31　　갈 26 26

감 41 41　　갑 10 11　　강 52 56　　긔 27 27

한자음은 모두 524개이고 한자는 모두 10,759개이어서 다른 음운반절휘편에 비해 많은 편이다.

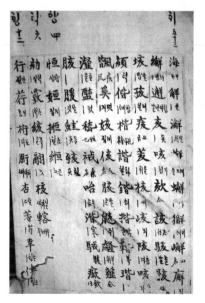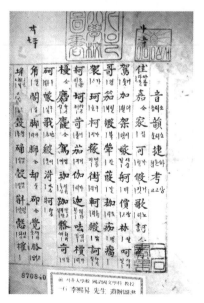

〈음운첩고〉(일석문고)

(13) 휘음(국립한글박물관 소장, 1909년)

 휘음(彙音)은 국립한글박물관 소장본의 1책의 필사본이다. 표지서명과 내지서명 모두 '彙音(휘음)'이다. 앞의 속지에 '己酉二月二十五日 畢(기유2월25일 필)'이란 기록이 있고, 책의 말미에 '永曆二百六十四年 己酉二月二十五日終(영력264년 기유2월25일종)'이란 기록이 있어서 이 책이 1909년에 필사되었음을 알 수 있다. 책의 크기는 조사를 하지 못했다. 계선이 있으며 10행에 한자는 8자씩 배열되어 있다. 천두 부분에 한자음을 한글로 쓰고 그 아래에 그 한자음에 해당하는 한자를 쓰고 그 한자의 아래에 새김을 달아 놓았다. 모두 73장이다. 한자음은 '가, 각, 간'으로부터 '흔, 홍, 히, 획, 힝'까지 있다. 한자 수는 확인하지 못했다.

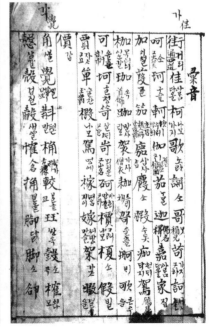

〈휘음〉(국립한글박물관 소장)

920

(14) 음운반절휘편(서울대 고도서 소장, 1914년)

서울대 고도서에 소장되어 있는 음운반절휘편(古3840-1)은 책의 크기가 25.0×18.0cm이다. 표지 제목은 '音韻(음운)'이지만 내지제목은 '音韻反切彙編(음운반절휘편)'이다. 이 책의 마지막 장에 '癸丑五月日爲始 甲寅四月十四日終 張數 五十一(계축5월일위시 갑인4월14일종 장수 51)'이란 기록이 있다. 이것을 필사하는데 거의 1년이 걸렸음을 알 수 있다. 여기의 계축년과 갑인년은 각각 1913년과 1914년이므로 이 책의 필사연도를 1914년으로 추정한다.

다른 음운반절휘편과 마찬가지로 각 장의 상단에 한자음을 가나다 순서에 따라 한글로 쓴 다음, 그 아래에 그 음에 해당하는 한자들을 차례로 기록하였고, 각 한자에는 한글로 새김을 써 놓고 해당하는 한자를 표기하기 위해서 'ㅣ' 표시를 하였다. 한자음을 '가, 각, 간'으로부터 '희 휙 힝'까지 쓰고 그 뒤에 본문에서 빠진 '쾌, 긔, 쥐'를 첨가하였다. 모두 31장이고, 한자음은 538자, 한자 수는 8,567개이다. (책 그림은 922쪽에 있음.)

(15) 음운반절휘편(국립중앙도서관 소장, 1917년)

국립중앙도서관 소장(古3014-15)의 음운반절휘편은 1책의 필사본으로, 표지에 '大正六年丁巳(대정 6년 정사)'란 기록이 있어서 1917년에 필사된 것임을 알 수 있다. 책의 크기는 24.0×21.7cm이며 10행 17자로 모두 60장이다. 표지와 내지의 책제목이 '音韻反切彙編(음운반절휘편)'이다. 다른 음운반절휘편과 마찬가지로 상단에 한글로 한자음을 적고 그 한자음에 해당하는 한자를 그 아래에 적었는데, 각 한자의 아래에는 한글로 그 새김을 적었다. 그런데 내지 책제목 '音韻反切彙編(음운반절휘편)'의 다음 행에 이 책에 대한 다른 제목도 적어 놓았는데, 그 이칭은 '同音玉篇(동음옥편)'이다. 이 책의 주인은 '이강역'이다. '同音玉篇(동음옥편)'이란 제목 아래에 '이강역젹 칙이라'라고 적혀 있으며 본문 말미에도

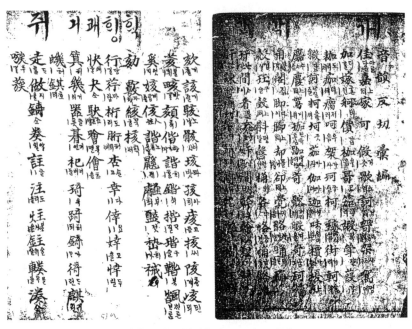

〈음운반절휘편〉(서울대 고도서 소장본)

'단쥬 이강역씩 칙이라'란 글이 쓰이어 있다. 여기의 '단쥬'는 마을 이름 같은데, 아마도 오늘날의 전남 영광군 영광면 단주리(丹朱里)를 가리키는 것으로 추정된다.

한자음은 '가, 각, 간'으로부터 시작하여 마지막에 '흥, 히, 흭, 힝'으로 끝내고 앞에서 빠진 '률'의 '律'자를 하나 더 추가하였다. 모두 60장이고 한자음은 529자이고, 한자는 8,091자가 등재되어 있다. 이 중에서 한자에 새김을 써 놓지 않은 것이 120자나 있다.

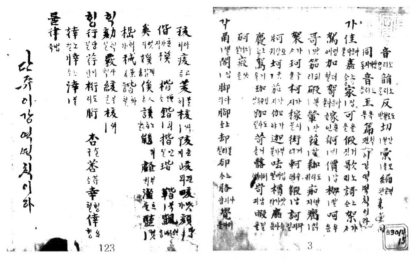

(16) 자음색인(영남대 도서관 소장, 20세기 초)

자음색인(字音索引)은 영남대학교 도서관 소장본의 1책의 필사본인데, 김상기 선생님의 기증본이다. 원 책에는 책 제목이 보이지 않는데, 도서목록에는 '字音索引(자음색인)'이라고 해 놓았다. 도서 관리자가 책의 내용을 보고 붙인 이름인 것 같은데, 원 제목은 '음운반절휘편'이거나 '음운첩고'이거나 '음운편휘'일 것이다. 책의 크기는 16.7×21.5㎝이고, 모두 39장이다. 표지에는 한글로 '글자 안은 책이라'라고 적혀 있다.

상단에 한자음이 한글로 쓰이어 있고 그 아래에 그 한자음에 해당하는 한자를 나열하고 각 한자의 아래에 한글로 한글 석음을 달아 놓았다. 한자음 '가'로부터 '흘'까지 있고 그 뒤에 본문에서 빠진 한자를 보충하기 위해 '날, 게, 얼, 획, 신, 방, 환, 쇼, 즐, 쉬, 메, 참, 픽, 솰, 얼, 퍅, 흘' 에 해당하는 한자를 보충해 놓았다.

표기법 등이나 여기에 등재되어 있는 어휘 등으로 볼 때 20세기 초에 필사된 것으로 판단된다. 중부방언을 반영한 어휘들이 많이 보인다. 예컨대 'ᄒ다'가

'허다'로 표기된 것들이 그 예이다. '加 더헐 가, 勘 감동헐 감, 困 곤헐 곤' 등이 그러하다. 각 한자가 끝난 곳에 그 한자음에 해당하는 글자가 몇 자인가를 써 놓은 곳도 보인다. '가 자은 합이 二十七字' '각 자은 합이 八字' 등이다.

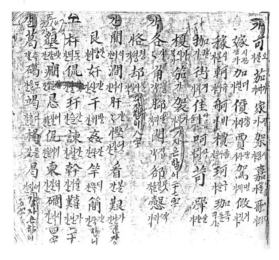

〈자음색인 첫 장〉

〈자음색인 마지막장〉

924

(17) 음운반절휘편 (홍윤표 소장, 20세기 초)

　필자가 소장하고 있는 책인데, 표지에도, 내지에도 아무런 서명이 없다. 그러나 내용상으로는 음운반절휘편이므로 이것을 음운반절휘편이라고 칭하도록 한다. 책의 크기는 25.0×23.5cm이고 10행에 9자이다. 필사기는 없다. 그러나 책의 말미에 '皇城路程記, 觀相法(황성노정기, 관상법)' 등이 있는 것으로 보아 20세기 초의 자료로 보인다. '황성(皇城)'이란 단어가 쓰인 시기가 이때이기 때문이다. 한자음 '가, 각, 간'으로부터 시작하여 '흑, 희, 힝'으로 끝난다. 음운반절휘편만 18장이다.

　이 뒤에 '古字及同字類(고자급동자류)'가 붙어있는데, 모두 323자가 제시되어 있다.

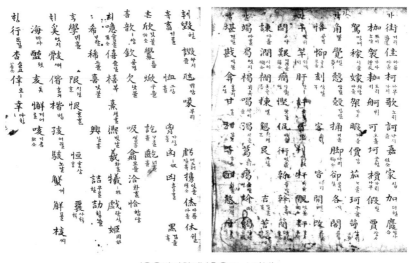

〈음운반절휘편〉(홍윤표 소장본)

　이들 자료들은 책제목은 각각 다르지만 그 형식은 거의 동일하다. 주로 '가' 음으로부터 '힝'음까지 약 540개 정도의 한자음을 가진 한자를 각 한자음의 표제항 아래에 배열하고 각 한자에 그 새김을 달아 놓는 형식이다.

이들 문헌들과 약간의 차이를 보이는 문헌은 서울대 심악문고의 『음운편휘』이다. 한자의 새김에 그 한자에 해당하는 다른 정보들까지도 제시하고 있다. 예컨대 '슈'음에는 새김 이외의 정보들이 더 첨가되어 있다.

'輸 슈운 車運也 又去' 곧 '輸'는 새김이 '슈운'인데, 그 의미는 '車運'이며 또한 거성이기도 하다는 정보이다. '姝 계집 又쥬' 곧 '姝'는 '계집 슈'인데 또한 그 음이 '쥬'이기도 하다는 정보도 있으며, '脩 길 長也'에서는 '脩'가 '길 슈'인데, 그 의미는 '길다'란 뜻이라는 정보도 담고 있다.

이 『음운반절휘편』은 한자음의 가나다순으로 배열하였기 때문에, 이 한자자전의 목적은 새김에 있을 것이라고 생각한다. 소위 동음 한자자전인 셈이다. 한자를 사용하는 다른 나라에서는 이러한 한자 자전이 있을 리가 없을 것이다.

현재 이 『음운반절휘편』을 따른 한자자전은 더 이상 편찬되지 않는다. 왜냐하면 부수획인자전에서 뒤편에 부수와 획수로 찾기 어려운 사람에게 편의를 도모하기 위해 한자음별 색인을 부록으로 제시하고 있기 때문이다.

이 음운반절휘편은 여러 가지로 우리에게 필요한 정보를 제공하여 준다.

①사용자에게 가장 쉽게 한자음을 통해 검색할 수 있도록 한 한자자전이어서 가장 한국적인 한자자전이라고 할 수 있다.

②우리나라에서 사용되어 온 많은 한자들을 총망라하여 놓았기 때문에 우리나라 한자 사용의 역사를 알 수 있다. 그래서 이 문헌들에 등재되어 있는 한자들은 현재 CJK에 등재되어 있지 않은 한자도 꽤나 많은 편이다. 그 일례로 충남대 소장본인 『자회음운반절휘편(字會音韻反切彙編)』에는 등재되어 있지만, CJK 확장 한자에는 올라가 있지 않은 한자가 많이 발견된다. 다른 『음운반절휘편』에서도 그 사정은 동일하다. 그 예를 보이면 다음과 같다.

魅 귀신 미 ⟨15a⟩　　鍫 그릇 무 ⟨16a⟩　　懂 근심 동 ⟨13a⟩

糯 김밀 누 〈09b〉　　稰 나무순 즐 〈36a〉　　麵 누룩 온 〈30a〉

歠 다실일 이 〈28a〉　　蔱 단길 살 〈23a〉　　阠 돗딕 범 〈18b〉

弓 몸 궁 〈05a〉　　甓 발구흴 반 〈17b〉　　氓 물 민 〈17a〉

潡 물깁풀 동 〈13a〉　　鐿 밥상히닐 이 〈28a〉　　葼 물드더넌풀 종 〈35b〉

鼕 북소릐 동 〈13a〉　　醋 붓그러올 자 〈33b〉　　精 불글 졍 〈35a〉

烿 불긔운 융 〈32b〉　　簪 빈혀 잠 〈33b〉　　侔 비길 모 〈15b〉

岹 비지 소 〈25b〉　　曋 살 잠 〈33b〉　　峰 산봉 봉 〈20a〉

恁 살 임 〈33a〉　　挈 심졔ᄉ슴 견 〈02b〉　　厏 셤돌 사 〈23a〉

鋋 실을 연 〈29b〉　　邍 언덕 원 〈31b〉　　嬰 어릴 영 〈29b〉

隊 언덕 수 〈26b〉　　鷉 오리 졔 〈35a〉　　㩦 역말 우 〈31a〉

闚 엿볼 규 〈05b〉　　孼 요열 얼 〈28b〉　　瑊 옥돌 감 〈01b〉

鶒 올이 셔 〈24a〉　　緐 졍지 번 〈18b〉　　兀 위틱할 올 〈30b〉

讜 유리할 당 〈12a〉　　靭 질길 인 〈33a〉　　眄 조을 면 〈15a〉

饘 죽 전 〈34b〉　　鋈 칼 오 〈30a〉　　諫 쳔역 자 〈33b〉

梸 침 니 〈10b〉　　鍱 키 졉 〈35a〉　　齌 치마주름 자 〈33b〉

煨 큰불 위 〈31b〉　　肘 팔 주 〈36a〉　　鍪 투구 무 〈16b〉

瘶 파리할 수 〈26a〉　　潗 흘올 짐 〈36b〉　　舒 펼 셔 〈24a〉

鞑 폐슬 불 〈21a〉　　黨 비 당 〈12a〉　　瘉 희롱 유 〈32a〉

洼 기천 와 〈30b〉　　　　　　　　　　　淡 ᄲ질 수 〈26a〉

摗 ᄎ질 수 〈26a〉

③CJK에 등재는 되어 있지만, 실제 그 새김과 한자음을 알 수 없는 한자들이 많은데, 이『음운반절휘편』을 참조한다면 그 한자음과 새김을 알 수 있게 될 것이다. 역시 앞의『자회음운반절휘편』에서 그 예를 들어 보이면 다음과 같다.

仙 저글 궁 〈05a〉　　　僼 의지할 은 〈32b〉　　　㛵 아름다올 뇨 〈09b〉

潔 조출홀 결 〈02b〉　　潔 조출홀 결 〈02b〉　　끠 베힐 공 〈03b〉

刾 질을 자 〈33b〉　　辂 칼갈 략 〈14a〉　　嗉 울 집 〈36b〉

嫽 샌슬 뇨 〈09b〉　　姀 낫줌잘 닌 〈07b〉　　熮 심난할 노 〈08b〉

瞢 쑴 몽 〈16a〉　　忼 슈건 개 〈01b〉

　④ 한자가 지니고 있는 한자음이 얼마나 되는지를 알 수 있다. 한글 음절글
자의 총수는 11,174자이지만, 이 한글 음절 글자에 해당하는 한자가 다 있는
것이 아니다. 그 중에서 한국 한자음이 몇 개나 될 것인지에 대한 정보를 얻을
수 있다. 대개는 540개 정도이지만, 오늘날 표기법의 변화로 그 한자음의 수는
줄어들 것으로 보인다. 예컨대 '갸'와 'ᄀᆞ'가, 그리고 '행'과 '힝'이 하나의 한자음
으로 변화하였기 때문에 한자음의 총수가 줄어들 것이다.
　⑤ 한자음의 변화를 역사적으로 검토하여 볼 수 있다.

11. 유학일우(19세기 중엽)

　『유학일우(幼學一隅)』는 한자를 배우려는 사람들에게 한자의 성조(聲調)와
석(釋)과 음(音)을 동시에 익히게 하기 위하여 편찬된 책으로 상중하(上中下) 및
보(補)의 4권 3책으로 된 필사본이다. 그러나 현존하는 책은 안타깝게도 중권
(中卷)이 결본(缺本)인 상하(上下) 및 보(補)의 3권 2책의 영본(零本)이다. 필자가
소장하고 있다.
　이 책은 크기가 27.3×18.0㎝이다. 판심어미(版心魚尾)는 상삼엽화문어미(上三
葉花紋魚尾)이고 판심제(版心題)는 상권(上卷)이 '平(평)', 하권(下卷)이 '入(입)', 그리
고 보권(補卷)은 '대구(對句)'이다. 각각 평성(平聲)과 입성(入聲)과 '對句(대구)'를
그 내용으로 하고 있어서 판심제를 그렇게 한 것이다. 상권과 하권은 각각 4행
6자로 한자를 배열하여 놓았고 그 한자의 아래에 그 한자의 석과 음을 달아 놓

았다. 그리고 보권은 4행 8자로 되어 있다. 책의 표지 오른쪽 하단에 '共三'이라는 기록이 있어서 이 문헌이 3책으로 한 질을 이룬다는 사실을 알 수 있다. 상권에는 평성자(平聲字)인 한자 800자, 하권에는 입성자(入聲字)인 한자 370자가 배열되어 있어서 상하권에만 한자가 모두 1,170자가 된다. 그러나 중권(中卷)이 없어서 이 책에 한자가 몇 자가 배열되어 있는지는 알 수 없다. 보권에는 구(句)가 100개, 그리고 문(文)은 400개가 배열되어 있다. 4자로 된 구가 대구(對句)를 이루는데, 8자로 된 대구가 100개라는 뜻이다. 상권에는 평성만 배열하고, 하권에는 입성만 배열한 것이어서 결본인 중권에는 상성이 배열되어 있었음을 짐작할 수 있다. 그러나 상성에 몇 글자나 배열되어 있었는지는 알 수 없다. 평성에는 30운(韻)에 800문(文)이 배열되어 있으며, 입성에는 17운(韻)에 370문(文)이 배열되어 있다. 그리고 보권에는 100대구(對句)에 400문(文)이 배열되어 있다.

필사기가 없어서 이 책을 편찬한 연대를 알 수 없다. 그러나 표기법이나 이 책에 찍혀 있는 인기(印記)로 보아 19세기 중엽에 편찬된 것으로 추정된다. 이 책의 권상(卷上)과 권하(卷下)의 첫 장에 '小觀(소관)'과 '李尙益(이상익)'이란 인기(印記)가 있는데, 이 인기로 보아서 이상익이 소장자임을 알 수 있다. '이상익(李尙益)'은 아마도 1827년(순조 27년)에 한학(漢學) 역과(譯科) 증광시(增廣試)에 3위로 합격한 그 이상익으로 추정된다. 이상익의 자는 '사겸(士謙)'이지만 그의 호에 대한 기록은 찾지 못하였다. 인기에 있는 '소관(小觀)'이 그의 호인지는 알 수 없어서 인기의 이상익이 한학 역관인 이상익인지는 확언할 수는 없지만, 이러한 종류의 책을 편찬 또는 소장할 수 있는 사람은 한학을 하는 전문인이 아니면 편찬할 수 없고, 또 소장하는 일이 쉽지 않아서 이러한 추정을 하게 된 것이다. 이 책을 구입할 때에도 고서상에서는 이 책의 편찬자 내지 소장자가 역과 합격자인 '이상익'으로 추정하고 있었다.

이상익은 1801년에 태어나 27세 되던 해인 1827년에 역과 증광시(增廣試)(한학)에 3위로 합격하였고, 교회(敎誨), 첨지(僉知), 훈도(訓導), 상통사(上通事) 등을 거처 통정대부(通政大夫), 절충장군(折衝將軍) 등의 품계를 가졌던 사람이다.

부친은 사역원판관(四譯院判官)을 지낸 이정주(李廷柱)이고 처의 부친도 역시 한학(漢學)의 역관으로 차상통사(次上通事)를 지냈던 인진구(李鎭九)여서 전통적인 한학역관의 집안으로 알려져 있다. 따라서 이 책은 이상익의 소장인이 찍혀 있어서, 그의 부친이나 장인이 편찬한 책을 소장하고 있었거나, 또는 직접 편찬하였을 가능성이 있는 것으로 생각된다. 더군다나 한자 석음에 보이는 표기법으로 보아도 이 문헌은 이상익이 한창 활동하였던 시기인 19세기 중반의 문헌으로 판단되어 더욱 그러한 추정을 하게 된다.

한자 학습서는 『천자문』, 『유합』, 『훈몽자회』, 『음운반절휘편』 등 수많은 문헌이 있지만, 이들은 대부분 한자를 한문의 성구별로 배열하였거나, 의미별로 분류하여 배열하였거나 또는 한자음의 가나다순으로 배열한 것이 대부분이다. 한자를 성조에 따라 분류한 책은 대부분 운서(韻書)에 속하는 것인데, 이들에는 한자의 한국어 새김은 달려 있지 않다. 『동국정운』을 비롯하여, 『화동정음통석운고』, 『전운옥편』 등의 운서들은 모두 성조에 따른 한자를 분류하여 놓았지만, 한국어 새김은 없다. 이 『유학일우』는 이러한 운서와 천자문류의 새김을 동시에 학습할 수 있는 문헌의 특징이 있다.

『유학일우』는 '유학'이라는 명칭 때문에, 어린이들에게 한자를 가르치기 위한 학습서로 잘못 인식할 수도 있을 것이다. 그러나 '유학'이란 말은 과거 시험에 합격하지 못했거나 벼슬길에 나아가지 못한 선비를 일컫는 말이어서, '유학일우'란 어린이 한자 학습서가 아님을 알 수 있다. 오히려 이 책을 통해 벼슬길에 나아가는 시험을 준비하는 책으로 편찬되었을 것이란 추측을 할 수 있다. 서문과 발문이 없어서 이 책의 편찬동기는 알 수 없다.

이 문헌의 한자 석음에 나타나는 한글 표기는 19세기 중기에서 말기까지의 특징을 잘 보이고 있다. 즉 어두 된소리 표기에는 주로 ㅅ 계 합용병서를 사용하고 있고, ㅂ 계 합용병서는 ㅄ만 쓰이고 있으며, 각자병서는 ㅆ 만 보인다. 이러한 표기법의 특징을 가지고 있는 문헌은 주로 19세기 중기에서 말기 사이에 간행되거나 필사된 문헌이다. 주로 ㄷ 구개음화만 나타나고, ㄱ 구개음화나 ㅎ 구개음화가 보이지 않는 것, 그리고 ㅣ 움라우트도 보이지 않는 것 등은 서울을 중심으로 한 중앙어의 반영으로 보인다. /e/의 표기에 주로 '에'를, 그리고 /ɛ/의 표기에 주로 '의'로 표기하지만 가끔 '애'로도 표기된다. 19세기 말의 표기에서는 거의 전부가 /e/는 '에'로 그리고 /ɛ/는 전부가 '의'로 표기되는 것은 19세기 말의 표기 현상이지만 일부의 /ɛ/가 '애'로도 표기되는 것은 그보다 약간 이른 시기의 표기 현상이다. 특히 'ㅂ'과 'ㅈ' 뒤에서는 '애'가 쓰이지 않는다. 중철 표기가 거의 보이지 않는다(責, 꾸짖즐 칙은 예외). 역시 치찰음 아래에서의 고모음화도 보이지 않는다.

특이한 한자 석음도 보이지 않는다. 이 당시의 일반화된 석음을 보인다. 몇 예를 보이도록 한다(모두 2a의 예이다).

叢 퍼귀 총	洪 넙을 홍	紅 붉을 홍	虹 므지게 홍	弓 활 궁
躬 몸 궁	宮 집 궁	窮 궁흘 궁	風 바람 풍	豐 풍년 풍
忠 츙성 츙	蟲 버레 츙	隆 놉풀 룡	戎 되 융	聾 귀먹을 롱
蒙 닙을 몽	通 통흘 통	翁 한으비 옹	終 맛춤 죵	雄 수 웅
中 가온대 즁	冬 겨을 동	攻 틸 공		

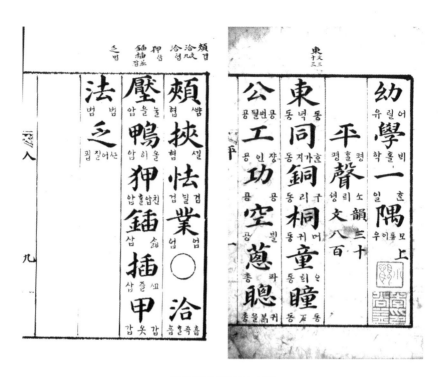

〈유학일우〉(홍윤표 소장)

12. 자회초(19세기 중기 이후)

자회초(字會抄)는 편찬자 및 필사연대 미상의 한자 자석 자료이다. 영남대 소장본인데 동빈문고본으로 1971년에 김상기 선생님이 기증한 도서이다(古ㄷ 711.47). 1책의 필사본으로 책의 크기는 25.4×16.6cm이고 무계에 10행으로 되어있고 1행의 한자 자수는 4자이다. 그러나 각 한자에 대한 주석이 있어서 한 행의 글자수는 고정되어 있지 않다.

이 책은 세 부분으로 되어 있는데, 앞에 '字會抄(자회초)'(23장)가 있고 이어서 '物名抄(물명초)'(22장)가 이어지며 끝에 '古字抄(고자초)'(7장)가 있다. 그래서 모두 52장이다. 자회초(字會抄)는 한자 석음 자료이고, '물명초(物名抄)'는 한자어 자료이며 '고자초(古字抄)'는 한자 성조 관련 자료이다.

이 책의 책제목이 '字會抄(자회초)'이어서 언뜻 '훈몽자회'에서 추려 필사해 놓은 책으로 볼 여지가 있어서 필자도 복사를 해 놓고 오랜 동안 눈여겨 보지 않았던 책이다. 훈몽자회처럼 그 한자의 부류로 구분하여 각 부류에 해당하는 한자를 쓰고 그 한자에 대한 한글 석음을 달아 놓았고 또 한문으로 주석을 달아 놓은 형식이 동일하기 때문이다. 그러나 이 책은 훈몽자회를 바탕으로 편찬했지만, 동일한 책은 아니다. 편찬자 나름대로 훈몽자회를 수정 보완한 책으로 보인다.

한자의 부류를 보면 다음과 같다. 괄호 안의 숫자는 이 부류에 해당하는 한자의 숫자이다.

천문부(天文部)(25자), 지리부(地理部)(105자), 인사부(人事部)(64자), 신체부(身體部)(124자), 복식부(服食部)(60자), 궁택부(宮宅部)(67자), 음식부(飮食部)(72자), 기용부(器用部)(153자), 군장부(軍裝部)(54자), 주차부(舟車部)(66자), 공장부(工匠部)(30자), 재화부(財貨部)(39자), 상가부(商賈部)(20자), 문학부(文學部)(37자), 기술부(技術部)(22자), 음악부(音樂部)(10자), 형옥부(刑獄部)(17자), 질병부(疾病部)(33자), 상장부(喪葬部)(8자), 화훼부(花卉部)(61자), 수목부(樹木部)(59자), 화곡부(禾穀部)(37자), 소채부(蔬菜部)(46자), 조수부(鳥獸部)(110자), 인개부(鱗介部)(26자), 곤충부(昆蟲部)(58자), 잡어부(雜語部)(112자)의 27개 부류로 나누고 여기에 해당하는 한자를 모두 1,515자를 배열하였다.

이 분류를 보면 훈몽자회의 부류와 동일하기도 하고 다르기도 한 것을 볼 수 있다. 특히 훈몽자회의 천륜(天倫), 유학(儒學), 서식(書式), 채색(彩色)처럼 추상적인 내용들은 많이 제외되어 있다.

그리고 한자를 배당하는 방식도 훈몽자회와 동일하지 않다. 예를 앞의 천문(天文)의 예를 들어 보도록 한다. 천문에 해당하는 한자가 모두 25자인데, 이들의 소속 부류들은 훈몽자회에서는 천문에 해당하는 것이 아닌 것도 있음을 알 수 있다. 이들 한자들은 자회초(字會抄)에는 모두 '천문(天文)'의 부류에 속하는 것인데, 다음의 괄호 안의 내용처럼 다른 부류에 속하는 한자도 있고, 또한 새로 포함시킨 한자도 있다.

乾 (천문)　宇 (천문)　昕 (잡어)　暾 (잡어)　曜 (잡어)

曋 (천문)　旰 (잡어)　晌 (천문)　晡 (잡어)　㬰 (잡어)

暈　　　　朔 (천문)　望 (천문)　晦 (천문)　臘 (천문)

夏 (천문)　嵐 (천문)　曀 (잡어)　霾 (잡어)　凍 (천문)

潦 (지리)　鬫 (잡어)　霰 (천문)　霓 (천문)　螮 (천문)

　훈몽자회에서는 천문(天文)에 해당하는 한자가 72자였는데, 이 자회초에서는 25자로 줄어들었고, 괄호 속에 표시한 것처럼 원래 天文에 해당하는 한자뿐만 아니라 '잡어(雜語)'에 들어 있던 한자까지도 '천문' 속에 삽입시켰으며, '지리(地理)'에 들어 있던 한자도 '천문' 속에 넣은 사실을 알 수 있다. 뿐만 아니라 '暈'은 훈몽자회에 포함되어 있지 않은 한자이어서 새로 보완한 것임을 알 수 있다. 따라서 이 자회초는 훈몽자회를 바탕으로 초략한 것이지만, 실제로는 있는 자료에서 그대로 초략한 단순한 전사본이 아니라 필사자가 재편하고 보완한 것임을 알 수 있다.

　이 자회초는 어느 의미 분류에는 대분류에서 소분류로, 하위분류를 시도하고 있는 점이 특징이다. 세분류(細分類)에 해당하는 한자는 제시하지는 않았지만, 분류항의 아래에 작은 글씨로 적어 놓았다. 천문부(天文部), 궁택부(宮宅部), 기용부(器用部), 군장부(軍裝部), 상가부(商賈部), 음악부(音樂部), 형옥부(刑獄部), 질병부(疾病部), 상장부(喪葬部), 화훼부(花卉部), 소채부(蔬菜部), 조수부(鳥獸部), 인개부(鱗介部), 곤충부(昆蟲部)에는 하위 분류를 하고 있지 않고 다음의 부류에서만 하위분류를 하고 있다.

분류	하위분류
지리부(地理部)	진산(塵山), 수(水), 사석(沙石), 구학(丘壑), 제언(堤堰), 전원(田園), 가항(街巷), 도읍(都邑), 성시(城市), 강계(疆界)
인사부(人事部)	이륜(彝倫), 현우(賢愚), 귀천(貴賤)
신체부(身體部)	두면(頭面), 이목(耳目), 비구(鼻口), 치아(齒牙), 항견(項肩), 흉유(兇乳), 제복(臍腹), 항음(肛陰), 장부(臟腑), 신각(腎脚), 상모(狀貌), 언어(言語) 附
복식부(服食部)	관건(冠巾), 의상(衣裳), 대리(帶履), 잠패(簪佩) 附
음식부(飮食部)	주(酒), 반병(飯餠), 잡수(雜饈), 부상(腐傷), 취미(臭味) 附
주차부(舟車部)	안구(鞍具) 附
공장부(工匠部)	복식(裝飾) 附
재화부(財貨部)	진보(珍寶), 포백(布帛), 조직(組織) 附
문학부(文學部)	서식(書式), 도화(圖畵) 附
기술부(技術部)	잡희(雜戱) 附
수목부(樹木部)	과실(果實) 附
화곡부(禾穀部)	종확용정(種穫舂正) 府
잡어부(雜語部)	화(火) 附

그 끝에 '附(부)'를 써 놓은 의미는 다른 부류에서 상위분류로 설정했던 것을 여기에서는 그 항목 속에 붙여 넣었다는 것으로 해석된다. 그러니까 훈몽자회 등에서 제시했던 항목 중에 이 자회초에 없는 것들은 다른 항목에 포함되어 있음을 암시한 것이다. 이러한 태도로 보아 이 책의 편찬자는 유서(類書)들에 대해사도 해박한 지식을 가지고 있는 사람이었음을 암시해 준다. 뒤에 덧붙여 놓은 물명초(物名抄)가 그것을 증명한다고 할 수 있다.

이 자회초의 한자 주석은 훈몽자회와 거의 동일하다. 다음에 몇 자만 예를 들어 보이도록 한다.

한자	자회초	훈몽자회(내각문고본)
乾	하늘 건 天道健也	하늘 건 天道健也
宇	딥 우 四方上下曰又屋邊也 簷ㅣ	집 우 四方上下曰ㅣ又屋邊也 簷ㅣ
昕	아ᄉ 흔 朝明日出	아ᄎᆷ 흔 朝明日出

| 暾 | 회귀 돈 日始出貌 | | 힛귀 돈 日始出貌 |
| 曜 | ㅂ일 요 又日曰ㅣ靈又十一ㅣ通作耀燿 | | ㅂ싈 요 又日曰ㅣ靈又十一ㅣ通作耀燿 |

이 자회초(字會抄)는 한글 서체나 한글 표기로 보아 19세기 중기 이후에 쓰인 자료로 보인다. 예컨대 ㅈ 글자가 2획으로 표기되었다던가, 'ㄱ'자가 세로획이 완전히 꼬부라지지 않은 점 등은 19세기 중기 이후로 보이며, 어두합용병서에 ㅽ이 보이는 등의 합용병서 표기로는 19세기 중기 이후로 보이기 때문이다.

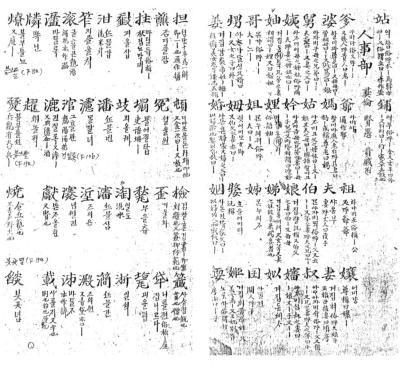

〈자회초〉

13. 식자초정(19세기 말)

식자초정(識字初程)은 한자를 배우기 위한 학습서로 편찬된 1책의 필사본이다. 책 제목이 '문자를 아는 초보'라는 의미를 가진 것이어서 이 책의 편찬 목적을 알 수 있다. 편찬자가 누구인지는 알 수 없다. 표지에 '識字初程 單(식자초정단'이라 되어 있어서 이 책의 제목과 1책이라는 사실을 알 수 있다. 책의 크기는 36.0×24.5cm이고 사주단변에 유계에 판심어미는 없고 '識字初程(식자초정)'이라는 판심제만 보인다. 판심제 아래에 장차가 쓰이어 있다. 마지막 부분이 낙장인데, 마지막 장의 장차가 58장이다. 4행 4자이다. 표기법으로 보아 19세기 말의 자료로 추정된다.

한 한자에 복수 자석이 있을 경우에는 한자의 오른쪽과 왼쪽에 석음을 더 달아 놓았다. 예컨대 '理'는 '묘리 리' 이외에 '다스릴 리'가 더 쓰이어 있고, '辰'도 '별 진' 외에 '쩍 신'이 더 적혀 있으며, '夏'는 '녀름 하' 외에 '클 하'와 '듕원 하'가, 그리고 '飄'는 '샌른바람 표' 외에 '회호리바람 표'와 '나붓길 표'가 더 쓰이어 있다.

상단에는 그 아래에 있는 한자의 이체자들이 있을 때 한자음과 함께 적어 놓았다. 예컨대 '飄'에 대해서는 '飆'를, '霍'에 대해서는 '瀖'를, '春'에 대해서는 '晻'에 대해서는 '晻'을 적어 놓았다.

한자는 모두 1,855개가 나열되어 있다. '天地人物 理氣陰陽 日月星辰 風雲雨露'로부터 시작하여 '甲冑橐鞬 劍戟鈇鉞'로 끝난다.

이 문헌에 보이는 몇몇 자석을 예로 들어 본다.

狵 삽슬개 방(28b)	橼 문의나모 예(41a)	梛 벗 욱(41b)
錡 노고 의(50a)	餁 음식믿들 임(21b)	鬉 말총 춍(29a)
虯 규룡 규(32a)	犂 어룩쇼 리(29a)	鬣 만흔나롯 싀(8a)
鶂 완로 완(30a)	塸 보마글 보(48a)	區 좀스러올 구(48a)
匣 집씌울 갑(54a)	胛 엇개쥭지 갑(8b)	介 홈쟈셜 개(32a)

필자의 소장본이다.

 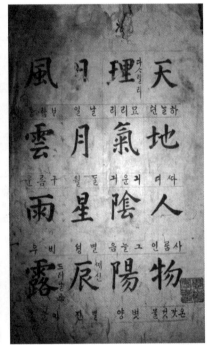

〈식자초정〉

938

이 식자초정에 등재되어 있는 한자는 매우 기초적인 한자로 보인다. 왜냐하면 주흥사 천자문에 보이는 한자가 458자나 되기 때문이다. 458자의 목록을 보이면 다음과 같다.

佳家歌稼刻簡甘鑑甲岡糠薑芥開居巨渠巾建劍堅見京卿敬經啓溪階
古姑羔藁皷谷公貢果冠官槐交九具口懼矩駒國鞠君軍郡宮躬闕規根
琴禽及器基機氣綺起飢金羅南男納囊廊乃內女老淡談唐堂棠帶德道
都陶牘讀冬動東桐洞騾樂量呂驢力列廉禮龍利履犁理鱗立磨晚萬亡
面明銘鳴母毛貌木牧目畝墨文聞門物美民盤髮房紡背伯白百伐壁璧
兵寶步服封鳳傅夫婦府浮父阜分墳枇肥飛事史四師沙絲舍上傷嘗
床相箱翔裳觴象霜顙穡色笙庶書署西黍夕席石善設城性星聖聲誠歲
稅嘯少笑素松受守曲手樹水獸誰首叔熟瑟習市時詩植食信臣薪身實
心深兒我阿嶽惡安鴈巖愛夜野躍羊陽養御語魚飫言如亦易妍淵筵葉
楹盈纓英詠隷五梧玉曰王外欲浴容庸用友右宇羽虞雨云雲園垣月位
委爲魏惟有帷尹閏戎殷銀陰音邑意義衣二伊耳人仁日任子字紫自
作爵場墻將帳章腸藏長才嫡籍績赤殿田顚鵰節亭庭情政正靜制帝弟
助早朝條照糟調趙造鳥足存宗鍾左周宙州晝珠酒俊中蒸地志指枝池
知紙稷職秦執此唱綵菜處尺戚千天川妾淸聽靑體楚草燭寸秋忠翠
恥治土特八覇烹平弊陛布飽爆飄彼筆下夏河荷學寒漢韓鹹海行玄絃
縣賢兄形衡戶號洪化和火畵華宦紈皇黃晦孝後訓羣鑣

식자초정에 나오는 한자 중 다른 한자 학습서에 잘 등장하지 않는 한자를 보이면 다음과 같다.

鵞 짜옥이 목〈30b〉   氈 담방석 젼〈26a〉   賸 밧두듥 잉〈48a〉

鳥 좀말 퇴〈29a〉   㨾 모양 양〈54b〉   槲 벗 욱〈41b〉

笪 제탕긔 두〈51a〉　　戀 만흔나룻 싀〈8a〉　　鴛 원앙 원〈29b〉

14. 유취해자신편(19세기 말)

　유취해자신편(類聚解字新編)은 편찬자 미상의 한자 학습서로서 1책의 필사본이다. 책의 크기는 25.6×21.1㎝이다. 표지에는 제목이 없고 속표지에는 '解字新編(해자신편)'이라고 되어 있지만, 본문이 시작되는 곳의 제목은 '유취해자신편'이다. 다른 기록들이 없어서 편찬자나 필사 연도도 알 수 없다. 4행 4자로 되어 있는데, 한자 아래에 한글로 석음을 달아 놓았다. 표기상으로 보아 19세기 말에 필사한 것으로 보인다. 모두 17장이어서 한자는 544자인 셈이다. 책을 많이 읽은 탓으로 책의 왼쪽 아래가 많이 헐어 있고, 제2장은 반쪽이 찢어져 배접하여 놓은 상태이다. '天地陰陽 日月星辰 雨露霜雪'로 시작하여 '龍龜蛇鼈 鯨鯉魴鱸 鰱鮎鮒鱧 蟹螯鱠鮮'으로 끝난다. 대체로 4자 성구로 만들어졌다.

　'·'가 쓰이고 ㅅ계 합용병서가 쓰이고 있으며 'ㅓ'와 'ㅒ'가 같이 쓰이고 있으며 '슈파룸 쇼(嘯)' '피파 슬(瑟)' 등의 표기로 보아 19세기 말로 보인다. 필자의 소장본이다. (책 그림은 941쪽에 있음.)

15. 자류(19세기 말)

　자류(字類)는 편자 미상의 1책의 필사본으로 되어 있는 한자 학습서이다. 이 책은 일본 동경대학 소창문고 소장으로 책의 크기는 36.8×27.0㎝이고 주계(朱界)를 친 채색 후지(彩色 厚紙)에다가 한자를 쓰고 그 아래에 한글로 석음을 달았다. 5침장정에 제첨은 '字類(자류)'라고 쓰이어 있고 내제는 없다. 모두 16장으로서 한 면에 3행 4자씩 나열되어 있어서 한자는 모두 384자이다. 판심은 없다.

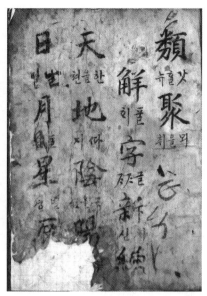

〈유취해자신편〉(홍윤표 소장)

사주쌍변이다. 표기상으로 /ɛ/는 '익'로 표기하고 /e/는 '에'로 표기하는 것 등으로 보아 19세기 말의 표기를 보이고 있어서 19세기 말의 문헌으로 추정된다. 합용병서로는 'ㅅ'계만 보이고 'ㅄ'도 보이지 않는다. '天地上下 東西南北 일월성신'으로부터 시작하여 '五六七八 九十百千 億萬兆秭'로 끝난다.

〈자류〉(소창문고 소장)

16. 자집(20세기 초)

　자집(字集)은 한자의 음과 뜻을 한글과 한자로 간단히 설명해 놓은 책인데,
2권 2책의 필사본으로 서울대 가람문고 소장본이다(가람古413.1-j199-v.1). 서문
이나 발문이 없어서 편찬자와 편찬시기는 알 수 없다.

　책의 크기는 37.7×26㎝이고, 사주단변이다. 상권의 첫장만 8행 9자이고 나
머지는 모두 5행 8자로 되어 있다.

　표지의 제첨란에 '字集(자집)'이라 되어 있고, 내표지에도 '字集(자집)'이라고
되어 있다. 사주단선은 붉은 색으로 되어 있다. 한자가 큰 글자로 쓰이어 있고
그 한자의 좌우나 아래에 그 한자에 대한 다양한 정보를 제공해 주고 있다. 한
자는 상권에 3,264자, 하권에 3,283자가 등재되어 있어서 모두 6,547자가 등재

되어 있는 셈이다. 한자 한 글자마다 어느 한자는 아래에만, 어느 한자는 오른쪽과 아래쪽에만, 그리고 어느 한자는 왼쪽과 아래쪽에만 작은 글자로 간단한 설명을 해 놓았다.

〈아래에만 있는 한자〉

〈아래쪽과 오른쪽에 있는 한자〉

〈아래쪽과 왼쪽에 있는 한자〉

〈좌우와 아래쪽에 있는 한자〉

〈상하좌우로 있는 한자〉

① 주석이 아래에만 있는 한자의 예

璇 구슬 션   璣 구슬 긔   凄 서늘 체   淸 서늘 청

燻 닉 훈   爇 살을 셜   焚 살을 분   燋 틔울 쵸

이 내용을 보면 아래쪽에 있는 주석은 한글로만 쓰이어 있는데, 그 한자의 석음을 쓴 것임을 알 수 있다.

② 주석이 아래쪽과 오른쪽에 있는 한자의 예 (괄호 안은 오른쪽의 주석임)

久 오릴 구 (不新舊也)   無 업슬 무 (有字對母亡通无仝)

旋 돌 션 (回也還也)   懸 달 현 (高繫而下垂)

墜 떨어질 튜 (落也墮也)   煎 스를 뎐 (熬也)

아래에는 한글로 석음을 단 것이고 오른쪽은 한문으로 그 한자와 동의어 관계에 있는 한자로 풀이하고 있다.

③ 주석이 좌우와 아래쪽에 있는 한자의 예 (두 번째의 괄호 안은 왼쪽의 주석임)

造 지을 죠 (作也制也往也化也) (天上造化之神曰黔嬴)

乾 흔늘 건 (又말으다 滰仝) (或稱父也)

火 불 화 (陽之本屬南方) (水火萬物之本)

元 읏듬 원 (氣也) (一也首也)

鑑 거울 간 (明也又보다) (水曰鑑也)

아래쪽은 여전히 그 한자의 석음을 한글로 써 놓은 것이며, 왼쪽은 그 한자에 대한 보충 설명이라고 할 수 있다.

④ 상하좌우에 있는 한자의 예

明 발글 명 (右:不暗也 書曰視遠猶明 明者見於無形) (左:明者陽也月光不與日色) (上: 視思明兩陽合日明)

이상 주석이 상하좌우로 쓰이어 있는 것들을 검토해 본 결과 다음과 같은 사실을 알 수 있었다.

①아래에는 한글로 그 한자의 석음을 써 놓았다. 다른 곳에서는 그 석음을 써 놓은 곳이 없다.

②왼쪽, 오른쪽, 윗쪽에 써 놓은 주석들은 그 위치에 있는 주석의 특징을 별도로 가지고 있지 않다. 모두 다음과 같은 주석들이 쓰이어 있다.

ㄱ. 그 한자의 의미와 동일한 의미를 가진 한자 제시. 그럴 때에는 '×也'의 형식을 지닌다.

煎 스를 뎐 熬也

元 읏듬 원 氣也

穹 흐늘 궁 高也

ㄴ. 그 한자의 의미를 한글로도 표기해 놓은 부분이 있는데, 모두 기본형으로 표시해 놓았다. 이것은 아랫부분에 써 놓은 새김과는 다른 의미를 적어서 이 한자의 다의어 내용을 적어 놓은 것이다. 아래쪽에는 한글 석음을 복수로 적어 놓지 않고, 복수 석음을 보이기 위해서 별도로 한글로 그 의미를 써 놓았다. 이 경우에는 '又'를 앞에 붙여서 표시한다. 어느 경우에는 아래에 쓴 한글 석음처럼 표기하기도 한다. 또한 한자음이 다르게 쓰일 경우에도 한글로 표시하였는데, 이 경우에도 앞에 '又'를 써서 표시하고 있다. 몇 예를 보이면 다음과 같다.

乾 흐늘 건 又 말으다

鑑 거울 간 又 보다

炯 븕글 형 又音경 螢 반듸불

爇 다릴 셜 又 살올 셜

燠 더울 욱 熱也 又오

覆 덥플 부 又업치다 西之봉ㅅ

ㄷ. 그 한자와 결합하여 한 어휘를 이룰 경우에는 주서(朱書)로 'ㅣ'로 표시하여 놓았다.

亘 빗길 궁 橫ㅣ

暢 화홀 챵 通 l

ㄹ. 그 한자의 다른 음도 표시하여 놓았다.

辰 별 진 時則신

이처럼 해당 한자에 대한 다양한 정보들을 제시하여 놓았는데, 그 위치에 따라 별도의 특징있는 설명을 한 것이 아니라 오른쪽에서부터 먼저 적고, 오른쪽 빈칸이 없으면 왼쪽에 적고, 그래도 공간이 부족하면 윗쪽에도 적는 방식을 택한 것이다. 그래서 오른쪽에 기록이 없는데, 왼쪽에만 기록이 있는 경우는 거의 없으며, 마찬가지로 왼쪽에만 주석이 있는 한자도 거의 없다.

목차가 없어서 한자의 배열순서는 알 수 없지만, 대체로 천문, 지리, 금속, 수목, 조류, 곤충, 금수, 신체 등에서 시작하여 마지막에는 어조사 등으로 끝난다. 한글 표기법으로 보아 19세기 말에 쓰인 문헌으로 추정된다.

하권의 마지막에는 '古字(고자)'라고 하여 淫 沶 등의 고자를 배열하고 있다.

이 자집에 실려 있는 한자의 새김은 일반적으로 교육용으로 사용하는 한자의 새김은 아니다. 교육용 한자의 새김은 암송이나 암기를 용이하게 하기 위해 간략한 것이 특징인데, 이 자집에 실려 있는 한자의 새김은 한자의 의미를 분명히 하려는 목적으로 쓰인 것이라는 인상을 주고 있다. 그 예를 몇 개 들어 보도록 한다. 상권에서만 예를 들어 보도록 한다.

垓 팔방 극진흔 지경 히〈상,2b〉

朧 달 처음 발글 롱〈상,3b〉

瞳 달이 어두을 당〈상,3b〉

朒 달이 동방에 뷜 뉴〈상,3b〉

朦 달이 어두을 당〈상,3b〉

朓 달 붉지 못홀 황〈상,3b〉

胐 달 붉지 못홀 비〈상,3b〉

朓 금음에 달이 셔편에 뵐 됴〈상,3b〉

融 고로고 발고 빗칠 융〈상,4a〉

飑 랄아셜로 부딧는 소리 박〈상,4b〉

飊 아릭로부터 우으로 오을 표〈상,4b〉

飍 급흔 바람 횡〈상,4b〉

飈 쟈근 바람 급흔 바람 불〈상,4b〉

颶 바다 가온딕 큰 바람 구〈상,4b〉

熪 불 븟싸가 써질 훼〈상,6a〉

煇 밥 진는 불 염고항 업슬 쳔〈상,6b〉

魃 가물 맛튼 귀신 한〈상,6b〉

魃 가물 맛튼 귀신 발〈상,6b〉

魔 밋친 귀신 마〈상,6b〉

凅 찬 긔운 엉긔야 닷치일 고〈상,6b〉

凇 한긔가 남게 밋쳐 구슬 이슬 가튼 숑〈상,6b〉

冽 찬 긔운 미울 열〈상,6b〉

凋 이우러 써러질 됴〈상,6b〉

陀 긴 언덕 편치 못할 타〈상,8a〉

墌 흙그로 무어 터만길 쳑〈상,9a〉

이 자집에는 유니코드에서 볼 수 없는 한자들도 꽤나 많이 사용되고 있다. 그 한자를 몇 개 보이도록 한다. 모두 상권에서만 찾은 한자이다.

蜤 믹얌이 졔

鸓 숨에귀신룰러롤라귀운믹힐 압

䚹 쌀만을 즙

魃 가물맛튼귀신 한

顠 쇽듸 녕

䉢 썩 롱

鵵 가마괴 스

鬷 갈기 총

龘 굴움모양 틱	罨 그림 암
罨 그물 암	紮 글읏셰옷칠헐 차
璺 글읏틈 흔	昃 기울 칙
蝋 나모좀 굴	鬨 나은성상 홍
飌 날 훤	巉 놉흔바외 참
曂 눈붉지못헐 황	零 는개 동
喢 닙에너를 삽	坺 당혜칠 발
鬲 대장 격	魊 덜업고사오라온귀신 챠
淀 도는시옴 션	砨 돌 망
茨 뒷 ㅈ	霳 마은이슬 롱
駬 말걸음늬일 보	踏 말급피갈 답
騻 말병 상	騴 말야비다리칠 젼
題 모도날 시	曨 목구무 롱
嗓 목줄듸 상	巀 뫼놉흘 뎔
屵 뫼두던 안	呭 물고기먹을 잡
壩 물막을 파	淼 물멀 묘
灣 물새 계	鸂 물오리 셔
瀧 물흘르는소리 상	灑 바다물스밀 려
蛊 벌에 곡	喓 벌에지쑐에 요
鵗 부엉이 긔	礔 비상 비
霻 비안기엉길 만	鶼 비익조 만
魆 사온압고더러운귀신 슈	爇 살울 셜
喵 새봄에울 관	䶱 새우아리로날 항
曝 새털빗변홀 표	蔕 소로 데
駱 약대 탁	齗 얼굴에거문긔운싱헐 간
蟘 이삭먹는벌에 특	暀 일즉더울 황

948

甋 자근잔 공
螚 찬믜얌이 응
葅 침치 조
跨 탈 관
氛 털썰어질 분
鏅 틈 샤
蟻 혀키 긔

雺 쟈근비 삼
薺 침치 졔
湎 큰물 면
毚 털믜치여다슬지못홀 영
躑 텩툑 텩
幐 향주머니 등
熇 화긔셩홀 호

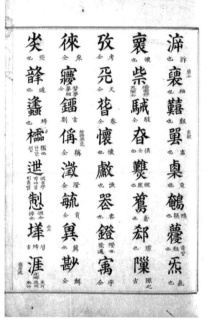

⟨자집 하권 마지막 이전의 장⟩　　　　⟨자집 상권의 첫 장⟩

17. 지물편(19세기 말)

　지물편(知物篇)은 8자로 된 한문구를 써 놓고 각 한자에 대해 오른쪽에 세로로 한글 석음을 달아 놓은 1책의 필사본이다. 책의 크기는 20.9×20.5㎝이고 5침장정의 한장본이다. 표지서명이 '知物篇(지물편)'이다. 4행 8자로 모두 16장이고 한자는 모두 992자이다. 필사연도는 미상이지만 여기에 쓰인 한글 포기로 보아 19세기 말, 특히 1890년대로 보인다. [ㅔ]는 '에'로, [ㅢ]는 '의'로 표기한 것이 그 이유이다. 남부방언이 반영되어 있는데, ㅎ 구개음화, 치찰음 밑에서의 전설고모음화 등으로 보아 경남 지역으로 보인다. 'ㆍ'가 표기되어 있고 ㅅ계 합용병서가 사용되었다.

　이 책으로 한자를 배운 사람은 15세의 용환(龍煥)으로 보인다. 뒷표지 안쪽에 '十五歲 龍煥(15세 용환)'이란 기록이 있다. 뒷표지에 '永煥(영환)'이란 이름도 보인다. '上下天地古今人物 陰陽理氣剛柔形質 雨露雷電風日星月 雲霧虹霞雹霰霜雪'로 시작하여 '治亂安危緩急遲速 利害成敗盈虛通塞 其所云曰乃於何者 以爲之則而哉乎也'로 끝난다. 박재연 교수의 소장본이다.

〈지물편〉

18. 아자(19세기 말)

'아자(兒字)'는 필자 미상의 한자 학습서로 상중하 3권 1책의 필사본이다. 필 사기 등은 보이지 않아서 필사연도는 알 수 없다. 그러나 여기에 쓰인 한글 표 기로 보아 19세기 말로 보인다. 필자의 소장본이다.

책의 표지는 없다. 책의 크기는 22.3×20.5cm이다. 계선은 없고 4행으로 되어 있는데, 한 행에는 한자가 4자씩 쓰이어 있고 각 한자의 아래에는 한글로 석음 을 달아 놓았다. 한자의 배열은 한자음의 가나다 순이다. 따라서 음운반절휘 편과 유사한 구조를 가지고 있는 책이다. 상권에 1,111자, 中卷 1,111자, 하권 은 1,084자이다. 상권의 말미에 '上卷千百十一字終(상권1111자종)'이라고 되어 있고 중권의 끝에도 '中卷千百十一字終(중권1111자종)'이라 되어 있다. 그러나 하권에는 그러한 기록이 보이지 않는다. 아마도 하권의 마지막 장이 낙장인 듯하다. 그래서 이 '兒字'에는 한자가 모두 3,306자가 등재되어 있는 셈이다. 그러나 책의 끝부분에 상권이나 중권처럼 '終(종)'이란 기록이 없고 또 표지가 없는 것으로 보아 1장이 낙장이 아닌가 하는 생각이 든다. 그리하여 하권에도 '하권1111자종(下卷千百十一字終)'으로 되어 있을 가능성이 높다. 그렇지만 곳곳 에 보완을 해 놓은 곳이 있다. 한 장을 찢어서 그 간지에 보충을 해 놓은 것이 있어서 이 한자들을 합치면 모두 3,362자이다. 상권이 36장, 중권이 35장, 하권 이 34장 모두 95장이다.

책의 속에 '全羅北道 井邑郡 淨雨面 牛山里 松培部落 宋哲萬(전라북도 정읍군 정 우면 우산리 송배부락 송철만)'이란 연필로 쓴 낙서가 있는데, 특히 주소는 여러 곳 에 동일하게 적혀 있어서 이 책이 정읍에서 쓰인 것으로 추정된다. 이 주소는 현재도 마찬가지인데, '송배부락'은 '송배마을'로 더 알려져 있다. 사람 이름도 곳곳에 보이는데, 아마도 송배 마을 사람 이름으로 보인다. '權承德(권승덕), 宋 哲萬(송철만), 송광옥(宋光玉), 이광남(李光男)' 등의 이름이 보이는데, 아자(兒字) 와 관련이 있는 사람인지는 알 수 없다. 그러나 필사연도를 써 놓은 곳은 보이지 않는다.

　상권은 한자음이 '가'인 한자들 즉 '可哥苛歌加架茄痂迦枷嘉駕家嫁稼佳街價假暇'로부터 시작하여 '巨, 居'로 이어진다. 上卷의 배열을 보면 다음과 같다.

자모	배열순서
ㄱ	가 거 고 교 구 규 기 각 간 갈 감 갑 개 강 건 겁 격 견 결 겸 계 경 곡 곤 골 괴 공 국 군 굴 귀 궁 균 극 근 금 급 긔 궁 길 굉 과 곽 관 괄 괘 광 권 궐 궤
ㄴ	노 뇨 니 난 남 내(늬) 녕 농
ㄷ	뎌 도 됴 두 단 달 담 답 대(듸) 당 덕 뎐 뎨 뎡 독 돈 동 둔 등
ㄹ	라 려 로 료 루 리 락 란 람 랑
보충	깅 걸 게 나 랑 량 련 력 렬 렴 례 령 록 뢰 롱 류 률 린 림 립 마 모 깅 걸 결 게 나 납 낭 냥 념 닉 다 뎜 돌 랍 릭 략 렵 륜 륵 룽 귤 글 긔 긴 긱 픽 낙 날 닝 년 눈 눌 능 늉 님 디 득 덕 딜 론 룡 룸

　이 배열순서를 보면 자음은 'ㄱ ㄴ ㄷ ㄹ'로 배열되었고 모음은 '아 야 어 여 오 요 우 유 으 이 외 와 왜 원 웨'의 순서로 배열하였으며 받침이 있는 한자음들은 '아 야 오 요 우 유 으 이'로 받침이 없는 음을 먼저 배열한 뒤에 '아'에 'ㄱ ㄴ ㄷ ㄹ ㅁ ㅂ ㅅ ㅇ'이 합친 음이 배열되어 이것이 끝나면 다음 모음에 받침이 붙은 음이 연결되는 방식으로 배열하였음을 알 수 있다. 그러나 뒷부분에서는 한자들을 보충하면서 그 규칙은 깨지고 만 것으로 보인다.

　중권은 '모'로부터 시작한다. 상권에 '마 모'가 있었기 때문이다. 중권은 ㅁ ㅂ ㅅ과 ㅇ 의 일부가 들어가 있다. 그 배열순서를 보이면 다음과 같다.

자모	배열순서
ㅁ	모 묘 무 미 막 만 말 믜 망 면 명 목 몽 문 민 믹 밍
ㅂ	보 부 비 박 반 발 빅 방 번 벌 범 병 복 봉 봉 분 불 빈 빙 빈 백
ㅅ	사 샤 스 셔 소 쇼 수 슈 시 산 삽 상 샹 셕 션 설 셤 세 성 속 쇽 손 송 숑 숙 슌 술 슬 습 싀 승 식 신 심 식 싱 쇄 실

자모	
ㅇ	아 야 어 여 오 요 우 유 이 악 안 애 앙 약 양 언 엄 역 연 열 염 예
보충	멱 멸 몰 물 묵 밀 살 삼 슴 섭 솔 십 알 압 암 법 본 븍 서 삭 샥 쉬 쇠 슴 쌍 열 엽

하권의 배열 순서를 보이면 다음과 같다.

자모	배열순서
ㅇ	영 옥 온 옹 욕 용 운 위 윤 은 음 읍 의 응 익 인 임 입 익 잉 와 완 왕 원
ㅈ	즈 쟈 져 조 죠 주 쥬 지 작 쟉 잔 잠 직 쟝 적 전 절 점 졔 졍 종 죵 준 쥰 즁 증 직 진 질
ㅊ	차 츠 초 쵸 츄 치 착 챡 찬 찰 참 치 창 챵 척 천 첨 첩 쳥 총 충 촉 츅 츌 취 츕 측 침 칙
ㅌ	타 토 투 탁 탄 티 탕 텰 텹 톄 톄 퇴 통 틱
ㅍ	파 포 표 피 판 픽 편 폐 평 폭 풍 필
ㅎ	하 호 효 후 휴 학 한 흔 함 합 히 해 항 향 헌 현 혈 협 혜 형 혹 혼 홀 회 홍 훈 휘 휼 희 힝 화 환 활 황
보충	외 육 일 일 월 존 졸 죽 즉 즙 짐 집 징 징 좌 좔 쳐 체 촌 쳐 츈 칙 칠 쾌 탈 탐 탑 픔 풍 핍 핑 허 험 억 팔 흉 흔 흡 획 확 훼 올 욱 울 용을 왈 왜 잡 접 족 죄 쪽

ㅋ은 없지만 보충할 때 '쾌(夬)'를 한 글자 배열하고 있다.

'아자(兒字)'에는 현재 컴퓨터로 입력할 수 없는 한자들도 18자나 있다. 그 목록을 보이면 다음과 같다.

筟 용슈 강〈上9a〉　　　廮 포쟝홀 포〈下22b〉

號 되깅이 데〈上25a〉　　髀 죵아리 비〈中8a〉

鎽 쇠망치 봉〈中13b〉　　袊 옷깃 령〈上33a〉

窞 합당 합〈下26b〉　　鸈 용랍홀 용〈下2a〉

岥 금날 피〈下23b〉　　惸 슮을 차〈下14a〉

舭 헌겁 비〈中7b〉　　羭 거나릴 령〈上33a〉

〈兒字〉(홍윤표 소장)

19. 유몽천자(1901년~1904년)

유몽천자(牖蒙千字)는 캐나다의 선교사인 제임스 스카스 게일(James Scarth Gale, 한국명 奇一, 1863년~1937년)과 이창직(李昌稙)이 아동의 한자 및 한문 학습을 위해 저술하여 1901년에 조선성교서회(朝鮮聖敎書會, Methodist Publishing House, Seoul)에서 연활자본으로 간행해낸 책이다. 권1, 권2, 권3의 세 권으로 되어 있으나, 그 속편인 유몽천자속(牖蒙千字續)을 포함하면 총 4권의 체제로 되어 있는 셈이다.

권1은 일본의 요코하마 후쿠인 인쇄회사의 인쇄로 1901년에 대한성교서회(大韓聖敎書會)에서 초판이 발행되었다. 그러나 권2와 권3 및 유몽속편(권4)의 초판은 이보다 3년이 늦은 1904년에 발행되었다. 재판은 1907년에 대한예수교서회에서 권1, 권2, 권3이 발행되었고, 그 속편인 유몽속편도 1907년에 재판이 발행되었다. 이의 3판은 광학서포(廣學書鋪)에서 권1~권3과 유몽속편을 합쳐 모두 4권이 1909년(융희 3년)에 발행되었다.

권1은 책의 첫 면에는 책의 저술 경위를 밝힌 저자의 서문이 있고, 영문 목차에 이어 국문 목록이 나오고 이어서 본문이 시작된다. 본문은 모두 25과로 되어 있고 각 과는 앞에 그 과에 등재되어 있는 한자를 싣고 그 한자어 아래에 한자음을 한글로 달아 놓았다. 그리고 본문이 있다. 이러한 내용이 25과가 끝난 뒤에 '字典'이 나온다. 한자의 석음이 한글로 달려 있다. 이 자전의 배열순서는 'ㄱ, ㄴ, ㄷ,'의 순이 아닌 'ㅇ, ㅎ, ㄱ, ㅁ, ㄴ, ㅂ, ㅍ, ㄹ, ㅅ, ㅂ, ㅍ, ㅅ, ㄷ, ㅌ, ㅈ, ㅊ'의 순으로 어휘를 제시한 점이 독특하다. ㅅ이 두 번 배열되어 있다.

권2는 영문 목차, 서문, 목록, 본문으로 되어 있으며 권1과는 전혀 다른 구조를 가지고 있다. 모두 33과로 되어 있다. 과정(科程)이 시작되면 한자에 대한 한글 석음을 먼저 달아 놓았다. 그리고 본문을 싣는 방식을 취하고 있다. 뒤에 한자의 석음이 한글로 써 놓은 '字典'이 있다. ㅇ, ㅎ, ㄱ, ㅁ, ㄴ, ㅂ, ㅍ, ㄹ, ㅅ, ㄷ, ㅌ, ㅈ, ㅊ'의 순으로 배열되어 있다.

권3은 모두 31과로 되어 있고, 그 구조는 권2와 동일하다. '字典'도 마찬가지이다.

유몽속편은 앞에 1904년에 게일이 쓴 영문 서문이 있고, 영문 목차, 유몽속편서(牖蒙續編序)(한문)와 본문이 이어진다. 끝에 '자전'도 있다.

이 4권은 본문의 구조에 차이가 있다. 권1은 한국어 문장 구조에 한자어는 한자로 써 놓은 것인데 비하여 권2는 어순은 한국어 어순이지만, 거의 모든 어휘들은 한자를 사용하였으며, 권3은 한문구에 한글로 토를 단 구조이며, 속편은 한문으로만 되어 있는 부분과 한문구에 한글로 토를 단 문장들이 섞여 있다. 다음에 제1과의 첫 예들만 보이도록 한다.

(권1) 地球는 우리 居處ᄒᆞᄂᆞᆫ ᄃᆡ니 물과 흙이 合ᄒᆞ야 된 거신ᄃᆡ

(권2) 余가 가이로에 在ᄒᆞᆯ 時에 東洋 古書를 多得ᄒᆞ여 閱覽ᄒᆞ더니

(권3) 此世界上에 有一大義擧ᄒᆞ니 卽合衆國ᄲᅢ스튼 所在 茶稅革罷之事ㅣ리라

(속편) 箕子殷之太師紂之諸父也

   권1부터 속편까지 단계별 학습을 고려하여 권1과 권2에서는 비교적 쉬운 국한문체를 사용하고, 권3은 현토체에 가까운 국한문체를 사용하였으며, 권4는 한문 텍스트를 사용하였다.

   이 책의 편찬 목적은 각권의 앞에 그 내용이 실려 있다. 다음에 1903년에 나온 유몽천자에 실려 있는 내용을 보이도록 한다.

     이 책은 태서 사람의 아해 교육 식히는 규례를 의방하야 지은 책이니 초학입덕지 문이라 대저 아해를 가르치는 법은 쉬운데서브터 시작하야 슬긔로온 말노써 그 마음을 여러 밝히고 그 지식을 널녀 주는 거시 가장 요긴한 고로 몬저 행용하는 한문 글자 일천을 가지고 국문과 혼합하야 한 권 책을 저술하엿는데 무릇 이십오 과정이라 이밧긔 쏘 이삼사 권을 개간하야 대한 가온대 남녀 아해를 가르치는데 지극히 조흔 법을 삼으랴 하노라

     大英國博士 奇一 著

     大韓 士人 李昌植 述

     대한성교서회탁인

     大韓聖敎書會託印

   1권에서는 지구, 인종, 습관, 의복, 머리 및 모자, 짐승, 천문, 과일, 상업 등 세계의 문화, 생물, 과학, 교역 등을 소개하였고 2~3권에서는 '머사의 見夢(견몽), 고롬버스, 스바다, 베수비어스' 등을 소개하며 서양의 역사와 문화 등을 소개하고 있다.

   이 책에 '천자(千字)'라는 용어를 사용한 것은 한자가 1,000자라는 개념보다는 한자 학습서라는 개념을 각인시키기 위한 것으로 보인다. 필자가 소장하고 있고 국립중앙도서관 등 곳곳에 소장되어 있다.

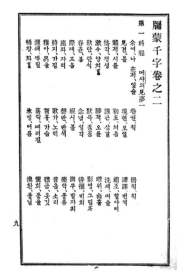

〈유몽천자〉(권2)

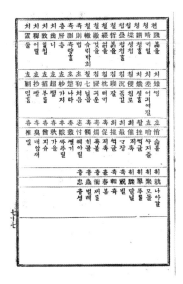
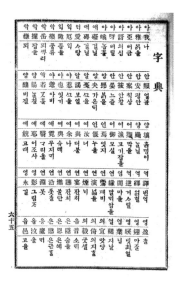

〈유몽천자 권2의 자전 부분〉

20. 훈몽배운(1901년)

훈몽배운(訓蒙排韻)은 유택하(柳宅夏)가 아동들의 한자 학습을 위해 편찬한 1책의 필사본이다.

책의 크기는 30.3×21.1㎝이고 5침장정으로 되어 있고 5행 7자로 되어 있다. 책의 앞에 '訓蒙排韻序(훈몽배운서)'가 있고 그 제목 아래에 '柳宅夏著(유택하저)'라고 저자를 밝히고 있다. 필사한 해는 책의 말미에 '大韓光武五年重光赤奮若玄黓執徐月 蘭亭書(대한광무5년중광적분야현익집서월 난정서)'란 기록으로 보아서 1901년에 필사한 것이 틀림없다.

서문 뒤에 책이름인 '訓蒙排韻(훈몽배운)'과 '冊主曹壽永(책주조수영)' 뒤에 '乙巳三月二十六日(을사3월26일)'이란 필사기가 있지만, 이것은 책주가 이 책을 가지고 공부를 처음 시작한 해로 보인다. 책의 끝에 그러한 기록들이 보인다. 즉 '艮岾面 江后洞 曺壽永年十四 乙巳年二月初日訓蒙始作(간점면 강후동 조수영 년14 을사년 2월초일 훈몽시작)'이라고 되어 있어서 조수영이 훈몽배운을 공부하기 시작한 해가 을사년 2월(乙巳年 二月)이라는 뜻이다. 그러니까 1905년에 14세인 조수영이 훈몽배운을 배우기 시작했다는 의미이다. 이 글을 쓴 유택하(柳宅夏)가 어느 지역 사람인지는 알 수 없으나 이 책을 가지고 공부한 조수영은 지금의 경기도 강화군 하점면(河岾面) 사람이다. '간점면 강후동'은 지금의 하점면 이강리의 강후동, 즉 함촌말이다.

이 책은 난정이 썼다는 기록이 있어서 유택하가 지은 원본은 아니고 전사본으로 추정된다. 글씨는 마치 14세인 조수영이 쓴 글씨처럼 보인다. 모두 25장인데 각 장의 상단 왼쪽에 장차(張次)가 있고 또 본문의 말미에 '冊章數二十五章(책장수 25장)'이란 기록이 쓰이어 있다.

앞에 훈몽배운의 서문이 있어서 이 책의 편찬동기를 알 수 있다.

教兒之書盖亦黟矣 奧在蕭梁周興嗣之千字文述焉迨至 我朝朴逍遙之童蒙習著焉 自

外三字經訓蒙字會類合等書 罔非爲敎兒而作則 兒雖多學而只就鐘王書中撮取而韻之
者 故合識底字少不急底字多分曉底句少苟艱底句多讀盡一篇

즉 천자문, 동몽선습, 삼자경, 훈몽자회 유합 등이 아이들이 배울 때 글자나
구절이 어렵고 긴요하지 못하다는 비판을 하고 있다.

이 훈몽배운은 저자가 자기 아이인 '린(鱗)'(아마도 '柳鱗'이 그 이름일 것이다)에게
가르치기 위하여 만들었는데, 구가 모두 120개이며 글자는 1,680자라고 하고
있다.

余嘗病敎兒之文多而節要之書寡矣 迺令兒子鱗年纔免懷孩提有識竊欲取一件書不
太繁不太懷孩了 諸書之所長者以敎之而 猝未易得乃於譴息之暇構出長律一篇句凡一
百二十字凡一千六百八十名之曰訓蒙排韻

그러나 실제로 이 책에 쓰인 칠언절구는 모두 242개이어서 시구는 모두 121
개이며, 한자 수도 1,694자이다.
이 서문에서는 이 책 내용의 배열에 대해 자세히 언급하고 있다. 대체로 성
리학적 사고가 내면에 묻어 있음을 볼 수 있다.

立言之序 當以乾坤造化之原爲始 故首述二氣五行 天文地理 次言灾祥寒暑 方位節
侯 有天地後有萬物 故繼之以動植之彙 而萬物之衆唯人最貴 故先言人道 自夫形體肢髮
知覺運動 以至衣食宮室 器用財貨 靡不備記 飽煖逸居 不可無敎 故繼之以 三綱五常 孝
悌忠信之道 彝倫旣敍 禮由以生 故繼之以送迎進退 婚嫁喪祭之節 行有餘力 則以學文
故繼之以讀書窮理之事 學而優則仕 故繼之以立身揚名之際 不可久居 故繼之以勇退養
閒之事 人道旣盡之後 羽毛鱗介固其次也 飛走旣盡之後 草木花竹固其終也 穀粟則已載
於財貨之上 菜菓則掩入於植物之中
(말을 세우는 처음에는 마땅히 하늘과 땅이 이루어지는 근원을 시작으로 삼

아야 하므로 첫머리는 이기(음양) 오행과 천문 지리에 대해 말했고, 다음에는 재앙과 상서로움과 춥고 더운 것과 방위 절후에 대해 말했다. 천지가 있은 후에 만물이 있으므로 동식물의 어휘로 이었다. 만물 가운데 오직 사람이 가장 귀하므로 사람의 도를 먼저 말했다. 형체 지발과 지각 운동에서부터 의식 궁실과 기용 재화에 이르기까지 갖추어 적지 않은 것이 없으며 배부르고 따뜻하면 가르침이 없을 수 없으므로 삼강오륜과 효제충신의 도리로 이었다. 법과 윤리가 베풀어지면 예절이 말미암아 생겨나므로 송영 진퇴와 혼가 상제의 절차로 이었다. 행하고 여력이 있으면 글을 배우므로 독서와 궁리의 일로 이었다. 배우고 넉넉하면 벼슬길에 나아가므로 입신양명의 만남으로 이었다. 오래 있을 수는 없으므로 용퇴 후에 휴식을 취하는 일로 이었다. 사람의 도를 다한 뒤에는 온갖 짐승들이 그 다음이다. 날짐승과 길짐승을 다한 뒤에는 초목과 화죽이 그 마지막이다. 곡식은 이미 재화의 위에 실었고, 채소와 과일은 식물의 안에 넣었다.)

'橐鑰初開遊氣紛 陽昇陰降二儀分 木金水火土爲質 赤黑靑黃素作紋 陵谷山川包地理'로부터 시작하여 '倣字會吟篇較略 俾兒稛讀意頻懃 捨筌獲免唯望汝 勸勉髫齡廣記聞'으로 끝난다.

음운상으로는 'i 움라우트 현상이 보이며 치찰음 밑에서 전설고모음화도 보이며 ㅎ 구개음화도 보인다.

댕길 힝(行, 2b) 싱길 탄(吞, 4b) 애비 부(父, 11b) 에미 모(母, 11b) 가심 강(腔, 3b) 목심 슈(壽, 18a) 말심 언(言, 10b)

심씰 면(勉, 25a) 심슬 무(務, 9b)

이 책은 임용기 교수 소장본이다.

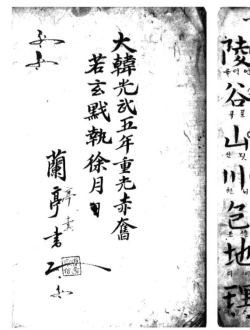

〈훈몽배운〉(임용기 교수 소장본)

이 책의 이본이 있다. 프랑스 파리 동양언어문화학교 소장본이다. 국립중앙도서관에도 마이크로필름으로 소장되어 있다. 그래서 서지사항은 알 수 없다. 4행 7자로 되어 있는데, 각 한자의 오른쪽에 세로로 한글 석음이 쓰이어 있다. 그러나 어느 한자는 그 석음을 판별할 수 없을 정도로 되어 있다. 모두 30장이다. 그리고 한자는 임용기 교수 소장본의 서문에서 밝히고 있듯 1,680자로 되어 있다.

파리동양어학교 소장본에는 있는데, 임용기 교수 소장본에는 없는 한자는 다음과 같은 16자이다.

蠱雷啖兜牟腹鯊熟豫茸游章致托薑蟾規

마찬가지로 임용기 교수 소장본에는 있는데, 파리동양어문학과 소장본에는 없는 한자는 다음과 같은 26자이다.

面緇伏緖楯玩遊茵仍潛樟電霆蛭棲靑愀剜託效檪燂翏力顋蟓藐

두 이본 간에 한자 석음이 다른 것도 흔히 보인다. 표기법 차이를 제외하고 차이가 나는 부분들을 몇 개를 보이면 다음과 같다.

한자	임용기 교수 소장본	동양언어문화학교 소장본
價	갑실안 가 〈11a〉	갑 가 〈13a〉
却	문득 각 〈5b〉	물니칠 각 〈6b〉
剛	강헐 강 〈2a〉	굿셀 강 〈2b〉
恭	온공 공 〈12a〉	공슌 공 〈14b〉
孔	심할 공 〈21a〉	구무 공 〈26a〉
工	쟝인 공 〈6b〉	바치 공 〈8a〉
俱	다 구 〈11b〉	흠긔 구 〈14a〉
屨	신 구 〈5a〉	메토리 구 〈5b〉〉
權	권싀 권 〈16b〉	져울츄 권 〈19b〉
卷	권 권 〈8a〉	권질 권 〈9b〉
男	산아히 남 〈12a〉	아들 남 〈14a〉
囊	쥰치 낭 〈7b〉	주머니 낭 〈9a〉
侫	간스홀 녕 〈24a〉	간사 녕 〈29b〉
昵	각가올 일 〈15a〉	압닐홀 일 〈18a〉
壇	졔터 단 〈6b〉	단 단 〈7b〉
唐	당국 당 〈18a〉	대당 당 〈22a〉
代	뒤신 뒤 〈19b〉	뒤홀 뒤 〈33b〉
塗	길 도 〈23b〉	브롤 도 〈28b〉
稻	나락 도 〈9a〉	벼 도 〈11b〉
蘿	댕당이 ㄴ 〈23a〉	새산 나 〈28a〉
憐	불샹홀 련 〈13b〉	어여블 년 〈16a〉
劣	나즐 렬 〈20a〉	뇽뇰홀 녈 〈34b〉
吏	관원 이 〈15a〉	아젼 니 〈18a〉

滿	찰 만 〈9b〉	가득홀 만 〈11b〉
亡	엽슬 망 〈18b〉	도망 망 〈22a〉
昧	어두올 미 〈21a〉	모를 미 〈25b〉
貊	예 믹 〈12b〉	밍국 믹 〈14a〉
帽	감토 모 〈5a〉	사모 모 〈6a〉
尾	소리 미 〈18a〉	초리 미 〈21b〉
民	셩 민 〈23b〉	빅셩 민 〈29a〉
反	뒤쎌 반 〈21a〉	도로혈 반 〈25b〉
槃	셔릴 반 〈16b〉	나무그릇 반 〈20a〉
般	슬길 반 〈6a〉	가차 반 〈7a〉
倍	곱 비 〈24a〉	비홀 비 〈29a〉
別	달을 별 〈5b〉	니별 별 〈6a〉
並	골를 병 〈12a〉	아을 병 〈14a〉
峯	봉어이 봉 〈14b〉	묏부리 봉 〈17b〉
剖	쏠릴 부 〈15a〉	쎄틸 부 〈18a〉
憑	의지홀 빙 〈24a〉	비길 빙 〈29b〉
使	부릴 ᄉ 〈15b〉	흐여금 ᄉ 〈19a〉
社	후토 샤 〈16b〉	사직 사 〈20a〉
蔘	더덕 슴 〈22a〉	인슴 슴 〈26b〉
傷	샹홀 샹 〈21a〉	헐 샹 〈25b〉
常	쩟쩟 샹 〈11b〉	샹녜 샹 〈13b〉
壽	목심 슈 〈18a〉	댱슈 슈 〈21b〉
叟	럴근이 슈 〈23a〉	한나비 슈 〈28b〉
崇	슝샹 슝 〈16a〉	노플 슝 〈19b〉
匙	갈락 시 〈8a〉	술 시 〈9b〉
施	줄 시 〈17a〉	베플 시 〈20b〉
柴	장쟉 시 〈7b〉	나모 싀 〈9a〉
兕	들쇼 시 〈19a〉	믈쇼 시 〈33a〉
室	방 실 〈11b〉	집 실 〈14a〉
狎	희롱 압 〈18a〉	갓가이홀 압 〈22a〉
營	지을 영 〈21a〉	경영 영 〈25b〉
午	늣 오 〈16b〉	믈 오 〈20a〉
沃	기름질 옥 〈9a〉	젹실 옥 〈11b〉
容	용모 용 〈2b〉	얼굴 용 〈3a〉

偉	렁럭 위 〈17a〉	어그러울 위 〈20b〉
怡	화흘 니 〈4b〉	깃글 이 〈5a〉
洟	코믈 이 〈4a〉	눈믈 이 〈4b〉
因	인흘 인 〈21a〉	지딜 인 〈25b〉
場	터 쟝 〈14a〉	마당 쟝 〈17a〉
將	나갈 쟝 〈7a〉	쟝수 쟝 〈8b〉
杖	집플 쟝 〈7a〉	막대 쟝 〈8b〉
佇	오릭셔슬 져 〈17a〉	기드릴 져 〈20b〉
狙	드릭미 져 〈19a〉	즌나비 져 〈33a〉
嫡	적실 뎍 〈12a〉	뭇 덕 〈14b〉
全	온전 전 〈2b〉	보뎐홀 전 〈3a〉
專	오롯지 젼 〈16b〉	온젼 젼 〈20a〉
氈	담 젼 〈15a〉	모젼 젼 〈18a〉
丁	맛날 뎡 〈14b〉	쟝뎡 뎡 〈17b〉
弔	슬플 도 〈18b〉	됴문 됴 〈22a〉
租	나락 조 〈9a〉	벼 조 〈11b〉
奏	아리 쥬 〈9a〉	엿즈올 쥬 〈11a〉
卽	곳 즉 〈18b〉	즉제 즉 〈32b〉
喘	흘대길 쳔 〈4a〉	숨쉴 쳔 〈5a〉
聰	귀븕글 총 〈15b〉	총홀 총 〈18b〉
取	어들 취 〈9a〉	가질 취 〈11b〉
厠	측간 측 〈6b〉	뒤간 측 〈7b〉
熾	피울 치 〈7b〉	블퓌울 치 〈9a〉
侵	침노 침 〈20b〉	침노홀 침 〈35a〉
啄	졸 탁 〈17b〉	씩조을 탁 〈21a〉
太	너모 티 〈21b〉	콩 티 〈26b〉
胎	영길 티 〈18b〉	틱긔 티 〈32b〉
撑	괴릴 팅 〈6a〉	버튈 팅 〈7a〉
堆	무둙기 퇴 〈20a〉	싸힐 퇴 〈34b〉
判	쏠릴 판 〈12a〉	는홀 판 〈14b〉
偏	편벽 편 〈17b〉	일편될 편 〈21a〉
豹	바독번 표 〈19a〉	표범 표 〈33a〉
楓	신ᄂᆞ모 풍 〈23b〉	단풍 풍 〈28b〉
享	흠향 향 〈8b〉	계향 향 〈10b〉

胡	어지 호 〈17b〉	오랑캐 호 〈21a〉
或	혹 혹 〈7b〉	누고 혹 〈9a〉
喧	들널 훤 〈19a〉	지저귈 훤 〈33b〉

〈훈몽배운〉(동양언어문화학교 소장본)

21. 언문(1909년)

　언문(言文)은 지석영(池錫永, 1855년~1935년)이 편찬하여 1909년에 광학서포(廣學書鋪)에서 1책의 연활자본으로 간행해 낸 한자 학습서이다. 판권지에 '隆熙三年 六月二十三日 發行(융희 3년 6월 23일 발행), 著作者 池錫永(저작자 지석영), 發行所 廣學書鋪(발행소 광학서포)'란 기록이 있다. 책의 표지에는 오른쪽 상단에 '太原 池錫永 著(태원 지석영 저)'라고 하여 놓았고 중앙에는 '言文(언문)'이라고 쓰이어 있으며 왼쪽에는 '大韓 皇城 廣學書鋪 發行(대한 황성 광학서포 발행)'이라 되어 있다. 책의 앞에 지석영이 쓴 서문이 있고 이어서 4가지로 된 일러두기가 있다.

서문에서는 이 책을 편찬하게 된 동기를 써 놓았다.

대한(大韓) 인민(人民)이 무론(無論) 경향(京鄉) 귀천(貴賤)하고 일용ᄉ물(日用事物)에 힝용(行用)하는 언어(言語)가 태반(太半) 한문(漢文)의 ᄌ음(字音)으로 통힝(通行)하난지라 시고(是故)로 무식(無識)한 샤회(社會)와 부인(婦人) 쇼ᄋ(小兒)들은 구두(口頭)로난 능(能)히 문ᄎ(文彩)스러은 언변(言辯)을 힝용(行用)하나 안목(眼目)에는 일ᄌ(一字)도 히득(解得)하기 불능(不能)하고 필묵(筆墨)으로도 역시(亦是) 일뎜일획(一點一劃)을 형용(形容)하기 극난(極難)함으로 언ᄉ(言辭)는 료료(了了)하나 식견(識見)이 무무(貿貿)하야 여인슈졉(與人酬接)에 취졸(醜拙)을 난면(難免)이라 소이(所以)로 국쇽(國俗)이 한문(漢文)을 대단(大段) 슝샹(崇尙)하야 인ᄌ(人才)를 양셩(養成)하난 것이 비ᄎ막가(非此莫可)라 하더니 근년(近年) 이릭(以來)로 풍긔(風氣)가 대변(大變)하야 한문(漢文)만 젼쥬(專主)하다가는 무졍(無情)한 셰월(歲月)을 허숑(虛送)하고 유한(有限)한 심력(心力)을 도비(徒費)하야 가ᄉ(假使) 셩공(成功)이라도 일개(一個) 노학구(老學究)에 불과(不過)라 하야 어시호(於是乎) 한문(漢文)에 젼력(專力)하든 ᄉ샹(思想)을 국문(國文)과 샹반(相半)하야 국한문(國漢文) 교작법(交作法)이 시힝(施行)되야 각죵(各種) 학문(學文)을 슌젼(純全)이 국한문(國漢文)으로 번역(飜譯)하야 한ᄌ(漢字)를 약간(若干)만 통(通)하면 능(能)히 젼편(全篇) 문의(文義)를 히득(解得)하니 실(實)노 교휵샹(敎育上) 뎨일(第一) 편이(便易)한 방법(方法)이로다

즉 한자를 모르는 남성들은 물론 어린이와 부녀자들이 한글과 한자를 동시에 익힐 수 있도록 만든 것인데, 특히 각종 학문(學文)이 국한문(國漢文)으로 번역(飜譯)됨에 따라 한자어(漢字語)에 대한 지식이 필요했기 때문이다.

이 서문에는 이 책이 상편과 하편으로 나뉘어져 있고 그 내용이 어떠한 것인지에 대해 말하고 있다.

샹편(上篇)에는 한ᄌᆞ(漢字)로 국문(國文)을 디죠(對照)하야 국어(國語)된 소이연(所以然)을 발명(發明)하고 하편(下篇)에는 한ᄌᆞ(漢字) ᄌᆞ의(字義)를 국문으로 쥬셕(注釋)하엿스니 국문(國文)만 통(通)하면 무시(無時)로 힝용(行用)하는 국어(國語)의 본면목(本面目)을 가히 투득(透得)할지라

서문 뒤에는 소위 범례, 즉 일러두기가 4가지로 설명되어 있다. 첫째는 상편에 보이는 한자음의 고저를 표시하는 문제를, 그리고 두 번째는 하편의 한자음의 고저를, 그리고 세 번째로 한자의 원음이 국어에 와서 변화한 것들의 표시 방법을, 그리고 마지막으로 네 번째에는 미흡한 것이 있으면 재판에서 보완하겠다는 내용이 들어 있다.

그 뒤에 본문이 시작되는데, 첫 번째 본문, 즉 상편은 한자어 어휘 목록이다. 한자어 어휘를 한글로 쓰고 뒤에 그 한자에 해당하는 한자를 써 놓는 형식으로 쓴 한자 어휘가 있는데, '가'로부터 시작하여 '황훤훼'에 이르기까지 나열되어 있다. 일상생활에서 자주 사용하는 한자(漢字) 약 1만 9000자(字)를 선정해 가나다순으로 한글과 한자를 배열해 독음(讀音)을 붙여 제시해 놓은 것이다. '가로(街路) 가로샹(街路上), 가동주졸(街童走卒), 가긱(歌客), 기곡(歌曲), 가ᄉᆞ(歌詞), 가무(歌舞), 가례(嘉禮)'로부터 시작하여 '훼가(毀家), 훼가츌송(毀家出送), 훼와획만(毀瓦劃墁), 훼쳘(毀撤), 훼졀(毀節), 훼언(毀言), 훼방(毀謗)'으로 끝난다. 그러나 그 한자어에 대한 뜻풀이는 없다.

본문의 두 번째 내용, 즉 하편은 한자 석음을 제시한 것이다. '가각간' 등으로부터 시작하여 '활황훤훼'에 이르기까지 각 음에 해당하는 한자를 쓰고 각 한자에 대한 한글 석음을 달아 놓았다. 앞에서 제시한 한자어에 보이는 한자에 대해 그 정보를 제시한 것이다. 언어생활에 필요한 한자 어휘를 앞에 배열하여 학습하도록 한 것인데, 이에 대한 기초적인 정보, 즉 각 한자에 대한 형태와 새김과 음을 뒤에 색인 형식으로 붙인 것이라고 볼 수 있다. 하편의 한자 석음을 달아 놓은 한자는 모두 3,504자이다. '가'음을 가진 한자 '街(거리 가), 歌(노

래 가), 嘉(아름다울 가), 家(집 가), 加(더할 가), 袈(가사 가), 伽(절 가), 價(갑 가), 可(올을 가), 駕(멍에할 가), 假(거즛 가), 軻(박회굴대 가), 嫁(시집갈 가), 枷(칼 가), 暇(결을 가), 柯(가지 가), 痂(싹지 가), 佳(아름다울 가), 迦(부처일홈 가), 稼(곡식시믈 가)'로부터 시작하여 '황'음을 가진 '黃(누를 황), 皇(황뎨 황), 惶(두려을 황), 潢(은하슈 황), 荒(거츨 황), 蝗(황츙 황), 肛(황문 황), 磺(류황 황), 謊(거즛말 황), 況(하믈며 황), 徨(방황할 황), 怳(황홀 황), 慌(당황할 황), 恍(당황할 황), 凰(암봉 황), 簧(싱황 황), 纊(장황할 황), 煌(휘황할 황)'과 '훤'음을 가진 '萱(원추리 훤), 諠(짓거릴 훤)'과 '훼'음을 가진 '毁(헐 훼), 譭(훼방할 훼)'로 끝난다.

서문이 2쪽, 범례가 2쪽, 한자어 목록이 171쪽, 한자 석음 자료가 36쪽으로 모두 247쪽이다.

여기에 보이는 석음을 몇 예를 들어 본다.

瓵 고닯흘 극(4)	岰 코피 뉵(6)	粖 살격 살(15)
翃 힐항할 항(33)	倏 홀연 홀(35)	蚈 흔단 흔(35)
頡 힐항할 힐(35)	儸 곡진할 라(8)	佳 싹지 가(1)
假 멍에할 가(1)	嫁 박회굴대 가(1)	陔 싸숫진곳 히(33)
礆 힉실할 힉(33)	悻 힝힝할 힝(33)	愜 뜻에마즐 협(34)
詗 렴탐할 형(34)	榿 산일홈 혜(33)	犒 호궤할 호(34)

필자가 소장하고 있고, 국립중앙도서관 등에 소장되어 있다.

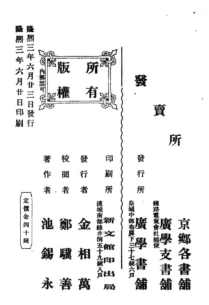

大韓皇城廣學書舗發行

太原 池錫永 著作

音文

〈표지〉

隆熙三年六月廿三日發行
隆熙三年六月廿日印刷
內部認可

版權
所有

發賣所

發行所

印刷所

發行者

校閱者

著作者

定價金四十錢

京鄉各書舗

廣學支書舗
鐘路惠眾會社越便

廣學書舗
皇城中部布屛下三十七統六月

新文館印出局
漢城南部銅峴井洞五十九統八月

金相萬

鄭驥善

池錫永

〈판권지〉

〈일러두기 부분〉

〈서문 부분〉

〈하편〉　　　〈상편〉

22. 유학자취(1909년)

유학자취(幼學字聚)는 윤치호(1865년~1945년)가 아동의 한자 교육을 위하여 편찬하여, 1909년에 광학서포에서 1책의 신식활자본으로 간행한 한자 학습서이다. 책의 크기는 25.5×16.0cm이다. 뒤의 판권지에 '隆熙三年 一月二十日 發行(융희 3년 1월 20일 발행), 著作者 尹致昊(저작자 윤치호) 元賣所 廣學書鋪(원매소 광학서포)'로 되어 있다. 책의 속 표지에 중앙에 '幼學字聚(유학자취)'가 전서체(篆書體)로 쓰이어 있고, 오른쪽에 '尹致昊 著(윤치호 저)', 왼쪽 아래에 '丁大有 書(정대유 서)'가 쓰이어 있다. 편찬은 윤치호가, 글씨는 정대유가 썼는데, 정대유는 '몽학이천자(蒙學二千字)'의 글씨를 쓴 서예가이기도 하다. 무계로 4행 4자이고, 판심어미는 상흑어미이다. 판심제는 '幼學字聚(유학자취)'인데, 제 22장, 24장, 30장에는 '幼學字聚(유학자취)'가 아닌 '類合字聚(유합자취)'로 되어 있다. 모두 39

970

장이다.

각 한자의 아래에 한글로 석음을 달아 놓았는데, '一二三四五六七八'로 시작하여 '依隣則亡 自强乃興'으로 끝난다. 한자가 모두 1,224자이다.

숫자로 시작하였지만, 숫자가 끝난 뒤에는 천고지원(天高地圓) 일승월조(日昇月照), 효조오석(曉朝午夕) 주명야암(晝明夜暗) 등에서 볼 수 있는 것처럼 그 배열순서가 의미상으로 반의어, 동의어, 유의어 등으로 되어 있다. 아동들이 쉽게 이해하기 위해 이러한 방법을 사용한 것으로 보인다. 특히 자료 말미(38b)에는 '大韓帝國 獨立萬歲(대한제국 독립만세)'라는 구절이 있는데, 이로 인해 1913년 일제에 의해 금서로 지정되기도 하였다. 국립중앙도서관과 일본 소장문고 소장본이다.

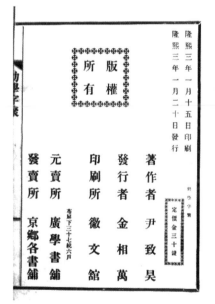

〈유학자취〉

23. 훈몽자략(1909년 이전)

훈몽자략(訓蒙字略)은 지석영(池錫永, 1855년~1935년)이 한자 6,324자에 대하여 한글로 석음을 달아 한자 학습을 할 수 있도록 편찬된 1책의 필사본이다.

국립중앙도서관에 소장되어 있는 유일본으로(BC古朝41-119), 책의 크기는 29.0×17.9cm이고 표지제와 내지제 모두 '訓蒙字略(훈몽자략)'이다. 표지에는 '訓蒙字略 完(훈몽자략 완)'이라 되어 있고 본문이 시작되는 부분은 첫행에는 '訓蒙字略(훈몽자략)'이고(지석영전집의 영인본에는 책의 제목에 괄호를 쳤는데, 그것은 잘못이다), 다음 행에 '池錫永釋音(지석영석음)'이라 쓰이어 있다. 계선이 있으며 5행 7자로 한 면에 한자가 35자가 배열되어 있다. 모두 91장이다. 장차 표시에는 마지막 장이 89장이지만 제7장과 제60장이 2개가 있어서 실제로 장수는 91장이 된다.

한자의 오른쪽에 한글로 그 석음이 세로로 쓰이어 있고, 복수 자석이 있을 경우에는 오른편에 써 놓았다. 2개 이상의 자석이 있는 경우는 보이지 않는다. 한자 아래에는 그 해당 한자와 같이 쓰이는 속자 등을 써 놓았다. 예컨대 '一'에는 '壹', '七'에는 '柒', '丐'에는 '匄', '三'에는 '參', '不'에는 '弗', '並'에는 '竝'을 써 놓았다.

그리고 판심 부분에는 아라비아 숫자로 1, 2, 3, 4 등의 부수(部首) 획수의 숫자를 쓰고 그 아래에 그에 해당하는 부수의 목록을 써 놓았다. 예컨대 첫 장에는 '1 一 丨 丶 丿 乙 亅 二 亠'이 쓰이어 있다. 이것이 끝나는 곳에서는 다시 '2 人'이 나온다.

이 필사본 훈몽자략이 지석영의 친필본인지는 확인하기 어렵다. 이 필사본은 간행을 목적으로 하여 필사된 것 같지만, 주서(朱書)로 수정 보완한 부분이 많이 있는 것을 보면 출판용은 아닌 것으로 추정된다.

이 필사본이 언제 쓰이었는지도 다른 기록이 없어서 확인할 수 없다. 그러나 지석영의 연구과정을 보면 1909년 이전일 것으로 보인다. 왜냐 하면 지석영이 관심을 가지고 연구해 온 여러 과정 속에서 먼저 종두(種痘)에 관심을 가졌을 때와 국문에 대해 관심을 가졌을 때를 지난 후, 한자에 대해 관심을 가지고 연구와 정리를 해 온 것으로 보이는데, 한자에 대해 관심을 가지고 연구하게 된 시기는 대체로 1909년 이전으로 보이기 때문이다. 지석영의 '言文'이 1909년에 간행되었고, 역시 '저전석요(字典釋要)'도 1909년에 간행되었기 때문이다. '언문'에 등재된 한자의 수가 3,505자이고, 자전석요에 실려 있는 한자의 수가 16,298자이며, 훈몽자략에 실려 있는 한자는 6,319자이어서, 이 훈몽자략은 '언문'과 '자전석요'의 중간 단계에서 편찬된 것으로 추정할 수 있다. 따라서 1909년 이전에 이미 작성되어 있었던 것으로 보인다. 자전석요가 부수 중심으로 배열된 것과 훈몽자략이 부수 중심으로 배열된 것도 그러한 추정을 더 확실하게 해 준다.

표기상으로는 'ㆍ'가 보이지만 다른 문헌에 비해 많은 편이 아니다. 이것은 지석영이 원래 'ㆍ'의 폐기 주장자였기 때문일 것이다. 이에 비해 합용병서는 그대로 사용하고 있다. 그러나 ㅅ계 합용병서만 보일 뿐 ㅂ계 합용병서는 사용되지 않았다.

쫏 챠 (且)〈1a〉　　　　　썩진머리 아(丫)〈1a〉

쮤미 천, 쑤를 쳔(串)〈1b〉　　샛칠 긍(亘)〈1b〉

쏩사등이 구 (狗)〈44b〉　　　꼿바침 악 (蕚)〈61b〉

쎠쥬거릴 두 (抖)〈22a〉　　　쌀은물결 격 (激)〈38a〉

싸른혀 속 (楝)〈29b〉　　　　샌른비 포 (瀑)〈38b〉

한글 석음에서 중부 방언 요소가 흔히 보인다. 예컨대 'ㅎ다'는 '허다'로 나타나는 것이 대표적이다. 'ㅎ'는 극히 드물게 나타난다.

말만이헐 궁(誇)〈69a〉　　　　교활헐 독(詆)〈69a〉

당돌헐 돌(揬) 〈23b〉 관이헐 철(聅) 〈57a〉

용열헐 용([illegible]) 〈74b〉 쥬그려헐 승(殅) 〈32b〉

cf. 줄 급, 족홀 급(給) 〈54a〉

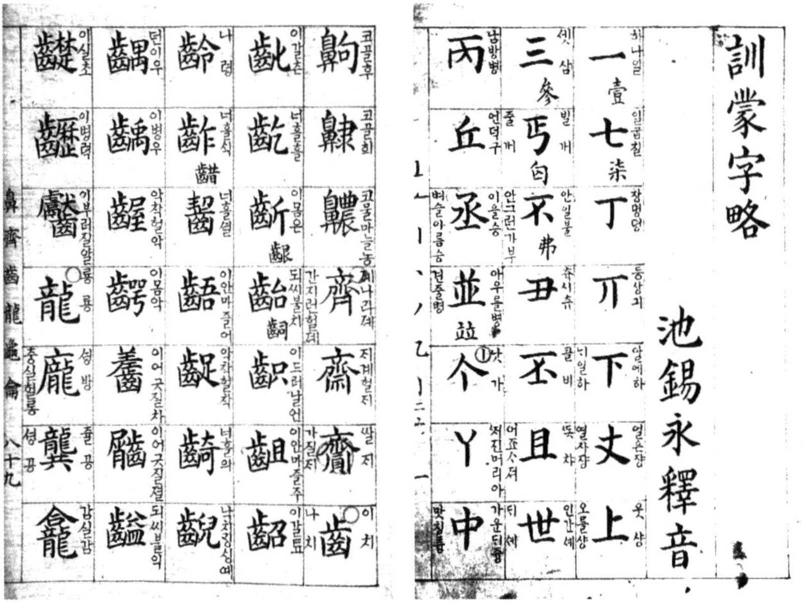

〈훈몽자략〉

24. 물명집(1910년)

물명집(物名集)은 1910년에 경헌(敬軒) 한중수(韓中洙)가 편찬한 물명 자료집으로서, 물명에 해당하는 한자를 써 놓고 그 한자에 대한 자석(字釋)을 달아 놓은 책이다. 물명을 익히면서 동시에 한자를 학습하기 위한 것이다. 편찬연대는 알 수 없으나 현재 전하는 책은 1910년에 필사한 문헌으로, 최소 2권 이상으로 되어 있었으나, 현재 전하는 책은 권2, 한 권뿐이다.

이 책은 판소리 연구가인 동국대학교 배연형 교수의 소장본이다. 서울의 고서점에서 구입하였다고 한다. 책의 크기는 20.1×20.0㎝로 가로 세로의 길이가 거의 같은 정사각형의 책이다.

표지에 '물명집(物名集)'이란 제목이 보이며 그 책제목의 아래에 '이권(二卷)'이란 기록이 보이고, 내제(內題)의 아래에도 '권이(卷二)'라는 기록이 보여서 이 책에 '권일(卷一)'도 있었음을 알 수 있다. 이 책의 표지 우측에 '경술년 사월일(庚戌年 四月日)'이란 필사기가 있고, 이 문헌에 쓰인 한글 표기로 보아 이 책이 1910년에 필사된 것임을 알 수 있다. 그러나 여기에 쓰인 한글 표기로 보아서 편찬연대도 1910년에 가까운 시기에 이루어진 것임을 알 수 있다. 이 책이 원고본인지 전사본인지는 알 수 없으나 정성스럽게 쓴 상황으로 보아 한중수가 직접 쓴 수고본일 가능성도 배제할 수 없다.

이 책의 편찬자인 경헌(敬軒) 한중수(韓中洙)가 누구인지는 알 수 없으나, 호남지역어 특히 전남 지역어를 구사하는 사람임을 쉽게 알 수 있다. 이러한 사실은 후술할 바와 같이 이 문헌이 서남방언을 반영한 자료이기 때문이다.

이 책은 의관부(衣冠部, 16句), 반갱부(飯羹部, 17句), 가대부(家垈部, 22句), 기계부(器械部, 46句), 금조부(禽鳥部, 10句), 수생부(獸牲部, 11句), 곤충부(昆蟲部, 9句), 인개부(鱗介部, 6句), 화초부(花草部, 14구), 수목부(樹木部, 10句)의 10개 부류로 나누고 각 부로는 한자 10자로 된 한문구가 나열되어 있다. 매행 5자씩 나열되어 있어서 2행이 한 구가 되는 셈이다. 예컨대 의관부의 처음은 '衣冠袞冕堂紱舃甲胄袀'으로 되어 있고, 그 의관부의 마지막은 '杖筇履履屐製鞋靴綦趹'으로 되어 있다. 모두 163구로 되어 있으니, 한자가 모두 1,630자로 되어 있는 셈이다.

'권2'에는 주로 '의관, 반갱, 가대, 기계부'와 같은 '인(人)'에 대한 물명과 뒤에 '금조부, 수생부, 곤충부, 인충부, 인개부, 화초부, 수목부'와 같이 동식물명이 있는 것으로 보아서 권1에는 '천(天)'과 '지(地)'에 관한 물명이 있었을 것으로 추정된다. 그래서 이 문헌은 2권 2책이었을 것으로 추정된다.

이 책은 앞에서 언급한 바와 같이 '경술년'이란 필사기가 있지만, 그 '경술년'

이 1910년이라고 단정을 내릴 수 있는 것은 이 문헌에 쓰인 한글 표기법 때문이다. 몇 가지만 보아도 이 문헌이 19세기 말이나 20세기 초에 쓰인 문헌임을 알 수 있다.

첫째 어두 된소리 표기에 합용병서가 보이지 않고, 각자병서인 'ㄲ, ㄸ, ㅃ, ㅆ, ㅉ'만 보인다. 이것은 19세기 중기에서도 볼 수 없는 표기라고 할 수 있다. 20세기 초에 각자병서와 합용병서 중 어느 것을 쓰는가에 대한 논란이 있던 시기이기 때문에, 아무래도 1910년이 이 문헌에서 언급한 경술년에 가장 가깝다고 생각한다. 이 문헌을 1970년에 쓴 것으로 볼 수도 없거니와 역시 1850년으로 보기도 힘들다.

둘째 'ᆞ'가 쓰이었지만, '익' 등 일정한 환경에서만 쓰이고 있다. 이것은 주로 19세기 말의 문헌에서 나타나는 현상이고 역시 20세기 초기 문헌에서도 종종 발견되는 표기 현상이다. 이 두 가지 표기만으로도 이 문헌이 1910년에 쓰인 것임을 증명할 수 있다고 생각한다.

이 문헌에는 주로 서남방언, 특히 전남지역어를 반영하고 있다. 그 몇 가지 예들을 보기로 한다.

갈거시 간(蚘) (갯지렁이)	거시랑 인(蚓) (회충)
괴양이 묘(猫) (고양이)	깨금 진(榛) (개암)
꽝쇠 뇨(鐃) (꽹과리)	꾀버실 라(裸) (발가벗다)
다딤독 천(筵)	다딤독 침(砧) (다듬잇돌)
달눙기 구(韭) (달래)	당그리 홍(篊) (고무래)
뒤제기 분(鼢) (두더쥐)	빱부장이 부(芣) (질경이)
삐비 신(莘) (삘기)	새늭키 삭(索) (새끼)
소두방 멱(羃) (솥뚜껑)	오드기 심(椹) (오디)
진등기 비(蜱) (진드기)	
등등	

이 예들은 주로 전남지역어에서 보이는 방언 어휘들이다. 이 문헌이 전남 지역어를 반영하였다고 하는 주장은 이러한 예들에 기인한다.

이 문헌에는 지금까지 그 어휘를 전혀 알 수 없는 예들이 흔히 보인다. 몇 예를 보이도록 한다.

'꽃봉오리'를 '꽃봉오리'란 어휘도 쓰면서 동시에 '꽃매질'로도 나타낸 것은 '꽃 맺을'로 보이는 것인데, 이것이 명사가 된 것이 매우 특이하다. '구들'을 '귓독'이라 한 것으로 보아 '구들'의 어원을 짐작하게 한다. '구들'의 '들'이 '돌'이고 '구'는 '귀'에서 온 것임을 짐작케 한다. '꺼렁이 궤(簣)'에서 '꺼렁이'는 비름의 한 종류 같은데 어느 사전에도 등재되어 있지 않다. '꼬막'을 '강요주'라 한 것이 보이는데, '고막'이란 단어가 쓰인 것으로 보아서 '강요주(江瑤珠)'와 '꼬막'은 다른 명칭으로 보인다. '까닥이 엄(厂)'의 '까닥이'는 불명이다. '구미조 괄(鴰)'에서 '구미조'가 '재두루미'를 뜻하는 어휘인지 알 수 없다. '귀딩이 징(鐙)'의 '귀딩이'는 '쇠사슬'을 뜻하는 것 같은데 알 수 없다. '동피 툐(貂)'로 보아 '동피'는 '담비'로 해석된다. '이초감이 툐(蜩)'로 보아 '이초감이'는 '매미'의 일종인지 알 수 없다. '초우렁 량(蔄), 초우렁 탕(碭)'에서 '초우렁'이 무엇인지도 알 수 없다. '섬쑤 종(鍾)'의 '섬쑤'도 알 수 없는 어휘다. '장비어 심(鱏)'에서 '장비어'가 '상어'의 일종으로 보인다. '몸매'를 '문메'로 한 것은 발음 나는 대로 표기한 것으로 보인다.

이 문헌에서는 또한 한자의 여러 가지 음을 표시하고 있다. 한자의 석음을 달고 그 뒤에 다시 '又'라고 표시하고 그 한자의 다른 음을 제시하여서 이 문헌은 한자의 음을 연구하는 데에도 많은 도움을 줄 수 있을 것으로 생각한다.

각종의 음운현상도 보인다. K 구개음화가 비어두음절에서도 보이는 것은 그 어휘가 어두음절에서 구개음화를 겪은 후에 합성어를 구성하여서 그러한 결과가 일어난 것으로 해석할 수 있다. '젓지름'이 그러한데, '기름'이 구개음화를 겪고 난 후에 '젓지름'이라는 합성어가 만들어졌을 것으로 보인다.

'벗내'를 '뺏 내'로, '본뜰'을 '뽄뜰'로 '벗나무'를 '뺏나무'로 한 것은 어두 경음화 현상들을 보여 준다.

이 자료는 한자 석음 자료이지만, 음운론이나 어휘론, 또는 방언학 연구의 중요한 자료를 제공해 줄 것으로 기대한다. 뿐만 아니라 한자도 매우 다양한 한자가 쓰이어서, 한자의 음과 뜻을 잘 알 수 없는 경우에 이 자료를 참조하면 한자의 쓰임을 잘 알 수 있게 해 준다.

이 문헌에 쓰인 한자에는 IRG의 CJK 한자에도 없는 것이 많이 들어 있다. 물론 IRG의 CJK에 한자는 등록되어 있으되, 그 음이나 뜻을 모르는 것들 중 상당수가 이 문헌의 한자에서 그것을 제시하고 있다.

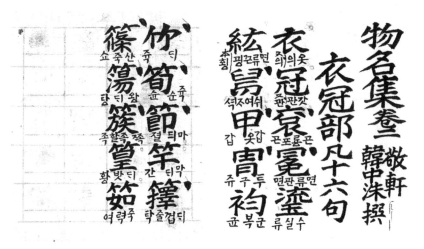

〈물명집〉

25. 개정초학첩경(1912년)

개정초학첩경(改正初學捷徑)은 1912년에 한승곤(韓承坤)이 편찬한 국문과 한자의 학습서로서 1912년에 평양의 광명서관(光明書觀)[4]에서 上下 2編 1책의 연활자본으로 간행해 낸 책이다. 속표지의 가운데 세로로 '改正初學捷徑 卷一上

編(개정초학첩경 권1 상편)'이란 책 제목이 있고 그 오른쪽에 '大正元年 月日(대정
원년 월일)'이 있으며 왼쪽에 '平壤光明書觀新刊(평양 광명서관 신간)'이란 기록이
있다. 뒤의 판권지에도 '大正元年十二月二十一日 發行(대정 원년 12월 21일 발행)'
이란 기록과 '著作者 韓承坤(저작자 한승곤)', '發賣所 光明書觀(발매소 광명서관)'으
로 되어 있다.

책의 크기는 21.7×15.0cm이고 내지서명과 판심제도 모두 '改正初學捷徑(개
정초학첩경)'이다. 4침장정이고 양지(洋紙)이지만 한 장(韓裝)으로 되어있다. 판
심어미는 상흑어미이고 사주쌍변이다. 상편이 29장, 하편이 22장이다. 하편
에는 다시 내표지가 있다.

앞에 독립운동가인 길선주(吉善宙, 1869년~1935년) 목사가 1908년에 쓴 서문이
있다. 이 서문에서 필자 한승곤이 예수교회 장로임을 알 수 있다. 그 서문 중에
서 초학첩경과 연관된 부분만 보이면 다음과 같다.

우리 ᄉᆞ랑ᄒᆞᄂᆞᆫ 형뎨 예수교희 쟝로 한승곤씨가 됴션 ᄌᆞ녀교육을 위ᄒᆞ야 몃
히 동안을 뇌를 힘쓰고 ᄆᆞᄋᆞᆷ을 입부게 ᄒᆞ더니 하ᄂᆞ님씌셔 특별ᄒᆞᆫ 지조를 주샤
됴션문을 속히 빈호ᄂᆞᆫ 첩경을 궁구ᄒᆞ여 ᄒᆞᆫ 질을 편즙ᄒᆞ엿스니 그 일홈은 초학
첩경이라

한승곤이 편찬한 책은 초학첩경이지만 이 책은 '개정초학첩경(改正初學捷徑)'
이어서 이 책은 개정판임을 알 수 있는데, 한승곤이 편찬한 책 중에 '신정 국문
첩경(新訂 國文捷徑)'이 있어서 비교해 보면 개정초학첩경의 개정 이전의 책 이
름이 '국문첩경'임을 알 수 있다.[5] 결국 '개정초학첩경'은 '신정 국문첩경'의 개
정판이다.

길선주가 쓴 서문 뒤에 'ᄀᆞᄅ칠 방책'이 첫째, 둘째, 셋째로 나뉘어 설명되어

---

4 光明書館이 아니라 光明書觀이다.
5 국문첩경은 국립한글박물관에 소장되어 있다.

있다. 그뒤에 소위 언문반절표가 있고, 곧 권1 상편이 시작된다.

이 부분부터 상하 2단으로 나누고 상단에는 한글 글자와 그림이 있고, 하단에는 한자에 한글로 석음을 단 예들이 있다. '가'행에는 '가위', '나'행에는 '나뷔', '다'행에는 '다리', '라'행에는 '라발', '마'행에는 '마눌', '바'행에는 '바지', '사'행에는 '사슴', '아'행에는 '아희', '자'행에는 '자', '차'행에는 '챠', '카'행에는 '칼', '타'행에는 '타구' '파'행에는 '파리', '하'행에는 '하늘소'의 그림이 그려져 있다.

하단의 한자는 '一二三四'부터 시작하여 '九十百千 牛羊犬豕 水火木土' 등으로 이어진다. 한 쪽에 한자 4자씩 제시하여 놓았고 그 한자의 아래에 한글로 석음을 달아 놓았다. 그리고 각 한자의 오른쪽에 그 한자가 포함되어 있는 한자 어휘를 하나씩 적어 놓았다. 예컨대 '上'에는 '上天', '下'에는 '下地', '本'에는 '本大', '末'에는 '末小'를 적어 놓았다. 이렇게 권1 상편이 끝난다. 권1 하편부터는 한자 석음이 없다. 한자가 모두 172자가 등재되어 있다. 필자가 소장하고 있다.

편찬자인 한승곤(1881년~1947년)은 평양 출신으로 평양신학교 출신이다. 1913년에 목사 안수를 받고 산정현 교회 등에서 목회 활동을 하였다. 1913년에 가족을 데리고 미국으로 이주해 시카고 한인감리교회와 로스앤젤레스 한인감리교회 등에서 시무하였다.

1936년에 귀국하여 수양동우회 동지들과 교류하며 민족운동을 전개하다가 1937년경 일제 경찰에게 체포되었으나 후에 무죄판결을 받았다. 대한민국 정부는 1993년 한승곤에게 건국훈장 애족장을 추서했다.

독립운동가로 국문교육을 통한 민족교육에 힘써서 '국문첩경'을 편찬하였으며, 기독교 서적인 '신약전서대전'(新約全書大全, 1912년 광명서관 간행), '셩신충만'(1911년 예수교장로회 간행) 등도 편집하여 간행하였다. 개정초학첩경은 필자가 소장하고 있다. 초학첩경의 초간본은 국립한글박물관에 소장되어 있으나, 전시 중이어서 열람하지 못했다. 아쉬운 일이다.

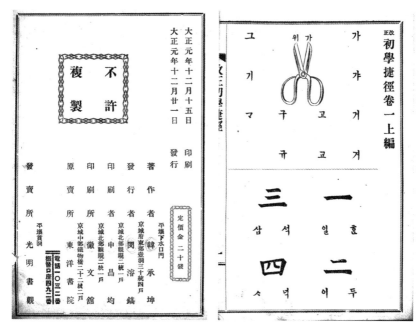

〈개정 초학첩경〉

26. 행변자요(1913년)

행변자요(杏邊字要)는 1913년에 杞溪 兪汝仁(기계 유여인)이 71세에 편찬한 한자 학습서이다. 앞에 행변자요서(杏邊字要序)가 있는데 그 말미에 '歲昭陽赤奮若正月庚午杏邊生杞溪兪㼈汝仁望八書(세소양적분약정월경오행변생기계유영여인망팔서)'란 기록이 있어서 '杏邊生 兪汝仁(행변생 유여인)'이 '망팔(望八)', 즉 71세에 쓴 글임을 알 수 있다. 스스로를 낮추어 '㼈'(갓난아기)라 칭한 학자로 보이는데, 유여인이 어떠한 사람인지는 알 수 없다.

서문에 의하면 저자는 일찍부터 자학을 공부하여 규장전운과 옥편을 공부하여 왔고, 나이가 들어서 당나라 때 편찬된 '옥당자휘(玉堂字彙)' 전질을 구해서 우리나라의 규장전운과 옥편과 비교해 보기도 하였지만, 규장전운과 옥편의 자류는 자휘의 10분의 3, 4에 불과하였다고 평가하였다.

1895년 겨울에 큰아들 전희(銓熙)가 근년의 지석영이 편찬한 강희자전에서 취한 자전석요를 구하여 반복적으로 검열해 보았지만 이들 역시 자휘로부터 취한 것임을 알게 되었다고 한다.

그 서문의 일부 중 두 개를 보이면 다음과 같다.

> 人之字學書文之原也 書文人之原也 非字學何以有書文而成人乎 盖字學精詳然後方可謂之字學而可以爲書文 可以參人物之成也 余自蚤歲心於字學奎章也玉篇也 沈潛玩索逐日課歲字寫之正訛 音讀之淸濁高低志義之詳

> 向年幸得唐人所緝玉堂字彙全帙 較諸我東之奎玉二篇則 所謂奎玉載用之字類 不過是字彙之十之三四矣

7행 29자 내외로 되어 있는 필사본인데, 앞에 서문이 나오고 이어서 '杏邊字要部目(행변자요부목)'이 있다. 行用字(행용자) 1획의 '一部'부터 17획의 '龜部'에 이르기까지의 목록이다. 그리고 본문이 시작되는데, 각 한자에 대한 한자음과 주석과 새김이 달려 있다. 행용자(行用字), 부자음의(部字音義), 속비자(俗非字)의 세 가지로 분류하고 각 항목에서 획수가 작은 것에서 많은 것으로 배열하고 각 부분에 해당되는 한자를 제시하고 그 한자에 대한 주석을 한글 석음과 함께 제시하고 있다. 서문이 3장, 杏邊字要部目(행변자요부목)이 3장, 본문의 행용자가 6장, 부자음의가 4장, 속비자가 3장이다.

행용자(行用字)는 1획에서 17획까지, 부자음의(部字音義)는 1획부터 19획까지, 속비자(俗非字)는 1획부터 17획까지 기술되어 있다.

행용자의 1획도 一部, 丨部, 丶部, 乙部로 나누고 각각에 해당하는 한자를 제시하고 기술하였다. 一部의 예로는'上, 丵, 두, 丨部에는 串, 丶부에는 , 乙부에는 亂를 예를 들고 설명을 하였다. 그 설명을 보이면 다음과 같다.

上 차 上給下曰上下 차하할차 原웃상

畕 자 事事善就 일일이잘될자

豆 두 礼器 례술잔두

串 천 物相連貫 쇠미천 又音곶地名따일홈곶 又音꽂 貫物竹釘꽂창이꽂

丷 이 佛書伊字 저이 如草書下字

乿 치 理也 다사릴치 古文治字字樣似不治之亂字左部亂(乙없음)란 字 義治也故乿
字亦古治字通

   2획에서는 人부, 刀부, 勹부, 卜부, 又부, 厶부, 厂부, 十부, 匚부, 冂부, 力부로
나누고 각 부에 해당하는 한자를 나열하고 각 한자에 대한 한글 석음과 그 의
미를 기술하고 있다. 그 몇 예를 보이면 다음과 같다.

仉 장 孟子母氏姓也

伙 화 家伙 세간화

侂 탁 人名韓侂冑 일홈탁

㑃 고 誓必行 다짐둘고

保 채 干涉也 아른체할채

   행용자(行用字)는 1획에서 17획까지, 부바음의(部字音義)는 1획부터 19획까
지, 속비자(俗非字)는 1획부터 17획까지 기술되어 있다. 1획의 '上, 串'의 설명은
다음과 같다.

上 차 上給下曰上下 차하할차 原웃상

串 천 物相連貫쇠미천 又音곶地名따일홈

   부자음의(部字音義)는 한자의 部에 해당하는 글자들의 음과 의미를 기술해 놓

은 것이다.

1획에서는 丨, 丶, 丿, 乀, 亅, 乚, 〈 등을 설명하였다.

      丨 신 上下通 우아래로통할신 又音연

      丶 주 古文主字又燈中火丶 又點之

      丿 별 左引之 쎄칠 별

      乀 불 左戾也 파음불 又音렬

      亅 궐 左逆鉤 웬싸구리궐

      乚 궐 右逆鉤 오른싹구리궐

      乚 은 匿也古隱字

      〈 견 水小流물흐를견 畎仝

이러한 방식으로 부수의 음과 의미를 기술하여 놓았다.

속비자(俗非字)는 한자 중에 자형이 유사한 자를 구분한 것인데, 예컨대 ‘圤자는 北자가 아니다’라고 하는 내용이다. 이 비속자도 역시 1획부터 17획까지 되어 있는데, 이 중에서 10획, 12획-16획까지는 없다. 1획의 与부터 17획의 龜까지 있는데, 이에 대한 주석은 앞의 행용자와 부자음의와 동일하다. 몇 예를 들어 보면 다음과 같다.

      与 與仝下畫丿則非字

      丏 면 避箭短墻又不見막을면丏字不仝

      圤 丘仝北字非

      丟 주 又音도一去不還 바릴 주 上畫丿則非字

      丰 봉 面皃豊滿又草盛皃고을봉 上畫丿則非字

이 책은 양승민 교수의 소장본이다.

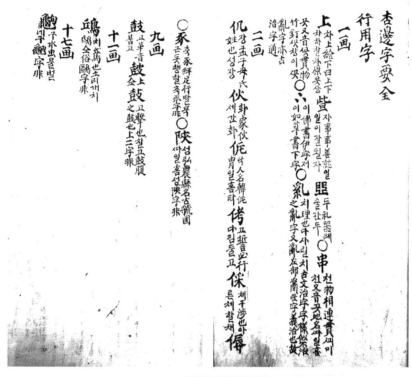

〈행변자요〉

27. 훈몽자집(1913년)

훈몽자집(訓蒙字集)은 김상만(金相萬)이 저작겸 발행자로서 1913년에 광학서
포에서 연활자본으로 간행한 한자 학습서이다. 판권지에 '大正二年 六月五日
發行(대정 2년 6월 5일 발행), 著作兼發行者 金相萬(저작겸발행자 김상만)으로 되어 있
고, 발행소는 廣學書鋪(광학서포)로 되어 있다.

제첨자는 '訓蒙字集(훈몽자집)'이고 내지서명도 '訓蒙字集(훈몽자집)'이고, '丁
大有書(정대유서)'란 기록이 있다. 이 책은 윤치호가 1909년에 편찬하여 간행한

'유학자취(幼學字聚)'를 이름만 바꾸어 4년 뒤에 다시 간행한 책이다. 책판을 그대로 사용한 것이어서, 유학자취와 차이가 없다. 다만 판심제에 '幼學字聚(유학자취)'로 되어 있던 부분을 지워버렸고, 마지막 장인 39장을 빼어 버려 모두 38장으로만 되어 있다. 그래서 '賞善罰惡 恕怨報恩(상선벌악 서원보은)'으로 끝난다. 마지막 '大韓帝國 獨立萬歲 孝悌忠信 仁義禮智 依隣則亡 自强乃興(대한제국 독립만세 효제충신 인의예지 의린칙망 자강내흥)'의 24자가 빠져 있다. 일제강점기가 되면서 이 문구를 쓸 수 없게 된 것으로 추정된다. '유학자취'의 발행자와 훈몽자략의 발행자가 '감상만'인 점이 동일하다. 국립중앙도서관 소장본이다.

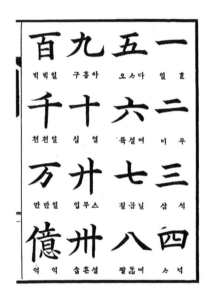

〈훈몽자집〉

28. 통학경편(1916년)

통학경편(通學徑編)은 신녕군(新寧郡) 참사인 황응두(黃應斗)가 편찬한 한자학습서로 1916년에 경상북도 영천군의 혜원서루(蕙然書樓)에서, 2편 1책의 목판본으로 간행한 책이다.

책의 크기는 27.0×18.4㎝이고 사주쌍변에 판심어미는 상흑어미이다. 계선이 있고 상편은 4행 4자로, 하편은 5행 6자로 되어 있다. 내지제와 판심제 모두 '通學徑編(통학경편)'이다.

뒤에 판권지가 붙어 있는데, '大正五年十月二十五日 發行(대정 5년 10월 25일 발행), 著作兼發行者 黃應斗(저작겸발행자 황응두), 發行所 蕙然書樓(발행소 혜연서루)'로 되어 있다. 저자 황응두의 주소도 발행소 혜원서원도 동일한 주소지인 '慶尙北道 永川郡 新寧面 完全洞 五統六戶(경상북도 영천군 신녕면 완전동 5통6호)'로 되어 있다.

앞에 영천군수 남필우(南泌祐)가 쓴 서문이 있는데, 이 서문을 교정한 사람은 新寧公立普通學校長(신녕공립보통학교장)인 일본인 소총승(篠塚昇)이다. 남필우가 쓴 서문을 보면 이 통학경편의 편찬의도를 알 수 있다.

古今書籍이 何莫非可讀可誦可硏可究而入學者小하고 學而有成者爲无小하니 其故何哉오 顧我教育程度가 童年七八에 言其入學者ㅣ 舊學爲入于周興嗣千字文하고 新學爲就於類合新訂千字等篇하야 至近二十歲學習做工而上才聰俊者ᄂᆞᆫ 或可成章ᄒᆞ고 中才勤勉者ᄂᆞᆫ 勤記姓名하고 下才駑鈍者ᄂᆞᆫ 不辨魚魯而止ᄒᆞ니 是以로 貧家父兄이 使其子弟로 初不就學하고 竟歸虽蠢者ㅣ 盖由於學年長遠에 學資를 未酬ᄒᆞ고 亦由乎行文上簡要篇章이 盡未見行者矣러니 今於元新寧郡紳士黃君應斗가 有見于此而悶其自來하야 古書中窮經僻書ᄂᆞᆫ 始先眞之ᄒᆞ고 特以行文上緊要漢文千數百字로 類以分之ᄒᆞ고 諺以解之ᄒᆞ야 上篇則物目名稱字類會合ᄒᆞ고 下篇則書聚文字意味包含하야 名曰通學徑篇이라 하니 其教授之方이 有次序條理ᄒᆞ고 字書之體가 有大小分形ᄒᆞ야 無非所以欲其易解에 無汗漫難成之歎이라 〈이하 생략〉

상편(上編)은 '물목 명칭자류회합(物目名稱字類會合)'이라 하여 천문부(天門部)

(40)[6] 지축부(地軸部)(40) 인륜부(人倫部)(40) 신체부(身體部)(56) 의복류(衣服類)(32) 음식류(飲食類)(24) 곡물류(穀物類)(16) 과실류(果實類)(8) 화채류(花菜類)(32) 초목류(草木類)(24) 금수류(禽獸類)(40) 충어류(虫魚類)(40) 가옥류(家屋類)(40) 기계류(器械類)(48)의 14개 부류로 나누고 그 부류에 해당하는 한자를 쓰고 그 한자의 아래에 한글로 석음을 달아 놓았다. 대체로 4자 성구를 이루도록 하여서 천문부(天文部)는 '日月星辰 風雲霜雪 雨露虹霞(일월성신 풍운상설 우로홍하)' 등처럼 되어 있다.

모두 480자인데, 여기에다가 천문부, 지축부 등의 분류제목의 두 글자에도 한글 자석을 붙여 놓아서 30자가 더해져서 모두 510자에 한글 석음이 달려 있다.

어린이가 한자를 학습할 때에는 천자문이나 유합과 같은 학습서는 적합하지 않다고 보고, 새로운 물목명칭(物目名稱)을 중심으로 하여 한자를 학습하도록 편찬한 분류어휘집이라고 할 수 있다.

하편(下編)은 '書聚文字 意味包含(서취문자 의미포함)'이라고 하여 상권에서 분류한 의미부류에 속한 부류에 대한 설명을 역시 4자 성구로 써 놓고 그 한자에 한글 석음을 달아 놓은 부분이 앞에 나온다. 그리하여 '천문(天門)'은 '輕淸上覆(경청상복)', 지축(地軸)은 '重濁下載(중탁하재)', '인륜(人倫)'은 '삼강오상(三綱五常)' 등으로 설명하고 각각의 한자에 한글 석음을 달아 놓았다. 그리고 이 14개의 부류에 대한 설명이 끝난 후에는 이와는 반대의 방법으로 앞에 4자로 된 성구를 써 놓고 그 4자 성구에 대한 2자로 된 한자 어휘를 붙여 놓았는데, 각 한자마다 한글 석음을 달아 놓았다. 예컨대 '古今史籍 記憶, 安危存亡 盛衰, 禮樂射御 書數, 講習讀誦 訓導(고금사적 기억, 안위존망 성쇠, 예락사어 서수, 강습독송 훈도)' 등으로 나열한 것이다. 모두 9장이 있다. 그리고 그 뒤에 한자를 1행에 8자씩 나열하여 한글 석음을 달아 놓은 후 숫자를 한자로 표기한 부분이 있고 마지막에 '명심편(銘心編)'이 나온다.

이 통학경편의 중간본이 있다. 서문이 '大正七年八月 日(대정 7년 8월 일)'로 되

---

6 괄호 안의 숫자는 이 부류에 속한 한자의 숫자이다.

어 있고, 내용도 초간본과는 상당히 다르다. 1918년에 간행된 것이다. 앞의 서문은 초간본에 서문을 쓴 남필우가 썼지만, 내용을 많이 수정하였다. 예컨대 초간본에 보이는 '顧我敎育程度가 童年七八에 言其入學者ㅣ 舊學爲入于周興嗣千字文하고 新學爲就於類合新訂千字等篇하야 至近二十歲學習(고아교육정도가 동년칠팔에 언기입학자ㅣ 구학위입우주흥사천자문하고 신학위취어유합신정천자등편하야 지근이십세학습)'을 중간본에서는 '盖其爲學程度가 幼年七八에 舊學爲入于周興嗣千字文하고 新學爲就於類合新訂千字等篇하야(개기위학정도가 유년칠팔에 구학언입우주흥사천자문하고 신학위취어유합신정천자등편하야)'로 바꾸었다. 물론 뒤의 내용에서도 문구를 바꾸었다. 내용은 동일한데, 문구만 바꾼 것이다.

서문 뒤에는 다시 '서언(緖言)'을 첨가하였다. 이 서언은 먼저 이 책의 편찬 목적을 '本書는 初學者의 目으로 見하고 口로 言하는 物質의 名詞와 文法의 言語로써 敎授의 次序를 定하야 行文을 速成케 홈(본서는 초학자의 목으로 견하고 구로 언하는 물질의 명사와 문법의 언어로써 교수의 차서를 정하야 행문을 속성케 홈)'이라고 제시하고 이 책의 구조와 내용을 다음과 같이 7가지를 설명하였다.

① 상편(上篇)의 내용과 구성　② 下篇의 내용과 구성
③ 명심편(銘心篇)의 내용　④ 懸註한 日語의 내용과 구성
⑤ 한자음독(漢字音讀)의 고저 표시 방법
⑥ 이 책의 글씨를 쓴 사람이 유한익(劉漢翼) 씨임을 밝힘
⑦ 복습방법으로 별도로 연습도(練習圖)를 만들었음을 알림

뒤에 일본의 가타카나를 제시하였고 이어서 '朝鮮文(조선문)'이라 하여 한글을 初終聲通用八字(초종성통용팔자), 初聲獨用六字(초성독용6자), 中聲獨用十一字(중성독용11자)라고 하고 한글 자모를 제시하였고, 그 자모의 아래에는 그 명칭을 적어 넣었다. 'ㄱ'은 '기윽', 'ㄷ'은 '지읃', 'ㅅ'은 '시옷'이라고 하였고, 'ㅈㅊㅋㅌㅍㅎ'은 각각 '지치키티피히'라고 하였다. 그리고 뒤에 음절구성표를 제시

하였다. 그리고 '永字(영자)의 八法(팔법)'이 있고 바로 이어서 본문이 시작된다.

상편은 3행 4자로 되어 있어서 초간본이 4행 4자인데 비하여 3행 4자로 되어 있다. 그리고 내용도 많이 바뀌었다. 그 바뀐 내용을 일부 보이면 다음과 같다.

번호	초간본(1916년)	중간본(1918년)
1	년대시절(年代時節)〈2a〉	한서연광(寒暑年光)〈2b〉
2	해륙강호(海陸江湖)〈2b〉	해륙강하(海陸江河)〈3a〉
3	항만진포(港灣津浦)〈3a〉	호항진포(湖港津浦)〈4a〉
4	영악도서(嶺嶽島嶼)〈3a〉	영악도만(嶺嶽島灣)〈4a〉
5	당연택구(塘淵澤溝)〈3b〉	연택구당(淵澤溝溏)〈4a〉
6	군신부모(君臣父母)〈4a〉	군사부모(君師父母)〈5a〉
7	자매제수(姉妹娣嫂)〈4a〉	자매처수(姉妹妻嫂)〈5b〉
8	조손구고(祖孫舅姑)〈4b〉	조손구생(祖孫舅甥)〈5b〉
9	부서처첩(婦婿妻妾)〈4b〉	옹서고부(翁婿姑婦)〈5b〉
10	승니사부(僧尼師傅)〈4b〉	승니창기(僧尼娼妓)〈6a〉
11	남녀아수(男女兒叟)〈5a〉	남녀내외(男女內外)〈6b〉
12	폐부간담(肺腑肝膽)〈7a〉	폐심비간(肺心脾肝)〈8b〉
13	관영창포(冠纓氅袍)〈7a〉	관건창포(冠巾氅袍)〈9b〉
14	삼고군상(衫袴裙裳)〈7b〉	유고군상(襦袴裙裳)〈9b〉

뿐만 아니라, 초간본의 내용을 삭제한 부분도 보이고 보완한 부분도 보인다. 예컨대 腦膏血脈(뇌고혈맥)〈6b〉, 汗涎淚涕(한연누체)〈6b〉, 呼吸談笑(호흡담소)〈7a〉 부분은 삭제되었고, '臣妾婢僕(신첩비복)' 등은 삽입되었다.

한자에 대한 내용도 달라서 초간본에서는 한자를 쓰고 그 아래에 한글로 석음을 달아 놓은 반면, 중간본에서는 한자의 아래에는 한글로 석음을 달아 놓았지만 오른쪽 위에는 고저를 나타내는 표시로 ● ○의 두 가지 부호를 써 놓았으며, 왼쪽에는 그 한자의 일본어 새김을 가타카나와 한글로 적고 왼쪽에는 일본음을 역시 가타카나와 한글로 적어 놓았다. 초간본과 중간본의 차이를 그림으로 보이면 다음과 같다.

〈초간본〉 〈중간본〉

　초간본과 중간본의 석음을 비교하여 보면 초간본보다 중간본이 더 보수적인 표기를 사용하고 있음을 볼 수 있다. 아마도 전통을 고수하려는 노력을 한 것으로 보인다. 예컨대 한자음에서 단모음을 이중모음으로 표기하는 경우가 그것이다. 몇 예만 보인다.

한자	초간본	중간본
天	하날 천 〈1a〉	하날 텬 〈1a〉
霜	서리 상 〈1b〉	셔리 상 〈1b〉
霜	서리 상 〈1b〉	셔리 상 〈1b〉
雪	눈 설 〈1b〉	눈 셜 〈1b〉
電	번개 전 〈1b〉	번개 뎐 〈2a〉
春	봄 춘 〈1b〉	봄 츈 〈2a〉
旬	열홀 순 〈2a〉	열홀 슌 〈2a〉
晝	낫 주 〈2a〉	낫 쥬 〈2b〉
朝	아침 조 〈2a〉	아침 죠 〈2b〉
夕	져녁 석 〈2a〉	젼녁 셕 〈2b〉
昨	어제 작 〈2a〉	어졔 작 〈2b〉

　이러한 현상으로 보아 중간본은 초간본을 대폭적으로 수정하여 보완한 것이라고 할 수 있다.
　초간본에서는 ‘·’가 쓰이고 합용병서도 사용되었지만, ㅅ 계 합용병서만 보이고 ㅂ 계 합용병서는 보이지 않는다 (곶 화花, 따뜻할 온溫, 빠질 몰沒, 쭉그려질 축縮 등)

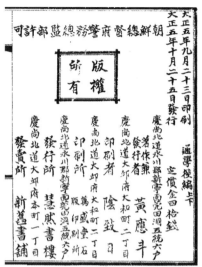

〈통학경편〉(초간본)

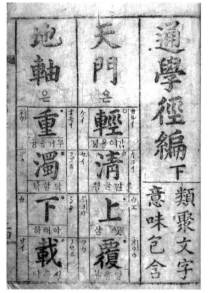

〈통학경편 하편〉(중간본)

〈통학경편 하편〉(초간본)

황웅두가 영천 사람이어서 이 지역의 언어를 반영한 것들이 보인다. t 구개음화는 물론 k 구개음화도 보이며(저래 척(戚)〈4a〉 등), 치찰음 아래에서의 고모음화(시승 사(師)〈4b〉 등), i 모음역행동화(맥길 임 任 등), '에'와 '애'의 혼란(개으를 란懶, 개으를 타 惰, 이재 금 今 등) 등의 현상뿐만 아니라, 방언어휘(정구지 희 薤, 정지 쥬 廚 등)도 나타나 1916년 당시의 영천지역어의 방언을 반영하고 있다. 초간본은 필자와 국립중앙도서관에, 중간본은 필자를 비롯하여 곳곳에 많이 소장되어 있다. 이 통학경편은 매우 많이 유통되어서 필사본도 전한다.

29. 몽학신편(1918년)

몽학신편(訂本蒙學新編)은 1918년에 동일서관(東一書館)에서 1책의 석인본으로 간행한 한자학습서이다. 판권지에 '大正七年 一月 三十一日 發行(대정 7년 1월 31일 발행)'이라는 기록이 있다. 저작겸발행자는 이민한(李敏漢)인데 동일서관 대표로 보인다. 편찬자는 동일서관 편집부이다. 4침장정으로 판심제는 없다. 제첨은 '訂本蒙學新編(정본몽학신편)'이고 내제는 '蒙學新編(몽학신편)'이다. 사주단변에 책광은 21.1×15.2cm이며 반엽광곽의 크기는 18.6×12.4cm이다. 판심어미는 상흑어미인데 모두 18장으로 되어 있다. 앞에 친일반민족행위자인 내부대신(內部大臣) 훈일등(勳一等) 이지용(李址鎔)의 서문이 있다. 이지용이 교열을 한 것으로 되어 있다.

凡物各有名ᄒ야 皆有所稱故로 人이 慣其俗語ᄒ고 隨其物名ᄒ야 口徒傳說이ᄂ字不以書면 可謂言啞見盲이요 面墻立壁ᄒ야 一步難進이라 此則誰某라도 易曉易知키 爲ᄒ야 事物上에 當用헐 書字를 類聚新編ᄒ야 以授蒙學ᄒ야 一物이 有ᄒ면 一字가 必有ᄒ 槩意를 確知케 ᄒ야 書字志趣와 文學理由ᄂ 第二三編의 連續解釋홈

較閱 內部大臣 勳一等 李址鎔

목차는 제1부터 제20까지인데, 모두 의미분류를 하고 그 의미에 해당하는 한자를 배열하고 그 한자의 아래에 한글로 석음을 달아 놓았다.

순서	분류명	한자수	순서	분류명	한자수
第1	천문(天門)	50	第11	화초(花草)	35
第2	지문(地門)	55	第12	과실(果實)	20
第3	인륜(人倫)	35	第13	채소(菜蔬)	20
第4	인품(人品)	50	第14	금수(禽獸)	75
第5	신체(身體)	65	第15	충개(蟲介)	30
第6	의복(衣服)	50	第16	어선(魚鮮)	30
第7	음식(飮食)	40	第17	곡물(穀物)	20
第8	가옥(家屋)	40	第18	문방(文房)	25
第9	금석(金石)	20	第19	기명(器皿)	65
第10	수목(樹木)	35	第20	수자(數字)	25
총수	785				

모두 785자가 실려 있다.

'天日月星辰春夏秋冬陰陽風雨霜露'로부터 시작하여 '1 2 3 4 5 6 7 8 9 0'으로 끝난다. 마지막장의 '1 2 3 4 5 6 7 8 9 0'은 새김이 없고 1에는 一 2에는 二, 0에는 零 등으로 되어 있고 그 바로 앞의 一, 二에는 각각 '한일', '두 니' 등의 석음이 달려 있다. 'ㆍ'가 사용되고 ㅅ 계열 합용병서가 사용되고 있다. 국립중앙도서관에 소장되어 있다(古朝 41-45).

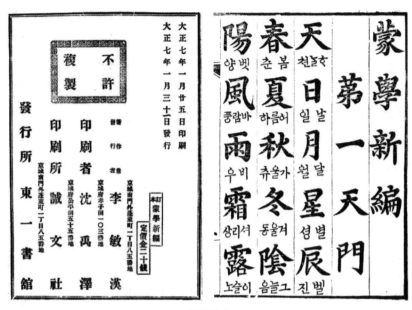

〈몽학신편〉

30. 초학요선(1918년)

『초학요선(初學要選)』은 1918년 항미(杭眉) 노명호(盧明鎬)가 편찬하여 서울의
修文書館(수문서관)에서 출판한 한자 및 한문을 공부시키기 위한 문헌으로, 1
책으로 되어 있는 연활자본이다.

이 책은 세로 21.7㎝, 가로 13.5㎝로 모두 111쪽이다. 표지에는 '初學要選 全
(초학요선 전)'이라 되어 있고, 책의 오른쪽에 '大正六年九月日 朝鮮總督府檢定
濟(대정 6년 9월 일 조선총독부검정제)'란 글이 있다. 이에 따르면 이 초학요선을 지
은 때는 1917년 이전인 것으로 보인다. 그리고 표지의 왼쪽에는 '杭眉居士 著
(항미거사 저)'라 되어 있는데, 이 항미거사는 이 책 서의 끝에 보이는 '著者 杭眉
盧明鎬(저자 항미 노명호)'의 기록으로 보아 저자인 노명호(盧明鎬)의 호임을 알

수 있다. 책의 끝에 있는 판권란에는 '大正七年三月十五日 發行(대정 7년 3월 15일 발행)'의 간행기록이 있어서 1918년에 출판되었음을 알 수 있다.

이 책의 序에는 이 책을 지은 동기가 기술되어 있는데 서문에서 보는 바와 같이 초학요선은 한문 중에서 긴요한 한자 2,200여자를 뽑아서 (모두 2,208자이다) 이에 일본문자인 가나로 그 음의(音義)를 번역하고 다시 한글로 번역하여 만든 한자 학습서인 것이다. 물론 서문의 끝에 나타나듯이 일본어를 공부하는 데에도 一助가 되기를 원하였다.

이 책의 범례 중에서 주목할 만한 내용은 그 제 5항이다. 제 5항에는

本書의 漢文字를 名, 形, 動, 數, 助 五種의 詞로 部分홈은 學兒의 眼目오로ㅎ야금 區別이 確立케홈이며 間或 他詞의 字로 若干混入홈은 敎授홀 際에 問答의 材料를 供케 홀事

라 되어 있다. 이 한자 2,208자는 1행에 4자로 된 성구(成句)로 되어 있지만, 실제로 이 4자는 한 의미단위의 성구(成句)라고 할 수 없다. 동일한 석(釋)을 가진 한자들을 계속해서 나열해 놓은 예들이 많은 점으로 보아서, 한자 4자의 성구를 만들지 않았음을 보여 준다. 따라서 천자문, 유합, 훈몽자회 또는 여타의 한자 학습서와는 전혀 다른 기준에서 배열하고 있다. 천자문은 4자의 성구로, 신증유합이나 훈몽자회는 의미의 유별로 분류한 유해서이지만, 이 초학요선은 그 범례에서 보는 바와 같이 그 부류의 분류는 명사(名詞), 형용사(形容詞), 동사(動詞), 수사(數詞), 조사(助詞)의 문법적(文法的)인 기준에 따른 것이다. 1917년 당시에 이러한 문법적 기준에 따라 한자를 분류하였다는 사실은 실로 놀라운 일이라 아니할 수 없다. 이것은 저자가 한문 문법에 대해 깊은 이해를 하고 있음을 보여 준다. 실제로 이 저자의 또 하나의 저서인 『漢字用法』은 한문 문법에 영향을 받아 기술한 것으로 보이는 한자 문법서이다. 이와 같이 문법적인 분류기준에 의하여 한자를 분류한 것은 저자 노명호의 창의적인 것으로

보인다.

본문은 5행 4자로 되어 있는데, 한 글자 한 글자마다 상하 2칸으로 나뉘어져 있다. 大字 한자의 오른쪽에 일본의 가타카나로 그 일본어 발음을, 왼쪽에 그 석음을 마찬가지 가타카나로 달아 놓았다. 한자의 아래에 오른쪽에는 그 일본어의 음독을, 왼쪽에 그 석독을 한글로 달아 놓았고, 그 가운데에 한글로 한자의 한국식 석음을 달아 놓은 것이다. 그 분류는 범례에 제시되어 있는 바와 같이 명사부, 형용사부, 동사부, 수사부로 되어 있으나 동사급형용사부, 동사급명사부, 형용사급동사부로도 분류하여 놓은 것도 보인다. 명사부 등의 아래에 이에 해당하는 한자 모두를 배열한 것이 아니고, 한자의 배열에 따라 각 페이지의 上段 우측에 수시로 명사부 등의 명칭을 붙이고 있다. 그것을 그림으로 보면 다음과 같다.

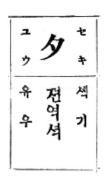

이 본문에 표제어로 되어 있는 한자는 모두 2,208자이다. 그러나 2,208자 중에는 겹쳐 나오는 한자가 많이 있다. 그 석이나 음이 달라서 표제항을 별도로 해 놓은 것도 있지만, 동일한 석음임에도 불구하고 겹치는 부분이 있다. 그 예를 몇몇 보이면 다음과 같다.

한자	석음1 (출전)	석음2(출전)
乾	말을 간 (11)	건방 건 (109)
京	서울 경 (21)	십조 경 (110)
囊	아가 낭 (43)	주먼이 낭 (51)
奈	웃지 닉 (80)	벗 닉 (82)
廬	집 여 (24)	싱각 려 (39)
覆	더풀 부 (11)	업질 복 (64)
否	안이 부 (34)	어조스 부 (111)
夫	서방 부 (16)	어조사 부 (110)
數	셰일 슈 (42)	자쥬 삭 (64)
相	정승 상 (18)	셜우 샹 (48)
省	마을 싱 (22)	살필 셩 (33)
易	쉴 이 (37)	박굴 역 (38)
右	우편 우 (8)	벗 우 (18)
唯	딕답 유 (32)	오직 유 (110)
爾	너 이 (43)	어조스 이 (111)
耳	귀 이 (13)	어조스 이 (111
裝	쑤밀 장 (72)	힝장 장 (93)
除	덜을 제 (97)	지음 제 (9)
持	가질이지 (45)	손고락 지 (15)
姪	족하 질 (16)	시기 질 (75)

이 책은 19세기 말에서 20세기 초의 충남 서천 지역어를 반영한 문헌이다.
필자가 소장하고 있다.

〈초학요선〉

31. 삼자경(1920년)

삼자경(三字經)은 중국 송나라의 왕응린(王應麟)이 편찬한 삼자경을 이기형 (李起馨)이 이 한문에 토를 달고 각 한자에 한글 석음을 붙여 1920년에 동양서 원(東洋書院)에서 1책의 연활자본으로 간행해 낸 한자 학습서이다. 책의 끝에 있는 판권지에 '大正九年二月二十日 發行(대정 9년 2월 20일 발행)', '著作兼發行者 李起馨(저작겸발행자 이기형)', '發行所 東洋書院(발행소 동양서원)'이라 되어 있다.

책의 크기는 25.9×19.5㎝이고 사주쌍변에 유계로 3행 4자로 되어 있다. 판심 어미는 없고 판심에는 장차만 적혀 있는데 모두 63장이다. 반엽광곽의 크기 는 20.8×13.6㎝이다. 상단에는 이 삼자경의 한문구를 풀이하는 글이 한문으로 쓰이어 있다. 이 한문구에는 한글로 토를 달아 한문을 읽는 사람의 편의를 도우려고 한 것으로 보인다. 이 한문 주석은 다른 삼자경에도 적혀 있는 내용이다. 이 책의 체재를 예를 들어 보이면 다음과 같다.

〈원문〉

人(사람 인)之(갈 지)初(처음 초)에 性(성품 성)本(근본 본)善(착홀 션)ᄒᆞ니

〈주석〉

此는 立敎之初오 發端之始라 故로 本於人之初生而言之라 天之所生이 謂之人이요 天之所賦를 謂之性이요 秉彝之良을 謂之善이니 人生之初에 始有知則先識其母ᄒᆞ고 始學語則先呼其親이라 孟子ㅣ 曰孩提之童이 無不知愛其親이며 及其長也ᄒᆞ아는 無不知敬其兄也라 ᄒᆞ시고 朱子ㅣ 曰人性皆善이 不其然乎아

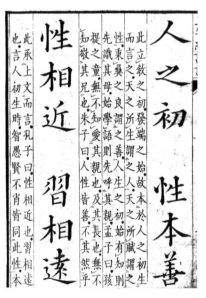

〈삼자경훈고〉

이 삼자경의 주석은 위의 그림에서 볼 수 있듯이, 중국의 '삼자경훈고(三字經

訓詁'의 주석을 옮겨 놓은 것이다. 삼자경훈고의 '此立敎之初 發端之始 故 本於
人之初生而言之(차립교지초 발단지시 고 본어인지초생이언지)'를 한글로 구결을 붙
여 '此立敎之初오 發端之始라 故로 本於人之初生而言之라(차립교지초오 발단지시
라 고로 본어인지초생이언지라)'로 옮겨 놓은 것이다.

이 삼자경은 중국에서 아동에게 문자를 교육시키는데 사용하여 온 대표적
인 문헌이다. 한 구를 3자로 하여 사람의 도리나 중국의 역사, 학문들, 일상생
활에서 알아 두어야 할 일들을 쉽게 써 놓은 책이다. 저자가 명확하지 않아 송
나라 때의 왕응린(王應麟)이라는 설, 역시 송나라 때의 구적자(區適子)란 설, 그
리고 원나라말, 명나라 초기의 여정(黎貞)이라는 설 등이 있으나 대체로 왕응
린이 저자로 알려져 있다.

삼자경은 처음부터 끝까지 세 글자를 1구로 하여 만들어졌지만, 중국에서
는 어느 것은 384구 1,152자로 된 것, 354구 1,062자로 된 것, 532구 1,596자로 된
것 등이 있다. 한국에서 편찬되거나 필사된 삼자경도 그 3자로 352구 1,056자
로 된 것, 356구로 1,068자로 된 것 등 그 글자가 일정치 않다.

'萬曆歲次丁未季冬 玄覽堂梓(만력세차정미계동 현람당재)'란 필사기(1607년)를
갖는 신간삼자경(新刊三字經)(하버드대소장본)에는 352구 1,056자가 실려 있고,
필사연도를 알 수 없는 일본의 '京都 弘文閣 梓行(경도 홍문각 재행)'의 필사기를
보이는 '삼자경(三字經)'에는 356구 1,068자가 실려 있다.

그러나 이기형(李起馨)이 편찬한 이 삼자경에는 3자로 된 375구의 1,125자가
실려 있다. 1,068자가 실려 있는 삼자경에 3자로 된 구 20구의 60자가 더 붙어
있는데, 이것은 다른 삼자경에다가 명나라의 역사를 덧붙였기 때문이다. 그
60자는 다음과 같다.

遼與金 皆稱帝 元滅金 絶宋世 興圖廣 超前代 九十年 國祚廢 明朝興 號洪武 都金陵

迨成祖 遷燕京 十六世 至崇禎 閹禍後 寇內訌 闖逆變 神器終 廿二史

뿐만 아니라 이기형의 삼자경은 원래의 삼자경의 본문을 수정해서 실은 부분도 보인다. 예컨대 '長幼序 朋友信(장유서 붕우신)'〈18a〉에는 원문에는 '長幼序 友與朋(장유서 우여붕)'이었던 것을 수정한 것이고, '堯與舜我 號二帝(요여순아 호이제)'〈31b〉는 원문인 '唐有虞 號二帝(당유우 호이제)'를 바꾸어 놓은 것이다.

이 삼자경에 실린 한자는 모두 1,125자이지만, 겹치는 한자가 많아서 실제로 여기에 쓰인 한자수는 610자에 불과하다. 이 삼자경에서 가장 많이 사용된 한자는 다음과 같다. 괄호 안은 빈도수이다.

子(22) 不(20) 有(17) 學(15) 人(12) 而(12) 曰(10) 十(10) 者(10) 之(9) 三(9) 周(9)

至(8) 彼(8) 四(8) 此(7) 號(7) 六(7) 國(7) 百(7) 讀(7) 金(7) 義(7) 二(7) 於(7)

敎(7) 經(6) 傳(6) 乃(6) 幼(6) 七(6) 漢(6) 如(6) 書(6) 世(6) 爲(6) 五(6) 稱(6)

知(6) 始(6) 能(6) 方(5) 當(5) 作(5) 宜(5) 爾(5) 自(5) 八(5) 父(5) 載(5) 梁(5)

中(5) 興(5) 旣(5) 所(5) 終(5) 文(5) 詩(4) 易(4) 歲(4) 親(4) 身(4) 春(4) 成(4)

秋(4) 則(4) 夏(4) 師(4) 高(4) 孝(4) 小(4) 與(4) 勤(4) 王(4) 東(4) 武(4) 記(3)

君(3) 南(3) 九(3) 光(3) 講(3) 訓(3) 道(3) 治(3) 遷(3) 元(3) 且(3) 曾(3) 祖(3)

唐(3) 朝(3) 通(3) 大(3) 齊(3) 弟(3) 帝(3) 長(3) 一(3) 明(3) 勉(3) 雖(3) 友(3)

禮(3) 性(3) 土(3) 揚(3) 若(3) 北(3) 宋(3) 禮(3) 善(3) 相(3) 史(3) 年(2) 代(2)

都(2) 羊(2) 老(2) 乎(2) 論(2) 陵(2) 燕(2) 皆(2) 篇(2) 天(2) 亡(2) 平(2) 千(2)

孟(2) 神(2) 滅(2) 名(2) 時(2) 鷄(2) 某(2) 母(2) 苟(2) 木(2) 數(2) 魏(2) 聖(2)

無(2) 致(2) 湯(2) 初(2) 言(2) 行(2) 綱(2) 晉(2) 犬(2) 昔(2) 臣(2) 後(2) 爭(2)

信(2) 前(2) 苦(2) 習(2) 本(2) 仁(2) 夫(2) 婦(2) 考(2) 古(2) 公(2) 穀(2) 及(2)

宇(2) 詳(2) 生(2) 商(2) 尙(2) 竹(2) 紂(2) 仕(2) 我(2) 氏(2) 上(2) 猶(2) 器(2)

思(2) 斯(2) 迨(2) 絲(2) 隋(2) 西(2) 庸(2) 山(2) 其(2) 下(2) 孫(2) 老(2) 家(2)

이 삼자경에 대해서는 이미 여러 문헌에서 한자 학습서로서 널리 소개하고 있다. 예컨대 앞에서 예를 든 하버드대학 소장의 『신간삼자경(新刊三字經)』의 말미에 다음과 같은 기록이 있다.

右三字經及註解不知何人創述 中朝人教小兒始以千字文 此往次之字句簡便比我國
童蒙先習則教學煩易略加則政入梓分布 癸未秋澤堂識 校書館 重刻

택당(澤堂) 이식(李植, 1584년~1647년)의 언급을 써 놓은 것으로 보인다. 즉 삼
자경주해를 누가 지은지는 알 수 없으나 우리나라에서는 아이들에게 천자문
으로 가르치는데, 이 삼자경이 우리나라의 동몽선습에 비해 자구(字句)가 간
편하여 널리 퍼져 있음을 언급한 것이다.

역시 간재(艮齋) 전우(田愚, 1841년~1922년)의 다음과 같은 기록도 참고할 만하다.

三字經不知誰人所撰而其辭略而備其文練而雅要非東人所述而訓蒙捷徑莫此之要
也 尹明直將以剞劂以惠幼學爲添宋五賢以下四句以完其篇以待明直之成其志也 癸酉
陽月艮齋 〈增註三字經(국립중앙도서관소장본) 1a〉

우리나라에서는 천자문처럼 4자로 된 성구가 널리 퍼져 있었기 때문에, 중
국이나 일본처럼 3자로 된 성구의 한자 학습서는 널리 보급되지 못했지만, 이
러한 한자 학습서를 편찬하여 시도한 것은 이 시기의 한자 학습열을 반영한
것이 아닌가 한다.

이 삼자경을 편찬한 이기형(李起馨)은 이외에도 학생시문필독(學生時文必讀)
(1923년, 중앙인쇄사), 초학시문필독(初學時文必讀)(1923년, 중앙인쇄사) 등의 아동용
학습서를 편찬하기도 하였다. 이 삼자경은 성균관대학교 소장본이다.

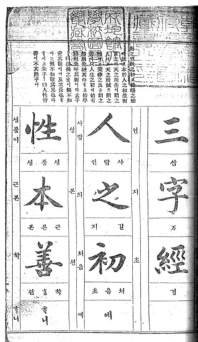

〈삼자경〉

32. 속수한문훈몽(1922년)

속수한문훈몽(速修漢文訓蒙)은 학동들에게 한자와 한문을 가르치기 위해 송기식(宋基植)이 편찬하여 1922년에 경북 안동의 봉양서숙(鳳陽書塾)에서 2권 2책의 목판본으로 간행해낸 책이다. 서당에서 학동들에게 한문과 한자를 가르치기 위하여 편찬된 것이다.

책의 크기는 26.5×17.4cm이고 반엽광곽의 크기는 18.3×12.2cm이다. 사주쌍변에 유계로 권1은 4행 4자(한글 석음까지는 4행 8자)이고 권2는 8행 18자 이다. 판심어미는 상이엽화문어미이고 내지제목은 '速修漢文訓蒙(속수한문훈몽)'이며 판심제는 '漢文(한문)'이다. 권1의 속표지에 '速修漢文訓蒙(속수한문훈몽)'이라는 책의 제목 위에 '唐有虞 號二帝(당유우 호이제)'라 되어 있고 맨왼쪽 하단에 '鳳陽書塾藏板(봉양서숙장판)'이라고 되어 있다. 권2의 마지막에 붙어 있는 판권지에 '大正十一年九月十九日 發行(대정 11년 9월 19일 발행)'이란 발행일이 적혀 있고 저작자는 안동에 사는 송기식(宋基植), 발행소는 봉양서숙(鳳陽書塾), 발행자는 고유상(高裕相)으로 되어 있다. 고유상(高裕相)은 회동서관 주인이어서 총발매소를 회동서관에서 담당한 것이다.

권1의 앞에 목록과 범례와 교수자주의(敎授者注意)가 나온다. 권1은 제1편 자학(字學), 제2편 합자(合字)로, 권2는 제1편 자학(字學), 제2편 합자(合字), 제3편 석의(釋義)로 구성되어 있다. 권1의 제1편 자학은 다시 제1장 신체(身體), 제2장 가족(家族), 제3장 세계(世界), 제4장 기물(器物), 제5장 동물(動物), 제6장 식물(植物), 제7장 광물(鑛物), 제8장 인도(人道)로 분류되어 있다. 제2편은 제1장 공중물명칭(公衆物名稱), 제2장 가족명칭(家族名稱), 제3장 인계명칭(人界名稱), 제4장 음식명칭(飮食名稱), 제5장 기용명칭(器用名稱), 제6장 신체급사용명칭(身體及使用名稱), 제7장 악인행위명칭(惡人行爲名稱), 제8장 선인행위명칭(善人行爲名稱), 제9장 일용범칭(日用泛稱), 제10장 장합자(長合字)로 구분되어 있다.

권2에서는 제3편 釋義(석의)인데 제1장 신체석의(身體釋義), 제2장 가족석의(家族釋義), 제3장 세계석의(世界釋義), 제4장 기물석의(器物釋義), 제5장 동물석의(動物釋義), 제6장은 식물석의(植物釋義), 제7장 광물석의(鑛物釋義), 제8장 인도석의(人道釋義)이다.

권1에만 한자에 한글로 석음을 달았는데, 한자의 오른쪽 위에 권점을 쳐서 평성임을 나타내고 있다. 이 한자 석음을 표기하는데 다른 문헌에서는 볼 수 없는 표기들이 보인다. 즉 ㅍㅂ, ㅈㅇ, ㅊㅎ, ㅅㅇ 등이 보인다.

高 놃흘 고(상2a)　　坐 안쯜 좌(상2a)

揚 날헬 양(상2a)　　笑 웃씀 소(상2a)

한자의 아래에 한글로 석음을 달았지만 오른편에 한글로 석음을 달아 놓은 것도 보인다. 권1에 한글로 석음을 달아 놓은 한자는 모두 517자이다. 필자가 소장하고 있고 국립중앙도서관에도 소장되어 있다.

〈속수한문훈몽〉

33. 한일선시문신독본(1927년)

한일선시문신독본(漢日鮮時文新讀本)은 황응두(黃應斗)가 편찬하여 1927년에 시문신독본발매소에서 2권 2책의 연활자본으로 간행한 책이다. 초간본은 상하권을 따로 제책하여 간행하였지만, 1930년에 간행된 '정정증보(訂正增補) 한일선 시문신독본'에서는 상하 1책으로 합본하였다. 책의 크기는 24.0×17.0㎝이고 판심어미는 상흑어미이다. 앞에 '漢日鮮時文新讀本 緖言(한일선시문신독본 서언'이 있는데 그 목적을 적은 부분을 보이면 다음과 같다.

> 本書는 單純히 行文上 緊要한 漢字와 通俗的 鮮語와 表準的 國語로써 合成一編하야 其於過時 不學한 貧家子弟와 有志未遂한 深閨婦女의 時文 一套를 普及케 함으로써 目的함

그리고 한문은 일본의 조선총독부 문부성에서 지정한 상용한자 1,500자를 이용하여 3장으로 구분하고 1장은 자해(字解), 2장은 연어(聯語), 3장은 조구법(造句法)을 해설한다고 하였다. 서언(緒言) 뒤에 '朝鮮文初聲終聲通用八字(조선문 초성종성통용팔자)' 등 한글 자모에 대한 설명이 있는데, 자모의 명칭이 '기윽 니 은 디은 리을 미음 비읍 시웃 이응'이고 그 뒤에는 '지치키티피히'로 되어 있다. 한글에 대한 설명이 끝난 후 일본의 편가명(片假名)과 평가명(平假名)에 대한 설명이 있은 후에 본문이 시작된다.

본문은 수지부(數之部)가 있고 제1장은 한자자해(漢字字解)가 있는데, 천문부(天文部), 지축부(地軸部), 인륜부(人倫部), 신체부(身體部), 의복부(衣服類), 곡물부(穀物類), 과실류(果實類), 화채류(花菜類), 음식류(飮食類), 초목류(草木類), 금수류(禽獸類), 충어류(虫魚類), 가옥류(家屋類), 기계류(器械類)의 14개의 부류로 구분되어 있다. 이 분류 방식은 이미 같은 편찬자인 황응두가 1916년에 편찬하여 간행한 통학경편의 분류 내용과 동일하다.

각 부류에 속하는 한자를 신고 한자의 아래에 한글로 그 석음을 달고 오른쪽 상단에는 가타카나로 일본어 새김을 쓰고 그 아래에는 일본음을 한글로 표기하여 놓았다. 그리고 왼쪽 상단에는 가타카나로 일본의 한자음을 써 놓고 그 아래에는 한글로 일본음을 표기하여 놓았다. 예를 '風'을 들어 보인다.

하권에서는 한문 연어(漢文 連語) 부분이다. 앞의 상권에서 다룬 부류(部類)를 주제로 한 4자성어를 제시하고 이를 한국어와 일본어로 풀이한 것이다. 예를 들어 보면 다음과 같다.

천문은 輕(가벼울 경) 淸(맑을 청) 上(웃 상) 覆(덥흘 부) (天門이라 하는 것은 극히 輕淸한 氣운(運)니 엉켜 놉고놉히 上에 覆한 것이오)
地軸은 重(무거울 중) 濁(탁할 탁) 下(아래 하) 載(시를 재) (地軸이라 하는 것은 모든 重濁한 고(固)體가 싸어 두텁고 두텁게 下에 載한 것이니라)

이처럼 14개에 대한 4자 성구를 끝내고 다시 6자로 된 한문을 제시하고 동일한 방식으로 설명하였다.

여기에 보이는 한자 석음은 매우 표준적인 새김과 음으로 보인다. 방언형이 거의 보이지 않는다. 표기법도 'ㆍ'가 보이지 않는다. 그러나 ㅅ계 합용병서는 사용되고 있다.

까치 작(鵲)〈55a〉	쌜 셩(醒)〈49b〉	쇠리 미(尾)〈58a〉
싸뷔 뢰(耒)〈73a〉	싹나무 뎌(楮)〈53a〉	쌍 디(地)〈14a〉
싼째불 형(螢)〈59b〉	쌈 시(䚡)〈27a〉	쪽 남(藍)〈51a〉

이 책은 여러 번 간행되었다. 1929년, 1930년, 1935년, 1937년에 간행되었는데, 특히 1935년에는 서울의 영창서관에서 간행하였다. 1930년판부터 정정증보판이다. 정정증보판에서는 많은 증보가 있었지만 한자나 한문구에서는 증보가 없었다.

이 책은 한자와 한문을 습득하는데 많은 독자가 있었던 듯하다. 그리하여 여러 번 중간되었고, 그래서인지 이 책은 아직도 흔히 볼 수 있는 문헌이다. 필자의 소장본이다.

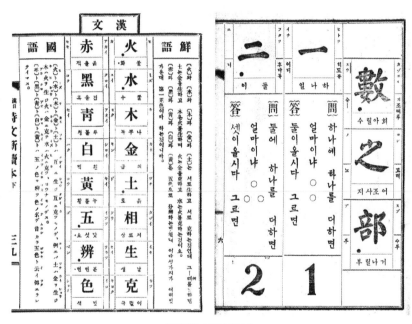

〈한일선 시문신독본〉

이 시문신독본에는 별도의 부록으로 연습도가 붙어 있는데, 한자를 배우는 것과 한글을 배우는 것의 두 종류가 있다. 모두 24장이다. 그 중 한자 연습도와 한글 연습도를 하나씩 보이도록 한다. 이것도 한자 학습 방법의 하나이기 때문이다.

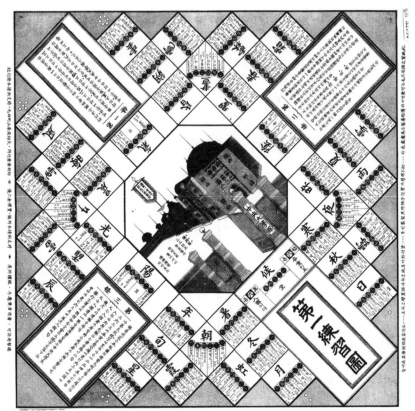

1010

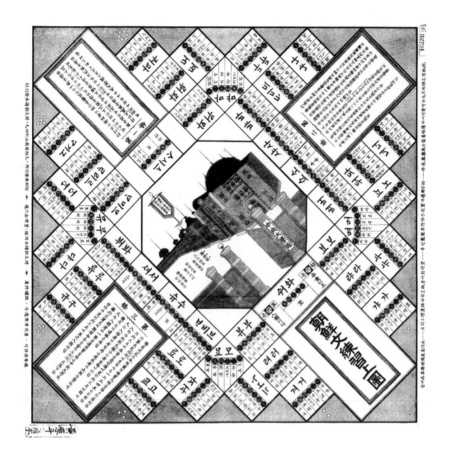

34. 자류집해(1928년)

자류집해(字類集解)는 한자를 학습시키 위해 만든 1책의 필사본이다. 편찬자나 필사자는 알 수 없다. 표지에 '字類集解 二(자류집해 이)'로 되어 있어서 이 책에는 책1이 있었을 가능성이 높다. 그리고 책3의 존재는 알 수 없다. 표지 왼쪽에 '陰曆戊辰年 十一月 二十五日 始初記(음력무진년 11月 25일 시초기)'로 되어 있어서 1928년에 필사한 것으로 추정된다.

한글로 쓰인 한자 석음의 표기법을 보면 ㅅ 계 합용병서가 사용되었고(짝

구(述),1a, 쑤며밀 등 (繡),13b, 썩 반(餠),10a〉 쌔을 천(瀳), 15b), [ɛ]에는 '익'를 그리고 'e'에는 '에'를 사용하였으며, 'ㅎ다'(爲)를 '하다'로 표기한 부분이 있는 것 등으로 보아서 1928년에 쓰인 것으로 볼 수 있다.

책의 크기는 28.7×25.0㎝이고 무계에 6행 8자로 되어 있다. 모두 15장이다. 따라서 한자가 모두 1,440자가 있는 셈이지만 상단에 보완해 놓은 한자가 2 자가 있어서 모두 1,442자이다. 필자의 소장본이다.

'逊廻旋俯仰偃屈伸搬遷運適逼遣遭遵遘邀'로 시작해서 '遍遐邇遒達通迓遡遞遠近遮遼邃邊迆'로 끝난다. 한자의 배열 순서는 가늠하기 쉽지 않다. 어느 부분은 추정할 수가 있지만, 어느 부분은 전혀 생소하다. 예컨대 1a와 1b에 보이는 '男女夫婦配偶匹合妊娠孕生育産娩父母祖考子孫孩兒嬰幼孶爺爹老翁耋耄耆兄弟伯叔季侄舅姑妻妾媵姒姊妹甥姨孀似妯娌娚姐娣孼媤妽姆媽孃媳까지는 가족 친척 관계의 한자를 배열하여 어느 정도 짐작되는 부분이지만, 맨 앞의 부분은 한자끼리의 연결을 이해하기 어렵다.

각 한자 아래에 한글로 석음을 달았는데, 어느 한자는 복수의 석음을 달아놓기도 하였다. 예컨대 '舅'는 '시아비 구, 자인 구, 오삼춘 구'로, 그리고 '楨'은 '담를 정, 쥐쫑나무 정' 등으로 하였다.

이 문헌에도 다음과 같은 특이한 한자가 실려 있다.

眯 치을 치 〈8b〉　　　　繡 쑤며밀 등 〈13b〉
褻 옷깃모양 나 〈13b〉　　媵 도투마리 승 〈11a〉
紐 암단추 구 〈12b〉　　　袁 옷깃모양 아 〈13b〉

필자의 소장본이다.

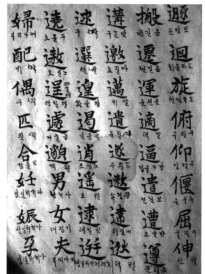

〈자류집해〉

35. 양정편언해(1929년)

양정편언해(養正篇諺解)는 1604년(선조 37년)에 우복(愚伏) 정경세(鄭經世, 1563
년~1633년)가 지은, 초학아동용 수신교과서인 『양정편』을 정훈묵(鄭訓默)이 언
해하고 정태진(鄭泰鎭)이 편찬하여 1929년에 경북 상주의 산수헌(山水軒)에서 1
책의 목판본으로 간행해 낸 책이다. 이 책의 앞에 한문본 『양정편』을 이해하
기 위해 여기에 쓰인 한자 중에서 선별하여 그 한자의 석음을 한글로 표기해
놓은 '養正篇字解(양정편자해)'가 있어서 한자 학습의 자료로 활용된 것임을 알
수 있다. 책의 표지제나 내지제 그리고 판심제가 모두 '양정편'이지만, 정경세
가 1604년애 편찬한 한문본 『양정편』과 구분하기 위해 『양정편언해』라고 하
는 편이 옳을 것이다.

책의 크기는 28.7×18.5cm이고 반엽광곽의 크기는 18.1× 14.1cm이며 사주쌍

변에 유계로 8행 16자로 되어 있다. 판심어미는 상하내향이엽화문어미이다. 판권지에 '昭和四年五月三十日 發行(소화 4년 5월 30일 발행)'이라고 되어 있어서 이 책이 1929년에 간행된 것임을 알 수 있다. 필자의 소장본 이외에 국립중앙 도서관 등의 곳곳에 소장되어 있다.

앞에 정경세가 지은 '養正篇原跋(양정편원발)'이 있는데, 이 발문은 '甲辰季夏 上澣垂涕以書(갑진계하상한수체이서)'란 내용으로 보아 1604년에 쓰인 것이다. 이어서 '養正篇目錄(양정편목록)'이 있고 이어서 '養正篇字解(양정편자해)'가 나온 다. 이 자해의 뒤에 '原本無懸吐字解諺解而爲新學童子之易曉廣詢儕友而附之 然豈曰是也僭妄是懼(원본무현토자해언해 이위신학동자지역효광순제우이부지연개왈 시야참망시구)'란 글이 있어서 이 자해를 왜 썼는지를 알 수 있게 하였다. 즉 원 문에는 토도 자해도 언해도 없었지만 새로 배우는 아이들을 위해 이 자해를 달았다는 내용이다. 그리고 흥미롭게도 그 뒤에 다음과 같은 글이 있다.

音義諺譯爲方言所拘或有異同覽者恕焉

즉 음의를 한글로 번역할 때 방언으로 하여서 혹시 같고 다름이 있다면 보 는 사람이 용서해 주기 바란다는 내용이다.

양정편자해에는 모두 제1조(第一條)부터 제28조(第二十八條)까지 되어 있고 각 조(條) 아래에 그 조에 나오는 한자 중에서 자해를 할 필요가 있는 한자를 쓰 고 그 한자의 아래에 한글로 석음을 달아 놓은 것이다. 여기에 第一條, 第二條 등으로 조를 구분한 것은 이 한문본 양정편에 나오는 순서대로 붙인 것이다. 즉 양정편의 맨 앞에 나오는 '관즐(盥櫛)'은 제1조, 그 다음에 나오는 '정복(整服)' 은 제2조 등으로 되어 있다. 양정편언해의 자해에 등장하는 한자들을 보이면 다음과 같다.

조	소제목	한자	한자수
제1조	관즐(盥櫛)	盥 櫛 飭 帨 遮 頷 整	7
제2조	정복(整服)	着 緊 漬 垢 澣 綴 潔 鞋 燕 矜 袒	11
제3조	차수(叉手)	叉 拇 腕 稍	4
제4조	읍(揖)	穩 膝	2
제5조	배(拜)	跪	1
제6조	궤(跪)	竪 蹲	2
제7조	입(立)	歪 靠	2
제8조	좌(坐)	斂 偃 磯	3
제9조	보추(步趨)	趨 籠 擺 跌 悼	5
제10조	언어(言語)	緘 聒 誕 亢 傲 訾 俚 謔	8
제11조	시청(視聽)	側	1
제12조	음식(飲食)	逼 匙 筯 撥 椀 楪 摶 啜 咀 嚼 詹	11
제13조	쇄소(灑掃)	灑 箒 箕	3
제14조	응대(應對)	慢	1
제15조	진퇴(進退)	鞠 齒 紊 偸	4
제16조	온청(溫淸)	淸 蠅 蚊 候 罅	5
제17조	정성(定省)	梳	1
제18조	출입(出入)	姊 喚	2
제19조	궤찬(饋饌)	饋 饌 皿 乾 徹	5
제20조	시좌(侍坐)	屛	1
제21조	수행(隨行)	陟	1
제22조	해후(邂逅)	邂 逅 匿 給	4
제23조	집역(執役)	槃 錯	2
제24조	수업(受業)	瀆 原 請 復 直	5
제25조	회읍(會揖)	直	1
제26조	거처(居處)	頓	1
제27조	독서(讀書)	溫	1
제28조	사자(寫字)	欹 濺 隷 硏	4
계			98

결국 양정편에는 모두 98자에 한자 석음을 달아 놓은 것이다. 필자의 소장 본 이외에 국립중앙도서관과 곳곳에 소장되어 있다.

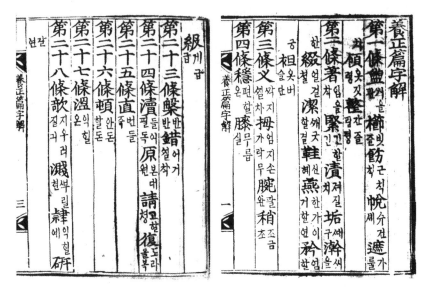

〈양정편언해의 '養正篇字解' 부분〉

36. 이동집(1930년~1940년)

　이동집(異同集)은 저작자 미상의 한자 학습서로서 특히 고급 한자 학습자를 위해 동자이획자(同字異劃字)와 동자이음자(同字異音字)를 나열하고 각 글자에 한글로 석음을 달아 놓은 책이다. 1책의 필사본이다. 박재연 교수 소장본이다.

　책의 크기는 23.0×15.6cm이고 5침장정의 한장본이다. 8행 17자로 모두 47장이다. 同字異劃(동자이획) 32장과 同字異音(동자이음) 13장으로 구성되어 있다.

　동자이획(同字異劃)은 1획부터 17획까지 모두 3,421자가, 그리고 동자이음(同字異音)은 1획부터 17획까지 모두 514자가 목록으로 되어 있고, 마지막으로 二字合成一字(이자합성1자) 1장, 그리고 삼자합성1자(三字合成一字) 1장으로 되어 있다. 편저자는 알 수 없는데, 마지막 2면에 작은 도장이 찍혀 있어서, 확대하여 보면 '이시규(李詩珪)'로 보인다. 아마도 소장자의 도장으로 보인다.

'·'가 단독으로는 표기되어 있지 않고 '기, 디, 미, 비' 등에는 표기되어 있으며, 'ㅎ다'는 모두 '허다'로 표기되어 있어서 20세기 30~40년대의 중부방언 사용자의 필사본으로 보인다.

동자이획의 몇 예를 들어 보면 다음과 같다.

人部

仃 行 홀노힝헐 정　　付 仅 줄 부
仄 側 기울 측　　　仙 㒰 僊 신션 션
他 佗 다를 타　　　以 㠯 써 이

동자이음의 앞의 예를 들면 다음과 같다.

丁 천간정 쟁, 벌목 소리 정　　万 안니 불, 안그런가 부
且 쏘 차, 어조사 져　　　　　乾 하날 건, 마를 간
亟 쌜을 극, 자주 긔　　　　　介 클 개, 홀즘싱 갈
佛 부쳐 불, 클 필　　　　　　侗 지각업슬 동, 키클 통
使 하야곰 사, 사신 시　　　　佸 회계헐 괄, 니를 활
俟 기딕릴 사, 성 기　　　　　便 편헐 편, 문득 변
俏 거문고소릭 소, 아리짜올 초　俠 협긔 협, 아우를 겹

이자합성일자(二字合成一字)의 예를 들어 보도록 한다.

从 조칠 종　　　兟 나아갈 신
兢 조심헐 긍　　双 友古字
喆 발글 철　　　圭 서옥 규
夛 만을 다　　　哥 형 가

孖 쌍동이 자 幵 평평헐 견
朋 벗 붕 林 수풀 림
棗 ᄃᆡ추 조 槑 梅古字
炎 불곳 염 爻 효삼 효
犾 ᄀᆡ서로지즐 은 䀠 좌우로볼 구
砳 돌부딋는소ᄅᆡ 가 聑 편안할 졉
[illegible] 어그러질 광 羽 깃 우

삼자합성일자(三字合成一字)의 예를 모두 들어 보도록 한다.

㐺 참치헐 긔 品 품슈 품
姦 간사헐 간 晶 수정 경
森 나무즘ᄲᅢᆨ헐 삼 毳 솜털 취
淼 큰물 묘 犇 다라날 분
猋 개다라날 표 焱 불곳 혁
皛 발글 효 矗 옷둑헐 쵸
磊 돌무데기 뢰 羴 양냄식 젼
聶 성 셥 [illegible] 바람의물출넝거릴 약
蟲 버레 충 譶 짓거릴 담
贔 우지ᄀᆡ쓸 비 𪓔 거름쌔를 착
轟 수ᄅᆡ소ᄅᆡ 굉 雥 쎄식 잡
鱻 싱선 션 麤 추헐 추
鑫 바람소ᄅᆡ 동 惢 의심할 쇄

〈동자이음〉 〈동자이획〉

37. 입학준비아동신독본(1930년)

입학준비아동신독본(入學準備兒童新讀本)은 신성집(辛成集)이 편찬하여 박문서관에서 1930년에 1책의 석인본으로 간행한 한자 학습서이다.

맨 뒤의 판권지에 '昭和五年十月三十日 初版 發行(소화 5년 10월 30일 초판 발행)'이라는 간행 기록이 있으며 '著作兼發行者 辛成集(저작겸발행자 신성집)', '發行所 博文書館(발행소 박문서관)'이라는 판권 기록이 있다. 인쇄 발행 날짜 오른쪽에는 '京畿道立師範學校金顯龜先生檢閱 第一高等普通學校李允熙先生檢閱(경기도립사범학교 김현귀선생 검열 제일고등보통학교 이윤희선생 검열)'이라는 기록이 있다.

책의 크기는 26.2×18.1㎝이며 반엽광곽의 크기는 불명이다. 책 제목인 '入學準備 兒童新讀本(입학준비 아동신독본)'이라고 되어 있고, 본문은 상하 2단으로 나누었고, 상단에는 4행 4자로 되어 있는 한자와 한글 석음이 있고 하단에는 이에 대한 그림풀이가 있다. '一二三四'로부터 시작하여 '混合分離'로 끝나고 그 뒤에 '수자 쓰는 법과 읽는 법', '언문(諺文)'을 배우는 각종 자료들이 붙어 있다. 그리고 맨 뒤에 일본의 가타카나 오십음표가 붙어 있고 가타카나로 쓰인, 일본어를 가르치기 위한 각종 자료들이 붙어 있다.

한자에 대한 석음 표기는 다음과 같이 되어 있다.

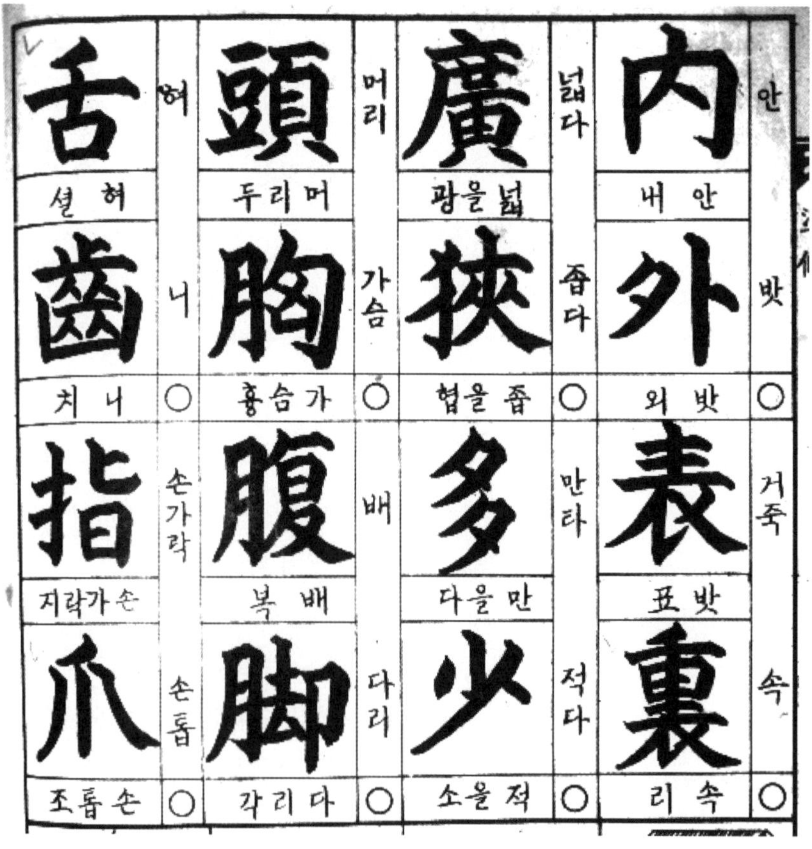

舌	혀	셜 혀	頭	머리	두리머	廣	넓다	광울넓	內	안	내 안
齒	니	치 니 ○	胸	가슴	흉슴가 ○	挾	좁다	협울좁 ○	外	밧	외 밧 ○
指	손가락	지락가손	腹	배	복 배	多	만타	다울만	表	거죽	표 밧
爪	손톱	조톱손 ○	脚	다리	각리다 ○	少	적다	소울적 ○	裏	속	리 속 ○

위의 사진에서 보는 바와 같이 모두 2자로 된 한자 어귀를 중심으로 하되 이 2개가 4자 성구로 이루어질 수 있도록 하고, 한 행에 4자의 한자를 쓰고 각 한자의 아래에 한글로 그 한자에 대한 석음을 달아 놓았다. 그리고 오른쪽에는 이 한자의 의미를 한글로 써 놓았다. 명사인 경우에는 새김과 같이 쓰고, 용언인 경우에는 그 뜻을 써 놓았다.

예컨대 '內外'인 경우에는 '內'의 아래에 '안 내', '外'에는 '밧 외'라고 쓰고 오른쪽에 '內'는 '안', '外'는 '밧'이라고 써 놓았다. 그리고 그 아래에 ○ 표를 하여 경계임을 알리고 다시 그 다음의 2자 성구로 옮겨 간다. '內外' 다음에는 '表裏'가 배열되어 있다. 그 하단에는 '內外'와 '表裏'에 대한 그림이 있다.

〈'內外'에 대한 그림〉

〈'表裏'에 대한 그림〉

그러나 동사인 경우에는 다른 모습을 보인다. '廣狹'은 '廣'에 대해 '넓을 광', '狹'에는 '좁을 협'이라 써 놓고 오른쪽에는 '廣'은 '넓다', '狹'은 '좁다'라고 하고, '多少'는 '多'에 대해 '만을 다', '少'는 '적을 소'라고 하고 오른쪽에는 각각 '만타', '적다'로 써 놓았다.

하단의 그림은 2자 성구에 대한 그림도 있지만, 4자 성구에 대한 그림을 하나로 그린 것도 있고, 어느 것은 8자나 12자에 대한 그림을 하나로 그려 놓은 것도 보인다.

모두 508개의 한자에 대한 석음이 달려 있다. 화봉책박물관 소장본이다.

〈입학준비 아동신독본〉

38. 자집(1930년)

자집(字集)은 1930년에 필사된 한자 학습서이다. 표지 제목과 내지 제목이 모두 '字集(자집)'이고 내지의 오른쪽에 '경오종(庚午終)'이란 글과 책의 말미에 '庚午冬抄膳終(경오동초등종)'이란 필사기가 있어서 1930년에 쓰인 것으로 추정한다. 책의 크기는 19.3×20.7㎝로 가로가 더 큰 책이다. 표지의 오른쪽 하단에 三十六枚(36매)라고 되어 있지만 실제로는 모두 37장이다. 계선이 없이 4행 4자로 되어 있는데, 매 한자의 아래에 한글로 그 한자의 석음을 달아 놓았다. 이 책이 1870년에 쓰인 것이 아니고 1930년에 쓰인 것이라는 증거로 한글로 쓰인 한자 석음이 왼쪽에서 오른쪽으로 쓰인 점을 들 수 있다. 1870년대에는 한글을 가로로 쓴 적이 없으며, 천자문 등에서 한자 석음을 달 때에 가로로 쓸 수밖에 없지만 이때에는 오른쪽에서 왼쪽으로 써 왔던 것인데, 이 '자집'은 왼쪽에서 오른쪽으로 써 갔기 때문에 1930년으로 확정할 수밖에 없다.

'戶主家長'으로부터 시작하여 '幾乎釋矣'로 끝나는데, 한자가 모두 1,176자가 실려 있다. '·'자가 쓰이었으나 매우 제한적으로 쓰이었으며(ᄂ잘 비(卑)), ㅅ계 합용병서도 보인다(ᄸ 영(纓) ᄼᅱ 신(紳)).

필자의 소장본이다.

〈자집〉

39. 면무식(1935년)

면무식(免無識)은 일제강점기에 의주동교회에서 시무하며 문맹퇴치운동과 민중계몽에 힘썼으며 삼일운동 때 민족대표 33인의 한 분인 유여대(劉如大) 목사가 편찬하여 1935년에 광명사(光明社)에서 1책의 연활자본으로 간행한 한글과 한문, 상식, 일용사물에 대한 모든 것을 배우기 쉽게 적은 책이다.

뒤의 판권지에 '昭和十年八月一日 發行(소화 10년 8월 1일 발행), 著作兼發行者 劉如大(저작겸발행자 유여대), 發行所 光明社(발행소 광명사)'의 기록이 있다. 필자가 소유하고 있는 이 책은 재판한 것으로 1931년에 간행한 것이다.

책의 앞에 송산자(松山子) 박윤원(朴潤元)이 쓴 '증보 면무식셔문(免無識序文)' 이 있는데, 그 중의 일부를 보이면 다음과 같다.

> 이 개척(開拓)의 길을 더듬고져 새로운 무귀(武器)로 혼구(昏衢)의 명등(明燈) 처럼 나선 이가 있으니 이는 락포유여대선생(樂圃劉如大先生)이 그이시다. 션생(先生)은 일즉 몸을 긔독교(基督敎)에 밧쳐 빗 들에서 길을 잃고 헤매는 어린 양을 길으는 역군(役軍)으로 임의 수십년의 성상(星霜)을 지내엿으며 지금에는 우에 말한 많은 무리를 구원(救援)코져 그들을 지도(指導) 혹은 그들의 자습(自習)에 가쟝 필요(必要)한 교재(敎材)를 뫃아 단긔간내(短期間內)에 한글, 한문(漢文) 상식(常識) 일용사물(日用事物)의 모든 것을 배우가 쉽게 적은 한 책을 편성(編成)하고 그 이름을 명명(命名)한 것이 문자(文字) 그대로 면무식(免無識)이란 것이다.

일제강점기에 문맹퇴치 운동의 일환으로 편찬된 것인데, 주로 한글과 한자 및 한문을 쉽게 배우게 하기 위하여 편찬된 것이다.

앞에 서문이 있고, 이어서 목차가 있으며 이어서 본문이 시작된다. 본문은 한글공부, 수자편(數字篇), 물명편(物名篇), 행문편(行文篇), 서신편(書信篇), 잡기편(雜記篇)으로 되어 있다.

이 중에서 한자 학습과 연관된 부분은 수자편(數字篇) 이후이다. 그곳에 등장하는 한자에 한글로 석음을 달아 놓았기 때문이다. 한자 1,846자에 대해 석음을 써 놓았다. 겹치는 한자를 제외하고 1,390개의 한자가 등재되어 있다.

이 중에서 표기법 등의 이유로 2개 이상의 석음을 가지고 있는 한자들을 보이면 다음과 같다.

主 님 주 〈25〉   主 주할 쥬 〈28〉

付 붗일 부 〈61〉   付 붙을 부 〈63〉

令 하야곰 령 〈40〉   令 시절 령 〈80〉

仰 울얼 앙 〈42〉   仰 울얼을 앙 〈75〉

位 지위 위 〈26〉   位 벼슬 위 〈42〉

側 곁 측 〈50〉   側 겻 측 〈85〉

先 몬저 션 〈41〉   先 몬저 선 〈44〉

具 가츨 구 〈40〉   具 가촐 구 〈86〉

冗 분주할 용 〈76〉   冗 부질없을 용 〈82〉

別 가를 별 〈31〉   別 분별 별 〈41〉   別 다를 별 〈62〉

勞 입뿔 로 〈74〉   勞 입불 로 〈94〉

北 북녁 북 〈29〉   北 북녘 북 〈41〉

午 낮 오 〈38〉   午 낫 오 〈42〉

卽 곳 측 〈68〉   卽 곳 즉 〈70〉

原 근본 원 〈38〉   原 언덕 원 〈43〉

叔 아자비 숙 〈41〉   叔 아재비 숙 〈67〉

同 같을 동 〈32〉   同 한가지 동 〈64〉

君 님금 군 〈28〉   君 그대 군 〈69〉

命 목숨 명 〈31〉   命 명할 명 〈66〉

啓 열 게 〈39〉   啓 엿줄 게 〈70〉

善 어질 션 〈41〉   善 어질 선 〈71〉

固 굿건 고 〈27〉   固 굳건 고 〈40〉

墨 먹 묵 〈41〉   墨 먹 믁 〈67〉

天 하늘 천 〈26〉   天 하늘 텬 〈43〉

妹 누이 매 〈75〉　　妹 손아래누이 매 〈76〉

妻 안해 처 〈27〉　　妻 안해 쳐 〈71〉

孔 구무 공 〈40〉　　孔 심할 공 〈69〉

孟 맛 맹 〈41〉　　孟 맏 맹 〈55〉

孤 외로을 고 〈40〉　　孤 외로울 고 〈44〉

富 부자 부 〈31〉　　富 부쟈 부 〈41〉

將 장수 쟝 〈42〉　　將 장차 장 〈71〉

尋 찾을 심 〈41〉　　尋 차즐 심 〈65〉

尙 오히려 상 〈38〉　　尙 오히려 샹 〈41〉

届 밑을 게 〈58〉　　届 굴필 굴 〈72〉　　　届 밑을 게 〈51〉

巴 파초 파 〈43〉　　巴 파촉 파 〈93〉

席 돗 석 〈41〉　　席 돗 셕 〈68〉

廣 너를 광 〈44〉　　廣 널을 광 〈54〉

强 굳셀 강 〈39〉　　强 힘쓸 강 〈66〉

心 염통 심 〈33〉　　心 마음 심 〈35〉

念 생각 렴 〈55〉　　念 생각 념 〈65〉

息 쉴 식 〈36〉　　息 작식 식 〈50〉

悚 젆을 송 〈50〉　　悚 황송 송 〈79〉

慈 인자 자 〈42〉　　慈 헤가릴 자 〈55〉

憑 의빙 빙 〈50〉　　憑 이빙 빙 〈79〉

指 손가락 지 〈33〉　　指 가라칠 지 〈86〉

掛 걸 괴 〈69〉　　掛 걸 괘 〈77〉

政 정사 정 〈67〉　　政 정사 정 〈74〉

敦 도타울 돈 〈40〉　　敦 도타을 돈 〈91〉

斧 자구 부 〈41〉　　斧 독구 부 〈46〉

方 모 방 〈29〉　　方 거슬릴 방 〈82〉

1026

晉 나라 진 〈43〉　　　晉 나갈 진 〈86〉　　　晋 나갈 진 〈82〉

望 바랠 망 〈66〉　　　望 보름 망 〈66〉

東 동녘 동 〈29〉　　　東 동녘 동 〈44〉

格 니를 격 〈35〉　　　格 지극할 격 〈94〉

正 바를 정 〈35〉　　　正 맛 정 〈67〉

溯 살을 소 〈50〉　　　溯 거스릴 소 〈85〉

燕 나라 연 〈42〉　　　燕 제비 연 〈47〉

狀 즈읏 상 〈70〉　　　狀 줏 상 〈79〉

獨 홀 독 〈40〉　　　獨 호을 독 〈91〉

玄 감을 현 〈36〉　　　玄 감할 현 〈43〉

珠 구슬 주 〈42〉　　　珠 구슬 쥬 〈54〉

白 힌 백 〈30〉　　　白 사를 백 〈65〉

省 살필 성 〈67〉　　　省 살필 셩 〈68〉

石 섬 석 〈23〉　　　石 돌 석 〈41〉

硏 공부 연 〈36〉　　　硏 연구 연 〈83〉

祖 한아비 조 〈36〉　　　祖 할아비 조 〈44〉

章 글장 장 〈42〉　　　章 글 장 〈84〉

端 끝 단 〈40〉　　　端 굿 단 〈54〉

箕 키 긔 〈40〉　　　箕 각디 긔 〈49〉

節 마듸 졀 〈39〉　　　節 마듸 졀 〈47〉

米 몯할 미 〈38〉　　　米 쌀 미 〈41〉

素 힐 소 〈34〉　　　素 볼래 소 〈50〉

經 글 경 〈26〉　　　經 경영할 경 〈71〉

與 더불 여 〈42〉　　　與 줄 여 〈67〉

舍 집 사 〈41〉　　　舍 집 샤 〈69〉

苦 쓸 고 〈30〉　　　苦 괴로울 고 〈69〉

衫 적삼 삼 〈45〉　　衫 적삼 삼 〈56〉

裳 치마 상 〈45〉　　裳 치마 샹 〈53〉

西 셔녁 셔 〈29〉　　西 서녁 셔 〈44〉

覽 볼 남 〈81〉　　覽 볼 람 〈81〉

鮮 긁을 해 〈43〉　　鮮 해셕 해 〈93〉

訣 리별 결 〈52〉　　訣 비결 결 〈94〉

詢 물을 순 〈50〉　　詢 무를 순 〈77〉

請 청할 청 〈50〉　　請 청할 청 〈74〉

謝 사례 샤 〈41〉　　謝 사례 사 〈75〉

貞 곧은 정 〈43〉　　貞 곧을 정 〈76〉

賀 하려 하 〈43〉　　賀 하례 하 〈75〉　　賀 하례 하 〈78〉

車 수리 챠 〈43〉　　車 수리 거 〈48〉

辰 미리 진 〈38〉　　辰 때 신 〈68〉

連 니을 련 〈44〉　　連 니을 년 〈72〉

釋 놓을 셕 〈41〉　　釋 노을 셕 〈93〉

長 어룬 장 〈31〉　　長 긴 장 〈33〉　　長 긴 쟝 〈42〉

閏 윤달 윤 〈24〉　　閏 불을 윤 〈42〉

陽 볕 양 〈35〉　　陽 볏 양 〈42〉

隨 쫓을 수 〈41〉　　隨 좇을 슈 〈50〉

雄 숫 웅 〈83〉　　雄 수커 웅 〈94〉

雜 섯길 잡 〈43〉　　雜 석길 잡 〈88〉

難 어려울 란 〈67〉　　難 어리울 란 〈69〉

頓 굴을 돈 〈40〉　　頓 꾸벅거릴 돈 〈84〉

魚 고기 어 〈42〉　　魚 물고기 어 〈45〉

黃 누른 황 〈30〉　　黃 누르 황 〈44〉

鼎 솥 뎡 〈40〉　　鼎 솟 뎡 〈46〉

齊 가즉할 제 〈35〉　　齊 나라 제 〈44〉

狀 글 쟝 〈50〉　　狀 글 장 〈71〉

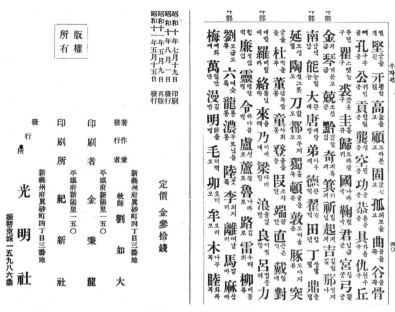

〈면무식('수자편'과 판권지)〉

40. 몽어유훈(1935년)

몽어유훈(蒙語類訓)은 정몽유어(正蒙類語)를 편찬한 대계(大溪) 이승희(李承熙)
가 천지, 인물의 생성으로부터 시작하여 인도(人道), 인사(人事), 왕통(王統), 성
학(聖學)에 이르기까지의 글을 한문에 한글토를 달아 어린이들에게 교육시키
기에 편하도록 편찬한 어린이 교육서이다. 1책의 목판본으로 1888년에 편찬
하였으나 간행은 1935년에 경북 성주군의 월봉서당(月峯書堂)에서 이루어졌
다. 앞에 '朝鮮開國四百九十七年戊子冬大溪書(조선개국497년 무자동 대계서)'로 끝

나는 이승희의 서가 있어서 1888년에 편찬된 것임을 알 수 있다. 그러나 책 뒤에는 판권지가 붙어 있는데, 이 판권지에 의하면 간행연도가 1935년으로 되어 있다. 그러나 어느 책은 1936년으로 되어 있기도 하다. 이 서에 이어서 본문이 나오는데, '일리생생(一理生生), 만화산수(萬化散殊), 명기착종(名器錯綜), 성왕입정(聖王立政), 성학명도(聖學明道), 삼재회일(三才會一)'의 6개의 항목으로 구분되어 있다. 그리고 이 항목들은 다시 '장(章)'으로 세분하였는데, 모두 각 항목별로 몇 장으로 구분되어 있어서, 이를 합치면 모두 34장이나 된다. 이 본문은 모두 한문에 한글로 토를 달아 놓은 것이다. 책의 끝 부분에 '蒙語類訓字釋(몽어유훈자석)'이 있다. 이것은 앞에 나온 한자 중에서 어려운 한자를 익히게 하기 위하여 각 한자에 석음을 달아 놓은 것이다. 모두 420자에 석음을 달아 놓았다. 이 석음은 『천자문』이나 『유합』에 사용되는 석이 아니라, 그 문맥에 부합하는 석을 달아 놓은 것이다. 이 문헌에는 된소리 표기에는 ㅅ 계 합용병서를 사용하고 있으며(들째 임 荏, 쥬개쎠 박 髆, 씨를 착 鑿, 쏘 유 有), ㅎ 구개음화가 나타나며(셕가래 연), '에〉이'에 대한 과도교정이 보이고, '오'의 '이' 역행동화가 일어나며, 어말에 '이'가 첨가되는 현상들이 보인다. 몇 가지 점에서 이 자료는 영남방언을 반영하고 있다고 할 수 있다. 그러나 표기법 등으로 보아 이 책은 1888년의 자료로 보기는 어렵고, 오히려 1935년의 자료로 보는 것이 온당하다. 국립중앙도서관에 소장되어 있다(BC古朝41-83).

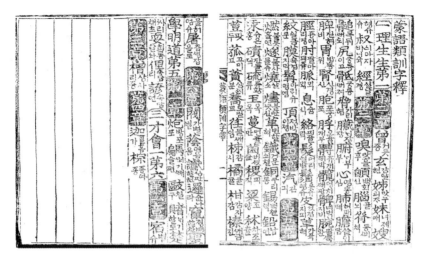

〈몽어유훈의 '몽어유훈자석' 부분〉

41. 행용한문어투(1939년)

행용한문어투(行用漢文語套)는 1939년에 이창동(李昌東)이 편찬하여 대구의 해동사(海東社)에서 1책의 석인본으로 간행한, 한문을 배우기 위한 학습서이다. 판권지에 '昭和十四年六月十日 發行(소화 14년 6월 10일 발행)' '著作兼發行者 李昌東(저작겸발행자 이창동)' '發行所 海東社(발행소 해동사)'라 되어 있다. 책의 크기는 23.2×16.2㎝이고 판심어미는 상흑어미이다. 표지의 제첨에 있는 제목과 내지 제목 그리고 판심제가 모두 '行用漢文語套(행용한문어투)'이다. 8행 18자로 되어 있다.

책의 앞에 1921년에 쓴 '行用漢文語套序(행용한문어투서)'가 있다. 여기에는 이 책 편찬의 목적이 적혀 있다. 우리나라가 역사 이래 글자가 없어 오로지 한문을 숭상해 왔는데, 언어활동(여기에서는 언어수작이라고 하였음)이 한자로 이루어져 와서 설총이 방언을 주해하고 이퇴계가 어록을 훈석하였으나 그 공이 있지만 마땅치 않아 이를 새로 만든다는 내용이 있다. 이어서 범례가 나온다. 자류(字類)는 1자류로부터 10자류까지 되어 있고 모든 한자에 사성을 표시하지 않았으며 1자류는 한자에 한글로 석음을 달아 놓았고, 2자류부터는 한자음을 달고 그 한자의 뜻을 한글로 적어 놓았다.

그래서 이 책은 한자 학습서이자 동시에 한문을 해독하기 위한 학습서이다. 1자류는 대자(大字)인 한자 오른쪽에 한글로 그 음을 달고 그 한자의 아래에 역시 한글로 그 새김을 달아 놓았다. 모두 211자가 이러한 형식으로 되어 있다.

2자류는 한자 2자를 대자(大字)로 써 놓고 그 오른쪽에 한글로 음을 달고 아래에는 그 의미를 한글로 써 놓았다. 예컨대 2자류의 첫 글자인 '公誦(공송) 남의 말을 위하야 공변되기 말하난 것'과 같은 형식이다. 이러한 방식으로 모두 10자까지 되어 있다. 그러나 초기의 한자 학습은 1자류에 해당하는 것으로 보인다. 필자가 소장하고 있다.

〈행용한문어투〉

42. 자수초원(1949년 이전)

자수초원(字首草原)은 절첩본인 한자 학습서인데, 휴대용으로 만들어 언제나 참고할 수 있도록 만든 석인본이다. 모두 음각(陰刻)으로 인쇄되어 있는데, 여기에 올려져 있는 한자는 모두 한자의 부수(部首)에 해당하는 것이다. 크기는 세로가 19.8㎝이고 가로는 10㎝인데, 이러한 크기의 면수가 10면이다. 표지에는 아무런 표기가 없고 내지 서명은 음각으로 '字首草原(자수초원)'이라고 되어 있다. 뒷표지에 붓으로 '檀紀四二八二年 三月 一日(단기4282년 3월 1일)', '字首草原(자수초원)', '鄭昌永(정창영)'이란 글이 있어서 이 책이 1949년 이전에 간행된 것임을 알 수 있다.

한 면은 상하 2단으로 나뉘어 있는데 상단에는 한자 부수가 4자씩 나열해 놓았고 각 부수의 아래에 그 이름이 한글로 적혀 있다. 예컨대 첫 글자는 2획의 'ㅗ'인데, 그 이름을 '꼭지 두'라고 하였다. 두번째 글자는 3획의 'ㅛ'인데, 자석은 '움집 면'이다. 이처럼 '襾(덮을 아) 冖(덮을 멱) 厂(바회 엄) 匚(그릇 망) 彑(돝머리 계) 厶(사사 사) 卩(병부 절) 匸(감출 혜) 彡(털길 삼) 勹(쌀 포) 등으로 되어 있다.

그리고 하단에는 그 부수의 초서체가 쓰이어 있다.

부수를 중심으로 한자를 제시하고 있지만, 부수의 획순에 따라 나열한 것도 아니다. 배열의 원칙을 알 수 없다. 'ㅗ ㅛ 襾 冖 厂 匚 彑 厶 卩 匸 彡 勹 丨 丶 丿 亅 巛 气 辵 攵'로부터 시작하여 '艮 止 走 彳 鹵 舛 欠 片 尸 見 聿 示 用 卜 曰 鬼'로 끝난다. 부수가 모두 212개이다. 일반적으로 현대의 부수가 214개라고 하는데, 이것에 근접한 숫자이다.

이 부수에 대한 석음이 끝나고 '운고(韻攷)'가 있는데, 같은 운에 속한 한자를 배열해 놓고 역시 한글로 석음을 달아 놓았다. '東冬江支微魚虞'에서부터 '麻陽庚靑蒸尤侵覃盆咸'으로 끝난다. 하단의 마지막은 '土○(不明)學院'으로 되어 있다. 어느 학원에서 만든 것으로 보인다.

한자 학습에서 부수와 획수는 기본적인 요소이다. 천자문이든 유합이든 한자를 학습할 때 이 한자들에 대한 중요한 정보는 부수와 획수와 새김과 음이다. 그런데 이러한 부수에 대한 별도의 학습서는 찾아보기 어려운데, 이렇게 수진본으로서 만들어 지참하며 참고할 수 있도록 한 것은 매우 드문 일이라고 할 수 있다. 몇 예를 들어 보면 다음과 같다.

ㅗ 꼭지 두　　ㅗ 움집 면　　覀 덮을 아　　一 덮을 역　　厂 바회 엄

匚 그릇 방　　彐 돗버리 계　　厶 사사 사　　卩 병부 절　　匸 감출 혜

彡 털길 삼　　勹 쌀 포　　丨 작지 신　　丶 귀성 주　　丿 비침 별

亅 갈고리 궐　　巛 잇 천　　彑 주름 지　　辵 어물 착　　廴 거를 인

이 책은 필자가 소장하고 있다.

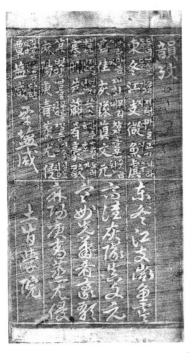

〈자수초원〉

43. 송자집(1952년)

송자집(誦字集)은 김상권(金商權)이 일상생활이나 학습과정에서 습득하여야 할 한자들을 쉽게 암송할 수 있도록 여러 의미 항목으로 분류하여 놓고 그 항목에 해당되는 각 한자에 한글로 석음을 달아 놓은 책으로 1952년에 필사해 놓은 책이다.

책의 크기는 20.0×14.5cm이다. 표지에 '誦字集(송자집)'이란 책제가 있고 내지에 '新編誦字集目錄(신편송자집 목록)'이 있다. 원래의 책제목은 '신편송자집(新編誦字集)'이라고 할 수 있지만, 표지와 뒤의 책제목에도 모두 '송자집'으로 되어 있어서 '송자집'이라고 하기로 한다. 표지에 '檀紀四二八五年度壬辰(단기 4285년도 임진)'이라는 필서가 있어서 이 책이 1952년에 필사되었음을 알 수 있다. 역시 책의 끝에 '誦字集(송자집)'이란 책제목이 있고 그 앞에 '檀紀四二八五年正月二三日 金商權(단기4285년정월23일 김상권)'이라 되어 있어서 김상권이라는 사람이 편찬하였음을 알 수 있으나, 김상권이 어떠한 사람인지는 알 수 없다. 다만 '利川郡雪星面(이천군 설성면)'이라는 기록이 있어서 이곳 사람일 것이라는 추정을 할 수 있다. 현재의 이천시 설성면이다. 그리고 본문 속에 7. 성명생년일(姓名生年日)이란 부문이 있는데, 거기에 '金商權 九月二六日生(김상권 9월26일생)'이라 되어 있어서 그 생일만을 알 수 있을 뿐이다. 1책 18장이다.

앞에 신편송자집목록이 있는데, 모두 34개의 부문으로 분류하였고 그 부류에 속하는 한자를 배열하고 각 한자의 아래에 한글로 석음을 달아 놓았다. 그리고 목록에는 거기에 해당하는 한자의 숫자도 제시되어 있다. 그 목록을 보이면 다음과 같다.

번호	분류명	한자수	번호	분류명	한자수
1	신체(身體)	50	18	수명(樹名)	11
2	문방사우(文房四友)	4	19	약성(藥性)	11
3	수자(數字)	14	20	보물(寶物)	15

4	사방(四方)	4	21	농구(農具)	8
5	오미(五味)	5	22	가옥(家屋)	30
6	오색(五色)	5	23	속신(束身)	9
7	성명생년일 (姓名生年日)	9	24	악기(樂器)	8
8	충명(虫名)	25	25	무기(武器)	9
9	천도(天道)	11	26	강규(3조)(講規(3條))	3
10	곡명(穀名)	8	27	속심(屬心)	20
11	음식(飮食)	7	28	상대자(相對字)	62
12	과명(果名)	13	29	건국(建國)	22
13	어명(魚名)	9	30	입교(立敎)	4
14	조명(鳥名)	17	31	사민(四民)	4
15	수명(獸名)	14	32	종성(宗聖)	17
16	화초(花草)	9	33	외도(外道)	15
17	식초(食草)	15	34	삼대목표(三大目標)	
계					467

한자가 모두 467개가 있다. 그런데 이렇게 의미영역별로 구분하였으면서도 28의 상대자(相對字)에서는 의미가 대립되는 한자를 나열하여서 한자의 의미라기보다는 한자의 속성을 보이고 있다. '陰陽上下(음양상하) 尊卑貴賤(존비귀천) 興亡盛衰(흥망성쇠) 厚薄深淺(후박심천) 遠近黑白(원근흑백) 是非長短(시비장단) 輕重難易(경중난이) 貧富窮達(빈부궁달) 大小强內(대소강내) 安有利得(안유이득)'으로 되어 있다. 서울대 규장각에 소장되어 있다(奎古374).

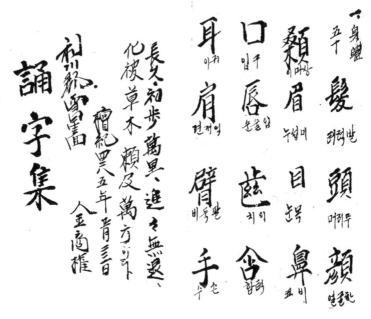

〈송자집〉

44. 물목명칭(1955년)

물목명칭(物目名稱)은 1955년에 필사한 수진본이다, 여기에 쓰인 한자 하나 하나에 한글로 석음을 달아 놓아 물목과 한자를 함께 익히기 위해 만든 것으로, 황응두의 통학경편의 중간본에서 상편을 필사한 것이다.

책의 크기는 15.0×11.0㎝이고 표지에 '物目 名稱(물목 명칭)'이란 책 제목이 있으며 그 오른쪽에 '乙未入學(을미입학)'이란 필사기가 있다. 통학경편이 간행된 것이 1916년이므로 을미년은 1955년이다.

천문부(天文部) 지축부(地軸部) 인륜부(人倫部) 신체부(身體部) 위복류(衣服類) 음식류(飮食類) 곡물류(穀物類) 과실류(果實類) 화채류(花菜類) 초목류(草木類) 금수류

(禽獸類) 충어류(虫魚類) 가옥류(家屋類) 기계류(器械類)의 14개 부류로 나누고 그 부류에 해당하는 한자를 쓰고 그 한자의 아래에 한글로 석음을 달아 놓았다. 무계에 4행 4자로 되어 있는데, 모두 17장으로 되어 있다.

천문부(天文部)에는 일월성신(日月星辰) 풍운상설(風雲霜雪) 등 40자를, 지축부 (地軸部)에는 해륙강하(海陸江河) 산천암석(山川巖石) 등 40자를, 인륜부(人倫部)에는 군사부모(君師父母) 형ㅈ숙질(兄弟叔姪) 등 40자 등을 나열하여 모두 488자가 배열되어 있고 그 한자에 석음이 달려 있다. 그러나 天文部 등 제목의 한자에도 석음이 달려 있어서 모두 한자 530자에 대한 석음 자료가 있는 셈이다. 통학경편 초간본과 중간본과 이 필사본의 비교를 통해 한자 석음의 변천과정을 살펴 볼 수 있다.

통학경편과 차이가 나는 부분을 몇 개 보이면 다음과 같다. 앞의 것이 통학경편 초간본이고 뒤의 것이 물목명칭이다.

辰 쩌 신 - 별 진,　昨 어제 작 - 어재 작,　溏 지당 당 - 못 당
舌 혀 셜 - 혜 셜,　藻 말밤 조 – 수초 조,　蟹 게 히 - 개 해

필자의 소장본이다.

〈물목명칭〉

45. 사전어자전(1968년)

사전어자전(土田語字典)은 1968년에 홍사용(洪思容)이 편찬하여 충남 부여군
유도찬양준비회(儒道讚揚準備會)에서 1책의 석인본으로 간행한 책이다. 원래
는 2책으로 되어 있는데, 제1책은 '사전어(土田語)', 제2책은 '사전어자전(土田語
字典)'이다. 필자가 소장하고 있는 책은 제2책의 '사전어자전'이어서 이 책에 대
해서만 간략히 기술하도록 한다.

책의 크기는 25.5×18.9㎝이고 표지 제목은 '土田語字典(사전어자전)'이지만
내지 제목은 없다. 12행으로 되어 있고 자수는 50자 내외이다. 모두 20쪽이다.

판권지는 보이지 않는다. 1968년의 간행연도는 국회도서관 소장의 이 책의 간행기록을 참고한 것이다(도서번호 181.22ㅎ247ㅅ).

한자 하나에 협주로 한글 석음을 달고 한문 주석을 달고 있다. 한자의 배열 순서는 제1책의 '土田語(사전어)'에 나오는 한자의 순서인 것으로 보인다. '土田語揭示文維天爲父地母'로 시작하여 '戊申手艮邪妄雜'으로 끝난다. 마지막에 天幹(天干이 아니다)의 '甲乙丙丁戊己庚申壬癸'과 地支의 '子丑寅卯辰巳午未申酉戌亥'가 쓰이어 있다. 한자의 배열을 보면 한문 문장의 구절로 인식된다.

한자에 대한 기술은 다음과 같이 되어 있다. 몇 예를 든다.

土 선배사 先輩儒也 四民首 官總名 일사 事也 사졸사 土卒 仕通

田 밭전 耕也

語 말씀할어 告人 논난할어 論難

揭 높이들게 高擧

示 보일시 呈也 垂示 視?

文 글월문 契文字 빛날문 華也 아름다울문 美也 善也 ㅁ군채문 斑也 다사리무 理也

維 벼리유 綱也 係也 오직유 獨也 발어사유 發語辭 연하여맬유 連結也

天 하날천 至高無上 乾也 虢同

爲 할위 造也 다스릴 위 治也 使也 語詞 도울위 助也 緣也 될위 被也 護也 興也

父 아버지 부 父母 남자아름다운칭호보 男子美稱尼ㅣ尙ㅣ亞ㅣ 글이름보 析

戊 변간 무 幹名著雍 물건무 성할무 物茂盛也

申 펼신 伸也 거듭신 重也 약속밝힐 신 明約束 지지신 支名沼灘 기지긔펼신 欠伸又容舒伸同

手 손수 肢也 所以執持

艮 그칠간 止也 한정간 限也 괘이름간 卦名

邪 간사사 不正姦思ㅣ佞也 어조사야 語助又疑辭 耶同

妄 망녕될망 誕也 입을망 罔也 괘이름망 卦名無ㅣ

雜 잡될잡 參錯五彩相合襍同

[士田語字典]

46. 자학(1972년)

자학(字學)은 시암(是巖) 권석찬(權錫瓚)이 천자문 등이 한자 교육에서 문리구법(文理句法)이 난해함을 개탄하고 별도로 1,000자를 추려 편집하여 1972년에 1책의 석인본으로 간행한 한자 학습서이다.

책의 크기는 26.5×19.0㎝이고 표지제와 내지제, 그리고 판심제 모두 '字學(자학)'이며 판심어미는 상이엽화문어미이다. 사주쌍변에 4행 4자로 되어 있다. 본문 30장, 발문이 2장, 모두 32장이다.

본문 첫 장 첫행 위에 '字學(자학)'이라는 제목이 있고 그 하단에 '是巖 權錫瓚 著(시암 권석찬 저)'로 되어 있다. 책말미에 발문이 있는데, 발문의 끝에 '壬子孟春是巖散人題(임자맹춘시암산인제)'라고 되어 있어서 1912년에 쓰인 것임을 알 수 있다. 왜냐 하면 是巖 權錫瓚(시암 권석찬)의 생몰 연대가 1878년~1957년이기 때문이다. 그런데 한자 아래에 쓰이어 있는 한글 석음의 표기는 권석찬이 발문을 쓴 시기인 1912년의 표기가 아니라, 1960년대 이후의 표기이기 때문에, 임자년(壬子年)을 1972년으로 착각할 수도 있다. 이러한 현상으로 보아서 이 책은 권석찬의 후손이나 관계자가 후대에 다시 써서 간행한 것으로 추정된다. 특히 한자 학습에만 치중한 나머지, 그 당시의 표기법을 버리고 현대의 표기법을 사용한 것으로 보인다. 따라서 이 자료를 국어 연구의 자료로 활용하려면 20세기 후반기의 자료로 취급하여야 할 것이다.

이 발문에 '大抵齠齔小兒 旣不辨隻字半劃而遂責以文理句法이 亦已難矣일세 〈중략〉 余嘗爲是之慨하야 迺於守制之暇에 類抄彙選하야 合成千字하고 名之曰字學이라'라고 하고 있어서 그 편찬 동기를 알 수 있다. 어휘를 선별하여 1,000자를 합성하였다고 하였으나, 이 '자학'에 등재되어 있는 한자는 모두 952자이어서 1,000자가 되지 못한다.

이어서 이 한자를 선택한 기준을 제시하고 있다.

盖先之以天地人倫身體生成之道하고 次及位置節侯方言恒稱之事하고 次及山川草木鳥獸虫魚하고 次及居處器用衣服飮食하고 終之以讀書修身文章聖賢之業하니 皆人生日用之常而耳目之所到也라

즉 천지(天地) 인륜(人倫) 신체(身體) 위치(位置) 절후(節侯) 방언(方言) 산천(山川) 초목(草木) 조수(鳥獸) 충어(虫魚) 거처(居處) 기용(器用) 의복(衣服) 음식(飮食) 독서(讀書) 수신(修身) 문장(文章) 성현지업(聖賢之業)들을 내용으로 한 것이라고 할 수 있다. 그래서 '上天下地 居中曰人 父母兄弟 師友君臣'으로부터 시작하여 '男兒事業 復孰加焉 嗟乎汝曹 審哉訓辭'로 끝난다.

각 한자에 쓰인 한글 석음은 복수로 단 것도 많이 보인다.

婦 며느리 부, 아내 부〈1b〉　　　　長 긴 장, 어른 장〈2a〉

粗 엉성할 조, 성길 조〈8b〉　　　　鵠 고니 혹, 따오기 혹〈18a〉

豕 돝 시, 돼지 시〈18b〉　　　　　蝎 뽕나무좀 갈, 전갈 갈〈20a〉

梁 들보 양, 나무다리 양〈20b〉　　殿 대궐 전, 전각 전〈21b〉

이 책의 편찬자인 권석찬(1878년~1957년)의 자는 종서(宗瑞), 호는 시암(是巖), 본관은 안동이다. 주로 경북 영천과 포항에서 거주하였다. 저서로는『시암문집(是巖文集)』4책이 있다. 이 책은 경북대 남권희 교수 소장본이다.

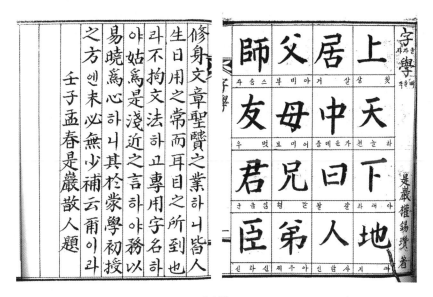

〈자학〉

47. 사자소학(1932년 이후)

사자소학(四字小學)은 어린이들에게 한자를 가르치기 위하여 편찬된 기초

한문교과서이다. 사람이 지켜야 할 윤리 도덕을 중심으로 하여 주자의 소학과 기타 다른 경전에서 어린이가 쉽게 알 수 있는 내용을 뽑아 4자1구로 만들었다. 소학을 중심으로 하되 사자일구(四字一句)로 만들어서 이를 사자소학(四字小學)이라고 부른다. 내편과 외편 모두 6편으로 되어 있는데, 내편은 입교(入敎)·명륜(明倫)·경신(敬身)·계고(稽古)로, 외편은 가언(嘉言)·선행(善行)으로 나뉘어 있다. 이 사자소학이 우리나라에서 초기의 한자 학습서로 사용된 것은. 20세기에 와서의 일로 보인다. 왜냐 하면 사자소학이 목판으로 간행되었거나 필사된 시기가 대체로 20세기 전반기부터 보이기 시작하기 때문이다.

이 사자소학에 각 한자에다가 한글로 석음을 달아서 간행된 판본은 아직까지 발견된 적이 없다. 여기에 소개하는 사자소학은 목판본으로 간행된 사자소학에다가 붓으로 그 석음을 써 놓은 자료이다.

이 책은 책의 크기가 22.3×17.7㎝이고 반엽광곽의 크기는 16×15㎝이다. 사주단변에 상하흑어미이고, 표지서명과 내지서명 모두 '四字小學(사자소학)'이다. 판심어미는 '小學(소학)'이다. 모두 20장인데, 6행 4자로 되어 있으나 첫 장의 앞면은 제목인 '四字小學(사자소학)'이 2행을 차지하고 있어서 5행 4자로 되어 있다. 그래서 한자가 모두 952자이다. 그러나 한글 석음이 달려 있는 한자는 제목의 '四字小學(사자소학)'까지 합쳐 모두 956자이다. '人生百行 以孝爲首 至若根天 世不常有'로 시작하여 '益我貨者 以費我神 生我名者 以殺我身'으로 끝난다. 그러나 이것은 뒷부분이 낙장인 책이다. 이 사자소학과 동일한 판본이 1932년에 전주의 양책방(梁冊房)에서 간행된 것이 있어서 이 한글 석음이 달려 있는 사자소학도 1932년 이후의 책이다. 이 1932년판의 사자소학과 비교하여 보면 이 책은 1,144자 286구로 되어 있는데, 이 책은 43구 192자가 빠져서 8장이 낙장인 셈이다.

실제로 한자가 956자이지만 내용상 중복되는 한자가 많아 실제의 한자는 이보다 훨씬 적다. 각 한자의 아래에 한글로 그 한자의 석음을 달아 놓았는데, 한글 표기로 보아 1932년이 지난 1930년대에 필사한 것으로 추정된다. 한국학중앙연구원 소장본이다.

人(사람 인) 生(날 싱) 百(백 백) 行(댕길 힝) 以(써 이)
孝(효도 효) 爲(할 위) 首(머리 수) 至(이르 지) 若(갓틀 약)
根(샤리 근) 天(하늘 쳔) 世(신간 쇠) 不(아이 불) 常(쌍상 상)

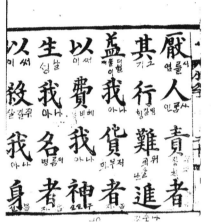 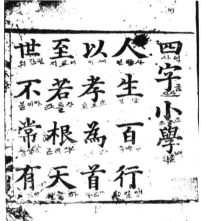

〈사자소학〉

제12부

마
무
리

맺는 말

한자 학습 문헌자료를 수집하여 목록을 만들고 이들을 연구하면서 필자는 여러 가지 의문을 가지게 되었다.

그중 가장 큰 의문은 훈민정음이 창제된 이후임에도 불구하고 왜 이렇게 많은 한자 학습서가 계속 간행되고 필사되었는가 하는 점이었다. 이 책에서 연구대상으로 한 한자 학습서는 한글로 그 석음이 쓰이어 있는 문헌이어서 한글을 읽을 수 있는 사람들이 이용하는 것들이다. 한글을 이해하면서도 한자를 학습하려 한 이유가 궁금했던 것이다.

그러나 현대까지도 한자 학습의 열기가 전혀 식지 않고 오히려 더 뜨거워진 이유를 파악하는 일은 그리 오래 걸리지도 않았고 또 그 해석이 어렵지도 않았다. 한자 학습의 열기는 곧 지식 탐구의 열정이라는 결론에 도달할 수 있었기 때문이다. 한자 학습의 열기는 지식 탐구의 열정에 비례한다는 사실을 발견함으로써 필자의 1차 의문은 해소되었다. 오늘날 한글과 한자를 잘 알면서도 영어를 더 배우려는 노력과 다를 바 없는 것처럼.

그러나 곧 2차 의문이 생겨났다. 지식 탐구는 왜 그 도구로 한자를 택하였는가 하는 점이었다. 혹자들은 중국에 대한 사대 모화사상으로 한자를 숭모한 결과라고 주장한다. 그러나 필자는 이 주장에 동조하지 않는다.

우리 선조들은 새로운 지식과 문화를 습득하려는 욕구는 컸지만 그들 주위에는 그 욕구를 채워줄 문헌은 오직 한자 한문으로 쓰인 문헌들밖에 없었던 것이다. 시대적 상황으로 보아서 그 문헌은 중국의 문헌이 전부였다고 해도 과언이 아니다. 만약에 한글로 쓰인 문헌이 양적으로나 질적으로 새로운 지식과 문화를 갈망하는 사람들을 충족시킬 만큼 충분했다면 한자 한문을 별도로 학습할 필요가 없었을 것이다. 우리나라 사람들에 의해 쓰인 한글 문헌들이 그들의 욕구를 충족시킬 수 없었던 것은 한글로 쓰인, 읽을 만한 古典이 없었기 때문이다. 만약에 우리 선조들이 그들의 저서를 한글로 써서 간행하였거나 또는 중국의 한문 고전들을 우리말로 번역해 놓은 것이 많았다면 사정은 달라졌을지도 모른다.

그래서 한문으로만 글을 쓰고 한글로 쓰지 않은 우리 선현들을 탓하기도 한다. 그러나 새로운 문화를 담을 책을 한글로만 쓰기는 쉽지 않았을 것이다. 왜냐하면 새로운 지식과 문화를 담는 우리말 어휘가 충분하지 않았던 것이다. 우리나라의 많은 고전 문헌들에 쓰인 어휘에 한자어와 외래어가 많은 것이 그러한 사실을 증명한다. 그리고 우리나라에서 언해된 많은 문헌들에 보이는 협주는 거의가 다 한자 및 한자어에 대한 주석이라는 점도 동일한 증거에 속할 것이다. 마찬가지로 한자 어휘를 모아 풀이해 놓은 수많은 책들(예컨대 物名攷 등)이 간행, 필사되어온 사실도 그것을 증명한다. 고소설들이 국문으로만 쓰인 것은 그 고소설들은 우리말 어휘로도 넉넉히 표현할 수 있었던 데에 기인할 것이다.

한자 학습 문헌자료를 검토하면서 제일 먼저 스스로 반성한 점은 국어학자로서 다양한 분야의 내용을 담는 국어 어휘를 확충시키지 못한 점이었다. 이러한 문제점들은 오늘날에도 그대로 이어져 오고 있다. 오늘날 학술용어 또는 전문용어의 국어 어휘화가 시급한 점도 이 문제와 무관하지 않을 것이다.

결국 한글 전용과 한자 학습은 다른 차원의 문제이지 직접적인 인과관계가 있다고는 생각하지 않게 되었다. 오늘날 한글 전용이나 국어사용이 영어 교육과 큰 인과관계가 없는 것처럼.

필자는 이 연구에서 약 350여 책 정도의 한자 학습 문헌에 대하여 필자 나름대로의 기준에 따라 분류하고 소개하였다.

필자가 이처럼 많은 자료를 수집하고 정리한 원래의 이유는 한자 학습자료를 정리하려는 것이 아니었다. 필자가 이 연구를 하게 된 본래의 대상은 한자 학습자료이거나 한자가 아니었다. 필자는 국어를 연구하고 이해하기 위한 방편의 하나로 한자에 대한 연구를 국어 연구와 함께 병행하였을 뿐이다. 그 이유는 한글은 표음문자이어서 한글로 표기된 자료들은 그 음을 파악할 수 있지만, 그 의미를 파악하는 데에는 어려움이 많았던 데에 기인한다. 우리나라 문헌은 훈민정음 창제 이후에 언해본이 상당수가 존재하여 한글로만 쓴 문헌보다도 한문본을 언해한 자료가 더욱 많아서 한글로 쓰인 글들의 의미를 파악하는데 같이 쓰인 한자로부터 큰 도움을 받을 수 있었기 때문이다.

그런데 한자 개개 글자의 의미를 우리말로 풀어 놓은 자료들이 곧 천자문을 비롯한 한자 석음 자료이어서 이들을 활용하면 국어 연구에 큰 도움이 될 것이라고 생각하게 되었다. 한자 자석 자료를 수집하고 이들을 입력하여 연도별로 정렬하면 한자 석음의 변화도 볼 수 있을 뿐만 아니라 국어 어휘의 변화도 알 수 있다는 생각이 들었다.

그러다가 이러한 한자 학습자료에 대한 연구도 각각의 문헌에 대해서는 그 연구가 개별적으로는 이루어져 왔지만, 전반적으로 통시적인 연구가 부족하다는 생각에서 한자 자석 역사사전을 만들기로 하여 작업을 해 왔다. 그래서 초기에는 이러한 문헌들을 복사하여 카드에 붙여 분류하여 카드박스에 넣어 보관하여 두었었다. 이 작업은 컴퓨터가 등장하고 필자가 직접 옛한글을 입력할 수 있는 컴퓨터 환경을 마련하자 약 40만 장의 카드를 폐기할 수밖에 없었다. 그리고 다시 컴퓨터로 입력하는 작업을 시작하였다. 그러면서 부수적인 작업으로 한자 학습 문헌자료에 대한 연구가 진행된 것이었다.

이러한 이유로 인해서 이 책에는 한자 학습 문헌자료 개개에 대한 정밀한 연구를 시도하지 못한 흠결이 보일 것이다. 그래서 이 연구의 결과는 이러한 한자 학습 문헌자료를 검토하면서 나타난 일반적인 현상들을 포괄적으로 기술할 수밖에 없었다. 한자 학습자료에 대한 연구가 끝이 나야 한자 자석 역사사전의 정리가 시작되어야 하는 것이기에 한자 학습 문헌자료에 대한 포괄적인 기술에 그칠 수밖에 없었던 것이다. 그래도 이 연구에서 얻은 내용들은 종합하지 않을 수 없어서 그 대략적인 현상을 기술하기로 한다.

1. 우리나라의 전통적인 한자 학습 문헌자료가 역사적으로 변천해 온 과정을 표로 보이면 다음과 같다. 이 표는 이들 문헌들이 간행된 상황을 고려하여 만들어진 것이다. 이 표에서 ═══은 많이 간행된 것을, ┄┄┄은 간행된 수가 적음을 나타낸다.

	15세기	16세기	17세기	18세기	19세기	20세기
천자문		═══	═══	═══	═══	═══
유합		═══	═══	═══	═══	═══
훈몽자회		═══	┄┄┄			
신증유합		═══	┄┄┄			
아학편					═══	┄┄┄
기타자료					┄┄┄	

전통적인 한자 학습자료는 천자문으로부터 시작하여 훈몽자회와 유합으로, 다시 신증유합으로, 그리고 아학편으로 변천하여 온 시대적인 특성을 지니고 있다. 곧 16세기에는 천자문과 훈몽자회와 유합과 신증유합이, 17세기에는 천자문과 유합이, 18세기에는 천자문과 아학편이 유행하였고, 20세기에는 천자문과 유합이 우세하였으나 유합보다는 천자문이 월등히 많이 이용되었다. 16세기에 천자문, 유합, 훈몽자회, 신증유합 등 다양한 문헌이 간행된 것은 훈민정음의 보급과 연관된 것으로 해석된다. 즉 16세기에 와서야 한글로 된 문헌을 읽을 수 있는 사람들이 많아졌음을 의미한다. 그래서 이들을 대상으로 한 한자 학습 교재들이 등장하게 된 것이다.

시대를 거쳐 오면서 줄곧 한자 학습자료의 중요한 위치를 차지하여 온 것은 천자문과 유합이었다. 그러나 천자문에 비해 유합은 그 영향력이 매우 미미한 편이었다. 19세기 말에서 20세기 초에 이들과는 다른 다양한 한자 학습서가 등장했지만, 결국 천자문으로 다시 환원되었다.

여러 한자 학습서 중 천자문만 남게 된 이유는 한자의 배열방식이나 분류방식에 의한 것이라기보다는 학습방식과 한자의 양에 관계되는 것으로 이해하는 것이 더 나을 것이다. 한자의 학습이 낭송으로 쉽게 암송할 수 있는 것이 한자성구(곧 '문자')에 익숙해 있는 일반인들에게 접근하기가 훨씬 수월하였기 때문일 것이다. 그래서 오늘날까지 '하늘천 따지 감을 현 누루황'(심지어는 하늘 천 따지 검은 솥에 누룽갱이 박박 긁어서 운운) 등으로 암송되고 있는 것이다. 또 한 가지는 한자 학습량에 관여되는 것으로 보인다. 천자문의 1,000자가 훈몽자회의 3,360자, 유합의 1,500자 내외, 아학편의 2,000자보다 초보자들에게는 한자 교육에 더 효과적이었기 때문일 것으로 이해된다. 학습 내용보다는 학습량이 더 큰 힘을 발휘한 셈이다. 한자 학습 내용은 천자문 학습 이후에도 더 확충될 수 있어서 천자문으로 기본적인 한자 학습을 할 수 있다는 무언의 힘이 천자문만을 남게 한 큰 원동력이었다.

천자문은 자형을 배우는 명필의 천자문(예컨대 석봉천자문 등)이 먼저 등장하였고 그것은 19세기 말까지도 지속되었다. 그러나 19세기 말의 필기도구의 변화(붓에서 펜으로)가 일어나면서 명필의 천자문은 그 세력이 약화되었다. 단지 서예 교육에서만 명필의 천자문이 이용되었을 뿐이다.

2. 한자 학습자료는 그 한자의 수가 모두 짝수의 배수이다. 특히 4자 성구로 되어 있어서 4와 연관된다. 한자 학습자료들의 한자 숫자는 1,000자, 1572자, 2000자, 3,000자, 3,360자 등등인데 모두 4의 배수이다. 이러한 숫자들은 학습방법을 고려하여 편찬한 결과로, 의도적이 아니라 자동 발생적이라고 할 수 있다. 왜냐 하면 다음과 같은 학습효과를 도모하였기 때문이다.

① 4자 성구로 만들면 암기가 용이하다.

② 그래서 책의 체재도 대부분 행수는 다르지만 한 행의 자수는 대개 4자로 되어 있다. 그래서 거의 모든 한자 학습자료는 ○행 4자이다. 단 삼자경은 3자로 되어 있는데, 이것은 중국의 삼자경의 영향으로 보인다. 유합 중에 6자로 되어 있는 경우도 있는데, 이것은 그 책의 양을 줄이기 위한 방편으로 보인다.

그러나 홀수의 글자수를 가진 한자 학습 문헌은 3자경과 참고자료로 만든 학습서를 제외하고는 보이지 않는다.

③4자 성구는 대부분 반의어 구조이거나 유의어 구조로 되어 있다. 동서남북(東西南北), 상하좌우(上下左右) 등이 그러한 구조이다.. 그래서 한자 학습자료는 반의어 연구에 매우 좋은 자료를 제공해 줄 것이다. 반의어 구조가 힘든 것은 사물의 명칭을 나열해 놓은 경우이다. 그러한 경우에는 유사한 종류의 사물을 나열하므로 유의어 연구에도 도움을 줄 수 있다.

3. 한자 학습서는 형음의(形音義) 이외에 성조, 부수정보 등이 포함되어 있어서 한자 한 글자에 대한 복합적인 지식을 필요로 하여 가능한 한 한자 하나에 많은 정보를 제공해 주는 방식으로 편찬되어 왔고, 그러한 한자 학습서의 최고로 보였던 것이 홍성원의 '주해천자문(註解千字文)'과 이를 보완한 홍태운의 '주해천자문(註解千字文)'이었다. 그래서 이 '주해천자문'은 많은 사람들이 선호하는 한자 학습서이었다. 이것은 이러한 천자문을 통해 한자로 된 글을 읽을 뿐만 아니라 한자로 글을 쓰는, 즉 한자가 한문을 쓰는 도구로서의 기능을 가지고 있었기 때문이다. 그러나 한자를 단지 한자로 쓰인 어휘를 이해하는 방편으로 필요했던 시기가 되어서는 그러한 복잡한 정보보다는 단순한 정보만 전달해 주는 한자 학습서가 더 필요하게 되었다. 그래서 오늘날에는 형태는 해서체, 그리고 한글로 쓴 새김과 한글로 쓴 한자음만 전달해서 '天 하늘 천'처럼 단순한 정보만 전달해 주는 한자 학습서만 남게 되었다.

물론 한자에 대한 전문적인 지식을 요구하는 사람들에게는 별도의 학습서가 필요하여, 초서체와 전서체 등의 한자 학습서가 필요하였으며 서예가들에게는 명필가가 쓴 한자 학습서가 필요했다. 그리고 점차로 쉽게 암기할 수 있도록 하기 위해 그림까지도 포함시켰지만, 이것은 학습량이 다양한 어린이들에게 흥미롭게 다가가기 위한 방편이었다.

소리와 문자로만 전달하던 방식에서 그림까지도 동원하는 다매체 전달 방식(멀티미디어 방식)이 점차 발달하면서 이 한자 학습서는 크게 변모하게 되어 오늘날 예컨대 '마법천자문'과 같은 책이 유행하게 되었다.

4. 천자문 등의 한자 학습자료에 대한 한자의 특징도 몇 가지 지적할 수 있다.

① 한국 한자가 거의 쓰이지 않았다. 왜냐하면 한국 한자는 대부분 取音을 위해 만들었기 때문에 자석(字釋)에서 '석(釋)', 즉 새김이 없기 때문이다. 예컨대 '乭'은 '돌'이라는 음만 지니고 있을 뿐, 새김은 없기 때문이다.

② 이체자가 그리 많지 않다. 이체자라고 하는 것들도 매우 일반화된 이체자 또는 異形字뿐이다. 왜냐하면 이 한자 문헌들은 교육용이기 때문일 것이다.

5. 한자 학습의 대표적인 요소는 형음의(形音義)인데, 이것은 '天 하늘 천, 玄 감을 현'과 같은 형식의 학습 방법으로 굳어져 계속 이어져 왔다. 이러한 형식은 한 번도 바뀐 적이 없다. 이러한 한자 학습 방식은 15세기의 언해문에서도 동일한 방식으로 주석을 달던 방식이었다.

우리 선조들이 한자에 대한 문법적 인식은 다섯 가지였던 것으로 이해된다. 체언(명사, 대명사, 수사), 용언(동사, 형용사), 수식언(부사), 관계언(토), 독립언(감탄사)이 그것이다. 이 중에서 한자 석음을 표기하는 방식은 3가지로 발전한 것으로 해석된다. 그리하여 한글 석음의 형식은 다음의 네 가지 형식으로 이루어진다. (N : 명사, Ad : 부사, Vs : 용언 어간)

	분류	형식	예
1	체언	N + 한자음 형	天 하늘 텬
2	수식언	Ad + 한자음 형	不 아니 블
3	용언	Vs + -을/은 + 한자음 형	玄 가믈 현
4	허사	입겿 + 한자음 형	也 입겿 야

이러한 형식은 훈민정음 창제 이전부터 구두로 전승되어 온 것이었을 것으로 이해된다.

6. 대부분의 한자 학습서는 해서체로 되어 있다. 특히 한글로 석음을 달아 놓은 한자 학습서는 거의 다 해서체로 되어 있다. 필자의 조사와 발견으로는,

초서체로 되어 있으며 한글로 석음을 달아 놓은 문헌은 1종류에 불과하며, 전서체로 된 것은 전혀 발견할 수 없었다. 초서체와 전서체의 한자 학습서는 그 학습의 목표가 해서체 한자를 익혀 알고 있는 사람이 한자의 서체를 익히기 위한 것이었기 때문이다.

그러나 해서체를 기본으로 하되 전서체, 초서체, 예서체를 부수적으로 학습시키기 위해, 이체천자문(二體千字文), 삼체(이)천자문(三體(二)千字文), 사체(이)천자문)(四體(二)千字文) 등도 후대에 많이 등장하고 있다.

7. 다양한 한자 학습자료들은 천자문과 유합의 문제점을 지적하고 그것을 개선하려는 노력의 일환으로 편찬하게 된 것들이다. 그 지적되는 대부분의 문제는 物目이나 物名과 연관된 한자가 부족하다거나 또는 내용에서 분류체계가 잘못되었다거나 하는 점이었다. 천자문은 한시를 중심으로 四言成句로 구성하여 나열한 것인데 비해, 유합은 한자를 내용상으로 분류하여 유서(類書) 형식으로 나열한 것이어서 우리나라 한자 학습 문헌자료들은 이 두 가지 방식으로 편찬되어 왔고 또 이용되어 왔다고 할 수 있다. 즉 천자문류와 유합류가 두 가지 방식을 대표해 왔다. 훈몽자회, 신증유합, 아학편 등은 내용상 분류를 중심으로 하여 변천하여 왔기 때문에 유합의 배열 방식을 따른 것이라고 할 수 있다. 그러나 현대에 와서 이러한 내용별 분류를 중심으로 하는 한자 학습서는 전혀 보이지 않는다. 이 문제는 검색과 연관된 문제일 가능성이 높다.

한자를 검색하는 방식에 의해 한자 학습자료들이 발생하였는데, 한자 새김으로 검색하는 방식과 한자음으로 검색하는 방식 등이 시험되어 왔다. 한자 새김에 따라 배열한 '언음첩고'가 있었고, 한자음에 따라 배열한 '음운반절휘편'이 있었다. 그러나 한자 새김이나 한자음에 따라 배열되는 한자 학습자료들은 사라지게 되었다. 대신 한자음으로 검색하는 방식은 자전에서 뒷부분에 부록으로 남게 되었다.

이러한 모든 방식은 오늘날은 한자의 부수에 의한 것은 자전류로 발전하였고, 그렇게 이루어진 한자 학습자료들은 그 수가 많지 않았다.

8. 오늘날의 한자 석음은 오래 전부터 전해 오는 전통적인 석음으로부터 유래하여 왔지만, 현대의 주된 석음은 대체로 어느 연구자나 제안자에 의해 결정된 것이 아니라, 관습적으로 전해 오는 방식에 의해 결정된 것이다. 이러한 사실들은 앞으로 필자가 편찬할 '(가칭) 한자 자석 역사사전'에서 나타나게 될 것이다.

9. 한자의 학습 숫자는 1,000자에서 2,000자 내외가 가장 적합한 것으로 이해된다. 한자 교육의 대상이 주로 아동들이어서 한자 학습량이 많으면 감당하기 힘들기 때문일 것이다. 한자 학습에서 천자문과 같이 1,000자는 기본적인 것이고, 여기에서 더 발전하기 위해서는 한자 학습의 한자 숫자를 늘려 가는 방식으로 이어져 왔다. 한자가 많은 자료들은 대체로 쓰기 위한 것이 아니라 이해하기 위해 편찬된, 일종의 참고서로 편찬된 것이다. 그리하여 이들은 차츰 字典으로 발전해 갔다.

10. 한자를 익힐 뿐만 아니라 이것을 검색하여 참고로 삼는 자전들도 여러 단계를 거치게 되었다. 한자를 의미영역별로 찾으려는 것이 초기였다고 한다면 성조별로, 서체별로, 또는 한자 성구에 대한 부수설명을 부가하는 방식 등이 그 다음 단계였으나, 대부분 지속되지 못하여 성공하지 못하였다. 그 이후에 한자 새김의 음상별로, 즉 가나다순으로 검색할 수 있는 책이 등장하였는데, 그것이 '언음첩고'(1846년)이다. 다시 한자음의 가나다순으로 배열하여 검색을 용이하게 만든 책이 편찬, 유행하였는데, 그 책이 곧 19세기에 등장한 '음운반절휘편'이었다. 이것은 오늘날의 국어사전의 배열방식과 동일하다. 이러한 점으로 보아, 오늘날 국어사전의 가나다순 배열 방식은 서양으로부터 들어온 것이라는 기존의 생각이 잘못된 것임을 알 수 있다. 역사적으로 자연 발생한 것이었다. 이러한 방식은 20세기 초에 한자의 부수로 찾는 방식으로 바뀌게 되었는데, 그것이 곧 자전(또는 옥편)으로 자회집(字會集)(1830년)이 그 최초이다. 그 이후에 국한문신옥편(1908년), 자전석요, 신자전 등의 수많은 옥편이 등장하여 오늘날에 이르게 되었다. 그러나 음운반절휘편의 방식은 옥편에

서 그대로 살아 있어서, 옥편의 뒤에는 한자음의 가나다순으로 색인을 붙여, 검색을 용이하게 하려는 그 뜻을 그대로 살려 놓고 있다. 음운반절휘편의 전통은 그대로 살아 있는 셈이다.

11. 한자 학습자료 편찬에 종교계의 역할도 컸었다. 특히 사찰에서 한자 학습자료, 특히 천자문과 유합의 발간은 매우 활발하였다. 그러나 훈몽자회나 아학편 또는 이천자문 등은 사찰에서 간행된 적이 없었다. 사찰에서 천자문과 유합이 많이 간행된 것은 불경이 한문으로 되어 있었기 때문일 것이다.

모든 경서가 한문으로 되어 있어서, 유교 계통의 서원 등에서도 한자 학습자료가 간행되었을 것으로 예상하였지만, 서원에서는 천자문이나 유합 등의 한자 학습서는 한 책도 간행한 적이 없다. 이러한 사실은 사서삼경이나 그 언해본이 서원에서 간행된 적이 한 번도 없었던 사실과 함께 이해할 수 없는 일이었다. 서원에서는 이보다 더높은 수준의 교육에 목표를 두었다고 하더라도 이해하기 힘든 사실 중의 하나이다. 그러다가 유교계에서 경서를 읽기 위한 한자 참고서는 20세기에 이르러서야 관심을 두기 시작한다. '사서언해(四書言解)'(諺解가 아님)가 거의 유일하다.

이러한 불교계와 유교계의 현상은 한글 교육도 마찬가지 현상이 보인다. 불교계에서 간행한 문헌에 언문 반절표는 붙어 있지만, 유교 계통에서 간행한 문헌에서는 언문반절표는 보이지 않는다. 이것은 두 종교의 신자들의 계층과도 연관되는 것으로 보인다.

기독교는 중국을 통해서 들어온 기독교는 한자 학습서가 있었지만, 미국을 통해 들어 온 기독교에서는 20세기에 들어서 신교육을 위한 교육에서 이루어졌다.

이에 비해 도교, 동학에서는 한자 학습서가 없었다.

12. 일제강점기에는 일본어의 한자 학습을 돕는 한자 학습서가 대량으로 간행되었고, 미국과의 관계가 긴밀해지면서 영어를 학습할 수 있는 천자문도 등장하였다. 이러한 외적 요인에 의해서 학습 방법이나 학습 내용에 변화가

일어난 것이다.

13. 19세기 중기 이후부터 한자 학습서가 많이 등장한 것은 사회적인 변화와 긴밀한 관계가 있을 것으로 생각한다. 역사학계의 연구에 의하면, 특히 정석종(1984년)에 의하면, 18세기 초인 숙종 말년에 양반은 국민의 9~10％이었던 것이 18세기 말인 정조연간에는 양반층이 20％가 넘었고, 19세기 중엽인 철종 무렵에는 그 양반 계층이 60％까지 이른다는 지적은 한자 교육의 번성과 직접적인 관계가 있을 것으로 생각한다. 물론 이 내용은 추정이지만, 사회 변동에 따라 문자의 학습 방향이 달라지는 현상은 현재에도 계속되고 있음을 보면서 단순한 상상이라고는 생각하지 않는다. 오늘날의 일부 계층의 영어 교육 열기와 비교되기 때문이다.

14. 20세기에 와서 천자문 등의 한자 학습 문헌자료가 많이 간행된 것은 인쇄술의 발달로 일반인들의 지식 욕구가 강했기 때문이다. 그러나 1950년대 이후에는 한글 문헌의 보급으로 한자 학습의 필요성이 줄어 들게 되었다. 한글로 된 문헌들로도 지식 충족 욕구를 채울 수 있었기 때문일 것이다.

15. 한 때 중앙 정부에서도 한자 교육에 관심을 가지고 한자 학습서를 간행해 내었으나(석봉천자문이 대표적이다) 19세기 이후부터는 정부에서 한자 학습서를 편찬 간행한 일은 없는 것으로 보인다. 이러한 중앙정부의 한자 학습 교재의 간행은 그 당시의 국가의 문화정책에 따른 것으로 해석된다.

16. 한자 교육은 정규 교육보다는 별도의 가정 교육을 통해 이루어진 것으로 보인다. 방각본의 유행이 그러한 사실을 알려 준다. 만약에 모든 국민들에 대한 정규교육이 일찍 이루어졌다면 한자 학습 교육을 위해 공적으로 교재가 편찬되었을 것이지만, 그러한 기회가 없었기에 사적으로 교육시키기 위해 천자문등이 방각본으로 간행되었을 것으로 추정된다. 그리고 모든 국민을 대상으로 한 정규교육이 시작되었을 때에는 이미 서양식 교육 방법이 시행되면서 천자문 등의 교재가 채택되지 않았지만, 각 가정에서는 전통적 교육방법으로 천자문을 선택하여 천자문 등의 방각본이 많이 등장한 것으로 해석된다,

17. 한자의 획의 순서 등을 교육시키는 학습서는 보이지 않는다. 한자의 획 등을 제시한 문헌은 서예 학습서에서만 보일 뿐이다.

18. 유니코드에도 없는 한자도 많이 학습 대상이 되었는데, 이 한자들의 출전을 알 수 없다. 아마도 중국 고전을 읽으면서 등장했던 희귀한 한자들을 목록화한 것으로 추정된다.

이 연구는 한자를 학습하기 위해 어떠한 문헌들이 편찬, 간행, 필사되었는가를 살펴 본 것이다. 이 작업을 통해서 우리가 앞으로 하여야 할 연구 과제가 무엇인지를 생각할 수 있었다. 그 몇 가지를 언급하면 다음과 같다.

1. 이들 문헌들에 제시된 한자와 그 석음을 컴퓨터로 입력하는 일이다. 이 작업의 목적은 색인과 검색 작업을 원활히 하기 위한 것이다. 이 방법을 통하여 한자를 정렬하고, 한 한자에 대한 석음의 발달과정을 수월하게 고찰하고 비교할 수 있다. 필자는 이 작업의 마지막 단계에 와 있다. 가칭 '한자석음 역사 사전'은 한자를 표제어로 한 것과, 한자 새김을 표제어로 한 두 가지로 정리하고 있다.

2. 그 문헌을 간행시기로 분류하여 놓고 각 한자에 대한 석음이 역사적으로 어떻게 변천하여 왔는가를 한 눈에 볼 수 있도록 하는 것이다.

3. 이러한 한자의 석음을 역사적으로 검토하고, 각 한자의 표준적인 석음을 제시하여야 한다. 그렇게 해서 얻을 수 있는 실용적, 학술적 효과를 든다면 다음과 같은 것일 것이다.

(1) 한자 교육에 크게 기여할 것으로 예상된다.

(2) 국어의 어휘 변화가 어떻게 이루어져 왔는가를 연구하는 자료를 제공하여 준다.

한자 자석의 몇 가지 예로 들어 그 효용성을 살펴 보도록 한다.

한자 '螳'과 '蜋'은 오늘날에는 모두 '사마귀 당', '사마귀 랑'이라고 하지만, 이 '사마귀'는 '버마재비'의 방언형이다. 그래서 옛날 문헌에는 '범아자비 당'이라고 되어 있다(훈몽자회에는 '당의야지 당'이다). 그런데 어느 문헌(『몽학이천자』)에는

'당가비 당, 당가비 량'으로 되어 있다. 이때의 '당가비'는 충청도 방언형 '땅개비'를 반영한 것이다. 이를 통하여, '땅개비'의 '땅'을 '땅'(地)과 연관시켰던 지금까지의 인식이 잘못되었음을 알 수 있다.

그리고 오늘날 어느 문헌을 보아도 '따라지'의 뜻을 알 수 있는 것이 없는데, 『표준국어대사전』을 보면 어디에서 근거하여 써 놓았는지, '보잘것없거나 하찮은 처지에 놓인 사람이나 물건을 속되게 이르는 말로 풀이하고 있다. 그리고 '삼팔따라지, 따라지를 잡다' 등의 예를 들고 있다. 그렇다면 '따라지'는 옛 문헌에 등장하는가? 한자 자석 문헌자료에서만 나타나는데, 이 '따라지'는 엉뚱하게도 한자 '鮂(추)'(현대에는 '뱅어 추'로 되어 있다)에 대한 자석으로 등장하고 있다. 『증보 자전척독완편(增補字典尺牘完編)』(권3)에 보면 '鮂'는 '송샤리 추(雜小魚)' '짜라지 추(小人鮂生)'란 기록이 있다. 이러한 사실로 원래 따라지'는 '작은 송사리'를 나타냈고 이것이 '소인'을 뜻하게 되었음을 알 수 있다. 그 결과 작은 것을 '따라지'라고 해서 화투에서 작은 것을 '따라지'라고 하였고, 작은 끗수인 1을 나타내는 '삼+팔'에 따라지가 붙은 것을 알 수 있다.

(3) 표준 석음이 결정되면, 컴퓨터에서 한자를 입력하는 방법을 개선할 수 있다. 즉 한자를 모르고도 그 석음만 알면 쉽게 입력할 수 있는 방안을 제공하여 줄 수 있다.

한자의 입력방법은 한자의 形과 音을 이용하는 두 가지 방법이 있는데, 주로 音을 이용하는 방법을 사용하기 때문에 입력 속도가 느리거나 또는 한자음을 몰라서 입력이 거의 가능하지 않은 경우가 많다. 그러나 표준 석음이 결정되면 이 두 가지를 동시에 이용하는 방법을 고안해 낼 수 있을 것이다.

(4) 각 문헌에 등재되어 있는 한자의 빈도수를 알 수 있어서, 기본한자 및 실용한자를 결정하는 데에 기여하게 될 것이다.

(5) 자석 자료를 통해 반의어 자료나 다의어 자료를 풍부하게 찾아낼 수 있다. 예컨대 '천지(天地)'는 '하늘 천, 땅 지'가 되는데 이때의 댓구가 되는 '천'과 '지'는 반의어 관계에 있는 것이다. 한자 자석 자료는 대부분이 4구로 되어 있

어서 이러한 자료를 상당수 찾아낼 수 있다. 東(동녁 동) - 西(션녁 셔), 南(남녁 남) - 北(북녁 북), 上(웃 샹) - 下(아릐 하), 左(월 좌) - 右(올흘 우), 前(압 젼) - 後(뒤 후), 邊(ㄱ 변) - 隅(모 우) 등등(『유합』에서)이 그것이다. 마찬가지로 다의어에 해당하는 요소를 찾아보도록 한다. 이래의 예는 모두 『훈몽자회』에 등장하는 것인데, 모두 그 자석이 '하늘'인 한자가 모두 5개나 나타난다. 한자의 뜻은 모두 다른데 우리말로는 모두 '하늘'인 것이다. 이들 한자들은 모두 '하늘'에 대해 다의 관계에 있는 것이다.

天(하늘 텬) 霄(하늘 쇼) 乾(하늘 건) 旻(하늘 민) 昊(하늘 호)

(6) 또한 한자들은 대부분이 큰 글자로 썼는데, 하나의 한자에 이체자가 다수 나타난다. 이 자료들을 중심으로 이체자의 목록을 만든다면 가장 기본적인 이체자의 형태들을 찾아낼 수 있을 것이다.

4. 한자 학습서는 서예 학습의 한 방편으로도 이용되어 왔기 때문에, 한자서체 및 서예 연구에 도움을 줄 수 있을 것이다. 한자 학습 문헌에는 소위 명필들이 쓴 문헌이 다수 있어서 이들을 探字하여 목록을 만들어 둔다면 한자 서예나 한자 폰트에도 도움을 받을 수 있을 것이다. 예컨대 다음의 임의대로 추출한 천자문의 몇 가지 한자의 서체를 예로 들어 보면 다음과 같다.

1. 광주천자문 (1575年)   2. 석봉천자문 (1583年)
3. 칠장사천자문 (1661年)   4. 김국표서천자문 (1750年)
5. 주해천자문 (1804年)   6. 완산신판천자문 (1867年)
7. 신구서림 천자문 (1913年)   8. 전초언주천자문 (1916年)

	荒	昃	寒	藏	歲	爲
1	荒	昃	寒	藏	歲	爲
2	荒	昃	寒	藏	歲	爲
3	荒	昃	寒	藏	歲	爲
4	荒	昃	寒	藏	歲	爲
5	荒	昊	寒	藏	歲	爲
6	荒	昃	寒	藏	歲	爲
7	荒	昺	寒	藏	歲	爲
8	荒	昃	寒	藏	歲	爲

	劒	號	珍	重	海	羽
1	劒	號	珎	重	海	羽
2	劒	號	珎	重	海	羽

3	劍	號	珍	重	海	羽
4	劍	號	珍	重	海	羽
5	劍	號	珍	重	海	羽
6	劍	號	珍	重	海	羽
7	劍	號	珍	重	海	羽
8	劍	號	珍	重	海	羽

	龍	鳥	國	弔	發	坐
1	龍	鳥	國	弔	發	坐
2	龍	鳥	國	弔	發	坐
3	龍	鳥	國	弔	發	坐
4	龍	鳥	國	弔	發	坐
5	龍	鳥	國	弔	發	坐

6	龍	鳥	國	弔	發	坐
7	龍	鳥	國	弔	發	坐
8	龍	鳥	國	弔	發	坐

　이상과 같은 방식으로 1,000자를 정리하여 천자문 한자 서체 비교 사전을 만들 수 있을 것이라고 생각한다.

참고문헌

高永根(1989), 지볼트(Fr.vonSiebold)의 韓國記錄 研究, 東洋學 19.

공업진흥청(1995), 한자 코드의 국제표준화에 관한 연구 -이체자의 연계체계에 따른 표준규격자(자형) 제정 방안 및 조합형 한자의 구현 방안을 중심으로-, 공업진흥청.

곽현숙(2017), 훈몽자회』와 『자류주석』의 분류항목 비교 분석, 중국학 61.

口訣學會 編(1997), 아시아 諸民族의 文字, 태학사.

국립국어연구원(1991), 우리 나라 漢字의 略體 調査, 국립국어연구원.

국립국어연구원(1992), 東洋 三國의 略體字 比較 研究, 국립국어연구원.

국립국어연구원(1992), 동양 삼국의 이체 비교, 국립국어연구원.

국립국어연구원(1993), 漢字 略體 調査 研究, 국립국어연구원

국립국어연구원(1996), 한자의 자형 조사(1), 국립국어연구원.

국립국어연구원(1997), 한자의 자형 조사(2), 국립국어연구원.

국립부여박물관(2003), 百濟의 文字, 하이센스.

權悳奎(1923), 朝鮮語文經緯, 廣文社

權相老(1947), 朝鮮文學史, 일반프린트사

권인한(1999), 한국 한자음의 표준안 연구, 새국어생활 9권 1호.

金允經(938), 朝鮮文字及語學史, 동국문화사.

김경선(2015), 다산 정약용의 兒學編訓義와 문자교육적 가치, 퇴계학논총 25.

김근수(1971), 訓蒙字會 研究, 靑鹿出版社

김남경(2013), 영남대 도남문고본 유합의 국어학적 고찰, 민족문화논총 54.

김무봉(2013), 百聯抄解 연구(I) -異本과 시의 성격을 중심으로-, 韓國思想과文化 70.

김무봉(2014), 百聯抄解 연구(II), 동경대본의 음운과 어휘를중심으로-, 韓國思想과文化 74.

김민수(1980), 新國語學史(全訂版). 一潮閣,

김민수(1999), 북한의 한자 교육, 새국어생활 9권2호.

김세준(1991), 한자 형체 변화 및 조성 수법 연구, 김일성종합대학출판사., 평양.

김세환(2007), 千字文의 由來와 大意 考察, 중국학연구 42.

김언종 외(2008), 譯註 字學, 푸른역사.

김언종(2006), 李衡祥의 字學提綱 譯註, 국립국어원.

김영경(2016), 의서옥편(醫書玉篇) 판본 비교 연구, 書誌學硏究 66.

김영욱(2017), 한국의 문자사, 태학사.

김완진(2003), 향가 해독법 연구, 서울대학교출판부.

金履浹(1980), 平北方言千字文, 方言 3.

金履浹 編著(1981), 平北方言辭典, 韓國精神文化硏究院.

김인호(2005), 조선 인민의 글자생활사, 사회과학출판사, 평양.

김종운(1983), 한국 고유한자 연구, 집문당.

김종운(2000), 조선시대 한자교재 고찰 : 천자문과 유합을 중심으로, 한국어문교육 9(한국교원대학교)

김종운(2014), 개정증보판 한국 고유한자 연구, 보고사.

김종택·송창선(1991), 천자문, 유합, 훈몽자회의 어휘분류체계 대비, 어문학52.

김주필(2007), 장서각 소장 천자문의 표기와 음운현상, 장서각 소장 한글필사자료 연구

김지용(1966), 존경각본 훈몽자회, 한글138·139.

김진규(1989), 훈몽자회의 동훈어 연구, 인하대 대학원 논문집

김진규(1990), 훈몽자회 상권 동훈어고(Ⅰ), 회갑논문집

김진규(1993), 훈몽자회 어휘연구, 형설출판사

김진규(1994), 훈몽자회 하권의 목록과 사어 고찰, 한글 31.

김진규(1998), 훈몽자회의 국어학적 접근, 한국인의 고전 연구

김진규(1999), 훈몽자회의 어휘적 고찰, 한힌샘 주시경연구 12

김진규(2001), 훈몽자회 중권의 동훈어 연구, 한어문교육 9.

김하수·이전경(2015), 한국의 문자들, 커뮤니케이션북스.

김현규(1990), 蒙學敎材로서의 천자문, 성균관대학교 석사학위논문.

김혈조(2013), 초학 교재 동몽수독천자문 연구, 漢字漢文敎育 30.

김희진(1987), 훈몽자회의 어휘적 연구 -자훈의 공시적 기술과 국어사적 변천을 중심으로-, 숙명여대 박사학위논문.

南廣祐 編著(1995), 古今 漢韓字典, 仁荷大學校出版部.

남광우(1989), 북한의 한자 교육 연구, 국어생활 제17호.

남권희(1999), 北岳 李海龍의 千字文, 문헌과 해석 6.

남권희(2001), 1650년 목활자본으로 간행된 한호서 천자문에 대하여, 국어사자료연구 2.

남기탁(1988), 훈몽자회 신체부 자훈연구, 중앙대 박사학위논문.

남기탁(2005), 한국 한자 훈음 연구, 한국문화사.

남기탁(2006), 한자 교수 학습 방법의 이론과 실제, 월인.

남기탁(2009), 한국 한자 훈음 연구 2, 월인.

남기탁(2018), 한국 한자 훈음 연구 3, 월인.

남영진(2005), 조선시대 천자문의 역할, 연세대 석사학위논문.

남풍현(1989), 韓國의 固有漢字, 국어생활 17호.

남풍현(1999), 국어사를 위한 구결 연구, 태학사.

南豊鉉(1999), 口訣硏究, 태학사.

南豊鉉(2000), 吏讀硏究, 태학사.

南豊鉉(2014), 國語史硏究, 태학사.

南豊鉉(2014), 韓國語와 漢字・漢文의 만남, 월인

南豊鉉,李建植,吳昌命,李勇,朴容植 編(2020), 吏讀辭典, 단국대학교출판부.

도효근(1984), 천자문의 종합적 고찰, 柳井 李珊錫敎授 華甲紀念論叢.

藤本幸夫(1980), 朝鮮版 千字文의 系統, 朝鮮學報 94.

藤本幸夫(1981), 宗家文庫藏 朝鮮本에 就이어-'天和三年目錄'과 現在本을 對照しつつ-, 朝鮮學報 99,100 합병호,

藤本幸夫(1977), 千字文とその地方性, 國語國文 46-4.

藤本幸夫(1979), 大東及記念文庫藏千字文, 朝鮮學報 93.

藤本幸夫(1990), 朝鮮童蒙書 -漢字本 類合과 新增類合について, アジアの諸言語と一般言語學, 三省堂.

藤本幸夫(2006), 千字文에 대하여, 국어사연구 어디까지 와 있는가, 태학사.

박병채(1987), 한국 한자음의 모태와 변천, 국어생활 6호.

박병철(1984), 훈몽자회 자석 연구, 인하대 석사학위논문.

박병철(1986), 新增類合의 한자음 자석 연구, 東泉趙健相先生古稀紀念論叢. 開新語文硏究會

박병철(1986), 천자문 훈의 어휘 변천 연구, 국어교육 56.

박병철(1989), 중세훈의 소멸과 변천에 대한 연구, 인하대 박사학위논문.

박병철(1990), 국어 同音語의 定義와 範疇에 관한 연구, 서원대학논문집 26.

박병철(1995), 백련초해 자석 어휘의 특징에 관한 연구 -천자문 자석과의 비교를 중심으로-, 국어사와 차자표기(소곡 남풍현 선생 화갑기념논문집). 태학사.

박병철(1995), 백련초해 자석과 문석의 대비적 연구(1) -자석과 문석이 부분적으로 일치하는 경우를 중심으로-, 개신어문연구 12.

박병철(1997), 동사류어 훈에 관한 통시적 고찰 -천자문의 한자훈을 중심으로-, 성재 이돈주 선생 화갑기념논총

박병철(2000), 백련초해 동경대본에 출현하는 한자 자료와 체언류 한자의 의미적 특징에 관한 연구, 운강 송정헌 선생 화갑기념논총

박병철(2001), 백련초해 동경대본과 한자 학습서류에 출현하는 한자에 관한 비교 연구, 어문연구 29, 한국어문교육연구회.

박병철(2005), 주해천자문과 복수자석, 어문연구 33.

박병철(2006), 註解千字文의 單數註釋과 文脈之釋의 반영에 관하여, 구결연구 17.

박병철(2008), 천자문에 나오는 한자의 훈에 관한 연구, 국어국문학 150

박병철(2009), 朝鮮王朝實錄에 나오는 '釋'과 '訓' 관련 어휘의 대비적 연구, 어문론집 42.

박병철(2009), 한자의 '새김' 관련 용어 확립을 위한 연구, 한국어학 45.

박병철(2013), 四體圖像註解世昌千字文 硏究, 어문연구 77.

박병철(2013), 千字文 編纂의 變貌樣相에 대한 硏究, 語文硏究 41권 3호.

박병철(2013), 한국의 사체천자문과 일본의 삼체천자문의 비교 연구, 국어국문학 163.

박병철(2014), 천자문 편찬의 변모 양상에 대한 연구, 어문연구 41권 3호.

박병철(2015), 천자문에 나오는 한자의 자형 비교 연구, 국어학 74.

박병철(2016), 한자의 새김과 千字文, 태학사.

박부자(2002), 장서각 소장 왕실 천자문에 대하여, 서지학보 26.

朴相國 편저(1987), 全國寺刹所藏木板集, 文化財管理局.

박석근(1999), 訓蒙字會와 千字文의 漢字音과 訓의 變遷考, 목포대 석사학위논문.

박석홍(2015), 한자 자형 정리 및 표준화 방안 연구, 한국고전번역원

박성종(2005), 한국 한자의 일고찰, 구결연구 14,

朴盛鍾,(2016), 朝鮮 前期 吏讀 硏究, 역락.

박철상(2010), 언음첩고(諺音捷考)의 저자 고증, 문헌과 해석 51.

박형익(2003), 유합의 표제자 선정과 배열, 이중언어학 23.

박형익(2012), 한국 자전의 역사, 역락.

박형익(2016), 한국 자전의 해제와 목록, 역락.

박혜순(2009), 한국 천자문에 관한 고찰 : 4종 천자문을 중심으로, 전주대 석사학위논문.

방종현(1954), 訓蒙字會攷, 東方學志1.

백두현(1985), 15世紀의 漢字釋에 대한 연구(I), 白旻全在昊博士華甲紀念 國語學論叢.

백두현(1986), 15世紀의 漢字釋(II), 부산산업대논문집 7.

백두현(1988), 康熙 39年 南海 靈藏寺本 類合과 千字文의 음운변화, 坡田 金戊祚博士 華甲紀念論叢.

백두현(2007), 애국지사 김태린이 지은 동몽수독천자문 연구, 어문학 95.

서경호 외(1999), 국제문자코드 한자의 표준화 연구, 문화관광부 학술용역 과제 보고서.

서경호·이재훈(1998), 국제문자코드 한자의 자형 표준화 연구, 문화관광부.

서수백(1018), 訓蒙字會와 新增類合의 字釋 비교 연구, 순천향 인문과학논총 37권 3호

서수백(2004), 한자 새김 자료의 새김 수용양상 연구, 한국말글학 21.

서수백(2006), 훈몽자회와 자류주석의 새김 비교 연구, 한국말글학 23

서수백(2010), 훈몽자회와 자전석요의 한자 자석의 의미정보 수록 양상 비교 연구, 언어과학연구 55.

서수백(2015), 通學徑編의 字釋 연구, 인문연구 75.

서수백(2019), 『아학편』의 사전 미등재 새김 어휘 분석 -<강경훈본>을 중심으로-, 겨레어문학 62.

서재극(1973), 百聯抄解의 釋에 대하여, 韓國學論集 1.

石朱娟(1999), 百聯抄解의 異本에 관한 비교 연구, 奎章閣 22.

손예철(2014), 漢字學槪論, 박이정.

손희하(1984), 千字文 자석 연구 : 난해어의 어의구명을 중심으로, 전남대학교 석사학위논문.

손희하(1986), 千字文 字釋 연구(2), 어문논총 9(전남대 국어국문학연구회).

손희하(1991), 새김 어휘 연구, 전남대 박사학위논문.

손희하(1991), 千字文(杏谷本)의 새김 연구, 어문논총 12(전남대 국어국문학연구회).

손희하(1992), 영남대본 千字文 연구, 국어국문학 108.

손희하(1992), 千字文(행곡본) 연구, 한국언어문학 30.

손희하(1993), 송광사판 千字文 연구, 한국언어문학 31.

손희하(1993), 천자문(송광사판) : 연구, 색인, 자료 영인, 태학사

손희허(1995), 천자문 자료집(지방 천자문 편), 박이정출판사

손희허(2000), 이무실 千字文 연구: 갑오본을 중심으로, 중한인문과학연구 5.

손희허(2003), 李茂實書 丁巳本 千字文 연구, 한국언어문학 51.

손희허(2011), 戊戌孟夏西內新刊 千字文 연구, 한중인문학연구 34.

손희허(2011), 石峰千字文 板本 硏究, 한중인문학연구 33.

손희허(2011), 乙巳季冬完山新刊 千字文 연구, 국어사연구 12.

손희허(2016), 지볼트 간행 유합 LUIHO 연구, 서지학연구 68.

손희허(2020), 오스트리아 국립 도서관 유합 연구, 인문사회21 11권6호 (아시아문화학
　　　술원).

손희허(2020), 이무실 서 천자문의 간행자와 간행지 연구, 인문사회21 11권2호(아시아
　　　문화학술원)

송기중(1999), 漢字 文化圈, 새국어생활 9권2호.

송기중(2002), 삼국의 문화, 언어와 문학, 신편한국사 8, 국사편찬위원회,

송병렬(2010), 千字文類의 變容과 性格 考察, 漢文學論集 30.

송창선(1991), '천자문'·'유합'·'훈몽자회'의 어휘분류체계 대비, 어문학 52.

申景徹(1978), 漢字 字釋 硏究, 通文館.

신경철(1986), 역대천자문 연구, 국어국문학 95.

신경철(1988), 七長寺本 千字文 硏究, 語文硏究 18.

신경철(1998), 초학교재 천자문류 연구. 論文集 제17집

申東姬(1997), 韓國本 千字文의 異體字 比較 硏究, 서지학연구 13.

신상현(2008), 조선시대 한자 자형 연구, 고려대 박사학위논문.

심경호(2011), 천자문의 구조와 조선시대 판본에 관한 일고찰, 한자한문연구 7.

심경호(2014), 동아시아에의 '천자문'류 및 '몽구'류의 유행과 한자한문 기초교육, 한자
　　　한문교육 36.

심재기(1971), 漢字語의 傳來와 그 起源的 系譜, 김형규박사 송수기념논총, pp.355-370.

심재기(1975), 구결의 생성 및 변천에 대하여, 한국학보 제1집.

심재기(1986), 朝鮮歷史千字文에 대하여, 藥泉 金敏洙先生 華甲紀念 國語學新硏究.

沈載完(1965), 百聯抄解 硏究, 靑邱大學論文集 8.

안미경(1999), 조선시대 천자문 현전본에 관한 연구, 서지학연구 17.

안미경(1999), 책판 목록을 통해 본 조선시대 천자문 간인 상황, 서지학보 23.

안미경(2000), 새로 발견된 李茂實 千字文, 한성대학교 문헌정보학과 창립 20주년 기념 논문집.

안미경(2003), 일제시대 천자문의 종류와 특징, 서지학연구 26.

안미경(2004), 千字文 刊印本 硏究, 이회.

안병희(1974), 內閣文庫 所藏 石峰千字文에 대하여, 書誌學 6.

안병희(1979), 中世語의 한글 資料에 대한 綜合的 硏究, 奎章閣 3.

안병희(1982), 천자문의 계통, 정신문화 12.

안병희(1992), 國語史 資料 硏究, 文學과知性社.

오미영(2015), 천자문 주석서를 통한 석봉천자문 훈의 검토, 구결연구 35.

오미영(2017), 주해천자문의 한문주 고찰, 인문학연구 45.

오미영(2020), 註解千字文의 한글 훈과 문맥의미, 어문연구 48-1.

오완규(2001), 천자문·훈몽자회·신증유합 자석 연구, 공주대 석사학위논문.

王元鹿(2001), 比較文字學, 廣西敎育出版社

王平(2013), 韓國現代漢字硏究, 商務印書館, 北京.

왕평·하영삼(2019), 한국 한문자전의 세계, 도서출판3.

원영섭(1994), 同音同義異字語, 세창출판사.

유영옥(2006), 일제하 소강 김태린의 동몽수독천자문 분석, 동양한문학연구 23.

柳鐸一(2001), 嶺南地方 出版文化論攷, 世宗出版社.

유홍준·이태호(1993), 문자도, 대원사.

윤홍섭(1987), 千字文에 대한 國語學的 硏究, 단국대 석사학위논문.

윤지훈(2019), 茶山 丁若鏞의 아동학습서 편찬에 대한 연구 -兒學編과 小學珠串을 중심으로-, 동방한문학 81.

이강로(1989), 한자의 자형과 서체에 대하여, 국어생활 제17호.

이건식(2021), 한국 고유한자의 구성법 연구, 단국대학교출판부.

李謙魯(186), 通文館 책방비화, 民學會

李光麟(1974), 韓國開化史硏究, 一潮閣.

이광호(2009), 정몽유어, 아학편, 천자문의 분포적 특성, 언어과학연구 43

이규갑(1999), 中國의 漢字敎育, 새국어생활 9권2호.

이규갑(2000), 고려대장경 이체자전, 고려대장경연구소,

이규갑(2007), 한중 역대 시기별 한자 자형표고, 학고방,

李覲洙(1986), 固有한 古代文字 사용설에 대하여, 국어생활 제6호,

이금녀(1994), 천자문 새김[釋]의 연구, 경북대 석사학위논문.

李基文(1971), 訓蒙字會 硏究, 韓國文化硏究所.

李基文(1972), 漢字의 釋에 관한 硏究, 東亞文化 11.

李基文(1973), 千字文 解題, 東洋學叢書3 千字文, 동양학연구소.

李基文(1981), 千字文 硏究(1), 한국문화 2.

李基文·孫熙河(1995), 千字文 資料集 -地方 千字文篇-, 박이정.

이대주(1983), 漢字의 音·訓 硏究 : 千字文을 중심으로, 고려대 석사학위논문.

이돈주(1989), 한자의 역사와 구조, 국어생활 제17호.

李敦柱(1979), 漢字學總論, 博英社.

이상규(2013), 을유본 유합에 나타나는 김해 방언, 방언학 17.

이상도(1992), 훈몽자회 편찬동기와 특징, 중국학연구 7.

李成茂 崔珍玉 金喜福(1990), 朝鮮時代 雜科 合格者 總攬 -雜科榜目의 電算化-, 韓國精
     神文化硏究院.

이승재(2017), 목간에 기록된 고대 한국어, 일조각,

이영주(2000), 漢字字義論, 서울대학교출판부.

이용주(1974), 한국 한자어에 관한 연구, 삼영사.

이우영,정진권(1987), 천자문의 재검토, 어문연구 53.

이응백(1989), 한자 새김의 현실화 문제, 국어생활 제17호.

이재돈, 권인한(1999), 국제 문자코드 한자의 한자음 표준화 연구, 문화관광부 국립국어원.

李在旭(1936), 字訓諺解, 文獻報國 2의2 (日文)

이재훈(1999), 국제표준문자코드 제안 한자 자형의 표준화에 대한 연구, 새국어생활 9권
     1호

이재훈·홍윤표·이경원(2004), 국제 표준코드 한자 EXT.B의 한자 표준음 연구, 문화관
     광부 국립국어원.

이재훈 외 (2004), 국제 표준코드 한자 EXT.B의 한자 표준음 연구, 문화관광부 국립국
     어원.

이정희(1995), 훈몽자회와 천자문의 자석 비교 연구, 성균관대 석사학위논문.

이준석(2002), 한국 한자 이체자 조사 : 표준코드(KS C 5601) 한자를 중심으로, 국립국
     어연구원.

李浚碩·李景遠(1999), 한자 異體字典 편찬 연구, 새국어생활 9권 1호.

이준환(2012), 지석영 언문의 표기, 음운, 어휘의 양상, 국어학 65.

이준환(2013), 지석영 아학편의 표기 및 음운론적 특징, 대동문화연구 83.

이준환(2014), 아학편(兒學篇)』의 구성과 뜻풀이의 특징에 대하여, 반교어문연구 36.

이준환(2015), 유몽천자에 수록된 한자와 관련 정보에 대하여, 구결연구 34.

이준환(2016), 유몽천자 국한문의 유형별 특성 고찰, 반교어문연구 44.

이준환(2020), 지석영 아학편(1908)의 漢語 韻母의 한글 표기와 漢語音, 한국문화 90.

이한섭(1999), 일본의 한자 교육, 새국어생활 9권2호.

李海潤(2019), 朝鮮後期 經史百家音訓字譜 硏究, 北京師範大學 博士學位論文.

이효선(2012), 한국 역대 천자문류 용자 연구, 경성대 석사학위논문.

林東錫(1999), 臺灣(中華民國)의 漢字敎育, 새국어생활 9권2호.

임동석(2009), 千字文의 源流, 內容 및 韓國에서의 發展 상황 考察, 중국어문학논집 56.

임형택(2016), 한국 전통사회에서 통용된 자학서류, 동아시아 고전학과 한자세계, 소명출판.

장요한(2016), 계명대 소장본 신증유합의 문헌학적 의의, 대동한문학(大東漢文學) 45.

전수경(2020), 新增類合의 구성과 한자 한문 학습서로서의 가치 -類合과의 비교를 중심으로-, 동방한문학 82.

정광(1982), 明治字典의 國語 語彙에 대하여 - 19世紀 國語 資料를 위하여-, 德城女大論文集 11.

정광(2003), 한반도에서 한자의 수용과 차자표기의 변천, 구결연구 11.

정극화(丁克和), 왕평(王平) 주편 (2016), 中國文字發展史, 화동사범대학출판부.

정대환(1981), 천자문의 訓에 관한 연구, 계명대 석사학위논문.

정민 외 3인(2011), 살아 있는 한자 교과서1, 2, 휴머니스트.

정석종(1984), 조선 후기의 사회 변동 연구, 일조각.

정성희(1986), 천자문의 釋에 대하여, 국어과교육 6(부산교육대학).

정순우(1982), 다산 아학편 연구, 다산학보 제4집

정승철 (2000), 제주본 훈몽자회의 漢字音, 한국문화 25.

정승철(1997), 제주본 훈몽자회에 대한 서지학적 고찰, 인하어문연구 3.

정연실(2016), 국내 蒙學 교재 연구 -字種 분석을 중심으로-, 중국연구 67.

정연실(2017), 조선시대 4종 문자교육용 교재의 표제자 선정 기준 고찰, 중국연구 71.

정연실(2019), 新增類合 통용자 고찰, 중국학연구 88.

정우상(1989), 한·중 속자의 비교, 국어생활 제17호.

정우택(2004), 국어학사 자료로 본 諺音捷考, 애산학보 30.

정욱재(2009), 日帝强占期 沈衡鎭의 朝鮮歷史千字文 硏究, 장서각 22.

정재영(2000), 다산의 아학편, 국어사 자료 연구 창간호

정재영(2002), 茶山 정약용의 兒學編, 태학사.

諸洪圭(1969), 字訓諺解 -국립중앙도서관 귀중본 해제-, 도서관

諸洪圭(1987), 韓國書誌關係文獻目錄, 景仁文化社.

조명화(2005), 漢字의 우리말 표준새김, 이회.

조병순(1982), 原本 石峰千字文에 대하여, 書誌學 7.

조성덕(2015), 한국문집 異體字 연구, 성균관대학교 박사학위 논문

趙振鐸(2003), 字典論, 正展出版公司, 台北.

周有光(2003), 世界文字發展史, 上海世紀出版集團.

최범훈(1983), 註解千字文의 複數字釋에 대하여, 국어국문학논문집(동국대) 12.

최범훈(1985), 新發見 '五字本訓蒙字會의 硏究, 素堂 千時權博士 華甲紀念 國語學論叢, 형설출판사.

최범훈(1986), 開化期 字釋類 硏究, 東泉趙健相先生古稀紀念論叢. 開新語文硏究會

崔世和(1985), 對馬歷史民俗資料館 所藏의《訓蒙字會》와《千字文》, 佛敎美術 8, 東國大 學校博物館

崔世和(1986), 對馬島歷史民俗資料館藏本 千字文의 字釋에 대하여, 日本學(동국대 일본학연구소) 5,

崔世和(1987), 丙子本 千字文 固城本 訓蒙字會考, 太學社.

최영애(1995), 漢字學講義, 통나무,

최지훈(2001), 천자문 새김 어휘 연구 : 16세기 간행 천자문의 명사류를 중심으로, 한국 의미학 9.

최학근(1980), 천자문에 대해서, 국어국문학 83.

하영삼(1996), 조선 후기 민간 속자 연구, 중국어문학 27.

하영삼(1999), 한국 고유한자의 비교적 연구, 중국어문학 33, 영남중국어문학회,

하영삼(2011), 한자와 에크리튀르, 아카넷.

하영삼(2014), 韓國 漢字 字典史에서 許傳 初學文이 갖는 意義, 퇴계학논총 24.

河廷沅(2020), 우리나라 '續千字文'류의 등장과 성격, 東方漢文學 82.

許罄(1978), 歷代字典을 通해 본 漢字와 常用漢字 小考, 인문과학(연세대) 39.

허성도(1994), 한자음에 의한 한자 입력 방법 연구, 국립국어연구원.

허인영(2017), 『朝鮮偉國字彙』의 서지와 자료적 성격, 국어사연구 25.

허재영(2008), 조선시대 문자,어휘 학습자료에 대하여, 한민족문화연구 26.

홍윤표(12985), 歷代千字文과 西部 東南方言, 羨烏堂金炯基先生 八耋紀念 國語學論叢.

홍윤표(1991), 初學要選과 19세기 말 舒川地域語, 국어학의 새로운 인식과 전개, 민음사.

홍윤표(1993), 國語史 文獻資料 硏究, 태학사.

홍윤표(1995), 한글 코드에 관한 연구, 국립국어연구원.

홍윤표(2007), 漢字 釋音 歷史 資料에 대한 고찰, 국어사 연구와 자료, 태학사.

홍윤표(2009), 幼學一隅 解題, 국어사연구 9.

홍윤표(2009), 千字文類について, 朝鮮半島のことばと社會, 油谷幸利先生還曆記念論
　　　　文集.

홍윤표(2011), 金國杓書 『千字文』 解題, 국어사연구 제12호.

홍윤표(2011), 類合體 解題, 韓國語研究 8.

홍윤표(2011), 增補千字 解題, 국어사연구 제13호.

홍윤표(2013), 字訓諺解 解題, 韓國語研究 10.

홍윤표(2017), 초학자회(初學字會) 解題, 韓國語史研究 3.

홍윤표(2018), 三字經 解題, 韓國語研究 13.

홍윤표(2019), 韓國式 漢字字典 『字會集』과 『音韻反切彙編』, 韓國語史研究 5.

홍윤표(2020), 한국 한자 학습서의 변천 과정, 韓國語研究 14.

황문환 외(2016), 천자문-장서각 소장 왕실 천자문 역해, 한국학중앙연구원 출판부.

황문환(1998), 字訓諺解, 문헌과해석, 통권 3호, 태학사.

황용주(2013), 麗水 興國寺 소장 千字文 冊板 연구, 인문학연구 23.

황위주(1996), 한문자의 수용 시기와 초기 정착과정(1), 한문교육연구 10, 한국한문교육
　　　　학회.

황위주(2000), 한문의 초기 정착과정 연구(2) -기원 이전의 상황, 대동한문학 13, 대동한
　　　　문학회.

찾아보기